二十一世纪普通高等院校实用规划教材·经济管理系列

国际货物运输与保险

董琳娜　主　编

何　翔　副主编

清华大学出版社

北　京

内 容 简 介

国际货物运输与保险作为一门独立的学科，是对外贸易不可缺少的组成部分，具有应用性、实践性、操作性强的特点。

本书分为两个部分，共十章，第一部分为国际货物运输，包括第一章至第七章，第二部分为国际货物保险，包括第八章至第十章。每章开头提出学习目标和导读案例，便于读者把握重点难点；每章后附有导读案例分析、专业英语、实操技能训练，培养学生的职业技能。

本书适合作为应用型本科教育层次的国际经济与贸易、报关与国际货运、物流、商务英语、国际商务、航海业务管理、保险等专业学习国际货物运输与保险课程的教材，也可以供从事相关实务的人员参考和阅读。

图书在版编目(CIP)数据

国际货物运输与保险/董琳娜主编. —北京：清华大学出版社，2017(2024.1 重印)
　(二十一世纪普通高等院校实用规划教材·经济管理系列)
　ISBN 978-7-302-48073-0

Ⅰ．①国…　Ⅱ．①董…　Ⅲ．①国际货运—高等学校—教材 ②国际货运—交通运输保险—高等学校—教材
Ⅳ．①F511.41 ②F840.632

中国版本图书馆 CIP 数据核字(2017)第 207817 号

责任编辑：陈立静
装帧设计：刘孝琼
责任校对：周剑云
责任印制：沈　露
出版发行：清华大学出版社
　　　　网　　　址：https://www.tup.com.cn, https://www.wqxuetang.com
　　　　地　　　址：北京清华大学学研大厦 A 座　　　　邮　　编：100084
　　　　社 总 机：010-83470000　　　　邮　　购：010-62786544
　　　　投稿与读者服务：010-62776969, c-service@tup.tsinghua.edu.cn
　　　　质量反馈：010-62772015, zhiliang@tup.tsinghua.edu.cn
　　　　课件下载：https://www.tup.com.cn, 010-62791865
印 装 者：三河市人民印务有限公司
经　　销：全国新华书店
开　　本：185mm×230mm　　印　张：29.5　　字　数：642 千字
版　　次：2017 年 9 月第 1 版　　印　次：2024 年 1 月第 4 次印刷
定　　价：58.00 元

产品编号：069538-01

前　言

习近平总书记在中国共产党第二十次全国代表大会上的报告中明确指出，要办好人民满意的教育，全面贯彻党的教育方针，落实立德树人根本任务，培养德智体美劳全面发展的社会主义建设者和接班人，加快建设高质量教育体系，发展素质教育，促进教育公平。本书在编写过程中力求深刻领会党对高校教育工作的指导意见，认真执行党对高校人才培养的具体要求。

随着中国"一带一路"倡议的实施，与各国间的货物流通更加频繁，对外贸易不断扩大，作为国际贸易重要组成部分的国际货物运输与保险获得了空前的发展。从事外贸工作的人员既要掌握各种国际贸易运输的方式与方法，也要学习为国际货物运输提供保障服务的保险业务知识，以保证国际贸易活动的顺利进行。

编写目的

本书是为了适应应用型本科教育的需要而编写的。全面、系统地讲授了国际货物运输与保险的原理、法规、惯例、操作要点等。对于该课程中的基本技能和操作技术更贴近于实务，使得课堂教学和实务紧密衔接，便于学生的学习和掌握。同时突出专业英语、案例和实操教学，以供学生进行深入的思考和讨论。

本书的特点

(1) 本书重点在于培养学生的实践能力和创新能力。基础理论贯彻"实用为主、必须和够用为度"的原则，基本知识遵循广而不深、点到为止的原则，基本技能则贯穿本书的始终，在每章的最后还有创新能力的培养环节。

(2) 本书增加了"国际货运地理"，并在部分章节中增加了"国际货运代理"的相关内容，这是依据最新的国际货运惯例而增加的新内容。

(3) 本书的可读性很强。每章之前都有学习目标、导读案例，书后又附有大量的专业英语、实际操作题，以供读者正确理解和巩固相关知识。

本书共十章，分为两个部分，第一部分为国际货物运输，主要介绍国际海上货物运输、集装箱运输、国际铁路货物运输、国际航空货物运输的操作程序、有关问题及相关的国际贸易惯例，同时在这一部分增加了国际货运地理的基础知识；第二部分为国际货物保险，主要阐述国际货物运输保险的基本知识、业务程序以及应注意的问题。

为了方便学生学习，掌握每章的知识重难点，本书在每章开始设有学习目标、导读案例，章后设有导读案例分析、本章小结。同时，为了加强学生对知识的准确理解和融会贯通，提高解决实际问题的能力，每章后还设置了专业英语、技能训练，以适应应用型本科教育层次的需要。

本书由董琳娜主编，何翔副主编。董琳娜，女，管理学学士、经济学学士，曾就读于江西财经大学，曾任昆山力盟国际货运有限公司空运部主管，江西科技学院财经学院教学副院长，现任江西省农业大学南昌商学院经济系讲师。主讲《国际贸易理论与实务》《报关报检实务》《国际货物运输与保险》《西方经济学》《宏观经济学》等课程。

由于本书内容涉及范围广，研究对象变化快，而编者的水平和实践经验有限，书中难免存在不足之处，恳请业内专家和广大读者批评指正。

编　者

目　　录

国际货物运输与保险

第一章　国际货物运输概述

【本章导读】

当今社会，随着经济全球化的深入发展，世界各国之间的经贸关系日益密切，国际贸易活动更加频繁。为适应国际贸易发展的需要，国际货物运输已经从单一运输方式向综合运输方式发展，而且随着国际贸易规模的扩大，货物运输的种类、数量日益增多，进出口企业所面临的各种风险也不断增加。因此，从事外贸工作的人员要掌握各种国际货物运输的方式与方法，以保证国际贸易活动顺利地进行。

【学习目标】

本章主要介绍有关国际货物运输的基本知识。通过本章的学习，了解国际货物运输的特点、运输代理与国际贸易的关系、我国对外贸易的合理运输等，掌握运输方式、运输机构、合理运输与不合理运输的含义等，为以后各章的学习打下良好的基础。

【导读案例】

沃尔玛通过物流运输的合理化节约成本

沃尔玛公司是世界上最大的商业零售企业，在物流运营过程中，尽可能地降低成本是其经营的哲学。

沃尔玛有时采用空运，有时采用船运，还有一些货物采用卡车公路运输。在中国，沃尔玛百分之百地采用公路运输，所以如何降低卡车运输成本，是沃尔玛物流管理面临的一个重要问题，为此它们主要采取了以下措施。

(1) 沃尔玛使用一种尽可能大的卡车，大约有 16 米加长的货柜，比集装箱运输卡车更长、更高。沃尔玛把卡车装得非常满，产品从车厢的底部一直装到最高，这样非常有助于节约成本。

(2) 沃尔玛的车辆都是自有的，司机也是其员工。沃尔玛的车队大约有 5000 名非司机员工，有 3700 多名司机，车队每周一次运输可以达 7000～8000 千米。

沃尔玛的管理层知道，卡车运输是比较危险的，有可能出交通事故。因此，对于运输车队来说，保证安全是节约成本最重要的环节。沃尔玛的口号是"安全第一，礼貌第一"，而不是"速度第一"。在运输过程中，卡车司机们都非常遵守交通规则。沃尔玛定期在公路上对运输车队进行调查，卡车上面都带有公司的号码，如果看到司机违章驾驶，调查人员就可以根据车上的号码进行惩处。沃尔玛的管理层认为，卡车不出事故，就是节省公司的费用，就是最大限度地降低物流成本。由于狠抓安全驾驶，运输车队已经创造了 300 万千米无事故的纪录。

(3) 沃尔玛采用全球定位系统对车辆进行定位，因此在任何时候，调度中心都可以知道这些车辆在什么地方，离商店有多远，还需要多长时间才能运到商店，这种估算可以精确到小时。沃尔玛知道卡车在哪里、产品在哪里，这样可以提高整个物流系统的效率，有助于降低成本。

(4) 沃尔玛的连锁商场的物流部门24小时进行工作，无论白天还是晚上，都能为卡车及时卸货。另外，沃尔玛的运输车队还利用夜间进行运输，从而做到了当日下午进行集货，夜间进行异地运输，翌日上午即可送货上门，保证在15～18个小时内完成整个运输过程，这是沃尔玛在速度上取得优势的重要措施。

(5) 沃尔玛的卡车把产品运到商场后，商场可以把它整个地卸下来，而不用对每个产品逐个检查，这样就可以节省很多时间和精力，加快了沃尔玛物流的循环过程，从而降低了成本。这里有一个非常重要的先决条件，就是沃尔玛的物流系统能够确保商场所得到的产品是与发货单完全一致的产品。

(6) 沃尔玛的运输成本比供货厂商自己运输产品要低，所以厂商也使用沃尔玛的卡车来运输货物，从而做到了把产品从工厂直接运送到商场，大大地节省了产品流通过程中的仓储成本和转运成本。

沃尔玛的集中配送中心把上述措施有机地组合在一起，做出了一个最经济合理的安排，从而使沃尔玛的运输车队能以最低的成本高效率地运行。

思考：结合案例，分析运输合理化的影响因素有哪些。

第一节　运　输　概　述

一、运输

(一)运输的含义

人类为了维持生活、求得发展，必须不断地改造自然、创造物质资料，这种活动就是生产。在生产过程中，生产工具、劳动产品及人类本身必然要发生位置上的移动。使用各种工具设备，通过各种方式，使物或人实现位置移动，这种活动就是运输。所以运输是指人和物的载运及输送，是在不同地域范围间，以改变人和物的空间位置为目的的活动，是对人和物进行的空间位移。

(二)运输的功能

运输的两大功能是产品转移和产品储存。

1. 产品转移

无论产品处于哪种形式，是材料、零部件、装配件、半成品，还是制成品，也不管是在制造过程中将被转移到下一阶段，还是转移给最终的顾客，运输都是必不可少的。运输的主要功能就是产品在价值链中的来回移动。既然运输利用的是时间资源、财务资源和环境资源，那么，只有当它确实提高了产品价值时，该产品的移动才是重要的。

运输之所以涉及利用时间资源，是因为产品在运输过程中是难以存取的。这种产品通常是指转移中的存货，是各种供应链战略，如准时化和快速响应等业务所要考虑的一个因素，以减少制造和配送中心的存货。

运输之所以要使用财务资源，是因为产生于驾驶员劳动报酬、运输工具的运行费用以及一般杂费和行政管理费用的分摊。此外，还要考虑因产品灭失损坏而必须弥补的费用。

运输直接和间接地使用环境资源。在直接使用方面，运输是能源的主要消费者之一；在间接使用环境资源方面，由于运输造成的拥挤、空气污染和噪声污染而产生环境费用。

运输的主要目的就是要以最低的时间、财务和环境资源成本，将产品从原产地转移到规定地点。此外，产品灭失损坏的费用也必须是最低的。同时，产品转移所采用的方式必须能满足顾客有关交付履行和装运信息的可得性等方面的要求。

2. 产品储存

对产品进行临时储存是一个不太寻常的运输功能，也就是将运输车辆临时作为储存设施。然而，如果转移中的产品需要储存，但在短时间内(如几天后)又将重新转移的话，那么，该产品在仓库卸下来和再装上去的成本也许会超过储存在运输工具中每天支付的费用。

在仓库空间有限的情况下，利用运输车辆进行储存也许不失为一种可行的选择。可以采取的一种方法是，将产品装到运输车辆上去，然后采用迂回线路或间接线路运往其目的地。对于迂回线路来说，转移时间将大于比较直接的线路。当起始地或目的地仓库的储存能力受到限制时，这样做是合情合理的。在本质上，这种运输车辆被用作一种临时储存设施，但它是移动的，而不是处于闲置状态。

概括地说，如果用运输工具储存产品可能是昂贵的，但当需要考虑装卸成本、储存能力限制或延长前置时间的能力时，那么从物流总成本或完成任务的角度来看或许是正确的。

(三)运输的原理

规模经济和距离经济是运输必须遵守的两个基本原理，它们对运输的效率有着显著的影响。实践中，在对不同的运输方法进行评估时，企业必须对规模经济和距离经济的影响进行综合考虑，由此也可以说，在满足客户的基础上，实现运输数量和距离最大化是运输的主要任务。

1. 规模经济

运输规模经济是指随着运输规模的增加，而单位重量的运输成本发生递减的现象。通常大型运输方式(如整车货运)比小型运输方式(如零担运输)的单位重量的运输成本要低得多。例如，按照美国《国家公路货物分类表》，编号为 86750 的货物，即铅条镶嵌的玻璃，采用零担运输的指数是 200，而采用整车运输的指数为 70。在美国《国家公路货物分类表》中，单个产品的分组是建立在 100 这个相对数的基础上的。100 代表了各种产品的平均水平，最高等级可达 500，最低等级只有 35。一般而言，物资的指数越高，则运输的成本也越高。采用整车运输之所以会产生规模经济，是因为相关的固定费用，如行政管理费用、运输设施设备的投资、装卸货时的停车费等，并不随着装载的减少而减少。因此，伴随运输的增加，发生运输成本递减的现象是客观存在的。

2. 距离经济

运输距离经济是指随着运输距离的增加，而单位距离的运输成本发生递减的现象。从某种意义上来说，距离经济与规模经济基本相似。运输距离经济通常称为递远递减原则，原因就是同样的固定成本在更远的距离上分摊，单位距离的运输成本自然就会减少。

(四)运输的性质

运输具有生产的本质属性，是一种特殊化的生产。运输是国民经济的基础，是社会物质生产的必要条件之一。运输具有以下几个方面的性质。

(1) 运输和一般生产一样，必须具备三个基本条件，即劳动者(运输者)、劳动手段(运输工具和通路)、劳动对象(运输对象，即人和物)。

(2) 运输的过程(人或物的位移)和一般生产的过程一样，是借助于活劳动(运输者的劳动)和物化劳动(运输工具、设备与燃料的消耗)的结合而实现的。

(3) 运输的结果使运输对象发生了位移，就是在转移旧价值的同时，改变了运输对象的位置，这也和一般生产的结果制造出新产品一样创造了新价值。

(4) 运输和一般生产一样，始终处在变化和发展的状态中，并且，运输的变化和发展与一般生产的变化和发展紧密地结合在一起且经历了几个相同的阶段。

(五)运输的特点

运输具有以下几个方面的特点。

(1) 运输是在产品的流通领域内进行的，是生产过程在流通过程内的继续。

(2) 运输不能改变劳动对象的性质和开头，不能生产出任何独立物质形态的产品。运输生产的"产品"是无形的，随着运输的终止而消失，不能像一般生产产品那样可以储备。

(3) 运输使投入流通领域的产品发生位置移动，从而将生产和消费(包括生产消费和生活消费)连接起来，使产品的作用价值得以实现。

（4）在运输费用中，没有原料费用，固定资产(运输设备)的折旧和工资是运输的主要费用。运输的流动资金则主要是燃料和辅助材料，没有原料和成品。

二、国际货物运输

(一)含义

运输，就其运送对象来说，可分为货物运输和旅客运输两大类。而从货物来说，又可按地域划分为国内货物运输和国际货物运输两类。国际货物运输，就是货物在国家与国家、国家与地区之间的运输。国际货物运输可分为贸易物质运输和非贸易物质运输(如展览品、个人行李、办公用品、援外物资等)两种。由于国际货物运输主要是贸易物资的运输，非贸易物资的运输往往只是贸易物资运输部门的附带业务，所以国际货物运输通常也被称为国际贸易运输，从一国来说，就是对外贸易运输，简称外贸运输。

在国际贸易中，商品的价格中包含商品的运价，并且，商品的运价在商品的价格中占有较大的比重，一般占 10%～15%，在有的商品中要占到 30%～40%。因此，商品的运价也会随着国际市场供求关系的变化而围绕着商品的价值上下波动。可以说，国际货物运输就是一种国际贸易，只不过它用于交换的不是物质形态的商品，而是一种无形的特殊商品——运力。因此，国际货物运输就是一种无形的国际贸易。

(二)特点

国际货物运输是国家与国家、国家与地区之间的运输，与国内货物运输相比，它具有以下几个主要特点。

1. 国际货物运输涉及国际关系问题，是一项政策性很强的涉外活动

国际货物运输是国际贸易的一个组成部分，在组织货物运输的过程中，需要经常同国外发生直接或间接的广泛的业务联系，这种联系不仅是经济上的，还常常会涉及国际政治问题，是一项政策性很强的涉外活动。因此，国际货物运输既是一项经济活动，也是一项重要的外事活动，这就要求我们不仅要用经济的观点去办理各项业务，而且要有政策观念，按照我国对外政策的要求从事国际运输业务。

2. 国际货物运输是中间环节很多的长途运输

国际货物运输是国家与国家、国家与地区之间的运输，一般来说，运输的距离都比较长，往往需要使用多种运输工具，通过多次装卸搬运，要经过许多跟单环节，如转船、变换运输方式等，经由不同的地区和国家，要适应各国不同的法规和规定。如果其中任何一个环节发生问题，就会影响整个运输过程，这就要求我们做好组织工作、环环相扣，避免

在某个环节上出现脱节，给运输带来损失。

3. 国际货物运输涉及面广，情况复杂多变

国际货物运输涉及国内外许多部门，需要与不同国家和地区的货主、交通运输部门、商检机构、保险公司、银行或其他金融机构、海关、港口以及各种中间代理商等打交道。同时，由于各个国家和地区的法律、政策规定不一，贸易、运输习惯和经营做法不同，金融货币制度存在差异，加之政治、经济和自然条件经常发生变化，都会对国际货物运输产生较大的影响。

4. 国际货物运输的时间性强

按时装运进出口货物，及时将货物运至目的地，对履行进出口贸易合同、满足商品竞争市场的需求、提高市场竞争能力、及时结汇等都有着重大意义。特别是一些鲜活商品、季节性商品和敏感性强的商品，更要求迅速运输，不失时机地组织供应，才有利于提高商品在国际市场上的竞争力，从而巩固和扩大销售市场。因此，国际货物运输必须加强时间观念，争时间、抢速度，以快取胜。

5. 国际货物运输的风险较大

由于在国际货物运输中环节多，运输距离长，涉及面广，情况复杂多变，加之时间性很强，在运输沿途国际形势的变化、社会的动乱，各种自然灾害和意外事故的发生，以及战乱、封锁禁运或海盗活动等，都可能直接或间接地影响到国际货物运输，以至于造成严重的后果，因此，国际货物运输的风险较大。为了转嫁运输过程中的风险损失，各种进出口货物和运输工具都需要办理运输保险。

(三)基本任务

国际货物运输的基本任务就是根据国家的有关方针政策，合理地运用各种运输方式和运输工具，多快好省地完成进出口货物的运输任务，为我国发展对外经济贸易服务。具体包括以下几个方面的内容。

1. 按时、按质、按量地完成进出口货物运输

国际贸易合同签订后，只有通过运输，及时地将进口货物运进来，将出口货物运出去，交到约定地点，商品的流通才能实现，贸易合同才能履行。"按时"就是根据贸易合同的装运期和交货期的条款的规定履行合同；"按质"就是按照贸易合同质量条款的要求履行合同；"按量"就是尽可能地减少货损货差，保证贸易合同中货物数量条款的履行。如果违反了上述合同条款，就构成了违约，有可能导致赔偿、罚款等严重的法律后果。因此，国际货物运输部门必须重合同、守信用，保证按时、按质、按量完成国际货物运输任务，保证国际贸易合同的履行。

2. 节省运杂费用，为国家积累建设资金

国际货物运输是国际贸易的重要组成部分，而且运输距离长，环节较多，各项运杂费用开支较大，因此节省运杂费用的潜力比较大，途径也多。从事国际货物运输的企业和部门应该不断地改善经营管理，节省运杂费用，提高企业的经济效益和社会效益，为国家积累更多的建设资金。

3. 为国家节约外汇支出，增加外汇收入

国际货物运输是一种无形的国际贸易，是国家外汇收入的重要来源之一。出口货物多争取采用 CIF 术语成交，进口货物多争取采用 FOB 术语成交，则可节省外汇支出，增加外汇收入。而国际货物运输企业为了国家利益，首先要依靠国内运输企业的运力和我国的方便旗船，再考虑我国的租船、中外合资船公司和侨资班轮的运力，充分调动和利用各方面的运力，使货主企业同运输企业有机地衔接，争取为国家节约外汇支出，创造更多的外汇收入。

4. 认真贯彻国家对外政策

国际货物运输是国家涉外活动的一个重要组成部分，它的另一个任务就是在平等互利的基础上密切配合国家的对外活动，在实际工作中具体体现和切实贯彻国家的各项对外政策。

第二节　国际货物运输的方式

一、国际货物运输的组织机构

(一)一般组织机构

1. 货主

专门经营进出口商品业务的国际贸易商或有进出口权的工贸公司以及"三资"企业统称为货主。他们为了履行国际贸易合同组织办理进出口商品的运输，是国际货物运输中的托运人或收货人。

2. 承运人

承运人是指专门经营海上、铁路、公路、航空等客货运输业务的运输企业，如轮船公司、铁路或公路运输公司、航空公司等。他们一般拥有大量的运输工具，为社会提供运输服务。

【思考】

(1) 驾驶交通工具的人，如卡车司机，是不是承运人？

(2) 船舶所有人张强将船定期出租给李贺，李贺又将船出租给王力，王力和货主签订了货物运输合同。请问：谁是承运人？为什么？

3. 运输代理人

运输代理人是指根据委托人的要求，代办货物运输业务的机构。他们有的代理承运人向货主揽取货物，有的代理货主向承运人办理托运，有的兼营两方面的代理业务。运输代理人属于运输中间人的性质，在承运人和托运人之间起着桥梁作用。

(二)行政管理机构

1. 中华人民共和国商务部对外贸易司(国家机电产品进出口办公室)(http://www.mofcom.gov.cn)

商务部是主管国内外贸易和国际经济合作的国务院组成部门。

2014 年 3 月，商务部在原对外贸易司、机电和科技产业司基础上组建了新的对外贸易司。新组建的对外贸易司主要负责拟订外贸发展战略规划、外贸管理体制改革方案，推进实施以质取胜战略、市场多元化战略、科技兴贸战略和积极的进口战略，指导外贸促进体系、出口品牌和国际营销网络建设，负责拟定进出口商品管理办法、目录并组织实施，拟定并组织实施加工贸易政策和边境贸易政策，规范外贸秩序，协调指导外贸诚信体系建设等。

2. 中华人民共和国交通运输部(http://www.moc.gov.cn/)

交通运输部是根据 2008 年国务院机构改革方案，在原交通部的基础上组建的，负责拟订并组织实施公路、水路、民航行业规划、政策和标准，优化交通运输布局，发挥整体优势和组合效率，加快形成便捷、通畅、高效、安全的综合运输体系。

(1) 部管国家局

① 国家铁路局 http://www.hra.gov.cn/

② 中国民用航空局 http://www.caac.gov.cn/

③ 国家邮政局 http://www.spb.gov.cn/

(2) 司局子站

① 公路局 http://zizhan.mot.gov.cn/sj/gonglj/

② 水运局 http://zizhan.mot.gov.cn/sj/shuiyj/

③ 运输服务司 http://zizhan.mot.gov.cn/sj/yunshs/

3. 中华人民共和国海关总署(http://www.customs.gov.cn/)

海关总署是中华人民共和国国务院下属的正部级直属机构，统一管理全国海关，基本任务是进出境监管、征收关税和其他税费、查缉走私、编制海关统计，并承担口岸管理、保税监管、海关稽查、知识产权海关保护、国际海关合作等职责。

二、国际货物运输的方式

在国际货物运输中，涉及的运输方式很多，其中包括海洋运输、铁路运输、航空运输、河流运输、邮政运输、公路运输、管道运输、大陆桥运输以及由各种运输方式组合的国际多式联运等，如图 1-1 所示。各国际运输服务公司的经营多以某一种或多种运输方式为主，较常见的是海运或空运，并辅以其他运输方式，从而实现服务范围较大化覆盖。

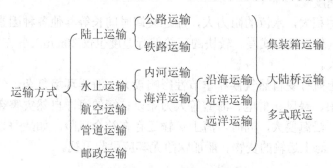

图 1-1　国际货物运输的方式

(一)国际海上货物运输

国际海上货物运输是指使用船舶通过海上航道在不同国家和地区的港口之间运送货物的一种运输方式。

1. 国际海上货物运输的特点

(1) 运输量大。

国际货物运输是在全世界范围内进行的商品交换，地理位置和地理条件决定了海上货物运输是国际货物运输的主要手段。国际贸易总运量的 75%以上是利用海上运输来完成的，有的国家的对外贸易运输海运占运量的 90%以上，其主要原因是船舶向大型化发展(如 50 万～70 万吨的巨型油船、16 万～17 万吨的散装船)以及集装箱船的大型化。船舶的载运能力远远大于火车、汽车和飞机，是运输能力最大的运输工具。

(2) 通过能力大。

海上运输所用的天然航道四通八达，不像火车、汽车要受轨道和道路的限制，因而其通过能力要超过其他各种运输方式。如果政治、经济、军事等条件发生变化，还可随时改变航线驶往有利于装卸的目的港。

(3) 运费低廉。

船舶的航道是天然形成的,船舶运量大,港口设备一般均由政府修建,船舶经久耐用且节省燃料,所以货物的单位运输成本相对低廉。据统计,海运运费一般为铁路运费的 1/5、公路汽车运费的 1/10、航空运费的 1/30,这就为大宗低值货物的运输提供了有利的竞争条件。

(4) 对货物的适应性强。

上述特点使得海上货物运输基本上适应各种货物的运输,例如,石油井台、火车、机车车辆等超重大货物,其他运输方式是无法装运的,而船舶一般都可以装运。

(5) 运输的速度慢。

由于商船的体积大,水流的阻力大,加之装卸时间长等其他各种因素的影响,所以货物的运输速度比其他运输方式慢。较快的班轮航行速度也仅 30n mile/h 左右。

(6) 风险较大。

由于船舶海上航行受自然气候和季节性影响较大,海洋环境复杂,气象多变,随时都有遇上狂风、巨浪、暴风、雷电、海啸等人力难以抗衡的海洋自然灾害袭击的可能,遇险的可能性比陆地、沿海要大,同时,海上运输还存在社会风险,如战争、罢工、贸易禁运等。为转嫁损失,海上运输的货物、船舶保险尤其应引起重视。

2. 国际海上货物运输的作用

(1) 海上货物运输是国际贸易运输的主要方式。

国际海上货物运输虽然存在速度较低、风险较大的不足,但是由于其通过能力大、运量大、运费低以及对货物适应性强等长处,加上全球特有的地理条件,使它成为国际贸易中主要的运输方式。我国进出口货运总量的 80%～90%是通过海上运输进行的,集装箱运输的兴起和发展,不仅使货物运输向集合化、合理化方向发展,而且节省了货物包装用料和运杂费,减少了货损货差,保证了运输质量,缩短了运输时间,从而降低了运输成本。

(2) 海上货物运输是国家节省外汇支付、增加外汇收入的重要渠道之一。

我国运费支出一般占外贸进出口总额的 10%左右,大宗货物的运费所占的比重更大。贸易中若争取由我方多派船,不但可以节省外汇的支付,而且可以争取更多的外汇收入。特别是要把我国的运力投入国际航运市场,积极开展对第三国的运输,为国家创造外汇收入。目前,世界各国,特别是沿海的发展中国家都十分重视建立自己的远洋船队,注重发展海上货物运输。外汇运费的收入成为一些航运发达国家国民经济的重要支柱。

(3) 发展海上运输业有利于改善国家的产业结构和国际贸易出口商品的结构。

海上运输是依靠航海活动的实践来实现的,航海活动的基础是造船业、航海技术和掌握技术的海员。造船工业是一项综合性的产业,它的发展可带动钢铁工业、船舶设备工业、电子仪器仪表工业的发展,促进整个国家的产业结构的改善。近年来,我国由原来的船舶进口国逐渐变成了船舶出口国,而且正在迈向船舶出口大国的行列。随着我国航海技术的不断发展，船员外派劳务已引起了世界各国的重视。我国的远洋运输船队已进入世界 500 强之列，为今后大规模的拆船业提供了条件，不仅可以为我国的钢铁厂提供廉价的原料、节约能源和进口矿石的消耗，而且可以出口外销废钢。由此可见，海上运输业的发展不仅能改善国家产业结构，而且会改善国际贸易中的商品结构。

(4) 海上运输船队是国防的重要后备力量。

海上远洋运输船队历来在战时都被用作后勤运输工具。美、英等国把商船队称为"除陆、海、空之外的第四军种"，苏联的商船队也被西方国家称为"影子舰队"。由此可见它对战争的胜负所起的作用。正因为海上运输占有如此重要的地位，世界各国都很重视海上航运事业，纷纷通过立法对其加以保护，从资金上加以扶植和补助，并在货载方面给予优惠。

(二)国际铁路货物运输

1. 铁路货物运输的特点

铁路是国民经济的大动脉，铁路运输是现代化运输业的主要运输方式之一。与其他运输方式相比较，铁路运输具有以下几个主要特点。

(1) 铁路运输的准确性和连续性强。

铁路运输几乎不受气候的影响，一年四季可以不分昼夜地进行定期的、有规律的、准确的运转。

(2) 铁路运输速度比较快。

铁路货运速度每昼夜可达几百千米，一般货车可达 100 km/h 左右，远远高于海上运输。

(3) 铁路运输运输量比较大。

铁路一列货物列车一般能运送 3000～5000t 货物，远远高于航空运输和汽车运输。

(4) 铁路运输成本较低。

铁路运输费用仅为汽车运输费用的几分之一到十几分之一；运输耗油约是汽车运输的 1/20。

(5) 铁路运输安全可靠，风险远比海上运输小。

(6) 铁路运输初期投资大。

铁路运输需要铺设轨道、建造桥梁和隧道，建路工程艰巨复杂，需要消耗大量钢材、木材，占用土地，其初期投资大大超过其他运输方式。

另外，铁路运输由运输、机务、车辆、工务、电务等业务部门组成，要具备较强的准确性和连贯性，各业务部门之间必须协调一致，这就要求在运输指挥方面实行统筹安排、统一领导。

2. 国际铁路货物运输的作用

国际铁路货物运输具有以下几个方面的作用。

(1) 有利于发展同欧亚各国的贸易。

我国通过铁路与许多亚洲国家和欧洲大陆联结，为发展中东、近东和欧洲各国的贸易提供了有利的条件。在中华人民共和国成立初期，我国的国际贸易主要局限于东欧国家，铁路运输占我国进出口货物运输总量的 50%左右，是当时我国进出口贸易的主要运输方式。自 20 世纪 50 年代以来，我国与朝鲜、蒙古、越南、苏联的进出口货物，绝大部分仍然是通过铁路运输来完成的；我国与西欧、北欧和中东地区一些国家也通过国际铁路联运来进行进出口货物的运输。进入 20 世纪 60 年代以后，随着我国海上货物运输的发展，铁路运输进出口货物所占的比例有所下降，但其作用仍然十分重要。

(2) 有利于开展同港澳地区的贸易，并通过香港进行转口贸易。

铁路运输是我国联系港澳地区、开展贸易的一种重要的运输方式。港澳地区所需的食品和生活用品多由内地供应，随着内地对该地区出口的不断扩大，其运输量逐年增加。做好对港澳地区的运输工作，达到优质、适量、均衡、应时的要求，在政治上和经济上都非常重要。为了确保港澳地区的市场供应，从内地开设了直达该地区的快运列车，这对繁荣稳定港澳市场以及当地的经济发展起到了积极作用。

香港是世界著名的自由港，与世界各地有着非常密切的联系，海、空定期航班比较多，作为转口贸易基地，开展陆空、陆海联运，为我国发展与东南亚、欧美、非洲、大洋洲各国和地区的贸易起着重要作用。

(3) 对进出口货物在港口的集散和各省、市之间的商品流通起着重要的作用。

我国幅员辽阔，海运进口货物大部分利用铁路从港口运往内地的收货人手中，海运出口货物大部分也是由内地通过铁路向港口集中，因此铁路运输是我国国际货物运输的重要集散方式。国内各省市和地区之间调运外贸商品、原材料、半成品和包装物料，主要也是通过铁路运输来完成的。我国国际贸易进出口货物运输大多要通过铁路运输这一环节，铁路运输在我国国际货物运输中发挥着重要的作用。

(4) 利用欧亚大陆桥运输是必经之道。

大陆桥运输是指以大陆上铁路或公路运输系统为中间桥梁，把大陆两端的海洋连接起来的集装箱连贯运输方式。

大陆桥运输一般是以集装箱为媒介，采用国际铁路系统来运送。我国目前开办的西伯利亚大陆桥和新欧亚大陆桥的铁路集装箱运输具有安全、迅速、节省的优点。这种运输方式对发展我国与中、近东及欧洲各国的贸易提供了便利的运输条件。为了适应我国经济贸易的发展需要，利用这两条大陆桥开展铁路集装箱运输也是必经之道，将会促进我国与这些国家和地区的国际贸易发展。

(三)国际公路货物运输

公路运输(一般是指汽车运输)是陆上两种基本运输方式之一，在国际货物运输中，它是不可缺少的重要运输方式。

1. 公路货物运输的特点

公路货物运输与其他运输方式相比较，具有以下几个特点。

(1) 机动灵活、简捷方便、应急性强，能深入到其他运输工具到达不了的地方。

(2) 适应点多、面广、零星、季节性强的货物运输。

(3) 运距短、单程货多。

(4) 汽车投资少、收效快。

(5) 港口集散可争分夺秒，突击抢运任务多。

(6) 公路货运是空运班机、船舶、铁路衔接运输不可缺少的运输形式。

(7) 随着公路现代化、车辆大型化，公路运输是实现集装箱在一定距离内"门到门"运输的最好的运输方式。

(8) 汽车的载重量小，车辆运输时震动较大，易造成货损事故，费用和成本也比海上运输和铁路运输高。

2. 国际公路货物运输的作用

国际公路货物运输具有以下几个方面的作用。

(1) 公路运输的特点决定了它最适合于短途运输。它可以将两种或多种运输方式衔接起来，实现多种运输方式的联合运输，做到进出口货物运输的"门到门"服务。

(2) 公路运输可以配合船舶、火车、飞机等运输工具完成运输的全过程，是港口、车站、机场集散货物的重要手段。尤其是鲜活商品、集港疏港抢运，往往能够起到其他运输方式难以起到的作用。可以说，其他运输方式往往要依赖汽车运输来最终完成两端的运输任务。

(3) 公路运输也是一种独立的运输体系，可以独立完成进出口货物运输的全过程。公路运输是欧洲大陆国家之间进出口货物运输的最重要的方式之一。我国的边境贸易运输、港澳货物运输，其中有相当一部分也是靠公路运输独立完成的。

(4) 集装箱货物通过公路运输实现国际多式联运。集装箱由交货点通过公路运到港口装船，或者相反。美国陆桥运输、我国内地通过香港的多式联运都可以通过公路运输来实现。

(四)国际航空货物运输

1. 国际航空货物运输的特点

国际航空货物运输虽然起步较晚，但发展极为迅速，这是与它所具备的许多特点分不开的。与其他运输方式相比，国际航空货物运输具有以下几个特点。

(1) 运送速度快。

现代喷气运输机时速一般在 900 千米/小时左右，协和式飞机时速可达 1350 千米/小时。

航空线路不受地面条件限制，一般可在两点间直线飞行，航程比地面短得多，而且运程越远，快速的特点就越显著。

(2) 安全准确。

航空运输管理制度比较完善，货物的破损率低，可保证运输质量，如果使用空运集装箱，则更为安全。飞机航行有一定的班期，可保证按时到达。

(3) 手续简便。

航空运输为了体现其快捷便利的特点，为托运人提供了简便的托运手续，也可以由货运代理人上门取货并为其办理一切运输手续。

(4) 节省包装、保险、利息和储存等费用。

由于航空运输速度快，商品在途时间短、周期快，存货可相对减少，资金可迅速收回。

(5) 航空运输的运量小、运价较高。

尽管航空运输的运量小、运价较高，但是这种运输方式的优点突出，可弥补运费高的缺陷，加之保管制度完善、运量又小，货损货差较少。

2. 国际航空货物运输的作用

国际航空货物运输具有以下几个方面的作用。

(1) 当今国际贸易有相当数量的洲际市场，商品竞争激烈，市场行情瞬息万变，可以说时间就是效益。航空货物运输具有比其他运输方式更快的特点，可以使进出口货物能够抢行市，卖出好价钱，增强商品的竞争能力，对国际贸易的发展起到了很大的推动作用。

(2) 航空货物运输适合于鲜活易腐和季节性强的商品运输。这些商品对时间的要求极为敏感，如果运输时间过长，则可能使商品变为废品，无法供应市场；季节性强的商品和应急物品的运送必须随行就市，争取时间，否则就容易变为滞销商品，滞存仓库，积压资金，同时还要负担仓储费。采用航空运输，既可提高保鲜效果，又有利于开辟远距离的市场，这是其他运输方式无法相比的。

(3) 航空运输速度快、商品周转快、存货降低、资金迅速回收、节省储存和利息费用、安全、准确等优点弥补了运费高的缺陷。可以利用航空来运输像电脑、精密仪器、电子产品、成套设备中的精密部分、贵稀金属、手表、照相器材、纺织品、服装、丝绸、皮革制品、中西药材、工艺品等价值高的商品。

(4) 航空运输是国际多式联运的重要组成部分。为了充分发挥航空运输的特长，在航空运输不能直达的地方，也可以采用联合运输的方式，如常用的陆空联运、海空联运、陆空陆联运，甚至陆海空联运等，与其他运输方式配合，使各种运输方式各显其长，相得益彰。

(五)集装箱与国际多式联运

集装箱运输是以集装箱作为运输单位进行货物运输的现代化运输方式，目前已成为国际上普遍采用的一种重要的运输方式。国际多式联运是在集装箱运输的基础上产生和发展起来的，一般以集装箱为媒介，把海上运输、铁路运输、公路运输和航空运输等传统单一运输方式有机地结合起来，来完成国际货物运输。

1. 集装箱运输的优越性

集装箱运输的优越性体现在以下几个方面。

(1) 对货主而言，它的优越性体现在大大地减少了货物的损坏、偷窃和污染的发生；节省了包装费用；由于减少了转运时间，能够更好地对货物进行控制，从而降低了转运费用，也降低了内陆运输和装卸的费用，便于实现更迅速的"门到门"的运输。

(2) 对承运人来说，集装箱运输的优点在于减少了船舶在港的停泊时间，加速了船舶的周转，船舶加速周转可以更有效地利用其运输能力，减少对货物的索赔责任等。

(3) 对于货运代理来说，使用集装箱进行货物运输可以发挥其无船承运人的作用，增加其提供集中运输服务、分流运输服务、拆装箱服务、门到门运输服务和联运服务的机会。

2. 集装箱运输的缺点

集装箱运输的缺点体现在以下几个方面。

(1) 受货载的限制，使航线上的货物流向不平衡，往往在一些支线运输中，出现空载回航或箱量大量减少的情况，从而影响了经济效益。

(2) 需要大量投资，容易产生资金困难。

(3) 转运不协调，造成运输时间延长，增加一定的费用。

(4) 受内陆运输条件的限制，无法充分发挥集装箱运输"门到门"的运输优势。

(5) 各国集装箱运输方面的法律、规章、手续及单证不统一，阻碍国际多式联运的开展。

3. 国际多式联运的优点

国际多式联运有以下几个优点。

(1) 手续简便，责任统一。

在国际多式联运运输方式下，货物运程不论多远，不论由几种运输方式共同完成货物运输，也不论货物在途中经过多少次转运，所有的运输事项均由多式联运承运人负责办理。而货主只需办理一次托运、订立一份运输合同，支付一次运费、办理一次保险，并取得一份联运提单。与各运输方式相关的单证和手续上的麻烦被减少到最低限度，发货人只需与多式联运经营人进行交涉。

由于责任统一，一旦在运输过程中发生货物灭失或损坏时，由多式联运经营人对全程运输负责，而每一运输区段的分承运人仅对自己运输区段的货物损失承担责任。

(2) 减少运输过程中的时间损失，使货物运输更快捷。

多式联运作为一个单独的运输过程而被安排和协调运作，能减少在运转地的时间损失和货物灭失、损坏、被盗的风险。多式联运经营人通过通信联络和协调，使运转地各种运输方式的交接可连续进行，使货物更快速地运输，从而弥补了与市场距离远和资金积压的缺陷。

(3) 节省了运杂费用，降低了运输成本。

国际多式联运由于使用了集装箱，集装箱运输的优点都体现在多式联运中，多式联运经营人一次性收取全程运输费用和保险费用。货物装箱后装上一程运输工具后即可用联运提单结汇，有利于加快货物资金周转，减少利息损失，同时也节省了人、财、物资源，从而降低了运输成本。这有利于减少货物的出口费用，提高商品在国际市场上的竞争能力。

(4) 提高了运输组织水平，实现了门到门运输，使合理运输成为现实。

多式联运可以提高运输的组织水平，改善不同运输方式间的衔接工作，实现各种运输方式的连续运输，可以把货物从发货人的工厂或仓库运到收货人的内地仓库或工厂，做到门到门的运输，使合理运输成为现实。

在当前国际贸易竞争激烈的形势下，货物运输要求速度快、损失少、费用低，而国际多式联运适应了这些要求，因此，在国际上越来越多地采用多式联运。可以说，国际多式联运是当前国际货物运输的发展方向。我国地域辽阔，更具有发展国际多式联运的潜力。可以预料，随着我国内陆运输条件的改善，我国国际多式联运必将蓬勃地发展起来。

对货主而言，国际多式联运的优越性体现在大大地减少了货物的损坏、偷窃和污染的发生；节省了包装费用；由于减少了转运时间，货主能够更好地对货物进行控制，从而降低了转运费用，也降低了内陆运输和装卸的费用。

第三节　国际货物运输代理

一、国际货运代理

(一)国际货运代理的概念和业务范围

1. 国际货运代理的概念

国际货运代理的英文是"international freight forwarding"，国际货运代理人的英文是"international forwarding agent"或"international freight forwarder"，实际中一般不做区分，简称"国际货代""货运代理"或"货代"。

国际货运代理行业的主体是国际货运代理企业，我国商务部作为国际货运代理行业的主管部门，除对"国际货运代理业"下了定义外，还对"国际货运代理企业"从事的业务活动进行了界定："国际货运代理企业可以作为进出口货物收货人、发货人的代理人，也可以作为独立经营人，从事国际货运代理业务。国际货运代理企业作为代理人从事国际货运代理业，是指国际货运代理企业接受进出口货物收货人、发货人或其代理人的委托，以委托人的名义办理有关业务，收取代理费或佣金的行为。国际货运代理企业作为独立经营人从事国际货运代理业务，是指国际货运代理业接受进出口货物收货人、发货人或其代理人的委托，签发运输单证、履行运输合同并收取运费以及服务费的行为。"

国际货运代理协会联合会(International Federation of Freight Forwarders Associations，FIATA)在 1996 年 10 月颁布的《国际货运代理服务示范条例》(FIATA Model Rules For Freight Forwarding Services，又称"FIATA 货运代理标准交易条件")中给"国际货运代理人"及"国际货运代理服务"作出的定义是，"所谓国际货运代理人，是指与客户签订国际货运代理服务合同的人""所谓国际货运代理服务，指的是所有与货物相关的服务，如货物的运输、拼箱、储存和处理，及货物的包装与配送等服务；以及与上述有关货物服务相关的辅助性及咨询服务，其中包括，但不仅限于海关和财政事务，货物的官方申报、货物的保险、支付与货物相关的款项及单证等服务。"2004 年 10 月，FIATA 总部推出了"国际货运代理及物流服务"的定义："所谓的国际货运代理及物流服务，指的是所有和货物运输(即采用单一的模式或多式联运模式所完成的运输)相关的服务，及货物的拼箱、储存、处理、包装或配送等相关的服务和与上述服务相关的辅助性及咨询服务，其中包括，但不局限于海关和财政事务、货物的官方申报、安排货物的保险、代收或支付货物相关的款项及单证等服务。国际货运代理服务还包括物流服务，即将现代信息和通信技术应用于货物的运输、处理和储存及实质上的整体供应链管理之中。所有这些服务，都可以根据客户的要求及具体的服务内容而量身定做，灵活运用。"

国际货运代理人是"国际货运中间人"，既代表货方，保护货主的利益，又协调承运人进行承运工作。国际货代既可以扮演 "代理"角色，也可以扮演"当事人"角色。当然，国际货代在扮演不同的角色时，其权利、义务是不同的。国际货运代理行业属于社会产业结构中的第三产业。

2. 国际货运代理的业务范围

货运代理的业务服务范围很广泛，通常为接受客户的委托，完成货物运输的某一个环节或与此有关的各个环节的任务。除非客户(发货人或收货人)想亲自参与各种运输过程和办理单证手续，否则，货运代理可以直接或通过其分支机构及其雇用的某个机构为客户提供各种服务，也可以利用其在海外的代理提供服务。

货运代理的服务对象包括：发货人(出口商)、收货人(进口商)等货方，海关、检验检疫等国家管理部门，班轮公司、航空公司、汽车公司、铁路公司等实际承运人，仓库、港口、机场等储存、装卸单位，在物流服务中还包括工商企业等。货运代理的服务内容包括：选择运输线路、运输方式和适当的承运人；订舱；接收货物；包装；储存；称重、量尺码；签发单证；报关；办理单证手续；运输；安排货物转运；安排保险；支付运费及其他费用；进行外汇交易；交货及分拨货物；协助收货人索赔；提供与工程、建筑有关的大型、重型机械、设备、挂运服务和海外展品等特种货物的服务。此外，货运代理还根据客户的需要，提供与运输有关的其他服务、特殊服务，如混装、拼箱、拆箱、多式联运、无船承运及物流服务等。

(二)国际货运代理的作用

从事国际货代业务的人员不论对于进出口货物的收货人、发货人，还是对于承运人和港口、机场、车站、仓库经营人，都有重要的桥梁和纽带作用。因此，需要通晓国际贸易的各个环节，精通各种运输业务，熟悉有关法律、法规，业务关系广泛，其信息来源准确、及时，与各种运输方式的承运人、仓储经营人、保险人、港口、机场、车站、堆场、银行等相关企业，海关、检验检疫、进出口管制等有关政府部门保持密切的业务关系。国际货代不仅可以促进国际贸易和国际运输事业发展，而且可以为国家创造外汇来源，对于本国国民经济发展和经济全球化都有重要的作用。对委托人或者货主而言，国际货运代理在国际货物运输服务方面至少可以发挥以下几个方面的作用。

1. 组织协调作用

国际货运代理人历来被称为"运输的设计师""门到门"运输的组织者和协调者。他们凭借其拥有的运输知识及其他相关知识，组织运输活动，设计运输路线，选择运输方式和承运人，协调货主、与承运人、仓储保管人、保险人、银行、港口、机场、车站、堆场经营人以及海关、检验检疫、进出口管制部门等各方之间的关系。货主可以省掉亲自办理这些事情的时间，减少许多不必要的麻烦。

2. 专业服务作用

国际货运代理人的本职工作是利用自身的专业知识和经验，提供国际货物运输中的货物承揽、交运、拼装、集运、接卸、交付等服务。他可以接受委托人的委托，办理货物的保险、海关、检验检疫、进出口管制等手续，有时甚至可以代理委托人支付运费、垫付税金和政府规费。国际货运代理人通过向委托人提供各种专业服务，可以使委托人不必在自己不够熟悉的业务领域花费更多的心思和精力，使不便或难以依靠自己的力量办理的事宜得到恰当、有效的处理，有助于提高委托人的工作效率。

3. 沟通控制作用

国际货运代理人拥有广泛的业务关系、发达的服务网络、先进的信息技术手段，可以随时保持货物运输关系人之间、货物运输关系人与其他有关企业、部门之间的有效沟通，对货物运输的全过程进行准确跟踪和控制，保证货物安全、及时地运抵目的地，顺利地办理相关手续，准确地送达收货人，并应委托人的要求提供全过程的信息服务及其他相关服务。

4. 咨询顾问作用

国际货运代理人通晓国际贸易环节，精通各种运输业务，熟悉有关法律法规，了解世界各地的有关情况，信息来源准确、及时，可以就货物的包装、储存、装卸和照管，货物的运输方式、运输路线和运输费用，货物的保险、进出口单证和价款的结算，领事、海关、检验检疫、进出口管制等有关当局的要求向货主提出明确、具体的咨询意见，协助货主设计、选择适当的处理方案，使货主避免或减少各种风险、周折和不必要的费用支出。

5. 降低成本作用

国际货运服务经营者掌握货物的运输、仓储、装卸、保险等市场行情信息，与货物的运输关系人、仓储保管人、港口、机场、车站、堆场经营人和保险人有着长期、密切的友好合作关系，拥有丰富的专业知识和业务经验、有利的谈判地位和娴熟的谈判技巧，通过国际货运服务经营者的努力，可以选择货物的最佳运输路线、运输方式，最佳仓储保管人、装卸作业人和保险人，争取公平、合理的费率，甚至可以通过集运效应使所有相关各方受益，从而降低货物运输关系人的业务成本，提高经营效益。

6. 资金融通作用

国际货运代理人与货物的运输关系人、仓储保管人、装卸作业人及银行、海关等相互了解，关系密切，长期合作，彼此信任。国际货运代理人可以代替收货人、发货人支付有关费用、税金，提前与承运人。仓储保管人、装卸作业人结算有关费用，凭借自己的实力和信誉向承运人、仓储保管人、装卸作业人及银行、海关当局提供费用、税金担保或风险担保，可以帮助委托人融通资金，减少资金占压，提高资金利用效率。

(三)国际货运代理行业组织

目前，国际货运代理行业组织只有非政府组织，因此，国际货运代理行业组织可以说是一种自律组织。世界上最具行业代表性的国际货运代理行业组织是国际货运代理协会联合会。中国国际货运代理协会是全国性的行业组织，我国还有很多地方性的国际货运代理行业协会组织。

1. 国际货运代理协会联合会

国际货运代理协会联合会是一个非政府组织，是一个非营利的世界性国际货运代理行业组织。它代表了由大约 40 000 家国际货运代理企业、1000 万左右从业人员组成的国际货运代理业，具有广泛的国际影响。

为了保障和提高国际货运代理业的全球利益，1926 年 5 月 31 日，16 个国家的国际货运代理协会根据《瑞士民法典》第六十条在奥地利的维也纳成立了国际货运代理协会联合会。在中国，国际货运代理协会联合会拥有中国国际货运代理协会和台湾省、香港特别行政区的相关协会三个一般会员。根据 1999 年 10 月 26 日会员代表大会修改的章程，国际货运代理协会联合会的宗旨是保障和提高国际货运代理业在全球的利益，工作目标是团结全世界的国际货运代理人；以顾问或专家身份参加国际性组织，处理运输业务，代表、促进和保护运输业的利益；通过发布信息，分发出版物等方式，使贸易界、工业界和公众熟悉国际货运代理提供的服务；通过制定和推广统一国际货运代理业单据、标准交易条件，改进和提高国际货运代理的服务质量、协助货运代理人进行货运代理职业培训，处理责任保险问题，提供电子商务工具。

国际货运代理协会联合会被国际商会、国际航空运输协会、国际铁路联盟、国际公路运输联盟、世界海关组织、世界贸易组织等一致确认为国际货运代理业的代表，并在联合国经济及社会理事会、联合国贸易与发展大会、联合国欧洲经济委员会、联合国亚洲及太平洋经济和社会理事会、联合国国际贸易法委员会中拥有咨询顾问的地位。

2. 中国国际货运代理协会

中国国际货运代理协会，英文名称为"China International Freight Forwarders Association"，简称"CIFA"。

为了维护国际货运代理行业经营秩序、保护国际货运代理人合法权益、促进我国国际货运代理行业的健康发展，2000 年 9 月 6 日，中国国际货运代理协会在北京正式成立，2000年 11 月 1 日在民政部获准登记。中国国际货运代理协会是经国家主管部门批准从事国际货运代理业务，在中华人民共和国境内注册的国际货运代理企业，以及从事与国际货运代理业务有关的单位、团体、个人自愿结成的非营利性的具有法人资格的全国性行业组织。中国国际货运代理协会是在民政部登记的全国性行业协会，属于非营利性的社团法人。CIFA是 FIATA 的国家级会员。

中国国际货运代理协会的宗旨是配合政府部门加强对我国国际货运代理业及相关行业的管理；维护国际货运代理业的正常经营秩序；推动会员企业间的交流与合作；依法代表国际货运代理业的利益；保护会员企业的合法权益；促进进出口贸易和国际货运代理业的发展。

(四)国际货运代理与国际贸易的关系

国际货运代理业务是基于国际贸易合同的履行而产生的，国际经济、贸易的发展对国际运输和货运代理的发展影响重大，因此二者是贸易需求与货代需求的关系。

经济是贸易的先导，世界经济发展为国际贸易不断开辟新的领域。所以，世界经济高速发展时，国际贸易也出现增长，对国际运输产生强烈的需求，同时，国际货运代理需求旺盛。但是，世界经济的发展反映到国际贸易上有一定时差，大约为半年到两年，即世界经济发展或衰退通常要在半年到两年之后才会在国际贸易上反映出来。而国际贸易对国际运输需求的变化通常为半年左右，国际货运代理需求几乎与国际运输需求同时产生。这说明了世界经济、国际贸易与国际运输和货运代理之间本源与派生需求的相关关系及其时差特征。

　　世界经济、国际贸易的发展趋势对国际运输、货运代理需求有着重要的影响。经济全球化趋势对货运代理的影响实质上是各国经济日益依赖于对外贸易的反映，由国际贸易派生的国际运输与货运代理需求量日益提高，货源结构也发生着变化。世界经济区域集团化趋势影响着国际运输与货运代理需求，欧洲、北美、东南亚等区域的经济共同体、自由贸易区，使区域内的海运货源分布、数量增加。经济知识化趋势也影响着国际运输与货运代理的需求，因为知识经济与工业经济的不同，主要表现在：

　　(1) 生产资料与劳动一体化，创造"知识价值"最重要的生产资料不再是设备/工具，而是人的知识智力；

　　(2) 知识价值成为衡量商品和服务有效性的原则，知识含量决定商品和服务"价值"；

　　(3) 投资向知识和智力开发倾斜；

　　(4) 企业管理高度信息化、市场化、综合化，国际贸易货物日益向重量轻、体积小、价值高方向转变，运输量会下降。

　　国际货运代理需求是国际贸易需求的派生需求，国际货运代理业务是在国际贸易合同履行的基础上开展的。因此，国际货运代理从业人员只有在熟悉与国际贸易相关知识的基础上，才能提供高质量的国际货运代理服务，以满足国际贸易发展的需要。

二、第三方物流

(一)现代物流的产生

　　自从人类社会有了商品交换，就有了运输、仓储、装卸等活动。现代物流活动是从 20 世纪中期开始产生和发展的。它要求将运输、仓储、装卸等功能加以整合，用系统和整体优化的观点来解决物资流动过程中的问题，以达到成本最低等效益优化目标。

　　现代物流的英文为"Logistics"，其原意为"军事后勤"。第二次世界大战后，各国经济得到复苏和发展，世界经济进入了一个高速增长的阶段，但由于物流在商业组织中一直位于公司管理的边缘地带，物流成本占产品总成本的比重较高。随着"军事后勤"方面取得的管理经验在经济领域的应用，物流管理逐渐被公司高层管理者所重视，一些公司开始从企业经营整体优化的角度规划物流活动，取得了很好的效果，Logistics 一词逐渐在经济领域确立了自己的地位。

　　随着技术的进步和世界市场的竞争，工业产品的技术差异化越来越小，过去以产品差异为竞争手段的企业经营模式已经不再有效。生产成本的降低已经成为企业在市场中生存的关键问题。而降低成本的根本途径就是减少产品在生产和流通过程中的物流成本。实现这一目的的方法是改变传统的物流模式，利用现代物流的方式、方法，服务于生产和销售。学术界和企业界均认为现代物流是继劳动力、资源之后的第三个利润源泉。

(二)第三方物流的概念

目前在国际上有一些其他的术语,与第三方物流具有相同的概念,如合同物流(Contract Logistics)、物流外协(Logistics Outsourcing)、全方位物流服务公司(Full-Service Distribution Company)、物流联盟(Logistics Alliance)等。

理解第三方物流概念必须把握以下几个要点。

1. 第三方物流是建立在现代信息技术基础上的现代物流运作方式

信息技术的发展是第三方物流出现的必要条件,信息技术实现了数据的快速、准确传递,提高了库存管理、装卸运输、采购、订货、配送发送、订单处理的自动化水平,使订货、包装、保管、运输、流通加工实现一体化;企业可以更方便地使用信息技术与物流企业进行交流和协作,企业间的协调和合作可以在短时间内迅速完成;同时,电脑软件的运用,使混杂在其他业务中的物流活动的成本能被精确地计算出来,还能有效地管理物流渠道中的商流。目前,有很多企业把原来在内部完成的物流作业交由物流公司运作。

2. 第三方物流提供合同导向的一系列服务

第三方物流有别于传统的外协。外协只限于一项或一系列分散的物流功能,如运输公司提供运输服务,仓储公司提供仓储服务。第三方物流则根据合同条款规定的要求,提供多功能甚至全方位的物流服务,而不是临时需求。

3. 第三方物流是个性化物流服务

第三方物流服务的对象一般都较少,只有一家或数家,服务时间却较长,往往长达几年。这是因为需求方的业务流程各不相同,而物流、信息流是随价值流流动的,因而要求第三方物流服务应按照顾客的业务流程来制定。

4. 第三方物流提供者与客户企业之间是一种联盟合作伙伴关系

依靠现代电子信息技术的支撑,第三方物流与客户企业之间共享信息,这就要求双方相互信任、合作双赢,以达到比单独从事物流活动所能取得的更好效果。而且,从物流服务提供者的收费原则来看,第三方物流与客户企业之间是共担风险、共享收益的关系;再者,第三方物流与客户企业之间所发生的关联并非一两次的市场交易,在交易维持一定时期之后,可以相互更换交易对象。在行为上,各方既非采取追求自身利益最大化行为,也非完全采取追求共同利益最大化行为,而是通过契约结成优势互补、风险共担的中间组织,因此,第三方物流与客户企业之间是物流联盟合作伙伴关系。

(三)第三方物流的类型

根据不同的标准,物流企业可以划分为以下几种不同的类型。

1. 按照物流企业完成的物流业务范围的大小和所承担的物流功能分类

按照物流企业完成的物流业务范围的大小和所承担的物流功能,可将物流企业分为功能性物流企业和综合性物流企业。

功能性物流企业(也称单一物流企业)是指那些仅承担和完成某一项或少数几项物流功能的企业,按照其主要从事的物流功能可将其进一步分为运输企业、仓储企业、流通加工企业等。

综合性物流企业是指那些能完成和承担多项或全部物流功能的企业,一般规模较大、资金雄厚,并且有着良好的物流服务信誉。其经营范围包括从配送中心的规划设计到物流的战略策划、具体业务功能等。

2. 按照物流企业是自行完成和承担物流业务还是委托他人进行操作分类

按照物流企业是自行完成和承担物流业务还是委托他人进行操作,可将物流企业分为物流运营企业与物流代理企业。

物流运营企业是指实际承担大部分物流业务的企业,它们可能有大量的物流环境和设备支持物流运作,如配送中心、自动化仓库、交通工具等。

物流代理企业是指接受物流需求方的委托,运用自己的物流专业知识、管理经验,为客户制定最优化的物流路线,选择最合适的运输工具等,最终由物流运营企业承担具体的物流业务。

物流代理企业还可以按照物流业务代理的范围,分为综合性物流代理企业和功能性物流代理企业。功能性物流代理企业包括运输代理企业(货代公司)、仓储代理公司(仓代公司)和流通加工代理企业等。

3. 按照第三方物流业务角度分类

按照第三方物流业务角度,还可将当代第三方物流的主要模式分为以下几种类型。

第三方物流运输服务:包括汽车运输、专一承运、多式联运、水运、铁路运输、包裹、设备、司机、车队等。

第三方物流仓储服务:包括入库、上门收货服务、包装/次级组装、完善分货管理、存货及管理、位置服务等。

第三方物流特别服务:包括逆向物流、直接配送到商店、进/出口海关、ISO认证、直接送货到家等。

第三方物流国际互联网服务:包括搜寻跟踪、电子商务、电子执行、通信管理、电子供应链等。

第三方物流的技术服务：包括 GIS 技术、GPS 技术、EDI 技术、条码技术、RFID 技术等。

(四)第三方物流发展趋势

现代物流作为国家重点发展的战略性产业，得到了社会各界的广泛关注与支持，与之相呼应，第三方物流发展进一步加快了进程，在服务内涵、经营模式、功能建设等方面发生了深远的变革，呈现出良好的发展趋势。

1. 服务链不断延伸、专业化不断加强

随着供需双方合作的深入推进，第三方物流服务不断深化，使专业进一步细分，企业开始将战略目标转入特定的目标市场，以充分发挥其专业特性，从过去什么都做的物流转变成更加专业化的划分。

2. 服务范围向金融领域扩展

一条完整的供应链包括物流、现金流和资金流。现阶段，国内信用体系有待完善，中小企业常常因资金链断裂导致采购和供应关系紧张，严重地影响了供应链的稳定运作。由此以质押、监管为代表的物流金融服务得到较大的发展。

3. 在网络虚拟公司中发挥举足轻重的作用

互联网越来越深入到社会的各个层面，中国网络虚拟公司的发展也初具规模。由于虚拟公司既无生产资料，也无营销渠道，只是通过"头脑风暴"出售"点子"，因此其经营运作必须有第三方物流企业的参与，只有在第三方物流企业的保驾护航下才能创造市场财富。

4. 物流行业的整合趋势非常明显

全球经济一体化所带来的是物流全球化进程，这一进程正在向中国扩展，自第三方物流概念引入国内起，以兼并收购为特征的全球物流整合深刻地改变了我国的物流市场格局。一批巨型的物流集团在整合过程中迅速发展壮大，市场集中度明显提升。近年来，外资对国内第三方物流企业并购明显升温，进一步加快了中国第三方物流企业的全球化进程，也使第三方物流企业竞争从服务竞争扩展到资本竞争。

中国物流正在走向有序、理性的发展道路，现代物流发展就是要进一步加深对第三方物流概念的理解，并且结合具体情况，提高物流企业自身的核心竞争力，创造性地发展物流业务、扩大市场、提高服务水平，为企业提供全方位、高水平的优质物流服务。

第四节 我国对外贸易的合理运输

一、合理运输

(一)概念

合理运输是在满足国民经济对运输的需要,并充分、合理地利用各种运输方式能力的条件下,社会产品或商品运输的运距最短、耗时最少和费用最低的运输形式,其实质是货流分布合理化。合理运输的作用在于尽可能地节省运力,减少运费,缩短运送时间,并可促进生产力的合理布局。在中国,国民经济各部门是在统一计划或宏观控制下相互协调发展的,在客观上为运输合理化创造了良好的基础。但要真正实现合理运输,除必须注意合理布局生产力、不断改善交通网、正确配置有关中转仓储站点外,尚需借助一定的手段与方法,对货流进行合理的组织与统盘规划。实行按货物分区产销平衡合理运输流向图进行运输,以及按经济区划组织物资调运等,都是实现合理运输的有效手段。

(二)实现合理运输需要考虑的因素

物品从生产地到消费地的运输过程中,从全局利益出发,力求运输距离短、运输能力省、运输费用低、中间转运少、到达速度快、运输质量高,并充分有效地发挥各种运输工具的作用和运输能力,是运输活动所要实现的目标。运输合理化的影响因素很多,起决定性作用的有五方面的因素,称为合理运输的"五要素"。

(1) 运输距离。在运输过程中,运输时间、货损、运费、车辆周转等运输的若干技术经济指标都与运输距离有一定的比例关系。因此,运输距离的长短是运输是否合理的一个最基本的因素,缩短运输距离既具有宏观的社会效益,也具有微观的企业效益。当然,运输距离并不是越短越好,还要综合考虑其他因素。

(2) 运输环节。每增加一次运输,不但会增加起运的运费和总运费,而且必然要增加运输的附属活动,如装卸、包装、分拣等,各项技术经济指标也会因此下降。所以,尽可能地减少运输环节尤其是同类运输工具的环节,对合理运输有促进作用。

(3) 运输工具。各种运输工具都有其使用的优势领域,对运输工具进行优化选择,按运输工具的特点进行装卸运输作业,最大限度地发挥所用运输工具的作用,是运输合理化的重要一环。

(4) 运输时间。运输是物流过程中需要花费较多时间的环节,尤其是远程运输,在全部物流时间中,运输时间占绝大部分,因而运输时间的缩短对整个流通时间的缩短有决定性的作用。此外,运输时间短,有利于运输工具的加速周转,充分发挥运力的作用;有利于货主资金的周转;有利于运输线路通过能力的提高,对运输合理化有很大贡献。

(5) 运输费用。运费在全部物流成本中占很大比例，运费的高低在很大程度上决定了整个物流系统的竞争能力。实际上，无论对货主企业来讲，还是对物流经营企业来讲，运输费用的降低都是运输合理化的一个重要目标。运输费用的合理与否也是各种合理化方案实施是否行之有效的最终判断依据之一。

(三)合理运输的方法

1. 分区产销合理运输

分区产销合理运输，就是对品种单一、数量较大、多地生产、调运面广的大宗商品，如煤炭、粮食、木材、食盐、食糖、肥皂、火柴、纸张、水泥、石油等，按照近产近销的原则，在产销平衡的基础上划定商品调运区域，制定商品的合理流向。"商品流向"就是把商品从生产、分配、调拨、仓储和运输路线以及运输工具方面固定下来，防止商品盲目乱流，消除不合理的对流运输、迂回运输和过远运输。这一办法于1951年首先在东北推行，1954年在全国推广。各地商业部门根据本地区的实际情况，相继实行了分区产销合理平衡这一制度。这一制度主要适用于品种单一的大宗商品，但是对于供应市场的日用工业品来说，除纸张、火柴、肥皂等大宗商品外，随着商品花色品种的不断增加，各地之间的商品调剂范围越来越广。因此，为了繁荣市场，在开展合理运输时，既要坚持近产近销的原则，又要根据市场需要，注意搞好商品的品种调剂，更好地满足人民生活的需要。

2. 直达、直线运输

直达运输是指把商品从产地直接运达到要货单位，中间不需要经过各级批发企业的仓库的运输。直线运输是指减少商品流通环节，采取最短运距的运输。直达、直线运输是合理组织商品运输的重要措施之一。它可以减少商品的周转环节，消除商品的迂回、对流等不合理运输，从而减少商品的损耗，节省运输费用。品种简单、数量很大的商品或需要尽可能缩短周转时间的商品，应尽可能采取直达运输。

3. "四就"直拨运输

"四就"直拨，指就厂直拨、就站直拨、就库直拨和就船过载。

就厂直拨，是将商品由生产厂家直接发送到要货单位，又分为厂际直拨、厂库直拨、厂站直拨等几种形式。一般日用工业品多采用就厂直拨的方式。

就站直拨，是将到达车站或码头的商品，不经过中间环节，直接分拨给要货单位。

就库直拨，是将由工厂送入一、二级批发企业仓库的商品，由批发企业调拨给要货单位或直接送到基层商店。

就船过载，是将到达消费地或集散地的商品，在卸船的同时，装上另外的船，分送给要货单位，中间不再经过其他环节。

"四就"直拨，需要各部门紧密配合，加强协作，才能做到及时、准确、安全、经济。

二、不合理运输

不合理运输是在现有条件下可以达到的运输水平而未达到，从而造成了运力浪费、运输时间增加、运费超支等问题的运输形式。目前我国存在的主要的不合理运输形式有以下下几种。

(一)与运输方向有关的不合理运输

1. 对流运输

对流运输亦称"相向运输""交错运输"，是指同一种货物，或彼此间可以互相代用而又不影响管理、技术及效益的货物，在同一线路上或不同运输方式的平行线路上作相对方向的运送，而与对方运程的全部或一部分发生重叠交错的运输称对流运输。已经制定了合理流向图的产品，一般必须按合理流向的方向运输，如果与合理流向图指定的方向相反，也属于对流运输。

在判断对流运输时需注意，有的对流运输是不很明显的隐蔽对流，例如，不同时间的相向运输，从发生运输的那个时间看，并未出现对流，可能会作出错误的判断，所以要注意隐蔽的对流运输。

2. 倒流运输

倒流运输是指货物从销地或中转地向产地或起运地回流的一种运输现象，其不合理程度要甚于对流运输，原因在于：往返两程的运输是不必要的，形成了双程的浪费。倒流运输也可以看成是隐蔽对流的一种特殊形式。

3. 返程或起程空载运输

空车无货载行驶，可以说是不合理运输最严重的形式。在实际运输组织中，有时候必须调运空车，从管理上不能将其看成不合理运输。但是，因调运不当、货源计划不周或不采用运输社会化而形成的空驶，是不合理运输的表现。造成空载的不合理运输主要有以下几种原因。

(1) 能利用社会化的运输体系而不利用，却依靠自备车送货提货，这往往出现单程重车、单程空驶的不合理运输。

(2) 由于工作失误或计划不周，造成货源不实，车辆空去空回，形成双程空驶。

(3) 由于车辆过分专用，无法搭运回程货，只能单程实车，单程回空周转。

4. 交叉运输

凡同种物资有两对以上的供销关系，在路网密集地区运送而又产生多余走行千米时的运输，称为交叉运输。

(二)与运输距离有关的不合理运输

1. 过远运输

过远运输是指调运物资舍近求远，近处有资源不调而从远处调，这就造成可采取近程运输而未采取，拉长了货物运距的浪费现象。过远运输占用运力时间长、运输工具周转慢、物资占压资金时间长，远距离自然条件相差大，又易出现货损，增加了费用支出。

2. 迂回运输

迂回运输是指物资不走最短路径的绕道运输，可以选取短距离进行运输而不办、却选择路程较长路线进行运输的一种不合理形式。迂回运输有一定的复杂性，不能简单处理，只有因计划不周、地理不熟、组织不当而发生的迂回，才属于不合理运输，如果最短距离有交通阻塞、道路情况不好或有对噪声、排气等方面的特殊限制而不能使用时发生的迂回，不能称为不合理运输。

(三)与运量有关的不合理运输

1. 重复运输

本来可以直接将货物运到目的地，但是在未达目的地之处，或目的地之外的其他场所将货卸下，再重复装运送达目的地，这是重复运输的一种形式。另一种形式是，同品种货物在同一地点一边运进，同时又向外运出。重复运输的最大弊端是增加了非必要的中间环节，这就延缓了流通速度，浪费了运力，增加了费用，增大了货损。

2. 无效运输

无效运输是指凡装运的物资中无使用价值的杂质(如煤炭中的矸石、原油中的水分、矿石中的泥土和沙石)含量过多或含量超过规定的标准的运输。

(四)运力选择不当的运输

未充分利用各种运输工具的优势而不正确地利用运输工具造成的不合理现象有以下几种形式。

1. 弃水走陆

在同时可以利用水运及陆运时，不利用成本较低的水运或水陆联运，而选择成本较高的铁路运输或汽车运输，使水运优势不能发挥。

2. 铁路、大型船舶的过近运输

不是铁路及大型船舶的经济运行里程却利用这些运力进行运输的不合理做法。其不合理之处主要在于火车及大型船舶起运及到达目的地的准备和装卸时间长，且机动灵活性不足，在过近距离中发挥不了运速快的优势。相反，由于装卸时间长，反而会延长运输时间。另外，和小型运输设备比较，火车及大型船舶装卸难度大，费用也较高。

3. 运输工具承载能力选择不当

不根据承运货物的数量及重量选择，而盲目决定运输工具，造成过分超载、损坏车辆及货物不满载、浪费运力的现象。尤其是"大马拉小车"的现象发生较多。由于装货量小，单位货物的运输成本必然增加。

(五)托运方式选择不当的不合理运输

对于货主而言，在可以选择最好的托运方式时而未选择，造成运力浪费及费用支出加大的一种不合理运输。例如，应选择整车未选择，反而采取零担托运，应当直达而选择了中转运输等，都属于这一类型的不合理运输。

上述的各种不合理运输形式都是在特定条件下表现出来的，在进行判断时必须注意其不合理的前提条件，否则就容易出现判断失误。例如，如果同一种产品商标不同、价格不同，不能将所发生的对流绝对看成不合理，因为其中存在市场机制引导的竞争，优胜劣汰，如果强调因为表面的对流而不允许运输，就会起到保护落后、阻碍竞争甚至助长地区封锁的作用。

以上对不合理运输的描述主要是就形式本身而言，是主要从微观观察得出的结论。在实践中，必须将其放在物流系统中作综合判断。如果不作系统分析和综合判断，很可能出现"效益背反"现象，即单从一种情况来看，避免了不合理，做到了合理，但它的合理却使其他部分出现不合理。只有从系统角度进行综合判断，才能有效地避免"效益背反"现象，真正优化物流系统。

三、我国对外贸易的合理运输

(一)对外贸易运输的统计

统计，是国家实行科学决策和科学管理的一项重要的基础工作，是认识国情国力、决定政策、制订计划的重要依据。没有统计，就没有管理。统计在经济的调控、监督、管理体系中的重要性不言而喻。

我国的外贸运输统计贯彻准确、及时、全面、方便的原则，充分发挥信息、咨询的监督作用，用统计数据来反映外贸运输活动的实际成果，研究外贸运输的现象和过程，监督、检验外贸运输计划的执行。所以，统计是管理对外贸易运输的一种必不可少的重要手段。

1. 对外贸易运输统计的主要作用

对外贸易运输统计主要有以下几个方面的作用。

(1) 外贸运输统计，既是监督实施外贸运输计划的重要手段，也是检验考核外贸运输计划质量的唯一尺度，同时，也是制订外贸运输计划的重要依据。

(2) 外贸运输统计，既是领导机关制定外贸运输方针政策、处理外贸运输重大问题的依据，也是企业经营管理的重要工具。

(3) 外贸运输统计，还是阐明和探索外贸运输客观规律的重要方法。

2. 对外贸易运输统计的基本原则

对外贸易运输统计应坚持以下几个基本原则。

(1) 必须坚持统计为领导机关、为计划和业务部门服务的主导思想。

因为收集外贸运输的资料进行综合汇总、分析情况、编制报表，都是为了加强外贸运输管理，以便更好地完成外贸运输任务，而这些报表只有通过机关和业务部门的工作才能起作用。

(2) 必须坚持实事求是的原则。

统计资料的搜集、分组、整理、加工、综合、分析、推论等，必须如实反映客观情况，不允许有任何主观臆测，更不允许弄虚作假。

3. 对外贸易运输统计的基本要求

对外贸易运输统计应符合以下几项要求。

(1) 统一性。

统一性是统计工作的核心，没有这种统一性，外贸运输统计工作就无法进行。统一性主要表现在统一领导、统一制度、统一报表格式、统一指标概念、统一报表时间五个方面。

(2) 准确性。

统计数字如果不准确，就不能客观地反映实际情况，更不能据此了解情况、处理问题、制定对策、编制计划。而统计上的任何疏忽，都会影响数字的真实性。

(3) 及时性。

统计资料如果不能及时上报，错过使用时间，往往就会降低其使用价值，不能发挥其应有的作用。

4. 对外贸易运输统计的基本内容

对外贸易运输统计包括以下几项基本内容。

(1) 外贸运输计划执行统计。

年度计划执行情况统计，用于检验年度进出口运输计划的执行进度和结果，督促按期完成全年的运输任务。

月度计划执行情况统计，用于检查各项月度进出口计划的执行进度和结果，包括国际铁路联运出口统计，铁路供应香港、澳门的统计，海运出口的统计，海运进口的统计及其电讯快报等几个种类。

(2) 外贸运输业务情况统计。

铁路口岸统计，是铁路口岸外贸进出口货物交接情况的统计。

海岸港的装卸统计，是反映海运港口外贸进出口货物装卸情况的统计。

进口运输库存统计，是反映海运港口外贸进口货物疏运和库存的情况，督促加快疏运进度的统计。

期、程租船在港时间，是反映我国租赁的外籍船舶在我国沿海港口的停留时间，督促快装快卸的统计。

外贸专用汽车营运统计，是反映外运公司和基层车队对汽车运输八项经济指标执行情况的统计。

(二)我国对外贸易的合理运输

外贸运输是中间环节很多、涉及面很广、情况复杂多变的长途运输，组织合理运输是贯彻"安全、迅速、准确、节省、方便"方针、完成外贸运输任务、提高经济效益必不可少的有力的科学管理手段。

1. 对外贸易不合理运输的类型

外贸进出口物资包括货物、生产加工原料和包装物料，由于流通环节较多，运距较长，起运站点分散，为了满足贸易上的特殊需要，或者受到现有运输条件的限制，在运输过程中难免存在一些不合理的运输现象。但是，从主观上找原因，由于经营管理水平不高、经济核算思想不强而造成的不合理运输也并不少见。根据各方面收集的实例，归纳起来，不合理运输主要有下列几种情况。

(1) 生产、加工、包装、仓储选点布局不合理，造成迂回、过远运输。

(2) 在收购和集运货物时，按照行政区划，经县、地区、省(自治区)层层中转，增加不必要的储运环节，造成迂回、往返和重复运输。

(3) 各种运料和物料管理不统一，自管自拨，分配无计划而增加储运环节，造成迂回、对流和过远运输。

(4) 对外签订的进口合同或信用证规定的运输条款不合理，如选择港口不当而造成运输路线不合理或派船不当造成的不合理。

(5) 按照出口商品的经营分工，将货物调到经营口岸所在港口出口，舍近求远造成的迂回运输。

(6) 出口货物在产地的检验不严格，盲目发运或单证不齐，货到海运港口或陆运口岸后不能出口，以致压车、压船、压库，结果只能就地处理或原货退回，所形成的无效运输、往返运输。

(7) 选择的运输方式和运输工具不当。如弃水走陆，长途汽车运输，没有充分利用直达船、快运列车、集装箱、航空运输等。

(8) 计划调度不当，增加了不必要的中转环节，造成迂回运输。

(9) 由于车船调配不当，一方面有货无车(船)而另一方面有车(船)无货，造成货等车船或车船等货，使车船的非生产时间增加，其运力效能不能高效地发挥。

(10) 出口商品包装不合理、装运时配载不当而造成的车船吨位和容积的浪费。

上述种种类型的不合理运输不仅存在于外贸运输工作中，在国内运输中也时有发生。这不仅增加了不必要的运输路程和中转环节，延长了在途时间，浪费了运输能力，影响到商品的质量，增加了经营成本，甚至影响了出口商品的对外成交、合同履行和商品对市场的及时供应，是发展对外贸易的障碍。

2. 组织合理运输的措施

造成不合理运输的原因是多方面的，组织合理运输的措施也是多种多样的，要由生产、交通运输和流通等各个部门共同协作组织实施。

从外贸运输的角度来看，要从以下几个方面去努力。

(1) 合理选择运输方式和工具。各种运输方式有着各自的适用范围和不同的技术经济特征，选择时必须进行比较和综合分析。首先要考虑运输成本的高低和运输速度的快慢，此外，还要考虑商品的性质、数量的大小、运输距离的远近、市场需要的缓急、风险的程度、国际政治经济形势的变化等。

在选择运输工具上，统一运输方式如铁路、公路运输，可根据不同商品选择不同的车辆，海运可选班轮或不定期租船，内河运输可选轮船、木帆船等。发展多式联运、充分利用运输工具、回程运输货物也是组织合理运输的有效措施。

(2) 正确选择运输路线和装卸中转港口。运输路线的选择，一般来说，应尽量安排直达运输，以减少装卸、转运环节，缩短运输时间，节省运输费用。出口商品就地加工、就地包装、就地检验、直接出口的"三就一直"工作法，供港澳地区的"三趟快车"，以及各条海运直达航线的开辟，是组织合理运输的重要措施。必须中转的进出口货物，也应选择适当的中转港、中转站。

进出口货物的装卸港，一般应尽量选择班轮航线经常挂靠、自然条件好、装卸设备好、费用较低的港口。进口货物的卸港，还应根据货物流向和大宗货物用货部门所在地的情况综合考虑。出口货物的装港，则应遵循靠近物产地或供应地的原则，以减少国内运输里程，节约运力。

(3) 提高包装质量，改进包装方法。进出口货物运输线路长，装卸操作次数多，必须根据不同的运输方式、运输距离和商品的属性，合理地选择包装物，以提高包装质量，保护商品的安全。

在大力发展集装箱运输的今天，对于包装标准化也提出了更高的要求。包装方法也要大力改进，例如，轻泡货物用机器打包较用人力打包可缩小体积；石油改桶装为大油轮散装，可提高自动化水平；其他许多货物包装的改进，也都在减少货损、降低运费、提高商品价格方面取得了明显的效果。这些都是组织合理运输的必要措施。

(4) 提高装载技术。采用零担货拼整车发运的办法，减少运输费用、节约运力。它主要有零担货物拼整车直达运输、零担货物拼整车接力直达，或中转分运、整车分卸(二三站分卸)、整车零担等具体做法。

一方面最大限度地利用车船载重吨位，另一方面充分使用车船载重容积，以提高装载量，充分利用运力，降低费用。其主要做法有三种，一是组织轻、重配载，即把实重货物和轻泡货物组装在一起；二是实行解体运输，即对一些体大笨重、不易装卸又容易碰撞致损的货物拆卸装车，分别包装；三是改进堆码的方法，即根据车船的货位情况和不同货物的包装形状，采取各种有效的堆码方法，如平装、补装、顺装、立装、叠装、骑装、套装、扣装、架装等。

组织合理运输的效益必须立足于全局，要考虑客观现实条件的可行性。最优的运输方案也有一定的相对性，只在一定条件下、一定时间段和一定范围内适用，随着时间、地点、范围和其他条件的变化，合理的程度也会随之发生变化。所以，我们必须不断地研究新情况，采取新措施，以达到持续、有效地开展合理运输的目的。

【思考】

中国某公司按FOB术语从北欧进口一批大宗商品。双方约定的装运港原是一个比较偏僻的小港，大船不能直接进港装货。签约后，买方才了解该港条件，便要求变更装运港，但卖方不同意更改。买方只好租用小船，将货物运至汉堡集中，然后再装上海洋巨轮运回国内，这不仅延误了时间，而且增加了运杂费用，给国家和企业带来了不该发生的经济损失。请问，导致本案损失的原因是什么？

【导读案例分析】

运输合理化的影响因素很多。综合来说，第一，企业应尽可能就近运输，避免舍近求远；第二，物流部门应尽量减少装卸、搬运、转运等中间环节，尽可能组织直达、直接运输，使货物不进入中转仓库，而由产地直达运销地或客户，减少运输环节；第三，要根据不同货物的特点，分别利用铁路、水运或汽车运输，选择最佳的运输路线，并积极改进车船的装载方法、提高技术装载量、使用最少的运力来运输更多的货物，提高运输生产效率；第四，尽量减少客户等待时间，使物流工作满足客户的需要，成为赢得客户满意的一个重要因素，所以要想方设法加快货物运输，尽量压缩待运期，使大批货物不要长期、停留在运输过程中；第五，积极节约运输成本，提高运输效益。

在日常工作决策中，运输的成本、速度和一致性是最有可能影响运输合理化的三个因

素。因为最低的运输费用并不意味着最低的运输成本，最低的运输总成本也并不意味着合理化的运输。运输的合理化关系着其他物流环节设计的合理化。因此，应首先站在整个物流系统一体化的高度，纵观全局，再对运输的各个具体环节进行优化，最终达到合理化。

该案例中，沃尔玛的物流运输解决方案，第(1)、(4)、(5)方面，采用大尺寸、大容量的装载运输工具，24小时全天候卸货，目的是提高运输效率，缩短运送时间，降低运输成本，使运送时间最短、运送成本最经济，从而使沃尔玛的运输成本比供货厂商自己运输产品要低。所以厂商也使用沃尔玛的卡车来运输货物，从而做到了把产品从工厂直接运送到商场，大大地节省了产品流通过程中的仓储成本和转运成本。

沃尔玛不仅在运输时间和成本的节约上下功夫，同时也辅助以安全保障措施，先进的物流信息技术的应用，以及与配送中心的工作密切结合，从而通过物流运输的合理化经营，减少了运输环节，降低运输费用，缩短了运输时间，实现了运输成本在整个物流系统中的有效降低。

本 章 总 结

1. 国际货物运输，就是货物在国家与国家、国家与地区之间的运输。

2. 国际货物运输涉及国际关系问题，是一项政策性很强的涉外活动；国际货物运输是中间环节很多的长途运输；国际货物运输涉及面广，情况复杂多变；国际货物运输的时间性强；国际货物运输的风险较大。

3. 国际货物运输的组织机构有货主、承运人、国务院下属的综合性机构、交通运输部门的管理机构、外经贸部门的机构。

4. 国际货物运输涉及的运输方式很多，其中包括海洋运输、铁路运输、航空运输、河流运输、邮政运输、公路运输、管道运输、大陆桥运输以及由各种运输方式组合的国际多式联运等。

5. 国际货运代理企业可以作为进出口货物收货人、发货人的代理人，也可以作为独立经营人，从事国际货运代理业务。

6. 合理运输是在满足国民经济对运输的需要并充分与合理利用各种运输方式能力的条件下，社会产品或商品运输的运距最短、耗时最少和费用最低的运输形式，其实质是货流分布合理化。

7. 不合理运输是在现有条件下可以达到的运输水平而未达到，从而造成了运力浪费、运输时间增加、运费超支等问题的运输形式。

专 业 英 语

1. broken and damaged cargo 残损货物
2. Cargo's apparent order and condition 货物外表状态
3. commission agent 委托代理人
4. delay in delivery 迟延交货
5. exporting strategy 出口战略
6. Forwarders' Certificate of Receipt 代理人收货证明书
7. Forwarders' Certificate of Transport 代理人运输证书
8. freight forwarder 货运代理人
9. import duties 进口关税
10. inherent vice 固有缺陷
11. inland waterway transport 内河运输
12. intellectual property 知识产权
13. limitation of liability 责任范围限制
14. long haul 长途运输
15. multilateral trade 多边贸易
16. outsourcing 外包
17. shipping documents 船运单据
18. take possession of the goods 接管货物
19. the International Monetary Fund 国际货币基金组织
20. the mode of transport 运输模式

课 后 习 题

一、单选题

1. 运输业的产品是( )。

    A. 运费   B. 运输的货物   C. 运输工具   D. "位移"

2. 货运代理人是货物运输工作中的( )。

    A. 托运人   B. 承运人   C. 中间人   D. 收货人

3. ( )最适合运送急需物质、鲜活商品、精密仪器以及贵重物品。

    A. 海洋运输   B. 铁路运输   C. 管道运输   D. 航空运输

4. 国际贸易中最重要的运输方式是(   )。

    A. 国际公路运输   B. 国际海洋运输

    C. 国际管道运输   D. 国际铁路运输

5. 小件急需品和贵重货物，其有利的运输方式是(   )。

    A. 海洋运输   B. 邮包运输   C. 航空运输   D. 公路运输

二、多选题

1. 国际贸易运输不同于国内运输的特点是(   )。

    A. 政策性强   B. 路线长，环节多

    C. 涉及面广，复杂多变   D. 时间性强、风险较大

2. 不合理运输可表现为(   )。

    A. 迂回运输   B. 对流运输

    C. 重复运输   D. 往返运输、无效运输

3. 下列选项中，造成不合理运输的因素有(   )。

    A. 地方封锁   B. 生产加工不合理

    C. 运输工具与运输方式不配套   D. 气候恶劣、合同缺乏合理性

4. 国际货物运输的一般组织机构分为(   )。

    A. 货主   B. 承运人   C. 运输代理人   D. 收货人

5. 以下属于国际海上货物运输特点的是(   )。

    A. 运输量大   B. 通过能力大

    C. 运费低廉   D. 运输的速度慢

三、案例分析

花王公司运输体系的优化手段

花王公司是日本著名的日用生产企业，其物流不仅以完善的信息系统闻名，还拥有极为发达、相当合理的运输体系，其主要手段是建立公司独特的复合运输来优化各种运输方式及线路。花王公司复合运输的主要特征表现在自动仓库、特殊车辆、计划运输、组合运输等方面。花王公司的物流起点是工厂的自动化仓库。到20世纪70年代末，花王公司的所有工厂全部导入了自动化立体仓库，从而完全实现了自动化机械作业。商品从各工厂进入仓库时，所有商品都采用平托盘装载，然后自动进行库存。出货时根据在线供应系统的指令，自动备货分拣，并装载在货车上。

复合运输的终点是销售公司的仓库。为了提高仓库公司的效率化，花王公司配备了三段式的平托盘和叉车，商品托盘化运输率为100%，充分发挥了复合运输的优势。除此之外，自动化立体仓库也在花王销售公司中得到大力推广。到20世纪80年代中期，近29万个花王销售公司的仓库都实现了立体自动化。

在花王公司积极推进工厂仓库和销售公司仓库自动机械化的同时，起着连接作用的运输方式也是花王物流系统变革中的重要一环。这方面的成绩主要表现在一系列特殊车辆的开发和利用上，起初，它们开发的特殊车辆是能装载 14.5 吨货物的重型货车，该货车可以装载 20TII 型平托盘，并用轻型铝在货车货台上配置了起重装置。随后，花王公司继续开发了能装载 19 吨货物 24 个平托盘的新型货车，与此同时，针对从销售公司到零售店的商品运输，花王公司又开发出了特殊架装车，该车由面向量贩店的箱式车，对应不同托盘的托盘车以及衣架展示运输车等 8 种特种车辆组成。最后他们还积极开发和推出了集装箱运输车，该车型成为针对零售店的主力工具。

在花王的物流运输体系中，最有名的是计划运输系统。所谓计划运输系统，是为了避免交通阻塞，提高物流作业效率，进行最佳运输路线和最佳运输时间的选择，以便在最短的时间内将货物运抵客户指定地的计划系统。例如，针对日本静冈区域，花王销售公司的货车一般在凌晨 2 点钟从东京出发，走东名高速公路，于次日早上 7 点钟抵达静冈花王，从而使货车能避开交通高峰，顺利通畅地实现商品配送。依次类推，花王公司针对每个销售公司的地理环境，交通道路状况和经营特点，均安排了不同的运输时间和运输路线，而且所有这些计划都是用图标的形式表示，真正确保商品的及时配送，最终实现了全公司商品运输的高效率。

花王公司的计划运输体系与其另一个系统——商品组合运输系统相配套，商品组合运输系统解决的是货车在往返途中的空载问题，显然，要真正防止货车空载，就必须积极搜寻货源。开始时，花王公司主要是与花王的原材料供应商进行组合运输，即花王公司将商品从总公司运抵销售公司之后，与当地的花王公司供应商联系，将生产所需的原材料装车运回工厂，这样就解决了回程空载问题。后来，商品组合运输的对象逐渐扩大，已不仅局限于与花王公司经营相关联的企业，所有其他企业都可以利用花王公司的车辆运载商品，例如：前面所列举的静冈花王，每天早上 8 点钟，卸完货物后，就装载清水的拉面或电机零部件运到客户位于东京的批发店。现在参与花王组合运输的企业达 100 多家，花王工厂与销售公司之间近 80%的商品运输都实现了组合运输。

应该看到的是，花王公司的组合运输之所以能实现并大力发展，一个最大的原因是其计划运输系统保证了商品运输的定时和准确性。换言之，正是因为花王的运输系统能确保及时合理的运输，才使越来越多的企业愿意加入其组合商品运输中。如果没有前者的效率化，是不可能真正实现组合运输的。

(资料来源：http://zhidao.baidu.com/guestion/159887403.html)

问题：

(1) 花王公司从哪几个方面进行了运输体系的优化？

(2) 结合案例，谈谈花王公司的做法对你有什么启示。

四、技能训练题

【训练题一】

根据运输的各要素并结合国际货物运输方式，分析下面的货物应该采用哪种运输方式，并说明理由。

(1) 从大连运往日本的海带。

(2) 从荷兰运往北京的荷花。

(3) 从俄罗斯运往中国牡丹江市的煤炭。

(4) 从海参崴运往广州的煤炭。

(5) 从美国本海岸运往大连的化肥。

(6) 从德国运往上海的急救药品。

(7) 从青岛运往新加坡的鲜虾。

(8) 从深圳运往香港的新鲜蔬菜。

【训练题二】

ABC 公司的采购经理 Tony 于广交会结束回国后，比较广交会期间几家供货商的报价，发现广东省编织品进出口公司的报价条件最合适，双方经磋商于 2011 年 11 月 20 日签订合同，订购款式号为 B1103(Style No. B1103)的针织女上衣(Knitted Women's Jacket, shell: 65% cotton，35% polyester)10 万件，从上海港运到阿联酋迪拜，CIF Dubai USD15/piece，即期信用证结算，装运日期是收到信用证 45 天内装运。

分析：国际货物运输既要讲究时间性，按双方约定的时间及时交付货物；又要注意安全性和准确性，注意运输工具和货物的安全，避免货损、货差的发生；同时还要注意节省成本，尽量减少运输过程中由于不合理的运输产生的费用。进出口货物运输的中间环节很多，涉及面很广，情况复杂多变。一旦某个环节或某一方面出现问题，就可能影响整个运输过程，甚至会造成损失。所以，在安排国际货物运输时，要有全局观念，切实加强同有关部门和企业的协作，相互配合，按照货物的特点和合理流向以及运输条件，走最短的路程，经最少的环节，用最少的运力，花最少的费用，以最短的时间，把货物安全地送到目的地。这就要求相关人员熟悉运输环节，了解合理运输的决定因素，掌握组织合理运输的基本措施。

问题：合同签订后，广东省纺织品进出口公司外贸业务员小王开始备货，为了顺利地交付货物，小王应如何合理地组织安排运输呢？

【训练题三】

大连日创公司向南非出口一批化工产品 2000 公吨，采用信用证支付方式。国外来证规定："禁止分批装运，允许转运。"并注明：按《UCP600》办理。现已知：装运期临近，已订妥一艘驶往南非的"黄石"号货轮，该船先停靠天津新港，后停靠青岛港。但此时，该批化工产品在天津新港和青岛港各有 1000 公吨尚未集中在一起。

　　问题：如果你是这笔业务的经办人，最好选择哪种处理方法？为什么？请写出实施方案。

【训练题四】

　　成都佳华服装进出口公司有 500 包衣服要从成都运往美国芝加哥。

　　问题：有几种运输方案？具体做法如何？你认为哪种方案比较合理？如何签订合同中的运输条款？请写出实施方案。

第二章　国际货运地理

15 世纪中叶，中西方贸易必经的土耳其和阿拉伯等陆路通道受阻，欧洲两个强势封建集权国家——葡萄牙和西班牙决定利用其濒临大西洋的有利条件，加上宫廷的重赏与组织，派出许多远洋探险船队，以期开辟通往东方的海上新航路。

1488 年，葡萄牙探险家巴托罗摩·迪亚士率船队沿大西洋东岸南下，穿越炎热的赤道，首次抵达南非的好望角，开启了欧洲至非洲南部的航线。1492 年，意大利探险家克里斯多弗·哥伦布奉西班牙国王之命，率三只小船组成的船队向西横越大西洋，首次到达中美洲的巴哈马群岛、古巴和海地，却误以为到了东方的印度。这次后来被证实为"发现新大陆"的跨洋之行，开辟了连接欧美的海上航线。1497 年，瓦斯戈·达·伽马受葡萄牙国王的派遣，率领一支由四艘船组成的船队经过好望角，首次从海上到达东非和印度，返航时载回大量香料、丝绸、宝石和象牙，开通了欧洲至东非和南亚的新航路。1519 年，葡萄牙人费尔南多·麦哲伦率领由五艘船、265 人组成的庞大探险队从欧洲出发，横渡大西洋，经过南美洲的合恩角，穿越太平洋、印度洋，绕过好望角，最终回到欧洲，由此完成了人类史上首次环球航行。麦哲伦本人在 1521 年登陆菲律宾群岛时被当地土著人所杀，1522 年其船队返回欧洲时仅剩一船 10 人。

15 世纪末、16 世纪初的"地理大发现"，打通了东西方贸易的海上航路，开辟了新的世界原料产地与市场，极大地影响了国际分工格局的变化，为国际贸易大发展创造了条件。从一定意义上说，没有地理大发现，也就没有今天的国际贸易和经济全球化。

(资料来源：http://baike.baidu.com)

【学习目标】

通过本章的学习，熟悉国际海上货物运输的特点、世界主要大洋航线和港口、中国主要海运航线和港口、世界海运中的重要海峡、国际海运中的主要运河。基本掌握国际航空运输的特点、主要航空运输的路线、公路和铁路运输的路线网及与中国相邻国家的铁路线路。

【导读案例】

某年夏季，我国某公司出口一批沥青运往西非，租用了外国商船，沥青包装则采用 5 层牛皮纸袋。当商船沿印度洋穿过亚丁湾、曼德海峡进入红海后，沥青逐渐融化。红海位于干燥炎热的亚热带地区，降水稀少，蒸发强烈，周围是干旱的荒漠，没有大河流入，主要靠从曼德海峡流经印度洋的海水补给，因此，海水的温度和盐度都很高，表层海水的最高温度可达 32℃，含盐度一般都在 4% 以上，是世界上水温和含盐量最高的内海之一。由于红海气温高，沥青开始融化，并透过纸袋粘在货仓地板上。该商船顺序通过苏伊士运河进入地中海、大西洋后，沿途气温有所下降，使粘在货仓地板上的沥青又凝固起来。结果到目的港后，卸货十分困难，清理打扫船舱更困难，最后结算，卖沥青赚来的外汇还不够洗舱费。

　　思考： 为什么我国公司会得不偿失？世界各海域的不同气候类型将如何影响国际贸易中的商品运输？如果由你来运输沥青到西非，你将如何安排？

第一节　国际货运地理基础知识

　　自然地理环境是指所有能够影响人类社会发展的自然条件、自然资源等多种要素，如地形、气候、河流和湖泊、土壤、动物和植物等。这些要素是相互影响、相互制约的，即当某一个自然要素发生变化时，必然引起其他要素的变化，从而影响整个自然地理环境条件的改变，并对国际贸易产生重要的影响。

一、世界海陆分布状况

　　地球的表面积为 5.1 亿平方千米，包括海洋和陆地两大部分，其中海洋面积约为 3.61 亿平方千米，占地球总面积的 71%；陆地面积约为 1.49 亿平方千米，占地球总面积的 29%。地球表面的海水虽然是相互贯通、连为一体的，但由于陆地的包围，形成了四个相对封闭的区域，即太平洋、大西洋、印度洋和北冰洋。陆地也不是完整的一块，由于海洋的分割，形成六块大陆和许多岛屿。六块大陆分别为亚欧大陆、非洲大陆、北美大陆、南美大陆、南极大陆和澳大利亚大陆。在世界众多的岛屿中，最大的岛屿是位于北美洲的格陵兰岛。大陆连同附近的岛屿合在一起被称为洲，世界共分为七大洲，即亚洲、非洲、北美洲、南美洲、南极洲、欧洲、大洋洲。

(一)七大洲的地理概况

　　七大洲的地理概况如下。

　　(1) 亚洲位于北半球亚欧大陆的中部和东部，面积约为 4400 万平方千米，是世界上面积最大、所占纬度最广的洲。亚洲从东到西，从南到北，宽度和长度均为 8000 多千米，辽阔的疆域造就了亚洲自然条件的多样性和复杂性，亚洲和欧洲同属一块大陆，以乌拉尔山、乌拉尔河、里海和大高加索山为界，以东为亚洲，以西为欧洲，亚洲和非洲的分界线是苏伊士运河和红海。

　　(2) 非洲面积为 3000 多万平方千米，是世界第二大洲。由于赤道穿过非洲的中部，因此非洲全部处在热带和亚热带，有"热带大陆"之称。

(3) 北美洲面积为 2400 多万平方千米，是世界第三大洲。北美洲处在北温带，北部海岸曲折，岛屿海湾众多。

(4) 南美洲陆地以巴拿马运河为界和北美洲分开，面积为 1780 多万平方千米，是世界第四大洲。南美大陆与火地岛之间是著名的麦哲伦海峡，它是连接太平洋与大西洋的主要通道，由于其正处在西风带，风大浪高，因而不利于航行。

(5) 欧洲位于亚欧大陆的西部，三面环海，宛如亚欧大陆向西突出的大半岛，面积约为 1016 万平方千米。其大部分陆地在北纬 35°以北，处在北温带，只有地中海沿岸属亚热带地区，除南极洲外，欧洲是七大洲中离赤道最远的洲。

(6) 大洋洲面积约为 897 万平方千米，是面积最小的洲，其陆地的绝大部分在热带和亚热带，温带地区很小。

(7) 南极洲以南极为中心，三面被太平洋、大西洋、印度洋所包围，面积约为 1400 万平方千米。其面积虽大，但绝大部分陆地在南极圈以南，气候严寒，终年为冰雪所覆盖，目前还无长期定居的人口，人类活动仅限于科学考察。

(二)四大洋的地理概况

全球共有四大洋，其地理概况分别如下。

1. 太平洋

它被亚洲、大洋洲、北美洲、南美洲和南极洲所围绕，面积近 1.8 亿平方千米，约占世界海洋面积的 49.8%，是世界最大的洋，也是四大洋中岛屿最多、平均水温最高、最深的大洋。

2. 大西洋

它位于欧洲、北美洲、南美洲、非洲和南极洲之间，面积约为 9336 万平方千米，平均水深 3626 米，是世界第二大洋。

3. 印度洋

它位于亚洲、非洲、大洋洲、南极洲之间，面积约为 7492 万平方千米，是世界第三大洋。

4. 北冰洋

它位于北美洲、亚洲和欧洲之间，面积约为 1310 万平方千米，是世界第四大洋，其平均水深仅 1225 米，水深不足 200 米的大陆架地区约占北冰洋面积的 1/2，也是世界最浅的大洋。北冰洋地处极地，气候严寒，终年为冰雪所覆盖，除局部边缘海域夏季可航行外，绝大部分海域终年不能航行。

(三)海陆分布的主要特点

海陆分布的主要特点如下。

(1) 陆地主要集中在北半球。在北半球,陆地约占其总面积的 2/5,相连的陆地为人们的交往提供了方便,因此这里是国家和居民最多的地区,也是人类经济活动最活跃的地区。中国、日本、印度、俄罗斯、加拿大、美国、英国、法国、意大利、德国等国全部分布在北半球。南半球在南纬 56°～65° 之间,陆地面积较小,只占南半球总面积的 1/5。除一些岛屿外,几乎全部为海洋,辽阔的海域因无陆地阻挡,风大浪高,对船舶的航行不利。

(2) 亚洲的东部、东南部和南部,欧洲的西部和南部,北美洲的北部、东部和东南部海岸曲折,多岛屿、半岛、海湾、海峡、边缘海和内海,形成了许多著名的港口。位于这里的国家充分利用这种优势,发展航运业、捕捞业、养殖业等,如日本、美国、英国、法国、意大利、德国等均是世界著名的海运大国。

(3) 太平洋中岛屿众多,且分布区域广泛,在这些岛屿上的众多港口地理位置十分重要,例如,夏威夷群岛上的火奴鲁鲁是沟通亚洲、大洋洲和美洲交通的重要中转港,有利于国际经济贸易的发展。

(四)地形对经贸活动的影响

地形对气候、河流的流向和分布、土壤和动植物的种类有着重要的影响,也影响到工农业生产和交通运输,进而影响到对外贸易。地形对国际贸易活动的影响有以下几个方面。

(1) 一个国家或地区如果地形种类多样,则有利于发展多种生产。平原和高原有利于发展种植业,同时铁路、公路等交通线路的建设投资少、见效快;山地、丘陵地区有利于发展林业、畜牧业和采矿业,但对交通业的发展却造成了一定的障碍。从目前世界各国的情况来看,人口稠密、经济发达的地区往往集中在平原和高原区,而山区一般经济发展较为滞后。

(2) 岩溶、丹霞地形区往往山奇水秀,为旅游业的发展提供了独特的资源,从而促进了旅游业的发展。例如,我国广西桂林、云南石林等著名的游览区均为岩溶地形。

(3) 一些盆地、洼地等地势低洼的地形区,由于周围有山脉的阻挡,往往使空气对流不畅,工业烟尘的排放十分困难,从而产生了酸雨、粉尘污染等环境问题,影响了那些清洁度与精密度要求高的工业的生产;而消除污染,则要加大成本,从而又降低了产品的竞争能力。

(4) 海底的大陆架由于地势平坦、水温高、光照充足,不但适宜海水养殖业和海洋捕捞业的发展,而且地下蕴藏着丰富的石油、天然气资源,目前已成为世界重要的能源供应地,例如,欧洲的北海、西亚的波斯湾、北美洲的墨西哥湾、北冰洋的绝大部分,大陆架都比较宽广,现已成为世界重要的石油开采地。

(5) 世界两大高山带由于正处于大陆板块与大洋板块相碰撞的地带，火山、地震频繁，给工农业生产带来了一定的不利影响，但丰富的地热资源却可供人们利用。

二、气候与国际贸易

气候与人类的生产和生活密切相关，人类自身的生活需要适宜的气温和降水，而农作物的生长更需要充足的阳光、温度和雨露，甚至一些工业品的生产、加工制造和使用也受气候的影响，具体可概括为以下几点。

(1) 世界气候类型的多样性、空间分布的地域性和时间变化的季节性，使世界农作物的生长也具有多样性、地域性和季节性的特点，从而影响了国际贸易中大宗农产品的构成和流向。例如，咖啡、可可、油棕、橡胶等热带经济作物主要适宜种植在热带雨林和热带草原气候区，因此巴西、哥伦比亚、马来西亚、加纳等国就成为这些农产品的主要生产国和出口国；而小麦、玉米、棉花适宜种植在温带大陆性气候、温带季风和亚热带季风气候区，所以美国、加拿大、中国、乌克兰、法国等位于温带中纬度的国家是重要的粮食生产国和出口国；而俄罗斯、加拿大由于有大面积的亚寒带针叶林气候区，森林茂密，则是世界上重要的木材及木制品的生产国和出口国。

(2) 气候的差异影响了农产品的品质，从而影响了国际贸易中农产品的价格。例如，在温带大陆性气候区种植的农作物，由于温差大、光照充足，因此，农作物的籽粒饱满、瓜果含糖分多、品质好，在国际市场上售价较高。

(3) 气候的差异影响了人们的消费习惯，从而影响了消费品的种类与数量。例如，生活在寒冷气候条件下的人们，多需要富含脂肪和热量的食品以及羽绒服、裘皮等服装；而生活在热带气候条件下的人们，则多需要清淡食品、防暑药品和降温空调等电器设备。

(4) 灾害性的气候常常使工农业减产，交通中断，从而影响了国际贸易中工农业产品的供应数量、价格和履约时间，如水灾、旱灾、风灾等。

(5) 气候还会影响对外贸易中商品的包装、储存和运输，例如，商品输往冬季气候寒冷的国家或地区，在储存、包装、运输过程中要注意防冻；而易腐烂、霉变的商品在输往气温高、降水多的国家时，则要注意防腐、防霉和防雨。

(6) 适宜的气候也可以成为一种重要的旅游资源，可以大力发展旅游业。例如，葡萄牙、西班牙等国属于地中海式气候，春夏气温高，阳光明媚，这能够吸引瑞典、挪威等国的居民，在经过漫长阴冷的冬季之后，多去地中海沿岸各国旅游，以充分享受温暖的阳光。

三、水环境与国际贸易

水是人类生产和生活不能离开的资源，但地表可被人类利用的淡水资源数量极少，只占地球表面水量的 2.7%，其余的为目前人类无法大规模利用的海水。陆地的淡水主要储存在河流、湖泊、高山和极地冰川以及浅层地表中，尤以极地冰川为主。河流和湖泊不但是人类淡水的主要来源，而且可以航行、灌溉、发电，还可以进行水产养殖，与人类的经济活动关系极为密切。

由于河流和湖泊的形成、发育与地壳运动、地形、气候、植被等因素密切相关，因此世界各地无论是河流、湖泊的数量、长度、流域面积，还是其为人类提供的航运、灌溉、发电、养殖等方面的利益，都存在明显差异，从而对沿岸国家的经济发展也有着不同的影响。

(一)各大洲河流、湖泊的概况

1. 亚洲

亚洲山高水长，河流众多，水资源极为丰富。据统计，亚洲河川年径流量为 12.85 万亿立方米，约占全世界河川径流总量的 1/3；水能蕴藏量约占世界水能蕴藏总量的 26%，亚洲河湖的分布由于受地形和陆地面积的影响，呈现出两大特点，即水系结构呈辐射状和内流区域面积广大。

亚洲流入太平洋的河流主要有长江、黄河、湄公河等；流入印度洋的主要有恒河、印度河等；流入北冰洋的主要有叶尼塞河等。亚洲内流河主要有阿姆河和锡尔河等；而长江、黄河、湄公河和恒河等外流河不但流程长，流域面积广，而且中下游多流经平原地区，人口稠密，对沿岸国家经济的发展具有十分重要的意义。

亚洲的湖泊主要有里海、咸海、青海湖、贝加尔湖、洞庭湖、鄱阳湖、太湖等。前三者主要是咸水湖，水源虽不能灌溉和饮用，但富含钾盐、石油、天然气等矿产资源；而后几大湖泊皆为淡水湖，有灌溉、养殖、捕捞之利。

2. 欧洲

欧洲陆地面积虽小，但河湖众多，主要流向大西洋和北冰洋，河流主要有下列特点：水量大，这是由于欧洲年降水量大且降水量超过蒸发量造成的；河网密，分水岭低矮，利于开凿运河，相互沟通；通航里程长，这是由于欧洲地形以平原为主，地势平缓，水流缓慢，再加上水量丰富，因而极利于航行。欧洲的主要河流有伏尔加河、莱茵河、多瑙河、易北河、塞纳河等，其中莱茵河、多瑙河由于流经多个国家，航运发达，是著名的国际水道，在国际贸易运输中具有重要的意义。

欧洲的湖泊众多，主要分布在斯堪的纳维亚半岛、东欧平原和中欧平原的北部以及南部的阿尔卑斯山区，如位于瑞士境内的日内瓦湖等。欧洲的湖泊多为淡水湖，且是由冰川作用形成的，因此湖水不但能提供丰富的淡水资源，而且湖区风光秀丽，多是重要的旅游区。

3. 非洲

非洲河流分属于四大水系，一是尼罗河水系，二是刚果河水系，三是位于非洲西部的尼日尔河水系，四是非洲东南部的赞比西河水系。

(1) 尼罗河。尼罗河发源于东非高原热带多雨区，向北注入地中海，全长 6671 千米，是世界第一长河，也是非洲四大河流中水量最少的。尼罗河入海口处有面积达 24 000 平方千米的尼罗河三角洲，加之地势平坦、气候宜人，是古埃及文化的摇篮和现代埃及政治文化中心。

(2) 刚果河，刚果河全长 4640 千米，是非洲第二大河，也是世界水量最丰富的河流之一，因此水力资源十分丰富。

(3) 尼日尔河。尼日尔河全长 4160 千米，河口年均径流量为 6340 立方米/秒，是非洲第三大河。尼日尔河上下游流经多雨区，而中游流经热带沙漠，因此中游沿岸各国均需要依靠其水源进行灌溉。

(4) 赞比西河。赞比西河全长 2660 千米，是非洲流入印度洋最大的河流，赞比西河上游流经高原、沼泽地带，下游多峡谷瀑布，因此不利于航行，但其水能资源丰富。宽 1800 米、落差 122 米的莫西奥图尼亚瀑布就在赞比西河上，是世界著名的旅游胜地。

4. 北美洲

北美洲的河流分属于三大流域，即太平洋、大西洋和北冰洋，其中以注入墨西哥湾的密西西比河水系最为发达，其次有圣劳伦斯河等。北美洲的河流多属于外流河，内流河的面积仅占全洲河流总面积的 12%，北美洲凡直接流入北冰洋、太平洋、大西洋的河流均具有初期发育的特征，即流程短、河谷深切、多急流瀑布，不具航行意义。只有密西西比河、圣劳伦斯河、科罗拉多河具有航行、灌溉、发电等经济意义。

密西西比河是北美流程最长、流域面积最广、水量最大的河流，全长 6262 千米。密西西比河流域大部分为平原，中下游河段河床坡度小、水量大，利于航行和灌溉，是美国重要的农业区。

圣劳伦斯河是连接北美五大湖至大西洋的重要水道，由于有五大湖的调节，水量大而且稳定，利于航行，湖口至蒙特利尔上游河段则多急流瀑布，水电资源丰富。

北美洲的湖泊主要有苏必利尔湖、密歇根湖、休伦湖、伊利湖、安大略湖，人称北美"五大湖"，其次有加拿大的大熊湖等。其中"五大湖"是世界最大的淡水湖群，面积约为 24.5 万平方千米。五大湖由于通过圣劳伦斯河与大西洋相连，不但具有航行意义，而且具有丰富的水能资源。

5. 南美洲

南美洲的河流状况与南美洲的地形和气候关系密切。由于高大的安第斯山脉偏居南美洲西部，东部为平原和高原，全洲高温多雨，干旱的地区面积狭小，因此南美洲的河流具有水量大、流程长、流域面积广、支流多、各大河流均流入大西洋等特点。其主要大河有亚马孙河、拉普拉塔河、奥里诺科河等，其中亚马孙河长约 6480 千米，是世界上流域面积最大、支流最多、水量最大的河流。亚马孙河由于水量大、河床坡降小、流程长,极具航行之利。

6. 大洋洲

大洋洲除澳大利亚大陆外,其余多数岛屿上河流发育并不完善。澳大利亚由于大部分地区气候干旱,因此无流区和内流区的面积约占全洲面积的 52%,是世界各大洲中比例最高的。唯一较长的外流河是墨累—达令河,长约 3490 千米,但由于水量季节变化大,雨季时河水暴涨,旱季时又常断流,因此不具有航行意义。澳大利亚地下水资源丰富,其中位于昆士兰州、新南威尔士州和南澳洲的大自流盆地,面积约为 173 万平方千米,蕴藏丰富的地下水,为农牧业发展提供了灌溉水源。

(二)河流与湖泊的经济利用

河流、湖泊除了提供人类生存的水源外,还具有航运、灌溉、发电、养殖、旅游等经济意义。河流、湖泊的经济利用往往与河流的自身条件,如水量的多少、水位的季节变化、河床的坡降与流速、有无结冰期及冰期的长短、沿河地区人口密集度、经济的发达程度、开发利用的技术难度、国家与国家之间的关系等有关,因此世界主要的河流和湖泊目前开发利用的水平与重点是有着明显差异的。河流、湖泊的经济利用主要包括以下几点。

1. 航运功能

目前航运比较发达的河流主要是一些流程长、水量稳定、水流平缓、无结冰期或结冰期短、沿岸人口密集、经济发达的河流,如亚洲的长江,北美洲的密西西比河和圣劳伦斯河,欧洲的莱茵河、多瑙河和伏尔加河,其中莱茵河与多瑙河由于流经多个国家,具有国际航运意义。

2. 灌溉功能

自古以来人类就有引水灌溉农田、发展农业生产的做法。在古代的中国、印度、埃及以及古巴比伦都修建了许多著名的水利工程。近代随着科学技术的进步、人口的急剧增长、人们对粮食等农产品需求的增加,许多国家尤其是气候处于干旱和半干旱地区的国家大力修建水利工程,实现河水的梯级利用和开发。国际上主要的水利灌溉工程有埃及的阿斯旺水利工程、巴基斯坦在印度河上修建的曼格拉大坝工程、美国的田纳西河水利枢纽工程等。

3. 发电功能

电是在 19 世纪末第二次产业革命时发明的,人类在河流上筑坝蓄水、利用水流落差来发电却是从 20 世纪初开始的,到 20 世纪 70 年代末,全世界建成的 200 万千瓦以上的水电站达 16 座,最大的是美国哥伦比亚河上的大古力水电站,其装机容量达 648 万千瓦。到 20 世纪 80 年代初,全世界水力发电量已达 28 000 亿度,比 20 世纪 50 年代增长近 8 倍。

四、地理位置与国际贸易

对国际贸易发展来说,地理位置是重要的因素,由于国际贸易是两个或两个以上国家(地区)劳务、商品及技术的交换,因此各国地理位置的不同,必然使自然条件、自然资源、交通、信息、生产和消费产生差异,从而影响对外贸易。其具体影响表现为以下几个方面。

1. 各国所处的经纬度不同

各国纬度位置不同,水分和热量资源就不一样,不但影响了农牧业生产,还影响了对外贸易中农业产品的构成流向,也会使港口的封冻期长短不一,从而影响了对外贸易运输。例如,美国、中国、法国等国家均位于北半球中纬地区,水分和热量充足,四季变化明显,适宜小麦、玉米、棉花等作物的生长,所以它们是世界上主要的谷物生产国。加拿大由于地处高纬地区,除温哥华等少数港口外,冬季大部分港口均封冻,因此影响了对外贸易运输。

此外,经度位置的差异使各国、各地区时间不同,经度每差 15°,时间相差 1 小时。因此,对外贸易中要考虑时差问题,以免耽误履约时间,导致对方索赔。

2. 经济地理位置的变化

经济地理位置的变化会使一个国家或地区的产业结构和布局发生改变,从而影响对外贸易,例如,新加坡是位于马六甲海峡东端的一个岛国。第二次世界大战前,由于石油尚未成为主要能源,西亚石油没能得到大规模开发,亚洲各国除日本外,经济十分落后,因此作为国际航运通道的马六甲海峡当时并不具有十分重要的经济意义。位于这里的新加坡经济十分落后,只是英国的一个转口贸易基地,把马来西亚所产的橡胶、锡,泰国所产的稻米、柚木,印度尼西亚所产的香料、木材等转口到世界各地。"二战"后由于石油取代了煤炭成为最重要的能源,从而促进了西亚石油的大规模开发,加上日本、韩国、中国台湾经济的迅速发展,使马六甲海峡成为世界上最繁忙的海运通道,新加坡所处的地理位置就变得十分优越了。新加坡政府及时利用了这一有利条件,迅速地发展了以炼油、修造船、电子等为主的加工工业和以旅游、金融、信息为主的第三产业,仅仅经过 20 多年就改变了落后面貌,成为世界瞩目的新兴工业化国家。正像新加坡前总理李光耀曾经指出的:"新加坡处于主要交通中心,是北半球与南半球、东方与西方之间的十字路口,这是我们经济发展的一个重要因素。"

3. 地理位置的优劣影响了世界经济贸易中心区的形成和转移

15 世纪以前,英国由于远离世界航运的通道,经济十分落后,被称为"世界荒凉的边缘"。15 世纪中叶,由于奥斯曼土耳其帝国的兴起,占据了欧亚往来的交通枢纽拜占庭(君士坦丁堡),切断了欧亚交通的往来,地中海航运的优势逐渐丧失,沿岸各国的经济贸易也就随之衰落了。随着新航路的开辟、新大陆的发现和航海造船技术的发展，欧洲经济贸易活动随之转移到大西洋沿岸。英国由于正处于欧洲到美洲、非洲的航运要道上，促进了"产业革命"的发生和经济的发展，从"世界荒凉的边缘"变成了"世界工厂"和贸易的中心，也成为世界经济贸易最发达的国家。

4. 经济地理位置的优劣，对贸易中心城市的形成有加速或延缓作用

任何一个商业中心城市的兴起和新建，或者是对一个商品加工地、配送中心的选址，以及贸易港口的建设，都不能离开经济地理位置的分析。例如，我国天津是全国性商业中心之一，尽管它所依托的港口易淤，冬天冰冻，远不如秦皇岛优良，但天津地处华北平原海河水系出海口，华北平原是它的经济腹地，距离首都北京又最近，便于进行商品运输，因此成为一个全国性的商业中心。再如武汉，位于长江中游，水运方便，历来是粮、棉等大宗农产品集散之地，以及大型商品生产基地，每年有大量商品在此调入运出，不失为全国性商业中心之一。

5. 政治地理位置更能直接影响对外贸易

由于政治地理位置是指国家与国家之间的空间关系，因此邻国国力的强弱、两国之间的关系、邻国的对外政策和政治经济制度都将影响彼此的对外贸易。目前，美国与加拿大的贸易额占其对外贸易额的 1/5。在加拿大最大的 100 家公司中，有 37 家为美国所有或为美国所控制。美国对墨西哥的投资约占墨西哥外资总额的 70%。这样的政治地理位置是北美自由贸易区形成的一个重要条件。

第二节 海 运 系 统

一、大洋、运河及海峡

(一)大洋

地球上广阔连续的水体总称为海洋，其边缘部分叫海，中心部分叫洋，地球表面总面积约为 5.1 亿平方千米，其中海洋面积约为 3.61 亿平方千米，占全球总面积的 71%。全球共有四大洋。

1. 太平洋

太平洋位于亚洲、美洲、大洋洲和南极洲之间，从白令海峡到南极洲的罗斯冰障，南北长约 15 900 千米，从巴拿马至中南半岛的克拉地峡，东西最大宽度约为 19 900 千米。太平洋西南以塔斯马尼亚岛东南角至南极大陆的经线与印度洋分界(东经 147°)，东南以通过南美洲最南端的合恩角的经线与大西洋分界(西经 68°)，北经白令海峡与北冰洋连接，东经

巴拿马运河和麦哲伦海峡、德雷克海峡沟通大西洋，西经马六甲海峡和巽他海峡通印度洋，总轮廓近似圆形。太平洋面积为 17 968 万平方千米，占世界海洋总面积的 49.8%，是世界上最大的洋。

太平洋是世界重要的海运大洋，沿岸有 30 多个国家和地区，居住着世界 1/2 的人口。沿岸有许多优良港口，还有许多岛屿是太平洋航线的中继站。有许多条联系亚洲、大洋洲、北美洲和南美洲的重要海、空航线经过太平洋。东部的巴拿马运河和西南部的马六甲海峡分别是通往大西洋和印度洋的捷径和世界主要航道。纵贯太平洋的 180°经线为"国际日期变更线"，船只由西向东越过此线，日期减去一天；反之，日期便加上一天。太平洋航线的货运量占世界总量的 1/4，周转量占世界的 1/3，居世界第二位，仅次于大西洋。随着东亚经济的发展以及美国、加拿大等国经济关系重心转向太平洋，世界航运中心正从大西洋移向太平洋。

2. 大西洋

大西洋是地球上第二大洋，位于欧洲、非洲与南、北美洲和南极洲之间。北以冰岛—法罗岛海丘和威维尔—汤姆森海岭与北冰洋分界，南临南极洲并与太平洋、印度洋南部水域相通；西南以通过南美洲最南端合恩角的经线同太平洋分界，东南以通过南非厄加勒斯角的经线同印度洋分界；西部通过南、北美洲之间的巴拿马运河与太平洋沟通，东部经欧洲和非洲之间的直布罗陀海峡通过地中海，以及亚洲和非洲之间的苏伊士运河与印度洋的附属海红海沟通。太平洋西南以塔斯马尼亚岛东南角至南极大陆的经线与印度洋分界(东经147°)，东南以通过南美洲最南端的合恩角(Cape Horn)的经线与大西洋分界(西经 68°)，北经白令海峡与北冰洋连接，东经巴拿马运河和麦哲伦海峡、德雷克海峡沟通大西洋，西经马六甲海峡和巽他海峡沟通印度洋。大洋东西较狭窄，南北延伸，轮廓略呈 S 形，自北至南全长约 1.6 万千米。大西洋的赤道区域宽度最窄，最短距离仅约 2400 多千米。

大西洋的航运业极为发达。西部通过中美巴拿马运河，直通太平洋；也可绕过南美南端合恩角，穿过德雷克海峡或麦哲伦海峡，到达太平洋。东部穿过直布罗陀海峡进入地中海，穿过苏伊士运河经过红海，抄近路到达印度洋；也可绕过非洲南端的好望角，进入印度洋。大西洋与北冰洋的联系比其他大洋都方便，有多条航道相连通。大西洋有多条国际航线联系欧洲、美洲、非洲的沿岸国家，货运量居各大洋第一位，尤以北大西洋更为繁忙。联系大西洋与北海的多佛尔海峡和英吉利海峡是世界海上交通最繁忙的地方。

3. 印度洋

印度洋是世界的第三大洋，位于亚洲、大洋洲、非洲和南极洲之间，沟通了大西洋和太平洋，大部分在南半球，面积为 7492 万平方千米，约占世界海洋总面积的 21.1%。印度洋西南以通过南非厄加勒斯特的经线同大西洋分界，东南以通过塔斯马尼亚岛东南角至南极大陆的经线与太平洋联结。印度洋的轮廓为北部为陆地封闭，南面则以南纬 60°为界。

印度洋是联系亚洲、非洲和大洋洲之间的交通要道。从印度洋往西北通过曼德海峡、红海；苏伊士运河、地中海和直布罗陀海峡到达西欧；向西南经好望角进入大西洋，通向欧美沿海各地；向东北经马六甲海峡和龙目海峡进入太平洋。印度洋沿岸是世界资源的一个重要出口地，沿岸各国出口的石油、矿砂、橡胶、棉花、粮食和进口的水泥、机械产品和化工产品等大宗货物都需要依靠廉价的海洋运输，再加上大量的过境运输，使印度洋有较大的运输量，拥有世界 1/6 的货物吞吐量和近 1/10 的货物周转量。印度洋的航运业虽不如大西洋和太平洋发达，但由于中东地区盛产的石油通过印度洋航线源源不断地向外输出，使得印度洋航线在世界上占有重要的地位。

4. 北冰洋

北冰洋是世界最小、最浅和最冷的大洋，大致以北极圈为中心，位于地球的最北端，被亚欧大陆和北美大陆环抱着，有狭窄的白令海峡与太平洋相通；通过格陵兰海和许多海峡与大西洋相连。北冰洋面积仅为 1475 万平方千米，不到太平洋的 10%。北冰洋地处高纬度，气候严寒，冬季洋面 85% 冻结，夏季近 2/3 的洋面覆盖着浮冰，因此，在目前的技术水平下，航运意义不大，仅北欧海域的挪威海和巴伦支海西南全年可航，北极海域在夏季俄罗斯沿岸也有不定期航线至远东港口，但须破冰船开航。

(二)运河

1. 苏伊士运河

苏伊士运河于在 1869 年修筑通航，是一条海平面的水道，在埃及贯通苏伊士地峡，连接地中海与红海，提供从欧洲至印度洋和西太平洋附近土地的最近的航线。它是世界上使用最频繁的航线之一，也是亚洲与非洲的交界线，是亚洲与非洲人民来往的主要通道。

苏伊士运河在 1869 年时河面宽 58 米，河底宽 22 米，水深 6 米，沿途无船闸装置，航运畅通无阻，船只通过运河约需 48 小时。1955 年运河河面展宽至 135 米，河底宽 50 米、水深达 13 米，可通航 3 万吨货船和 4.5 万吨油轮，船只通过运河已缩短为 14 小时。在 1980 年完成第一期工程后，河面展宽至 365 米，使吃水 16 米、满载 15 万吨或空载 35 万吨的海轮得以双向通行。为了适应国际航运日益发展的需要和赚取更多的外汇，苏伊士运河第二期扩建计划的第一阶段工程于 1994 年开工，这期工程把运河的河面由 265 米拓宽到 415 米，吃水深度增深到 23.8 米，使 25 万吨级油轮得以顺利通过。据统计，每年约有 1.8 万艘来自世界上 100 多个国家和地区的船只通过运河。

苏伊士运河连接红海与地中海，使大西洋、地中海与印度洋联结起来，大大地缩短了东西方航程。与绕道非洲好望角相比，从欧洲大西洋沿岸各国到印度洋缩短了 5500～8009 千米；从地中海各国到印度洋缩短了 8000～10 000 千米；对黑海沿岸来说，则缩短了 12 000 千米。中东地区出口到西欧的石油，70% 经由苏伊士运河运送，每年经苏伊士运河运输的货物占世界海运贸易的 14%，在世界上适于海运的人工运河中，苏伊士运河以其使用国家之众、过往船只之多、货运量之大名列前茅。苏伊士运河被誉为"东西方海上捷径"和"世界航海的咽喉要道",也是"埃及经济繁荣的生命线"。

2. 巴拿马运河

巴拿马运河位于中美洲国家巴拿马,横穿巴拿马地峡,连接太平洋和大西洋,是重要的航运要道,被誉为世界七大工程奇迹之一的"世界桥梁"。巴拿马运河由巴拿马拥有和管理,属于水闸式运河。从一侧的海岸线到另一侧海岸线长度约为 65 千米(40 英里),而由加勒比海的深水处至太平洋一侧的深水处约为 82 千米(50 英里),最宽的地方达 304 米,最窄的地方也有 152 米。

巴拿马运河是世界上最具有战略意义的两条人工水道之一,另一条为苏伊士运河。行驶于美国东西海岸之间的船只,原先不得不绕道南美洲的合恩角,使用巴拿马运河后可缩短航程约 15 000 千米(8000 海里)。由北美洲的一侧海岸至另一侧的南美洲港口也可节省航程多达 6500 千米(3500 海里)。航行于欧洲与东亚或澳大利亚之间的船只经由该运河也可减少航程 3700 千米(2000 海里)。巴拿马运河全长 81.3 千米,水深 13~15 米不等,河宽 152~304 米。整个运河的水位高出两大洋 26 米,设有 6 座船闸。船舶通过运河一般需要 9 个小时,可以通航 76 000 吨级的轮船。

随着世界经贸交流的扩大、海上运输日益繁忙、造船技术的发展,巴拿马运河已难以满足当今海运的要求。每年都有成百上千艘各国船只因吨位大而不能从巴拿马运河通过。开凿一条连接大西洋、太平洋新运河的设想便应运而生。巴拿马运河承担着全世界 5%的贸易货运量,美国与亚洲之间贸易货运量的 23%都需要通过这条运河。但由于设计老旧,巴拿马运河在某种程度上已经成为现代海运贸易的发展瓶颈。它至今仍然沿用 100 多年前的设计,仅可以通航 7.6 万吨级的货轮,已经远远不能满足现代海运贸易的需要。许多不符合"巴拿马运河"标准的货轮不得不绕行合恩角。美国、日本和巴拿马三国经过协商,成立了一个"开凿大西洋—太平洋国际海洋运河可行性调查委员会",着手进行开凿新运河的计划工作。新运河全长 100 千米,开挖深度为现运河的 2.5 倍,落潮时水深 30 米,可通航 30 万吨级巨轮,涨潮时水深 40 米。巴拿马运河扩建工程开始于 2007 年 9 月。2016 年 6 月,巴拿马运河完成扩建。

3. 基尔运河

基尔运河位于德国北部,西南起于易北河口的布伦斯比特尔科克港,东北至于基尔湾的霍尔特瑙港,横贯日德兰半岛,全长 53.3 海里,是连接北海和波罗的海的重要航道,故又名"北海—波罗的海运河",是波罗的海通往大西洋的捷径。基尔运河的开通极大地缩短了北海与波罗的海之间的航程,比绕道厄勒海峡—卡特加特海峡—斯卡格拉克海峡减少了 370 海里。每年通过运河的舰船约有 65 000 艘,其中 60%属德国。基尔运河是通过船只最多的国际运河,运输货物以煤、石油、矿石、钢铁等大宗货物为主。

4. 京杭大运河

京杭大运河是世界上里程最长、工程最大的古代运河，也是最古老的运河之一，与长城、坎儿井并称为中国古代的三项伟大工程，并且使用至今，是中国古代劳动人民创造的一项伟大工程，是中国文化地位的象征之一。春秋吴国为伐齐国而开凿，隋朝大幅度扩修并贯通至都城洛阳且连涿郡，元朝翻修时弃洛阳而取直至北京。京杭大运河开凿到现在已有 2500 多年的历史。2002 年，大运河被纳入了"南水北调"东线工程。

大运河南起余杭(今杭州)，北到涿郡(今北京)，途经今浙江、江苏、山东、河北四省及天津、北京两市，贯通海河、黄河、淮河、长江、钱塘江五大水系，全长约 1797 千米，长度是苏伊士运河的 9 倍、巴拿马运河的 33 倍，纵贯南北，是中国重要的一条南北水上干线。大运河对中国南北地区之间的经济、文化发展与交流，特别是对沿线地区工农业经济的发展起了巨大作用。

世界著名的国际运河的详细情况如表 2-1 所示。

表 2-1　著名的国际运河的详细情况

运　河	苏伊士运河	巴拿马运河	基尔运河	京杭大运河
洲	亚洲—非洲	拉丁美洲	欧洲	亚洲
位置	亚非两洲的分界线，苏伊士地峡	南北美洲分界线，中美洲地峡	日德兰半岛南部、德国北部	中国的东部
所在国家	埃及	巴拿马	德国	中国
沟通的海洋(河流)	大西洋(地中海)—印度洋(红海)	太平洋—大西洋	波罗的海—大西洋(北海)	五大水系(钱塘江、长江、淮河、黄河、海河)
意义	欧、亚、非三洲交通要冲，世界贸易货运量最大的国际运河	国际贸易货运量仅次于苏伊士运河	世界上通过船只最多的国际运河，世界第三大通航运河	世界上开凿最早的运河，历史上是中国的南北交通要道，是世界上最长的运河
长度	173 千米	81.3 千米	98.7 千米	1800 千米

(三)海峡

1. 马六甲海峡

马六甲海峡又译作麻六甲海峡(英语：Strait of Malacca；马来语：Selat Melaka)，是位于马来半岛与苏门答腊岛之间的海峡。马六甲海峡呈东南—西北走向。它的西北端连通印度洋的安达曼海，东南端连接南中国海。海峡全长约 1080 千米，西北部最宽处达 370 千米，东南部最窄处只有 37 千米，是连接、沟通太平洋与印度洋的国际水道。马六甲海峡现由新加坡、马来西亚和印度尼西亚三国共同管辖。

马六甲海峡东端有世界大港新加坡，海运繁忙。每年约有 10 万艘船只(大多数为油轮)通过海峡。日本从中东购买的石油，绝大部分都是通过这里运往国内的。由于海运繁忙以及独特的地理位置，马六甲海峡被誉为"海上十字路口"。

2. 霍尔木兹海峡

霍尔木兹海峡是连接波斯湾和印度洋的海峡，亦是唯一一个进入波斯湾的水道。海峡的北岸是伊朗，有阿巴斯港，海峡的南岸是阿曼，海峡中间偏近伊朗的一边有一个大岛叫作格什姆岛，隶属于伊朗。霍尔木兹海峡自古以来就是东西方国家间文化、经济、贸易的枢纽，16 世纪初葡萄牙开始入侵该地区，其后成为英国、荷兰、法国、俄国等争夺的重要目标。作为当今全球最为繁忙的水道之一，霍尔木兹海峡又被称为世界重要的咽喉，具有十分重要的经济和战略地位，是海湾地区石油输往世界各地的唯一海上通道。霍尔木兹海峡被誉为西方的"海上生命线"。

3. 曼德海峡

曼德海峡，也称巴布—埃尔—曼德，通称"曼德海峡"或"曼达布海峡"，是连接红海和亚丁湾的海峡，位于红海南端也门和吉布提之间。曼德海峡位于亚洲阿拉伯半岛西南端和非洲大陆之间，连接红海和亚丁湾、印度洋。苏伊士运河通航后，曼德海峡成为从大西洋进入地中海，穿过苏伊士运河、红海通印度洋的海上交通必经之地，战略地位十分重要。海峡宽 26～32 千米，平均深 150 米，其间分散着一些火山岛，丕林岛将海峡分成小峡和大峡，小峡在亚洲一侧，宽约 3.2 千米，水深 30 米，是曼德海峡中的主要航道；大峡在非洲一侧，宽约 25.95 千米，水深 333 米，多暗礁和一些小火山岛。

4. 土耳其海峡(黑海海峡)

土耳其海峡(又称黑海海峡)是连接黑海与地中海的唯一通道，包括博斯普鲁斯海峡(又叫伊斯坦布尔海峡)、马尔马拉海和达达尼尔海峡(又叫恰纳卡莱海峡)，是罗马尼亚、保加利亚、乌克兰、格鲁吉亚等国唯一的出海口。峡区属地中海气候，全年大部分时间风平浪静，海流缓慢，滩礁亦少，航运条件优越，故海上航运十分繁忙，年通过船舶约 4 万艘、军舰几百艘，总吨位达 4 亿吨左右。

5. 直布罗陀海峡

直布罗陀海峡是沟通地中海与大西洋的海峡，位于西班牙最南部和非洲西北部之间(西经 5° 36′，北纬 35° 57′)，长 58 千米；最窄处在西班牙的马罗基(Marroqui)角和摩洛哥的西雷斯(Cires)角之间，宽仅 13 千米。直布罗陀海峡是沟通地中海和大西洋的唯一通道，和地中海一起构成了欧洲和非洲之间的天然分界线，被誉为西方的"生命线"。由于直布罗陀海峡表层海水的流向永远从西向东流，所以轮船从大西洋驶往地中海，经过直布罗陀海峡时，永远是顺水航行。21世纪初，直布罗陀海峡已成为世界上最为繁忙的海上通道之一。从西、北欧各国到印度洋、太平洋沿岸国家的船只，一般均经由直布罗陀海峡—地中海—苏伊士运河—曼德海峡这条航路。而从波斯湾运载石油的船只也通过直布罗陀海峡运往西欧和北欧各国。

6. 英吉利海峡

英吉利海峡(English Channel)，又名拉芒什海峡，是分隔英国与欧洲大陆的法国并连接大西洋与北海的海峡。海峡长560千米(350英里)，宽240千米(150英里)，最狭窄处又称多佛尔海峡，仅宽34千米(21英里)。英国的多佛尔与法国的加莱隔海峡相望。英吉利海峡是世界上海洋运输最繁忙的海峡，战略地位重要。国际航运量很大，每年通过该海峡的船舶达20万艘之多，居世界各海峡之冠。历史上由于它对西、北欧各资本主义国家的经济发展曾起过巨大的作用，人们把这个海峡的水道称为"银色的航道"。

7. 龙目海峡

龙目海峡是印度尼西亚龙目与巴厘两岛之间的重要水道，位于印度尼西亚群岛的巴厘岛和龙目岛之间，北接巴厘海，南通印度洋。它是因地壳断裂下沉而形成的，因而水道幽深、岸壁陡峭。南北长80.5千米，水深1200米以上，最深处达1306米，由于海流的强烈侵蚀冲刷，龙目海峡至今仍在继续加深加宽。

龙目海峡不仅是印度尼西亚群岛之间的纽带，也是太平洋与印度洋海上航运的重要通道。龙目海峡为印尼各海峡中最安全的天然航道。许多来往于波斯湾与东南亚、日本之间的巨型船只从马六甲海峡不能通过时，均取道于此南下印度洋，或再经望加锡海峡北上。龙目海峡由此成为世界性的海运门户，其战略地位与日俱增。马六甲海峡确实很繁忙，每年有9万艘船只从那里通过。此外，由于受水深的影响，20万吨的轮船要通过辅助设施才能勉强通过，20万吨以上的轮船均要绕道印度尼西亚的龙目海峡和巽他海峡。可见龙目海峡在经济中的重要性。

8. 望加锡海峡

望加锡海峡是印度尼西亚群岛中段的海峡，位于加里曼丹与苏拉威西两岛之间(东经117°30′，南纬2°0′)，北通苏拉威西海，南接爪哇海与弗洛勒斯海，长约800千米，一般宽250千米，平均水深967米。望加锡海峡是亚洲和欧洲之间的重要洲际海上航道，也是东南亚区际间航线的捷径。它与龙目海峡相连，成为联结太平洋西部和印度洋东北部的战略通道。美国、俄罗斯、日本等国的舰艇常常经由望加锡海峡和龙目海峡往来于太平洋和印度洋之间。

二、港口

(一)基础知识

港口有很多种，如商港、军港、渔港等。本书仅介绍商港的相关知识。

商港是供商船往来停靠，办理客、货运输业务的港口，是海上交通和内陆交通之间的联系枢纽。港口必须具备一定的设备条件，供船舶往来停靠，供应燃料、物料和修理船舶所需的各种设备和条件。现代化港口还需具备供货物储存、加工、装配、制造和再转运的各种条件。因此，现代化的港口不但是海、陆、空综合运输体系的中心，同时又是生产中心。

(二)世界各大港口

世界有各类大小港口 3000 多个，其中国际贸易商港约占 77%，约有 500 个港口能停靠 3.5 万吨级船舶，能停靠 10 万吨级船舶的约有 70 个。

1. 亚洲

(1) 中国上海港。

上海港位于中国大陆海岸线中部，长江与东海交汇处，至 2012 年年底，上海港(海港)拥有各类码头泊位 1183 个，其中万吨级以上生产性泊位 243 个，码头总延长为 12.29 千米，货物吞吐能力为 5 亿吨。各类码头泊位中有公用码头泊位 176 个，码头总延长为 28.5 千米(其中生产性泊位 140 个，码头延长为 26.81 千米)，其中共有集装箱专用泊位 39 个;货主专用码头泊位 1007 个，码头总延长为 94.36 千米(其中生产性泊位 472 个，码头延长为 47.65 千米)，最大靠泊能力为 30 万吨级。有公务执法、修造船、工作船等非装卸生产性泊位 571 个，码头总延长为 48.4 千米。年货物吞吐量为 7.36 亿吨。港口主要经营的货类为集装箱、煤炭、金属矿石、石油及其制品、钢材、矿建材料、机械设备等。

(2) 中国宁波港。

宁波港由北仑港区、镇海港区、宁波港区、大榭港区、穿山港区组成，是一个集内河港、河口港和海港于一体的多功能、综合性的现代化深水大港。现有生产性泊位 309 座，其中万吨级以上深水泊位 60 座。有 25 万吨级的原油码头、20 万吨级的卸矿码头、第六代国际集装箱专用泊位以及 5 万吨级液体化工专用泊位;已与世界上 100 多个国家和地区的 600 多个港口通航。

(3) 中国青岛港。

青岛港位于山东半岛南岸的胶州湾内，由青岛老港区、黄岛油港区、前湾新港区和董家口港区四大港区组成。青岛港包括可停靠 19100TEU 型集装箱船舶的世界最大的集装箱码头、40 万吨级矿石码头、30 万吨级原油码头。其中，可停靠 5 万吨级船舶的泊位有六个，可停靠 10 万吨级船舶的泊位有六个，可停靠 30 万吨级船舶的泊位有两个。主要从事集装箱、煤炭、原油、铁矿、粮食等进出口货物的装卸服务和国际国内客运服务。与世界上 130 多个国家和地区的 450 多个港口有贸易往来。2012 年港口完成货物吞吐量达到 4.069 亿吨，集装箱吞吐量突破 1450.3 万标准箱。

(4) 中国连云港港。

连云港港地处中国沿海中部的海州湾西南岸、江苏省的东北端，港口背倚 6 千米的东西连岛天然屏障，南靠巍峨的云台山，为横贯中国东西的铁路大动脉——陇海、兰新铁路的东部终点港，被誉为新亚欧大陆桥东桥头堡和新丝绸之路东端起点，是中国中西部地区最便捷、最经济的出海口。截至 2012 年年底，连云港港共有生产性泊位 52 个，其中万吨级以上泊位 47 个，专业化泊位 16 个，最大靠泊级 30 万吨，码头岸线总长 11.9 千米，综合通过能力 11 183 万吨，其中集装箱 341 万 TEU，年吞吐量达到 1.85 亿吨。

(5) 中国香港港。

香港港在珠江口外东侧香港岛和九龙半岛之间，有 15 个港区：香港仔、青山(屯门)、长洲、吉澳、流浮山、西贡、沙头角、深井、银矿湾、赤柱(东)、赤柱(西)、大澳、大埔、塔门和维多利亚。其中维多利亚港区最大，条件最好，平均超过 10 米深的港内航道使大型远洋货轮可随时进入码头和装卸区。香港不仅拥有集装箱码头，而且拥有石油、煤炭、水泥等专用码头。其港口费率在世界上是最低的。维多利亚港区的葵青码头共有九个码头，占地 275 公顷，共有 24 个泊位，水深 15.5 米，深水岸线 8530 米，年吞吐量达到 2.69 亿吨。

(6) 中国高雄港。

高雄港是一座位于中国台湾省南部的海港，毗邻高雄市市区，也是中国南方最大的港口，属大型综合性港口，有铁路、高速公路作为货物集运与疏运手段。港口内有 10 万吨级矿砂码头、煤码头、石油码头、天然气码头和集装箱码头，共有泊位 80 多个，岸线长 18 千米多，另有系船浮筒 25 组。港口年吞吐量为 5000 万～6000 万吨。港口设有百万吨级大型干船坞和两座 25 万吨级单点系泊设施。

(7) 中国基隆港。

基隆港位于中国台湾岛北端，是台湾北部海上门户，是重要的海洋渔业基地，地处台湾省北部的基隆市。港口水深达 11.5 米，三面环山，沿海湾建有 40 余个泊位。港口年吞吐量为 3500 万～4000 万吨，吞吐的主要货物有粮食、石油、水泥、木材、化肥和钢铁等。基隆港为台湾北部重要的天然良港，也是海运转运中心辅助港——高价值货物进出口港，以货柜为主，散货为辅，是环岛航运之主要枢纽港。

(8) 日本横滨港。

横滨港位于本州中部东京湾西岸，是日本最大的海港。横滨港岸线长约 40 千米，水深 8～20 米，水深港阔，很少受风浪的影响。港区共计 91 个泊位，水深多在 12 米以内。此外有专用码头，水深达 17 米，可泊 15 万吨级大型散货船，每年有 8 万～9 万艘船舶出入港口。出口货物主要是工业制成品，进口货物主要有原油、铁矿石等工业原料和粮食。其年吞吐量为 1.22 亿吨。

(9) 日本神户港。

神户港位于本州岛西南部，大阪湾北岸。码头岸线长 33 千米，呈扇形，水深 9～12 米，有码头泊位 227 个。神户港港岛是日本第一个人工岛，东西两面共有 28 个泊位，其中 12 个是集装箱泊位，成为日本最大的集装箱运载基地。六甲岛也是人工岛，建有 1.5 万吨级泊位 22 个，为集装箱专用码头。输入货物主要是矿石、燃料、橡胶、粮食、化学品等；输出货物主要是机械、纺织品、日用品等。其年吞吐量为 1.59 亿吨。

(10) 日本千叶港。

千叶港位于本州东南部，东京湾东北隅，是日本最大的工业港口。港区有 300 多个泊位，其中专用泊位占 93%，水深 9 米以上的码头占 80%。输入货物为工业原料和燃料，石油和天然气占 80%以上，其次为铁矿石、煤炭和木材；输出货物以汽车为主，占 50%～60%，其次是钢铁、船舶等。年吞吐量为 1.68 亿吨。

(11) 日本名古屋港。

名古屋港位于本州岛中部，是日本第三大贸易港。水深可达 12 米，加上浮筒泊位，可同时停靠 310 艘船。名古屋港输入物资主要有原油、铁矿石、煤炭、粮食、原木；输出货物大部分为运输机械、钢铁、陶瓷制品、橡胶和化工产品等，其中汽车占 70%以上。年吞吐量为 1.25 亿吨以上。

(12) 新加坡港。

新加坡港位于马来半岛南面，扼马六甲海峡东口，有"东方十字路口"之称。港口有六个港区，60 多个泊位，水深在 8～11 米之间，由于地处赤道，终年可畅通无阻，年进出船只约 4 万艘，货物吞吐量为 1.88 亿吨。

(13) 俄罗斯符拉迪沃斯托克港。

符拉迪沃斯托克港是亚洲太平洋沿岸的著名港口，主要货运流向是俄罗斯太平洋沿岸、北冰洋东部沿岸及萨哈林岛和千岛群岛，运出石油及煤炭、粮食、日用品、建材和机械设备，并运回鱼及鱼产品、金属、矿石等。其年吞吐量约为 700 万吨。

(14) 印度孟买港。

孟买港是印度最大的海港和第二大工业城市。港口海岸线长 20 千米，有 42 个泊位，出口货物主要有棉花、棉织品、小麦、花生、黄麻、皮革、锰矿石、石油制品、蔗糖和香料等，进口货物主要有工业设备、建筑材料、钢材和粮食等。其年吞吐量为 2000 万吨。

(15) 巴基斯坦卡拉奇港。

卡拉奇港是巴基斯坦最大的城市和港口，人口 680 万。港内吃水 8 米以下船舶可随时出入，共有普通泊位 28 个，油轮泊位四个，主要输出稻米、羊毛、铬矿砂、皮革等，进口货物有石油、金属、机械、车辆和煤炭等。其年吞吐量为 1600 多万吨。

(16) 也门亚丁港。

亚丁港是也门最大的港口，位于阿拉伯半岛西南端，是红海通往印度洋的要冲。这里水面开阔，水深 9～10 米，有 27 个深水泊位可供万吨级轮船停靠。进口货物有粮食、糖、运输工具、机械设备、轻工产品、建材等；输出货物主要是石油、盐、咖啡、棉花、纸张、鱼虾等。

(17) 斯里兰卡科伦坡港。

科伦坡是斯里兰卡首都，也是全国第一大港。港区水深 9～11 米，拥有现代化泊位 15 个，可同时停 5 万吨级船舶 40 艘，年吞吐量约为 500 万吨。

(18) 土耳其伊斯坦布尔港。

伊斯坦布尔是土耳其最大的港口城市，位于巴尔干半岛东端，博斯普鲁斯海峡南端，扼黑海入口，地处欧亚交通要道，人口 550 万。该港运转全国 57% 的进口和 15% 的出口货物。

2. 美洲

(1) 美国洛杉矶港。

洛杉矶港是美国西海岸最大的商港，由毗邻的洛杉矶港和长滩港组成。两港岸线总长 74 千米，水深 12～18 米，可供 18 万吨以下船舶出入。其主要运出货物有棉花、石油产品、飞机、橡胶、其他工业品；输入钢铁、木材、咖啡和其他原料。其年吞吐量为 7000 多万吨。

(2) 美国旧金山港。

旧金山港是美国太平洋沿岸仅次于洛杉矶的第二大港。港区平均水深 30 米，潮差小。港区有 50 个码头，每年有 8000 多艘商船来往于此。其输出大宗货物有工业品、石油制品、粮食、奶制品、水泥、蔬菜和水果罐头；输入货物有石油、纸张、羊毛、咖啡、菜、蔗糖、热带水果。其年吞吐量为 5000 万吨。

(3) 加拿大温哥华港。

温哥华是加拿大第三大城市，也是最大的海港。温哥华位于加拿大西南部太平洋沿岸，为天然良港，航道水深 8.23～20.5 米，潮差较小，终年不冻。温哥华内港口窄内宽，延伸 32 千米，水深 12 米。温哥华是世界最重要的小麦输出港之一，每年出口约 800 万吨小麦，还有煤、矿石、木材、纸浆、面粉、鱼品等；进口货物主要是咖啡、可可、糖、茶、钢铁、水泥等。其年吞吐量为 5000 万吨。

(4) 美国纽约港。

纽约港位于美国东北部大西洋岸，是美国最大的城市和最大的海港。航道水深一般为 15～20 米，20 万吨级巨轮可自由出入，有深水泊位 150 多个。其年吞吐量为 1 亿吨。

(5) 美国休斯敦港。

休斯敦是美国南部最大的城市、全国石油工业中心和第三大港，也是美国最大的石油和小麦输出港。其年货物吞吐量近 1 亿吨。

(6) 巴西里约热内卢港。

里约热内卢是巴西第二大城市和最大海港，南临大西洋。港湾口窄内宽，外有岛屿屏障，是著名的天然良港。码头长约 6000 米，有矿石、煤、石油等多种专业化码头和集装箱码头。进口的主要物资有煤、石油等；出口的物资主要有咖啡、蔗糖、皮革、铁、锰矿石等。其年吞吐量为 3500 万吨以上。

(7) 阿根廷布宜诺斯艾利斯港。

布宜诺斯艾利斯是阿根廷首都，全国最大的城市和最大的国际贸易港。该港系人工港，水深 10 米左右，有七个设施完备的港区，码头总长 9000 米。输出有牛肉、谷物、羊毛、皮革、亚麻籽等；输入机械、钢铁、燃料和工业品等。其年吞吐量为 3000 万吨。

3. 欧洲

(1) 法国马赛港。

马赛位于法国南部，地中海北岸罗讷河出口处，是法国第二大城市和最大港口，是仅次于鹿特丹的欧洲第二大港。马赛港共有 138 个泊位。进口货物以石油、液化天然气为主，约占进口量为 2/3，此外有粮食、油料、咖啡、棉花和化肥等。其年吞吐量为 1 亿吨。

(2) 意大利热那亚港。

热那亚港是意大利最大的海港，位于意大利西北部。热那亚港水深 9~15 米，码头线总长 22 千米，可停泊 200 艘船只，每年进出港船舶达 1.6 万多艘。其年吞吐量为 6000 万吨。

(3) 罗马尼亚康斯坦萨港。

康斯坦萨港是罗马尼亚最大的海港，濒临黑海，位于多瑙河三角洲东南，是终年不冻良港。港区码头总长 16 千米，有 100 多个泊位，水深 13 米；新建泊位水深达 20 米，可供 20 万吨级油轮停泊。输出货物主要是石油产品、粮食、木材及机械产品等；输入货物多为原料、燃料，如铁矿砂、焦煤等。其年吞吐量为 6500 万吨。

(4) 荷兰鹿特丹港。

鹿特丹是世界最大的港口，位于北海沿岸，莱茵河与新马斯河汇合口，现有七个港区，40 多个港池，码头岸线总长 37 千米，共有 650 多个泊位，同时可供 600 多艘轮船作业，现每 16 分钟就有一艘远洋船进港或出港，是世界上最繁忙的港口之一。其年吞吐量为 3 亿吨。

(5) 比利时安特卫普港。

安特卫普是比利时第二大城市和最大的港口，港区航道水深 14 米，可停泊 8 万吨级散装货轮，拥有泊位 500 多个，每年进港远洋货轮 1.8 万艘。该港有冷藏库容积 40.5 万立方米。进口货物以原油、矿砂、食品、原料为主；出口货物以钢铁、化工、玻璃和纺织品等制成品为主。其年吞吐量近 1 亿吨。

(6) 法国勒阿弗尔港。

勒阿弗尔港是法国第二大港，巴黎的外港。该港自然条件优越，水深 15.5 米。新建成的航道长 20 千米，水深 22 米，可通 25 万吨级散装船。集装箱码头岸线长 800 米，为法国最大集装箱港口。进口货物主要是燃料、工业原料如石油、天然气、矿石、棉花、咖啡、木材等。其年吞吐量为 8000 万吨。

（7）德国汉堡港。

汉堡港位于易北河下游，码头全长 65 千米，共有 500 多个泊位。汉堡港转口货物约占年吞吐量的 1/3。进口货物主要是石油、原料、食品；出口货物有机器、电子产品、燃料等。其年吞吐量为 6300 万吨。

（8）英国伦敦港。

伦敦是英国的首都，有人口 678 万。伦敦港码头长 33 千米，一般水深 9.7 米。货物以进口为主，主要是煤、石油、原木、羊毛、粮食等；出口货物主要是机械产品、钢材、化工产品等。其年吞吐量为 5000 万吨。

（9）英国利物浦港。

利物浦港位于英格兰西海岸。港内水深约 10 米，是天然良港。码头全长 11 千米。出口货物有工业品、钢铁、化学制品、机械和汽车等；进口货物有粮食、糖料、棉花、烟草、木材、金属及其他原料。其年吞吐量为 3000 万吨。

（10）荷兰阿姆斯特丹港。

阿姆斯特丹是荷兰首都、最大的城市和全国第二大港，10 万吨以下货轮可以通过一条 12 千米长的运河从北海进入港口，运河最深达 13 米。阿姆斯特丹港是西欧大宗货物过境港之一，过境大宗货物主要有矿石、煤、谷类、木材、石油等。其远洋货运量年约 2300 万吨。

（11）俄罗斯圣彼得堡港。

圣彼得堡是俄罗斯第二大城市和最大的港口，位于波罗的海芬兰湾东岸。港区有 50 多个泊位，可停靠吃水 10.5～11.5 米的海轮。出口物资主要是机械、仪表、电站设备、机床等。其年吞吐量为 1000 万吨以上。

（12）瑞典哥德堡港。

哥德堡港位于瑞典西南部，每年进出港口的船只有 1.7 万艘。该港主要出口货物为纸浆与纸、木材、汽车、钢材等；进口石油、金属和水果等。其年吞吐量为 2400 万吨。

（13）葡萄牙里斯本港。

里斯本是葡萄牙首都，全国最大的城市和海港。港区码头岸线长 15 千米，可同时容纳 100 艘 200 米长的大船。输出货物有葡萄酒、软木、松脂、沙丁鱼罐头等；进口货物主要是工业原料，其年吞吐量为 2000 万吨。

4. 非洲

（1）莫桑比克马普托港。

马普托是莫桑比克首都和最大的港口，位于莫桑比克东南部。港区由 9 千米长的深水航道与外海相连，码头总长 3033 米，水深 8～15 米。出口货物主要有煤、铁、石棉、蔗糖、棉花、剑麻、椰子等；进口货物以石油、机械为大宗。其年吞吐量为 2500 万吨。

（2）埃及亚历山大港。

亚历山大是埃及第二大城市。内港码头长 4 千米，可停靠吃水 8.5 米的轮船。出口货物主要有棉花、纺织品、蔬菜、水果等；进口货物主要有粮食、木材、矿产品、机器、工业品等。其年吞吐量为 2760 万吨。

(3) 埃及塞得港。

塞得港位于埃及东北部苏伊士运河北端，是个优良的人工港。港区水深 16 米。该港是尼罗河三角洲东部棉花、稻米、盐、冷冻食品的出口港。由于地处印度洋、大西洋、黑海和地中海航路要冲，所以也是重要的转口港。

(4) 南非开普敦港。

开普敦是南非的立法首都、第二大城市和重要的港口，位于非洲大陆南端，为天然良港。港区有三个坞式港池，40 多个深水泊位，码头总长 11 千米。输出货物主要有水果、食品罐头、皮革、羊毛、纺织品等；输入货物主要为石油、机械设备等。其年吞吐量为 1000万吨。

(5) 利比里亚蒙罗维亚港。

蒙罗维亚是利比里亚首都和最大的港口。港口航道宽 245 米，水深 11.5～14 米，主码头全长 610 米。输出橡胶、铁矿石、金、钻石、棕油、林产品等；进口粮食、矿山机械、工业品等。其年吞吐量为 1300 万吨。

5. 大洋洲

(1) 澳大利亚悉尼港。

悉尼是澳大利亚最大的城市和重要的港口。低潮时主航道水深 12.8 米，有 120 个泊位和长达 18 千米的装卸区。进口以石油产品为主，其次是木材和日用杂货；出口煤炭、羊毛和小麦。其年吞吐量为 3000 万吨。

(2) 新西兰奥克兰港。

奥克兰是新西兰最大的城市和港口。港口主要输入的货物有钢铁、石油、酒精以及机械、谷物和纺织品；输出的货物有奶产品、肉产品、羊毛等。

三、海上航线

(一)基础知识

1. 海上航线的形成

海上航线是船舶在两地间的海上航行路线。航线在广义上是指沟通两地的路线，一般以起讫点命名，如中国至加拿大的中加航线、上海至温州的申温航线；狭义上是指具体的航迹线，包括画在海图上的计划航线。每个航次的具体航线应根据航行任务和航行地区的地理、水文、气象等情况以及船舶状况拟定。

航线的形成主要取决于以下几个方面的因素。

(1) 安全因素。安全因素是指船舶航行的路线须考虑到自然界的种种现象，如风向、波浪、潮汐、水流、暗礁以及流冰等，因为这些现象会影响到船舶航行的安全。

(2) 货运因素。货运因素是指该航线沿途货运量的多寡。货运量多，航行的船舶多，必定是繁忙的航线。

(3) 港口因素。港口因素是指船舶途径和停靠的港口水深是否适宜、气候是否良好、航道是否宽阔、有无较好的存储装罐设备、便利的内陆交通条件、低廉的港口使用费和充足的燃料供应。

(4) 技术因素。技术因素是指船舶航行时从技术上考虑选择最经济和快速的航线航行。

除上述因素外，国际政治形势的变化，有关国家的经济政策、航运政策等也会对航线的选择和形成产生一定影响。航线选择的好坏直接关系到航运业的经济效益，因此，航运公司都十分重视航线的选择。

2. 海上航线的分类

海上航线从不同的角度有不同的划分方法，主要有以下几种。

(1) 按照船舶经营方式分。

① 定期航线。定期航线是指使用固定的船舶，以固定的租期，航行固定的航线，靠泊固定的港口，以相对固定的运价经营客货运输的远洋航运事业。定期航线的经营以航线上各港口能有持续和比较稳定的往返货源为先决条件，所以定期航线又称为班轮航线。

② 不定期航线。不定期航线是与定期航线相对而言，是指使用不固定的船舶，以不固定的船舶，行驶不固定的航线，靠泊不固定的港口，以租船市场的运价，经营大宗、低价货物运输业务为主的航线。

(2) 按照航程的远近分。

① 远洋航线。远洋航线是指使用船舶(或其他水运工具)跨越大洋的运输航线，如我国各港口跨越大洋航行至欧洲、非洲、美洲和大洋洲等处所进行的客货运输路线。

② 近洋航线。近洋航线是指本国各港至邻近国家港口间的海上运输航线。我国习惯上是指由我国各港东至日本海、西至马六甲海峡、南至印度尼西亚沿海、北至鄂霍克海的各海港间的航线。

③ 沿海航线。沿海航线是指本国沿海各港口间的海上运输路线，如大连至青岛、天津至上海的航线。

(二)世界主要海上航线

1. 太平洋航线

太平洋是全球面积最大、平均水深最深、边缘海和岛屿最多的大洋。赤道将太平洋分为南、北两个部分，太平洋上的岛屿主要分布在东、西经 130°，南、北纬 30° 之间的大洋中，约有 4 万多个珊瑚岛和火山岛。

太平洋对世界经济和沿岸国家做出了重大贡献。它提供了东、西方之间廉价的海上运输、丰富的渔场、沿海石油和天然气田、矿物以及建筑工业所需的砂和砾石。世界远洋捕鱼量的 60%来自太平洋。

长期以来，太平洋地区经济发展偏重东北与西北部地区。进入 20 世纪 90 年代以来，沿岸国家经济发展迅速，特别是西岸的东亚地区的经济增长速度加快，成为当前世界经济贸易活动最活跃的地区和世界经济新的增长重心。沿岸 30 多个国家(地区)中绝大部分的经济处于前所未有的最好状态之下。在沿岸各国(地区)经济发展的同时，国际经济活动也在不断加强，国际贸易与海运量也在不断增长，经过巴拿马运河和马六甲海峡的船舶日益增多。太平洋地区的海运量由 20 世纪 80 年代初占世界海运量的 20%上升到 20 世纪 90 年代初的 30%。就集装箱港口的吞吐量而言，自 20 世纪 80 年代初以来，东亚地区就一直扶摇直上，并且遥居世界榜首，占全世界集装箱吞吐量的 44%，到 2008 年世界前十大集装箱港口中有七个位于太平洋区域，太平洋航线成为世界集装箱运量最大的航线。太平洋航线有以下几组。

(1) 远东—北美西海岸航线。

该航线包括从中国、朝鲜、日本、苏联远东海港到加拿大、美国、墨西哥等北美西海岸各港的贸易运输线。从我国的沿海各港出发，偏南的经大隅海峡出东海；偏北的经对马海峡穿日本海后，或经青津海峡进入太平洋，或经宗谷海峡，穿过鄂霍茨克海进入北太平洋，有的甚至经白令海峡向南部横渡。

(2) 远东—加勒比、北美东海岸航线。

该航线常经夏威夷群岛南北至巴拿马运河后到达。从我国北方沿海港口出发的船只多半经大隅海峡或经琉球庵美大岛出东海。该航线与上述远东—北美西海岸航线又被统称为北太平洋航线。

(3) 远东—南美西海岸航线。

从我国北方沿海各港出发的船只多经琉球庵美大岛、硫黄列岛、威克岛、夏威夷群岛之南的莱恩群岛穿越赤道进入南太平洋，至南美西海岸各港。

(4) 远东—东南亚航线。

该航线是中、朝、日货船去东南亚各港以及经马六甲海峡去印度洋、大西洋沿岸各港的主要航线。东海、台湾海峡、巴士海峡、南海是该航线船只的必经之路，是日本从中东和东南亚国家进口石油的运输线，航线繁忙。

(5) 远东—澳大利亚、新西兰航线。

远东至澳大利亚东南海岸分两条航线。中国北方沿海港口和日本各港去澳大利亚东海岸和新西兰港口的船只，需走琉球久米岛，加罗林群岛的雅浦岛，由新爱尔兰岛与布甘维岛之间进入所罗门海、珊瑚湖；但中澳之间的集装箱船需在中国香港加载或转船后经南海、苏拉威西海、班达海、阿拉弗拉海，后经托雷斯海峡进入珊瑚海、塔斯曼海岸。中日去澳大利亚西海岸的航线，则多半经菲律宾海、望加锡海峡以及龙目海峡进入印度洋。

（6）澳、新—北美东西海岸航线。

由澳、新至北美海岸多经苏瓦、火奴鲁鲁等太平洋上的重要航站到达，至北美东海岸则取道社会群岛中的帕皮提，过巴拿马运河而至。

2．大西洋航线

大西洋水域辽阔，海岸线曲折，有许多优良港湾和深入大陆的内海。北大西洋两侧是西欧、北美两个世界经济发达的地区，又有苏伊士运河和巴拿马运河通印度洋和太平洋。

大西洋是东、西半球之间，西半球内部最重要的海上运输线。大西洋沿岸是世界海运最发达的地区，特别是在北大西洋两岸，自 16 世纪以来就有两岸间繁荣的贸易和航运。几个世纪以来，大西洋的海运总量一直居世界各大洋之首，约占全球的 75%，加上两侧分别有运河与太平洋和印度洋沟通，北大西洋沿岸成为世界经济最发达、进出口贸易最多、海运运力最集中的地区。大西洋沿岸有 70 多个国家，是四大洋中沿岸国家最多的一个。目前大西洋的海运量同过去相比，在全球的比重有所减少，但仍占世界海运总量的一半。

（1）西北欧—北美东海岸航线。

该航线是西欧、北美两个世界工业最发达地区之间的原材料和产品交换的运输线，两岸拥有世界 2/5 的重要港口，运输极为繁忙，船舶大多走偏北大圆航线。该航区冬季风浪大，并有浓雾、冰山，对航行安全有威胁。

（2）西北欧、北美东海岸—加勒比航线。

西北欧—加勒比航线多半出英吉利海峡后横渡北大西洋。它同北美东海岸各港出发的船舶一起，一般都经莫纳海峡、向风海峡进入加勒比海。除去加勒比海沿岸各港口外，还可经巴拿马运河到达美洲太平洋岸港口。

（3）西北欧、北美东海岸—地中海、苏伊士运河—亚太航线。

该航线是世界最繁忙的航段，是北美、西北欧与亚太海湾地区间贸易往来的捷径。该航线一般途经亚速尔、马德拉群岛上的航站。

（4）西北欧、地中海—南美东海岸航线。

该航线一般经西非大西洋岛屿加纳利、佛得角群岛上的航站。

（5）西北欧、北美东海岸—好望角、远东航线。

该航线一般是巨型油轮的油航线。佛得角群岛、加那利群岛是过往船只停靠的主要航站。

（6）南美东海—好望角—远东航线。

这是一条以石油、矿石为主的运输线。该航线处在西风漂流海域，风浪较大，一般西航偏北行，东航偏南行。

3．印度洋航线

由于印度洋的特殊地理位置，其航线可以将大西洋与太平洋连接起来，因此经过的航线众多。印度洋航线以石油运输线为主，此外有不少是大宗货物的过境运输。

印度洋提供了中东至东亚、欧洲至东亚以及非洲至东亚的海上运输线。运送的货物主要是来自中东的大宗石油和石油制品。印度洋有着丰富的渔业资源，这些资源对沿岸国家的国民消费和出口变得日益重要。来自俄罗斯、日本、韩国和中国台湾省的渔船队也在这里作业，主要捕捞龙虾和金枪鱼。在沙特阿拉伯、伊朗、印度以及西澳大利亚正在开采储量很大的石油和天然气资源。世界沿海石油产量的 40% 来自印度洋，印度洋沿岸特别是在印度、南非、印度尼西亚、斯里兰卡和泰国沿海，岸沙中含有丰富的矿物，沿岸国家正在积极开采海底矿砂。

印度洋在世界大洋航路中具有非常重要的地位。世界海军战略的鼻祖马汉曾经说过："不论谁控制了印度洋就控制了亚洲。印度洋是通向七个水域的要冲，21 世纪世界的命运将在印度洋上见分晓。"

船舶在印度洋活动的主要区域位于南纬 30° 以北的海域，这一区域气温较高，年平均气温为 20～26℃，赤道以北的区域 5 月份最高气温可达 29℃以上。印度洋地区有 30 多个大陆国家，这一地区较丰富的沿岸资源包括石油、铁矿、煤炭等，因地区加工工业欠发达，成为全球此类货物的主要供应源地。

(1) 波斯湾—好望角—西欧、北美航线。

该航线主要由超级油轮经营，是世界上最主要的海上石油运输线。

(2) 波斯湾—东南亚—日本航线。

该航线东经马六甲海峡(20 万吨载重吨以下船舶可行)或龙目、望加锡海峡(20 万载重吨以上超级油轮可行)至日本。

(3) 波斯湾—苏伊士运河—地中海—西欧、北美运输线。

该航线目前可通行载重大于 30 万吨级的超级油轮。

除了以上三条油运线之外，印度洋的其他航线还有：远东—东南亚—东非航线；远东—东南亚、地中海—西北欧航线；远东—东南亚—好望角—西非、南美航线；澳新—地中海—西北欧航线；印度洋北部地区—欧洲航线。

4. 集装箱运输的主要航线

当前，世界上规模最大的三条主要集装箱航线是：远东—北美航线，远东—欧洲、地中海航线和北美—欧洲、地中海航线。

(1) 远东—北美航线。

该航线习惯上也称为(泛)太平洋航线，该航线实际上可以分为两条航线，一条是远东—北美西岸航线，另一条为远东—北美东岸航线。

远东—北美西岸航线主要由远东—加利福尼亚航线和远东—西雅图、温哥华航线组成。其涉及的港口主要有亚洲的高雄、釜山、上海、香港、东京、神户、横滨等港口，和北美西岸的长滩、洛杉矶、西雅图、塔科马、奥克兰港和温哥华港，涉及亚洲的中国、韩国、日本以及北美的美国和加拿大东部地区。

远东—北美东岸的纽约航线涉及的北美东岸港口主要有美国东部地区的纽约、新泽西港、查尔斯顿港和新奥尔良港。

(2) 远东—欧洲、地中海航线。

该航线也被称为欧地线。该航线由远东—欧洲航线和远东—地中海航线组成。

远东—欧洲航线是 1879 年由英国四家船公司开辟的世界最古老的定期航线。欧洲地区涉及的主要港口有荷兰的鹿特丹港，德国的汉堡港、不来梅港，比利时的安特卫普港和英国的费利克斯托港。

远东—地中海航线是 1972 年 10 月开始集装箱运输的，其地中海地区涉及的港口主要有位于西班牙南部的阿尔赫西拉斯，意大利的焦亚陶罗和位于地中海的中央、马耳他岛南端的马尔萨什洛克港。

(3) 北美—欧洲、地中海航线。

该航线也被称为跨大西洋航线。该航线实际包括三条航线：北美东岸、海湾—欧洲航线，北美东岸、海湾—地中海航线和北美西岸—欧洲、地中海航线。

(三)航线的选择

大洋航行具有离岸远、航线长、受洋流影响大、气象变化大而且难以避免灾害性天气的影响等特点。另外，大洋水深而且宽广，航线具有很大的选择性。因此，如何选择一条既安全又经济的最佳航线是大洋航行的关键。所谓最佳航线，通常理解为在保证足够安全的同时，能使船舶航行时间最短、最经济的航线。特别是跨洋的长航线，如处理得当，有较大的实际意义。

1. 航线选择的原则

航线选择的原则一是安全，二是经济。一条既安全又经济的航线就是最佳航线。因此，最佳航线应该是在保证安全的前提下选择航行时间最短、经济效益最高的航线，同时一定是航程最短的航线。

2. 影响航线选择的因素

因为大洋航线受到多种因素的影响，拟定大洋航线时，主要应结合以下影响因素进行考虑，从中选出最佳航线。

(1) 自然因素。

自然因素包括气候(世界风带、季风)、气象(热带和温带低气压、雾、流冰和冰山)、水文(海况——大洋环流、海浪、潮汐)、地质(海岸地质、障碍物)等因素。这些因素会对航路产生很大的影响，因此在选择航线时，上述因素的影响都必须考虑在内。

(2) 本船因素。

本船因素包括船舶的物理特性：船龄、船舶吃水、船宽、船长、船的净空高、船速、吨位、客货载情况、船员、定位与避让条件、船舶的续航能力(或称巡航半径或巡航距离)

以及船舶证书载明的其他特性。

① 船舶证书和船员证书。我国海事部门将海上航行区域划分为远洋航区、沿海航区和近岸航区三大类。与此相对应，船舶证书分别为 A、B、C 三类，船员证书也同样分为 A、B、C 三类与其一一对应。

② 船舶的物理特性。船舶吃水、船长、船宽、船的净空高都会对所行的航道和航道上的建筑物(主要是桥梁)提出要求。例如，目前通过巴拿马运河的船舶最宽不得超过 32.3 米，基尔运河水面以上最高不得超过 40 米，上海港长江口南水道船舶的吃水一般不得超过 9.5 米，船舶通过上海南浦大桥水面以上高度应小于 42 米，杨浦大桥水面以上高度应小于 48 米。

(3) 本船保险条款。

通常保险公司在船舶保险单中，载有对冰区和战区的限制或禁止驶入条款。

① 冰区。我国保险公司对波罗的海冰区的规定是：当年 11 月 5 日至次年 5 月 5 日北纬 63°以北的挪威海岸和芬兰北海岸的港口，当年 12 月 15 日至次年 4 月 5 日斯德哥尔摩到塔林一线以北的波罗的海港口(约北纬 59°以北)，若船舶欲进入上述两地区，须先申请获得原保险公司同意并加付冰区保险费。

② 战区。对发生了战争或保险人预计将发生战争的地区，保险公司规定：保险人将向被保险人宣布战区，制定战争附加险，未投保此险者不得进入战区。

(4) 国际公约和沿岸国家的规定。

① 国际公约的规定。国际公约规定了航海区域中的分道通航制水道、内水、领海、专属经济区、载重线季节区域、避航区，并要求签约国遵守。

② 沿岸国家规定的受限区域。沿岸国家通常会在其内海、领海、专属经济区及其他相关水域设立军事演习区、水下电缆、管道区(一般不准抛锚、渔捞、疏浚或钻探)、架设空中电缆或桥梁(船在水面上的最高点的高度称为净空高度，通常要有 2～5 米的富余)，并划出垃圾倾倒区、抛泥区、弹药倾倒区等，还有些沿岸国家会在部分水域设立雷区和禁区。禁区一般包括禁锚、禁渔但仍可航行的区域，也有不可通航也不可锚、渔的区域。

(5) 地名因素。

在选择航线时，要查清出发港、中途港和目的港的港名。世界上有不少同名的地名和港口，例如，纽波特(Newport)有 30 个，波特兰(Portland)至少有 16 个，的黎波里(Tripoli)有 4 个，圣地亚哥在西班牙语国家的地名中经常见到，等等。特别是新大陆(美洲与大洋洲)，很多地名与移民来源的旧大陆(亚、欧、非洲)的地名读音一致，甚至有些地名不论是拼写还是读音都完全相同。这时应该注明该港口所在的国家或地区名，例如，出现在海运提单上的美国港口都会在港名后加上所在州的缩写，避免发生错误。

(四)大洋航线上主要货物流向

大洋航线承担着世界贸易总量 90%的运输任务。在总的运量中，石油、煤炭、铁矿石、铝土矿、磷灰石和谷物六类大宗货物占绝对优势。

1. 石油货流

石油货流是远洋货物运输中的主要货物，约占世界出口货物运输总量的 60%。目前，西亚、北非、非洲中部和南美北部发展中国家是世界主要的石油输出国，西欧、日本等发达国家是主要的输入国。美国虽然油产丰富，但因国内消费量大，石油尚需进口。俄罗斯则有部分石油出口。石油运输航线主要有以下几条。

(1) 波斯湾和阿拉伯海沿岸各产油国的石油沿印度洋南下，经非洲好望角，由大西洋北上，中间又会合几内亚和北非的石油，然后主要运往西欧各国，部分到达北美和南欧。此航线约承担输往西欧石油的 70%和输往美国石油的 45%，是西欧、北美消费区重要供油运输线，最高年运输量高达 6 亿吨。

(2) 波斯湾和阿拉伯海沿岸各产油国的石油东经印度洋，过龙目、望加锡海峡或马六甲海峡，然后北上日本。该航线是世界第二大海上石油运输线，日本进口的 80%以上经由这条航线运输，年运量约 3 亿吨。

(3) 南美北岸石油，经大西洋北上到达美国。

(4) 波斯湾沿岸各产油国的石油出霍尔木兹海峡，过苏伊士运河，出直布罗陀海峡输往欧洲和北美。1967 年 6 月，苏伊士运河关闭之前，中东地区出口的石油约有 50%经该航线运抵西欧和北美。8 年后的 1975 年 6 月，运河重开，经过多次扩建，已可通行满载 25 万吨的巨轮，因此，该航线在国际石油贸易运输中的地位非常重要。

2. 铁矿石货流

铁矿石货流是仅次于石油的远洋货流，占干货海运量的 46%。铁矿石的主要出口国是澳大利亚、巴西、印度、南非、加拿大、伊朗、委内瑞拉和利比里亚，其中澳大利亚和巴西是两大铁矿石的输出国，年输出量皆在 1.2 亿吨以上，印度、加拿大都达 2000 万～3000 万吨，主要进口国是中国、日本、德国、美国、英国、比利时、法国，其中日本是世界最大的铁矿石进口。最大的货流方向是澳大利亚—中国、日本；巴西—中国、日本；印度—中国、日本；委内瑞拉—美国、巴西—德国。

3. 谷物货流

谷物货流以小麦、玉米、大麦、燕麦、黑麦、大豆和高粱为主，大米和其他粮食较少。谷物货流主要由大商品粮基地运往主要缺粮国。美国、欧盟、加拿大、澳大利亚、阿根廷是世界上粮食商品化率最高的五个国家和地区。其货流方向是美国、加拿大—远东；美国、加拿大—欧洲；美国—南亚、西亚；澳大利亚—远东；阿根廷—欧洲。

4. 煤炭货流

在海运货物构成中，煤炭是仅次于铁矿石和谷物的干货。1970 年经由海路运输的煤炭约占国际市场的 61.5%，目前已增长到 95%以上。澳大利亚每年出口的 1 亿多吨煤炭全部由远洋海轮运输销往西欧和亚太地区。煤炭的主要出口国是美国、澳大利亚、波兰、加拿大和俄罗斯，目前，这些国家的煤炭出口量已占国际市场的 80%以上。主要进口国是日本、韩国、中国(含香港和台湾地区)和欧盟，目前，这些国家的进口量占世界煤炭进口贸易的 80%左右。最大货流方向是北美、澳大利亚、东欧和中国至日本；东欧、北美和澳大利亚至日本。

第三节 陆 运 系 统

一、铁路、公路基本知识

(一)铁路

铁路由蒸汽牵引方式开始，发展到内燃牵引方式和电气牵引方式。构成铁路系统的主要组成部分有：线路、车辆、机车、车站和信号与通信设备。

1. 线路

铁路线路是由路基、桥隧建筑物和轨道组成的一个整体工程结构，是机车车辆和列车运行的基础。它直接承受机车车轮传来的压力，为了保证列车能按规定的最高速度安全、平稳和不间断地运行，使铁路运输部门能够良好地完成客货运输任务，铁路线路必须经常保持完好状态。

(1) 路基。

铁路路基是为了满足轨道铺设和运营条件而修建的土木构筑物。路基必须保证轨顶设计标高，并与桥梁隧道连接组成完整贯通的铁路线路。

(2) 桥隧建筑物。

当铁路线路要通过江河、溪沟、谷地及山岭等天然障碍，或要跨越公路、铁路时，就需要修建桥隧建筑物，以便使铁路线路得以继续向前延伸。桥隧建筑物包括桥梁、涵洞、明遂、隧道等。

(3) 桥梁。

桥梁主要由桥面、桥跨结构、墩台及基础三部分组成。

桥面是桥梁上铺设轨道的部分；桥墩结构是桥梁承受荷载、跨越障碍的部分；墩台是支撑桥墩结构的部分，包括桥墩和桥台，设于桥梁中部的支座称为桥墩，设于桥梁两端的支座叫作桥台。桥墩与桥台的底部为墩台的基础。

两个相邻墩台之间的空间叫作桥孔。每个桥孔在设计水位处的距离叫孔径。从桥墩结构底部到设计水位的高度以及相邻两墩台之间的界限空间叫桥下净空。桥梁的孔径和桥下净空应能满足排泄洪水、泥石流、流水或船舶通航的要求。每一桥跨两端支座间的距离叫作跨度。整个桥梁包括墩台在内的总长度是桥梁的全长。

桥梁按建造材料分为钢桥、钢筋混凝土桥、石桥等；按桥梁长度分为小桥、中桥、大桥、特大桥等；按桥梁外形分为梁桥、拱桥、斜拉桥等。

(4) 涵洞。

涵洞设在路堤下部的填土中，是用以通过水流的一种建筑物。

(5) 隧道。

铁路隧道大多建在山中，以避免开挖很深的路堑，或修建很长的迂回线。此外，还有建筑在河床、海底或湖底以下的水底隧道和建筑在大城市地下的地下铁道。在隧道口应修筑洞门，以便保护洞口上方的仰坡和两侧边坡的稳定；洞顶要修筑截水沟，拦截从山坡下来的流水，以保护洞口。在隧道内，除了通过特别坚硬的石层以外，一般还要用砖、石、混凝土或钢筋混凝土等材料作内部衬砖，以防止四周岩石层塌落、变形和渗水。

(6) 轨道。

在路基、桥隧建筑物修建成之后，就可以在上面铺设轨道。轨道由钢筋、轨枕、连接零件、道床、防爬设备和道岔等主要部件组成。它起着机车车辆运行的导向作用，直接承受由车轮传来的压力，并将其传递给路基或桥隧建筑物。

钢轨：直接承受车轮的巨大压力并引导车轮的运行方向，因此它应当具有足够的强度、稳定性和耐磨性。为了使钢轨具有最佳的抗弯性能，钢轨的断面形状采用"工"字形，在我国，钢轨的类型或强度以每米长度的大致质量(千克数)表示，现行的标准钢轨类型有：75kg/m、60kg/m、50kg/m。

轨枕：用来支撑钢轨，并将钢轨传来的压力传递给道床，同时又可保持钢轨的位置和距离。

轨距：指铁路上两股钢轨头部的内侧距离。由于轨距不同，列车在不同轨距交接的地方必须进行换装或更换轮对。欧、亚大陆铁路轨距按其大小不同，可分为宽轨、标准轨和窄轨三种。标准轨的轨距为 1435 毫米；大于标准轨的为宽轨，其轨距大多为 1524 毫米和 1520 毫米；小于标准轨的为窄轨，其轨距多为 1067 毫米和 1000 毫米。我国铁路基本上采用标准轨距，但台湾地区和海南岛铁路轨距为 1067 毫米，昆明铁路局的部分轨距为 1000 毫米。

连接零件：接头连接零件是用来连接钢轨与钢轨间的接头的，它包括双头夹板、螺栓、螺帽和弹性垫圈等。钢轨接头处必须保持一定的缝隙，这一缝隙叫作轨缝。当气温发生变化时，轨缝可满足钢轨的自由伸缩。

道床：是铺设在路基面上的石砟(道砟)垫层。其主要作用是支撑轨枕，把从轨枕上部的压力均匀地传递给路基；并固定轨枕的位置，阻止轨枕纵向或横向移动；缓和机车车辆轮对对钢轨的冲击。

防爬设备：因列车运行时纵向力的作用，使钢轨产生纵向移动，有时甚至带动轨枕一起移动,这种现象叫轨道爬行。轨道爬行往往引起轨缝不匀、轨枕歪斜等线路病害,对轨道的破坏性极大,严重时还会危及行车安全。因此,必须采取有效措施加以防止。

道岔:是一种使机车车辆能从一股道转入另一股道的线路连接设备,在车站上大量铺设。

2. 车辆

铁路车辆是运送旅客和货物的工具。它一般没有动力装置,必须把车辆连挂成列,由机车牵引才能沿路线运行。

(1) 分类。

铁路车辆按用途可分为客车和货车两大类。常见的客车有硬座车、软座车、硬卧车、软卧车、餐车、行李车、邮政车等数种。为了运送各种不同的货物,货车有平车、敞车、棚车、保温车、罐车等不同的类型。

按轴数分,车辆有四轴车、六轴车和多轴车。四轴车的四根轴分别组成两个相同的转向架,能相对于车底架做自由转动,因此,缩短了车辆的固定轴距,使之能顺利地通过曲线。我国铁路上的大部分车辆都采用这种形式。对于载重量较大的车辆,为使每一车辆加在线路上的重量不超过线路强度所规定的吨数(称为轴重),可以做成六轴车或多轴车。

按载重量分,货车有50吨、60吨、75吨、90吨等多种。

(2) 组成。

铁路车辆一般由车体、车底架、走行部、车钩缓冲装置和制动装置五个基本部分组成。

3. 机车

机车是铁路运输的牵引动力。由于铁路车辆大都不具备动力装置,需要把客车或货车连挂成车列,由机车牵引沿钢轨运行。铁路采用的机车类型很多,从运用上分,有客运机车、货运机车和调度机车。客运机车要求速度高,货运机车需要牵引力大,调度机车要有机动灵活的特点。按牵引动力分,机车可分为蒸汽机车、内燃机车和电力机车。

(1) 蒸汽机车。

蒸汽机车是通过蒸汽机,把燃料的热能转换成机械能,用来牵引列车的一种机车。它主要由锅炉、蒸汽、行走部、车架、煤水车、车钩缓冲装置以及制动装置等部分组成。锅炉是供给机车动力的能源,装在两侧的两套汽机则把蒸汽的热能转换成机械能,以驱动机车运行。铁路是从蒸汽机车的发明开始的,但蒸汽机车的总效率一般只有5%~9%,煤水消耗量大,在现代铁路运输中已被其他车辆替代。

(2) 内燃机车。

内燃机车是以内燃机作为原动力的一种机车。内燃机车的热效率一般可达30%,是各类机车中效率最高的一种。机车整备时间短,持续工作时间长,适用于长交道路;用水量少,适用于缺水地区;初期投资比电力机车少,而且机车乘务员劳动条件好,便于多机牵引。内燃机车最大的缺点是对环境和大气有污染。

(3) 电力机车。

电力机车的牵引动力是电能，但机车本身没有原动力，而是依靠外部供电系统供应电力，并通过机车上的牵引电动机驱动机车前进。电力机车具有功率大、热效率高、速度快、过载能力强和运行可靠的特点。因此，电力机车必将成为铁路的主要牵引动力。

4. 车站

车站既是铁路办理客、货运输的基地，又是铁路系统的一个基层生产单位。在车站上，除办理旅客和货物运输的各项作业以外，还办理和列车运行有关的各项工作。为了完成上述作业，车站上设有客货运输设备及与列车运行有关的各项技术设备，还配置了客运、货运、行车、装卸等方面的工作人员。

目前，我国铁路上有大小车站几千个。根据它们所负担的任务量和国家政治、经济上的地位，共分为六个等级：特等站、一等站、二等站、三等站、四等站、五等站。车站按技术作业的不同可分为中间站、区段站和编组站，编组站和区段站总称为技术站；按业务性质又可分为货运站、客运站和客货运站等。

5. 信号与通信设备

铁路信号设备是铁路信号、连锁、闭塞等设备的总称。它的主要作用是保证列车运行、利于调车工作的安全和提高铁路通过能力，同时对增加铁路运输经济效益、改善铁路职工劳动条件也起着重要的作用。

铁路信号是向有关行车和调车人员发出的指示和命令。我国规定了表示铁路信号的三种基本颜色，即红色表示停车，黄色表示注意或减速行驶，绿色表示按规定速度行驶。

联锁设备、有关信号机和道岔之间以及信号机与信号机之间应建立起一种相互制约的关系，才能保证车站的安全，这种制约关系叫作联锁。为完成各种联锁而安装的技术设备叫联锁设备。

闭塞设备用于保证列车在区间内运行的安全和提高区间的通过能力。在单线铁路上，为防止一个区间同时进入两列对向运行的列车而发生正面冲突，以及避免两列同向运行的列车(包括复线区段)发生追尾事故，铁路上规定区间两端车站值班员在向区间发车前必须办理的行车联络手续，叫作行车闭塞(简称闭塞)手续。用于办理行车闭塞的设备叫闭塞设备。

(二)公路

公路是指联结城市之间、城乡之间、乡村与乡村之间、工矿基地之间按照国家技术标准修建的，由公路主管部门验收认可的道路，包括高速公路、一级公路、二级公路、三级公路、四级公路，但不包括田间或农村自然形成的小道。公路主要供汽车行驶并具备一定的技术标准和设施。

道路是供各种车辆(无轨)和行人通行的工程设施。按其使用特点分为城市道路、公路、厂矿道路、林区道路及乡村道路等。其中城市道路是指城市规划区内的公共道路，一般划设人行道、车行道和交通隔离设施等，包括城市快速路、城市主干道、城市次干道、城市直线、胡同里巷等。

1. 组成

公路的主要组成部分有路基，路面，桥梁、涵洞、渡口码头、隧道、绿化、通信、照明等设备及其他沿线设施。

2. 分类

(1) 按行政等级划分。

公路按行政等级可分为：国家公路、省公路、县公路、乡公路、村公路(简称为国、省、乡道、村道)以及专用公路六个等级。一般把国道和省道称为干线，县道和乡道称为支线。

国道是指具有全国性政治、经济意义的主要干线公路，包括重要的国际公路，国防公路、连接首都与各省、自治区、直辖市首府的公路，连接各大经济中心、港站枢纽、商品生产基地和战略要地的公路。国道中跨省的高速公路由交通部批准的专门机构负责修建、养护和管理。

省道是指具有全省(自治区、直辖市)政治、经济意义，并由省(自治区、直辖市)公路主管部门负责修建、养护和管理的公路干线。

县道是指具有全县(县级市)政治、经济意义，连接县城和县内主要乡(镇)、主要商品生产和集散地的公路，以及不属于国道、省道的县际间公路。县道由县、市公路主管部门负责修建、养护和管理。

乡道是指主要为乡(镇)村经济、文化、行政服务的公路，以及不属于县道以上公路的乡与乡之间及乡与外部联络的公路。乡道由人民政府负责修建、养护和管理。

村道是指直接为农村生产、生活服务，不属于乡道及以上公路的建制村之间和建制村与乡镇联络的公路。乡(镇)人民政府对乡道、村道建设和养护的具体职责由县级人民政府确定。

乡道和村道规划由县级人民政府交通运输主管部门协助乡(镇)人民政府编制，报县级人民政府批准，并报省人民政府交通运输主管部门、市(州)人民政府或地区行政公署交通运输主管部门备案。乡(镇)人民政府编制村道规划应当征求沿线农村集体经济组织的意见，必要时还应当举行听证会，听取村民的意见。

专用公路是指专供或主要供厂矿、林区、农场、油田、旅游区、军事要地等与外部联系的公路。专用公路由专用单位负责修建、养护和管理，也可委托当地公路部门修建、养护和管理。

(2) 按使用任务、功能和适应的交通量划分。

根据中国现行的《公路工程技术标准》(JTGB01.2003)，公路按使用任务、功能和适应的交通量分为高速公路、一级公路、二级公路、三级公路、四级公路五个等级。

① 高速公路为专供汽车分向分车道行驶并应全部控制出入的多车道公路。

四车道高速公路应能适应将各种汽车折合成小客车的年平均日交通量 25 000～55 000 辆。六车道高速公路应能适应将各种汽车折合成小客车的年平均日交通量 45 000～80 000 辆。八车道高速公路应能适应将各种汽车折合成小客车的年平均日交通量 60 000～100 000 辆。

② 一级公路为供汽车分向分车道行驶并可根据需要控制出入的多车道公路。

四车道一级公路应能适应将各种汽车折合成小客车的年平均日交通量 15 000～30 000 辆。六车道一级公路应能适应将各种汽车折合成小客车的年平均日交通量 25 000～55 000 辆。

③ 二级公路为供汽车行驶的双车道公路，一般能适应每昼夜 3000～7500 辆中型载重汽车交通量。

④ 三级公路为主要供汽车行驶的双车道公路，一般能适应每昼夜 1000～4000 辆中型载重汽车交通量。

⑤ 四级公路为主要供汽车行驶的双车道或单车道公路。

双车道四级公路能适应每昼夜中型载重汽车交通量 1500 辆以下。

单车道四级公路能适应每昼夜中型载重汽车交通量 200 辆以下。

3. 现状

截至 2013 年年底，全国公路总里程达 435.62 万千米。公路密度为 45.38 千米/百平方千米。公路养护里程为 425.14 万千米，占公路总里程的 97.6%。

全国等级公路里程为 375.56 万千米，占公路总里程的 86.2%。其中二级及以上公路里程为 52.44 万千米，占公路总里程的 12.0%。按公路技术等级分组，各等级公路里程分别为：高速公路 10.44 万千米，一级公路 7.95 万千米，二级公路 34.05 万千米，三级公路 40.70 万千米，四级公路 282.41 千米，等外公路 60.07 万千米。

全国公路总里程中，国道 17.68 万千米、省道 31.79 万千米、县道 54.68 万千米、乡道 109.05 万千米、专用公路 7.68 万千米。全国高速公路里程达 10.44 万千米，其中，国家高速公路 7.08 万千米。全国高速公路车道里程为 46.13 万千米。

全国农村公路(含县道、乡道、村道)里程达 378.48 万千米，其中村道 214.74 万千米。全国通公路的乡(镇)占全国乡(镇)总数的 99.97%，其中通硬化路面的乡(镇)占全国乡(镇)总数的 97.81%；通公路的建制村占全国建制村总数的 99.70%，其中通硬化路面的建制村占全国建制村总数的 89.00%。

全国公路桥梁达 73.53 万座、3977.80 万米。其中，特大桥梁 3075 座、546.14 万米，大桥 67 677 座、1704.34 万米。全国公路隧道为 11 359 处、960.56 万米。其中，特长隧道 562 处、250.69 万米，长隧道 2303 处、393.62 万米。

二、国际铁路货物运输线路分布

铁路运输是国际贸易运输的主要运输方式之一。世界上第一条铁路出现在 1825 年的英国，其后铁路建设迅速发展，到 19 世纪末，世界铁路总里程达 65 万千米，目前已有 140 多万千米。世界铁路分布很不平衡，其中欧洲、美洲各占世界铁路总长度的 1/3，而亚洲、非洲和大洋洲加在一起仅占 1/3 左右。

世界铁路发展的主要趋势是运输设备的现代化和运输管理自动化。从 20 世纪 40 年代中期起，世界各国尤其是美国和西欧极力发展内燃机车和电气机车，如瑞士铁路已全部实现电气化，德国、日本、法国等电气化比重高达 80% 以上。近 20 年来，发达国家积极发展高速列车，其中客车最高速度可达 300km/h 左右，货车一般在 100 km/h 左右。目前，西欧各国通力合作，兴建高速铁路系统，以北欧和苏格兰为两端起点，贯穿欧洲大陆，并与西班牙、意大利、希腊的铁路相衔接，全长 3 万千米。此外，高速的磁悬浮列车已在一些发达的资本主义国家投入运营。

国际铁路运输中四条主要的铁路干线如下。

(一)西伯利亚铁路

俄罗斯西伯利亚铁路全长 9288 千米，以莫斯科为起点，穿过松树林，跨过乌拉尔山脉，穿越西伯利亚冻土带，最终抵达太平洋不冻港符拉迪沃斯托克，横跨八个时区，全程历时七天，是世界上最壮观的铁路线之一。西伯利亚铁路常被西方称作"横穿西伯利亚铁路"，是一条设备优良的铁路线，将俄罗斯的欧洲部分、西伯利亚、俄罗斯远东一带联结起来。其中欧洲部分的铁路长度占 19.1%，亚洲部分的铁路长度占 80.9%。

车里雅宾斯克以西的路段于 19 世纪中建成；以东长 7416 千米，1891 年在皇太子尼古拉(日后的沙皇尼古拉二世)主持下从符拉迪沃斯托克和车里雅宾斯克(1892 年)两个方向同时动工兴建，1916 年全线完成；1929 年开始电气化工程，至 2002 年完成。中国新疆与哈萨克斯坦之间的铁路在 1991 年通车之前，西伯利亚铁路是唯一横跨欧亚大陆的铁路，也是至今唯一贯通西伯利亚地区的交通路线，现在也被认为是欧亚大陆桥的重要部分。全线运量西段大于东段，其中尤以鄂木斯克至新西伯利亚间(长 627 千米)最为繁忙。

1. 支线

西伯利亚铁路有几条传统支线。一条是由乌兰乌德附近分出，经蒙古国到中国北京；另一条由 Tarskaya(赤塔附近)出，经满洲里、哈尔滨到北京。此线路即为北京—莫斯科国际列车途经的线路。第三条支线(即贝阿铁路/第二西伯利亚铁路)。贝加尔—阿穆尔铁路原本是西伯利亚铁路最初的选线，该线路西起西伯利亚大铁路的泰舍特站，经勒拿河畔的乌斯季库特、贝加尔湖北端的下安加尔斯克、赤塔州的恰拉、阿穆尔州的滕达、哈巴罗夫斯克(伯力)边疆区的乌尔加尔、共青城，直到日本海沿岸的苏维埃港，全长 4275 千米，在 1930 年动工，1953—1974 年间停工。后来由于与中华人民共和国关系紧张，为防止主线路被切断，苏联建造此支线。在苏联铁道兵部队的努力下，1984 年年底贝阿铁路竣工，1985 年通车，1991 年宣称完成，但很多配套工程至今仍未完工，复线和电气化建设也正在进行。

由于中国采用标准轨距(1435 毫米)而俄蒙两国采用宽轨，故列车抵达中蒙、中俄边界后都需要换轨，需时数小时。

2. 各线路介绍

北线：由哈萨克斯坦阿克套北上与西伯利亚大铁路接轨，经俄罗斯、白俄罗斯、波兰通往西欧及北欧诸国。

中线：由哈萨克斯坦往俄罗斯、乌克兰、斯洛伐克、匈牙利、奥地利、瑞士、德国、法国至英吉利海峡港口转海运或由哈萨克斯坦阿克套南下，沿吉尔吉斯斯坦边境经乌兹别克斯坦塔及土库曼斯坦阿什哈巴德西行至克拉斯诺沃茨克，过里海达阿塞拜疆的巴库，再经格鲁吉亚第比利斯及波季港，越黑海至保加利亚的瓦尔纳，并经鲁塞进入罗马尼亚、匈牙利通往中欧诸国。

南线：由土库曼斯坦阿什哈巴德向南入伊朗，至马什哈德折向西，经德黑兰、大不里士入土耳其，过博斯普鲁斯海峡，经保加利亚通往中欧、西欧及南欧诸国。

3. 历史意义

西伯利亚铁路的建成，标志着西伯利亚开发进入新阶段，表明苏联将西伯利亚开发列入了整个国家经济发展的战略组成部分。由于掌握了铁路开发的"钥匙"，苏联也就打开了西伯利亚这个"地下宝库"，为西伯利亚经济发展乃至整个苏联经济的发展奠定了必要条件。

西伯利亚铁路缩短了大西洋到太平洋的运输线，是目前世界上最长的铁路。无论从经济意义还是从政治意义来评价它，都可以说是了不起的成就。特别是第二次世界大战期间，这条铁路为苏联打败德、日法西斯做出了卓越的贡献。

(二)欧洲铁路网

欧洲铁路网密度居各洲之首，铁路线纵横交错，十分发达，既可联系洲内各国，又可沟通洲际。欧洲铁路网中以欧盟密度最大，但欧洲客货运量在总运量中所占比重不大。

欧洲铁路网的主要线路如下。

(1) 伦敦—巴黎—慕尼黑—维也纳—布达佩斯—贝尔格莱德—索菲亚—伊斯坦布尔，与亚洲铁路相连。

(2) 伦敦—巴黎(或布鲁塞尔)—科隆—柏林—华沙—莫斯科，与俄罗斯西伯利亚相连，可达远东地区，是亚欧大陆桥的一部分。

(3) 里斯本—马德里—巴黎—科隆—柏林—华沙—圣彼得堡—赫尔辛基，可达斯堪的纳维亚半岛各国。

(三)北美横贯东西铁路线

北美地区铁路网较稠密，铁路以货运为主，货运占铁路运输量的 99%，集装箱运输和多式联运是北美铁路最主要的业务之一。北美地区穿越大陆的铁路有多条，在加拿大境内有两条，在美国境内有四条。

1. 加拿大境内

(1) 鲁珀特太子港—埃德蒙顿—温尼伯—魁北克。

(2) 温哥华—卡尔加里—温尼伯—蒙特利尔—圣约翰—哈利法克斯。

2. 美国境内

(1) 西维图—斯波坎—俾斯麦—圣保罗—芝加哥—底特律。

(2) 奥克兰—奥格登—奥马哈—芝加哥—匹兹堡—费城—纽约。

(3) 洛杉矶—阿尔布开克—堪萨斯城—圣路易斯—辛辛那提—华盛顿—巴尔的摩。

(4) 洛杉矶— 图森—帕索—休斯敦—新奥尔良。

(四)西亚—欧洲铁路线

由西亚的巴士拉—巴格达—伊斯坦布尔至欧洲保加利亚的首都索菲亚之后与欧洲铁路网相连。

三、我国货物运输的主要线路情况

(一)我国铁路国际运输通道和口岸站

1. 中国铁路与周边邻国相连接的国际铁路通道

在国际铁路通道中，中朝铁路通道均为 1435 毫米铁路轨距。我国铁路直线轨距标准定为 1435 毫米，静态允许偏差为+6-2(增 6 毫米、减 2 毫米)。苏联(现独联体各国)的铁路轨距公布标准是 1524 毫米，但其静态允许偏差的计算方法与我国不同。

1983 年 8 月 15 日，中苏国境铁路联合委员会在俄罗斯赤塔举行，会上商定了修改补充《中苏国境铁路协定》，将协定中所有"苏联铁路轨距 1524 毫米"字样均改为"苏联铁路轨距 1520 毫米"字样。这不是苏联轨距的改变，只是铁路轨距静态允许偏差的计算导致公布轨距字样的变化。

蒙古国铁路轨距是和苏联一致的，由苏联在 1945—1947 年分别在乔巴山和乌兰巴托修建，与西伯利亚铁路衔接，并于 1950 年修建乌兰巴托至扎门乌德(中国的二连浩特交接)铁路，均按苏联铁路标准和轨距修建。蒙古全部铁路轨距也是 1524 毫米。但迄今蒙古铁路从未就轨距问题与我国协商，所以蒙古铁路的书面轨距一直标为 1524 毫米，但实际上是与俄罗斯铁路的 1520 毫米轨距一样的。中俄、中蒙、中哈铁路间通道分别为 1435 毫米(我方)和 1520 毫米(外方)。中越凭祥—同登至河内铁路通道轨距分别为 1435 毫米(我方)和 1435 毫米/1000 毫米混合轨(外方)。河口—老街铁路通道为 1000 毫米轨距。

轨距相同的铁路通道从技术上讲，可以办理原车过轨直通运输。但现在只有到越南安员车站可以原车过轨直通运输，其余铁路口岸均需货物换装交接。

2. 我国现有的国际铁路口岸站

(1) 满洲里国境车站。

满洲里铁路口岸位于内蒙古呼伦贝尔大草原西部的满洲里市境内，处于中蒙俄三角地带，是滨洲线西端终点站。车站中心位于滨洲线 934.52 千米处，北邻俄罗斯，距国境线 9.95 千米，与俄罗斯后贝加尔口岸站接轨。

满洲里站担负着我国对俄罗斯和东欧各国进出口货物的交接、换装和运输任务，可直接办理列车接发和进出口国际联运货物的检查、交接、换装以及国际旅客进出境的客运服务工作。它在性质上为国境口岸站，在技术设备上设有 1435 毫米(准轨)和 1520 毫米(宽轨)两种轨距线路和换装场。其最大起重能力为 330 吨。

俄罗斯后贝加尔站概况：有准轨线路五条。站内 1、2 线不换装；3 站台用人工换装；4 站台用龙门吊换装集装箱；5 站台换装敞车、平车、冷藏车，配有新、旧库，冬天可换装水果、鲜肉等。该站换装能力不及满洲里站，最大起重能力为 50 吨。

(2) 阿拉山口国境车站。

阿拉山口口岸位于新疆博尔塔拉蒙古自治州境内，兰新铁路全长 2423 千米，东起甘肃兰州，西至阿拉山口。1990 年 9 月 12 日兰新铁路西段与哈萨克斯坦土西铁路接轨，与哈萨克斯坦国境站多斯特克站相距 12.1 千米，与哈萨克斯坦阿拉木图站相距 878 千米。目前阿拉山口站站场能力能够满足 1500 万吨过货量需求，最大起重能力为 63 吨。

哈铁多斯特克站概况：阿拉山口口岸对应的哈萨克斯坦多斯特克(原称德鲁日巴)口岸站，位于阿拉湖南部，距土西铁路阿克卡车站 304 千米，距莫斯科 4200 千米。

(3) 二连国境车站。

二连国境口岸车站位于内蒙古自治区锡林郭勒盟二连浩特市，位于集二线 330.807 千米处。北与蒙古国扎门乌德站接轨，距国境线 4.8 千米，距扎门乌德站 9 千米，是集二线终点站。

二连站站场为纵列式布置，准轨场和宽轨场的接运能力为 1000 万吨，换装能力为 1620 万吨，其中原油接运能力已达 1040 万吨。

(4) 绥芬河国境车站。

绥芬河车站位于黑龙江省绥芬河市境内，滨绥铁路全长 548 千米，绥芬河是滨绥线东部的终点站。东与俄罗斯远东铁路局符拉迪沃斯托克(海参崴)分局接轨，与格罗迭科沃口岸站相距 26 千米。

绥芬河站主要办理进出口国际联运货物运输和旅客运输以及自站货物的到发、装卸等作业。绥芬河站年进口能力为 1050 万吨,准轨场接运能力为 860 万吨,宽轨场接运能力为 820 万吨。

俄罗斯格罗迭科沃概况:格罗迭科沃站位于俄罗斯边境城市波格拉尼奇市内。基本站台紧靠一条宽轨,依次是一条宽准轨套线、五条准轨线、六条宽轨线,车站两端咽喉外侧设有粮食、煤炭等换装线。格罗迭科沃站的通过能力为 500 多万吨,其主要问题是换装能力不足。

(5) 丹东国境车站。

丹东国境车站位于辽东半岛东南部鸭绿江与黄海汇合处,辽宁省丹东市是沈丹铁路的终点站,距中朝国境线 1.4 千米,与朝鲜铁路的新义州车站隔江相望,新义州车站距中朝国境线 1.7 千米。

丹东车站是我国对朝鲜进出口货物的重要交接国境口岸,由于中朝两国铁路轨距相同,车辆可以原车过轨,货物无须换装。但自 2008 年 6 月 20 日起,中朝间货物运输采用换装过轨运输方式。进出口货物全部在中国国境站换装,使用朝鲜铁路货车运送。但特种车和不宜换装货物可组织直接过轨运输。目前丹东站年接运能力可达 300 万吨以上。

朝鲜新义州车站概况:新义州站通过能力、改编能力比丹东站小,每日货运量为 3000 吨。由于新义州站机车动力不足,经常因腾不出接车线而影响接车。

(6) 图们国境车站。

图们国境车站位于长(长春)图(图们)铁路终端、吉林省延边朝鲜族自治州图们市境内,与朝鲜铁路南阳车站隔江相望。图们车站距中朝国境线 2.1 千米,南阳车站距朝中国境线 1.3 千米,距图们站 3.4 千米。该站有铁路线 11 条,其中两条通往中国,其余为调车线。南阳站现在每年通过的货运能力为 450 万吨。

(7) 集安国境车站。

集安国境车站位于吉林省南部集安市境内,是梅(梅河口)集(集安)铁路终点站,距中朝国境线 7.3 千米,与朝鲜铁路的满浦站比邻,距朝中国境线 3.8 千米。

(8) 凭祥国境车站。

凭祥国境车站位于广西壮族自治区凭祥市南面,与越南谅山省相邻,是湘桂铁路终点站,车站中心线位于湘桂铁路 1008.16 千米处,距中越两国铁路接轨点 13.2 千米。

越南同登国境站据国境线 4.6 千米,同登国境站至安员站加建一条准轨、米轨的混合轨铁路,共长 140 千米,中方铁路车辆可以直接到安员车站,此站距河内市 10 千米,为河内市的货运站。

(9) 河口国境车站。

河口国境车站位于云南省红河哈尼族彝族自治州的河口瑶族自治县境内,是昆河线的终点站。山腰站是河口站的下属国境车站,距中越国境线 4.2 千米。由于相连的两国铁路轨距相同(均是米轨),货物可以原车通过,无须换装。目前,山腰站年接运能力可达 85 万吨。

(10) 珲春国境车站。

珲春铁路口岸车站位于吉林省延边朝鲜族自治州珲春市境内,是吉林省通往俄罗斯的铁路口岸。对面是俄罗斯卡梅绍瓦亚铁路口岸,距离俄罗斯卡梅绍瓦亚铁路口岸 26.7 千米。

珲春铁路口岸已经具备年 100 万吨的换装能力,但迄今未正式开通国际铁路货物联运,珲春铁路口岸自开通以来累计过货仅数万吨。

(二)我国通往邻国的铁路货运线

1. 滨洲线

滨洲线东起哈尔滨,西至满洲里,是中东铁路西部干线,是中国东北地区的交通大动脉。从满洲里向西出国境与俄罗斯西伯利亚大铁路接轨,全长 934.8 千米。

2. 滨绥线

滨绥铁路自黑龙江省哈尔滨至绥芬河,全长 548 千米,是中国连接俄罗斯西伯利亚铁路的一条干线。

3. 集二线

集二铁路自内蒙古乌兰察布的集宁南站至中蒙边境的二连浩特,全长 331 千米,是联接乌兰巴托、莫斯科的国际联运干线。1953 年 5 月开工,1955 年建成,使北京到莫斯科的距离比经满洲里的运程缩短了 1141 千米。

4. 沈丹线

沈丹铁路原称安奉线,西起辽宁省沈阳市(即奉天市),东到辽宁省丹东市(即安东市),全长 277 千米。

5. 长图线

长图铁路自吉林省长春至图们,全长 529 千米,是通向中国与朝鲜国境线的一条铁路。

6. 梅集线

梅集铁路连接吉林省梅河口市和集安市,全长 245 千米,属沈阳铁路局管辖,是沟通中国东北地区通往朝鲜的一大干线,过鸭绿江可与朝鲜铁路在满浦站相接。

7. 湘桂线

湘桂铁路北起中国湖南省衡阳市,南至广西壮族自治区凭祥市友谊关,与越南铁路相接。湘桂铁路是广西、海南及粤西地区与华东、华北地区间客货交流的重要铁路运输主通道,也是中国广西、湖南、贵州等大部分内陆地区通往越南等东盟国家的最便捷的国际运输通道。

8. 昆河线

滇越铁路在法国殖民时期称云南铁路(越南为清朝属国),从越南海防至云南昆明,全长854 千米,分为越南段(即越段)和云南段(即滇段)。今天我们中国人所说的滇越铁路是指其滇段部分,1958 年铁道部电令:滇段改称昆河铁路。

9. 中巴铁路

2015 年 4 月,中国与巴基斯坦签署协议,计划将巴基斯坦 1 号铁路干线延伸至中国新疆的喀什,终点则在巴基斯坦南部港口城市瓜达尔。

(三)我国对外贸易公路运输口岸

1. 对独联体公路运输口岸

新疆:吐尔戈特,霍尔果斯,巴克图,吉木乃,艾买力,塔克什肯。

东北地区:长岭子(珲春)/卡拉斯基诺;东宁(岔口)/波尔塔夫卡;绥芬河/波格拉尼契内;室韦(吉拉林)/奥洛契;黑山头/旧楚鲁海图;满洲里/后贝加尔斯克;漠河/加林达。

2. 对朝鲜公路运输口岸

中朝之间原先仅我国丹东与朝鲜新义州间偶有少量公路出口货物运输。1987 年以后,吉林省开办珲春,图们江与朝鲜咸镜北道的地方贸易货物的公路运输。中国外运总公司与朝鲜于 1987 年签订了由我吉林省的三合、沙坨子口岸经朝鲜的清津港转运货物的协议。

3. 对巴基斯坦公路运输口岸

新疆的红其拉甫和喀什市。

4. 对印度、尼泊尔、不丹的公路运输口岸

其主要有西藏南部的亚东、帕里、樟木等。

5. 对越南地方贸易的主要公路口岸

其主要有云南省红河哈尼族彝族自治州的河口和金水河口岸等。

6. 对缅甸公路运输口岸

云南省德宏傣族景颇自治区的畹町口岸是我国对缅甸贸易的主要出口陆运口岸,还可通过该口岸和缅甸公路转运部分与印度的进出口贸易货物。

7. 对香港、澳门的公路运输口岸

对香港、澳门的公路运输口岸位于广东省深圳市的文锦渡和香港新界相接,距深圳铁

路车站 3 千米，是全国公路口岸距离铁路进出口通道最近的一个较大的公路通道。通往香港的另外两个口岸是位于深圳市东部的沙头角及皇岗。对澳门公路运输口岸是位于珠海市南端的拱北。

【阅读】
2014 年中国与欧洲铁路货运战陡然升温

中国铁路总公司旗下中铁特货汽车物流有限公司董事长高峰透露，该公司将与一家日本公司合作，开辟一条中欧铁路汽车物流线路，目前货场、线路和服务网等工作都已筹备得差不多了。欧洲汽车及工业物流服务供应商捷富凯亦宣布启用多条往返亚欧间的"门到门"铁路运输线路服务，中欧铁路货运争夺战陡然升温。

中国商品运往欧洲，通常是走海运或者空运这两种形式将货品运到鹿特丹、汉堡和法兰克福等大型港口或者货运航空港，然后通过长途车或火车发散到东欧、中欧等地。而在中国与东欧、中欧之间，一直试图建立起更为快捷的大货量运输方式，即铁路货运。

中欧海运时间一般为 45 天，铁路货运则比海运要少一半的时间，目前中国与周边多个国家铁路公司合作顺利，多条铁路货运通道开启，通过阿拉山口口岸发往欧洲的班列有"郑欧""渝新欧""蓉欧"三趟专列，武汉亦有"汉新欧"专列等，而在黑龙江满洲里、绥芬河等地也有多条铁路专列。

一位来自满洲里、不愿透露姓名的中欧贸易代理商表示，铁路硬件虽然日渐完善，但是中欧铁路途径多国国境，各地通关手续繁杂，加上铁路货运企业的服务意识一直比较差，这一市场的热度并未有预期的理想。

不过情况也在悄然改变。自从 2013 年 6 月中国铁路总公司进行铁路货运组织改革以来，货运的服务意识加强了，亦开始主动找客源，部分货运增速明显，其中就包括铁路汽车物流，而汽车物流因为高附加值和高利润正备受中铁总器重。

中欧特货生意经

国内从事铁路汽车运输的公司只有一家，即中铁特货。

中铁特货是中国铁路总公司直属的专业运输企业，主要从事乘用汽车运输、大件货物运输、冷藏货物运输及物流业务。

2005 年，中铁特货开始涉足一直为公路运输所"把持"的乘用车运输市场，为此，该公司投入数以亿计的资金改装、开发专用车辆，如今已拥有铁路乘用汽车专用车辆 5016 辆，铁路乘用汽车专用板架箱 998 个。尽管公司介入汽车物流并没有几年，但增速非常快。目前上海大众、上汽通用、上汽通用五菱、一汽、长城汽车、广汽本田、东风日产、长安汽车、奇瑞汽车等多家汽车主机厂都已把相当一部分商品车物流交给中铁特货，而且规模在不断扩大。

高峰透露，2013 年，中铁特货承运的商品汽车运量超过 120 万辆。这是继 2011 年 80 万辆、2012 年 100 万辆之后，其汽车运量再次实现 20% 的高速增长。他预计 2014 年的运输量还可以达到 140 万辆至 150 万辆。

在垄断国内市场的同时，中铁特货亦准备开拓中欧市场。高峰透露，该公司已经与日本一家公司合作，开辟新的中欧铁路汽车物流服务。与此同时，中铁总公司也与哈萨克斯坦国家铁路局及德国铁路部门商谈更为深入的中欧货运合作计划，届时还可以将中欧货运线延伸至欧洲腹地。

外资掘金中欧货运

有意思的是，在中国汽车物流运营商雄心勃勃地准备杀进中欧货运市场的同时，老牌的欧洲汽车物流服务商捷富凯也宣布加入中欧铁路货运服务。该公司在 4 月 14 日宣布开通多条往返亚欧间的门到门铁路运输线路服务，通过对接国内与覆盖亚欧十多个国家的铁路网络，大幅度提高该区域间的物流运输效率。

捷富凯集团系欧洲多式联运服务提供商，在其汽车物流服务中，铁路运输占比达 25%，远高于 17.5% 的欧洲平均水平。2006 年，捷富凯将多式联运业务引入中国。近年来，积极拓展俄罗斯及周边国家的物流市场成为捷富凯的战略重点之一。

在这项新的"门到门"服务中，来自中国港口城市的海运货物和全国各地的陆路货物可全程通过铁路运输，经阿拉山口或者满洲里直达位于中亚和欧洲的十多个国家，包含中亚五国、俄罗斯、乌克兰、白俄罗斯、波兰、德国和匈牙利等。

捷富凯亚太区总裁潘瑞赋表示，这种跨境货运运输的海关服务是关键，捷富凯的优势就在于其可靠、快速、通畅的俄罗斯清关服务。原因在于 2012 年捷富凯加入俄罗斯铁路公司后，捷富凯在该地区的通关能力得到提升。同时，该公司位于上海的项目指挥中心可以提供便捷的"单一窗口"式服务。客户无须与物流环节中的不同负责人沟通，只要与指定的一位专门负责内部协调的专员联络，即可了解物流各环节的进程。

"越来越多的中国本土企业想要'走出去'，而帮助这些企业拓展其国际业务是捷富凯中国重要的战略目标之一。"捷富凯中国董事总经理安博乔表示。

（资料来源：http://www.chinairn.com/news/20140418/090919656.shtml）

第四节 空 运 系 统

一、航空区划

随着全球经济一体化进程的深入，国际贸易日趋频繁，由此国际航空运输也愈加繁忙，为保证国际航行的安全，各国运输企业在技术规范、航行程序、操作规则上必须统一，同时为了便于航空公司间的合作和业务联系，国际航协(The International Air Transport Association，IATA)将世界划分为三个航空运输业务区。

如图 2-1 的世界分区图所示，将全球分为 ARETC1、ARETC2、ARETC3 三个大区，简称 TC1 区、TC2 区、TC3 区。三大区的区域范围、特征以及各区术语解释如下。

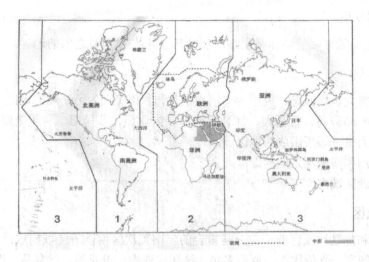

图 2-1 IATA 航空运输分区图

(一)TC1

该区东临 TC2 区、西接 TC3 区，北起格陵兰岛，南至南极洲，主要包括北美洲、拉丁美洲以及附近的岛屿和海洋。TC1 区与 TC2 区的分界线：北起 0°经线，向南约至 74°N 处折向西南，穿过格陵兰岛与冰岛之间的丹麦海峡，在 60°N 处沿 40°W 经线至 20°N 处，再折向东南，到赤道处再沿 20°W 经线向南止于南极洲。

TC1 区由两个相连的大陆南、北美大陆及附近岛屿，格陵兰岛、百慕大群岛、西印度群岛和加勒比岛屿以及夏威夷群岛(含路途岛和巴尔拉环礁)组成。按自然地理划分，以巴拿马运河为界，分为南、北美洲。按政治经济地理划分，则以美、墨边境为界，分为北美洲及拉丁美洲。美洲大陆东临大西洋、西濒太平洋。太平洋天堑阻碍了美洲和其他大洲之间的陆路交通，它与其他各洲之间的交通联系只有通过海洋运输和航空运输来实现。

TC1 主要分为以下四个次区。

1. 加勒比次区

(1) 美国(除波多黎各和美属维尔京群岛之外)与巴哈马群岛、百慕大、加勒比群岛、圭亚那、苏里南、法属圭亚那之间的地区。

(2) 加拿大/墨西哥与巴哈马群岛、百慕大、加勒比群岛(含波多黎各和美属维尔京群岛)、圭亚那、苏里南、法属圭亚那之间的地区。

(3) 由巴哈马群岛、百慕大、加勒比群岛(含波多黎各和美属维尔京群岛)构成的区域。

(4) 由上述为一端与圭亚那、苏里南、法属圭亚那为另一端围成的区域。

2. 墨西哥次区

加拿大/美国(除波多黎各和美属维尔京群岛之外)与墨西哥之间的地区。

3. 远程次区

(1) 以加拿大、墨西哥、美国为一端与中美洲和南美洲为另一端的地区。

(2) 以巴哈马群岛、百慕大、加勒比群岛、圭亚那、苏里南、法属圭亚那为一端与中美洲和南美洲为另一端所围成的地区。

(3) 中美洲和南美洲之间的地区。

(4) 中美洲区域内。

4. 南美次区

南美次区和加勒比次区有一部分是重合的。南美次区由以下区域构成：阿根廷、玻利维亚、巴西、智利、哥伦比亚、厄瓜多尔、法属圭亚那、圭亚那、巴拿马、巴拉圭、秘鲁、苏里南、乌拉圭、委内瑞拉。

对"加勒比"和"远程"区域的定义如下。

加勒比群岛：安圭拉岛、安提瓜和巴布达、阿鲁巴、巴巴多斯、博奈尔、英属维尔京群岛、开曼群岛、古巴、库拉索、多米尼加联邦、多米尼加共和国、格林那达(卡里亚库岛、马斯蒂克岛、帕姆岛)、瓜德罗普、海地、牙买加、马提尼克、蒙塞拉特、圣基茨(尼维斯、安圭拉)、圣卢西亚、圣马丁、圣文森特和格林纳丁斯群岛、特立尼达和多巴哥、特克斯和凯科斯群岛。

中美洲：伯利兹、哥斯达黎加、萨尔瓦多、危地马拉、洪都拉斯、尼加拉瓜。

南美洲：同南美次区。

北美洲主要是美国、加拿大，这两个国家受英国殖民的影响极大，是现代世界资本主义的主要中心之一，是世界经济发展水平最高的地区，向世界市场提供了大量的工农业产品。北美洲也是世界上有巨大潜力的地区，自然资源十分丰富，但人口密度不高，在历史上，它虽然已经从"旧大陆"吸收了大量"过剩"人口，但是，直到今天，仍然是世界上最大的人口净移入区。北美洲是现代航空运输的发达地区，多年来，在人员、机群、业务量、营运收入等方面名列世界前茅。

拉丁美洲毗连北美，不论在古代、近代还是现代，两者都有密切的联系，拉丁美洲自15世纪末被欧洲殖民者发现后，这一地区的绝大部分沦为西班牙、葡萄牙的殖民地，因此拉丁美洲各国的社会制度、生产方式、宗教信仰、风俗习惯都受到西班牙和葡萄牙的深刻影响。

(二)TC2

该区东临TC3区，西接TC1区，北起北冰洋诸岛，南至南极洲，包括欧洲、非洲、中东及岛屿。TC2 区与 TC3 区分界线：北起 80°经线，在 75°N 处向南弯折，沿乌拉尔山南下，绕经里海西岸、南岸，伊朗北界、东界，再沿 60°E 经线向南止于南极洲。

TC2 区主要分为以下三个次区。

1. 欧洲次区

欧洲次区包括阿尔巴尼亚、阿尔及利亚、安道尔、亚美尼亚、奥地利、阿塞拜疆、亚速尔群岛、比利时、白俄罗斯、保加利亚、加那利群岛、克罗地亚、捷克共和国、丹麦、爱沙尼亚、芬兰、法国、格鲁吉亚、德国、直布罗陀、匈牙利、冰岛、爱尔兰、意大利、拉脱维亚、列支敦士登、立陶宛、卢森堡、马其顿、马德拉岛、马耳他、摩尔多瓦、摩纳哥、荷兰、挪威、波兰、葡萄牙、罗马尼亚、俄罗斯联邦(乌拉尔山以西)、圣马力诺、斯洛伐克共和国、斯洛文尼亚、西班牙、瑞典、瑞士、突尼斯、土耳其、乌克兰、英国、塞尔维亚。

2. 中东次区

中东次区包括巴林、塞浦路斯、埃及、伊朗(伊斯兰共和国)、伊拉克、以色列、约旦、科威特、黎巴嫩、阿曼、沙特阿拉伯、南苏丹、北苏丹、叙利亚(阿拉伯共和国)、阿拉伯联合酋长国(由阿布扎比、阿治曼、迪拜、富查伊拉、哈伊马南、沙迦和乌姆盖万各酋长国组成)、也门。

3. 非洲次区

非洲次区由中非、东非、印度洋岛屿、利比亚、南非、西非构成。

中非：马拉维、赞比亚、津巴布韦。

东非：布隆迪、吉布提、厄古特里亚、埃塞俄比亚、肯尼亚、卢旺达、索马里、坦桑尼亚和乌干达。

印度洋岛屿：科摩罗、马达加斯加、毛里求斯、马约特岛、留尼汪岛和塞舌尔群岛。

南非：博茨瓦纳、莱索托、莫桑比克、南非、纳米比亚、斯威士兰和乌姆塔塔。

西非：安哥拉、贝宁、布基纳法索、喀麦隆、佛得角、中非共和国、乍得、刚果人民共和国、科特迪瓦、赤道几内亚、加蓬、几内亚、几内亚比绍、利比里亚、马里、毛里塔尼亚、尼日尔、尼日利亚、圣多美和普林西比、塞内加尔、塞拉利昂、多哥和扎伊尔。

欧洲是世界资本主义的发源地，也是近代科学文化与技术发展最早的地区。进入资本主义阶段以后，欧洲的地位开始发生变化，由于美国的后来居上和广大亚非拉国家的独立，欧洲已不再是世界唯一的中心。但是，目前欧洲仍不失为世界上一个关键地区，占世界工业产值的近 1/2，农业产值的 40%，对外贸易额的 1/2。欧洲在银行、保险业务以及旅游业务等方面都长期保持绝对优势，科学技术水平居世界前列。欧洲一直是航空运输的发达地区，自 20 世纪 50 年代以来，定期航班完成的运输周转量仅次于北美。

中东地区处亚、欧、非三大洲的连接地带，南、西、北三面分别临阿拉伯海、红海、地中海、黑海和里海，故常被称为"三洲五海之地"。按经济特点，中东各国明显分为两类，即石油输出国和非石油输出国，它们在经济水平发展速度以及部门结构上存在着很大的差异。中东地区虽然面积狭小，但航线分布密集，空运业务量较大。

非洲与欧洲有着密切的经济与文化联系，虽然非洲土地辽阔，自然资源十分丰富，有着发展生产的良好条件，但长期的殖民统治使它成为世界上经济水平最低的一个洲，其中表现在：生产水平低下，发展速度缓慢，工业基础薄弱，经济结构畸形，生产力分布极不平衡，从航空运输方面来说，也是世界上发展水平最低的地区。

(三)TC3

该区东临 TC1 区，西接 TC2 区，北起北冰洋，南至南极洲，包括亚洲(除中东包括的亚洲部分国家)、大洋洲及太平洋岛屿的广大地区。TC3 区与 TC1 区分界线：北起 170° W 经线，向南穿过白令海峡后，向西南折至(50° N，165° E)，再折经(7° N，140° W)、(20° S，120° W)等处，最后沿 120° W 经线向南止于南极洲。

TC3 共分为以下四个次区。

1. 亚次大陆次区

亚次大陆次区包括阿富汗、孟加拉国、不丹、印度(包括安达曼群岛)、马尔代夫、尼泊尔、斯里兰卡。

2. 东南亚次区

它包括文莱达鲁萨兰国、柬埔寨、中华人民共和国、关岛、中国香港、印度尼西亚、哈萨克斯坦、吉尔吉斯斯坦、老挝、马来西亚、马绍尔群岛、密克罗尼西亚(含除帕劳群岛之外的加罗林群岛)、蒙古、缅甸、北马里亚纳群岛(含除关岛之外的马里亚纳群岛)、帕劳、菲律宾、俄罗斯联邦(乌拉尔山东部地区)、新加坡、中国台湾、塔吉克斯坦、泰国、土库曼斯坦、乌兹别克斯坦、越南。

3. 太平洋次区

它包括美属萨摩亚、澳大利亚、库克群岛、斐济群岛、法属波利尼西亚、基里巴斯、瑙鲁、新喀里多尼亚、新西兰(含洛亚蒂群岛)、纽埃、巴布亚新几内亚、萨摩亚、所罗门群岛、汤加、图瓦卢、瓦努阿图、瓦利斯和富图纳群岛。

4. 日本/朝鲜地区

它包括日本、朝鲜和韩国。

亚洲开发历史悠久，黄河流域、印度河流域、幼发拉底和底格里斯两河流域都是人类文明的发祥地。从 20 世纪 60 年代开始，亚洲的经济发展就引人注目，进入 70 年代后经济得到持续发展，特别是亚太地区更为突出，如"亚洲四小龙"(新加坡、中国台湾地区、中国香港地区和韩国)已发展成为新兴的工业化国家和地区。亚太地区的崛起和发展对世界经济格局产生了重大的影响,亚洲在世界上的地位愈加重要。从航空运输来说,20 世纪 70 年代,东盟五国和韩国的航空运输高速发展,1972—1982 年,世界航空运输业务的年均增长率为 9.6%,而马来西亚高达 57.2%,韩国为 34.5%,新加坡为 34.3%,印度尼西亚为 24.6%。近 20 年来,亚太地区航空运输总周转量的年平均增长率居各区之首,在世界的比重不断增大。

大洋洲是世界上最小的一个洲,地处亚洲、北美洲、拉丁美洲和南极洲之间,东西沟通太平洋和印度洋,又是联系各大洲的海空航线和海底电缆通过之地。因此,在世界交通和战略上具有极其重要的地位。同时,它又有着丰富的热带经济作物、森林和矿产资源。所以,从 16 世纪起,这里就成为西方殖民主义者掠夺和侵占的对象。大洋洲的人民为了争取独立,曾进行了长期不懈的斗争,各个国家先后独立。

二、中国航空地理概况

(一)中国航空运输宏观概况

《2013 年民航行业发展统计公报》显示,2013 年民航完成运输总周转量 671.72 亿吨千米,比上年增长 10.1%,其中旅客周转量 501.43 亿吨千米,增长 12.3%,货邮周转量 170.29 亿吨千米,增长 3.9%,如图 2-2～图 2-4 所示分别为 2009—2013 年民航运输总周转量、民航旅客运输量、民航货邮运输量。

2013 年,年旅客吞吐量 100 万人次以上的运输机场共 61 个,其中北京、上海和广州三大城市机场旅客吞吐量占全部机场旅客吞吐量的 29.0%。年货邮吞吐量 1 万吨以上的运输机场共 50 个,其中北京、上海和广州三大城市机场货邮吞吐量占全部机场货邮吞吐量的 51.8%。

2013 年,北京首都机场完成旅客吞吐量 0.84 亿人次,连续四年位居世界第二;上海浦东机场完成货邮吞吐量 292.9 万吨,连续六年位居世界第三。

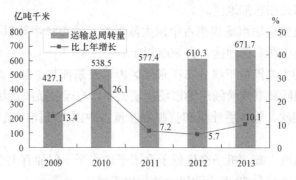

图 2-2　2009—2013 年民航运输总周转量

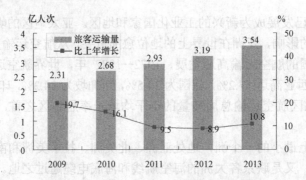

图 2-3　2009—2013 年民航旅客运输量

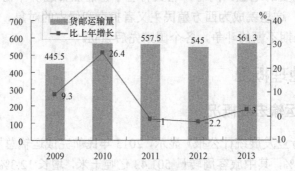

图 2-4　2009—2013 年民航货邮运输量

(二)中国航空运输的区域特点

中国航空运输具有以下几个方面的区域特点。

(1) 东部地区航空运输市场相对发达,表现为以下几个方面。

① 东部地区机场密度约是全国平均水平的三倍,拥有大中型机场数量最多(4D、4E 机场共 27 个),有 22 个口岸机场(占全国总数约 40%)。

② 航空公司在东部的 20 个机场设立了运营基地,国航、南航、东航、海航四个较大的公司主运营基地都设在东部地区。

③ 东部地区航空运输市场规模占中国大陆航空运输市场半数以上,国际航线和港澳航线运输绝大部分集中在东部地区,占 80% 以上。

④ 接近 90% 的主要国内干线分布在东部区内以及东部与中部、西部、东北地区之间。

(2) 中部地区国际和港澳航线运输市场规模偏小,与国内航线市场发展相比很不平衡。其中国际航线起降架次、旅客吞吐量和货邮吞吐量占中国大陆国际航空市场总量的比重均不到 1%。

(3) 西部地区地域广阔,机场密度低于全国平均水平,但拥有七个 4E 机场,有 18 条连接东部的年旅客运输量在 50 万人次以上的国内干线。

(4) 东北地区由于所辖省份最少，航空运输市场规模最小。

(5) 各地区航空运输市场发展水平基本上与各区经济社会发展水平相符合。

(三)中国的主要机场

1. 首都机场

首都机场位于北京市东北部，距市中心 23.5 千米，机场有高速公路与市区相连。两条跑道：东跑道长 3800 米，宽 60 米，西跑道长 3200 米，宽 50 米，均为水泥路面，飞行区等级 4E，配有Ⅱ类仪表着陆设备和助航灯光系统，可起降 B747 等大型客机。2001 年首都机场的起降架次达到 19 万架次，居全国第一，旅客吞吐量为 2417.6 万人次，名列榜首；货邮吞吐量为 59 万吨，居全国第二。

目前，在首都机场有 43 家外国和地区航空公司、24 家国内航空公司运营着 176 条国际国内航线，通往国内 71 个城市和 37 个国家和地区的 75 个城市；每周约有 2700 个定期航班往来于北京与中国及世界各地之间。

由于首都机场在 20 世纪 90 年代初，客货流量已趋于饱和，航站区的扩建迫在眉睫。1995 年 10 月 26 日扩建奠基仪式在机场举行。这项耗资 90 多亿人民币的工程以 2005 年的航空运输量作为扩建规模的依据。当时预测到 2005 年机场旅客吞吐量达到 3500 万人次，年飞机起降达到 19 万架次，年货邮吞吐量达到 78 万吨。扩建工程以 33.6 万平方米的新航站楼为主体，加上配套工程 16 项，其中包括 46.4 万平方米的候机楼、停机坪，以及停车楼、货运站、机场道路、机场特种车库、集中供热站、制冷站等，其建筑规模之大、配套项目之多、投资额之巨均为中国民航建设史之最。此次扩建是机场发展史上的重要转折点。北京首都国际机场借此扩大了客货运输量和效益，进而跻身于世界级的机场行列。新航站楼在 1999 年 10 月 1 日前投入使用。

新航站楼具有多项优势：第一，快捷的室内外交通。新建的 1 号立交桥与高速公路相同，车辆分层行驶，一层通往迎客大厅，二层通往送客大厅。新建的停车场占地 3.6 万平方米，建筑面积为 16.7 万平方米，地上一层，地下四层，可停放车辆 5000 多辆，停车楼有 12 个出口，此外，新航站楼的地下室预留有地铁出口。内部交通相当便利，新航站楼相当于 16 个足球场，地下一层，地上三层，拥有 51 部电梯、63 部扶梯、26 条自动步道。新航站楼共有 49 个登机桥。第二，先进的服务设施、智能化的大楼。新航站楼的控制系统有 12 套之多，包括值机柜台系统、行李自动分拣系统、离港系统、航班信息显示系统、广播时钟系统、公共问讯系统、旅客登机系统、自动步道系统等，这些系统绝大部分达到了世界先进水平。新航站楼引进了国际上最先进的行李分拣系统，价值 3 亿人民币，采用条码激光扫描技术，与这一系统配套的还有 17 个行李提取转盘。在办票大厅中，分布着 8 座值机岛、168 个值机柜台。

1996 年，首都机场与新加坡航空公司机场终站服务私人有限公司合资组成了北京空港地面服务有限公司；与爱尔兰国际机场合作完成了机场免税店的重建，使其达到国际公认的服务水准；同 IBM 合作，开发出机场综合信息系统。

2. 上海机场：虹桥机场和浦东机场

虹桥机场位于上海市西郊，直线距市中心人民广场 13 千米，是我国三大门户机场之一。虹桥机场原是一个军用机场，1963 年，为迎接第二年的中巴通航，根据周恩来总理的指示，在空军与民航联合工作组对上海地区和已有机场进行全面实地勘察和深入研究后被选定改扩建为国际机场。1971 年，空军全部撤离，该机场才成为民航专用机场。1988 年 6 月，虹桥机场改制为实行企业化经营的民航运输企业，1998 年 2 月，虹桥机场经过股份制改造，在原虹桥机场优质资产的基础上，由上海机场有限公司独家发起、采用募捐方式地成立了股份制上市公司，名为上海虹桥国际机场股份有限公司。1998 年 7 月，虹桥机场 A 股股票成功地进入上证 30 指数样本股，顺利通过 ISO9002 质量标准第三方认证，成为中国民航机场业首家获得该项资格认证的企业。虹桥机场现有一条 3200 米×57 米跑道。飞行区等级 4E级。虹桥国际机场共有站坪、停机坪面积 43 万平方米，可容大、中型班机 56 个机位。现有候机楼面积 5.13 万平方米。2001 年起降架次达到 11 万架次，居全国第四位；旅客吞吐量为 1376 万人次，居全国第三位；货邮吞吐量为 45 万吨，居全国第三位。由于上海是全国最大的工商业城市，客货流量与日俱增，急需再建一个机场。

自 1990 党中央确立开发浦东的方针以来，上海的经济持续高速发展，为上海航空运输市场的高速发展提供了坚实的基础，而要确立上海国际航运中心的地位，国际航空枢纽的建设是航运中心建设的核心工程，所以建设浦东机场成为时代的需要。1997 年 10 月 15 日，浦东机场举行了全面的开工仪式。浦东机场占地面积 32 平方千米，设计年旅客吞吐量 7000万～8000 万人次，货邮量 500 万吨，规划建设四座单元式航站楼、四条能起降的 4E 级跑道，一期总投资 120 亿元人民币，2001 年浦东机场旅客吞吐量为 689 万人次，货邮量 35 万吨，起降架次 7 万架次。

现在上海的两个机场的货邮量已连续六年居全国之首，旅客吞吐量和起降架次四年位居全国第二。目前，上海已经与全球 28 个国家和地区的 116 个城市通航，有 22 个国家和地区的 45 家航空公司开通了到上海的航线。

3. 广州白云国际机场

白云机场位于广州市风景秀丽的白云山南麓，占地面积约为 306 万平方米，距广州市中心仅 6 千米。白云机场始建于 20 世纪 30 年代，1950 年 8 月 1 日，中华人民共和国民航第一条国内航线"天津—北京—汉口—广州"的开通掀开了白云国际机场的新篇章。1963年，经周恩来总理批准，经过 30 多年的不断建设、改造和完善，白云机场已发展成为国内设施最先进、功能最齐全、业务最繁忙的国际机场之一。白云机场有一条 3380 米×60 米的跑道，飞行区等级 4E 级。白云机场每天起降飞机 200 多架次，进出港旅客近 3 万人次。白云机场有通往全国除西藏、台湾地区以外各省市 74 个城市 90 条国内航线以及通往曼谷、吉隆坡、马尼拉、新加坡等 19 个城市的 24 条国际航线。白云机场国际、国内候机楼总面积为 8.31 万平方米，拥有目前中国大陆最大的值机大厅、安检大厅，停机坪面积为 44 万平方米，有 48 个可停放各型飞机的停机位。2001 年白云机场起降架次达到 14 万架次，居全国第三位；旅客吞吐量 1383 万人次，居全国第二位；货邮吞吐量 46 万吨，居全国第二位。为适应广州地区经济高速增长和民用航空事业的不断发展，迁建多功能、大吞吐量、具有国际现代化水平的大型国际机场已成为客观、迫切的需要。1997 年 7 月，国务院批准迁建广州市白云国际机场。新广州白云国际机场位于广州市白云区人和镇与花都市新华镇交界处，距原白云国际机场的直线距离为 17 千米。新机场建设工程于 2000 年 8 月正式动工，于 2004 年 8 月 2 日竣工并在同年 8 月 5 日正式启用，而服务了 72 年的旧白云机场也随之关闭。

1997 年 8 月，民航总局批准白云国际机场组建机场集团股份上市。白云机场正以组建集团、建设新机场为契机，围绕推行股份制、二级公司走专业化道路，推进资产经营责任制。

三、航线

(一)航线定义

航线是指航空器的飞行路线。它确定了航空器飞行的具体方向、起讫与经停地点，规定了飞行高度和宽度，以维护空中交通秩序，保证飞行安全。民航从事运输飞行必须按照规定的线路进行。

(二)航线分类

1. 国内航线

国内航线是连接国内航空运输中心的航线。航线的起讫点、经停点均在一国国境之内。航线可分为国内干线、国内支线和地方航线。

(1) 国内干线。

国内干线的起讫点都是重要的交通中心城市。这些航线航班数量大、密度高、客流量大，如北京—上海航线、北京—广州航线等。

(2) 国内支线。

国内支线是把各中小城市和干线上的交通中心连接起来的航线。支线的客流密度远小于干线，支线上的起讫点中有一方是较小的机场，因而支线上使用的飞机都是 150 座以下的中小型飞机。

(3) 地方航线。

地方航线是把中小城市连接起来的航线，客流量很小，和支线的界限很明确，也可称为省内航线或地方航线。

2. 地区航线

地区航线是指在一国之内各地区与具有特殊地位的地区间的航线，如内地与香港、澳门、台湾地区的航线。

3. 国际航线

国际航线是指飞行的路线连接两个或两个以上的航线。在国际航线进行的运输是国际运输。一个航班如果在它的始发站、经停站、终点站有一点在外国的领土上都叫国际运输。

(三)世界主要国际航线的分布特点

世界主要国际航线有以下几个分布特点。

(1) 航线最密集的地区和国家为欧洲、北美、东亚等地。航线最繁忙的海域为北大西洋以及北太平洋，最繁忙的陆地航线为欧亚航线。

(2) 航线走向的总趋势呈东西向，主要的国际航线集中分布在北半球的中纬地区，大致形成一个环绕纬圈的航空带。

(3) 在纬向航空带的基础上，由航线密集区向南辐射，形成一定的经向航线的分布。

(四)世界主要国际航线介绍

国际航线主要集中在北半球的中纬地区，大致形成一个环绕纬带的航空带。航线密集分布在北美、欧洲和东亚等经济发达地区，跨洲飞行的航线以欧亚航线、北太平洋航线和北大西洋航线最为繁忙。

1. 西半球航线

西半球航线是指航程中的所有的点都在西半球的航线。西半球航线是连接南北美洲的航线，又称拉丁航线。国际航协客运运价计算中代号为 WH。如：

RIO-MIA

LAX-MEX-SCL

YMQ-RIO-BUE

拉丁航线北美地区的点主要是美国南部的迈阿密、达拉斯以及西岸和东岸的门户点，墨西哥的墨西哥城，中美的圣何塞、太子港；航线在南美的点主要在哥伦比亚的波哥大，巴西的巴西利亚、里约热内卢、圣保罗，智利的圣地亚哥，阿根廷的布伊诺斯艾利斯等城市。

拉丁航线不长，除自成体系外，还常常与太平洋航线和大西洋航线相连，成为这些航线的续程航段。南美洲的美丽风光正被人们所认同，越来越多的亚洲人取道美国来南美。太平洋航线中转拉丁航线的城市主要是迈阿密、圣何塞或洛杉矶、墨西哥城等地。大西洋航线多取道波哥大或巴西的城市中转。

2. 东半球航线

东半球是世界上航线最多的区域。东半球航线是指航程中的点都在东半球，或者航程中的点都在 2 区或 3 区，或航程经欧亚大陆飞行 2 区和 3 区间的航线，国际航协客运运价计算中代号为 EH。如：

GVA-JNB

PEK-BUD-LON

CAN-SIN//KUL-BKK-CAN

CAN-SIN-AKL-CHC-BNE-SYD-MEL-CAN

3. 北大西洋航线

北大西洋航线历史悠久，是连接欧洲与北美之间最重要的国际航线。北美和欧洲同是世界上航空最发达的地区，欧洲的中枢机场如伦敦、巴黎、法兰克福、马德里、里斯本等和北美的主要城市相连，使北大西洋航线成为世界上最繁忙的国际航线。国际航协客运运价计算的代号为 AT。如：

LON-NYC

PAR-WAS

ZRH-NYC-RIO

NYC-LON-PAR-DXB

由于这条航线历史悠久，飞行的航空公司多，竞争非常激烈，因此这条航线虽然经济意义和政治意义都十分重大，但却不是世界上经济效益最好的航线。在国际运价计算中，按照国际航协的航线方向定义，北大西洋航线属于 AT 方向代号，具体指航协定义下的 1 区和 2 区之间的航线。以上第 3 个航程中的目的地虽然是南美的城市，但也符合 AT 方向的定义。在最后一个航程中，巴黎和迪拜之间虽然飞行的是欧亚大陆，但由于迪拜也是 2 区中的城市，所以整个航程仍符合 1 区和 2 区间旅行的航程，它在国际运价计算中，航程方向代号也为 AT。

4. 南大西洋航线

相对北大西洋航线而言，南大西洋航线开辟的时间较晚，它是指航程经过南部大西洋的航线。在国际航协的定义中它属于 SA 航线，具体是指航线在南大西洋地区和东南亚间，经过大西洋和中非、南非、印度洋岛屿或直飞的航线。如：

SIN-MRU-JNB-SAO

随着南美旅游和经济的开发，南美地区的门户城市和目的地城市越来越多，传统经北美到南美的航线已经不能满足需要，南大西洋航线正是应市场需要开辟的航线。值得注意的是，这条航线是经印度洋和大西洋南部的航线，并非欧亚大陆。

5. 北太平洋航线

北太平洋航线是连接北美和亚洲之间的重要航线。它穿越浩瀚的太平洋以及北美大陆，是世界上最长的航空线。国际航协客运运价计算中代号为 PA。

这条中枢航线通常以亚洲的东京、首尔、中国香港、北京、广州等城市集散亚洲各地的客货，以北美的温哥华、洛杉矶、旧金山、芝加哥、西雅图等城市集散美洲大陆的客货。例如，国内的旅客选择乘坐 CZ 或 CA、MU 的航班去北美或南美地区，一般在广州或北京、上海出发直飞洛杉矶、纽约、旧金山、温哥华。如旅客选择 CX、AA 或 UA 等航空公司的航班，很多中转到亚洲的东京、中国香港、首尔、新加坡等地再直飞北太平洋航线。外国航空公司在北美地区直飞的目的地点相对更丰富些，如芝加哥、迈阿密、亚特兰大、华盛顿等城市。目前国内航空公司在北美地区只有四个直飞的口岸城市目的地点，但通过共享航班，旅客也可以到达美国中部或东部的很多城市。

美国很多城市的中转能力都非常强，能有效地集中和分散其周边航线的客货运输。不少航空公司推出"SPA"或"PASS"联运运价吸引客货源，其运价制定成本上主要覆盖北太平洋的成本和利润，其他的联运航线只收取极少甚至忽略其运输成本。由此可见，这条越洋运输的利润是相当可观的。不少美国的航空公司甚至宣称在如此众多的经营航线中，真正盈利的只有北太平洋航线。这条航线航程非常长，航空公司一般选择具有越洋飞行能力的波音 B747、B777 或空中客车 A340、A330 飞行。

在飞行路线上，大部分航空公司选择直飞，不选择直飞的航空公司一般会选择太平洋上的火奴鲁鲁或北部安克雷奇等城市中继飞行。

6. 南太平洋航线

按照国际航协的规则，南太平洋航线是连接南美和西南太平洋地区经过北美的航线，但航线不经过北部和中部太平洋。国际航协客运运价计算中代号为 PN。如：

SYD-LAX-MEX-SCL

SYD-MIA-BUE

SCL-LAX-AKL

这些航线中的城市大都具有典型的自然风光，是目前推崇生态旅游的新开辟航线。

7. 俄罗斯航线

俄罗斯航线是指俄罗斯欧洲部分和三区之间的旅行，在俄罗斯和日本/韩国间有一段不经停的航线。如：

MOW-TYOMOW-SEL-MOW-LED

8. 西伯利亚航线

西伯利亚航线是指 2 区和 3 区之间的航线，在欧洲和日本/韩国间有一段不经停航线。如：

STO-TYO

BKK-TYO-FRA

HKG-SEL-MOW-LCA

MOW-PAR-OSA

【阅读】

2014 年全国各机场运营数据前 20 名

客运排名	2014年排名	机场名称	旅客吞吐量/万人	2013 年	增幅/%	货运排名	货运吞吐量/万吨	增幅/%
1	1	北京首都机场	8612.83	8371.2355	2.89	2	184.83	0.3
2	2	广州白云机场	5478.28	5245.0262	4.45	3	144.89	10.6
3	3	上海浦东机场	5166.18	4718.9849	9.48	1	317.82	8.5
4	4	上海虹桥机场	3796.02	3559.9643	6.63	6	43.2	-0.7
5	5	成都双流机场	3750.7609	3344.4618	12.15	5	54.5	8.5
6	6	深圳宝安机场	3627.25	3226.8457	12.41	4	96.38	5.5
7	7	昆明长水机场	3229.8	2968.8297	8.79	9	31.67	7.8
8	9	重庆江北机场	2926.44	2527.2039	15.80	12	30.23	7.9
9	8	西安咸阳机场	2926.02	2604.4673	12.35	15	18.64	4.2
10	10	杭州萧山机场	2552.6	2211.4103	15.43	7	39.86	8.3
11	11	厦门高崎机场	2086.4	1975.3016	5.62	10	30.64	2.3
12	12	长沙黄花机场	1802.05	1600.7212	12.58	19	12.5	6.3
13	13	武汉天河机场	1727.7	1570.6063	10.00	17	14.3	10.5
14	16	青岛流亭机场	1641.2	1451.6669	13.06	14	20.44	9.8
15	14	乌鲁木齐地窝堡机场	1631.1	1535.917	6.20	16	16.27	6.2
16	15	南京禄口机场	1628.2	1501.1792	8.46	11	30.42	18.9
17	18	郑州新郑机场	1580.54	1313.9994	20.28	8	37.05	44.9
18	19	三亚凤凰机场	1494.3	1286.6869	16.14	22	7.56	20.2
19	20	海口美兰机场	1385.3	1193.547	16.07	13	12.11	8.3
20	17	大连周水子机场	1355.1	1408.3131	-3.78	18	13.35	0.8

【导读案例分析】

显然，我国公司在安排此单运输时，忽略了世界各海域的不同气候类型，以及对贸易运输和商品质量的影响，所以损失是必然的。气候变化会影响对外贸易中商品的包装、储存和运输。例如，商品输往冬季气候寒冷的国家或地区，储存、包装、运输过程中要注意防冻；而易腐烂、霉变的商品在输往气温高、降水多的国家时，则要注意防腐、防霉和防雨。

其实，此单运输中有三个关键要素要统筹考虑：气候变化、商品质量特性及包装、运输工具。考虑到沥青的质量特性，如果是在冬季运输，自然不会有问题；如果是在夏季运输，从我国通过传统海运运往西非，那么就要首先设计好包装，最好使用桶装，而不是纸袋包装；如果包装无法改变，就要选择好路线与运输工具，最好通过陆运运往西欧或南欧，再转海运运往西非。

本 章 总 结

1. 大陆连同附近的岛屿合在一起被称为洲，世界共分为七大洲，即亚洲、非洲、北美洲、南美洲、南极洲、欧洲、大洋洲。地球表面的海水虽然是相互贯通、连为一体的，但由于陆地的包围，形成了四个相对封闭的区域，即太平洋、大西洋、印度洋和北冰洋。

2. 运河与海峡：苏伊士运河、巴拿马运河、基尔运河、京杭大运河；马六甲海峡、霍尔木兹海峡、曼德海峡、黑海海峡、直布罗陀海峡、英吉利海峡、龙目海峡、望加锡海峡。

3. 世界主要的海上航线：太平洋航线、大西洋航线、印度洋航线。

4. 世界上规模最大的三条主要集装箱航线是：远东—北美航线，远东—欧洲、地中海航线和北美—欧洲、地中海航线。

5. 国际铁路运输中四条主要的铁路干线：西伯利亚铁路线、欧洲铁路网、北美横贯东西铁路线、西亚—欧洲铁路线。

6. 中国铁路与周边邻国相连接的国际铁路通道有滨州线、滨绥线、集二线、沈丹线、长图线、梅集线、湘桂线、昆河线、中巴铁路。

7. 国际航协将世界划分为三个航空运输业务区，即 ARETC1、ARETC2、ARETC3 三个大区，简称 TC1 区、TC2 区、TC3 区。

8. 航线连接世界上的目的地，国际航线主要集中在北半球的中纬地区，大致形成一个环绕纬带的航空带。航线密集分布在北美、欧洲和东亚等经济发达地区，跨洲飞行的航线以欧亚航线、北太平洋航线和北大西洋航线最为繁忙。

专 业 英 语

1. archipelago 群岛
2. continental shelf 大陆架
3. delta 三角洲
4. Economic Geography 经济地理学
5. estuary 河口湾
6. geographic boundary 地理边界
7. island 岛屿
8. natural hazard 自然灾害
9. optimum condition 最适宜情况、最佳条件
10. optimum population 适度人口
11. outlying business district 外围商业发展区
12. out-migration 向外迁移
13. peninsula 半岛
14. ports of call 停靠港
15. regional map 区域地图
16. regional variation 区域差异
17. road network 道路网
18. seaway 航道、海道
19. Special Economic Zone 经济特区
20. strait 海峡

课 后 习 题

一、单选题

1. 马六甲海峡位于( )之间。
   A. 马来半岛与南中国海
   B. 南中国海与苏门答腊群岛
   C. 马来半岛与苏门答腊群岛
   D. 苏门答腊群岛与安达曼海

2. 世界上海运最繁忙的三个海峡是( )。
   A. 英吉利海峡、马六甲海峡、黑海海峡
   B. 曼德海峡、龙目海峡、直布罗陀海峡

C. 霍尔木兹海峡、望加锡海峡、圣劳伦斯水道

D. 英吉利海峡、马六甲海峡、霍尔木兹海峡

3. 从香港出发驶往荷兰鹿特丹最近的航线顺序通过(   )。

A. 马六甲海峡、曼德海峡、苏伊士运河、直布罗陀海峡、英吉利海峡

B. 马六甲海峡、好望角、直布罗陀海峡、英吉利海峡

C. 台湾海峡、巴拿马运河、北大西洋、英吉利海峡

D. 马六甲海峡、霍尔木兹海峡、苏伊士运河、英吉利海峡

4. 国际贸易运输方式按照运量大、成本低顺序排位，应该选择(   )。

A. 水上运输、铁路运输、公路运输　　　　B. 水上运输、航空运输、铁路运输

C. 铁路运输、水上运输、航空运输　　　　D. 管道运输、铁路运输、水上运输

5. 美国国内最大的铁路枢纽是(   )。

A. 纽约　　　　　　B. 芝加哥　　　　　　C. 华盛顿　　　　　　D. 旧金山

二、多选题

1. 下述关于国际贸易运输的特点的说法，正确的是(   )。

A. 国际货物运输是一项政策性很强的涉外活动

B. 国际货物运输路线长，环节多

C. 国际货物运输的时间性强

D. 国际货物运输的风险不大

E. 时间性强

2. 下列世界主要大洋航线中不属于大西洋航线的是(   )。

A. 远东—加勒比、北美东海岸航线

B. 远东—南美西海岸航线

C. 南美东海—好望角—远东航线

D. 波斯湾—好望角—西欧

3. 世界千吨以上的大港口主要集中在(   )。

A. 大西洋　　　　　　B. 印度洋　　　　　　C. 太平洋　　　　　　D. 北冰洋

4. 马六甲海峡不在(   )之间。

A. 马来半岛与南中国海　　　　　　　　　B. 南中国海与苏门答腊群岛

C. 马来半岛与苏门答腊群岛　　　　　　　D. 苏门答腊群岛与安达曼海

5. 世界上活动最繁忙的三个海峡是(   )。

A. 英吉利海峡　　　　　　B. 龙目海峡　　　　　　C. 马六甲海峡

D. 霍尔木兹海峡　　　　　　E. 直布罗陀海峡

三、案例分析

河北港口集团：从"一煤独大"到多点开花

河北港口集团由具有百余年历史的秦皇岛港发展壮大，正像从"打渔船"到"大型船舶"的跨越，如今，又开始了从"一煤独大"到多点开花的蜕变。

一、加快由煤炭输出向杂货和集装箱运输转变

2012年3月24日9时30分，秦皇岛港东港区码头904泊位，"国电18"号轮船已装好煤炭，驶离码头，驶向蔚蓝色的大海。"'国电18'号装载量为6.3万吨，将煤炭运往宁波北仑，差不多3天就能运抵目的地。"河北港口集团运行管理部部长孙红介绍说。904泊位是集团比较大的泊位，可以停靠15万吨级的轮船。

秦皇岛港是当今世界最大的煤炭输出港，占全国北煤南运下水量45%的煤炭要经此运往华中、华南地区。孙红介绍，秦皇岛港年设计通过能力为2.25亿吨，其中煤炭年设计通过能力为1.93亿吨，即每月通过能力在1609万吨左右。和秦皇岛港一样，河北港口集团下辖三大港区，均以煤炭运输为主。

如今，煤炭依然是河北港口集团的主要业务，但已经不是全部。

2012年3月25日15时，在河北港口集团黄骅港综合港区的集装箱码头上，红色、绿色的集装箱堆成一排排方阵。工人们都在忙碌着，看勾手检查周围是否有障碍物，然后将情况反馈给桥吊(超大型起重机)操作手，操作手再按照指令进行操作，安全、精准地将集装箱装上轮船。

"在煤炭运输方面，我们的优势无法比拟，也恰恰是这些优势反而造成了短板。"河北港口集团董事长邢录珍说，煤炭运输被业界称为"酒肉穿肠过"，港口赚取的利润有限。集装箱运输则不同，对地方经济的带动作用为1:86，即向集装箱运输投入1元钱，能带来86元的经济效益。"一煤独大"的传统优越感和发展模式束缚了集团发展，致使杂货和集装箱运输的发展相对滞缓。

这样的局面正在扭转。

2012年1月9日，河北港口集团与河北钢铁集团、沧州港务集团签署合作协议，共同建设黄骅港综合港区矿石泊位和通用散杂货泊位。"此次签约建设的矿石泊位和通用散杂货泊位是黄骅港综合港区的重要组成部分。"邢录珍表示，这些泊位建设有利于实现集团多元化发展，他们将积极推进项目建设的各项工作，力争矿石码头在2013年年底竣工投入使用。

河北港口集团总经理李敏表示，集团将逐步优化调整旗下各港区业务和货类结构，充分发挥秦皇岛、唐山、沧州三地港口优势，逐步开创三大港区各有侧重、各货类平衡发展的良好局面。其中，秦皇岛港加快发展集装箱和其他散货运输，正在向着立足能源服务，集杂货、油品、集装箱等综合运输为一体的现代化港口转变；曹妃甸港区凭借矿石码头一期工程和二期工程深水大港的优势，大力发展矿石等杂货运输业务，已成为国内重要的矿

石中转港；黄骅港综合港区八个杂货作业泊位实现了良好运营，并有两个多用途泊位于 2011 年年底开通集装箱航线，向着现代化综合性大港迈出了关键的一步。

二、打造国家级煤炭物流交割中心，延伸港口物流服务和煤炭贸易

2012 年 3 月 24 日 14 时，秦皇岛港煤炭调度指挥中心一楼大厅，在电子大屏幕上不时滚动变化的红色数字是国家发改委授权河北港口集团秦皇岛海运煤炭交易市场发布的环渤海动力煤价格指数和现货电子交易平台数据。

就在前一天，一年一度的环渤海动力煤市场春季研讨会在秦皇岛举行。神华、中煤、山煤、国电、华能、大唐等 170 余家煤电企业的 300 余名代表聚集一堂，共同研讨未来的煤炭价格走势。"近年来，随着煤炭市场化程度提高，煤炭供求关系呈现出多样化的趋势，因此对未来煤炭价格进行科学研判，显得尤为重要。"秦皇岛海运煤炭交易市场总经理王立峰介绍说，环渤海动力煤价格指数是目前国内唯一由政府组织实施的煤炭价格发布体系，得到了国内沿海地区煤炭现货交易商及进口煤炭交易商的认可，成为反映区域煤炭价格变化的"晴雨表"，同时也是政府了解煤炭市场、进行宏观调控的参考指标。

"指数在国际市场产生了较大影响，国外的一些煤炭企业开始关注、使用煤炭价格指数，有效地提升了我国在国际煤炭贸易领域的话语权，进一步强化了我省在煤炭物流领域的主导地位和社会影响力。"王立峰说，作为我省首家大宗商品交易市场，海运煤炭交易市场已形成煤炭现货交易、煤炭信息服务、煤炭物流金融、煤炭会展等服务体系。现有注册交易商 260 余家，2011 年成交量达到 2000 万吨，交易额达 70 亿元，交割率为 100%，是国内诸多开展煤炭交易的服务机构中具有实际交易和交割能力的为数不多的企业之一。

"我们将通过以现货交易平台体系为核心的发展模式，不断完善煤炭价格指数，将市场打造成全国规模最大、功能最全的国家级煤炭交易中心和全国最具权威的煤炭价格形成中心、煤炭物流交割中心、煤炭物流金融中心、煤炭信息中心、研究中心、煤炭会展中心。"李敏表示，2012 年力争实现进场交易量 5000 万吨，不断吸引越来越多的交易商在秦皇岛进行交易，从而推动港城互动，同时加快煤炭物流业务的发展，延伸港口物流服务和煤炭贸易。

(资料来源：http://www.china5e.com/news/news-219282-1.html)

问题：
1. 请从国际贸易地理的角度谈谈河北港口集团的优势和劣势。
2. 结合案例，谈谈河北港口集团的发展对你有什么启示。

四、技能训练题

【训练题一】

赵强即将大学毕业，得知中外货运深圳分公司在招聘办理海运业务的人员，他想去试试。虽说他学的是国际贸易专业，已通过全国报关员资格考试和报检员资格考试，外贸专业知识比较扎实，但要到国际货运代理企业应聘，还是有一定的竞争压力的。

分析：赵强在大学所学的是国际贸易专业，外贸专业知识比较扎实，并且，在校期间已通过了全国报关员和报检员资格考试，去应聘国际货代企业的相关职业岗位是有一定竞争力的。货代企业的职业岗位除要求具备一定的外贸知识外，还必须熟悉整个运输系统，了解货物的基本形态及特性。对不同的运输方式，运输系统的要素表现的形式也不相同。从事海洋运输业务必须熟悉海洋运输系统，铁路运输业务必须熟悉铁路运输系统，航空运输业务必须熟悉航空运输系统。赵强要应聘的是办理海洋运输业务的人员，所以他应该首先熟悉海洋运输系统。海洋运输系统包括世界主要的海洋、海峡、运河的名称、位置和特点；世界主要的海运航线、沿途经过的国家以及主要停靠的港口名称及各港口的特点；我国主要的海洋航线及沿海各港口。其次，他要了解船舶的类型及船舶的规范指标，还要了解货物的基本形态及不同货物的特性和分类。

问题：为了在众多应聘者中脱颖而出，赵强要做什么准备呢？

【训练题二】

我国东北有一批货物需用海运方式运往德国。

问题：请你帮助选择装货港、目的港以及可能选择的航线。若从海上运往纽约，又该怎样走？

第三章　国际海上货物运输

【本章导读】

随着中国经济影响力的不断扩大，世界航运中心正在逐步从西方转移到东方，中国海运业已经进入世界海运竞争舞台的前列。目前全球有 19%的大宗海运货物运往中国，有 20%的集装箱运输来自中国；而新增的大宗货物海洋运输之中，有 60%~70%是运往中国的。中国的港口货物吞吐量和集装箱吞吐量均已居世界第一位；世界集装箱吞吐量前五大港口中，中国占了四个。随着国民经济的快速发展，中国已经成为世界上最重要的海运大国之一。

【学习目标】

本章主要讲授海上货物运输的基本知识和经营方式。通过学习，了解海上货物运输的构成要素、班轮运输和租船运输的联系以及区别、海运进出口货物运输的基本环节以及各环节所产生的单证。掌握海上货物运输经营方式的特点、作用，并能应用各种运费的计价方法熟练地核算运费；掌握提单和租船合同的性质、内容、种类，分清不同种类的提单、租船合同在使用中可能对货主、承运人所造成的影响。

【导读案例】

2011 年 3 月，国内某公司(以下简称"甲方")与加拿大某公司(以下简称"乙方")签订一设备引进合同。根据合同，甲方于 2001 年 4 月 30 日开立以乙方为受益人的不可撤销的即期信用证。

信用证中要求乙方在交单时，提供全套已装船清洁提单。

2011 年 6 月 12 日，甲方收到开证银行进口信用证付款通知书。甲方业务人员审核议付单据后发现乙方提交的提单存在以下疑点。

(1) 提单签署日期早于装船日期。

(2) 提单中没有已装船字样。

根据以上疑点，甲方断定该提单为备运提单，并采取以下措施。

(1) 向开证行提出单据不符点，并拒付货款。

(2) 向有关司法机关提出诈骗立案请求。

(3) 查询有关船运信息，确定货物是否已装船发运。

(4) 向乙方发出书面通知，提出甲方异议并要求对方作出书面解释。

乙方公司在收到甲方通知及开证行的拒付函后，知道了事情的严重性并向甲方作出书面解释，并片面强调船务公司方面的责任。在此情况下，甲方公司再次发函表明立场，并指出由于乙方的原因，设备未按合同规定的期限到港并安装调试，已严重违反合同，并给甲方造成了不可估量的损失。要求乙方及时派人来协商解决问题，否则，甲方将采取必要的法律手段解决双方的纠纷。乙方遂于 2001 年 7 月派人来中国。在甲方出具了充分的证据后，乙方承认该批货物由于种种原因并未按合同规定的时间装运，同时承认了其所提交的提单为备运提单。最终，经双方协商，乙方同意在总货款 12.5 万美元的基础上降价 4 万美元并提供三年免费维修服务作为赔偿，并同意取消信用证，付款方式改为货到目的港后以电汇方式支付。

思考：结合此案例，分析在信用证支付方式下，受益人应该注意哪些方面的问题。

第一节　国际海上货物运输基础知识

一、国际海上货物运输的特点

水路货物运输，主要是利用船舶进行货物运输的一种运输方式。水路货物运输包括江河货物运输和海上货物运输，海上货物运输又可分为沿海货物运输和国际海上货物运输。国际海上货物运输除了具有与陆路运输和航空运输相区别的特点外，还具有与国内海上货物运输不同的特点。

(一)水路货物运输方式的特点

现代国际海上货物运输发展的特征主要表现在运输船舶的专业化、大型化和高速化。20 世纪 50 年代以后，海上货物运输船舶迅速向专业化发展，专业化运输船有油船、液化气船、化学品船、滚装船以及集装箱船等类型。同时，海上货物运输船舶也向大型化发展，如 1976 年问世的 55 万载重吨的油轮。目前，集装箱船舶的航速可超过 25 节。

从技术性能来看，水路货物运输的运输能力最大，货物运输能力几乎不受限制。拖船船队的载重量可达万吨以上，远远超过了铁路列车的载重量。海船货舱容积大，可运载体积庞大的货物；海船载重量大，最多一次可运载几十万吨的货物，如油轮。

从主要经济指标来看，由于水路货物运输的航道主要利用的是天然水域，除了建设港口和购置船舶外，水域航道几乎不需投资，因此，相对于其他运输方式而言，水路货物运输成本最低；同时，水路货物运输还能节省能源。与铁路货物运输相比，水路货物运输劳动生产力较高。

但是，水路货物运输受自然条件的影响很大，如河流航道和一些港口受季节影响较大：冬季结冰，枯水期水位变低，难以保证常年通航。水路货物运输的速度较慢，又由于水路货物运输的运输距离长，因此运输时间也长，特别是国际海上货物运输的时间可达一个月左右。受运输条件的限制，水路货物运输的安全性和准确性相对较差。

水路货物运输最适于承担运量大、运距长、对运输时间要求不太紧、货物的运输负担能力相对较低的货运任务。

世界上国际贸易货物有 2/3 以上是通过海上运输的。我国海岸线长达 18 000 多千米，沿海拥有许多终年不冻的优良港口，长江等江河沿岸也有许多对外开放的港口。在我国港口与世界各主要港口之间，现在已开辟了众多的定期和不定期的海上航线。中国船公司所属的船舶已航行于五大洲 150 多个国家和地区的 1100 多个港口。

国际海上货物运输是伴随着国际贸易而进行的国际货物运输，其活动范围广阔、航行距离长、运输风险很大；其经营活动既要受到有关国际公约和各国法律的约束，也要受到国际航运市场的影响。

(二)海上危险的特点

在国际海上货物运输中，海上危险的特点主要表现在运输中遭遇海上危险的可能性大、出险后所造成的损失巨大、为适应海上危险而建立的制度较特别等几个方面。

1. 遭遇海上危险的可能性大

在国际海上货物运输中，船舶经常是长时间内在远离海岸的海洋上航行。由于海洋环境复杂、气象多变，船舶随时都有可能遭遇到狂风巨浪、暴雨、雷电、海啸、浮冰等人力不可抗衡的海洋自然灾害的袭击，因此，船舶遭遇这些海上危险的机会比沿海运输中多，比江河运输中更多。

2. 出险后所造成的损失巨大

国际海上货运船舶一旦遭遇海上危险后，给船舶和货物所造成的损失可能是十分巨大和惊人的。一般远洋运输船舶一次所载运的货物数量之多是任何其他运输工具都无法比拟的，特别是超大型船舶，一旦造成损失，其损失程度是十分巨大的。而且当船舶在海上遭遇危险时，很难及时得到外来力量的援助，或者根本无法得到援助，因此还会使已经出现的险情和遭受的损失进一步扩大。

3. 为适应海上危险而建立了特殊制度

面对海上危险的客观存在，为了分散危险、防止和减少海上事故的发生，为了在发生事故并带来损失时能使有关各方得到一定的经济补偿，也为了促进海上货物运输事业的发展，通过长期海上货物运输实践，在国际海上货物运输领域中逐步形成、发展并建立了沿袭至今的、同时被普遍接受的一些适应海上危险的、比较特殊的制度。这些制度包括共同海损制度、海上保险制度、海上求助制度、承运人责任限制制度和船舶所有人责任限制制度等。

(三)国际性特点

国际海上货物运输国际性的特点主要表现在国际活动市场的影响、货运单证的统一和适用法律的国际统一性等方面。

1. 船公司业务经营依存于国际海运市场

一个国家的国际海运船舶会承担本国进出口货物的运输任务，也会进入国际海运市场承担第三国的货物运输任务。国际海运市场中汇集着许多船舶经营人，他们之间也存在竞争。在国际海运市场上，对运输的供给与需求的平衡关系左右着运价和租金水平的变动，任何单个的船舶经营人都不能对市场的运价和租金水平的变化给予很大的影响，相反，每个船舶经营人的经营活动都要适应国际活动市场的变化。一国的货主或国际货运代理人通常会选择本国的船公司作为海上货物运输的承运人。但是，当其他国家的船公司能够提供更为合适的运输服务时，货主或国际货运代理人就会选择非本国的船公司作为海上货物运输的承运人。

2. 主要货运单证的国际通用性

国际海上货物运输中所使用的货运单证繁多，其作用、记载的内容各不相同，各个国家、港口或船公司所使用的货运单证并不完全一致。但是，因为国际海上货运船舶航行于不同国家的港口之间，作为划分各方责任和业务联系主要依据的货运单证应能适用于不同国家和港口各个有关方面的要求。在单证的内容和编制方法上，不但要符合本国法令的规定和业务需要，也必须适应国际公约或有关国家和港口的法令或习惯要求，使之能为各关系方所承认和接受。所以，一些主要的货运单证在名称、作用和记载内容上大多是大同小异，可以在国际上通用。

3. 适用法律的国际统一性

国际海上货物运输从事的是国际贸易的货物运输，是不同国家的港口之间的货物运输，在运输中经常会发生各种事故或争议。这些问题的发生不一定是在本国的水域范围内，纠纷或争议的各方也可能分属不同国家，因此，在处理这些问题时，就有适用哪一个国家的法律规定的问题，有时同一个案件按不同国家的法律处理可能得出完全不同的结果。为此，世界各国一直都在谋求制定一系列能为各国所接受并共同遵守的国际公约，各个国家在批准这些国际公约后，再相应地进行国内立法，以求得国际上的统一。

二、国际海运组织

随着国际海运业的不断发展，各国政府和非政府组织相继成立了一些政府间国际组织和非政府间国际组织，企业间也成立了一些具有经营协作性质的国际组织。这些组织在保证海运安全、建立国际公约和提供海运服务等方面有着重要作用。

(一)国际海事组织

1948 年 2 月 9 日，联合国在日内瓦召开海事大会，并于同年 3 月 6 日通过了成立"政府间海事协商组织"(IMCO)的公约，即《政府间海事协商组织公约》。该公约于 1958 年 3 月 17 日生效。1951 年 1 月在伦敦召开的第一次大会期间，政府间海事协商组织正式成立。1982 年 5 月 22 日，该组织更名为"国际海事组织"(International Maritime Organization，IMO)。

国际海事组织是联合国在海事方面的一个技术咨询和海运立法机构，是政府间的国际组织(Inter-government Organization，IGO)。所有联合国成员国均可成为国际海事组织的会员国。我国于 1973 年 3 月 1 日正式加入国际海事组织，并于 1975 年当选为理事国。国际海事组织设有海上安全委员会、海上环境保护委员会、法律委员会、便利委员会和技术合作委员会五个委员会；还设有协助海上安全委员会和海上环境委员会的散装液体和气体分委会，危险品、固体货物和集装箱运输分委会，消防分委会，无线电和搜寻与救助分委会，航行安全分委会，船舶设计和设备分委会，稳性、载重线和渔船案值分委会，培训和值班标准分委会及船旗国履约分委会九个分委会。

国际海事组织的宗旨是："在与从事国际贸易的各种航运技术事宜的政府规定和惯例方面，为各国政府提供合作机会；并在与海上安全、航行效率和防止及控制船舶造成对海洋污染有关的问题上，鼓励和便利各国普遍采用最高可行的标准。"国际海事组织还负责处理与这些宗旨有关的行政和法律事宜。

(二)非政府间国际航运组织

除了属于政府间的国际组织如国际海事组织外，还有一些国际航运组织属于非政府间的国际组织(Non-government Organization，NGO)。这些非政府间的国际航运组织都是由航运企业以及与航运有关的机构联合而成的学术性和咨询性的民间团体。因参与的成员众多，它们还能在国际海运政策方面起到协调和咨询的功能。非政府间国际航运组织中比较著名的有：国际航运公会(International Chamber of Shipping，ICS)；波罗的海国际航运公会(Baltic and International Maritime Council，BIMCO)；国际海事委员会(Committee Maritime International，CMI)。在国际海上货物运输实践中，如果遇到问题，可以向有关组织咨询。

1. 波罗的海国际航运公会

波罗的海国际航运公会成立于 1905 年，总部设在哥本哈根。公会成员有航运公司、经纪人公司以及保赔协会等团体或俱乐部组织。该公会的宗旨是：保护会员的利益，为会员提供情报咨询服务；防止运价投机和不合理的收费与索赔；拟订和修改标准租船合同和其他货运单证；出版航运业务情报资料等。情报咨询是该协会的基本服务。其服务项目包括：解释租船合同条款或在发生争议时提供建议；提供港口及航线情况；提供港口费用和使用费用账单等具体资料。它共出版九种协会刊物，如协会每周通知、专门通告、双月通信等，同时拥有丰富的资料供会员索取并有大量资料发表在刊物上。该公会在联合国贸发会议及国际海事组织中享有咨询地位。

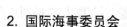

2. 国际海事委员会

国际海事委员会 1897 年成立于布鲁塞尔。它的主要宗旨是促进海商法、海运关税和各种海运惯例的统一。它的主要工作是草拟各种有关海上运输的公约,如有关提单、责任制、海上避碰、救助等方面的国际公约草案。国际上第一个海上货物运输公约——著名的"海牙规则"就是由该委员会于 1921 年起草并在 1924 年布鲁塞尔会议上讨论通过的,1968 年又对"海牙规则"进行了修正,制定了"海牙—维斯比规则",即"1968 年布鲁塞尔议定书"。

(三)国际海运企业间组织

除了上述的 IGO 和 NGO 以外,还有一类国际海运企业间组织的具有经营协作性质的国际组织,主要有班轮公会、协商协议、联营体、战略联盟等形式。班轮公会(Liner Conference)与联营体(Consortium or Consortia)是具有代表性的具有经营协作性质的航运企业间的国际组织。

1. 班轮公会

班轮公会,又称为班轮航运公会、运价协会,是指在同一航线上或相关航线上经营班轮运输的两家以上运输企业,为了避免相互之间的激烈竞争,通过制定统一的费率或是最低费率以及在经营海运方面签订协议,而组成的联合经营组织。世界上第一个班轮公会于 1875 年诞生在英国至加尔各答航线上,然后发展遍及全世界,到 20 世纪 70 年代初,全世界共有 360 多家班轮公会。欧盟委员会从 2008 年 10 月 18 日起正式废除班轮公会享有的反垄断豁免权。这样,班轮公会将直接适用《欧盟条约》第 81 条第(1)款反托拉斯的规定,这实际上意味着班轮公会在欧盟进出口货物运输航线上不能再从事固定运价、运力等限制竞争的活动。在欧盟,以固定价格为基本活动形式的传统班轮公会将不再存在。

班轮公会分为闭锁公会或称封闭式公会(Closed Conference)和开放公会或称开放式公会(Open Conference)两种。闭锁公会吸收会员很严格,它制定运价,并在成员之间分配货载比例,及促使运力与需求的平衡,并避免成员之间在挂靠港上无效率地重复。有些闭锁公会还在成员之间分配收入和分摊成本。开放公会制定运价,但对入会不限制,任何班轮企业都能入会。开放公会也不分配货载比例。因此,闭锁公会比开放公会的垄断性更强。按照美国的反托拉斯法(Anti-trust Laws),美国航线上的班轮公会只能采取开放公会的形式。

2. 联营体

国际班轮运输市场上以班轮公会为主要组织形式的旧体制已越来越难以适应市场发展的需要。20 世纪 70 年代初,一些船公司开始组织或加入联营行列,出现了公会内部成员公司组成的非独立法人的联营体。联营体是两个或两个以上主要通过集装箱方式提供国际班轮货物运输服务的船公司之间的协议,该协议可以是关于一条或数条航线的贸易,协议的主要目的是在提供货运服务时共同经营、相互合作、提高服务质量,主要方式是利用除固定价格以外的技术、经营、商业安排等使各自的经营合理化。

1995 年,随着欧亚航线几大主要联营体的期满解散,各大班轮公司迅速开始新一轮组合,并将这种联营行动从欧亚航线推广到亚洲/北美航线、欧洲/北美航线,航运联营体由此进入一个新的阶段,即战略联盟。战略联盟的目的和出发点是在一些公司间建立起基于全球范围内的合作协议,其不统一运价,而是通过舱位互租、共同派船、码头经营、内陆运输、集装箱互换、船舶共有、信息系统共同开发、设备共享等各种方式,致力于集装箱运输合理运作的技术、经营或商业性协定。

三、海上货运船舶

(一)干货船

干货船可以分为杂货船、滚装船、冷藏船、多用途船、干散货船、集装箱船等不同类型。

1. 杂货船

杂货船(General Cargo Vessel),也称普通杂货船、件杂货船,主要用于运输各种包装和裸装的普通货物。杂货船通常设有双层底,并采用多层甲板以防止货物因堆装过高而被压损;一般设置三到六个货舱,每个货舱设有货舱口,货舱口两端备有吊杆或起重机,吊杆起重量相对较小(通常在 2~20 吨之间),若配置塔型吊机,则可起吊重件。国际海上货物运输中,杂货船的吨位一般在 5000~20 000 吨之间。杂货船应用广泛,在世界商船队中吨位总数居首位。在内陆水域中航行的杂货船吨位有数百吨、上千吨,而在远洋运输中的杂货船可达 2 万吨以上。要求杂货船有良好的经济性和安全性,而不必追求高速。杂货船通常根据货源具体情况及货运需要航行于各港口,设有固定的船期和航线。为提高杂货船对各种货物运输的良好适应性,能载运大件货、集装箱、件杂货以及某些散货,现代新建杂货船常设计成多用途船。

2. 滚装船

滚装船(Roll on/Roll off Ship,Ro/Ro ship)是采用将装有集装箱或其他件杂货的半挂车或装有货物的带轮的托盘作为货运单元,由牵引车或叉车直接在岸船之间进行装卸作业形式的船舶。滚装船是在汽车轮渡的基础上发展演变而来的,其主要特点是将船舶装卸作业由垂直方向改为水平方向。滚装船上没有货舱口,也没有吊杆和起重设备,滚装船上甲板平整全通,下面的多层甲板之间用斜坡道或升降平台连通,以便车辆通行;有的滚装船甲板可以移动,便于装运大件货物。滚装船的开口一般设在船尾,有较大的铰接式跳板,跳板可以 35 度到 40 度角斜搭到岸上,船舶航行时跳板可折起矗立。滚装船的吨位大多在 3000~

26 000 吨之间。

滚装船与集装箱船一样，装卸效率高，它是通过车辆活动来装卸集装箱，每小时可达 1000～2000 吨，能节省大量的装卸劳动力，减少船舶停靠时间，提高船舶利用率。船舶周转快和水陆直达联运方便，而且实现了从发货单位到收货单位的"门一门"直接运输，减少了运输过程中的货损和差错。滚装船运输，船与岸都不需起重设备，即使港口设备条件很差，滚装船也能高效率地装卸。滚装船还有比集装箱船更胜一筹的地方，即码头上不需要起重设备，也不需要大规模改造、扩建码头，增添装卸设备。滚装船具有更大的适应性，它除了能装载集装箱外，还能运载特种货物和各种大件货物，有专门装运钢管、钢板的钢铁滚装船，专门装运铁路车辆的机车车辆滚装船，专门装运钻探设备、农业机械的专用滚装船，还可以混装多种物资及用于军事运输。

3. 冷藏船

冷藏船(Refrigerated Ship)是将货物处于冷藏状态下进行载运的专用船舶。其货舱为冷藏舱，并有若干个舱室。每个舱室都是一个独立、封闭的装货空间，舱门、舱壁均为气密，并用隔热材料使相邻舱室可以装运不同温度的货物。冷藏舱的上下层甲板之间或甲板和舱底之间的高度较其他货船的小，以防货物堆积过高而压坏下层货物。冷藏船上有制冷装置；制冷温度一般为 15℃～-25℃。冷藏船的吨位较小，通常为数百吨到几千吨。

近年来，为提高冷藏船的利用率，出现了一种能兼运汽车、集装箱和其他杂货的多用途冷藏船，吨位可达 2 万吨左右。冷藏船航速高于一般货船，万吨级多用途冷藏船的航速每小时超过 20 海里。

4. 多用途船

多用途船(Multi-propose Ship)是指具有多种装运功能的船舶。多用途船按货物对船舶性能和设备等的不同要求可分为以载运集装箱为主的多用途船，以载运重大件为主的多用途船，兼运集装箱和重大件的多用途船以及兼运集装箱、重大件和滚装货的泛多用途船四种。

多用途船的最基本要求是如何高效率地运载多种货类，由此，构成多用途船的一些特点。大多数多用途船从运载多种类型货物的方便性出发，设置两层甲板。有的船为适应装运汽车和不宜重压货物的需要，设置多层甲板或活动甲板。多用途船的机舱绝大多数在尾部，对于机舱布置在尾部确有困难的船舶，才将机舱适当前移。多用途船的型宽常比普通货船要大，因多用途船常装运甲板集装箱或甲板货以提高载货能力，故从稳性要求出发需取较大的船宽。型深主要从装运的货物对舱容的要求出发，大多数从装运集装箱所需的层数出发确定，即考虑集装箱的高度、层数、必要的间隙及舱口围板高度等来确定型深。多用途船一般均设置舷边舱，且多作压载舱用，舷边舱一般设于甲板间或大舱内，或设于整个舷侧。

5. 干散货船

干散货船(Dry Bulk Carrier)是指运输粉末状、颗粒状、块状等无包装大宗货物的船舶。由于其所运输货物的种类较少，对隔舱要求不高，所以仅设单层甲板，舱内不设支柱，但设有隔板，用以防止在风浪中运行的舱内货物错位。其特点是舱口围板高而大，货舱横剖面成棱形，这样可减少平舱工作。货舱四角的三角形舱柜为压载水舱，可调节吃水和稳性高度。其特点为，驾驶室和机舱布置在尾部，货舱口宽大；内底板与舷侧以向上倾斜的边板连接，便于货物向货舱中央集中，甲板下两舷与舱口处有倾斜的顶边舱以限制货物移动；有较多的压载水舱用于压载航行，船体结构较强；为提高装卸效率，货舱口很大。按所载运的货物种类不同，干散货船又可分为运煤船(Coal Carrier)、散粮船(Bulk Grain Carrier)、矿石船(Ore Carrier)以及其他专用散装船。

6. 集装箱船

人们通常所说的集装箱船是指吊装式全集装箱船，或称集装箱专用船。吊装式集装箱船是指利用船上或岸上的起重机将集装箱进行垂直装卸的船舶。全集装箱船(Full Container Ship)是一种专门用于装载集装箱以便在海上运输时能安全、有效地大量运输集装箱而建造的专用船舶。全集装箱船的结构特点是：一般为大开口、单甲板船，且常为双船壳，以利于集装箱的装载和卸载；船舱内设置格栅结构，以固定集装箱，防止集装箱在运输途中发生前、后、左、右方向的移动，从而保证航行安全和货运质量；舷侧设有边舱，可供载燃料或作压载用；甲板上设置了能装载多层集装箱的特殊结构；多采用尾机型，因为在舱内设有永久性的格栅结构，只能装运而无法装载杂货。

全集装箱船上有的带有船用装卸桥，用于装卸集装箱。但目前大多数全集装箱船都依靠港内的装卸桥装卸，故都不设装卸设备。

国际上一般以集装箱船载箱量多少进行分"代"，表3-1列出了1~6"代"集装箱船载箱量及船型尺度。

表3-1　集装箱船分"代"的船型尺度

参　数	第一代集装箱船	第二代集装箱船	第三代集装箱船
载箱量(TEU)	700~1000	1000~2000	2000~3000
载重量/吨	10 000	15 000~20 000	30 000
长/米	150	175~225	240~275
宽/米	22	25~30	32
吃水/米	8~9	9.5~10.5	10.5~12
舱内装箱	6列，5~6层	7~8列，6层	9~10列，7~9层
甲板装箱	6列，1~2层	8~10列，2~4层	12~13列，2~4层

续表

参数	第四代集装箱船	第五代集装箱船	第六代集装箱船
载箱量/TEU	3000～4000	4000～6000	6000～8000
载重量/吨	40 000～50 000	50 000～75 000	75 000～99 000
长/米	275～295	280～300	300～320
宽/米	32	32.2～39.4	40～42.8
吃水/米	11.5～12.5	11.5～13.5	14～14.5
舱内装箱	10～11 列，8～9 层	12～13 列，8～9 层	13～14 列，8～9 层
甲板装箱	13～14 列，4～5 层	15～16 列，5 层	16～17 列，6 层

随着集装箱船大型化的发展，集装箱船的尺度越来越大，目前已发展到第七代集装箱船，目前，世界最大的集装箱船是地中海航运公司的"地中海奥斯卡"轮，于 2015 年 1 月下水，该船船长 395.4 米，型宽 59 米，货物装载能力达到 19224TEU，在低能耗、大容量和环保性上采用了众多世界领先技术。"地中海奥斯卡"轮在马士基航运和地中海航运共同打造的"2M 联盟"亚欧线投入使用，沿途挂靠宁波、釜山、盐田、鹿特丹等 21 个港口。

(二)液货船

液货船是指载运散装液态货物的船舶，主要有油船、液化气船和液体化学品船三种。

1. 油船

油船(Tanker)是专门载运石油及成品油的船舶。油船有严格的防火要求，在货舱、机舱、泵舱之间设有隔离舱。油舱设有纵舱壁和横舱壁，以减少自由液面对船舶稳定性的不利影响。油船有专门的油泵和油管用于装卸，还有扫舱管系和加热管系。甲板上一般不设起货设备和大的舱口，但设有桥楼。就载重吨而言，油轮列世界第一位。一般油轮的载重吨在 2 万～20 万吨之间，目前，世界上最大的油轮是 1981 年建成的诺克·耐维斯号(Knock Nevis)，这是人类有史以来建造的最大的船舶，船长超过 1/4 英里，比横躺下来的艾菲尔铁塔还长。这艘 56 万载重吨的"海上巨人(Seawise Giant)"油船，被称为超巨型原油轮((Ultra Large Crude Oil Carrier，ULCC)。

2. 液化气船

液化气船(Liquefied Gas Carrier)是专门装运液化气的船舶，可分为液化天然气船和液化石油气船。

液化天然气船(Liquefied Natural Gas Carrier，LNG carrier)按液货舱的结构有独立储罐式和膜式两种。独立储罐式是将柱形、筒形、球形等形状的储罐置于船内，液化气装载于储罐中进行运输。膜式液化天然气船采用双层壳结构，内壳就是液货舱的承载体，并衬有一层由镍合金钢制成的膜，可起到阻止液货泄漏的屏蔽作用。

液化石油气船(Liquefied Petroleum Gas Carrier，LPG carrier)按液化的方法分为压力式、半低温半压力式和低温式三种。压力式液化石油气船是将几个压力储罐装在船上，在高压下维持液化石油气的液态。半低温半压力式和低温式的液化石油气船采用双层壳结构，液货舱用耐低温的合金钢制造并衬以绝热材料，船上设有气体再液化装置。

液化气船的吨位通常用货舱容积来表示，一般为 60 000～130 000 立方米。

3. 液体化学品船

液体化学品船(Chemicals Tanker)是载运各种液体化学品，如醚、苯、醇、酸等的专用液货船。液体化学品大多具有剧毒、易燃、易挥发、易腐蚀等特点，因此对防火、防爆、防毒、防腐蚀有很高的要求，所以液体化学品船上分隔舱多、货泵多。船舶有双层底和双层舷侧，翼舱宽度不小于船宽的 1/5。载运腐蚀性强的酸类液货时，货舱内壁和管系多采用不锈钢或敷以橡胶等耐腐蚀材料。液体化学品船的吨位多在 3000～10 000 吨之间。

四、海运货物

凡是经由运输部门承运的一切原料、材料、工农业产品、商品以及其他产品或物品都称为货物。海运货物则是特指经由海上运输部门承运的货物。

(一)货物的分类

货物按照不同的分类标准，可分为不同的类型。

1. 按货物的装运形态分类

按货物装运形态的不同，货物可分为件杂货和散装货。

(1) 件杂货通常是一种按计件形式装运和交接的货物。件杂货包括包装货物(Packed Cargo)、裸装货物(Unpacked Cargo / Non-packed Cargo)和成组化货物(Unitized Cargo)。其中包装货物又可按包装形式加以分类。随着件杂货的集装箱化，成组化货物中的集装箱货物已经与件杂货并列成为单独的一类货物，即集装箱货物(Containerized Cargo)。

(2) 散装货通常是一种按计量形式装运和交接的货物。散装货包括干质散装货(Solid Bulk Cargo)和液体散装货(Liquid Bulk Cargo)。

2. 按货物性质分类

按货物的性质不同，一般将货物分为普通货物(General Cargo)和特殊货物(Special Cargo)两大类。

(1) 普通货物主要有以下几种。

① 清洁货物(Clean Cargo)，是指清洁、干燥的货物，也可称为精细货物(Fine Cargo)，

如运输保管中不能混入杂质或被玷污的棉纺织品，供人们食用的食品(Foodstuffs)中的糖果、粮食、茶叶，不能受压、易于损坏的易碎品(Fragile Cargo)中的陶瓷器、玻璃制品等，以及各种日用工业品等。

② 液体货物(Liquid Cargo)，是指盛装于桶、瓶、坛等容器内的流质或半流质货物。液体货物在运输过程中，包装容器易破损而使液体滴漏，如油类、酒类、药品和普通饮料等。

③ 粗劣货物(Rough Cargo)，是指具有油污、水湿、扬尘和散发异味等特性的货物，如能散发气味的气味货物(Smelly Cargo)中的生皮、骨粉、鱼粉、烟叶、大蒜等，易扬尘并使其他货物受到污染的扬尘污染性货物(Dusty and Dirty Cargo)中的水泥、炭黑、颜料等。

(2) 特殊货物主要有以下几种。

① 危险货物(Dangerous Cargo)，是指具有易燃、易爆、毒害、腐蚀、放射射线和污染等性质，在运输过程中可能引起人身伤亡和财产毁损，必须按照有关危险货物运输规则的规定进行运输的货物。危险货物还可以进一步分成若干种类和不同等级。

② 冷藏货物(Reefer Cargo)，是指在常温条件下易腐烂变质和其他需按指定的某种低温条件运输的货物，如易腐性货物(Perishable Cargo)中的需处于冷冻状态运输的肉、鱼、鸡等，处于低温状态运输的水果、蔬菜等，以及需处于低温状态下运输的药品等。

③ 贵重货物(Valuable Cargo)，是指价值昂贵的货物，如金、银等贵重金属、货币、高价商品、精密仪器等。

④ 活的动植物(Livestock and Plants)，是指具有正常生命活动，在运输中需要特别照顾的动物和植物，如牛、马、猪、羊等家畜以及其他兽类、鸟类、家禽、鱼类等活的动物，树森木等植物。

⑤ 长大、笨重货物(Bulky and Lengthy Cargo，Heavy Cargo)，是指单件货物体积过大或过长，重量超过一定界限的货物。按照港口收费和运价标准规定，通常将单位重量为 5 吨以上的货物称为重件货物，将长度超过 9 米的货物视为长大件货物。

海运货物还可以有其他分类方法，如按货物在船上的装载场所分类、按货物载运状况分类等。

(二)货物的计量和积载因数

1. 货物的计量

货物的体积和重量不仅直接影响船舶的载重量和载货容积的利用程度，还关系到有关库场堆放货物时如何充分利用场地面积和空间等问题。要掌握货物的体积和重量，必须对货物进行丈量和衡量。

货物的丈量，又称量尺，是指测量货物外形尺度和计算体积。货件丈量的原则是按货件的最大方形进行丈量和计算体积，在特殊情况下可酌情予以适当的扣除。某些奇形货件可按实际体积酌情考虑其计费体积。货物的量尺体积是指货物外形最大处的长、宽、高之积，即：

$$V = L \times W \times H \tag{3-1}$$

式中：V——货物的量尺体积，m^3；

L——货物的最大长度，m；

W——货物的最大宽度，m；

H——货物的最大高度，m。

货物的衡重是指衡定货物的重量。货物的重量可分为净重、皮重和毛重，货物衡重应以毛重计算。海上货物运输中，货物衡重使用的衡制，即货物重量的计重单位为公吨。美洲国家有时使用短吨，欧洲国家则有时使用长吨。货物的重量原则上应逐件衡重，因条件或时间限制，不具备逐件衡量时，可采用整批或分批衡重，抽件衡重并求平均值等方法测得重量。货物衡重可使用轨道衡、汽车衡(一种地秤)、吊钩秤、皮带秤、定量秤，对于散装运输的大宗货物还可以采用水尺计重(或称水尺检量，Draft Survey / Draught Survey)。

2. 货物的积载因数

货物积载因数(Stowage Factor，S.F.)是每一吨货物在正常堆装时实际所占的容积(包括货件之间正常空隙及必要的衬隔和铺垫所占的空间)，单位为立方米/吨(英制为立方英尺/吨)。货物积载因数的大小说明货物的轻重程度，反映一定重量的货物须占据船舶多少舱容，或占多少箱容，甚至仓储时须占多少库容。货物积载因数的实测方法为：将 1 吨货物堆积成近似正方体的形状，丈量该货堆的最大外形尺度，由此计得体积(其中包含货件之间的空隙及必要的衬垫)。如货件较重，仅几件成堆，无法反映出件与件之间的装载空隙，则应采用九个货件打底，堆高三层(共 27 件)的方法成堆，丈量货堆最大外形尺度及 27 个货件的总重量，通过计算即可得到 1 吨货物正常堆装的实际体积数值。散装货物的积载因数可用测量单位容量的方法求得。

某一种货种的积载因数不是一个绝对的恒定值。货物包装规格不同或品质等级不同，其积载因数数值也是不同的。货物在装载时，不论目前堆装货物的技术如何良好，货舱或者集装箱的某些部位在堆装货物时还是不便于使用，因而难免会产生无法利用的空间，损失部分舱容或者箱容，这个空间就叫作亏舱或空位(Broken Space)。亏舱损失是按积载因数核算的占用舱容的百分数来表示的，该百分数称为亏舱系数，又称亏舱率，即亏舱舱容与货物所占舱容的百分比。亏舱系数的大小取决于货物的种类、包装形式、堆装方法和质量以及堆装货物的舱位(集装箱种类)等诸因素。

货物积载因数有不包括亏舱和包括亏舱损失两种数据，其计算公式如下。

(1) 不包括亏舱损失时：

$$货物积载因数(SF) = \frac{货物体积}{货物重量}(m^3 / t) \tag{3-2}$$

式(3-2)中，货物体积包括货件间隙及正当衬垫所占容积(下同)。

(2) 包括亏舱损失时：

$$货物积载因数(SF) = \frac{装载所用区域包括舱容}{所装载(货)重量}$$

$$= \frac{货堆体积 + 装载无法利用的空间}{货堆重量}(m^3/t) \tag{3-3}$$

(三)货物的性质

1. 货物的化学性质

货物的化学性质，是指货物的组成成分在一定条件下发生化学变化的性质。钢铁生锈、肥料失效以及黑火药爆炸等都属于化学变化，都是由其组成成分所决定的。

2. 货物的物理性质

货物的物理性质，是指货物受外界温度和湿度的影响而发生物理变化的性质。物理变化虽不改变货物原来的组成成分，但它能造成货物减量或品质下降，为生物化学变化创造条件，甚至造成作业困难或危险事故的发生。固体的软化、熔化或溶解；液体的汽化、凝固或冻结；气体的压力变化与爆破；固体物质吸收或散发水分等都是货物在水路运输中经常发生的物理变化。例如，橡胶或松香等货物的装载部位受热，会使货物软化变形。

货物吸湿对于货运质量有较大的影响，而货物吸湿能力主要取决于以下因素：①货物的表面积。多孔性物体和粉粒状物体因具有很大的表面积，所以具有较强的吸湿性。②货物的化学成分。如果货物的化学成分中含有亲水性原子团，则易吸收水分。③物质的易溶性，物质易溶于水者就容易吸湿。④货物蒸发水分的气压。货物所散发的水分具有较低气压者，则吸湿性强。⑤货物的纯度。物质组成成分中含有杂质，会降低蒸发时所需的气压，从而增强吸湿性。⑥货物吸湿的程度还与环境温度及湿度有关。当环境空气湿度较高，相对湿度较低时，货物易散发水分；气温较低，且相对湿度较高时，货物易吸收水分。

货物的吸湿并不是无限的，在一定的温度和湿度条件下，货物吸收与散发水分存在一个平衡状态(该时的水分含量称为平衡水分)。例如，小麦在 20℃时，空气相对湿度为 60%时的平衡水分为 13.1%。

3. 货物的生物性质

货物的生物性质，是指有机体具有生命活动，能分解营养成分的性质。它包括货物本身的生命活动(呼吸过程消耗营养质)和微生物在有机营养体内的活动两个方面。

粮谷、豆类、油籽、果菜和禽蛋等都存在维持生命的活动，它们通过缓慢氧化(呼吸作用)维持生命。鲜果和肉类等主要由于微生物的生命活动而使营养质分解。其中，呼吸强度和微生物活动的程度与货物温度和水分含量有关，在温度较高且水分含量较多的情况下，生命活动较为旺盛；在低温且干燥的条件下，生命活动能在一定程度上被抑制。

4. 货物的机械性质

货物的机械性质，是指货物在受到外力作用时，具有抵抗变形或破坏的能力的性质。货物采用不同包装，可具有不同的抵抗变形或破坏的能力，所以，货物的机械性能既与货物本身性质有关，又与其包装质量(材料及形式)有关。

货物抵抗压力的能力，称为抗压强度(耐压强度)，是经常使用的机械性质指标，表示货物单位面积上所能承受的极限压力(帕，Pa)，它决定着货物的堆码高度或耐压的强度。货物抵抗冲击力的能力为韧性，货物所受冲击力的大小与货物质量和加速度有关；缺乏韧性时，货物会显示出脆性，一般可通过包件跌落试验得到反映。

(四)危险货物

为了使各国和国际上管理各种运输方式的危险货物规章得到统一的发展，联合国危险货物运输专家委员会根据科学技术的发展状况，新物质和材料的出现，现代化运输系统的需要，特别是保证生命、财产和环境安全的需要，编写了《关于危险货物运输的建议书》(简称《橙皮书》)。《橙皮书》制度的采用，即危险货物的分类、列表、标记、标签、揭示牌和运输单证制度的普遍采用，使承运人、发货人和检查当局因简化运输、装卸和管理以及减少手续节省时间从而受益，使国际运输危险货物的障碍减少。《橙皮书》的内容包括：分类原则和各类别的定义、主要危险货物列表、一般包装要求、试验程序、标记、标签、揭示牌和运输单据；另外还有关于特定类别货物的特别建议，但由于大多数国家对散装危险货物制定有特别的规则，因此这些建议不适用于散装危险货物。

由于海上运输是国际贸易运输的主要方式，对危险货物的危险性、包装、运输、保管等需要有一个国际上的统一认识，才能使危险货物在各国间顺利流通，因此，根据联合国《关于危险货物运输的建议书》和国际海事组织《国际海上人命安全公约》第七章危险货物装运的有关规定，国际海事组织制定了《国际海运危险货物规则》，简称《国际危规》(*International Maritime Dangerous Good Code*，*IMDG Code*)。我国政府于 1982 年宣布承认并开始在国际海运中实施《国际危规》。

我国交通主管部门以《国际危规》为蓝本，制定并颁布了我国的《水路包装危险货物运输规则》，简称《水路危规》。《水路危规》已于 1996 年 12 月 1 日起在我国境内的危险货物水路运输中实施。

1. 危险货物的分类及特性

由于危险货物品种繁多、性质各异，危险程度大小不一，很多危险货物具有多种危险性，新的危险货物还在不断出现，为了方便安全运输和管理，有必要对危险货物进行科学分类。《国际危规》根据危险货物的理化性质及对人身的伤害情况，将危险货物分为九个大类。因为这种分类并不相互排斥，所以对具有多种危险性质的货物，只能以其占主导的危险性确定其归类，但运输中必须兼顾这类货物的其他危险性质。

第 1 类——爆炸品(Explosives)

第 1.1 类——具有整体爆炸危险的物质和物品(整体爆炸是指实际上瞬间影响到几乎全部装入量的爆炸)。

第 1.2 类——具有抛射危险，但无整体爆炸危险的物质或物品。

第 1.3 类——具有燃烧危险并兼有较小爆炸(局部爆炸)或较小抛射(局部抛射)危险之一或兼有这两种危险，但无整体爆炸危险的物质和物品。

第 1.4 类——无重大危险的物质或物品。

第 1.5 类——具有整体爆炸危险的极不敏感的物质。

第 1.6 类——不具有整体爆炸危险的极不敏感的物品。

第 2 类——气体(Gases)

第 2.1 类——易燃气体。

第 2.2 类——非易燃无毒气体。

第 2.3 类——有毒气体。

第 3 类——易燃液体(Inflammable Liquids)

易燃液体是在不高于 60.5℃时作闭杯试验或不高于 65.6℃时做开杯试验能放出易燃蒸汽的液体或液体混合物，或是在溶液或悬浮物中含有固体的液体(如油漆、清漆、喷漆等，但不包括由于它们的危险性而分在其他类别中的物质)。但是不必将具有闪点为35℃以上、不使燃烧持续下去的液体视为易燃液体。在任何情况下，应认为在处于或高于闪点温度下交付运输的液体是易燃液体。易燃液体也包括在液态时需加温交付运输的物质，并且其是在处于或低于最高运输温度的某一温度时会释放易燃蒸汽的物质。

闪点(Flash Point)是指在给定的条件下，可燃气体或易燃液体的蒸汽与空气混合后，接触明火时产生瞬间闪火的最低温度。液体的闪点越低，其易燃性越大，易燃危险性也越大。当易燃液体温度高于闪点时，接触明火时就有燃烧、爆炸的危险。根据测试闪点的仪器是密闭式还是敞开式的不同，而将闪点分为闭杯试验闪点和开杯试验闪点。同一物质的闭杯试验闪点要比开杯试验闪点低 5℃左右。另外，因为闪点的物理重现性较差，所以闪点测试的结果中应指明测试仪器的名称和试验条件。

易燃液体具有易燃性、蒸汽的易爆性、毒害性等危险特性。

易燃液体蒸汽的易爆程度通常用爆炸极限(Explosive Limits)来衡量。爆炸极限是指可燃气体、粉尘或易燃液体的蒸汽与空气相混合，其混合物能被点燃而引起燃烧、爆炸的浓度范围，并以可燃气体、粉尘或易燃液体的蒸汽在混合物中所占的体积百分比来表示。浓度范围的最低值称为爆炸下限，最高值称为爆炸上限。爆炸下限值越小且爆炸极限浓度范围越大的易燃液体，其易爆性就越大。

第 4 类——易燃固体、易自燃物质和遇水放出易燃气体的物质(inflammable solids,

spontaneously combustible substance and substances emitting inflammable gases when wet)

第 4.1 类——易燃固体。

第 4.2 类——易自燃物质。

第 4.3 类——遇水放出易燃气体的物质。

第 5 类——氧化剂和有机过氧化物(Oxidizing Substances and Organic Peroxides)

第 5.1 类——氧化剂。

第 5.2 类——有机过氧化物。

第 6 类——有毒物质和有感染性物质(Toxic and Infectious Substances)

第 6.1 类——有毒物质。

第 6.2 类——有感染性物质。

第 7 类——放射性物质(Radioactive Substances)

放射性物质能自原子核内部自行放射出人的感觉器官不能察觉的射线。

放射性射线的种类主要有 α 射线、β 射线、γ 射线和快中子射线等。

第 8 类——腐蚀性物质(Corrosives)

腐蚀性物质通过化学作用在接触生物组织时会造成严重损伤，或在渗漏时会严重损害甚至毁坏其他货物或运输工具，也可引起其他危险。

腐蚀性物质是一种化学性质比较活泼，能与很多金属、有机物及动植物发生化学反应，并使其遭到破坏的物质。

第 9 类——杂类危险物质和物品(Miscellaneous Dangerous Substances)

杂类危险物质和物品在运输中会产生其他类别不包括的危险，还包括在液态下温度等于或超过 100℃或在固态下温度等于或超过 240℃进行运输或交付运输的物质。此类有干冰、白石楠等。

我国《水路危规》对危险货物的分类与《国际危规》对危险货物的基本相同，由九个大类和 24 个小类(项)组成。不同之处如下。

第 1 类爆炸品中无第 1.6 项。

第 3 类分为：第 3.1 项低闪点类液体(即闭杯试验闪点低于-18℃的液体)，第 3.2 项中闪点类液体(即闭杯试验闪点为-18℃~23℃但不包括 23℃的液体)，第 3.3 项高闪点类液体(即闭杯试验闪点为 23℃~61℃且包括 61℃的液体)。

第 8 类分为：第 8.1 项酸性腐蚀品，第 8.2 项碱性腐蚀品，第 8.3 项其他腐蚀品。

第 9 类分为：第 9.1 项杂类，第 9.2 项另行规定的物质。

为区分危险货物主要危险性的危险程度，我国《水路危规》还将危险货物分为两个等级。判断危险货物的危险等级是由各类危险货物明细表中第一列危险货物国家标准(GB12268《危险货物品名表》)编号确定的。国标编号由五位阿拉伯数字组成，第一位是危险货物类别号，第二位是项别号，最后三位是危险货物品名顺序号。若顺序号小于或等于 500，则其为一级危险品；顺序号大于 500 的，则为二级危险品。如碳化钙的国标编号为：

"43025",表明其为第 4 类第 3 项,又由于其顺序号小于 500,所以碳化钙为一级危险品。

2. 危险货物的包装和标志

(1) 危险货物运输包装。

危险货物运输包装的要求分为一般要求(通用包装)和特殊要求(专用包装)。一般要求的包装适用于第 3 类、第 4 类、第 5.1 类、第 6.1 类、第 8 类和第 9 类货物。特殊要求的包装适用于第 1 类、第 2 类、第 5.2 类、第 6.2 类和第 7 类货物。

经过试验合格的包装,都应在包装的明显部位标注清晰持久的包装试验合格标志,联合国统一规定了包装试验合格标志。

(2) 危险货物的标志。

危险货物的标志由危险货物的标记、图案标志(标签)和标牌组成。

标记是指标注在包装危险货物外表的简短文字或符号。

图案标志是指以危险货物运输规则中规定的色彩、图案和符号绘制成的菱形标志。

标牌是指放大的图案标志。

《国际危规》规定,危险货物的所有标志均须满足至少三个月海水浸泡后,既不脱落又清晰可辨。《水路危规》规定,危险货物标志应粘贴、印制牢固,在运输中清晰、不脱离。

《水路危规》规定,按其规定属于危险货物,但在国际运输时不属于危险货物者,当外贸出口时,在国内运输区段包装件上可不标贴危险货物标志,由托运人和作业委托人分别在水路货物运单和作业委托单特约事项栏内注明"外贸出口,免贴标志";外贸进口时,在国内运输区段按危险货物办理。

《国际危规》中属危险货物,但《水路危规》中不属危险货物者,当外贸出口时,国内运输区段内,托运人和作业委托人应按外贸要求标贴危险货物标志,并应在水路货物运单和作业委托单特约事项栏内注明"外贸出口属于危险货物";当外贸进口时,国内运输区段内,托运人和作业委托人应按进口原包装办理国内运输,并应在水路货物运单和作业委托单特约事项栏内注明"外贸进口属于危险货物"。

如果《水路危规》与《国际危规》对货物的分类不一致,当外贸出口时,国内运输区块内,其包装件可粘贴外贸要求的危险货物标志;当外贸进口时,国内运输区段内,按《水路危规》的规定粘贴相应的危险货物标志。

第二节 国际航运市场

一、国际航运市场概述

国际航运市场无论是在过去还是现在都是在世界经济国际贸易对海运的需求中产生

的。同时，它又是从单纯的海运服务需求和运输服务供给之间的供需调整结合运作等交易的市场，发展为与航运密切相关的航运工业、航运技术、航运信息、航运金融、航运劳务等经济贸易活动。这些经济贸易活动的主体就构成了国际航运的市场体系。

(一)市场

市场是商品经济的产物，是随商品生产和交换而产生和发展起来的。随着社会分工的细化和商品生产的发展，市场已经成为市场经济的核心和不可或缺的一部分。发展到现在，市场具备了两种意义，一种意义是交易场所，如传统市场、股票市场、期货市场等，另一种意义为交易行为的总称，即市场一词不仅仅指交易场所，还包括所有的交易行为。故当谈论到市场大小时，并不仅仅指场所的大小，还包括消费行为是否活跃。从广义上讲，所有产权发生转移和交换的关系都可以成为市场。

(二)国际航运市场

1. 概念

国际航运市场的概念可分为狭义和广义两种。狭义的国际航运市场是指有形的国际航运市场，即设在各地的航运交易所。广义的国际航运市场是指一种交易关系，即以国际航运服务的需求方作为买者，以国际航运服务的供给方作为卖者，以国际航运服务作为交易对象所形成的交易关系。广义的国际航运市场既包括有形市场，也包括无形市场。随着现代通信技术的不断发展，无形市场在国际航运市场交易活动中的作用不断上升。

国际航运市场的基本要素有：国际航运服务的需求方、国际航运服务的供给方和交易对象。

国际航运服务的需求方是指需要寻找船舶，将货物跨国界运往目的地的货主，这里的货主有生产商、贸易商、经纪人、政府等；国际航运服务的供给方是指拥有船舶，按照货主要求，从事跨国界运送货物的船舶运输企业；交易对象即国际航运服务。国际航运服务是指运用海上运输手段，将某一件或某一批货物从一国(地区)运至另一国(地区)；这种服务的实现，既可以通过海上公共承运的方式，也可以通过船舶的租赁方式。

2. 构成

国际航运市场由以下几个方面构成。

(1) 体系。

国际航运市场是一个综合性的市场概念，是由相互联系的各类市场及市场要素总和而成的有机整体。国际航运市场体系包括航运基本市场和相关市场。通常国际航运市场称为基本市场，包括定期船(班轮)运输市场、不定期船运输市场和租船市场。根据船舶类型及其所服务货种的不同，班轮运输市场可进一步分为件杂货船运输市场、集装箱船运输市场；

不定期船运输市场可进一步划分为干散货船运输市场、油船运输市场、液化气船运输市场、化学品船运输市场。相关市场是指所有与国际航运市场有关联的市场，如新造船市场、船舶买卖市场、拆船市场、船员劳务市场、修船市场、航运资本市场、航运信息市场等，航运市场体系如图 3-1 所示。

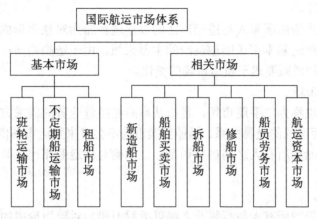

图 3-1　国际航运市场体系

国际航运市场体系通过各市场机制发挥作用。国际航运基本市场与相关市场之间以及市场内各专业市场之间存在着相互制约、相互依赖、相互促进的关系，并通过价格、供求、竞争、服务等要素的相互作用和相互运动带动国际航运经济的运行。

(2) 基本市场。

① 班轮运输市场。

班轮运输市场是指以班轮运输服务为交易对象的需求者与供给者的交易关系。在班轮运输市场中，班轮所服务的货种主要是件杂货，即运输中需要包装的工业制成品、半制成品、生鲜食品、工艺品等；班轮运输的船舶类型主要有传统杂货船、集装箱船、滚装船、冷藏船和载驳船。

② 不定期船运输市场。

不定期船运输市场是指以不定期船运输服务为交易对象的需求者与供给者的交易关系。不定期船运输以运输大宗干散货和液体散货为主。干散货是指运输中不需要包装、可直接装于船舱的干货，如煤炭、铁矿石、钢铁、粮谷、铝矾土、磷灰石、水泥、化肥、木材、原糖等；液体散货包括原油、成品油、液化石油气、液化天然气、化学品等。不定期船运输市场的船舶类型有油槽船、干散货船和兼用船。

③ 租船市场。

租船市场是指以船舶运输服务或船舶的使用为对象的船舶所有人与承租人之间的交易关系。在国际航运市场的发展过程中，租船业务也随之发展。严格地讲，租船市场范围要比不定期船运输市场大。虽然说不定期船运输的具体营运是通过租船业务来开展的，但并不是说租船业务就等于不定期船运输业务。租船业务除了不定期船运输业务外，还是船舶所有人之间互相调剂船舶的途径之一，这些船舶所有人可以是从事不定期船运输的，也可以是从事班轮运输的，所以不定期船运输业务仅是全部租船业务中的一部分。

(3) 相关市场。

① 新造船市场。

新造船市场是指船舶所有人与造船厂之间以建造新船为对象而形成的交易关系。新造船市场是形成国际航运基本市场船舶供给的主要来源。由于造船需要一定的周期，故新造船市场船舶订造量的增减要迟于航运市场的变化。

② 船舶买卖市场。

船舶买卖市场也称为二手船市场，是指从事船舶经营业务的需求方与供给方之间以二手船(旧船)为对象而形成的交易关系。船舶买卖市场不会带来航运市场供给总量的变化，只不过是船舶在不同船舶所有人之间进行调剂。二手船与新造船相比，具有资金成本低、适应市场快的特点。

③ 拆船市场。

拆船市场是指船舶所有人与拆船业之间以拆解旧船为对象而形成的交易关系。拆船市场是减少船舶供给、减缓航运市场运力过剩压力的重要途径。

3. 功能

国际航运市场的功能体现在以下几个方面。

(1) 资源配置功能。

资源配置功能是指航运市场通过价格杠杆来调节航运劳务、航运技术、航运工业、航运信息和航运金融等资源在世界范围内的分配。这种分配不仅体现在现有的航运资源在世界不同地域的分配上，还体现在社会资源、世界资源从别的部门甚至重新开发然后流向航运这一点上。

(2) 交换功能。

交换功能是指运输服务通过交换得到货币补偿，以便运输再生产得以进行下去。

(3) 供给功能。

供给功能是指运输能力在价格的指引下，从租船市场、二手船市场、修造船市场投向运输市场，以满足对外贸易对航运的需求；或者由于市场的变动，现有的市场供给能力转入储备市场或者进入拆船市场而消失。

(4) 信息导向功能。

国际航运市场汇集航运经济、技术、经营状态的信息，不仅向船公司或者船舶经营者还向货主发布各种信息，直接指导他们的经营活动。

(5) 竞争功能。

在航运市场上存在航运企业之间的竞争、国家之间的竞争、工会之间的竞争、联盟之间的竞争、航线之间的竞争、工会与船公司之间的竞争。既有买方之间的竞争，也有卖方之间的竞争；既有自由竞争，也有垄断竞争。竞争的目的不外乎增加企业的盈利和增强国家的竞争力。竞争功能的最终结果是优胜劣汰，经营不善的企业被市场淘汰，善于经营的企业拥有市场。

(6) 调节功能。

航运市场不仅调节着航运资源的配置，也调节着可贸易物品和不可贸易物品的范围，引导着各种企业的生产消费。

(7) 沟通联系功能。

国际航运把世界范围的生产者与消费者最广泛地联系起来，从而使绝大多数国家的生产和消费变为世界性的，成为沟通国际市场的主要手段。

航运市场的功能是通过参与市场活动的企业的经济行为实现的，各项功能是相互联系、相互促进的。一旦某项功能受到阻碍，就会影响其他功能的正常发挥。

4. 世界主要航运市场

目前世界主要的航运市场有：伦敦、纽约、香港、东京、鹿特丹、奥斯陆、汉堡等。

(1) 伦敦航运市场。

伦敦是世界上历史最悠久、情报和询价最多的租船市场，居于世界租船市场的中心地位，是当今世界最大的租船市场。

伦敦航运市场中心地位的取得有多种原因：地处大西洋海上运输的要冲，英国曾是世界资本主义和航海业最发达的国家，位于伦敦的波罗的海海运交易所是世界最早成立的航运交易所。波罗的海航运交易所前身是一家叫作"弗吉尼亚和波罗的海"的咖啡馆，贸易商人和船舶所有人经常在这里聚会，1810 年改为现名，1869 年苏伊士运河通航后取得了现有的地位。

波罗的海海运交易所的交易每天上午九点半到十点进行，等级为会员的经纪人在交易所底层大厅进行自由洽谈，原则是"言而有信"，即洽谈的内容是合同的依据。双方洽谈时备忘的记载就是真正的口头合同，事后签订书面合同。

交易所的交易海运是完全公开的，而且交易规模是世界最大的，因此交易大厅的洽谈情况能够反映世界各地的供求状况，洽谈结果能够反映世界航运市场的状况。所以世界主要的航运媒体都对该交易所的行情进行报道。

(2) 纽约航运市场。

纽约航运市场在第二次世界大战之前仅仅是一个地方性市场，"二战"后随着美国经济地位的提升而一跃成为世界重要的航运市场之一。

纽约航运市场汇集了美国、加拿大、阿根廷的大宗谷物出口商，美国煤炭出口商，以及世界各地的铁矿石出口商。此外，纽约发达的金融保险业也为航运市场中心地位的确立提供了有利条件。由于纽约市场和伦敦市场存在时差，在一个市场未来得及成交的订单可以转到另一个市场，纽约市场的地位得以进一步确立。

纽约市场和伦敦市场不同之处在于纽约没有伦敦那样的专门交易市场，交易活动几乎全都是通过电话电传的方式进行的。

(3) 香港航运市场和东京航运市场。

香港航运市场是一个区域性的国际航运市场，以服务东南亚和日本的货主和船东(二船东)为主，与东京航运市场保持着密切的联系。东京航运市场也是一个地方性的市场，是日本船舶所有人和货主汇集的地方，随着日本海运业的发展已经成为对日本和东南亚具有重要影响的市场。

(4) 鹿特丹、奥斯陆、汉堡航运市场。

这三个市场都是地方性市场，是主要船舶所有人汇集的地方，其特点是船东把注意力放在第三国货载而不是本国货载上面，因此与伦敦和纽约航运市场保持着密切联系。

二、国际航运政策

(一)性质与目的

航运政策是国家经济政策的一个重要部分，航运政策阐明一国对航运业所持的态度，也可以说，航运政策是经济的、法律的以及国家行政措施的总体。

航运业具有国际性的特点，它以国际航运市场为活动场所，与国际经济环境密切相关。所以，航运政策又是由国际和国内经济两者结合而产生的，既反映了各国航运业之间的差距，也反映了国家之间经济力量的差距。一个国家的航运政策必然会影响到该国船队在国民经济中以及在国际航运市场中所处的地位和作用。通常来说，一个国家的航运政策能间接反映出该国对他国船队所采取的立场，因而航运政策一般具有两个方面：对外航运政策，表明该国对他国商船队所持的态度；国内航运政策，体现了本国船队的海运政策。

航运政策，多数是作为经济政策被制定出来的，但有时是作为社会政策、政治政策甚至有时是作为国防军事政策来制定的。所以，航运政策的目的具有双重性，既有经济的，也有非经济的，前者的职能是维护和促进一国的对外经济贸易，改善本国的国际收支平衡；后者的职能是加强国防力量，确保国家安全。但必须指出，发展中国家即使制定了与发达国家相类似的航运政策，其政策的目的以及对他国的影响与发达国家的航运政策相比还是具有本质性的区别的。

一般来说，各国制定航运政策力图实现下列目的。

(1) 通过制定航运政策来指导本国航运业的发展，以求航运业创造丰厚的收入。

(2) 为国民提供更多的就业机会。

(3) 为本国资本提供更多的增值机会。

(4) 借助航运业带动其他行业的发展，实现国家的工业化、后工业化。

(5) 保障和促进本国对外经济贸易事业的顺利发展。

(6) 借助航运业赚取的外汇，作为无形商品贸易的收入，来平衡国际收支。

(7) 以防战争冲突或政治性动荡之不测，确保国防安全。

以上这些目的是综合而言的，在不同时期、不同的国际和国内环境，各国航运政策的主要目的也是不相同的，有的可能是经济性的，有的可能是社会性的，也有的可能是政治性或军事性的。

正是由于航运业的国际性特征和航运业在国民经济中的重要地位和作用，加之航运业是一个资本密集型和技术密集型的部门，因此各国均不遗余力地制定各种各样的政策来保护和扶植本国航运事业，航运发达国家为保持既得利益是如此，发展中国家为创建船队、发展航运更是理所当然。

一国的航运政策的实践必会带来两方面的影响：一是直接作用于本国的航运业，二是影响到国外的航运业。例如，对本国航运业予以补贴，提高其竞争力，其结果是缩小了他国航运市场的占有率，或相对地削弱了他国船队的国际竞争力。这势必会引起外国的强烈反应，有时会招致对抗性的政策。所以，一国的航运政策往往间接地影响到他国的利益继而引起外国的对抗性政策，从而部分或可能全部抵消了自己的政策效果，造成"政策的对立"。这种由于"国际性矛盾"引起的航运政策的对立性，需要依靠国际航运政策来协调解决，消除各国间航运政策之间的对立，使国际关系中的航运秩序正常化，这便是国际航运政策的任务。故国际性矛盾是制定国际航运政策的动因。联合国通过的"班轮公会行动守则"规定的"4：4：2货载分配原则"即是国际航运政策的范例。

在一定程度上，双边协定、多边协定以及国家集团条约(如 EEC 航运协定)等就是以消除两国间或几国间的航运政策对立为实践目标的，可以将其视作国际航运政策的一种形态，归属于国际航运政策范畴内。

(二)种类

1. 航运自由主义政策

严格意义的自由主义是排除一切抑制经营主体的自主性活动和自由竞争的限制，实行经营主体自由进行经济活动的原则。从历史上讲，可能有过一段实行航运自由主义政策的时期。当前严格意义的航运自由主义政策已几乎不再存在。提倡航运自由主义的国家其目的主要在于指责他国所采取的保护性措施，要求他国放弃自己的原则而遵循自由竞争原则，让航运自由发展。

在国际航运领域，自由政策的特点是：在国际货物运输上主张自由，以便其商船队在世界市场的竞争，即政府对企业经济的干预尽可能减少到最低限度；对企业的经营采取自由政策，主要通过法律和财政干预来实现。其主要代表国家是英国、挪威、希腊等海运强国。这些传统的海运国家具有海运实力雄厚、竞争力强的优势，为了提高其在国际航运市场的占有率，揽取第三国货载，而主张各国商船自由承运货物，推行自由主义政策。

2. 航运保护主义政策

航运保护主义政策是指通过国家的各种制度和规定来加强和促进本国航运业的发展，也就是说，国家对本国航运业采取优惠扶植的保护措施。航运自由主义的日趋衰退以及国家干预日趋强化的原因，不仅仅在于航运业的巨大经济意义，而且基于这样的事实，即没有国家的援助，要发展航运业是较为困难的，对发展中国家而言尤其如此，所以发展中国家的保护主义在一定程度上被认为是合情合理的。但当今发达国家的保护主义也毫不逊色，且范围更广，花样更多。

以美国为例，美国是一个航运大国，但是由于其船队的营运成本偏高，不能与欧洲、日本的船队相匹敌，美国船队所承运的本国贸易份额日趋下降，于是，政府采取各种保护主义措施，以维持本国商船队在国际市场的地位，进而排挤他国船队。

发展中国家的保护主义与发达国家的层次截然不同。大多数发展中国家的船队规模较小，多数处在初建阶段，并且把建设船队视作发展国民经济的一个重要手段，在这样的情况下，国家对航运业的支持扶植是至关重要的，否则就无法与发达国家的船队相抗衡。因此，保护主义政策是发展中国家发展航运业的一个主要方式。

3. 航运保护主义政策的主要形式

面对国际航运的激烈竞争，世界各有关海运国家加强了宏观方面的调节，制定了一系列的航运政策和法律规定，以保护本国航运业的利益，加强本国航运业的实力，促进本国商船队的发展。

(1) 颁布新航运法，强化保护主义措施。

面对近年来国际航运的激烈竞争，不少海运国家为了振兴本国航运业，维护既得利益，通过立法手段，颁布新航运法，强化保护本国航运业，限制外国船的活动，增强本国船的竞争能力。

(2) 发达国家对航运和造船业的经济补贴。

由于航运业在国家外贸、收支平衡和国防需要等方面占有重要地位，而航运业和造船业又是国内重、轻工业产品的主要消费者之一，并可提供大量的就业机会，因而从过去到现在，海运发达国家不惜斥巨资对本国航运业和造船业进行多方面的财政支持。它们的补贴形式主要分为直接补贴和间接补贴两类。直接补贴即政府直接拨款、低息贷款或以减免税款等方式对航运业和造船业的某一规定项目予以资助或补贴。间接补贴是除了政府财政资助的直接补贴外，还采取了发展航运业的其他手段，如制定一系列保护性的规定、制度等。

(3) 发展中国家对本国航运业的扶植。

发展中国家的航运业大都比较落后，多数处于初建阶段，而航运业又是发展国民经济的一个重要手段，因此必须采取各种政策和措施，以保护本国航运业的发展。发展中国家所采用的政策和措施可以分为两大方面：一是财政补贴方面，如造船补贴、营运补贴、低息贷款、减免征税等；二是非财政方面，如保留货载、优先照顾本国船舶、在双边或多边海运协定里为本国船保留对等的货载份额等。

三、中国航运与航运政策

(一)中国航运现状

中国的改革开放已走过 30 多年，30 多年来，航运市场的开放领域不断扩展。1984 年中国批准第一家外国航运公司的班轮挂靠我国港口，1986 年批准第一家外国航运公司在华设立代表处和第一家中外合资国际航运企业及第一家中外合资国内航运企业；1991 年批准第一家外国航运公司在华设立独资航务公司。

在港口建设方面，中国鼓励中外合资建设并经营公用码头泊位，允许中外合资租赁光板码头；允许外商独资建设货主码头和专用航道；外商在投资开发经营成片土地时，开放企业可在开发地块范围内建设和经营专用泊位。20 世纪 80 年代以来，中国先后利用世界银行、亚洲开发银行和外国政府贷款，在秦皇岛、天津、日照、连云港、青岛、上海和广州等港口建设了一批码头。另外我国还采取合资合作方式建设了一批港口，这些项目都取得了成功。

在航运方面，中国允许外国航运公司从事中国港口至外国港口间的海上运输；经批准，外国航运公司可以经营中国对外开放港口与各国港口间的国际班轮运输；允许外国航运公司按照规定的条件和程序在中国设立中外合资的水陆交水路运输企业，按照双方政府的海运协定或海运主管当局之间的协议，外国航运公司可以在中国设立独资船务公司。中国港口对外国船舶实行与中国船舶相同的费率标准。我国海事主管机关遵照有关国际公约，继续做好港口国管理及船舶安全检查工作，致力于为国际航行船舶提供更加安全、更加便利的航行条件。

对外开放是中国的基本国策，在国家产业政策的指导下，中国政府将随着航运市场的发展、法律制度的完善，不断扩大开放航运领域，提高对外开放的质量和水平。

关于中国香港与内地的航运，1997 年 7 月 1 日，香港回归到祖国的怀抱，香港与内地的航运成为网内航线。香港是世界航运中心，为了保持香港的繁荣和稳定，维护香港国际航运中心的地位，按照《中华人民共和国香港特别行政区基本法》，我国对香港与内地航运的基本航运政策是：香港与内地的航运属特殊管理的国内航线，按照外贸运输进行管理。在香港回归以前已经经营该航线运输的航运公司按照规定登记，经核准后可以继续经营；在此以后开辟的航线须向中央政府交通主管部门提出申请，获得批准后方可经营该航线运输。中国香港与内地航线不实行最惠国待遇。

关于台湾海峡两岸航运。1997 年，在中国大陆和台湾地区有关方面的共同努力下，台湾海峡两岸间航运取得了突破性进展，两岸"试点直航"正式启动。大陆与台湾两岸间航运属于中国国内航运，外国资本的航运公司将不被允许参加海峡两岸间的航运。"试点直航"是第一步，相信随着两岸经贸关系的发展，台湾海峡两岸间的全面直航和"三通"终将实现。

具体而言，改革开放 30 多年以来，我国航运业取得了巨大的发展，一是船舶结构逐步优化，二是建设了一批沿海港口，三是我国集装箱运输成后起之秀，未来我国集装箱港口布局将更趋合理，逐步形成北、东、南三大集装箱主枢纽港群。

北部集装箱主枢纽港群——以大连港、天津港和青岛港为主。大连港是东北地区出海门户，随着振兴老工业基地政策的实施，中央首批 610 亿元投资将使得东北地区经济和外贸得到发展，港口集装箱发展趋势较好。青岛港水深条件好、腹地货源足，越来越受到航运界的青睐，中远、马士基和青岛港三国四方合资经营青岛港前湾二、三期集装箱码头以及马士基欧洲线正式首航青岛港便是最好的例证。天津港位于渤海湾最里端，由于地处京、津、唐经济区的有利位置，货源较丰富。

东部主枢纽港群——东部主枢纽港群以上海港、宁波港为主，依托我国经济最发达和最具潜力的长江三角洲经济圈，集装箱箱源极为充足，发展后劲足，持续性好。宁波港是我国自然条件最为优良的港口之一，其集装箱吞吐量增长速度连续多年位列全国前茅。随着长三角经济圈的发展和大小洋山港区一至四期的建成运营，近年来上海港的国际竞争力不仅强劲有力，而且对环球航线的超大型集装箱班轮产生了巨大的吸引力。

南部主枢纽港群——南部主枢纽港群以香港港、深圳港和广州港为主。珠江三角洲地区为香港、深圳、广州港提供了丰富的箱源。

三大集装箱主枢纽港群的形成和鼎立，不仅借鉴了国外的经验，既作干线港又互作支线港，走优势互补、港航联合之路，也是我国海运运输业在竞争中体现各自优势、整合资源的发展趋势。

(二)中国航运中存在的问题

中国航运在发展过程中，存在以下几个方面的问题。

(1) 我国目前处在经济体制转轨时期，法律法规仍然不够健全，市场机制仍然不够完善，适应 WTO 规则的水运管理体系尚未真正建立。

政策法规是我国航运服务业发展的"短板"之一：一是与航运服务业发展相匹配的政策法规配套不够完善，存在着管理体制的交叉和政策法规的空白；二是政策法规条文界定不明，理解和执行的弹性较大，需要政府相关部门参与解释或协调的内容较多；三是政策法规与国际惯例和国际准则接轨的程度较低；四是政策法规体现的部门意志较多，尚未完全按照市场经济的要求制定政策法规。

(2) 国内港航企业无论是资金实力、技术水平和管理人才诸方面与发达国家的企业相比，竞争能力不强。

① 航运公司不少，但普遍规模偏小，船舶的运力不足。目前从事干散货经营的航运

公司的规模和实力大多比较小，网络化的经营组织尚未形成。例如，在中国境内登记注册从事国际海上运输的 290 家航运公司，除中远、中海集团等少数企业拥有较大的规模和较强的实力外，其他航运公司的规模普遍偏小，平均船舶运力不足 1 万载重吨，且单船公司占全部航运公司的 60%以上，不能发挥规模经营并取得规模效益优势，抵御市场风险的能力较弱。国内航运公司从事国内航运的 5000 多家企业，拥有船舶 17 万艘，近 2000 万载重吨，其中运力超过 10 万载重吨的船公司有多家，但运力超过 100 万载重吨的只有中海集团和长航集团。由于公司规模小、抵御市场风险能力低，规模经济效益难于发挥，在市场上的竞争力不强。单船公司比例大，加剧了市场活动中的无序竞争，不利于规范、维护航运市场的秩序。

② 一遇到某种运输市场供求关系改善，很容易造成一哄而起，容易形成低水平航运的恶性竞争，不便于形成专业特色和市场竞争优势，不利于建立规范的航运市场秩序，不利于企业经营中社会和经济效益的提高。没有专业化分工的市场，其技术进步和产业升级必然缓慢，难以形成必要的市场进入壁垒，而进入壁垒低，又为过度进入和过度竞争埋下了"隐患"。营商环境除法律、政策环境外，更重要的是政府对行业监管的透明、规范和有序以及对企业的主动服务。以新加坡为例，其航运主管部门主要负责操作流程标准的制定、地区作业的规范和行业安全的监管，绝少参与对企业运营的监管，企业盈利水平主要反映其参与市场竞争的水平以及把握行业周期的能力。简言之，新加坡的航运主管部门采取的是"该管的管，不该管的不管，尽量少管"的原则，并对企业采取"主动服务"的工作态度。由于我国国有企业改革尚不彻底，政企尚未真正完全分离，政府要管理企业，企业也离不开政府的扶持，这使得政府参与行业管理内容的广度和深度远超其他国家。对企业而言，这一方面是巨大的政策优势，另一方面也可能成为企业发展的桎梏，既束缚企业发展，也容易使企业滋生"等、靠、要"的心态。因此，政府行业管理的理念必须尽快转变。

③ 航运公司管理水平总体较低，经营管理和服务水平有待进一步提高。多数航运公司没有形成内部管理章程，经营管理粗放，行业管理的理念相对落后，这主要表现在良好的营商环境尚未形成，且缺乏必要的服务规范，很难提供规范化的运营服务，服务质量较低。我国航运的管理水平较低，科学的物流理论的运用及合理的操作流程的研究普及度也很不够。因此，要保持和促进我国航运的良好发展势头，就要认真研究和解决目前航运业存在的突出问题。

④ 我国航运经营管理专业人才短缺。我国航运的快速发展，对专业人才提出了巨大的需求，同时由于我国有着低成本的人才资本优势，跨国公司采取人才本地化策略，使得人才更加匮乏。航运人才不足表现在三个方面：一是航运人才总体规模不足；二是高层次航运人才严重缺失；三是全社会对航海事业的兴趣减退。航运人才的总体不足直接反映了当前航运人才培养和招募方式存在的问题。在教育产业化和市场经济的冲击下，国内海事类高等院校更乐意培养适应各行各业的"通才"，航运专业人才的培养反而相对滞后，现行的办学宗旨和教学方式偏离其设立初衷。在船员培训方面，目前基本由各大船公司自组船

员培训，培训的规模和效率整体不高；各大船公司在航运人才的招募方面偏重于到传统的航运类院校招聘，选择面比较窄，跨行业招募人才的比重较低。

(3) 水运基础设施方面还比较薄弱，结构不合理的矛盾很突出，港口和航道还不能适应船舶大型化发展的需要。

中国国际航运船舶平均船龄为 15.7 年，其中原油船为 12.2 年，集装箱船为 13.5 年，多用途船、散货船、成品油船为 15～17 年，客船、冷藏船、液化石油气船、杂货船平均在 19～23 年。沿海航运中 80%左右的散货船、油船和 40%左右的杂货船龄在 20 年以上，其主力型散货船、原油船和大吨位杂货船的平均船龄均在 24 年以上，内河运输船队中的老龄化更为突出。国内航运中 98%的动力是机动船，主要为散货船队、杂货船队和油船队，其中 1 万～5 万吨重的散货船和油船是沿海船队的主力船型，均占总载重吨的 80%左右。内河航运中，长江水系的机运船和驳船运力相当，船型大多为散杂货船，除油船规模大一些外，其他专用船队规模均很小，机型复杂；珠江水系分节驳船占一半以上，分节驳船型为主要方式。这在一定程度上制约着航运的快速、高效、安全运行，不利于航运业的快速健康发展，降低了公司在市场中的竞争优势和社会经济效益。

(三)中国航运的若干对策

作为世界航运大国，中国航运业经过多年的努力奋斗，无论在船队规模还是市场综合服务竞争能力方面，都赢得了相当的国际地位。但随着世界政经形势的不断变化和国际航运市场竞争的不断加剧，国际航运业也面临复杂多变的外部环境。在诸多急速变化的发展态势下，中国航运业的决策者和经营者应抓住机遇，作出如下可行的战略选择。

1. 加快现代化建设

随着经济结构的战略性调整，现代社会对运输模式选择的观念及行为也在不断改变，安全、便捷、舒适、经济的运输价值取向明显加强，多种运输方式之间的竞争日趋激烈。因此，坚持在发展中推进航运结构调整，促进航运技术全面进步，加快实现航运现代化，以有效地提升中国航运业的科技创新能力、市场竞争能力、抵御风险能力，是我国航运业发展战略之首选。应以现代综合物流技术为核心，大力推进航运业的运输智能化、电子信息化、高新技术化的进程，努力提升发展航运的信息和科技含量，建立高效的运输系统，完善支持保障、强化行业管理。同时，要加快航运企业现代化的进程，进一步转变经营机制，建立现代企业制度，提高经济效益，增强科技创新能力和自我发展能力，航运企业应按照国际市场供求关系组织生产和经营，全面提高从业人员的管理能力以及经营水平，用现代化的经营理念和方式切实提高自身竞争力，扩大国内外航运市场的占有份额，以适应新形势下发展的需要，形成现代化的航运布局与生产特征。

2. 走向国际化

处于经济全球化、市场一体化和信息数字化的时代背景下，中国航运业必须以革命性的开阔视野来审视世界对航运的需求，完成应负的历史使命。因此，应在确保传统运输核心服务的同时，努力延伸和完善多元化服务功能，构筑以海上运输为主干或核心的现代综合运输体系。此外，也要看到扩大对外开放、加强国际交流合作、实现双赢或多赢，是全球动态竞争环境下的最优国家策略。故而中国航运业应进一步走向国际化，融入世界，与国际惯例全面接轨，在激烈和广泛的国际航运市场竞争中求生存、谋发展。一方面，中国航运业应主动开放市场，吸引国外资本、技术以及人才，不要害怕"外人入侵"，只有在与国外先进的航运企业的碰撞、较量中，才能真正转变经营理念，改善管理手段，提高竞争能力；另一方面，中国航运业也应大步走出国门，在世界各地建立分支机构，拓展"两头在外"的第三国运输，到世界航运市场去展示自我，锤炼自我，争取更多的国际市场份额。同时，还要进一步通过兼并、收购、联营等多种方式，建立国际化产权与经营纽带，使中国航运企业真正成为以世界为活动舞台的跨国航运企业。

3. 实现专业化

专业化运输是当代航运业的重要战略发展方向。自 20 世纪以来，以油船为先导，集装箱船、木材运输船、汽车运输船、液化气船和化学品船等专用船舶纷纷登场亮相，航运业步入以特种船舶为标志的专业化运输时代。这种专业化的海上运输，由于根据货物种类和航线特征，开发和应用了各类专用船舶，如滚装滚卸船、冷藏船、各种化学品船等，因此在积载效率、装卸效率等方面都使海上运输产生了革命的变革。它不但大大缩短了装卸时间，加快了船货周转，而且降低了营运成本，提高了货运质量，使航运企业获得了重大的经济效益。因此，以现代化为诉求的中国航运业，其运输方式和船队结构应尽早实现从追求数量规模的外延扩张型向注重专业分工的内涵提高型的战略转变，提升航运业的整体发展水平。要大力引导和规范远洋、沿海船舶的运力向专业化、高性能方向调整，加强各类重点物资的专业化运输，发展运输干散货、石油和集装箱的大型和超大型专用船舶以及各色用途独具的滚装船、邮船、化学品船和天然气船等特种船舶，为国家经济贸易发展和能源、原材料等重点物资提供运输保障，确保国家经济安全。同时，还应积极推进内河特别是水运主通道运输的船舶专业化和标准化建设，要在总量基本或相对稳定的情况下，加快更新运力，重点发展内河自航船、推顶船队、江海直达船、集装箱船等标准船型，以全面振兴航运事业，完善综合运输交通体系。

4. 推进集约化

随着现代化、国际化和专业化的逐步加快，航运业在经营主体上的产权结构、组织结构等方面的调整和完善已被迅速提上运作日程。为了在激烈和残酷的市场竞争中求得生存，各航运企业不断探索降低成本和提高服务的有效途径，同行业甚至相关行业内的企业战略联盟和企业兼并等集约化动作已作为一种热门策略被广泛地运用于航运领域。"联盟与兼并"是"供应链管理"和"即时系统"衍生出的全球大型货主需求的直接结果。自 20 世纪以来，航运业经营权的转变事例层出不穷，主要包括南/北美洲、欧洲，加上少量的亚洲和澳大利亚的船队。尤其令人关注的是，2005 年 5 月 11 日马士基航运公司在伦敦的证券交易市场达成协议，以高出当天市场成交价格的 28.5%买下了英国和荷兰的跨国企业铁行渣华，更不可思议的是整个交易全部用现金，从发起收购要约到在伦敦的证券交易市场买断股份的整个过程进行得非常顺利，在三个月内基本完成，这一收购案可谓惊世骇俗。由此可见，随着世界航运市场的规模在不断扩大，更高的港口覆盖率和更快的派船率已成为"家常便饭"，战略联盟之间通过舱位互相协定、码头共享等形式，最大限度地利用合作伙伴原有的经营渠道，快速地进入新开航线，实现资源互补，科学合理地充分利用各自的运力及相关设施资源进行合作经营。

第三节 国际海上货物运输经营方式

一、班轮运输

(一)班轮运输概述

1. 定义

班轮运输(Liner Shipping)是指轮船公司将船舶按事先制定的船期表(Sailing Schedule)，在特定海上航线的若干个固定挂靠的港口之间，定期为非特定的众多货主提供货物运输服务，并按事先公布的费率或协议费率收取运费的一种船舶经营方式。

班轮运输比较适合一般杂货和小批量货物的运输。班轮运输手续简便，为货方带来方便，而且能提供较好的运输质量，因此，使用班轮运输有利于国际贸易的发展。

2. 特点

班轮运输具有以下几个方面的特点。

(1) "四固定一负责。""四固定"即固定航线、固定港口、固定船期和相对固定的运费率；"一负责"即货物由承运人负责配载装卸，运费内已包括装卸费用，承运人和托运人双方不计算滞期费和速遣费；承运人和托运人双方的权利义务和责任豁免以签发的提单条款为依据。"四固定一负责"是班轮运输的基本特点。

(2) 不规定货物的装卸时间。由于班轮必须按照船期表规定的时间到港和离港，运价内已包括装卸费用，承运人对货物负责的期限是从货物装上船起到货物卸下船为止。承运人和托运人双方不计算滞期费和速遣费。

(3) 班轮提单是运输合同的证明。在班轮运输中，承、托双方的权利、义务、责任均以提单条款为依据。货物装船之后，提单由承运人(代理)或船长签发给托运人。由于班轮运输距离短，托运人来不及用快递把提单寄到收货人手中，因此，便委托承运人来办理提单，这称为"随船提单"。

3. 作用

班轮运输具有以下几个方面的作用。

(1) 有利于一般杂货和小额贸易货物运输。在国际贸易中，除大宗商品利用租船运输外，零星成交、批次多、到港分散的货物，只要班轮有航班和舱位，不论数量多少，也不论直达还是转船，班轮公司一般均愿意接受承运。

(2) 有利于国际贸易的发展。班轮运输的"四固定"特点，为买卖双方洽谈运输条件提供了必要的依据，使买卖双方有可能事先根据班轮船期表商定交货期、装运期以及装运港口，并且根据班轮费率表事先核算运费和附加费用，从而能比较准确地进行比价和核算货物价格。

(3) 提供较好的运输质量。参加班轮运输的船公司所追求的目标是，保证船期，提高竞争能力，吸引货载。班轮公司派出的船舶一般技术性能好，设备较全，质量较好，船员的技术水平也较高。此外，班轮停靠的港口一般都有自己专用的码头、仓库和装卸设备，有良好的管理制度，所以货运质量较有保证。

(4) 手续简便，方便货方。班轮承运人一般采取码头仓库交接货物的做法，并负责办理货物的装卸作业和全部费用。通常班轮承运人还负责货物的转口工作，并定期公布船期表，为货方提供极大的方便。

4. 船期表

班轮船期表(Liner Schedule)是班轮运输营运组织工作中的一项重要内容。班轮公司制定并公布班轮船期表有多方面的作用。首先是为了招揽航线途经港口的货载，既为满足货主的需要，又体现海运服务的质量；其次是有利于船舶、港口和货物及时衔接，以便船舶有可能在挂靠港口的短暂时间内取得尽可能高的工作效率；最后是有利于提高船公司航线经营的计划质量。

班轮船期表的主要内容包括：航线、船名、航次编号、始发港、中途港、终点港和港名，到达和驶离各港的时间，其他有关的注意事项等。典型的班轮船期表如图3-2所示。

国际海上货运代理人不但应了解班轮船期表的内容，还应该了解在哪里可以查找到船期表。

各班轮公司根据具体情况编制公布的船期表是有所差异的。通常，近洋班轮航线因航程短且挂港少，船公司能较好地掌握航区和挂靠港的条件以及港口装卸效率等实际状况，可以编制出时间准确的船期表，船舶可以严格按船期表规定的时间运行。远洋班轮航线由于航程长、挂港多、航区气象海况复杂，船公司难以掌握航区、挂靠港、船舶在航线上运行可能发生的各种情况，在编制船期表时对船舶运行的时间必然会留有余地。集装箱运输具有速度快、装卸效率高、码头作业基本上不受天气影响等优点，所以，集装箱班轮航线可以编制出较为精确的船期表。

* 上海(洋山港)-连云港-青岛 （截港时间:每周三晚22:00）

FEEDER VESSEL	VOY.	ETD YS	ETA QIN	ETD QIN	ETA SHA	ETD SHA
集海之峰 JI HAI ZHI FENG	A260	8-29	8-31	9-1	9-3	9-4
	A262	9-5	9-7	9-8	9-10	9-11
	A264	9-12	9-14	9-15	9-17	9-18
	A266	9-19	9-21	9-22	9-24	9-25
	A268	9-26	9-28	9-29	10-1	10-2

* 周四班STW1/基隆/台中/桃园/高雄 （挂港上海外高桥二期码头）

2nd VESSEL	VOY.	ETD SHA	ETA			
			KEELUNG	TAICHUNG	TAOYUAN	KAOHSIUNG
晓星BLUE STAR	1236S	8-30	9-2	9-2	9-3	9-5
	1237S	9-6	9-9	9-9	9-10	9-12
	1238S	9-13	9-16	9-16	9-17	9-19
	1239S	9-20	9-23	9-23	9-24	9-26
	1240S	9-27	9-30	9-30	10-1	10-3

* 周日班STW2/基隆/台中/桃园/高雄 （挂港上海外高桥二期码头）

2nd VESSEL	VOY.	ETD SHA	ETA			
			KEELUNG	TAICHUNG	KAOHSIUNG	SHANGHAI
晓洋BLUE OCEAN	1236S	9-2	9-4	9-5	9-6	9-8
	1237S	9-9	9-11	9-12	9-13	9-15
	1238S	9-16	9-18	9-19	9-20	9-22
	1239S	9-23	9-25	9-26	9-27	9-29

* 周四班SNW1/那霸/基隆/台中 （挂港上海外高桥二期码头）

2nd VESSEL	VOY.	ETD SHA	ETA			
			NAHA	TAICHUNG	TAOYUAN	KAOHSIUNG
晓星BLUE STAR	1236S	8-30	9-1	9-2	9-3	-
	1237S	9-6	9-8	9-9	9-10	-
	1238S	9-13	9-15	9-16	9-17	-
	1239S	9-20	9-22	9-23	9-24	-
	1240S	9-27	9-29	9-30	10-1	-

图 3-2 班轮船期表

(二)班轮运输程序

从事班轮运输的船舶是按照预先公布的船期来营运的，并且船速较高，因此能够及时将货物从起运港发送，而且迅速地将货物运抵目的港。货主则可以在预计船舶抵港时间(Estimated Time of Arrival，ETA)和预计离港时间(Estimated Time of Departure，ETD)的基础上，组织、安排货源，保障市场对货物的需求。从事班轮运输的船舶又是在固定的航线上经营并有规则地从事货物运输服务的，因此零星的小批量货物的货主同样可以与大批量货物的货主一样，根据需要向班轮公司托运，节省货物等待集中的时间和仓储费用。另外，用于班轮运输的船舶的技术性能较好，设备较齐全，船员的技术业务水平也较高，所以既能满足普通件杂货物的运输要求，又能满足危险货物、重大件等特殊货物的运输要求，并且能较好地保证货运质量。

在杂货班轮运输中，承运人对货物的责任期间是从货物装上船起至货物卸下船止，也就是说，虽然实务中托运人是将货物送至承运人指定的码头仓库交货，收货人在码头仓库提取货物，但除另有约定外，承运人对货物的责任期间仍然是"船舷至船舷"或"钩至钩"。另外，关于装卸费用和装卸时间，则规定为由承运人负责装货作业、卸货作业和理舱作业及全部费用；并且不计算滞期费和速遣费，仅约定托运人和收货人须按照船舶的装卸速度交货或提取货物，否则，应赔偿船方因降低装卸速度或中断装卸作业所造成的损失。在集装箱班轮运输中，承运人对货物的责任期间是从装货港接收货物时起至卸货港交付货物时止，通常班轮公司对集装箱的交接方式是 CY/CY。

1. 货物出运

班轮公司的货物出运工作包括揽货与订舱和确定航次货运任务等内容。货运代理人的货物出运工作则包括安排货物托运手续、办理货物交接等内容。

船公司为使自己所经营的船舶在载重量和载货舱容两方面均能得到充分的利用，以期获得最好的经营效益，会通过各种途径从货主那里争取货源，揽集货载。揽货通常的做法是在所经营的班轮航线的各挂靠港口及货源腹地通过自己的营业机构或船舶代理人与货主建立业务关系；通过报纸、杂志刊登船期表，以邀请货主前来托运货物，办理订舱手续；通过与货主、无船承运人或货运代理人等签订货物运输服务合同或与货运代理人签订揽货协议来争取货源。货运代理人应根据货物运输的需要，从运输服务质量、船期、运价等方面综合考虑，选择适当的班轮公司。

2. 装船与卸船

1) 货物装船

集装箱班轮运输中，由于班轮公司基本上是以 CY/CY 作为货物的交接方式，所以集装箱货物的装船工作都会由班轮公司负责。而集装箱货物的装箱作业则由发货人负责。

杂货班轮运输中，除另有约定外，都规定托运人应将其托运的货物送至船边，如果船舶是在锚地或浮筒作业，托运人还应用驳船将货物驳运至船边，然后进行货物的交接和装船作业。对于特殊货物，如危险货物、鲜活货、贵重货、重大件货物等，通常采取由托运人将货物直接送至船边，交接装船的形式，即采取现装或直接装船的方式。

2) 货物卸船

在集装箱班轮运输中，同样由于班轮公司基本上是以 CY/CY 作为货物的交接方式，所以集装箱货物的卸船工作都会由班轮公司负责。而集装箱货物的拆箱作业则由收货人负责。

在杂货班轮运输中，理论上卸船就意味着交货，是指将船舶所承运的货物在提单上载明的卸货港从舱上卸下，并在船边交给收货人并办理货物的交接手续。

但是，如果由于战争、冰冻、港口罢工等特殊原因，船舶已不可能前往原定的卸货港，或会使船舶处于不安全状态，则船公司有权决定船舶驶往能够安全到达的附近港口卸货。

船方和装卸公司应根据载货清单和其他有关单证认真地组织和实施货物的卸船作业，避免发生误卸的情况，即避免发生原来应该在其他港口卸下的货物卸在本港的溢卸和原来应该在本港卸下的货物遗漏未卸的短卸的情况。船公司或其代理人一旦发现误卸时，应立即向各挂靠港口发出货物查询单，查清后应及时将货物运至原定的卸货港。提单条款中一般都有关于因误卸而引起的货物延迟损失或货物损坏责任问题的规定：因误卸而发生的补送、退运的费用由船公司负担，但对因此而造成的延迟交付或货物的损坏，船公司不负赔偿责任。如果误卸是因标志不清、不全或错误以及因货主的过失造成的，则所有补送、退运、卸货或保管的费用都由货主承担，船公司不负担任何责任。

3. 提取货物

在集装箱班轮运输中，由于大多采用 CY/CY 交接方式，而在杂货班轮运输中，由于实务中多采用"集中卸船，仓库交付"的形式，并且收货人必须在办妥进口手续后，方能提取货物，所以，在班轮运输中，通常是收货人先取得提货单，办理进口手续后，再凭提货单到堆场、仓库等存放货物的现场提取货物。而收货人只有在符合法律法规及航运惯例的前提条件下，方能取得提货单。

在使用提单的情况下，收货人必须把提单交回承运人，并且该提单必须经适当正确的背书，否则船公司没有交付货物的义务。另外，收货人还须付清所有应该支付的费用，如到付的运费、共同海损分担费等，否则船公司有权根据提单上的留置权条款的规定，暂时不交付货物，直至收货人付清各项应付的费用；如果收货人拒绝支付应付的各项费用而使货物无法交付时，船公司还可以经卸货港所在地法院批准，对卸下的货物进行拍卖，以拍卖所得价款充抵应收取的费用。因此，货运代理人应及时与收货人联系，取得经正确背书的提单，并付清应该支付的费用，以便换取提货单，并在办理了进口手续后提取货物。

在已经签发了提单的情况下，收货人要取得提货的权利，必须以交出提单为前提条件。然而，有时由于提单邮寄延误，或者作为押汇的跟单票据的提单未到达进口地银行，或者虽然提单已到达进口地银行，而因为汇票的兑现期限的关系，在货物已运抵卸货港的情况下，收货人还无法取得提单，也就无法凭提单来换取提货单提货。此时，按照一般的航运习惯，收货人就会开具由一流银行签署的保证书，以保证书交换提货单后提货。船公司同意凭保证书交付货物是为了能尽快地交货，而且除有意欺诈外，船公司可以根据保证书将因凭保证书交付货物而发生的损失转嫁给收货人或保证银行。但是，由于违反运输合同的义务，船公司对正当的提单持有人仍负有赔偿一切损失责任的风险。因此，船公司会及时要求收货人履行解除担保的责任，即要求收货人在取得提单后及时交给船公司，以恢复正常的交付货物的条件。

(三)班轮运输运价与运费

1. 运价与运费

运价(Freight Rate)是承运单位货物而付出的运输劳动的价格。运价就是运输产品价值的货币表现，表现为运输单位产品的价格。海上运输价格，简称海运运价。运输产品表现为货物的空间位移，所以，运价又是运距的增函数。

运费(Freight)是承运人根据运输契约完成货物运输后从托运人处收取的报酬。

运费与运价的关系是：运费等于运价与运量之积。即：

$$F = R \times Q \qquad (3\text{-}4)$$

式中：F 为运费；R 为运价；Q 为运量。这是运费与运价基本关系的数学表达式。

运输距离的长短决定着运价的变化率，单位距离的运价率一般随距离增加而递减，而且，近距离降得快，远距离降得慢，超过一定距离不再降低。这是由于单位距离运输成本随着运距的延长而逐渐降低，即由运输成本递远递减的规律决定的。另外，运价只有销售价格一种形式，没有其他价格形式。这是由运输的生产过程同时又是消费过程这一特点所决定的。当然，运价随所运货物的种类、选择的运输方式不同而变化。

2. 预付与到付

运费在实践中通常有"预付"和"到付"的形式。决定运费采用"预付"还是"到付"的形式主要是根据贸易术语和运输合同的需要。

在决定了贸易术语的情况下，由买卖合同中的买方或卖方来安排运输并支付运费的责任就已经决定了。在采用 FOB 时，通常是买方支付运费，因此运费大多采用到付的形式；而采用 CFR 或 CIF 时，通常是卖方支付运费，因此运费大多采用预付的形式。

运输合同是一种服务合同，承运人通常是在运输服务完成时收取运费，因此，运费原则上是在完成运输后收取，也就是应该采用"到付"的形式，其原理就是承运人在法律上对所运输的货物有留置权。在运费到付的情况下，收货人要提走货物，首先要支付"到付"的运费，否则承运人可以行使留置权。但是，根据运输合同的需要，在承运人无法行使留置权的情况下，就会规定运费必须到付；或者在运输低价货物、活动物、易腐货物等情况下，承运人也会规定运费必须预付。

3. 运价本

运价本(Tariff)，也称费率本或运价表，是船公司承运货物向托运人据以收取运费的费率表的汇总，运价本主要由条款和规定、商品分类和费率三部分组成。

承运人有时会在提单中列入有关运价本的条款，用以说明承运人的运价本的作用。因为提单的正面和背面条款虽然很多，但却是固定格式，因而不可能经常改变。同时，运输合同下各项费用的收取，结算的依据还会与具体港口的特殊要求相对应，并随市场的变化而变化。所以，承运人会用运价本的形式对此作出规定。

4. 班轮运价的特点

班轮运价具有以下几个方面的特点。

(1) 班轮运输的运价水平较高。

班轮运输的特点决定了从事班轮经营的船舶的技术性能较好，为满足各种货物的装运要求，船舱及货物运输设备齐全，所以，船舶的造价也高。

班轮运输是按公布的船期表中的时间和挂靠港口次序派遣船舶的，有时难以保证在每一挂靠港开航时都能使船舶达到满舱满载。为开展揽货业务，保证船舶装载率和整个班轮经营业务的顺利进行，通常需要在航线的各挂靠港口委托代理或设置揽货机构，这就增加了营运管理费用。

无论船舶是否满载，船舶的港口使用费，如吨税、引航费、拖轮费、停泊费、系解缆费等营运可变费用仍然存在。

所有以上这些因素，使得班轮运输的单位成本较高。按照成本定价原则，承运人要能够从收取的运费中补偿较高的运输成本，并取得合理利润，所以班轮运价就被确定在一个较高的水平上。

(2) 货物对运费的负担能力较强。

班轮运输的货物一般以制成品或半成品为主，基本上无初级原材料，通常为高附加值货物。所以，其运费负担能力较强，班轮运费占商品价值的比重仍较小。所以，较高的班轮运价符合负担能力定价原则，是托运人所能接受的。

(3) 班轮运价在时间上相对稳定。

班轮运输服务一般不以特定的客户为对象。因此，无论班期、航线、挂靠港口、运价等均是以货物的普遍运输需求为依据制定的。班轮运价一般是根据平均运输成本、运力与需求的供给关系、市场竞争形势以及定价的基本原则等多种因素，对可能承运的各类货物分别制定运价，并用运价本的形式公布。尽管根据这些因素的变化，经常会作出一定的调整，但基本运价在一定时期内通常还是会保持相对稳定。至于其合理性、接受性、能否使全部运费收入抵偿全部运输成本并能获取合理的利润，则要在市场运作中得到印证。不过，尽管有着这样的稳定性，并不是说市场的运作完全照搬运价本，班轮公司还要根据具体情况具体对待。

(4) 班轮运价是一种垄断价格。

很长一段时期内，国际海上班轮运输中的航线都是由班轮公会所控制。班轮公会在运价和其他营运活动方面所作出的各种规定比较严格，对会员公司具有强有力的约束。通常，公会都拥有统一的班轮运价，各会员公司按统一的运价计收运费；或制定最低运价标准，各会员船公司只能按高于该最低运价标准计收，而不能低于这个标准。目前班轮公会的势力已被大大削弱。

(5) 班轮运价的制定采用运输成本定价和负担能力定价原则。

货物负担运费能力定价原则虽然对班轮运输的货物普遍适用，但无区别地按同一标准适用这一原则来确定运价也有失合理性。所以，在使运费的总收入能足以补偿运输成本的基础上，再按货物的不同价值来确定不同的运价，即采用等级运价是比较合理的。各个班轮公司制定并公布的运价都反映了这种原则。

5. 影响运价的主要因素

运价水平的变动受到许多因素影响，这些因素主要包括运输成本、航运市场结构、承运的货物、航线以及港口状况等。

(1) 运输成本。

运输作为一种劳动服务，在完成运输生产的过程中，所发生的生产耗费总和称为运输成本。按价值与价格的关系，运输成本是影响运价的主要因素。

影响海上运输成本的因素较多，结构复杂。一般认为航次成本应包括船舶的资本成本、航次营运成本和航次变动成本。在我国，又把航次营运成本和航次变动成本分别称为固定成本和变动成本。

(2) 航运市场的结构与竞争。

航运市场结构是影响运价的主要因素之一。不同的市场结构对运价产生不同的影响。班轮运输市场曾是寡头垄断的市场，市场运价长期由班轮公会所垄断。现在班轮公会内部控制力已明显削弱，再加上集装箱运输的普遍开展，这种市场已走向消亡。

集装箱班轮运输市场在总体上由少数规模较大的船公司所垄断。参与经营活动的运输集团或大型航运公司可以根据其经营规模与在市场上的占有额，自行决定公司在各航线的运价。而且，运价已成为集装箱运输市场中各大航运公司竞争的焦点。

(3) 货物。

货物种类、数量也是影响运价水平的重要因素。不同货类具有不同的性质与特点，影响船舶载重量和舱容的利用，运价标准也就不同，可能发生的额外费用必须反映到运价中。较稳定的货流和大批量货源能使定期船具有较高的舱位利用率和较好的运费收入。

(4) 航线及港口条件。

不同的航线有着不同的航行条件，对船舶运输成本的影响也就不同。航线距离、气象条件、安全性等也会在运价中得到反映。

对运价构成影响的港口条件包括港口的装卸费率、港口装卸设备、泊位条件、装卸效率、管理水平、拥挤程度以及安全性等。

(5) 运输合同条款。

运输合同中所定的运输条件，如运费支付方式、费用承担责任、承运人的责任期间等，都会影响到运价的高低。

还有一些其他因素对海运运价产生影响，如航运服务质量、企业自身的经营目标、市场竞争形式的变化等。

6. 运费的计算

(1) 班轮运价和班轮运价表。

班轮运费(Liner Freight)是班轮公司运输货物而向货主收取的费用。它包括货物的装卸费和货物从装运港至目的港的运输费用和附加费用。计算运费的单价(或费率)就称为班轮运价。班轮运价是按照班轮运价表的规定计算的，是垄断性价格。

不同的班轮公司或不同的轮船公司开列有不同的班轮运价表。班轮运价表可以分为等级运价表和单项费率运价表两种。班轮运价表包含的内容主要有以下几个方面。

① 货物分级表。表中列明各种货物所属的运价和计费标准。

② 航线等级费率表。表中列明不同等级货物的基本运费率。

③ 附加费率表。表中列明各种附加费按基本运费的一定百分比(相对数)或按每运费吨若干元(绝对数)计收,如货币贬值附加费、直航附加费、燃油附加费等。

④ 冷藏货费率表及活牲畜费率表。

⑤ 说明及有关规定。其主要是该运价表的适用范围、计价货币、计价单位以及其他有关规定。

⑥ 港口规定及条款。其主要是将一些国家或地区的港口规定列入运价表。

我国目前使用的运价表主要有以下几种。

① 中远公司的六号运价表,它属于等级运价表,该表把所有的货物分成 20 个等级,由交通部印发。

② 中国租船公司二号运价表,适用于国外轮船公司或我国租船承运的货物。

③ 华夏公司三号、四号运价表,适用于班轮公司承运或运往美国的货物。

另外,如果使用中波轮船公司、日本东方轮船公司、德国瑞克麦斯公司班轮进出口货物,那么必须分别使用这些公司自己制定的费率表。

(2) 班轮运费的计算标准。

班轮运费的基本运费包括货物在装运港的装货费用和在目的港的卸货费用以及从装运港到目的港的运输费用。其计算标准主要有以下几种。

① 按货物的毛重计收,在运价表中以 "W" 字母表示,一般以公吨为计费单位,也有按长吨或短吨计费的,称为重量吨(Weight Ton)。

② 按货物的体积计收,在运价表中以 "M" 字母表示,一般以一立方米为计费单位,也有按 40 立方英尺计费的,称为 "尺码吨"。尺码吨与重量吨统称运费吨(Freight Ton)。

③ 按货物的价格计收,又称从价运费。在运价表中以 "A.V." 或 "Ad Valorem" 表示,一般按 FOB 货价的一定百分率收费。

④ 按货物的毛重或体积从高计收,在运价表中以 "W/M" 字母表示。即凡一重量吨货物的体积超过一立方米或 40 立方英尺者按尺码吨计收;不足 1 立方米或 40 立方英尺者按重量吨计收。运价表上还有注明 "W/M or A.V." 或 "W/M plus A.V." 字母的,前者表示运费按照货物重量或体积或从价三者中较高的一种计收;后者表示先按货物毛重或体积从高计收后,再加一定百分率的从价运费。

⑤ 按货物的件数计收。例如,汽车按辆(Unit),活牲畜按头(Head)。

⑥ 临时议定(Open Rate)。该计费标准适用于粮食、豆类、煤炭、矿砂等运量较大、货价较低、装卸速度快的农副产品及矿产品,由货主与船公司临时议定。

⑦ 起码费率(Minimum Rate)。其指按每一提单上所列的重量或体积计算的运费。如果未达到运价表中规定的最低运费金额,按最低运费计收。

应当注意的是，如果不同的商品混装在一个包装内(集装箱除外)，则全部货物都须按其中收货最高的商品计收运费。同一种货物因包装不同而计费标准不同，但托运时如未申明具体包装形式，全部货物均要按运价高的包装计收运费。同一提单内有两种以上不同计价标准的货物，托运时如未分列货名和数量，计价标准和运价全部要按高者计算。这是在包装和托运时应该注意的。此外，对无商业价值的样品，凡体积不超过 0.2 立方米、重量不超过 50 千克，可要求船方免费运送。

(3) 班轮运费的计算。

班轮运费包括基本运费和附加费两部分。基本运费是指班轮航线内基本港之间对每种货物规定的必须收取的运费。附加费是对一些需要特殊出口的货物或由于客观情况的变化使运费大幅度增加，为弥补损失而额外加收的费用。附加费的种类很多，并且随着客观情况的变化而变动。附加费是对基本运价的调节和补充，可以比较灵活地对各种外部不测因素的变化作出反应，所以班轮附加费是班轮运价的重要组成部分。以下是几种常见的附加费。

① 燃油附加费(Burner Surcharge or Bunker Adjustment Factor，B.A.F)。在燃油价格突然上涨时加收，按每一运费吨加收一个绝对数金额或按基本运价的一定百分比加收。

② 货币贬值附加费(Devaluation Surcharge or Currency Adjustment Factor，C.A.F)。它指在货币贬值时，船方为保持实际收入不减少，按基本运价的一定百分比加收的附加费。

③ 转船附加费(Transshipment Surcharge)。它指凡运往基本港的货物，需转船运往目的港时，船方收取的附加费，包括转船费和二程运费。但有的船公司不收此项附加费，而是分别收转船和二程运费。这种收取一、二程运费加转船费的做法，即通常所称的"三道价"。

④ 直航附加费(Direct Additional)。它指当运往基本港的货物达到一定的货量(500～1000 运费吨)时，船公司可安排直航该港而不转船时所加收的附加费。一般来说，直航附加费较转船附加费低。

⑤ 超重附加费(Heavy Lift Additional)。

⑥ 超长附加费(Long Length Additional)。

⑦ 港口附加费(Port Additional or Surcharge)。它指有些港口由于设备条件差或装卸效率低及其他原因，船公司加收的附加费，一般按基本运价的一定百分比收取。

⑧ 港口拥挤附加费(Port Congestion Surcharge)。它指有些港口由于拥挤导致船舶停泊时间增加而加收的附加费。这种附加费随港口条件的改善或恶化而变化，一般按基本运价的一定百分比计收。

⑨ 选港附加费(Optional Surcharge)。它指货物托运时不能确定具体卸货港，要求在两个或两个以上港口中选择一港卸货，船方加收的附加费所选港口限定为该船次规定的转港，以所选港中收费最高者计收运费及各种附加费。货主必须在船舶到达第一卸货港前的规定时间内(一般规定为 24 小时或 48 小时前)通知船方最后选定的卸货港。

⑩ 绕航附加费(Deviation Surcharge)。苏伊士运河 1967 年因战争关闭，欧亚间往来船

舶均需绕道好望角,当时班轮运价规定加收 10%的绕航附加费,1975 年 6 月 5 日运河重新开放时,该附加费取消。由于正常航道受阻不能通行,船舶必须绕道才能将货物运至目的港时,加收附加费。

除以上 10 种附加费外,还有一些需船货双方临时议定的附加费、洗船费、熏蒸费、破冰费、加温费等。各种附加费是对基本运价的调节、补充。

班轮运费的基本计算公式为

$$运费=运输吨(重量或尺码吨)×等级运输费×(1+附加费率)$$

即:

$$F = F_b + \sum S \tag{3-5}$$

式中:F 为运费总额;F_b 为基本运费;S 为某一项附加费。

【例 2-1】

(1) 某公司装运 50 箱农业机械到汉堡港,每箱毛重 120 千克,体积为 120cm×45cm×32cm,该货物运费计算标准为 W/M,10 级,基本费率为 230 美元,另加燃油附加费 25%,港口拥挤费 15%。应付多少运输费?要求写出计算过程。

解:根据求积载系数得出运费按 M 计算。

运费=运输吨(重量或尺码吨)×等级运输费×(1+附加费率)

=0.173×50×230×(1+25%+15%)=2785.3(美元)

答:应付运输费 2785.3 美元。

(2) 某货物按运价表规定,以 W/M Ad Val 选择法计费,以 1 立方米体积或 1 公吨重量为 1 运费吨,由甲地至乙地的基本运费费率为每运费吨 25 美元加 1.5%。现装运一批该种货物,体积为 4 立方米,毛重为 3.6 公吨,其 FOB 价值为 8000 美元,应付多少运费?

解:按三种标准试算如下:

"W":25×3.6=90(美元)

"M":25×4=100(美元)

"Ad Val":8000×1.5%=120(美元)

三者比较,以"Ad Val"的运费较高。所以该批货物的运费为 120 美元。

二、租船运输

18 世纪末至 19 世纪初,由于欧洲实现了工业革命,商品生产得到了极大的发展,贸易不断扩大,同时,船舶技术设备和航海技术也达到了一个新的水平,于是海上运输逐渐从航海贸易中分离出来,成为独立的经济部门,这时的海上运输以租船运输为主。

(一)租船运输概述

1. 定义

租船运输又被称为不定期船运输(Tramp Shipping)，是一种既没有固定的船舶班期，也没有固定的航线和挂靠港，而是按照货源的要求和货主对货物运输的要求，安排船舶航行计划，组织货物运输的船舶营运方式。

在租船运输过程中，首先承租人通过某些方式将运输需求公开。之后，船舶所有人，即船东与承租人就租船业务涉及的运输条件及相应的条款进行商定。许多情况下，这种业务谈判是通过租船经纪人，并参考某一个标准的租船合同范本进行的。当双方就相关的问题洽商一致时，船舶所有人与承租人之间通常要签订包括船期、挂靠港、租金以及双方的责任与义务在内的租约，即租船合同。船舶所有人与承租人所签订的租船合同具有民事法律所规定的约束效力，是双方处理合同执行过程中所出现的问题的依据。

2. 特点

与班轮运输相比，租船运输具有以下特点。

(1) 航线、挂靠港、船期和费率具有不固定性。

租船运输没有固定的船舶班期，也没有固定的航线和挂靠港，而是按照货源的要求和货主对货物运输的要求，安排船舶航行计划，组织货物运输。

(2) 租船运输根据租船合同组织运输。

船舶所有人与承租人之间要签订租船合同，对航线、船期、挂靠港、租金等进行约定，并明确双方的责任、义务和权利。租船合同是解决双方在履行合同中发生争议的依据。

(3) 租船运输中的提单不是一个独立的文件。

对于承租人和船舶所有人而言，租船提单仅相当于货物收据，这种提单要受租船合同的约束，银行一般不愿意接受这种提单，除非信用证另有规定。当承租人将提单转让给第三人时，提单起着物权凭证的作用。

(4) 船舶营运中有关费用的支出依据不同的租船方式，由租约约定。

运输中的运费或租金水平受航运市场行情波动的影响，相对于班轮运输而言，费率较低。

(5) 租船运输适合大宗散货的运输。

散货的特点是批量大、价值低、无包装，如谷物、矿石、化肥、石油及油类产品，它们一般都是整船装运的。

3. 租船市场

租船业务是通过租船市场(Chartering Market)进行的。

(1) 含义。

租船市场又称海运交易市场，是需要船舶的承租人与提供船舶运力的船舶所有人洽谈租船业务，协商租船合同内容并签订合同的场所。

租船市场为船舶所有人和承租人提供开展各种租船业务的交易机会。租船市场是船租双方进行集中交易的场所，双方都可以根据自己的需求选择洽租人，以取得有利的经济效益，满足各自不同的需要。

租船市场拥有分布在世界各地的船舶所有人、承租人、租船经纪人，组成了庞大的业务网络，加强信息沟通，为承租人和船舶所有人积累、搜集、整理了大量的租船市场信息，掌握着市场的行情动态和发展趋势。由于分布在世界各地的运力和需求并不平衡，租船市场为实现整个世界航运市场的平衡发挥着调节作用。

(2) 租船经纪人。

在租船市场上，大宗交易通常是通过船舶经纪人(Chartering Broker)进行的，他们拥有广泛的业务联系，具有租船业务的专业知识和谈判技能，能够全面及时地掌握租船市场信息，将这些信息提供给船租双方，促使双方达成交易。

在通过租船经纪人成功签订租船合同时，"本人"应向租船经纪人支付"经纪人佣金"。佣金的多少在国际上没有统一的标准，一般是运费或租金的 1%~4%，最常见的是1.25%~2.5%。签订租船合同后的执行过程中，合同发生变化时，按照租船合同中的佣金条款来支付佣金。如果合同规定佣金在签订合同时支付，则租船经纪人无论合同的执行情况如何，均可获得佣金；如果合同规定佣金在货物装运时支付，则当合同于货物装卸前被解除时，租船经纪人不能获得佣金；如果合同规定佣金在收取运费时支付，则租船经纪人只能在租船合同得以履行且船舶所有人获得运费后，方可获得佣金。

(3) 主要国际租船市场。

目前，世界上主要有以下几个租船市场。

① 英国伦敦租船市场。

英国伦敦的波罗的海商业航运交易所是公认的世界上历史最悠久、租船业务最多的散杂货租船市场。它有一个固定的集中场所，供船舶所有人、租船经纪人和租船代理人聚集、面谈租船业务，其成交量约占世界租船总成交量的 30%以上。它是世界上其他租船市场的关注和参考对象。

由于希腊是世界上最大的经营不定期船的国家，因此，在伦敦市场供应的船舶最多，给该市场供应的船舶主要是希腊船舶所有人的船舶或受其控制的方便旗船，还有美国船舶所有人控制的方便旗船。该市场租船行情的变化对世界上其他地区的租船市场有着决定性的影响。因此，这里的交易动态受到世界各地的船舶所有人和承租人的密切注意。

② 美国纽约租船市场。

纽约租船市场在第二次世界大战前只是一个地方性交易市场。"二战"后，美国的经济发展较快，进出口货物增多，美国作为重要的货主国家，对租船及航运市场产生了重要的影响，纽约现已发展成为仅次于伦敦租船市场的世界第二大租船市场。主要地点虽然设在纽约，并命名为航运交易所，但是，它没有专门的场所，而是通过电话、电传、传真、计算机通信等方式进行租船业务洽谈。这个交易所采用会员制度，以船舶所有人、货主、租船经纪人和各种有关人员为会员。

③ 北欧租船市场。

北欧租船市场包括挪威的奥斯陆、瑞典的斯德哥尔摩、德国的汉堡、荷兰的鹿特丹等专业化的船舶租船市场，均属于地区性租船市场。该市场以租赁特殊用途的高技术船舶为主，如冷藏船、液化石油气船、滚装船和吊装船等。在租船方式上，船舶所有人以长期的定期租船为主。

④ 亚洲租船市场。

亚洲租船市场包括日本东京，中国的香港、上海和东南亚的新加坡等租船市场，也属于地区性租船市场。该租船市场上成交的主要是短期近洋运输船舶的租赁。随着亚洲经济的发展、区域性贸易的繁荣以及亚洲航运业的日益壮大，这些租船市场发展较快，规模不断扩大。

(二)租船运输的经营方式

如前所述，租船运输是根据承租人对运输的要求而安排船舶的营运方式。根据承租人对运输的不同营运要求，租船运输的经营方式可以分为航次租船、定期租船、光船租船和包运租船四种。其中，最基本的租船运输的经营方式是具有运输承揽性质的航次租船。

1. 航次租船

航次租船(Voyage Charter，Trip Charter)又称"航程租船"或"程租船"，是指由船舶所有人向承租人提供船舶，在指定的港口之间进行一个航次或几个航次的指定货物运输的租船运输方式。

航次租船是租船市场上最活跃、最普遍的一种租船方式，对运费水平的波动最为敏感。在国际现货市场上成交的绝大多数货物(主要有液体散货和干散货两大类)通常是通过航次租船方式运输的。

2. 定期租船

定期租船(Time Charter，Period Charter)又称"期租船"，是指由船舶所有人将特定的船舶，按照租船合同的约定，在约定的期间内租给承租人使用的一种租船方式。这种租船方式以约定的使用期限为船舶租期，而不以完成航次数的多少来计算。在租期内，承租人利用租赁的船舶既可以进行不定期货物运输，也可以投入班轮运输，还可以在租期内将船舶转租，以取得运费收入或谋取租金差额。

3. 光船租船

光船租船(Bare Boat Charter，Demise Charter)又称船壳租船。在租期内，船舶所有人提供一艘空船给承租人使用，船舶的配备船员、营运管理、供应，以及一切固定或变动的营运费用都由承租人负担。船舶所有人在租期内除了收取租金外，对船舶和经营不再承担任何责任和费用。

4. 包运租船

以包运租船(Contract of Affreightment，COA)方式所签订的租船合同称为"包运租船合同"，或称"运量合同"(Quantity Contract，Volume Contract)。包运租船是指船舶所有人向承租人提供一定吨位的运力，在确定的港口之间，按事先约定的时间、航次周期和每航次较为均等的运量，完成合同规定的全部货运量的租船方式。

(三)滞期费和速遣费

如果在规定的装卸时间内未能将货物全部装卸完毕，致使船舶继续在港内停泊，使船东增加在港费用支出并遭受船期损失，则自许可装卸时间终了时起至全部货物装卸完毕为止，按实际滞延时间向船东支付补偿金(罚金)，这就是滞期费(Demurrage)，或称延滞费。反之，如果租船人在规定时间内提前完成装卸作业，船舶就可提前离港，使船东节省在港费用并获得船期利益，对所节省的时间，船方要向租船人按规定支付一定金额的奖励，这就是速遣费(Dispatch)。

程租船合同对这两种费用通常按每天若干金额规定，不足一天按比例计算，具体金额视船舶的运营成本而定，速遣费通常为滞期费的一半。"一旦滞期则永远滞期"，只要发生滞期，原本可以扣除的星期天、节假日和坏天气等均不能扣除。

在实际业务中，负责装卸货物的不一定是租船人，而是买卖合同的一方当事人，如 FOB 合同的租船人是买方，而装货是由卖方负责；反之，CIF 合同的租船人是卖方，而卸货是由买方负责。因此，负责租船的一方为了促使对方及时完成装卸任务，在买卖合同中也要求规定装卸时间、装卸率、滞期费、速遣费条款。

确定装卸时间有以下几种方法。

(1) 规定具体的日数。

① 日或日历日，指午夜至午夜连续 24 小时的时间。

② 连续日(Running Day)，指一天紧接一天的时间。

③ 工作日(Working Day，WD)，指不包括星期天、法定节假日的港口可以作业的时间。

④ 晴天工作日(Weather Working Day，WWD)，指除星期天、法定节假日，因天气不良而不能进行装卸货作业的工作日之外的工作日。

⑤ 24 小时晴天工作日(WWD of 24 Hours)，指不论工作小时数是跨几天的时间，以累

计 24 小时作为 1 个晴天工作日的时间。

⑥　连续 24 小时晴天工作日(WWD of 24 Consecutive Hours)，指除去星期天、法定节假日、天气不良影响装卸作业的工作日或工作小时后，以真正的连续 24 小时为 1 日。

在晴天工作日后常常附加很多其他除外事项，常见的条款主要有以下几方面。

①　WWDSHEXUU(晴天工作日，星期天、法定节假日除外，除非已使用，但仅计算实际使用的时间)。

②　WWDSHEXEIU(晴天工作日，星期天、法定节假日除外，即使已使用也不算)。

(2)　规定平均每天应装/卸货物的效率。

①　装卸率。

在实务中，对于装卸率，双方既可能约定"X 吨/天"，也可能约定"X 吨/天可工作舱口"，或"X 吨/天，基于 X 可工作舱口"。其中，装卸率中的"天"一般规定为晴天工作日，也可以根据合同作出其他约定。由于承租双方对可工作舱口理解不同，对于"X 吨/天可工作舱"下装卸时间的计算有较大的差别。

【例 3-1】

(1)　X 吨/天可工作舱口

假设某船有 5 个舱口，最大舱口可装载货物 5000 吨，租约规定：载货 20 000 吨，装卸率为 200 吨/晴天工作日可工作舱口，即 200MT/WWE/WORKABLE HATCH，求装卸时间。

租船人根据最后装卸完毕应是最大的舱口的假设，主张应按船舶最大舱口实际装货数量除以约定的每个可工作舱口每天的装卸率作为船舶总的装卸时间，而不考虑其他舱口的装卸货情况，即租船人认为装卸时间为 5000/200=25(WWD)。

船舶所有人则主张不必考虑每个货舱的大小和货舱是否装满，而是按每个舱时间平均装卸量除以约定的每个可工作的舱口每天的装卸率作为船舶总的装卸时间，即每舱平均装卸量为 20000/5=4000(吨)，装卸时间为 4000/200=20(WWD)。

基于不同的角度，双方的计算结果相差较大。

(2)　X 吨/天，基于 X 可工作舱口

假设某船有 5 个舱口，最大舱口可装载货物 5000 吨，租约规定：载货 20 000 吨，装卸率为 1000 吨/晴天工作日，基于 5 个可工作舱口，即 1000MT/WWD，BBS 5 WORKABLE HATCH，求装卸时间。

租船人主张以最大舱实际装货量除以平均每个舱的装卸率作为整个船的装卸时间，即平均每舱装卸率为 1000/5=200(吨/WWD)，装卸时间为 5000/200=25(WWD)。

船舶所有人则认为应以实际装货量除以约定的装卸率作为装卸时间，而基于舱口数仅是作为当某个或几个舱口因船方的原因造成装卸货物时间损失时作为比例扣除的依据，即装卸时间为 20 000/1000=20(WWD)。

所以，在实务中承租双方，尤其是船舶所有人应避免采用这些易引起争议的方法，即使采用也应在合同中明确说明其计算方法。

② 装/卸货物的数量。

在计算装卸时间时，装卸货物的数量应以货物的实际自理货量为基础。

③ 不规定装卸时间。

按港口习惯尽快装卸(Customary Quick Dispatch，CQD)，它是指租船人应按照装卸港口的实际情况，尽可能快地完成装卸货工作。

以船舶能够收货或交货的速度装卸。它是指租船人按船舶处于完全工作状态下所能达到的最高装卸率装卸货物。

装卸时间的计算分为以下两种。

第一，装卸时间分开计算，这种方法是指装货港和卸货港编制单独的装货时间表和卸货时间表，然后分别计算装货时间和卸货时间。

第二，装/卸时间统算，以装/卸时间统算是指装港与卸港的装卸时间一并计算。

目前装卸统算主要有以下三种形式。

其一，装卸时间共用(All Purpose，以下简称"共用")。

这是一种标明装货港和卸货港的装卸时间统一起来使用的一种术语。如果在装货港已将装/卸两港合计的允许使用时间用完，则在装货港已经进入滞期，按照"一旦滞期，永远滞期"的原则，当船舶抵达卸货港后，立即连续计算滞期时间。

其二，装卸时间抵算或可调剂使用(Reversible Laydays，以下简称"互换")。

这是指承租人有权选择将约定的装货时间和卸货时间加在一起计算。它主要的特点是以装货港节省的时间或者滞期时间来调整原规定的卸货港的可用时间。另外，如果在装货港已将装/卸两港合计的允许使用时间用完，即在装货港已经进入滞期，则船舶抵达卸货港后，并不立即连续计算滞期时间，而是在递交装卸准备就绪通知书后，经过一段时间，才开始连续计算滞期时间。在这种情况下，承租人享有将正常的通知时间排除于装卸时间之外的权利。

其三，装卸时间平均计算(To Average Laydays，以下简称"均分")。

这是指分别计算装货时间和卸货时间，用一个作业中节省的时间抵消另一作业中超用的时间。它与"可调剂使用装卸时间"的不同之处在于，虽然也分别单独编制装货时间计算表和卸货时间计算表，但并不以装货港节省的时间和滞期时间来调整原规定的卸货港的可用时间，而是用一个作业中节省的时间抵消另一作业中超用的时间。

【思考1】

航次租船合同规定"装卸时间共用时间为6WWDSHEXUU，滞期费每天3000美元，速遣费每天1500美元"。船舶装货港使用的时间为4WWDSHEXUU，在卸货港使用的时间为

2WWDSHEXUU，则租方总共应付(C)滞期费。

    A. 9000 美元   B. 4500 美元   C. 0 美元   D. 3000 美元

【思考 2】

    航次租船合同规定"滞期费每天 3000 美元，速遣费每天 1500 美元"。船舶装货滞期 3 天，卸货速遣 3 天。若按装卸时间平均计算，则租方总共应付(C)滞期费。

    A. 9000 美元   B. 4500 美元   C. 0 美元   D. 3000 美元

【例 3-3】

    租约规定：装货时间为 1WWDSHEX，星期天下午至星期一上午 8:00 即使使用了也不算；卸货时间为 3WWDSHEX，星期天下午至星期一上午 8:00 即使使用了也不算；装卸备妥通知书上午递交时，装卸时间从当日 12:00 起算，下午递交时，装卸时间从次日上午 8:00 起算。船舶装卸货事实如下：船舶于某日星期四上午 10:00 抵达装运港并递交装卸备妥通知书，然后从星期五开始装货，直至下周一上午 8:00 结束并起航驶往卸货港；船舶于某日星期四上午 10:00 抵达卸货港并递交装卸备妥通知书，然后从星期五开始卸货，直至下周一上午 8:00 结束。假设装卸过程中未发生任何装卸间断。请分别采用以上介绍的方法计算滞期/速遣时间。

    采用上述四种方法的计算结果如下表所示。

装卸时间分开	装卸时间共用	装卸时间互换	装卸时间均分
装港：周四 12:00 起算，周五 12:00 进入滞期，共计滞期 2D20H 卸港：周四 12:00 起算，扣除周日 12:00 至周一 08:00 不计时间，实际使用 3D，则速遣时间为 1D	装港使用时间 3D20H，扣除周日 12:00 至周一 08:00 不计时间，实际使用 3D，则卸港允许使用时间仅剩 1D，因此，从周五 12:00 进入滞期，计滞期 2D20H	装港滞期 2D20H 冲抵卸港后，卸港可用时间为 2D4H，因此，卸港从周五 16:00 进入滞期，共计滞期 2D16H	装港滞期 2D20H，与卸港速遣 1D 均分后，滞期时间为 1D20H

    滞期费与速遣费的计算与结算步骤。

    (1) 取得滞期费与速遣费的计算必备资料。

    ① 租船合同。它是滞期费和速遣费的计算依据。

    ② 备妥通知书。它是确定装卸时间起算的依据。

    ③ 装卸时间事实记录(Lay Time Statement of Facts，LOF)。

    (2) 计算装卸时间，确定滞期费与速遣费的金额。

    (3) 结算滞期费或速遣费。

【例3-4】

某轮于某年3月18日星期一10:00抵达装港锚地，并递交NOR，合同约定装卸时间应在递交NOR后24小时后起算，但如提前装货时则计入装卸时间，装卸率为2000MT/WWDSHEXUU，每天滞期费/速遣费为3000美元/1500美元。该轮于3月18日14:00开始装货，并于当日24:00停止装货，3月19日10:00恢复装货直至3月24日10:00结束，期间除了22日00:00—12:00因下雨停止作业之外，其他时间一直在装货作业，该轮最终装货6000吨。试按时间连续计算与非连续计算装港发生的滞期费。

根据以上资料按滞期时间连续计算所得出的该轮的装卸时间如下表所示。

星 期	日 期	工作时间		说 明	可用时间			实用时间			节省/滞期时间		
		Fm	To		D	H	M	D	H	M	D	H	M
Mon	18/3	14:00	24:00			10			10				
Tue	19/3	00:00	10:00	ex		14			14				
		10:00	24:00										
Wed	20/3	00:00	24:00		1			1					
Thu	21/3	00:00	24:00		1			1					
Fri	22/3	00:00	10:00	raining					10			10	
		10:00	24:00						14			14	
Sat	23/3	00:00	24:00		1			1					
Sun	24/3	00:00	10:00						10			10	
合计 Total					3			5	10		2	10	

根据实际装货数量和约定的装卸率，可知该轮装港可用时间为3天。根据以上资料按滞期时间连续计算所得出的该轮的装卸时间计算表中，该轮滞期2天10时，即2.42天，因而滞期费=3000×2.42=7620(美元)，同理可知，按非连续计算则滞期时间为2天，滞期费=3000×2=6000(美元)。

第四节 国际海上货物运输单据

一、班轮提单

提单(Bill of Lading，B/L)，是指用以证明海上货物运输合同和货物已经由承运人接收或者装船，以及承运人保证据以交付货物的单证。提单中载明的向记名人交付货物，或者按照指示人的指示交付货物，或者向提单持有人交付货物的打款，构成承运人据以交付货物的保证。提单的当事人是承运人与托运人。关系人有收货人、提单持有人、收货人和货物所有人等。

(一)提单的性质和作用

1. 提单是海上货物运输合同的证明(Evidence of the Contract of Carriage)

提单的印刷条款规定了承运人与货物关系人之间的权利、义务，提单也是法律承认的处理有关货物运输争议的依据，因此，有人会认为提单本身就是运输合同。但是，提单并不具有作为经济合同应具备的基本条件，构成运输合同的主要项目如船名、开航日期、航线、靠港及其他有关货运条件都是事先公布，而且是众所周知的；至于运价和运输条件也是承运人预先规定的，提单条款仅是承运人单方面制定的。而且，在提单上只有承运人单方的签字。合同履行在前，签发提单在后，它只是在履行运输合同的过程中出现的一种证据，而合同实际上在托运人向承运人或其代理人订舱、办理托运手续时已成立。确切地说，承运人或其代理人在托运人填制的托运单上盖章时，承运人与托运人之间的合同已成立。所以将提单称为"海上货物运输合同已存在的证明"更为合理。

当提单转让给善意的第三人(提单的受让人、收货人等)以后，承运人与第三人之间的权利、义务等就按提单条款的规定处理，即此时提单就是第三人与承运人之间的运输合同。

2. 提单是证明货物已由承运人接管或已装船的货物收据(Receipt for the Goods Shipped)

首先，货物的原始收报不是提单，而是大副收据或场站收据。"收货待运提单"是证明承运人已接管货物，具有明显的货物收据功能的单证。"已装船提单"是在货物装船后，根据货物的原始收据签发的，提单上记载有证明收到货物的种类、数量、标志、外表状况的内容。此外，由于国际贸易中经常使用 FOB、CFR 和 CIF 三个传统的价格术语，在这三个传统的"装运合同"价格术语下，货物装船象征着卖方将货物交付给买方，货物装船时间也就意味着卖方的交货时间，因此，提单上还记载着货物装船的时间。用提单来证明货物的装船时间是非常有必要的，因为作为履行贸易合同的必要条件，如果卖方未将货物按时装船，银行就不会接受该提单。

其次，承运人签发提单，就表明他已按提单上所列明的内容收到货物。但是，提单作为货物收据的法律效力在不同的当事人之间也是不同的。对托运人来说，提单只是承运人依据托运人所列提单内容收到货物的初步证据。换言之，如果承运人有确凿证据证明他在事实上未收到货物，或者在收货时实际收到的货物与提单所列的情况有差异，承运人可以一定方式减轻或者免除自己的赔偿责任。但对善意接受提单的收货人，提单是承运人已按托运人所列内容收到货物的绝对证据。承运人不能提出相反的证据否定提单内所记载的内容。《中华人民共和国海商法》(以下简称《海商法》)第七十七条对提单有关货物记载事项的证据效力的规定为"承运人或者代其签发提单的人签发的提单，是承运人已经按照提单所载状况收到货物或者货物已经装船的初步证据；承运人向善意受让提单的包括收货人在内的第三人提出与提单所载状况不同的证据，不予承认"。

3. 提单是承运人保证凭以交付货物的特权凭证(Document of Title)

承运人或其代理人在目的港交付货物时，必须向提单持有人交货。在这种情况下，即使是真正的收货人，如果不能递交正本提单，承运人也可以拒绝对其放行货物。也就是说，收货人是根据提单特权凭证的功能，在目的港以提单相交换来提取货物。

提单作为特权凭证的功能是用法律的形式予以确定的，提单的转移意味着提单上所记载货物的转移，提单的合法受让人或提单持有人就有权要求承运人交付提单上所记载的货物。除提单中的有关规定外，提单的转让是不需要经承运人同意的。

提单的转让受时间上的制约。在办理提货手续前，提单是可以转让的。但是，一旦办理了手续后，该提单就不能再转让了。

(二)提单的种类

1. 根据货物是否装船进行分类

根据货物是否装船，可分为已装船提单和备运提单。

已装船提单(On Board B/L or Shipped B/L)，是指承运人已将货物装上指定的船只后签发的提单。这种提单的特点是提单上面有载货船舶名称和装货日期。

备运提单(Received for Shipment B/L)，是指承运人收到托运的货物待装船期间，签发给托运人的提单。这种提单上面没有装船日期，也无载货的具体船名。

在国际贸易中，一般都必须是已装船提单。《跟单信用证统一惯例》规定，在信用证无特殊规定的情况下，要求卖方必须提供已装船提单。银行一般不接受备运提单。

2. 根据货物表面状况分类

根据货物表面状况，有无不良批注分为清洁和不清洁提单。

清洁提单(Clean B/L)，是指货物装船时，表面状况良好，承运人在签发提单时未加任何货损、包装不良或其他有碍结汇批注的提单。

不清洁提单(Unclean B/L or Foul B/L)，是指承运人收到货物之后，在提单上加注了货物外表状况不良或货物存在缺陷和包装破损的提单。例如，在提单上批注"铁条松失"(Iron Strip Loose of Missing)、"包装不固"(Insufficiently Packed)、"X 件损坏"(X Package in Damage Condition)等。但是，并非提单有批注即为不清洁提单。国际航运公会(International Chamber of Shipping)于 1951 年规定下列三种内容的批注不能视为不清洁提单：第一，不明白地表示货物或包装不能令人满意，如只批注"旧包装""旧箱""旧桶"等；第二，强调承运人对于货物或包装性质所引起的风险不负责任；第三，否认承运人知悉货物内容、重量、容积、质量或技术规格。这三项内容已被大多数国家和航运组织所接受。在使用信用证支付方式时，银行一般不接受不清洁提单。

有时在装船时会发生货损或包装不良，托运人常要求承运人在提单上不作不良批注，而向承运人出具保函，也称赔偿保证书(Letter or Indemnity)，向承运人保证如因货物破残损以及承运人因签发清洁提单而引起的一切损失，由托运人负责。承运人则给予灵活处理，签发清洁提单，便于在信用证下结汇。对这种保函，有些国家法律和判例并不承认，如美国法律认为这是一种欺骗行为。所以，使用保函时要视具体情况而定。

3. 根据收货人抬头分类

根据收货人抬头分为记名提单、不记名提单和指示提单。

记名提单(Straight B/L)，又称收货人抬头提单，是指在提单的收货人栏内具体写明了收货人的名称。由于这种提单只能由提单内指定的收货人提货，所以提单不易转让。

不记名提单(Open B/L)，又称空白提单，是指在提单收货人栏内不填明具体的收货人或指示人的名称而留空的提单。不记名提单的转让不需任何背书手续，仅凭提单交付即可，提单持有者凭提单提货。

指示提单(Order B/L)，是指收货人栏内只填写"凭指示"(To order)或"凭某人指示"(To order of …)字样的一种提单。这种提单通过背书方式可以流通或转让，所以，又称可转让提单。

4. 根据运输方式分类

根据运输方式分为直达提单、转船提单和联运提单。

直达提单(Direct B/L)，是指轮船装货后，中途不经过转船而直接驶往指定目的港，由承运人签发的提单。

转船提单(Transhipment B/L)，是指货物经由两程以上船舶运输至指定目的港，而由承运人在装运港签发的提单。转船提单内一般注明"在某港转船"的字样。

联运提单(Through B/L)，是指海陆、海空、海河、海海等联运货物，由第一承运人收取全程运费后并负责代办下程运输手续在装运港签发的全程提单。卖方可凭联运提单在当地银行结汇。

转船提单和联运提单虽然包括全程运输，但签发提单的承运人一般都在提单上载明只负责自己直接承运区段发生的货损，只要货物卸离他的运输工具，其责任即告终止。

【链接】

联运提单与多式联运提单的区别与联系

	联运提单	多式联运提单
英文名称	Through B/L	CTB/L、MTB/L、ITB/L
运输方式	海—海、海—其他方式、其他方式—海	两种以上不同方式
责任期间	船到船	交货到交货

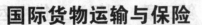

续表

	联运提单	多式联运提单
提单类型	已装船提单	收货待运提单
签发人	海上承运人	多式联运经营人
签发时间	装船后	收货后
签发地点	装港或承运人所在地	收货人或经营人所在地
银行对单证的处理	《UCP600》23	《UCP600》26
责任界限	承运人仅对自己完成的区段承担责任	经营人对全程运输承担责任

5. 根据提单内容的繁简分类

根据提单内容的繁简，可分为全式提单和略式提单。

全式提单(Long Form B/L)，是指大多数情况下使用的既有全部内容又有背面提单条款的提单。背面提单条款详细规定了承运人与托运人的权利与义务。

略式提单(Short Form B/L)，是指省略提单背面条款的提单。

6. 根据其他情况分类

根据其他情况分为舱面提单、过期提单、倒签提单和预借提单。

舱面提单(On Deck B/L)，又称甲板货提单，是指对装在甲板上的货物所签发的提单。在这种提单上一般都有"装舱面"(On Deck)字样。舱面货(Deck Cargo)风险较大，《海牙规则》规定，承运人对舱面货的损坏或灭失不负责任。因此，买方和银行一般都不愿意接受舱面提单。但有些货物，如易燃、易爆、剧毒、体积大的货物和活牲畜等必须装在甲板上。在这种情况下，合同和信用证中就应规定"允许货物装在甲板上"的条款，这样，舱面提单才可结汇。但采用集装箱运输时，根据《汉堡规则》的规定和国际航运中的一般解释，装于舱面的集装箱是"船舱的延伸"，与舱内货物处于同等的地位。

过期提单(Stale B/L)，是指卖方向当地银行交单结汇的日期与装船开航的日期相距太久，以致银行按正常邮程寄单预计收货人不能在船到达目的港前收到的提单，此外，根据《跟单信用证统一惯例》的规定，在提单签发日期后21天才向银行提交的提单也属过期单。

倒签提单(Ante dated B/L)，是指承运人应托运人的要求，签发提单的日期早于实际装船日期的提单，以符合信用证对装船日期的规定，便于在该信用证下结汇。装船日期的确定主要是通过提单的签发日期证明的。提单日期不仅对买卖双方有着重要作用，而且对银行向收货人提供垫款和向发货人转账、对海关办理延长进口许可证、对海上货物保险契约的生效等都有密切关系。因此，提单的签发日期必须依据接收货物的记录和已装船的大副收据签发。

我国的出口业务实践中往往在信用证即将到期或不能按期装船时采用倒签提单。有人认为倒签提单是解决迟期装船的有效方式，用起来特别随便，好像是一种正常签发提单的方式。实际上，根据国际贸易惯例和有关国家的法律实践，错填提单日期是一种欺骗行为，是违法的。

预借提单(Advanced B/L)又称无货提单，是指因信用证规定的装运日期和议付日期已到，货物因故而未能及时装船，但已被承运人接管，或已经开装而未装毕，托运人出具保函，要求承运人签发已装船提单。预借提单与倒签提单同属一种性质，为了避免造成损失，应尽量不用或少用这两种提单。

7. 电子提单(Electronic Bill of Lading)

电子提单(Electronic Bill of Lading)，是通过EDI技术将纸面提单的全部内容与条款以电子数据交换系统进行传送的有关海上货物运输合同证明的电子数据。电子提单不是书面单证，而是显示在计算机屏幕上的一系列结构化了的电子数据。有关各方，包括卖方、发货人或托运人、银行、商品检验检疫机构、保险公司、港口、买方和收货人，都以承运人为中心，通过专用计算机密码完成在货物运输过程中的货物交付和所有权的转让。采取电子收货人提货不需要出示任何书面文件，只要出示身份证明，由船舶代理验明即可。

使用电子提单可以加速单证流转，防止在流转过程中的欺诈行为的发生。为了进一步完善电子提单的使用规则，国际海事委员会于1990年6月24日至29日在巴黎召开了国际海事委员会第34届大会，通过了《国际海事委员会电子提单规则》(*CMI Rules for Electronic Bill Lading*)，该规则是当前指导电子提单使用的法律依据。

电子提单的流转是通过EDI系统，将有关各方的计算机联成网络而实现的。电子计算机将货物运输合同中的数字、文字、条款等，按特定的规则，转化为电子信息(Electronic Message)，借助于电子通信设备，从一台计算机转送到另一台计算机上。其完整流转过程如下。

(1) 托运人向承运人发出订舱电子信息(Booking Message)，承运人确认托运人提出的各项条款。

(2) 承运人接受订舱，则电子信息系统自动产生并向托运人发送接收订舱及有关运输合同条件的EDI信息，由托运人的EDI系统加以确认并通知运输调度，将货物交给承运人或其代理人接管。

(3) 托运人的EDI系统向海关和商品检验检疫机构的EDI系统发送申请报关、商检出口的EDI证书，经确认后传送给承运人或其代理人的EDI系统批准放行。

(4) 承运人或其代理人收到货物后，由EDI系统自动向托运人发送收货信息(Receipt Message)，托运人确认后，托运人即成为电子提单的持有人。

(5) 货物装船后，大副签发EDI收据并由承运人的EDI系统发送电子提单给托运人和银行的EDI系统，同时给托运人一个更新的电子签名的电讯密码，经托运人确认后即对货物具有了支配权，电子提单签发完结。

(6) 托运人的EDI系统向银行的EDI系统发送电子发票、电子保险单和电子提单等电子单据,经银行确认后即完成结汇。

(7) 托运人的 EDI 系统发送信息通知承运人,货物已转移给银行,随后承运人的 EDI 系统销毁与托运人的通讯密码,并向银行提供一个新的通讯密码。

(8) 收货人向银行支付货款后,取得对货物的所有权。银行的 EDI 系统向承运人发出电讯通知货物所有权已转移给收货人。

(9) 承运人的 EDI 系统向收货人的 EDI 系统发送 EDI 信息确认其控制着货物,并传送电子提单及一个新的通讯密码。

(10) 承运人的 EDI 系统向目的港代理人发送 EDI 信息,将货物的说明、船舶情况及收货人的名称通知代理人,由代理人在船到港时,向收货人发出到货通知的 EDI 信息。收货人得到到货通知后通知运输调度,凭其身份证明在指定地点提货。

在电子提单的形成和流转过程中,电子提单安全问题是一个非常重要的事情。电子提单的安全关键在于密码的保密性和在传递过程中防止被人偷换,必须严加防范,同时国家有关部门还要加强和完善对电子提单的立法工作。

(三)提单的印刷条款

1. 正面条款

在提单的正面通常会有以下印刷条款。

(1) 确认条款。

该条款是承运人表示在货物或集装箱外表状况良好的条件下接受货物或集装箱,并同意承担按照提单所列条款,将货物或集装箱从装货港或起运地运往运货港或交货地,把货物交付给收货人的责任条款。

(2) 不知条款。

该条款是承运人表示没有适当的方法对所接受的货物或集装箱进行检查,所有货物的重量、尺码、标志、品质等都由托运人提供,并不承担责任的条款。

(3) 承诺条款。

该条款是承运人表示承认提单是运输合同成立的证明,承诺按照提单条款的规定承担义务和享受权利,而且要求货主承诺接受提单条款制约的条款。

(4) 签署条款。

该条款是承运人表明签发提单(正本)的份数,各份提单具有相同效力,其中一份完全提货后其余各份自行失效和提取货物必须交出经背书的一份提单以换取货物或提货单的条款。

2. 背面条款

全式提单的背面印有各种条款,一般可以分为两类,一类是强制性条款,另一类是任意性条款。

强制性条款的内容不能违反有关国际公约、国内法律或港口的规定，违反或不符合这些规定的条款无效。中国《海商法》第四十四条规定："海上货物运输合同和作为合同凭证的提单或者其他运输单证中的条款，违反本章规定的，无效。"《海牙规则》第三条第八款规定："运输契约中的任何条款、约定或协议，凡是解除承运人或船舶由于疏忽、过失或未履行本条规定的责任与义务，因而引起货物或与货物有关的灭失或损害，或以本规定以外的方式减轻这种责任的，都应作废无效。"但是，《海牙规则》《海牙—维斯比规则》、中国《海商法》等国际公约和各国有关提单的法规都没有对承运人扩大责任或放弃某些免责的条款加以限制。

任意性条款是国际公约、国内法律或港口规定中没有明确规定，允许承运人自行拟定的条款。这些条款也是表明承运人与托运人、收货人或提单持有人之间承运货物的权利、义务、责任与免责的条款，是解决争议的依据。但是，这些条款不一定都有效。

此外，提单上还会有承运人以另条印刷、刻字印章或打字、手写的形式加列的适用于某些特定港口或特种货物运输的条款，或托运人要求加列的条款，主要包括以下几种。

(1)　首要条款。

首要条款是用以明确提单所适用法律的条款。

(2)　定义条款。

该条款是对与提单有关术语的含义和范围作出明确规定的条款。

(3)　承运人责任条款。

该条款是用以明确承运人承运货物过程中应承担的责任的条款。

(4)　承运人责任期间条款。

该条款是用以明确承运人对货物运输承担责任的开始和终止时间的条款。另外，该条款还规定了承运人可以就非集装箱装运的货物在装船前和卸船后所承担的责任达成任何协议。

(5)　承运人赔偿责任限制条款。

该条款是用以明确承运人对货物的灭失和损坏负有赔偿责任应支付赔偿金时，承运人对每件或每单位货物支付的最高赔偿金额的条款。

(6)　特定货物条款。

该条款是用以明确承运人对运输一些特定货物时应承担的责任和享有的权利，或为减轻或免除某些责任而作出规定的条款。在运输一些特殊性质或对运输和保管有特殊要求的货物时，就会在提单中找到相应的条款，如舱面货、活动物、危险货物、冷藏货、木材、钢铁、重大件等特定货物。

此外，提单背面还列有许多其他条款：分立契约、赔偿与抗辩、免责事项，承运人的运价本，索赔通知与时效，承运人的集装箱，货方的责任，留置权，共同海损与救助，互有过失碰撞责任，管辖权，等等。

(四)提单的缮制

1. 托运人(Shipper)

托运人即委托运输的人，在进出口贸易中通常就是出口人。本栏目填写出口人的名称和地址，一般为信用证的受益人、合同的卖方，也可以是第三方。

2. 收货人(Consignee)

收货人即提单的抬头人，应按信用证规定填写。

记名抬头——直接填写收货人名称和地址，如"To ABC Co."。

不记名抬头——填"To Bearer"。

指示抬头——按信用证规定填写，如"To order""To order of ×××"。填写"To order""To order of Shipper"两种情况都是托运人指示提单。如果填写"To order of ×××"，则称为记名指示提单，记名指示人可以是银行，也可以是贸易商。

> **例**：来证规定"...made out to order and endorsed to ABC Bank..."，则收货人栏填写：To order.
>
> 提单背面由托运人作记名背书：Deliver to ABC Bank.
>
> For DNO Co.
>
> ×××
>
> (托运人签章)

> **例**：来证规定："...made out to our order and endorsed in blank..."（假设开证行为 ABC Bank），则收货人栏填写：To order of ABC Bank。
>
> 提单背面由 ABC 银行作空白背书，即 ABC 银行签章即可。

3. 通知人(Notify Party)

通知人按信用证规定填写，须注明被通知人的详细名称和地址。信用证方式下，应按信用证规定填写。如来证规定："Full set of B/L...notify applicant"，应在该栏目中将开证申请人的全称及地址填上。如信用证无规定时，正本提单可留空填，但随船的副本提单须填列开证申请人的详细名称和地址。

✧ **注意**：不可以直接在 NOTIFY PARTY 栏目中填写为 APPLICANT，否则货物到达目的港后船公司无法通知。

4. 收货地点(Place of Receipt)

收货地点填写实际接收货物的地点。在一般海运提单中没有此栏，但在多式联运提单中有此栏目。

5. 装运港(Port of Loading)

装运港即启运港，应按信用证规定填写。

根据《UCP600》的规定，如果提单没有表明信用证规定的装货港为装货港，则须以已装船批注表明信用证规定的装运港、发运日期以及实际船名。

6. 海运船名(Ocean Vessel)和航次(Voyage No.)

海运船名填写实际载货船舶的名称和本次航行的航次。例如：FengQing V.102。没有航次的可以不填航次。

如果提单载有"预期船只"或类似的关于船名的限定语，则须以已装船批注明确发运日期以及实际船名。

7. 转运港(Port of Transshipment)

发生转运时，填写转运港口名称，必要时加注所在国家的名称。

8. 卸货港(Port of Discharge)

卸货港即目的港，应按信用证规定填写。

除 FOB 价格条件外，卸货港不能填写笼统的名称，如"European main port"，必须列出具体的港口名称。如国际上有重名港口的，还应加注国别名称。

在转船情况下可以在卸货港名称之后加注转船港名称，如："Rotterdam W/T at Hong Kong"，或在货名栏下方的空白处加注转船的说明；如有印就的转船港栏目，则直接填入转船港名称即可。

9. 交货地点(Place of Delivery)

交货地点填写最终目的地名称。如货物的目的地就是目的港的话，该栏可以留白，也可以填写目的港名称。

10. 提单号码(B/L No.)

提单上必须注明承运人及其代理人规定的提单编号，以便核查，否则提单无效。

11. 签发的提单份数(Nos.of Original Bs/L)

收货人凭正本提单提货。正本提单的份数应按信用证的要求，在该栏目内用大写(如TWO，THREE 等)注明。每份正本提单的效力相同，凭其中一份提货后，其余各份失效。根据信用证规定填写，用英文大写注明，如"TWO"或"THREE"等。

信用证规定的每一种单据须至少提交一份正本。如果信用证要求提交单据的副本，提交正本或副本均可。提单为唯一的正本提单，或如果以多份正本出具，提单中须表明全套正本的份数。一般从货代处会得到三正三副的提单，根据信用证的要求交给银行。

例：信用证条款如下。

FULL SET OF CLEAN "SHIPPED ON BOARD" OCEAN BILL OF LADING WITH 2 NON-NEGOTIABLE COPIES

如果信用证要求全套的话，提单的份数栏目，一般填写三。

上面的例子中，只需提供三正两副给银行就可以了。

12. 标记与号码，箱号码与封号(Marks & Nos，Container /Seal No.)

提单上的标记、号码应与信用证和其他单据中的唛头一致。若没有唛头，用"N/M"，不能空白。

填写集装箱号码。铅封号是海关查验货物后作为封箱的铅制关封号，应如实注明。

13. 箱数与件数(Numbers of Packages or Shipping Units)

按货物实际装运情况填写外包装的件数，如"100 bales""250 drums"，在栏目下面的空白处或大写栏内加注大写件数，如"SAY ON HUNDRD BALES ONLY."。

散装货可注明"In bulk"字样，无须列明大写件数。

如有多种货物采用多种包装，则应分别列明各种货物的件数和包装种类并加列合计总件数。

例：

100 cartons

50 bales

30 cases

180 Packages

SAY ONE HUNDRED AND EIGHTY PACKAGES ONLY.

14. 货物描述(Description of Goods)

货物描述按信用证和发票货名填写，如果发票名称过多或过细，提单可打货物的总称，但不能和发票货名相矛盾。

15. 毛重(Gross Weight)

毛重以公斤(Kg)为单位填写装运货物的毛重，按千克以下四舍五入处理。

16. 尺码(Measurement)

尺码以立方米(m^3)为单位填写货物的尺码，立方米以下保留小数点后三位数。

17. 总包装件数(Total Packages)

总包装件数由大写英文数字、包装单位和"ONLY"组成，如"ONE HUNDRED CARTONS ONLY"。

18. 运费和费用(Freight and Charges)

除非有特别规定，该栏只填列运费的付费情况，如"Freight Prepaid"或"Freight to Collect"，不填具体金额。

注意：在信用证中如有"FREIGHT TO BE PREPAID"的规定时，提单上不能照打，而应该写成"Freight Prepaid"。

19. 运费支付地(Freight Payable at)

运费支付地填写实际支付运费的地点。

20. 签单地点及日期(Place and Date of Issue)

签单地点通常为装运地点。签发日期即为装运日期。

提示：签发地点一般是装货港，如不一致，也可以接受。每张提单必须有签发日期。

21. 签章(Signature)

签章的几种常见的签署形式如下。

(1) 承运人或其具名代理或代表签署。

承运人签字。

> 例：XYZ SHIPPING COMPANY
> 张三
> AS THE CARRIER

代理人签字。

> 例：ABC LOGISTICS COMPANY
> MARK TWIN
> AS AGENT FOR THE CARRIER: XYZ SHIPPING COMPANY

(2) 船长或其具名代理或代表签署。

> 例：JOHN DOE AS THE MASTER
> CARRIER: XYZ SHIPPING COMPANY

(3) 承运人、船长或代理人的任何签字或证书，必须表明"承运人"或"船长"的身份。

(4) 代理人的任何签字，必须标明其是代理承运人还是船长。

22. 已装船批注、装船日期、装运日期

提示：海运提单必须是已装船提单，即使信用证没有规定，提单也有"已装船"的表示。

提单要显示装船日期，且此日期不能迟于信用证规定的最迟装运日。

（1）提单上预先印就"已装船"文字或相同意思，这种提单通常被称为"已装船提单"，不必另行加注"已装船"批注，提单的签发日期就是装船日期和装运日期。

（2）如果提单载有"预期船只"或类似的关于船名的限定语，则须以已装船批注明确发运日期以及实际船名。通常这种提单被称为"收妥备运提单"。对于收妥备运提单，这时须在提单上加注"已装船"的批注，并在旁边显示装船日期，该装船日期即为装运日期，而提单的签发日期不能视作装船日期和装运日期。

> **例：**提单显示如下是否合适：
>
> PORT OF LOADING: NANJING INTENDED OCEAN VESSEL: GLORIA V.123
> PORT OF DISCHARGE: WELLINGTON ON BOARD: APRIL 30，2004
> FREIGHT: FREIGHT COLLECT
> 装船批注要注明船名：VESSEL: GLORIA V.123 DATED APRIL 30, 2004

海运提单式样如图 3-3 所示。

BILL OF LADING

1) SHIPPER		10) B/L NO.
2) CONSIGNEE		**COSCO**
3) NOTIFY PARTY		中国远洋运输（集团）总公司
4) PLACE OF RECEIPT	5) OCEAN VESSEL	CHINA OCEAN SHIPPING (GROUP) CO.
6) VOYAGE NO.	7) PORT OF LOADING	ORIGINAL
8) PORT OF DISCHARGE	9) PLACE OF DELIVERY	COMBINED TRANPORT BILL OF LADING

11) MARKS	12) NOS.&KINDS OF PKGS	13) DESCRIPTION OF GOODS	14) G.W.(kg)	15) MEAS(m³)

16) TOTAL NUMBER OF CONTAINERS OR PACKAGES (IN WORDS)

FREIGHT & CHARGES	REVENUE TONS	RATE	PER	PREPAID	COLLECT

PREPAID AT	PAYABLE AT	17)PLACE AND DATE OF ISSUE
TOTAL PREPAID	18) NUMBER OF ORIGINAL B(S)L	
LOADING ON BOARD THE VESSEL 19) DATE		20) BY

(a)

图 3-3　海运提单式样

4、Shipper (托运人、出口人) NAN·TONG·HUAYANG·CHEMICAL·CORP. 4/6F·RENMING·ROAD·NANTONG·CHINA	1、COSCO (承运人的名称)　　3、B/L·No.COS993121 中国远洋运输公司 CHINA OCEAN SHIPPING COMPANY 2、BILL OF LADING (提单)
5、Consignee (收货人) TO·ORDER·OF·JAPANESE·INTERNATIONAL·BANK· LTD.·YOKOHAMA·BRANCH	
6、Notify·party (被通知人) WINNING·CHEMICAL·CO.,·LTD. 1204-6·SINCERE·BLDG.84-86 CONNAUGHT·ROAD YOKOHAMA,·JAPAN	

7、Ocean·Vessel (船名) MAYER	8、·Voy.·No.· (航次号) 151E	9、·S/O·No.· (装货单号) EW15693

10、Port·of·loading (装运港) NANTONG·	11、Port·of··Discharge (卸货港) YOKOHAMA	Place·of·Delivery(最后目的地)

12、Nationality (国籍)　　CHINA·	13、Freight·payable·at (运费在…支付)　NANTONG·

14、·Particulars·furnished·by·the·shipper (托运人所提供的详细情况)

Marks·&·Nos. 15 (唛头)	Number··of· packages 16、(包装件数)	Description··of· goods 17、(货物描述)	Gross·weight· 18、(毛重)	Net·weight· 19、(净重)	Measurement 20、(尺码)
T.E.I YOKOHAMA NO.20000	3·UNITS		106,000KGS		400M³

TOTAL·PACKAGES·(IN·WORDS)·21·[合计数量（大写）]
THREE·UNINTS

Freight·and·charges 22 (运费)	In·witness·whereof,·the·Carrier·or·his·Agents·has·singed·Bills·of·Lading·all·of·this·tenor·and·date,·one·of·which·being·accomplished,·the·others·to·stand·void. 23、为了证明以上各节，承运人或其代理人已签署本提单一式…份，其中一份经完成提货手续后，其余备份失效。 Dated___·NANTONG___·at___99/12/10___ 24、提单签发的时间和地方

(b)

图 3-3　海运提单式样(续)

二、海运单

(一)概述

1. 含义

海运单(Sea Waybill, SWB)，是证明海上货物运输合同和货物已经由承运人接管或装船，以及承运人保证将货物交给指定收货人的一种不可转让的单证。

2. 作用

海运单是发货人和承运人之间订立海上货物运输合同的证明，又是承运人接管货物或者货物已经装船的货物收据。但是，海运单不是一张转让流通的单据，不是货物的"物权凭证"。所以，海运单具有以下两个重要的作用。

(1) 它是承运人收到货物，或者货物已经装船后，签发给托运人的一份货物收据。

(2) 它是承运人与托运人之间订立海上货物运输合同的证明。

3. 海运单与提单的区别

海运单与海运提单的不同在于其作用有很大的不同。

(1) 海运单不具有提单"物权凭证"的作用。

首先，最重要的不同之处在于提单是"物权凭证"，而海运单则不是。对于提单持有人而言，拥有提单在法律上就表明拥有提单上所记载的货物，通过转让提单可以达到转让货物的目的。海运单在法律上不具有可转让性，即法律没有赋予海运单"物权凭证"的法律效力。有的海运单上还会有表示其不是"物权凭证"的字样，英文为："The waybill should not be construed as bill of lading nor any other similar document of title."

由于海运单不是物权凭证，收货人在卸货港提取货物时并不需要持有和出具正本的海运单，只需要确认自己的收货人身份后就可以取得提货单提货。海运单的这种特征使其能够适应海上货物运输时间缩短后对单证的要求，发货人可以为其客户提供更简易迅速的服务，并使承运人和收货人都能从中获得方便。而使用提单时，如果提单不能及时到达收货人手里，就会使收货人无法及时提货，或者会使承运人冒险接受保函交付货物。

提单具有"物权凭证"的性质，通过提单的转让，能够实现货物的买卖；而海运单却不具"物权凭证"的性质。所以，海运单无法替代提单。

(2) 在作为运输合同证明方面的区别。

海运单通常采用简单形式，其正面或者背面如果没有适当的条款或者没有并入有关国际组织(如国际海事委员会 CMI)或者民间团体为海运单制定的规则，则它只能作为托运人与承运人之间订立货物运输合同的证明，收货人是不能依据海运单上记载的条款向承运人提出索赔的，承运人也不能依据海运单上记载的条款进行抗辩。而提单在这方面与海运单不同，当提单经过转让到了收货人手里时，收货人就享有提单赋予的权利，同时要承担相应的责任。

为了解决海运单的上述缺陷，就会在海运单的条款中列入有关海运单规则，或者在海运单中列入"对抗合同当事人原则"条款，该条款规定托运人不但自己接受海运单中的条款，同时代表收货人接受这些条款。托运人还要保证其有权代收货人接受这些条款。该条款的英文可以是："The shipper accepts all said terms and conditions, including but not limited to the per package and other limitations of liability contained therein, on behalf of the Consignee and the Owner of the Goods and warrants that he has authority to do so."

(3) 在作为货物收据证据效力方面的区别。

提单运输涉及的贸易是单证贸易，为保护合法受让提单的第三人，即通过购买提单来购买货物的第三人，就有必要强调提单作为货物收据所记载的内容是最终证据。但是，海运单运输涉及的贸易不是单证贸易，海运单不涉及转让问题，海运单中记载的收货人也并不仅仅是依赖海运单对货物的描写(说明)来决定是否购买这批货物，所以，没有必要强调海运单作为货物收据所记载的内容是最终证据。

4. 海运单的优点

在一定条件下，海运单具有迅捷、简便、安全的特点。

(1) 对发货人而言，在某些方面比较方便，如海运单不一定寄给收货人、免除了业务员对提单的检查、同时免除了对其他配套的物权单证的检查等。

(2) 对承运人而言，在交货方面减少了风险。海运单的交货条件不取决于海运单的呈递，也无须遵守单据手续，承运人只要将货物交给海运单上所列明的收货人或其授权的代理人，就视为已经做到了谨慎处理，相信已将货物交给了合适的有关部门。

(3) 对收货人而言，可免除因等海运提单而招致的延迟提货，也免除了业务员对延误的提单及转运中丢失的提单的检查，还可以不产生滞期费、仓储费。

(4) 由于海运单的不可转让性，使得它成为一种安全的凭证，从而减少欺诈，即使第三者得到丢失的海运单，也不能提取货物，因此对收货人不存在风险。而使用提单时，由于提单是物权凭证，如果丢失被第三者得到，他便有权提取货物，故提单的使用具有一定的风险。

(5) 由于采用海运单不必递交给收货人，因此有关单据，如保险单和商业发票，可以在装完货后立即发送给有关当事人。而使用提单时，则必须向收货人递交正本提单，因此上述有关单据只有在提单签发后才能发送给有关当事人。

(二)海运单的使用

海运单使用时应注意以下几个问题。

1. 签发运单的要求

在使用海运单而不使用提单时，海运单仍是根据双方一致同意的条件来签发的。

2. 签发海运单的份数

通常只签发一份正本海运单。但是，如经请求，也可签发两份或两份以上的正本海运单。

3. 海运单流转程序

海运单流转程序包括以下几点。

(1) 承运人签发海运单给托运人。

(2) 承运人在船舶抵达卸货港前向海运单上记名的收货人发出到货通知书。到货通知书表明这批货物的运输是根据海运单进行的。

(3) 收货人在目的地出示有效身份证件证明他确系海运单上记载的收货人，并将其签署完的到货通知书交给承运人的办事机构或当地代理人，同时出示海运单副本。

(4) 承运人或其代理签发提货单给收货人。

(5) 一旦这批货物的运费和其他费用结清，同时办好海关等所有按规定应办理的手续，收货人就可以提货。

【导读案例分析】

本案例的焦点在于乙方提交银行的议付单据中提单不符合信用证规定的已装船清洁提单的要求。由于乙方在实际业务操作中已经不可能在信用证规定的时间内向信用证议付行提交符合要求的单据，便心存侥幸以备运提单作为正式已装船清洁提单作为议付单据。岂不知这种做法不仅违反了合同的有关要求，而且已经构成了诈骗，其行为人不仅负民事方面的责任，还要负刑事责任。作为信用证受益人，要从中总结以下经验。

(1) 在合同和信用证中详细清楚地规定议付单据中的提单必须是全套清洁的已装船提单。

(2) 收到议付单据后，仔细认真地审核相关单证，确认所有单据符合单单相符、单证相符的要求。

(3) 仔细审核提单中的每一个细节，确保所收到的提单是全套清洁已装船提单。

对于备运提单，必须特别注意提单中是否有"已装船"字样；而预借提单因其一般注有"已装船"字样，很难鉴别其真伪，只有通过对照受益人向议付行交单的日期是否早于提单签署日期、装运时间是否晚于提单签署日期或通过船务公告中的航班时间表来判定。这两种提单也只能通过上述办法从中找出单据的不符点进而拒付，然后通过协商、仲裁或司法程序解决。倒签提单是"已装船"提单，它与预借提单的根本区别在于其签署行为实施的时间是在货物装船以后，而预借提单是在货物实际装船以前。由于倒签提单实际上是"已装船"提单，承运人只是把货物的装船日期及提单的签署日期提前，在审单过程中很难发现；即使通过船务公告或实际装运船只的航海日志确认该提单属倒签提单，但由于UCP600条款中已明确，银行不负责鉴定单据的真伪，开证申请人也就无法因此拒付货款。在这种情况下，只能通过司法程序向法院申请出具止付令，实施财产保全。只有这样，开证行才有权拒付。

本 章 总 结

1. 国际海上货物运输是伴随着国际贸易而进行的国际货物运输，其活动范围广阔、航行距离长、运输风险很大；其经营活动要受到有关国际公约和各国法律的约束，也要受到国际航运市场的影响。

2. 凡是经由运输部门承运的一切原料、材料、工农业产品、商品以及其他产品或物品都称为货物。海运货物则是特指经由海上运输部门承运的货物。

3. 货物的体积和重量不仅直接影响船舶的载重量和载货容积的利用程度，还关系到有关库场堆放货物时如何充分利用场地面积和空间等问题。要掌握货物的体积和重量，必须对货物进行丈量和衡量。

4. 与航运密切相关的航运工业、航运技术、航运信息、航运金融、航运劳务等经济贸易活动的主体构成了国际航运的市场体系。

5. 班轮运费是班轮公司运输货物而向货主收取的费用。它包括货物的装卸费和货物从装运港至目的港的运输费用和附加费用。

6. 班轮运费的基本计算公式为：运费＝运输吨(重量或尺码吨)×等级运输费×(1+附加费率)

7. 租船运输又被称为不定期船运输，是一种既没有固定的船舶班期，也没有固定的航线和挂靠港，而是按照货源的要求和货主对货物运输的要求安排船舶航行计划、组织货物运输的船舶营运方式。

8. 如果在规定的装卸时间内未能将货物全部装卸完毕，致使船舶继续在港内停泊，使船东增加在港费用支出并遭受船期损失，则自许可装卸时间终了时起至全部货物装卸完毕为止，按实际滞延时间向船东支付补偿金(罚金)，这就是滞期费。反之，如果租船人在规定时间内提前完成装卸作业，船舶就可提前离港，使船东节省在港费用并获得船期利益，对所节省的时间，船方要向租船人按规定支付一定金额的奖励，这就是速遣费。

9. 提单是指用以证明海上货物运输合同和货物已经由承运人接收或者装船，以及承运人保证据以交付货物的单证。

10. 海运单是证明海上货物运输合同和货物已经由承运人接管或装船，以及承运人保证将货物交给指定收货人的一种不可转让的单证。

专 业 英 语

1. adjustment factors　调整因素

2. Arrival Notice　到货通知，到港通知

3. bale capacity　包装舱容

4. bareboat charter　光船租赁

5. break bulk cargo　件杂货

6. bunker adjustment factor (BAF)　燃油附加费

7. call at a port　挂靠，停靠(港口)

8. Commodity Box Rates (CBR)　分货种包箱费率

9. currency adjustment factor (CAF)　货币贬值附加费

10. delivery order　提货单

11. document of title　物权凭证

12. export manifest　出口舱单

13. Freight All Kinds Rates (FAK)　均一运费费率

14. freight rate　运费率

15. general cargo　杂货

16. grain capacity　散装舱容

17. insufficient packing　包装不良；包装不固

18. liner freight rate　班轮运费率

19. liner operator　班轮营运人

20. loading and unloading expenses　装卸费用

21. load line　载重线

22. lump sum rate　整笔运费费率

23. manifests　舱单

24. mate's receipts　大幅收据

25. negotiable document　可转让单据

26. non-vessel operating common carriers (NVOCC)　无船承运人

27. port charges　港口(使用)费；入港费

28. presentation of documents　交单

29. proceeds　货款

30. received for shipment bills of lading　收货待运提单

31. scheduled service　定期航运

32. ship's name　船名

33. shipping documents　运输单据

34. shipping market　航运市场

35. shipping space　舱位

36. short shipment　短装

37. stores list　物料清单
38. stowage factor　积载因素
39. tramp rate　不定期船运费率
40. transshipment points　转运地

课 后 习 题

一、单选题

1. 在进出口业务中，经过背书能够转让的单据有(　　)。
   A. 铁路运单　　　B. 海运提单　　　C. 航空运单　　　D. 邮包收据

2. 在班轮运价表中用字母"M"表示的计收标准为(　　)。
   A. 按货物毛重计收　　　　　　　B. 按货物体积计收
   C. 按商品价格计收　　　　　　　D. 按货物件数计收

3. 在定程租船方式下，对装卸费的收取办法中 FO 的含义是(　　)。
   A. 船方不负担装卸费
   B. 船方负担装卸费
   C. 船方只负担装货费，而不负担卸货费
   D. 船方只负担卸货费，而不负担装货费

4. 按提单收货人抬头分类，在国际贸易中被广泛使用的提单有(　　)。
   A. 记名提单　　　B. 不记名提单　　　C. 指示提单　　　D. 班轮提单

5. 在规定装卸时间的办法中，使用最普遍的是(　　)。
   A. 日或连续日　　　　　　　　　B. 累计 24 小时好天气工作日
   C. 连续 24 小时好天气工作日　　　D. 24 小时好天气工作日

6. 在国际买卖合同中，使用较普遍的装运期规定办法是(　　)。
   A. 明确规定具体的装运时间
   B. 规定收到信用证后若干天装运
   C. 收到信汇、电汇或票汇后若干天装运
   D. 笼统规定近期装运

7. 海运提单日期应理解为(　　)。
   A. 货物开始装船的日期　　　　　B. 货物装船过程中任何一天
   C. 货物装船完毕的日期　　　　　D. 签订运输合同的日期

8. 海运提单的抬头是指提单的(　　)。
   A. SHIPPER　　　　　　　　　　B. CONSIGNEE
   C. NOTIFY PARTY　　　　　　　　D. VOYAGE NO

9. 清洁提单是指(   )。

    A. 承运人未加有关货物或包装不良之类批注的提单

    B. 不载有任何批注的提单

    C. 表面整洁无涂改痕迹的提单

    D. 提单收货人栏内没有指明任何收货人的提单

10. 租船运输中的速遣费与滞期费的大小关系是(   )。

    A. 速遣费 $=\dfrac{1}{2}$ 滞期费   B. 速遣费 $=2$ 倍滞期费

    C. 速遣费 $=$ 滞期费   D. 无关系

二、多选题

1. 定期租船下，租船人应负担(   )。

    A. 船员工资   B. 港口费   C. 装卸费

    D. 船员伙食   E. 燃料费

2. 联运提单适用于(   )。

    A. 海运+陆运   B. 陆运+空运   C. 空运+邮购

    D. 海运+航空   E. 陆运+邮购

3. 如果海运提单上的抬头制作成(   )，则需要由发货人做背书转让。

    A. To Order   B. To Order of Shipper   C. To Order of Consignee

    D. To Bearer   E. To Order of Issuing Bank

4. 海运提单的性质和作用是(   )。

    A. 承运货物收据   B. 货物投保的凭证   C. 货物所有权凭证

    D. 运输合同的声明   E. 出口结汇的主要单据

5. 海运提单根据收货人抬头不同可以分为(   )。

    A. 记名提单   B. 直达提单   C. 不记名提单

    D. 指示提单   E. 可转让提单

三、案例分析

【案例一】

我国 A 公司于 2011 年 8 月与日本 B 公司签订聚酯切片进口合同，A 公司拟将货物转售给下家公司。A 公司与 B 公司约定，日方负责订船，中方开立有效期为 2011 年 11 月 15 日的不可撤销的信用证，规定装船期不得迟于 2011 年 10 月 31 日。

10 月 10 日，日方通知中方已经安排好轮船承运货物，预计 10 月 28 日离开日本港口，将于 11 月 2 日抵达合同的目的港。实际上由于风浪影响，该船于 11 月 6 日抵达日本港口，11 月 7 日装完货返回中国，但 H 运输公司在签发提单时，将装船时间签发为 2011 年 10 月 30 日。

11 月 10 日，船抵达中国港。我国 A 公司根据该船的到港时间，确定了 H 公司倒签提单的情形，传真日方，不接受倒签的提单，并要求赔偿，否则拒收货物。B 公司没有任何答复，并且于 11 月 14 日向银行提交了全部单据，中国银行审单后于 2011 年 11 月 20 日将货款付出，同时扣划了 A 公司的外汇存款。自此之后，B 公司停止了与 A 公司的接触，A 公司多次交涉无果，只得于 2012 年 1 月 10 日将货提出，并办理付款手续，赎出正本提单。提货后，由于此时市价下跌，下家公司拒绝接货，甲公司只得将货转售，导致比预期成交额减少 35 万元。

2012 年 3 月 25 日，A 公司提起诉讼，认为由于 H 公司倒签提单致使 A 公司的合法权益遭受损失，要求判令 H 公司赔偿其货物销售损失 35 万元及其利息；赔偿 A 公司支付的海关滞纳金和货物的仓储保管费用及利息 25 万元。

问题：请分析此案例的不妥之处。

【案例二】

某船东将船舶出租，从我国的青岛港装运袋装的玉米和大豆运往日本东京，船东与租船人签订了航次租船合同，合同中约定了相应的滞期与速遣条款。船东在装上玉米和大豆后，发现还有空舱，为了自身利益，就又在货舱内堆装了一些其他货物。在当年的 1 月，船舶抵达日本东京，1 月 21 日船舶出具了《准备就绪通知书》，由于货物超载，袋装的玉米和大豆在 2 月 6 日才可以卸载，但事实上，收货人 2 月 19 日才开始卸货，最终于 4 月 25 日卸完全部货物。对此案中卸货时滞期费如何计算，双方产生分歧。船方认为应该从 1 月 21 日《准备就绪通知书》出具时起算卸货日，因而计算得出租船人应支付巨额滞期费，而租船人认为卸货日不应从 1 月 21 日起算，而应从 2 月 19 日起算。

问题：你认为卸货日期应从哪天起算？

四、技能训练题

【训练题一】

某轮从广州港装载杂货进行运输，体积为 20CBM，毛重为 17.8MT，运往欧洲某港口，托运人要求选择卸货港 Rotterdam 或 Hamburg。Rotterdam 和 Hamburg 都是基本港口，基本运费率为 USD80.00/FT，三个以内选卸港的附加费为每运费吨加收 USD3.00，"W/M"。

问题：

(1) 该托运人应支付多少运费？

(2) 如果改用集装箱运输，海运费的基本费率为 USD1100/TEU，货币贬值附加费率为 10%，燃油附加费率为 10%。该托运人应支付多少运费？

(3) 若不计杂货班轮运输和集装箱班轮运输的其他费用，托运人从节省海运费的角度考虑，应选择哪一种运输方式？

【训练题二】

某程租约规定：

装货为 2 个晴天工作日;

卸货为 5 个晴天工作日;

星期六 12 时至星期一 8 时是假日;

星期日和假日除非使用才计工作日;

一旦滞期，始终滞期;

滞期费每日 4000 美元;

速遣费按节省全部工作时间每日 2000 美元。

装卸港实际装卸记录:

装货自星期四 0 时开始至星期六 20 时止，卸货自星期四 0 时开始至星期六 20 时止。

问题: 请按三种方法计算滞期费和速遣费。

【训练题三】

江苏某公司(第一方)将 10 台数控机床交由世运公司承运(第三方)。世运公司作为承运人签发自己的提单后，将 10 台数控机床从第一方工厂安排运至张家港仓储公司装箱，装箱后由世运公司安排运到张家港集装箱码头堆场，装载驳船运上海，在上海配装 A 公司船运至汉堡。张家港经上海转汉堡由 A 公司出具全程提单。收货人在提货时发现箱损，并由汉堡公证机构出具检验报告，报告证明箱损是由于箱内机床加固、绑扎不牢所致，而且机床有一定程度的损坏。对这一箱损事故，各当事人观点不一。

问题: 请分别扮演发货人、收货人、承运人、保险人的角色，模拟处理此事故的纠纷。

第四章　集装箱运输

【本章导读】

中国沿海港口可以划分为环渤海、长江三角洲、东南沿海、珠江三角洲和西南沿海 5 个港口群。

长三角港口群——依托上海国际航运中心，以上海、宁波—舟山、连云港港为主，服务于长江三角洲以及长江沿线地区的经济社会发展。珠三角港口群——以广州、深圳、珠海、汕头港为主，服务于华南、西南部分地区。环渤海地区港口群——由辽宁、津冀和山东沿海港口群组成，以大连、营口、秦皇岛、天津、烟台、青岛、日照为主要港口。

2014 年中国主要港口集装箱吞吐量排名如表 4-1 所示。

表 4-1　2013—2016 年中国主要港口集装箱吞吐量排名

2016 年	2015 年	2014 年	2013 年	港 口	2016 年 万 TEU	增幅 /%	2015 年 万 TEU	增幅 /%	2014 年 万 TEU	增幅 /%	2013 年 万 TEU	增幅 /%
1	1	1	1	上海港	3713	1.6	3653.70	3.55	3528.50	4.96	3361.70	3.34
2	2	2	2	深圳港	2422	-0.4	2421.00	0.72	2403.00	3.23	2327.90	1.47
3	3	3	3	宁波-舟山港	2157	4.6	2062.90	6.36	1945.00	12.10	1735.07	7.27
5	4	4	4	青岛港	1801	3.3	1743.56	5.16	1662.44	7.10	1552.2	7.03
4	5	5	5	广州港	1858	6.8	1739.66	6.22	1616.00	5.54	1531.10	5.25
6	6	6	6	天津港	1450	2.8	1411.13	0.36	1405.00	7.98	1301.20	5.76
8	7	7	7	大连港	959	1.5	944.86	-6.74	1012.76	1.12	1001.50	24.19
7	8	8	8	厦门港	960	4.6	918.28	7.12	857.24	7.05	800.80	11.19
9	9	9	11	营口港	601	1.6	596.25	5.54	576.82	8.81	530.10	9.28
10	10	10	9	连云港港	469	-6.5	500.92	0.08	500.54	-8.79	548.80	9.32

（资料来源：中国港口集装箱网，2015-2-11）

【学习目标】

本章主要讲授有关集装箱运输的相关知识。通过学习，掌握集装箱的概念、集装箱运输的特点和优越性、国际标准集装箱尺寸。理解集装箱的各种标记。掌握集装箱交接的地点和交接方式。熟悉集装箱进、出口业务的一般流程。

【导读案例】

1997 年 10 月，原告燕丰进出口公司出口 7.26 万公斤带壳花生，自天津新港海运至波兰格丁尼亚港。该批货物装载在承运人提供的五个 40 英尺集装箱内，深圳蛇口大洋海运有限公司代承运人法国达飞轮船有限公司签发了清洁提单。原告燕丰公司为该批货物向中国人民保险公司沧州分公司投保一切险和战争险。该批货物于同年 11 月 30 日在德国汉堡港转船，实际承运人 TEAMLINS 签发了集装箱有缺陷的不清洁提单，12 月 1 日货物运到目的港波兰格丁尼亚，经波兰格丁尼亚卫生检疫部门对五个集装箱货物抽样检查，结果显示：被检验的花生有霉变气味，霉变主要存在花生壳上，该批货物被认为不适合人类消费及不能买卖。燕丰公司无奈只好委托达飞公司将该批货物运回天津港销毁。

结果：一审判承运人赔偿，二审双方和解

2001 年 9 月，天津海事法院一审判决：被告法国达飞轮船有限公司赔偿原告燕丰进出口有限公司回程运费及相关费用损失 2.14 万美元和回程到港后的费用人民币 3.68 万元；被告法国达飞轮船有限公司赔偿原告人保沧州分公司货物损失费用 65 万人民币；驳回两原告对被告深圳蛇口大洋海运公司和被告法国达飞轮船公司的诉讼请求。

二审期间双方当事人达成和解协议，2002 年 8 月，法国达飞轮船撤回了上诉。

思考：请分析此案例中集装箱海运货损事故发生的主要原因。

第一节　集装箱运输概况

一、集装箱运输的含义

集装箱运输(Container Freight Transport)，是指以集装箱这种大型容器为载体，将货物集合组装成集装单元，以便在现代流通领域内运用大型装卸机械和大型载运车辆进行装卸、搬运作业和完成运输任务，从而更好地实现货物"门到门"运输的一种新型、高效率和高效益的运输方式。

集装箱运输具有安全、迅速、复合、价廉等特点，有利于减少运输环节，可以通过综合利用铁路、公路、水路和航空等各种运输方式进行多式联运。所以集装箱运输一出现，就深受各方面的欢迎，显示出其强大的生命力和广阔的发展前景。

二、集装箱运输的产生和发展

(一)国外集装箱运输的产生和发展

集装箱运输虽然是一种现代化的运输方式，但其发展却经历了漫长的过程。集装箱运输的发展可分为以下几个阶段。

1. 初始阶段(19世纪初—1966年)

集装箱运输起源于英国。早在1801年，英国的詹姆斯·安德森博士已提出将货物装入集装箱进行运输的构想。1845年英国铁路曾使用载货车厢互相交换的方式，视车厢为集装箱，使集装箱运输的构想得到初步应用。19世纪中叶，在英国的兰开夏已出现运输棉纱、棉布的一种带活动框架的载货工具，这是集装箱的雏形。

正式使用集装箱来运输货物是在20世纪初期。1880年，美国试制了第一艘内河用集装箱船，在密西西比河上进行了试验，但当时这种新的运输方式没有产生大的影响，未被广泛接受。直到20世纪初期，由于世界经济的发展，某些西方国家陆上运输量迅速增长，铁路得到了较快的发展。1900年，在英国铁路上首次试行了集装箱运输，后来相继传到美国(1917年)、德国(1920年)、法国(1928年)及其他欧美国家。

1966年以前，虽然集装箱运输取得了一定的发展，但在该阶段集装箱运输仅限于欧美一些先进国家，主要从事铁路、公路运输和国内沿海运输；船型以改装的半集装箱船为主，其典型船舶的装载量不过500TEU(20ft集装箱换算单位，简称"换算箱")左右，速度也较慢；箱型主要采用断面为8ft×8ft，长度分别为24ft、27ft、35ft的非标准集装箱，部分使用了长度为20ft和40ft的标准集装箱；箱的材质开始以钢质为主，到后期铝质箱开始出现；船舶装卸以船用装卸桥为主，只有极少数专用码头上有岸边装卸桥；码头装卸工艺主要采用海陆联运公司开创的底盘车方式，跨运车刚刚出现；集装箱运输的经营方式是仅提供港到港的服务。以上这些特征说明，在1966年以前集装箱运输还处于初始阶段，但其优越性已经得以显示，这为以后集装箱运输的大规模发展打下了良好的基础。

2. 发展阶段(1967—1983年)

1966—1983年，集装箱运输的优越性越来越被人们承认，以海上运输为主导的国际集装箱运输发展迅速，是世界交通运输进入集装箱化时代的关键时期。

1970年约有23万TEU，1983年达到208万TEU。集装箱船舶的行踪已遍布全球范围。随着海上集装箱运输的发展，各港纷纷建设专用集装箱泊位，世界集装箱专用泊位到1983年已增至983个。世界主要港口的集装箱吞吐量在20世纪70年代的年增长率达到15%。专用泊位的前沿均装备了装卸桥，并在鹿特丹港的集装箱码头上出现了第二代集装箱装卸桥，每小时可装卸50TEU。码头堆场上轮胎式龙门起重机、跨运车等机械得到了普遍应用，底盘车工艺则逐渐趋于没落。在此时期，传统的运输管理方法得到了全面改革，与先进运输方式相适应的管理体系逐步形成，电子计算机也得到了更广泛的应用，尤其是1980年5月在日内瓦召开了有84个贸发会议成员国参加的国际多式联运会议，通过了《联合国国际货物多式联运公约》。该公约对国际货物多式联运的定义、多式联运单证的内容、多式联运经营人的赔偿责任等问题均有所规定。公约虽未生效，但其主要内容已为许多国家所援引和应用。

虽然在 20 世纪 70 年代中期由于石油危机的影响，集装箱运输发展速度减慢，但是这一阶段发展时期较长，特别是许多新工艺、新机械、新箱型、新船型以及现代化管理都是在这一阶段涌现出来的，世界集装箱向多式联运方向发展也孕育于此阶段之中，故这一阶段可称之为集装箱运输的发展阶段。

3. 成熟阶段(1984 年以后)

1984 年以后，世界航运市场摆脱了石油危机所带来的影响，开始走出低谷，集装箱运输又重新走上稳定发展的道路。有资料显示，发达国家件杂货运输的集装箱化程度已超过80%。据统计，到 1998 年，世界上有各类集装箱船舶 6800 多艘，总载箱量达 579 万 TEU。集装箱运输已遍及世界上所有的海运国家，世界海运货物的集装箱化已成为不可阻挡的发展趋势，集装箱运输进入成熟阶段。

集装箱运输进入成熟阶段的特征主要表现在以下两个方面。

(1) 硬件与软件的成套技术趋于完善。干线全集装箱船向全自动化、大型化发展，出现了 2500～4000TEU 的第三代和第四代集装箱船。一些大航运公司纷纷使用大型船舶组织环球航线。为了适应大型船停泊和装卸作业的需要，港口大型、高速化。自动化装卸桥也得到了进一步发展。为了使集装箱从港口向内陆延伸，一些先进国家对内陆集疏运的公路、铁路和中转场站以及车辆、船舶进行了大量的配套建设。在运输管理方面，随着国际法规的日益完善和国际管理的逐步形成，实现了管理方法的科学化和管理手段的现代化。一些先进国家已从原先仅限于港区管理发展为与口岸相关各部门联网的综合信息管理，一些大公司已能通过通信卫星在全世界范围内对集装箱实行跟踪管理。先进国家的集装箱运输成套技术为发展多式联运打下了良好的基础。

(2) 开始进入多式联运和"门到门"运输阶段。实现多种运输方式的联合运输是现代交通运输的发展方向，集装箱运输在这方面具有独特的优势。先进国家由于建立和完善了集装箱的综合运输系统，使集装箱运输突破了传统运输方式的"港到港"概念，综合利用各种运输方式的优点，为货主提供"门到门"的优质运输服务，从而使集装箱运输的优势得到了充分的发挥。"门到门"运输是一项复杂的国际性综合运输系统工程，先进国家为了发展集装箱运输，将此作为专门学科，培养了大批集装箱运输高级管理人员、业务人员及操作人员，使集装箱运输在理论和实务方面都逐步得到了完善。

(二)中国集装箱运输的产生和发展

我国国际集装箱运输起步较晚，但发展的速度很快。我国集装箱运输最早是从铁路运输开始的。1973 年，天津港接卸了第一个国际集装箱，开辟了海上国际集装箱运输，在历经 20 世纪 70 年代的起步、80 年代的稳定发展后，90 年代我国国际集装箱运输引起了全世界航运界的热切关注；进入 21 世纪后，我国集装箱无论在数量还是质量方面都取得了跨越式的发展。如表 4-2 所示为中国集装箱运输初期事件年表。

表 4-2 中国集装箱运输初期事件年表

时 间	事 件	意 义
1955 年 4 月	铁路部门开始办理国内小型集装箱运输	铁路集装箱运输出现
1956、1960、1972 年	水运部门 3 次借用铁路集装箱进行短期试运	集装箱运输由铁路尝试转向水路
1973 年	"渤海一号"轮由日本神户装载小型集装箱驶抵天津港	开辟海上国际集装箱运输
1973 年 9 月	开辟上海至横滨、大阪、神户小型集装箱运输航线	开辟海上国际集装箱运输航线

改革开放以来，伴随着中国国民经济的快速增长和外贸事业的蓬勃发展，中国集装箱运输突飞猛进，2007 年是中国集装箱运输发展历史上具有里程碑意义的一年，2007 年中国集装箱吞吐量达到 1.13 亿 TEU，首次突破一亿大关，比 2006 年增长 22.3%。另外，随着集装箱运输的快速发展，中国集装箱船队的发展也很快。截至 2012 年 6 月 30 日，从事国内沿海运输的 700TEU(约 10 000 载重吨)以上集装箱船(不含多用途船)共计 129 艘，总箱位数 42 万 TEU。

三、集装箱运输的优越性

集装箱班轮运输能在短短的二十多年间就基本上取代了杂货班轮运输，是由于其与传统的杂货运输方式相比具有以下几个方面几个方面的优越性。

(1) 提高装卸效率，减轻劳动强度。

集装箱运输扩大了运输单元，规范了单元尺寸，为实现货物的装卸和搬运机械化提供了条件。机械化乃至自动化的发展明显提高了货物装卸和搬运的效率。例如，在港口普通码头上装卸件杂货船舶，其装卸效率一般为 35t/h，并且需要配备装卸工人约 17 人，而在集装箱专用码头上装卸集装箱，其效率可达 50TEU/h，按每箱载货 101 计，生产效率已达 400～500 t/h，而只需配备 4 名工人，工效提高了几十倍。在提高装卸效率的同时，工人的体力劳动强度大幅度降低，但也提高了对作业人员的知识和技能要求。机械化和自动化作业方式的采用，使工人只需从事一些辅助性的体力劳动工作，肩扛人挑的装卸搬运方式已成为历史。

(2) 减少货损货差，提高货物运输的安全与质量。

采用件杂货运输方式时，由于在运输和保管过程中货物不易保护，尽管也可采取一些措施，但货损货差情况仍较严重，特别是在运输环节多、品种复杂的情况下，货物的中途转运倒载，使货物混票以及被盗事故屡屡发生。采用集装箱运输方式后，由于采用强度较高、水密性较好的箱体对货物进行保护，因此，货物在搬运、装卸和保管过程中不易损坏，不怕受潮，货物途中丢失的可能性大大降低，货物完好率大大提高。

(3) 缩短货物的在途时间，加快车船的周转。

集装箱化为港口、场站的货物装卸、堆码的机械化和自动化创造了条件，标准化的货物单元使装卸搬运动作变得简单和有规律，因此，在作业过程中能充分发挥装卸搬运机械设备的能力，便于实现自动控制的作业过程。一方面，机械化和自动化可以大大缩短车船在港站停留的时间，加快货物的送达速度。另一方面，集装箱运输方式减少了运输中转环节，货物的交接手续简便，提高了运输服务质量。据航运部门统计，一般普通货船在港停留时间约占整个营运时间的 56%，而集装箱船舶在港装卸停泊时间可缩短为仅占整个营运时间的 22%。

(4) 节省货物运输的包装，简化理货手续。

集装箱箱体作为一种能反复使用的运输设备，能起到保护货物的作用，货物运输时的包装费用就可以降低。例如，采用集装箱装运电视机可比原先件杂货运输方式节省包装费用约 50%。又如，中国广东省出口大理石，原先使用木箱包装，每吨需包装费用 108 元，改用集装箱后，每吨货物节省包装费 74 元。在运输场站，由于集装箱对环境要求不高，节省了场站在仓库方面的投资。此外，件杂货由于包装单元较小，形状各异，理货相对较为困难。而采用标准集装箱，理货时按整箱清点，可以节省时间，同时节约了理货费用。

(5) 提高运输效率，减少货物运输费用。

除了前述的节省船舶运输费用外，由于采用统一的货物单元，使货物运输中的换装环节设施的效能大大提高，从而降低了装卸成本。同时，采用集装箱方式运输，货物运输的安全性明显提高，使保险费用有所下降。

(6) 全球普遍采用，推动包装标准化。

随着集装箱作为一种大型标准化运输设备在世界范围内的使用，促使商品包装进一步标准化。目前，中国的包装国家标准已接近 400 个，这些标准大多采用或参照国际标准，并且许多包装标准与集装箱的标准相适应。

(7) 统一运输标准，促进综合运输发展。

随着集装箱作为一种标准运输单元的出现，各种运输工具的运载尺寸向统一的满足集装箱运输需要的方向发展，任何一种运输方式如果对于这种趋势熟视无睹的话，将很难融入运输的大系统中去。因此，根据标准化的集装箱设计的各种运输工具使运输工具之间的换装衔接变得更加便利。所以，集装箱运输有利于组织多种运输方式的联合运输、促进了运输合理化的发展。

四、集装箱

(一)定义与标准化

1. 定义

集装箱(Container)是指海、陆、空不同运输方式进行联运时用以装运货物的一种容器。

香港称之为"货箱"，台湾称之为"货柜"。关于集装箱的定义，国际上不同国家、地区和组织的表述有所不同。

1968 年，国际标准化组织(International Organization for Standardization，ISO)第 104 技术委员会起草的国际标准 ISO/R830—1968《集装箱术语》中，对集装箱下了定义。该标准后来又作了多次修改。国际标准 ISO—803—1981《集装箱名词术语》中，对集装箱定义如下：

"集装箱是一种运输设备：

(1) 具有足够的强度，可以长期反复使用；

(2) 适用于一种或多种运输方式的运送，途中转运时箱内货物不需换装；

(3) 具有快速装卸和搬运的装置，特别便于从一种运输方式转移到另一种运输方式；

(4) 便于货物装满和卸空；

(5) 具有 $1m^3$ 或 $1m^3$ 以上的容积。

集装箱这一术语，不包括车辆和一般包装。"

1972 年制定的《集装箱海关公约》(Custom Convention on Containers，CCC)中，对集装箱作了如下定义：

"集装箱一词是指一种运输装备(货箱、可移动货罐或其他类似结构物)：

(1) 全部或部分封闭而构成装载货物的空间；

(2) 具有耐久性，因而其坚固程度能适合重复使用；

(3) 经专门设计，便于以一种或多种运输方式运输货物，无须中途换装；

(4) 其设计便于操作，特别是在改变运输方式时便于操作；

(5) 其设计便于装满和卸空；

(6) 内部容积在 $1m^3$ 或 $1m^3$ 以上。

集装箱一词包括有关型号集装箱所适用的附件和设备，如果集装箱带有这种附件和设备。

集装箱一词不包括车辆、车辆附件和备件或包装。"

国际集装箱安全公约(Convention for Safe Containers，CSC)第 2 条对集装箱作了如下定义：

"集装箱是指一种运输装备：

(1) 具有耐久性，因而其坚固程度足能适合重复使用；

(2) 经专门设计，便于以一种或多种运输方式运输货物而无须中途换装；

(3) 为了坚固(或)便于装卸，设有角件；

(4) 四个外底角所围闭的面积应为下列两者之一：至少为 $14m^2(15ft^2)$；如顶部装有角件，则至少为 $7m^2(75ft^2)$。

集装箱一词不包括车辆及包装，但集装箱在底盘车上运送时，则底盘车被包括在内。"

目前，日本、美国、法国等世界有关国家都全面地引进了国际标准化组织的定义。我国国家标准 GB 1992—85《集装箱名称术语》中，引用了国际标准化组织的定义。

2. 集装箱的标准化

集装箱标准化工作早在 1933 年就已开始了，当时欧洲铁路采用了"国际铁路联盟"的集装箱标准。1957 年，美国霍尔博士首先发表了有关集装箱标准化的设想，并写了许多有关集装箱标准化的著作。1958 年，美国标准协会、美国海运管理署、美国国际运输协会开始了集装箱标准化工作。1959 年美国国际运输协会建议采用 8′×8′×20′、8′×8′×40′型集装箱。1964 年 4 月，美国标准协会采用了 8′×8′×10′、8′×8′×20′、8′×8′×30′、8′×8′×40′型集装箱为国家标准集装箱。

ISO/TC104 是国际标准化组织下的一个专门制定集装箱标准的国际性技术委员会组织，下设 3 个分委会和 8 个工作组。分委会分别负责通用集装箱的国际标准化工作、专用集装箱的国际标准化工作和代码、标记和通讯的国际标准化工作。1961 年 ISO/TC104 成立后，首先对集装箱规格和尺寸等基础标准进行研究，并于 1964 年 7 月颁布了世界上第一个集装箱规格尺寸的国际标准，此后，又相继制定了集装箱箱型技术标准、零部件标准以及名词术语、标记代码等标准。

在中国，1978 年 8 月，颁布实施了第一个集装箱国家标准——集装箱规格尺寸国家标准(GB1413—78)。为了加强中国集装箱专业领域内的标准化工作，又于 1980 年 3 月成立了全国集装箱标准化技术委员会。委员会成立后，共组织制定了 21 项集装箱国家标准和 11 项集装箱行业标准。

目前使用的国际集装箱规格尺寸主要是第一系列的 4 种箱型，即 A 型、B 型、C 型和 D 型。它们的尺寸和重量如表 4-3 所示。另外，为了便于计算集装箱数量，可以以 20ft 的集装箱作为换算标准箱(简称 Twenty-foot Equivalent Unit，TEU)，并以此作为集装箱船载箱量、港口集装箱吞吐量、集装箱保有量等的计量单位。其相互关系为：40ft 集装箱=2TEU，30ft 集装箱=1.5TEU，20ft 集装箱=1TEU，10ft 集装箱=0.5TEU。另外，实践中人们有时将 40 英尺集装箱称为 FEU(Forty-foot Equivalent Unit)。

表 4-3　第一系列集装箱规则尺寸和总重量

规格 (英尺)	箱型	长		宽		高		最大总重量	
		公制 mm	英制 ft in	公制 mm	英制 ft in	公制 mm	英制 ft in	kg	LB
40	1AAA	12 192	40′	2438	8′	2896	9′6″	30 280	67 200
	1AA					2591	8′6″		
	1A					2438	8′		
	1AX					<2438	<8′		

续表

规格 (英尺)	箱型	长		宽		高		最大总重量	
		公制 mm	英制 ft in	公制 mm	英制 ft in	公制 mm	英制 ft in	kg	LB
30	1BBB	9125	29′11.25″	2438	8′	2896	9′6″	25 400	56 000
	1BB					2591	8′6″		
	1B					2438	8′		
	1BX					<2438	<8′		
20	1CC	6058	19′10.5″	2438	8′	2591	8′6″	24 000	52 900
	1C					2438	8′		
	1CX					<2438	<8′		
10	1D	2991	9′9.75″	2438	8′	2438	8′	10 160	22 400
	1DX					<2438	<8′		

(二)类型

集装箱类型可以按照不同标准进行分类,如以制造材料不同或以尺寸不同等进行分类。以下按集装箱的用途不同进行分类。

1. 通用干货集装箱(Dry Cargo Container)

这种集装箱也称为杂货集装箱,用来运输无须控制温度的件杂货。其使用范围极广,据 1983 年的统计,世界上 300 万个集装箱中,杂货集装箱占 85%,约为 254 万个。这种集装箱通常为封闭式,在一端或侧面设有箱门。 这种集装箱通常用来装运文化用品、化工用品、电子机械、工艺品、医药、日用品、纺织品及仪器零件等。这是平时最常用的集装箱。不受温度变化影响的各类固体散货、颗粒或粉末状的货物都可以由这种集装箱装运。

2. 保温集装箱(Keep Constant Temperature Container)

它们是为了运输需要冷藏或保温的货物。所有箱壁都采用导热率低的材料制成。这种集装箱可分为以下三种。

(1) 冷藏集装箱(Reefer Container)。它是以运输冷冻食品为主、能保持所定温度的保温集装箱,是专为运输如鱼、肉、新鲜水果、蔬菜等食品而特殊设计的。目前国际上采用的冷藏集装箱基本上分为两种:一种是集装箱内带有冷冻机的,叫机械式冷藏集装箱;另一种箱内没有冷冻机而只有隔热结构,即在集装箱端壁上设有进气孔和出气孔,箱子装在舱中,由船舶的冷冻装置供应冷气,叫作离合式冷藏集装箱(又称外置式或夹箍式冷藏集装箱)。

(2) 隔热集装箱(Insulated Produce Container)。它是为载运水果、蔬菜等货物,防止温度上升过大,以保持货物鲜度而具有充分隔热结构的集装箱。通常用干冰作制冷剂,保温时间为 72 小时左右。

(3) 通风集装箱(Ventilated Container)。它是为装运水果、蔬菜等不需要冷冻而具有呼吸作用的货物，在端壁和侧壁上设有通风孔的集装箱，如将通风口关闭，同样可以作为杂货集装箱使用。

3. 罐式集装箱(Tank Container)

它是专用以装运酒类、油类(如动植物油)、液体食品以及化学品等液体货物的集装箱。它还可以装运其他液体的危险货物。这种集装箱有单罐和多罐数种，罐体四角由支柱、撑杆构成整体框架。前者由于侧壁强度较大，故一般装载麦芽和化学品等相对密度较大的散货，后者则用于装载相对密度较小的谷物。散货集装箱顶部的装货口应设水密性良好的盖，以防雨水侵入箱内。

4. 台架式集装箱(Platform Based Container)

它是没有箱顶和侧壁，甚至连端壁也去掉而只有底板和四个角柱的集装箱。这种集装箱可以从前后、左右及上方进行装卸作业，适合装载长大件和重货件，如重型机械、钢材、钢管、木材、钢锭等。台架式的集装箱没有水密性，怕水湿的货物不能装运，或用帆布遮盖装运。

5. 平台集装箱(Platform Container)

这种集装箱是在台架式集装箱上再简化而只保留底板的一种特殊结构的集装箱。平台的长度与宽度与国际标准集装箱的箱底尺寸相同，可使用与其他集装箱相同的紧固件和起吊装置。这一集装箱的采用打破了过去一直认为集装箱必须具有一定容积的概念。

6. 敞顶集装箱(Open Top Container)

这是一种没有刚性箱顶的集装箱，但有由可折叠式或可折式顶梁支撑的帆布、塑料布或涂塑布制成的顶篷，其他构件与通用集装箱类似。这种集装箱适于装载大型货物和重货，如钢铁、木材，特别是像玻璃板等易碎的重货，利用吊车从顶部吊入箱内不易损坏，而且也便于在箱内固定。

7. 汽车集装箱(Car Container)

它是一种运输小型轿车的专用集装箱，其特点是在简易箱底上装一个钢制框架，通常没有箱壁(包括端壁和侧壁)。这种集装箱分为单层的和双层的两种。因为小轿车的高度为1.35～1.45 米，如装在 8 英尺(2.438 米)的标准集装箱内，其容积要浪费 2/5 以上，因而出现了双层集装箱。这种双层集装箱的高度有两种：一种为 10.5 英尺(3.2 米)，一种为 8.5 英尺高的 2 倍。因此汽车集装箱一般不是国际标准集装箱。

8. 动物集装箱(Pen Container or Live Stock Container)

这是一种装运鸡、鸭、鹅等活家禽和牛、马、羊、猪等活家畜用的集装箱。为了遮蔽太阳，箱顶采用胶合板露盖，侧面和端面都有用铝丝网制成的窗，以求有良好的通风。侧壁下方设有清扫口和排水口，并配有上下移动的拉门，可把垃圾清扫出去。还装有喂食口。动物集装箱在船上一般应装在甲板上，因为甲板上空气流通，便于清扫和照顾。

9. 服装集装箱(Garment Container)

这种集装箱的特点是，在箱内上侧梁上装有许多根横杆，每根横杆上垂下若干条皮带扣、尼龙带扣或绳索，成衣利用衣架上的钩，直接挂在带扣或绳索上。这种服装装载法属于无包装运输，它不仅节约了包装材料和包装费用，而且减少了人工劳动，提高了服装的运输质量。

(三)标志

国际标准化组织规定的标记有必备标记和自选标记两类，每一类标记中又必备标记和作业标记。具体来说，集装箱上有箱主代号，箱号或顺序号、核对号，集装箱尺寸及类型代号。

1. 必备标记

(1) 识别标记。它包括箱主代号，顺序号和核对数字。

① 箱主代号。国际标准化组织规定，箱主代号由四个大写的拉丁文字母表示，前三位由箱主自己规定，第四个字母一律用 U 表示。

② 顺序号，又称箱号，由 6 位阿拉伯字母组成。当有效数字不是 6 位时，则在有效数字前用"0"补足 6 位，如"053842"。

③ 核对数字。核对数字是用核来对箱主代号和顺序号记录是否准确的依据。它位于箱号后，以一位阿拉伯数字加一方框表示。

(2) 作业标记。它包括以下三个内容。

① 额定重量和自定重量标记。额定重量即集装箱总重，自重即集装箱空箱质量(或空箱重量)，ISO688 规定应以公斤(kg)和磅(lb)同时表示。

② 空陆水联运集装箱标记。由于该集装箱的强度仅能堆码两层，因而国际标准化组织对该集装箱规定了特殊的标志，该标记为黑色，位于侧壁和端壁的左上角，并规定标记的最小尺寸为：高 127mm，长 355mm，字母标记的字体高度至少为 76mm。

③ 登箱顶触电警告标记。该标记为黄色底黑色三角形，一般设在罐式集装箱和位于登顶箱顶的扶梯处，以警告登顶者有触电危险。

2. 自选标记

(1) 识别标记。

① 国家和地区代号，如中国用 CN；美国用 US。

② 尺寸和类型代号(箱型代码)。

(2) 作业标记。

① 超高标记，该标记为在黄色底上标出黑色数字和边框，此标记贴在集装箱每侧的左下角，距箱底约 0.6m 处，并在集装箱主要标记的下方。凡高度超过 2.6m 的集装箱应贴上此标记。

② 国际铁路联盟标记。凡符合《国际铁路联盟条例》的规定的集装箱，可以获得此标记。该标志是在欧洲铁路上运输集装箱的必要通行标志。

3. 同行标记

集装箱在运输过程中能顺利地通过或进入他国国境，箱上必须贴有按规定要求的各种通行标志，否则，必须办理烦琐的证明手续，使得集装箱的周转时间延长。

集装箱上主要的通行标记有：安全合格牌照、集装箱批准牌照、防虫处理板、检验合格徽标及国际铁路联盟标记等。

第二节　集装箱货物装载方式

一、集装箱的选择与检查

在进行集装箱货物装箱前，首先应根据所运输的货物种类、包装、性质和其运输要求，选择合适的集装箱。

(一)集装箱应具备的基本条件

集装箱应符合以下几个基本条件：

(1) 符合 ISO 标准。

(2) 四柱、六面、八角完好无损。

(3) 箱子各焊接部位牢固。

(4) 箱子内部清洁、干燥、无味、无尘。

(5) 不漏水、漏光。

(6) 具有合格检验证书。

(二)集装箱的选择

1. 集装箱类型的选择

目前使用的集装箱有通用集装箱、冷藏集装箱、罐式集装箱、干散货集装箱等多种类型，不同类型的集装箱是根据不同类型的货物及运输的实际要求而设计制造的。

选用集装箱时，主要考虑的还是根据货物的不同种类、性质、形状、包装、体积、重量以及运输要求采用合适的集装箱。首先要考虑的是货物是否装得下，其次要考虑经济上是否合理，与货物所要求的运输条件是否符合。

如果是对运输没有什么特殊要求的普通干、散货物，可选择使用最普通的封闭式干散货箱；含水量较大的货物或不需要保温运输的鲜货等可选择使用通风式集装箱；在运输途中对温度有一定要求的货物可选择使用保温、冷藏、冷冻集装箱；超高、超长、超宽或必须用机械 (吊车、叉车等)装箱的货物可选择使用开顶、板架、平台式集装箱；散装流体货物可选择罐式箱；牲畜、汽车等可选择相应的特种箱等。根据货物性质分类的集装箱货物和相应采用的集装箱类型如表 4-4 所示。

表 4-4　集装箱货物和集装箱类型对照表

集装箱货物种类		适合的集装箱类型
普通货物	清洁货物	通用集装箱、通风集装箱、开顶集装箱、冷藏集装箱
	污染货物	通用集装箱、通风集装箱、开顶集装箱、侧开式集装箱、冷藏集装箱
特殊货物	冷藏货物、冷冻货物	冷藏集装箱
	易腐货物	冷藏集装箱、通风集装箱
	活动物、植物	动物集装箱、通风集装箱
	大件货物	开顶集装箱、平台集装箱、台架集装箱
	液体、气体货物	罐式集装箱、通用集装箱、其他集装箱
	干散货物	散货集装箱
	贵重货物	通用集装箱
	危险货物	通用集装箱、台架集装箱、冷藏集装箱

2. 集装箱规格的选择

集装箱的规格尺寸总体看有国际标准尺寸和地区(国家)标准尺寸，其中包含的尺寸类型更是多种多样，对集装箱规格尺寸的选择需要综合考虑多种因素。

(1) 从集装箱货物的数量、批量和密度等因素考虑。一般来说，在货物数量大时，尽量选用大规格箱；某航线上货运批量较小时，配用的集装箱规格不宜过大；货物密度较大时，选用规格不宜过大；轻泡货物应采用规格较大的集装箱。以通用集装箱为例，其最佳装箱密度如表 4-5 所示。

表 4-5　通用集装箱最佳装箱密度

集装箱规格尺寸	集装箱容积 100%		集装箱容积 90%		集装箱容积 80%		集装箱容积 70%	
(ft)	lb/ft³	kg/m³	lb/ft³	kg/m³	lb/ft³	kg/m³	lb/ft³	kg/m³
8×8×20	37.6	606.5	41.7	672.6	46.9	756.5	53.7	866.2
8×8½×20	35.1	566.2	39.1	630.7	43.9	708.1	50.2	809.7
8×8½×24	22.5	363.9	36.1	582.3	40.7	656.5	46.5	750.0
8×8½×35	24.3	391.9	27.0	435.5	30.4	490.4	34.8	561.3
8×8×40	22.6	364.5	25.1	404.9	28.2	454.9	32.2	519.4
8×9½×40	23.5	739.0	26.1	420.9	29.4	472.2	33.5	540.4
8×9½×45	20.8	355.5	23.1	372.6	26.0	419.4	29.7	479.1
8×9½×45	21.2	342.0	23.5	379.0	26.5	427.4	30.3	488.7

(2) 从经济上是否合理的角度考虑。由于集装箱运输中大多采用包箱费率，对各种规格集装箱总重的规定(单位尺度平均值)有较大差别，对于特定数量的货物选择集装箱规格和数量时，在保证能装下这些货物的前提下，对集装箱的选择存在通过规格数量的不同组合使全程总费用最小的经济合理性问题。此外，有些航线经常由于两港之间货源不平衡而造成大量集装箱回空运输，降低了集装箱运输的经济效果，为了解决空箱回运的问题，有些国家的船公司在货源不平衡航线上使用折叠式集装箱(Collapsible Container)的运输方式，这种集装箱折叠后其体积仅为固定式集装箱的 1/4，可大大降低空箱回运时的仓容损失。

(3) 从集装箱多式联运的需要考虑。首先要顾及与国外货主和船公司的合作问题，进行集装箱国际多式联运时，很有可能与国外船公司进行箱子交换、互用，因此，最好选择国际上广泛使用的集装箱。其次，集装箱多式联运应以"门到门"运输为原则，在货物运输全程中，可能涉及多种运输方式，目前海上运输各环节(装卸、船舶)可以满足各种规格的集装箱货物运输的需要，但内陆运输中可能存在道路、桥涵承载能力不足，装卸设备不能适应大型集装箱装卸的需要，集装箱内陆货运站不能办理大型箱(20 ft、40 ft)业务，库场运输工具不符合运输要求等问题。在选用集装箱时，为了适应公路、铁路运输条件的限制，使运量少、运输条件差的国家和地区也能实现集装箱"门到门"运输，可采用"子母箱"运输方法。

(三)集装箱的检查

集装箱在装载货物之前,都必须经过严格检查。一只有缺陷的集装箱,轻则导致货损,重则在运输、装卸过程中造成箱毁人亡事故。所以,对集装箱的检查是货物安全运输的基本条件之一。发货人、承运人、收货人以及其他关系人在相互交接时,除对箱子进行检查外,还应以设备交接单等书面形式确认箱子交接时的状态。货运代理人亲自办理集装箱检查时,通常对集装箱的检查应做到以下几点。

(1) 外部检查:对箱子进行六面察看,外部是否有损伤、变形、破口等异样情况,如有即对修理部位作出标记。

(2) 内部检查:对箱子的内侧进行六面察看,是否漏水、漏光、有无污点、水迹等。

(3) 箱门检查:门的四周是否水密,门锁是否完整,箱门能否270℃开启。

(4) 清洁检查:箱子内有无残留物、污染、锈蚀异味、水湿。如不符合要求,应予以清扫,甚至更换。

(5) 附属件的检查:对货物的加固环节,如板架式集装箱的支援、平板集装箱、敞篷集装箱上部延伸用加强结构等状态的检查。

如果货运代理人无法亲自对集装箱进行检查,则应该告知集卡车队及集卡驾驶员有关对集装箱检查的要求。

二、集装箱货物的装箱

(一)一般要求

随着集装箱运输的不断发展,不同种类、不同性质、不同包装的货物都有可能装入集装箱内进行运输。同时,从事集装箱运输的管理人员以及操作人员不断增多,为确保货运质量的安全,做好箱内货物的积载工作是很重要的。许多货损事故的发生是由于装箱不当所造成的。货物在集装箱内的堆装、系固等工作看起来似乎比较简单,但由于集装箱货物在整个运输过程中可能涉及多种运输方式,特别是海上运输区段风险更大,货损事故难免发生。货物在箱内由于积载、装箱不当不仅会造成货损,还会给运输及装卸机械等设备造成损坏,甚至人身伤亡。

集装箱货物的装箱作业通常采用以下三种方法:全部用人力装箱、用叉式装卸车(铲车)搬进箱内再用人力堆装和全部用机械装箱,如货板(托盘)货用叉式装卸车在箱内堆装。不论采用哪一种装箱方式,为了保证货物安全和运输质量,在装载时都要根据货物的特性和包装状态,按照下列基本要求和注意事项进行装载。

货物在装入集装箱内时应注意的原则事项有以下几点。

(1) 在不同件杂货混装在同一箱内时,应根据货物的性质、重量、外包装的强度、货物的特性等情况,将货物区分开。将包装牢固、重件货装在箱子底部,包装不牢、轻货则装在箱子上部。

(2) 装箱货物总重不能超出集装箱标记载的重量。在货物装箱时，任何情况下箱内所装货物的重量不能超过集装箱的最大装载量，集装箱的最大装货重量由集装箱的总重减去集装箱的自重求得。各种规格集装箱的总重和自重一般都标在集装箱的箱门上。

(3) 货物在箱子内的重量分布应均衡。如果箱子某一部位装载的负荷过重，则有可能使箱子底部结构发生弯曲或脱开的危险。在吊机和其他机械作业时，箱子会发生倾斜，致使作业不能进行。要避免产生集中载荷，如装载机械设备等重货时，箱底应铺上木板等衬垫材料，尽量分散其负荷。此外，在陆上运输时，如存在上述情况，拖车前后轮的负荷因差异过大，也会在行驶中发生故障。

(4) 装货时要注意包装上有无"不可倒置""平放""竖放"等装卸指示标志。要正确地使用装货工具，捆包货禁止使用手钩。箱内所装的货物要装载整齐、紧密堆装。容易散捆和包装脆弱的货物，要使用衬垫或在货物间插入胶合板，防止货物在箱内移动。对靠近箱门附近的货物要采取系固措施，防止开箱和关厢时货物倒塌。

(5) 在进行货物堆码时，则应根据货物的包装强度，决定货物的堆码层数，如 1A 型集装箱的底面安全负荷约为 $980 \times 9.8\text{N/m}^2$，1C 型约为 $1330 \times 9.8\text{N/m}^2$。另外，为使箱内下层货物不致被压坏，应在货物堆码之间垫入缓冲材料。

(6) 装载货板(托盘)货时要确切地掌握集装箱的内部尺寸和货物包装的外部尺寸，以便计算装载件数，达到尽量减少弃位、多装货物的目的。

(7) 货物与货物之间也应加隔板或隔垫材料，避免货物相互擦伤、沾湿、污损。

(8) 货物的装载要严密整齐，货物之间不应留有空隙，这样不仅可充分利用箱内容积，也可防止货物相互碰撞而造成损坏。

(9) 在目的地掏箱时，由于对靠箱口附近的货物没有采取系固措施，曾发生过货物倒塌造成货物损坏和人身伤亡的事故。因此，在装箱完毕、关箱前应采取措施，防止箱口附近货物的倒塌。

(10) 应使用清洁、干燥的垫料(胶合板、草席、缓冲器材、隔垫板)，如果使用潮湿的垫料，就容易发生货损事故。

(11) 应根据货物的不同种类、性质、包装，选用不同规格的集装箱，选用的箱子应符合国际标准，经过严格的检查，并具有检验部门发给的合格证书。

(12) 同一集装箱内货物混装时应注意如下几点：

① 物理、化学性质相冲突的货物不能混装。

② 轻货要放在重货上面。

③ 包装强度弱的货物要放在包装强度强的货物上面。

④ 不同形状、不同包装的货物尽可能不装在一起。

⑤ 从包装中会渗漏出灰尘、液体、潮气、臭气等的货物，最好不要与其他货混装在一起。

⑥　带有尖角或其他突出物的货物，要把尖角或突出物包起来，避免损坏其他货物。

(二)特殊货物的装箱要求

特殊货物主要包括大件货物、危险货物、鲜活货物等，由于它们性质比较特殊，有的货物须用特种集装箱运输，这些特殊货物和特种集装箱在装载时除须满足上述装载要求外，还有一些特殊的装载要求。

1. 超尺度和超重货物装载要求

所谓超尺度货物是指单件长、宽、高的尺寸超过了国际标准集装箱规定尺寸的货物；超重货物是指单件重量超过国际标准集装箱最大载货量的货物。国际标准集装箱都具有统一标准，特别是在尺度、总重量方面都有严格的限制，相应的集装箱装卸设备、运载工具等也都是根据这些标准设计制造的。如果货物的尺寸、重量超出这些标准规定值，对装载、装卸、运送各环节就会带来一些困难和问题。但随着集装箱运输的发展，货主对于超尺度和超重货物集装箱化运输的需求不断增多，所以对于此类大件货物的集装箱装载也从实践中总结出一些方法，以满足货主的需要。

(1) 超高货物的装载。

一般干货箱箱门的有效高度是有一定范围的(20ft 箱为 2135～2154mm；40ft 箱为 2265～2284mm)，如果货物高度超过这一范围，则为超高货。

超高货物必须选择开顶箱或板架箱装载。集装箱装载超高货物时，要充分考虑运输全程中给内陆运输、装卸机械、船舶装载带来的问题。内陆运输线对通过高度、装载工具对装载高度都有一定的限制，运输工具的装载高度及总高度都要控制在限制范围内，超出规定高度范围的应向有关部门申请，得到允许后才能进行运输。集装箱船舶装载超高货箱时，只能堆装在舱内或甲板上的最高层。

(2) 超宽货物的装载。

超宽货物一般应采用板架箱或平台箱运输。集装箱运输下允许货物横向突出的尺度会受到集装箱船舶箱格、陆上运输线路(特别是铁路)允许宽度的限制，受到使用装卸机械种类的限制(如跨运车对每边超宽量大于 10cm 以上的集装箱无法作业)，超宽货物装载时应给予充分考虑。

集装箱船舶装载超宽货箱时，如果超宽量在 150mm 以内，则可以与普通集装箱一样装在舱内或甲板上；如果超宽量在 150mm 以上，只能在舱面上装载，且相邻列位必须留出。

(3) 超长货物的装载。

超长货物一般只能采用板架箱装载，装载时需将集装箱两端的插板取下，并铺在货物下部。超长货物的超长量有一定限制，最大不得超过 306mm(即 1ft 左右)。

集装箱船舶装载超长货箱时，一般装于甲板上(排与排之间间隔较大)；装在舱内时，相邻排位须留出。

(4) 超重货物。

各类集装箱标准中都对各规格集装箱装载货物的重量与总重有明确限制。如 20ft 箱为 20 吨，40ft 箱为 30.48 吨。所有相关的运输工具和装卸机械也都是根据这一总重设计的。货物装入集装箱后，总重量不能超过上述规定值，超重是绝对不允许的。一旦装箱完毕发现超出了规定的最大重量，应取出一部分货物。

2. 干散货物装载要求

用散货集装箱运输干散货可节约包装费和装卸费，主要用来运输谷物、树脂、饲料等。散货集装箱的箱顶上一般都设有 2～3 个装货口，装货时利用圆筒仓或仓库的漏斗或使用带有铲斗的起重机进行装载。散货集装箱一般采用将集装箱倾斜使散货产生自流的方法卸货。在装载时应注意以下几个问题。

(1) 装货地点和卸货地点的装载和卸载的设备条件。

(2) 根据待装货物的性质，对选用的集装箱进行清洁、干燥、除味等必要的处理。

(3) 在运输谷物、饲料等散货时，应注意防止因水湿而造成的货损。

3. 液体货物装载要求

液体货物集装箱运输的方式有两种：一是直接装入罐式箱运输，二是液体货物装入其他容器(如桶)后再装入集装箱运输。采用第二种方式时，装载要求与一般货物类似(除危险品外)，如果采用第一种方式，要注意下列事项。

(1) 罐式集装箱本身的结构、性能和箱内面涂层能否满足货物运输的要求。

(2) 检查必备的管道、排空设备、安全阀是否完备有效。

(3) 查明货物的比重与集装箱允许载重量、容量比值是否一致或接近，如果货物比重较大，则不能满罐装货，装货重量控制在允许的最大载重量范围内，并注意防止半罐液体货在装卸、运送过程中可能发生损罐的危险。

(4) 有些液体货在运输和装卸过程中需要加温，需考虑装、卸货地点要有蒸汽源和电源。

4. 冷藏货物装载要求

冷藏货物集装箱装载可分冷却货物和冷冻货物两种。冷却货物需维持货物"呼吸"和防止箱内"出汗"，要求不结冻或者货物表面轻微结冻，温度范围为+11℃～-1℃。冷冻货物是将货物以冰冻状态运输，温度范围为-1℃～-20℃。冷藏货物装载时应注意以下问题。

(1) 装载冷藏货物的集装箱应具有供箱人提供的该箱子的检验合格证书。

(2) 货物装箱前，箱体应进行预冷，货物装箱时的温度应达到规定的装箱温度；冷冻集装箱内使用的垫木和其他衬垫材料也要预冷；要选用清洁卫生的衬垫材料，不使其污染货物。

(3) 货物装载期间，冷冻装置必须停止运转。

(4) 装货高度不能超过箱中的货物积载线，装货后箱顶与货物顶部一定要留出空隙，且货物不能堵塞冷气通道和泄水通道，使冷气能有效地流通。

(5) 冷藏货物比普通杂货更容易滑动，也容易破损，因此对货物要加以固定，固定货物时可以用网等作衬垫材料，这样不会影响冷气的循环和流通。

(6) 温度要求不同或气味不同的冷藏货物绝不能配入同一箱内，装货完毕关门后，应立即使通风孔处于要求的位置，并按货主对温度的要求及操作要求控制好箱内温度。

5. 动、植物装载要求

运输这类货物的集装箱一般有密闭式和通风式(包括专运活牲畜的动物集装箱)两类。装载时货物应根据进口国要求经过检疫并得到进口国许可，一般要求托运人(或其代理人)事先向海事局、商检、卫检、动植物检疫等管理部门申请检验并出具合格证明后方可装箱。需要检疫检验的动、植物不宜同普通货物混装在同一箱内。

6. 危险货物装载要求

危险货物应选用封闭集装箱运输，装箱时应注意如下事项。

(1) 每一票危险货物必须具备危险货物申报单，货物装箱前应调查清楚该类危险货物的特性、防灾措施和发生危险后的处理方法，作业场所要选在避免日光照射、隔离热源和火源、通风良好的地点。

(2) 作业场所要有足够的面积和必要的设备，以便发生事故时能有效地处置。

(3) 作业时要按有关规则的规定执行，作业人员操作时应穿防护工作衣，戴防护面具和橡皮手套。

(4) 装货前应检查所用集装箱的强度、结构，防止使用不符合装货要求的集装箱。

(5) 装载爆炸品、氧化性物质的危险货物时，装货前箱内要仔细清扫，防止箱内因残存灰尘、垃圾等杂物而产生着火、爆炸的危险。

(6) 要检查危险货物的容器、包装、标志是否完整，与运输文件上所载明的内容是否一致。禁止包装有损伤、容器有泄漏的危险货物装入箱内。

(7) 使用固定危险货物的材料时，应注意防火要求和具有足够的安全系数和强度。

(8) 危险货物的任何部分都不允许突出于集装箱外，装货后箱门要能正常地关闭起来。

(9) 有些用纸袋、纤维板和纤维桶包装的危险货物，遇水后会引起化学反应而发生自燃、发热或产生有毒气体，故应严格进行防水检查。

(10) 对危险货物的混载问题各国有不同的规定，在实际装载作业中，应尽量避免把不相容的危险货物混装在一个集装箱内。

(11) 危险货物与其他货物混载时，应尽量把危险货物装在箱门附近。

(12) 严禁危险货物与仪器类货物混载。

(13) 在装载时不能采用抛扔、坠落、翻倒、拖曳等方法，避免货物间的冲击和摩擦。

(14) 装有危险货物的集装箱上应有规格不少于 250mm×250mm 的危险品类别标志牌贴在箱体外部 4 个侧面的明显位置。

(15) 危险货物装箱后，装箱人除提供装箱单外，还要提供装箱证明书，以证明集装箱的装载符合有关规定。

(16) 装载危险品的集装箱卸空后，应采取措施保证集装箱不存在污染，经确认无危险性的集装箱应除去危险标志。

第三节 集装箱货物的交接

一、集装箱货物

(一)集装箱货物的概念和特点

集装箱货物是指以集装箱为装载单元进行运输的货物。

集装箱运输的出现改变了传统件杂货运输的货运单位，从而有效地克服了传统方式所存在的一些缺陷，但这并不意味着所有的货物都可以成为集装箱货物。因此，这里的集装箱货物通常指适宜用集装箱装运的货物，它们具有两个基本特点：一是能较好地利用集装箱的载货重量和(或)载货容积；二是货物的价格较高，对运输费用的负担能力强。

实际上，各种运输方式对于适合集装箱运输的货物种类并无统一的规定，一般是按照货主的意图和要求、根据适于装箱的程度来确定的。

(二)集装箱货物的类型

在需要运输的货物中，从技术角度看不能用集装箱运输的很少，但从经济性考虑有些货物就不适合用集装箱运输，如大件货物和大批量运输货物。对集装箱货物进行科学分类，有利于使各种运输能力得到有效、合理的使用，便于集装箱运输的组织工作。采用集装箱运输的货物分类方法有多种，通常是按货物性质或装运形式进行分类。

1. 按货物性质分类

(1) 普通货物又称件杂货，是指根据货物性质不需要特殊积载和保管的货物。按其性质和包装形式又分为清洁货物和污染货物两种。

① 清洁货物是指清洁而干燥，对保管和运输没有特殊要求，和其他货物混载也不会损坏或污染其他货物的货物，如纺织品、陶瓷品、电气制品、药材、橡胶制品、玩具等。

② 污染货物是指货物本身的性质和状态容易渗出汁液、飞扬粉末、散发异味等，会对其他货物造成严重湿损、污损或带味的货物，如水泥、沥青、油脂、咸鱼、樟脑、胡椒等。

(2) 特殊货物或称特种货物，指根据货物性质需要特殊积载和保管，运输时需要用特殊集装箱装载的货物。主要包括以下几类。

① 冷藏货物：指需要在指定的低温条件下进行运输的货物，如水果、蔬菜、奶油、肉类制品等。

② 活动(植)物：指运输途中需要提供特殊照顾维持生命活动的活货物，如牛羊、蜜蜂、花卉、树苗等。

③ 液体、气体货物，指需装在罐、瓶等容器内进行运输的液体或气体货物，如酒类、食用油、胶乳、氧气、液化气等。

④ 大件货物：包括尺寸超大和单件笨重的货物，需用起重设备进行装卸，如重型机械设备、动力电缆等。

⑤ 散货：指散装在舱内无须特殊包装的货物，如盐、谷物、煤炭、矿石等。

⑥ 易腐货物：指在运输途中因温度高、湿度大和通风不良等而易腐烂变质的货物，如蔬菜、水果等。

⑦ 贵重货物：指单件价格比较昂贵的货物，如精密仪器、家用电器、手工艺品、珠宝首饰、出土文物等。

⑧ 危险货物：指易燃、易爆、毒害、腐蚀和有放射性危害而需要安全防护的货物，如炸药、农药、氧化剂等。

2. 按货物是否适合装箱分类

(1) 最适合装箱货物：是指货价高、运费也较高的商品。这些商品按其属性可有效地装载于集装箱内运输，所谓货物属性是指商品的大小以及容积与质量的关系。最适于集装箱运输的货物有医药品、小型电器、仪器、小五金、纺织品、烟、酒、包装食品等。

(2) 适合装箱货物：是指本身价值和运价低于最适箱货物，但其属性与最适箱货物类似，该类货物有金属制品、纸浆、电线、生皮、碳精等。

(3) 边缘装箱货物：是指可用集装箱来装载，但其货价和运价都很低，用集装箱来运输不经济的货物。而且该类货物的大小、重量、包装也难以集装箱化，如钢锭、生铁、原木、小型构建等。

(4) 不适合装箱货物：是指根据货物属性，一般不能用集装箱运输的货物，如废钢铁、大型构件、机械设备、大型卡车等。

3. 按货运形式分类

(1) 整箱货(Full Container Load，FCL)：是指发货人一次托运的货物可以装满一个或多个集装箱。

整箱货一般由发货人自行装箱，负责填写装箱单、场站收据，由海关加铅封。整箱货的拆箱一般由收货人办理，但也可以委托承运人在货运站拆箱，但承运人不负责箱内的货损、货差。除非货方举证确属承运人责任事故的损害，承运人才负责赔偿。承运人对整箱货，以箱为交接单位。只要集装箱外表与收箱时相似和铅封完整，承运人就完成了承运责任。整箱货运提单上要加上"委托人装箱、计数并加铅封"的条款。整箱货习惯上理解为"一个发货人、一个收货人"。

(2) 拼箱货(Less Container Load，LCL)：是指发货人一次托运的货物数量较少，不能装满一个集装箱，需要与其他发货人的货物拼装于一个集装箱内进行运输。

拼箱货通常是由承运人分别揽货并在集装箱货运站或内陆货运站集中，而后将两票以上的货物拼装在一个集装箱内，同样要在目的地的集装箱货运站或内陆站拆箱分别交货。对于这种货物，承运人要负担装箱与拆箱作业，装拆箱费用仍向货方收取。集装箱货运站负责装箱，负责填写装箱单，并由海关加铅封。拼箱货习惯上理解为"多个发货人、多个收货人"。

二、集装箱货物的交接

(一)交接地点

1. 集装箱码头堆场(Container Yard，CY)

在集装箱码头堆场交接的货物都是整箱交接。在发货港集装箱码头堆场交接意味着发货人自行负责装箱及集装箱到发货港集装箱码头堆场的运输。在卸货港集装箱码头堆场交接意味着收货人自行负责集装箱货物到最终目的地的运输和拆箱。

2. 集装箱货运站(Container Freight Station，CFS)

在集装箱货运站交接的货物都是拼箱交接。在起运地集装箱货运站交接意味着发货人自行负责将货物送到集装箱货运站。在到达地集装箱货运站交接意味着收货人自己到集装箱货运站提取货物，并自行负责提货后的事宜。

3. 发货人或收货人的工厂或仓库(即"门"，Door)

在发货人或收货人的工厂或仓库交接的货物都是整箱交接。一般意味着发货人或收货人自行负责装箱或拆箱。

(二)集装箱货物的交接方式

1. 门到门(Door to Door)交接方式(FCL-FCL)

一般是批量较大能装满一箱的货物货，主把空箱拉到自己的工厂仓库装箱后，由海关在工厂仓库内加封验收，运输经营人在发货人工厂或仓库整箱接货，然后把重箱(装满货物的集装箱)运到集装箱码头堆场，等待装船；在目的港，由运输经营人负责把重箱运到收货人的工厂或仓库整箱交货。收货人在其工厂或仓库整箱接货。故门到门的集装箱运输一般均为整箱货运输。运输经营人负责全程运输。

2. 门到场(Door to CY)交接方式(FCL－FCL)

发货人负责装箱并在其工厂或仓库整箱交货，运输经营人在发货人工厂或仓库整箱接货，并负责运抵卸货港，在集装箱堆场整箱交货；收货人负责在卸货港集装箱堆场整箱提货。这种交接方式表示承运人不负责目的港的内陆运输。在这种交接方式下，货物也都是整箱交接。

3. 门到站(Door to CFS)交接方式(FCL－LCL)

发货人负责装箱并在其工厂或仓库整箱交货，运输经营人在发货人工厂或仓库整箱接货，并负责运抵卸货港集装箱货运站，经拆箱后按件向各收货人交付。在这种交接方式下，运输经营人一般是以整箱形态接受货物，以拼箱形态交付货物。

4. 场到门(CY to Door)交接方式(FCL－FCL)

发货人负责装箱并运至装货港集装箱堆场整箱交货，运输经营人在装货港集装箱堆场整箱接货，并负责运抵收货人工厂或仓库整箱交货；收货人在其工厂或仓库整箱接货。在这种交接方式下，货物也都是整箱交接。

5. 场到场(CY to CY)交接方式(FCL－FCL)

发货人负责装箱并运至装货港集装箱堆场整箱交货，运输经营人在装货港集装箱堆场整箱接货，并负责运抵卸货港集装箱堆场整箱交货；收货人负责在卸货港集装箱堆场整箱提货。在这种交接方式下，货物的交接形态一般都是整箱交接，运输经营人不负责内陆运输。

6. 场到站(CY to CFS)交接方式(FCL－LCL)

发货人负责装箱并运至装货港集装箱堆场整箱交货，运输经营人在装货港集装箱堆场整箱接货，并负责运抵卸货港集装箱货运站或内陆货运站拆箱按件交货；收货人负责在卸货港集装箱货运站按件提取货物。在这种交接方式下，运输经营人一般是以整箱形态接受货物，以拼箱形态交付货物。

7. 站到站(CFS to CFS)交接方式(LCL－LCL)

发货人负责将货物运至集装箱货运站按件交货，运输经营人在集装箱货运站按件接受货物并装箱，负责运抵卸货港集装箱货运站拆箱后按件交货，收货人负责在卸货港集装箱货运站按件提取货物。在这种交接方式下，货物的交接形态一般都是拼箱交接。

8. 站到场(CFS to CY)交接方式(LCL－FCL)

发货人负责将货物运至集装箱货运站按件交货，运输经营人在集装箱货运站按件接受货物并装箱，负责运抵卸货港集装箱堆场整箱交货。收货人负责在卸货港集装箱堆场整箱提货。在这种交接方式下，运输经营人一般是以拼箱形态接受货物，以整箱形态交付货物。

9. 站到门(CFS to Door)交接方式(LCL－FCL)

发货人负责将货物运至集装箱货运站按件交货，运输经营人在集装箱货运站按件接受货物并装箱，负责运抵收货人工厂或仓库整箱交货，收货人在其工厂或仓库整箱接货。在这种交接方式下，运输经营人一般是以拼箱形态接受货物，以整箱形态交付货物。

(三)集装箱货流

1. 整箱货流

(1) 整箱货的流转过程：货物直接在发货人处(如发货人的仓库)装箱、验关(出口)，并在集装箱上铅封后，经过各种运输方式，直接送达目的地的收货人处，再行开箱、验关(进口)。整个流程如图4-1所示。

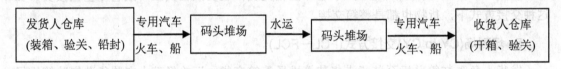

图4-1 整箱货的流转

(2) 整箱货出口货运的具体流转程序如下。

① 委托单位(货主)将托运委托书连同报关单据(包括退税单、外汇核销单、商业发票以及不同商品海关需要缴验的各类单证，如果托运时间紧迫，亦可先交委托书，随后补交报关单据)交货运代理人。

② 货代核阅委托书及有关报关单据后缮打托运订舱单(场站收据、装货单)送船公司或船代订舱。

③ 船公司或船代配载后将场站收据，或装货单等联退给货代。

④ 货代向海关办理电脑报关预录，并提交全套报关单据向出境海关申报出口。

⑤ 海关核运后在装货单上盖章放行，将装货单、场站收据等联退给货代。

⑥ 货代将盖章放行的装货单、场站收据交码头配载室。

⑦ 船公司或船舶代理人根据订舱配载留底缮制装货清单、预配清单、预配船图、货物舱单等送到码头供收货和装船之用。

⑧ 货代向船公司或船代领取集装箱设备交接单到指定堆场领取空箱。

⑨ 货代到委托单位储货地点装箱(或委托单位送货到货代仓库装箱)后，将集装箱货物连同集装箱装箱单、设备交接单送到码头。

⑩　码头将船公司或船代提供的装货清单及集装箱装箱单送海关供海关监管装船。

⑪　码头收货后根据预配船图和预配清单配定载位，缮制装船顺序单交船舶。

⑫　大副凭装货单接载，装货后签发场站收据。

⑬　装货后场站收据由码头交船公司或船代。

⑭　码头根据装船实际情况绘制实装船图交船公司或船代。

⑮　船公司或船代将实装船图、舱单、运费舱单、提单副本、集装箱装箱单副本等交船舶带交卸港。

⑯　船公司或船代凭场站收据签发装船提单给货代。

⑰　货代将装船提单送交委托单位。

⑱　船公司或船代将船舱单送海关。

⑲　海关根据装船舱单核发退税单等凭证给货代。

⑳　货代取倒退税单、外汇核销单等送交委托单位。

(3)　整箱货流的特点：货物批量大，全部货物均属于一个货主，到达地一致。货物从发货人处装箱后一直到收货人拆箱为止，一票到底。

2. 拼箱货流

拼箱货通常是由承运人分别揽货并在集装箱货运站或内陆站集中，而后将两票或两票以上的货物拼装在一个集装箱内，同样要在目的地的集装箱货运站或内陆站拆箱分别交货。对于这种货物，承运人要负责装箱与拆箱作业，装拆箱费用仍向货方收取。承运人对拼箱货的责任基本上与传统杂货运输相同。

(1)　拼箱货的流转过程：把货物先用卡车或其他运载工具从货主处装运到集装箱货运站进行拼箱，拼箱后，将集装箱运送到码头堆场交由集装箱船装船运输。船舶到达目的港后，卸下集装箱交给码头堆场，随后通过陆运工具或其他运载工具运送到货运站拆箱，再用卡车把货物运送给收货人。整个流程如图 4-2 所示。

图 4-2　拼箱货的流转

(2)　拼箱货流的特点：货物批量小，而且货物来自不同的起运地，待货物集中后，把不同票而到达同一目的地的货物拼装在同一个集装箱内，再通过各种运输方式把货物运送给收货人。

(3)　拼箱货洽谈和托运时应注意事项。

①　拼箱货一般不能接受指定某具体船公司，船公司只接受整箱货物的订舱，而不直接接受拼箱货的订舱，只有通过货运代理(个别实力雄厚的船公司通过其物流公司)将拼箱货

拼整后才能向船公司订舱，几乎所有的拼箱货都是通过货代公司"集中办托，集中分拨"来实现运输的，我国华东地区的拼箱集散港基本上为上海港。一般的货运代理由于货源的局限性，只能集中向几家船公司订舱，很少能满足指定船公司的需求，因此在成交拼箱货时，尽量不要接受指定船公司，以免在办理托运时无法满足要求。

② 在与客户洽谈成交时，应特别注意相关运输条款，以免对方的信用证开出后在办理托运时才发现无法满足运输条款。

③ 拼箱货的计费吨力求做到准确。拼箱货交货前，应要求工厂对货物重量和尺码的测量尽可能地准确，送货到货代指定的仓库存放时，仓库一般会重新测量，并会以重新测量的尺码及重量为收费标准。如遇工厂更改包装，应要求工厂及时通知，不要等到货送到货代仓库时，通过货代将信息反馈回来，因为这时往往时间已经很紧，再更改报关单据，很容易耽误报关或产生加急报关费和冲港费等。

④ 有些港口因拼箱货源不足、成本偏高等原因，专做拼箱的货代公司对货量较少的货物采取最低收费标准，如最低起算为 2 个运费吨，即不足 2 个运费吨，一律按 2 个运费吨计价收费。因此对货量较小、港口较偏的货物在成交时要多考虑到一些这样的因素，以免日后被动。

⑤ 对于一些航线及港口较偏僻并且客户提出要交货到内陆点的拼箱货物，成交签约前最好先咨询，确认有船公司及货代公司可以承接办理这些偏僻港口、内陆点交货及相关费用后再签约。

⑥ 各地海关对敏感性和受商标产权保护的商品将重点查验。对于涉及知识产权的货物，应提前填妥"知识产权申报表"，无论有无品牌，也无论是本公司或工厂注册的商标，还是客户定牌，都应事先准备妥相关的注册商标的资料或客户的授权书；对于货物品种繁多、一票托单中有多种不同类型的商品，制单时应详尽罗列各种货名及货号，不要笼统用一个大类商品编码代替，否则报关时会引起海关的疑问，被查验时如果发现与实际货物不符，会带来不予放行的麻烦。

⑦ 留有费用成本核算的余地。经营拼箱业务的货代公司通常将货物集拼或 40'或 40'高柜出运，海关对拼箱货又实行货物装箱完毕、集装箱进港后方可接受报关的做法，万一发生查验，相关查验费一般要在人民币 600 元以上，因此对这部分费用最好能考虑进成本。

(4) 整箱货与拼箱货的区别。

① 装拆箱的主体不同。整箱货多数是由托运人装箱点数并加封后搬进集装箱场，然后到目的港的集装箱场交给收货人。其拆箱一般也是由收货人自行办理。拼箱货则大多由 CFS 装箱，到达目的地后，也是由 CFS 拆箱取出货物后再分别交给各收货人。

② 承运人的责任承担不同。对整箱货而言，承运人对整箱货是以箱作为交接单位，只要集装箱外表与收箱时相似并且铅封完整，承运人就完成了承运责任。承运人并不负责箱内货物的货损货差。因此整箱货运输的提单上，通常都要加上"托运人装箱点数并加铅封"的条款。拼箱货则与之不同。

③ 运费标准不同。因为整箱货运输减少了船公司的手续，故某些航运公会对整箱货运输会有运费折扣。而拼箱货，通常航运公会要收取一定的集装箱货运站服务费。有些海运公司的运输表中规定，对于拼箱货使用集装箱的容积有一个最低限度，装载量不得低于这一限度，如果装载数量低于这一最低限度，托运人也必须按这一最低限度的装载量付费(未被使用的也需付费)，并通常按箱内货物最高运费率计收。

三、海运集装箱货物交接的主要方式

在集装箱运输中，根据实际交接地点的不同，集装箱货物的交接有多种方式，在不同的交接方式中，集装箱运输经营人与货方承担的责任、义务不同，集装箱运输经营人的运输组织的内容、范围也不同。集装箱货物可以以传统的方式在船边进行交接，可以以整箱货的方式在集装箱堆场进行交接，可以以拼箱货的方式在集装箱货运站进行交接，也可以在多式联运方式下在货主的仓库或工厂进行交接。由于集装箱货物可以在四个地点进行交接，因此理论上就应有 16 种交接方式。但是，目前在船边交接的情况已很少发生，而在货主的工厂或仓库交接又涉及多式联运。因此在海上集装箱班轮运输实践中，班轮公司通常承运整箱货，并在集装箱堆场交接；而集拼经营人则承运拼箱货，并在集装箱货运站与货方交接货物。

通常大多数关于国际货物运输的著作中所列举的集装箱货物的交接方式有以下九种，即：门到门、门到场、门到站、场到门、场到场、场到站、站到门、站到场和站到站的交接方式，因此不够全面。而有些书中则称有场到场、场到站、站到场和站到站 4 种交接方式，这也与实践结合得并不密切。例如：实践中，如果承运人在集装箱堆场接受整箱货，此时是在箱体完好和封志完整的状况下接受，当承运人在集装箱货运站交付拼箱货时，则是在箱内货物外表状况明显良好的情况下交付，因此 CY/CY 明显使承运人的责任加重，所以目前已基本不存在。

所以，实践中海运集装箱货物交接的主要方式为 CY/CY，这是班轮公司通常采用的交接方式；CFS/CFS 是集拼经营人通常采用的交接方式。

第四节　集装箱租赁

一、集装箱租赁概述

(一)定义

集装箱租赁是指集装箱租赁公司与承租人(一般为海运班轮公司，铁路、公路运输公司等)签订协议，用长期或短期的方式把集装箱租赁给承租人的一种租赁方式。在协议执行期间，箱体由承租人管理使用，承租人负责对箱体进行维修保养，确保避免灭失。协议期满后，承租人将箱子还至租箱公司所指定的堆场。堆场对损坏的箱体按协议中规定的技术标准修复，修理费用由承租人承担。承租人按照协议向租箱公司承付提、还箱费及租金。

集装箱租赁业务兴起于 20 世纪 60 年代末。由于集装箱租赁可以使船公司节省因集装箱闲置而发生的非生产时间的损失和管理费用的支出；可以减少集装箱的自然耗损；也可以避免因货物流向流量的不平衡而发生的空箱运输；并减少生产投资，所以很快得到发展。现在，有一些大的无船承运人或大货主也有少量的集装箱租赁业务。

集装箱租赁业务由集装箱租赁公司经营，它专门经营集装箱出租业务，是集装箱所有人。

集装箱所有人为出租的一方，集装箱，使用人(一般是船公司或货主)为承租的一方，双方签订租赁合同。由出租人提供合格的集装箱交由承租人在约定范围内使用。

(二)优点

集装箱租赁业务是为集装箱运输行业提供服务的，对于班轮公司来说，租箱与自行采购集装箱比较，具有下列优点。

1. 避免巨额资金的即时投入

集装箱价格昂贵，一个 20 英尺箱出厂时的价格就达 1800 多美元。班轮公司如需开辟集装箱航线，船东的自备箱往往要上千个，需要大量资金来采购集装箱，有了租箱公司，只付少许租金租箱就可以了。

2. 全球提箱，全球还箱的便利

班轮公司对箱体的需求是变化的，不平衡的，全球提还箱只有租箱公司可以做到，这大大地解决了班轮公司的调箱难题。

3. 集装箱需求地点的供应保障

任何一个班轮公司都不可能在其任何一个需求地点都有存箱，而租箱公司则可相对满足其要求，尽可能地保障集装箱的供应。

有了上述的优势，租箱业务发展迅速，租箱公司的箱量一直占全世界总箱量的 45%以上。在中国，特别是近洋班轮公司和内贸线班轮公司的箱队中，租箱量占总箱量的 90%以上。

集装箱租赁是一个长期稳定的获利业务，主要为欧美基金投资，利润主要靠付清集装箱生产成本、财务成本和管理成本后的其他租箱收益和集装箱处理残值。集装箱租赁行业需要巨额资金，专业性强，所以一般企业很难涉足。现活跃在市场上的前 12 位租箱公司大都为美、欧基金支持的。尚无一家在中国大陆注册，中远太平洋旗下的佛罗伦货箱控股有限公司、中国私营的上海景阳集装箱租赁有限公司都是在香港注册的。

(三)作用

在国际集装箱运输中，集装箱租赁所起的作用十分重要，表现在以下几个方面。

(1) 集装箱运输经营人在资金短缺的情况下可通过租箱以解决一时巨额投资的困难。

(2) 租箱人通过租金支付，从而取得集装箱使用权，租期内可自行负责营运管理，避免了巨额资金的即时投入。

(3) 在货源不平衡航线可通过单程租赁解决空箱回运。

(4) 解决因季节性货源的变化而可能造成的供求不平衡。

二、集装箱的租赁方式

(一)定期租赁

也称长期租赁，即租用一定期间的租赁。租赁时间可长可短，短者为 6 个月，长者可达 5 年，甚至更长。

长期租赁视租期届满后对集装箱所有权的处理方法的不同，又可分为金融租赁(又称融资租赁)和实际使用期租赁两种。

1. 实际使用期租赁

实际使用期租赁，是租期届满，租箱人将集装箱归还给出租人，集装箱仍归出粗人所有。

2. 金融租赁

金融租赁，是租期届满，集装箱即无偿或作价归租箱人所有。

(1) 金融租赁的特点。

① 集装箱由船公司选定，包括箱厂的选择、集装箱价格、规范、付款条件等，出租人仅负责出资购买。

② 集装箱的所有权在租赁期内由出租人享有，船公司只有使用权，租期届满，船公司履行完合同中规定的义务后，集装箱的所有权归船公司所有。

③ 具有不可解约性：船公司无权单独提出以退还集装箱为条件而提前终止合同。

④ 中长期租赁：集装箱融资租赁的期限一般在 5 年及以上。

金融租赁的结构可以根据双方的约定而不同，如期限、到期后购买价格等均可根据公司的需要而调整。通常采用的结构一般是5～8 年租期,到期后 1 美元/箱买断集装箱所有权。

一般来说，经营性租赁的出租人一般为专业的租箱公司，而金融租赁的出租人往往为银行或者投资公司。由于专业租箱公司的资金来源实际上也是银行，故融资租赁的总成本肯定比经营性租赁为低。

(2) 金融租赁的好处。

与经营性租赁相比，金融租赁的好处主要在以下几个方面。

① 成本低。融资租赁支付 8 年的租金，但集装箱的使用寿命一般在 12 年，而且用满 12 年后还可以以一定的价值出售。经营性租赁涉及多次起租和退租，产生相关的操作费和修理费；而融资租赁无须退租，比经营性租赁要合算许多，有利于公司节约成本。

② 有利于船公司牢牢把握市场主动权。船公司可根据市场情况和自身需求安排造箱，且付款条件一般是造/交箱后若干时间再支付箱款，相当于免费用箱期。

③ 有利于扩大公司的影响和树立品牌效应。由于融资租赁往往可以根据船公司的要求，采用本公司的标志和颜色来建造集装箱，实际上对公司起到一定的广告宣传效应。

(二)程租租赁

这是租用一个单航次或往返航次，或连续几个单航次或往返航次的租赁。这种租赁的租金一般按天数计算，通常都约定最少的使用天数，一般约定不得少于 30 天，也可按航程约定一个包干租金。

在来回程货载不平衡的航线上常采用这种租赁形式。不过，在单航次租赁中，如果交箱地的租箱市场行情高于还箱地的行情，则租箱人除须按约定支付租金外，还须另外支付提箱费和还箱费。

(三)活期租赁

又称灵活租赁，它是集装箱租赁公司与租箱人之间签订协议，在规定的租期内租箱人租用集装箱的数量除须保持最低的限额外，还可根据租箱人的实际需要随时增减的租箱方式。

对于租箱人来说，活期租赁兼有长期租赁和程租租赁的优点。这种租箱的租期通常为一年，在大量租用集装箱的情况下，租箱人通常可享受租金回扣的优惠，租金水平甚至可与长期租赁的租金水平相类似。在集装箱货物运量较大且来回程货运量不平衡的航线上，通常可以采用这种租箱方式。

活期租赁的租箱合同中一般都有租箱人每月提箱和还箱的数量及地点的约定。租金按使用集装箱的天数计算。此外，还会有有关租箱人使用出租公司的其他有关设备的约定。

三、租箱合同的主要条款

集装箱的租用是根据双方的租箱合同(Container Lease Agreement)的规定进行的。租箱合同中规定了租赁公司和租箱人双方的权利义务、赔偿责任和免责。虽然租箱合同并没有统一的格式，但是，租箱合同中一般应包括有关交箱、还箱、损坏修理责任、租箱人的权利和义务、租金支付、保险、转租和集装箱标志的更改等方面的条款。

(一)交箱条款

交箱条款是集装箱出租公司应在规定的时间、地点,将符合合同条件的集装箱交给租箱人的约定。关于交箱期,一般在 7～30 天之间规定一段较长的期间。这样,既可使租箱人在提箱的日期方面有较大的灵活性,又可使出租公司避免延误交箱的责任。关于交箱量,通常有两种约定方法:一种是约定最低提箱量,在交箱期间,出租公司必须按约定的最低提箱量交箱;另一种是实际提箱量,也就是说租箱人既可以多提,也可以少提集装箱,出租公司的交箱量由租箱人决定。关于交接集装箱时的集装箱状况,通常约定须以交接箱时双方签署的设备交接单来表明所交接集装箱的实际状况。为了简化手续,还约定设备交接单由代租箱人接送集装箱的卡车司机和集装箱装卸作业区的交接箱的管理人员或门卫代表双方签署。他们签署的设备交接单与双方本人的签署具有相同的效力。

(二)还箱条款

还箱条款约定,租箱人应在租期届满后,按合同约定的时间、地点,在集装箱外表状况完好的条件下将集装箱归还给出租公司。关于还箱时间,租箱合同中常订有提前终止条款(Early Termination Clause,ETC)。如果订有这样的条款,租箱人可在约定的还箱期前提前终止租箱,将集装箱退还给出租公司,否则须补交自合同签订日起至租箱期满日止的追加租金。关于还箱地点,合同一般约定,应在租箱合同规定的地点或经集装箱出租公司确认的地点还箱。就租箱人而言,他当然希望将最终用箱地点订为还箱地点。关于还箱时的集装箱状况,合同都规定,应在集装箱外表状况完好的条件下还箱。如果还箱时集装箱有损坏情况,出租公司或其代理须立即通知租箱人,并做出修理估价单;如果租箱合同中订有损害修理条款(Damage Protection Plan,DPP),则修理费由出租公司负担,否则由租箱人负担。此外,租箱合同中通常还规定,超过规定的还箱期 30 天后,租箱人未还箱,则出租公司可视为集装箱已全损,要求租箱人按合同约定支付赔偿金,在出租公司未收到赔偿金前,租箱人仍须按天支付租金。

(三)损害修理责任

通常,租箱合同都规定集装箱修理费用由租箱人负担。但是,如果合同中订有损害修理条款,则还箱时租箱人无须对集装箱的损坏承担责任。不过,在订有损害修理条款的情况下,租箱人除须支付租金外,还须支付 DPP 的费用,而这种费用不论在租期内集装箱是否有所损坏,均不退还。在订有损害修理条款的情况下,集装箱出租公司所负担的集装箱损坏修理费一般规定为低于集装箱本身价值的一个限定数额,而且规定这种修理费用不包括共同海损的分摊、对第三者的民事损害责任以及有关箱内货物的责任。如果集装箱部分损坏的修理费用超过规定的限额，则超过部分由租箱人负担。

(四)租箱人的义务

关于租箱人的义务，租箱合同中一般规定：租箱人应该按规定的时间和方式支付租金以及除租金和 DPP 费用以外的其他有关费用；在租箱期内，租箱人应遵守本国或其他有关国家关于集装箱的法律、法令、法规的规定，承担有关罚款、费用和损失，并在租箱期内与出租公司共同承担国际集装箱安全公约规定的检验和修理责任；在租箱期内，租箱人应按规定使用集装箱，不得超负荷装载或长期堆放有损箱体的货物，并应对包括集装箱的清洗、防污、油漆和更换必要的部件在内的维修和保养承担责任；在租箱期内，租箱人须对集装箱的全损和灭失承担责任，对于对第三者造成的责任的损害也须承担责任；同时，租箱人还须对其代理人或雇佣人对集装箱造成的损害承担责任。除此以外，租箱合同中一般规定，租箱人对于即使是不可抗力，如战争、内乱、政府限制、劳资纠纷、水灾、自然灾害等所造成的集装箱损坏、扣押或没收也不能免责。

(五)租金支付

关于租金支付条款，合同中应对租期、租金及支付方式、交箱和还箱的手续费等作出约定。

租期：习惯上都以交箱日至还箱日的一段期间作为租期，即租箱人提箱时起租，还箱时租期截止。在长期租箱的条件下，还箱的时间按合同约定；活期租箱还箱的时间以租箱人将集装箱退还给出租公司的集装箱堆场的时间为准。还箱时，租箱人应按合同规定的时间，向出租公司发出还箱通知。租箱人无权任意延长租期。

租金：租金按每天每箱计算，即从租箱人提箱的当日起算，至还箱的次日截止。超过还箱期的，超期租金按合同约定另行支付，通常为正常租金的一倍。在长期租赁或租箱合同中未订有损害修理条款的情况下，如果集装箱有所损坏，原则上应在损坏修复后才能还箱。但如果在合同中订有提前终止条款，则只要租箱人支付提前终止费用，在集装箱进入出租公司的集装箱堆场后，租期即告终止。提前终止费一般相当于 5~7 天的租金。

租金支付方式：租金支付方式主要有两种约定法，既可约定按月支付，也可约定按季支付。租箱人应在收到出租公司发出的租金支付通知后 30 天内支付租金。如果延误支付，应按合同约定的费率支付滞纳金。

交、还箱手续费：交、还箱手续费是租箱人支付给出租公司，用以抵偿出租公司在集装箱堆场发生的诸如装卸车费、单证费等各项费用。这种费用既可按当地的集装箱堆场规定的费率支付，也可按合同约定的费率支付。

(六)保险条款

这是租箱合同中有关出租公司向租箱人提供集装箱损害修理保险的条款。虽然这一条款常约定出租公司只对租箱人租用的集装箱本身的损害负责，而对于集装箱中装载货物的损害和集装箱运输中涉及第三者的损伤或损害并不负责。但是，在保险公司的集装箱保险以集装箱本身的保险为基本险、兼保货物损害赔偿责任和第三者赔偿责任保险的条件下，经过特约，出租公司也可能同意扩大集装箱损害修理的保险范围。其具体做法通常是，先针对集装箱本身的损害扩大保险的范围，然后适当地扩展其他险别的承保，以扩充其补偿的范围，减轻租箱人可能承担的风险。

集装箱损害修理保险既可采用有限额保险方式，即出租公司有限度地承担集装箱损坏的修理费，如果损坏修理费超过投保的限度，其超过部分由租箱人自负；也可采用全值保险方式，即出租公司按合同规定的承保金额全额负担，不过，其最高限额为赔偿全损。当然，在采用上述两种方式中的任何一种方式时，都可能有免赔额的规定，比如有的合同就规定对于250美元以下的损害修理费免赔。

(七)转租

在活期租箱的租赁方式下，租箱人可以将所租用的集装箱转租，而无须办理退租和起租手续。通常的做法是，租箱人可以与转租的租箱人直接办理集装箱的交接，然后由出租公司的代理人、原租箱人和转租的租箱人及时将交接证明、有关转租集装箱的箱号等寄交出租公司。

(八)设备标志的更改

租箱实务中，出租公司一般会接受租箱人提出的修改集装箱原有标志，增加租箱人所需要的标志的要求。在这种情况下，租箱合同中一般规定，在租箱人还箱时，必须恢复集装箱的原有标志。如果这种恢复工作由出租公司完成，其费用仍应由租箱人负担。

四、影响集装箱租赁价格的因素

(一)造箱价格

租箱价格取决于造箱价格，即租赁公司的成本，造箱价格高，租金相对提高；造箱价格低，则租金相应降低，造箱价格是影响租金的决定性因素。

(二)市场供需

在造箱价格相差不大的情况下，由于集装箱运输市场淡季旺季的影响，使得租金可能存在较大的不同。当市场对租赁的需求高、供应量紧张时，租金价格就会上涨，反之，租金价格则回落。

(三)承租人的资质

对于租箱公司来说，出租集装箱是存在相当风险的。因为如果一旦船公司破产倒闭，其租赁的集装箱很可能被债权方扣住，作为抵债之用，租箱公司若想取回属于自己的集装箱往往很困难。因此，租箱公司更愿意把集装箱租给那些规模大、效益好、知名度高的船公司，故资质较好的大型船公司能取得的费率往往比小型船公司低。

(四)出租人的融资渠道和经营管理能力

一般来说，大型的租赁公司由于融资能力较强，故其用来购买集装箱的资金成本相对较低，同时，由于购买数量多，故能在购买价格上得到一定的优惠。但是，一些新的租箱公司由于在人员成本和网络上成本较低，有时也能在费率上和大型租箱公司竞争。

(五)其他因素

除了上述因素外，各租箱公司采取的集装箱规范的不同，也可能导致价格的不同，但由于业界基本采取国际集装箱出租商协会(Institute of International Container Lessors，IICL)的标准，故此因素对租金影响不大。

五、集装箱的退租

对于经营性租赁的集装箱，若租赁期满后船公司决定不再续租，则需要进行集装箱的退租。由于种种原因，集装箱在使用过程中经常会受到损坏，根据合同，使用者需要对这些集装箱的损坏承担责任。

历来，退租箱的修理费用是船公司和租箱公司之间发生争议最多的领域。这是因为，作为出租人，租箱公司不希望看到自己的设备闲置，故对于船公司大规模退租集装箱必然要设置种种障碍，其中也包括在集装箱的修理估价上采取种种手段。通过这些障碍，使得船公司不能非常顺利地还箱，或者在还箱时有所顾忌，从而在客观上达到延长租期的目的。但是对船公司而言，当市场租金远低于原来租赁的价格时，进行退租则变得非常必要，及时地将已经到期的高租金集装箱退租是船公司降低成本的一个重要手段。此时，船公司和租箱公司在修箱费上产生的矛盾会变得非常尖锐，特别是在欧美澳洲等地区，由于该地区高昂的人工费，使得修箱费也变得很高，最高甚至可以超过箱子本身的价值。

由于退租修理费占退租成本的很大一部分，所以各船公司为了控制自己的成本，往往在修理问题上和租箱公司展开激烈的争吵，虽然出于长远的共同利益考虑，最终双方一般都能达成一致意见，但也有例外的时候。

【导读案例分析】

法律解释：在海上货物运输过程中，承运人作为货物的运输者和保管者，首先要提供适航的船舶，还要使货舱、冷藏舱、冷气舱和其他载货处所适于并能安全接受、载运和保管货物。按照我国《海商法》的规定，货物在承运人责任期间发生灭失或损坏，只有存在承运人免责事由时，承运人才不用承担责任，否则承运人应负赔偿责任。

集装箱海上运输地区跨度大、天气和自然条件恶劣。集装箱海运的这种特殊性使同一种装箱方法在非海上运输时不会出现货损，但在海上运输时就有可能出现货损。从货物装箱角度看集装箱海运货损事故发生的主要原因可大致归纳为以下几点

(1) 箱内货物包装存在缺陷。如包装强度不足等。

(2) 集装箱不适货或箱本身存在缺陷。

(3) 箱内货物装载不适，如不相容货物装载一箱。

(4) 箱内系固方法不当，如货物衬垫、绑扎或固定不当。

(5) 集装箱在运输过程中因为箱内产生汗水造成的货损。如受外界温度、湿度变化的影响，导致箱内货物受损等。

本案中托运人燕丰进出口公司委托承运人运输花生，由于海上运输面临温度和湿度等自然因素的变化，导致了花生的损毁发生货损的原因如下。

(1) 箱内花生的包装强度不足。因为海运条件下湿度大，温度变化剧烈时花生是极易发霉导致损毁的，选择严密的真空包装可在一定程度上防止花生发霉。

(2) 集装箱不适货。承运人在签下运输合同时就该考虑到这类特殊物品可能的货损，因此应该选用密封性较好的集装箱，尽量避免花生损毁。

(3) 集装箱在运输过程中因为箱内产生汗水造成的货损。集装箱受到外界温度变化或风雨的影响，使箱内气温快速下降而发生"出汗"，或箱内的水分加大箱内的绝对湿度。花生本身也含有较多的水分，加上"出汗"、温度变化和湿度提高，导致花生产生毁损。

本 章 总 结

1. 集装箱运输是指以集装箱这种大型容器为载体，将货物集合组装成集装单元，以便在现代流通领域内运用大型装卸机械和大型载运车辆进行装卸、搬运作业和完成运输任务，从而更好地实现货物"门到门"运输的一种新型、高效率和高效益的运输方式。

2. 目前使用的国际集装箱规格尺寸主要有4种箱型，即A型、B型、C型和D型。

3. 集装箱的标志包括：箱主代号；箱号或顺序号、核对号；集装箱尺寸及类型代号。

4. 集装箱货物的装箱作业通常采用三种方法：全部用人力装箱、用叉式装卸车(铲车)搬进箱内再用人力堆装和全部用机械装箱。为了保证货物安全和运输质量，在装载时要根据货物的特性和包装状态，按照集装箱装箱的基本要求和注意事项进行装载。

5. 集装箱货物的交接方式主要有：门到门、门到场、门到站、场到门、场到场、场到站、站到站、站到场、站到门。

6. 集装箱租赁是指集装箱租赁公司与承租人(一般为海运班轮公司，铁路、公路运输公司等)签订协议，用长期或短期的方式把集装箱租赁给承租人的一种租赁方式。

7. 集装箱的租赁方式有定期租赁、程租租赁、活期租赁。

专 业 英 语

1. carrier's own container (COC)　船东自备/有箱

2. container cargo　集装箱货物

3. container carrying vessel　集装箱船

4. container cleaning　洗箱

5. container depot/yard (YD)　集装箱堆场

6. container dimensions　集装箱尺寸

7. container inspection/survey　集装箱检验

8. container leasing　集装箱租赁

9. container leasing long-term　集装箱长期租赁

10. container No.　箱号

11. container packing　集装箱装箱

12. container trailer　集装箱拖车

13. container wear and tear　集装箱箱体自然损耗

14. container's internal dimensions/inside dimension (I.D.)　集装箱箱内尺寸

15. containerization　集装箱化

16. corner fitting　角件

17. dry container/dry freight container (DC)　干箱

18. efficiency of container　集装箱箱容系数

19. equipment control (E/C)　箱管

20. fork truck for lifting container　集装箱叉车

21. HC/HQ (high cube)　高箱

22. ISO Standard for Container　国际标准集装箱规格

23. off-hire containers　退租箱

24. open top (OT)　开顶箱

25. period of container leasing　租箱期

26. platform container　(PF)　平板箱

27. reefer container/refrigerated container (RF)　冷藏集装箱

28. shipper's own container (SOC)   货主自备/有箱
29. tank container   油罐集装箱
30. twenty-foot container (20'GP)   20 尺标箱

课 后 习 题

一、单选题

1. 1973 年，我国开辟了第一条国际海上集装箱运输线，它的路线是(   )。
    A. 上海至澳大利亚   B. 上海至日本
    C. 天津至美国   D. 厦门至加拿大
2. 称为大副收据的是(   )。
    A. 装货单   B. 收货单   C. 装货清单   D. 托运单
3. 若集装箱的箱主代码为 "COSU"，则其中 U 表示的是(   )。
    A. 运输方式的种类   B. 集装箱的类型
    C. 集装箱的装箱方式   D. 箱主所在国代码
4. 集装箱运输中对拼箱货集中装、拆箱的场所是(   )。
    A. 发、收货人仓库   B. 码头
    C. 集装箱货运站   D. 集装箱堆场
5. 集装箱是符合一定规定的(   )。
    A. 包装   B. 运输工具   C. 容器   D. 运输设备

二、多选题

1. 集装箱运输特有的主要单证包括(   )。
    A. 集装箱清单   B. 运费清单   C. 设备交接单
    D. 场站收据   E. 集装箱装箱单
2. 集装箱运输所涉及的关系方包括(   )。
    A. 集装箱堆场经营人   B. 集装箱实际承运人
    C. 集装箱租赁公司   D. 无船承运人
    E. 集装箱货运站
3. 集装箱第一组标记包括(   )。
    A. 顺序号   B. 尺寸代号   C. 箱主代号   D. 核对数字
4. (   )表示集装箱。
    A. container   B. 货箱   C. 货柜   D. Van
5. 常见的集装箱交接方式有(   )。
    A. 整箱交/整箱收   B. 整箱交/拆箱收
    C. 拼箱交/空箱收   D. 拼箱交/拆箱收

三、案例分析

国外客户 C 在 2001 年 5 月份向 A 公司下了 1×40'H 集装箱的产品 P3 的订单，由于很多产品的包装为新的包装，我司在下了订单 1 个月后还不能得到确切的装箱尺寸。由于其中一个工厂货物体积与刚下订单时的所报体积多出 7CBM，其他部分工厂在给报装箱尺寸时都是箱子的内径，实际上外径比内径都大了 0.5CM，由此造成所有货物生产完毕和计算总体积时，才发现共多出 10CBM。

A 公司将此情况告诉国外客户，客户表示多出的货物他们不要了，他们不可能为了 10CBM 的货物再支付运费。A 公司提出可否由其支付海运费，将货物运至目的港。可是客户还是不同意，因为多余的货为拼箱出运，客户还要在目的港重新办理清关手续。A 公司只得要求仓库在装箱时注意节省空间，务必尽可能地多装货物，最后此高柜比平时的柜子多装了 4CBM 的货物，将存货减到最少。至于留下的存货，A 公司在以后的订单中，以低廉的价格卖给其他客户。

问题：请分析本案例中存在的问题。

四、技能训练题

【训练题一】

一批出口商品，产品所用包装纸箱的尺寸为长 485mm×366mm×275mm，每箱毛重 25kgs，用 40 英尺的铜质集装箱，箱内尺寸为 12 050mm×2343mm×2386mm，内容积 67.4CBM，最大载重 27 380kgs。

问题：请说明该集装箱最多可装多少个纸箱？

【训练题二】

某公司首次承揽到三个集装箱运输业务，时间较紧，从上海到大连铁路 1200 千米，公路 1500 千米，水路 1000 千米。该公司自有 10 辆 10 吨普通卡车和一个自动化立体仓库，附近一家联运公司虽无集装箱卡车，但却有专业人才和货代经验，只是要价比较高，至于零星集装箱安排落实车皮和船舱，实在心中无底，你认为采取什么措施比较妥当？①自己购买若干辆集装箱卡车然后组织运输。②想请铁路部门安排运输但心中无底。③水路最短路程，请航运公司来解决运输。④联运公司虽无集卡，但可叫其租车完成此项运输。⑤没有合适运输工具，推掉该项业务。

问题：

(1) 上述可供选择的措施中你最倾向于哪种？

(2) 联系实际谈谈你的措施及理由。

【训练题三】

根据所给内容制作 B/L。成交价格条件 CIF；CY-D 运输条款；B/L 号 0022；L/C 受益人上海广电公司；L/C 开证申请人美国家用电器公司；收货人代理环宇物流公司；装船港上海；中转港神户；卸船港西雅图；交货地底特律；一程船中海"金山"轮；二程船"远东"轮，第 40 航次；货物内容：电视机(29′)、数量 1000 台。唛头编号 1/0—1000/1000、装载 2×20′GP，发货人，28 000 公斤装载并计数、60 立方米，运费费率 FAK、附加费 THC DDC BAF、CAF，货物申报 20 000 美元、运费支付地与 B/L 签发同一地；正本 B/L 签发 3 份、B/L 签发日期 2015 年 3 月 13 日，箱号：6486783.9326262；关封号：7684128.7684129。

注：箱号英文缩写 C/N，关封号英文缩写 S/N，唛头英文缩写 M/N。

Shipper	B/L No.
Consignee	**PORT TO PORT OR COMBINED TRANSPORT BILL OF LADING**
Notify Party	RECEIVED by the carrier as specified below in apparent good order and condition unless otherwise stated, the goods shall be transported to such place as agreed, authorized or permitted herein and subject to all the terms and conditions whether written, typed, stamped, printed, or incorporated on the front and reverse side hereof which the Merchant agrees to be bound by accepting this Bill of Lading, any local privileges and customs notwithstanding. The particulars given below as stated by the shipper, the weight, measure, quantity condition, contents and value of goods are unknown to the carrier. In WITNESS whereof one (1) original Bill of Lading has been signed if not otherwise stated below, the same being accomplished the other(s), if any, to be void, if required by the carrier one (1) original Bill of lading must be surrendered duly endorsed in exchange for the goods or delivery order. **ORIGINAL**

Precarriage by	Place of Receipt*
Vessel Voy. No.	Port of Loading
Port of Discharge	Place of Delivery*

PARTICULARS FURNISHED BY THE MERCHANT

Container No. /Seal No. Marks & Numbers	No. of Containers or Packages	Description of Goods	Gross Weight	Measurement

TOTAL NUMBER OF CONTAINERS OR PACKAGES (IN WORD)

Freight & Charges	Rate	Unit	Prepaid	Collect
Excess Value Declaration				
Prepaid at	Payable at			
Number of Original Bills of Lading				
Place of issue				
Date of issue				

第五章　国际铁路货物运输

【本章导读】

"一带一路"是"丝绸之路经济带"和"21世纪海上丝绸之路"的简称,是中国新时代一个对外开放的战略,也是国家对外投资的重点。而从"一带一路"所涉及的区域来看,是中亚、南亚、北亚、东南亚、东亚经贸和文化交流的大通道。中国拥有世界上最多的高速列车,列车覆盖时速200~380千米各个速度等级,时速的提升能够更好地拉近与其他国家之间的经济发展效益。伴随着更多的新的经济的发展,一带一路项目也使铁路建设项目更趋于完整,而在这样的一个新的经济形势的推动下,铁路建设与"一带一路"项目之间的关系也将会衔接得更加紧密。

【学习目标】

本章主要讲授国际货物铁路运输的基本知识及其特点、国际货物铁路联运在国际贸易中的作用等内容。通过学习,了解国际货物铁路运输的种类、对港澳地区货物运输的程序,熟练掌握运输程序中产生的各种单证及缮制,并能准确地核算铁路运费。

【导读案例】

哈尔滨某A公司购买B公司价值20万元的货物,合同约定B公司将货物代办托运。B公司遂向当地铁路西站办理了托运货物到C火车站的运输手续,货物保价15万元。B公司在填写收货人时将A公司误写成AM公司。货物抵达C火车站后,该站依据与D物流公司的代理合同,将货车调配到D物流公司的专线卸车,并办理了货物交接手续。当日D公司向A公司发出领货通知。第二日,A公司持领货凭证按C火车站的要求出具证明办理领货手续,向D公司交纳了专线、暂存、卸车等费用,提货时得知货物已在昨天被冒领。经查,冒领人所持运单系伪造。A公司遂对D公司提起诉讼,索赔货损20万元及其他损失。

思考:

1. D的身份是C火车站的代理人还是存在仓储保管关系下的保管人?

2. A公司是否有权向C火车站索赔?依据是什么?

3. A公司是否有权向D公司索赔?依据是什么?D公司有过失吗?

4. 在铁路交货环节中,提货人除了提供运单外,为何还应该提供买卖合同、营业执照副本、授权委托书等?

第一节　国际铁路货物运输基础知识

一、铁路运输的产生与发展

铁路运输(Rail Transport)有狭义和广义之分，狭义上通常是指一种以具有轮对的车辆沿铁路轨道运行，以达到运送旅客或货物为目的的陆上运输方式。广义的铁路运输包括磁悬浮列车、缆车、索道等并非使用车轮形式，但仍然沿特定轨道运行的运输方式，通称轨道运输或轨道交通。轨道交通在国际货物运输中的地位仅次于海洋运输。

(一)世界铁路运输的产生与发展

铁路货物运输只有 160 多年的历史。希腊是第一个拥有路轨运输的国家。至少 2000 年前已有马拉的车沿着轨道运行。1804 年，理查·特里维西克(Richard Trevithick)在英国威尔斯发明了第一台能在铁轨上前进的蒸汽机车。第一台取得成功的蒸汽机车是乔治·史蒂芬孙(George Stephenson)在 1829 年建造的火箭号。1820 年，英格兰的史托顿与达灵顿铁路成为第一条成功的蒸汽火车铁路，它的正式开业运营标志着近代铁路运输业的开端。铁路以其迅速、便利、经济等优点，深受人们的重视。后来的利物浦与曼彻斯特铁路更显示了铁路的巨大发展潜力。进入 19 世纪，西欧各国和美国都兴起了铁路建设的高潮，横贯美国大陆的铁路就是在这个时期建成的。到 19 世纪后半叶，铁路热已经扩展到非洲、南美洲和亚洲各国，且成为世界交通的领导者近一个世纪，直至飞机和汽车发明，才令铁路缓慢地衰落。

第一次世界大战前夕，世界铁路总里程已增加到 110 万千米，20 世纪 20 年代，增加到 127 万千米。在铁路的快速发展下，高铁也开始了它的发展。高架电缆在 1888 年发明后，首条使用高架电缆的电气化铁路在 1892 年启用。第二次世界大战后，以柴油和电力驱动的火车逐渐取代蒸汽火车。1960 年起，多个国家建造了高速铁路。而货运铁路亦连接至港口，并与船运合作，以货柜运送大量货物以大大减低成本。现在全球 206 个国家和地区中，有 144 个设有铁路运输，其中约 90 个提供客运铁路服务。20 世纪 70 年代以来，随着人们对环保问题的逐渐关注，电气化的铁路运输以其能耗低、大气污染少的特点重新得到人们的重视。目前，世界铁路总里程已增至 150 万千米左右。其中，美洲铁路约占世界铁路总里程的 1/3，欧洲约占 1/3，其他地区之和约占 1/3。列车速度最高可达每小时 550 千米左右，货运列车速度每小时也在 150 千米左右。

铁路运输发展的主要趋势已转变为运输设备现代化、运输管理自动化。这个趋势突出表现为，以电力机车和内燃机车逐步代替蒸汽机车，实现了牵引动力的电气化和内燃化。其中，作为铁路现代化主要标志之一的电气化铁路总里程已达 26 万千米。与此同时，各国加快了复线、无缝铁路和重型钢轨的铺设，并采用了现代化通信设备，特别是电子计算机的应用使铁路营运管理工作逐步走上了自动化的道路。

(二)中国铁路运输的产生与发展

1876 年，中国土地上出现了第一条铁路，这就是英国资本集团采取欺骗手段修筑的吴淞铁路。这条铁路经营了一年多时间就被清政府赎回拆除了。5 年后，在清政府洋务派的主持下，于 1881 年开始修建唐山至胥各庄铁路，从而揭开了中国自主修建铁路的序幕。1909年中国人自己勘测、设计、施工的第一条铁路京张铁路全长 200 千米。新中国成立后，1952年建成的第一条干线铁路成渝铁路全长 502 千米，掀开了铁路建设史上的新篇章。2008 年中国第一条真正意义上的高速铁路京津城际高铁诞生。我国电气化铁路总里程已突破 24 000千米，成为继俄罗斯之后世界第二大电气化铁路国家。我国铁路电气化率已经达到 27%，承担着全国 43%的货运。

铁路运输在国际贸易货物运输中，尤其是在与我国内陆接壤的国家之间的贸易中，起着无可替代的作用。在我国现代化的运输方式中，铁路承担的客运周转量占 60%，货运周转量占 70%。2014 年，全国铁路运量累计完成货运量 38.1 亿吨，完成货物周转量 27 530亿吨千米。截止到 2014 年，我国铁路营业里程已达 11.2 万千米，其中高铁 1.6 万千米。中国内地 31 个省区中，28 个已通达高铁，高铁基本成网。而中国早已是全球高铁投产运营里程第一大国。

2014 年，铁路运输贯彻落实国家"一带一路"的战略，开行中欧班列、中亚班列，发展国际联运业务；按日行 1000 千米以上，在西、中、东 3 条通道铺画了中欧班列运行线；按照品牌标志、运输组织、全程价格、服务标准、经营团队、协调平台 "六统一"的原则，打造中欧班列品牌。2014 年 12 月 10 日列车运行图调整之后，铁路安排了 19 列中欧班列运行线，同时安排了 15 列中亚班列运行线、28 列铁水联运集装箱快运列车运行线。2014 年，中欧班列运量实现了较快的增长，全年共开行 308 列，较上年同期多开 228 列，增长 285%；组织自欧洲至中国的回程班列 28 列。中欧班列的快速发展，为中欧沿线各国间经贸发展起到促进作用，为国家"丝绸之路经济带"建设提供了强有力的运力保障。中国已经成为世界上高速铁路发展最快、系统技术最全、集成能力最强、运营里程最长、运营速度最高、在建规模最大的国家。

二、铁路运输概述

(一)铁路运输的种类

按照我国铁路技术条件，现行的铁路货物运输的种类分为整车、零担和集装箱三种。整车适于运输大宗货物；零担适于运输小批量的零星货物；集装箱适于运输精密、贵重、易损的货物。

(二)货运车辆及其标记

1. 铁路货车的种类和编号

铁路车辆是由铁路机车牵引的载运工具。铁路车辆按功能可分为三大类：客车、货车和特种用途车。铁路货车是用于载运货物的车辆，按其用途不同，可分为通用货车用专用货车。通和货车是装运普通货物的车辆，所装载的货物品种、类型不固定，对运输条件无特殊要求。铁路货车中这类货车占的比重较大，一般有敞车、平车、棚车等几种。专用货车一般指只运送一种或很少几种货物的车辆。专用货车一般有保温车、罐车、集装箱车、长大货物车、毒品车、水泥车、粮食车和用于铁路企业从事本身技术业务工作的车辆，也称为铁路特种用途车。

我国规定：可以用于国际铁路货物联运的车辆是不超过 70 吨载重的通用货车。

每辆货车都有其单独固定的标记，一个完整的货车标记包括基本型号、辅助型号和车号。例如，C62A 4785930，C 表示是货车的敞车；A 是货车型号，表示是 62 型敞车，代表规定的载重和长、宽、高尺寸顺序系列：A 也是辅助型号，表示车辆的材质是耐候钢；4785930 是每个车辆的顺序编号。

2. 通用型货运车辆简介

(1) 敞车车体类型及特点，车型代码是 C。

敞车是指具有端壁、侧壁、地板而无车顶，向上敞开的货车，主要供运送煤炭、矿石、矿建物资、木材、钢材等大宗货物用，也可用来运送重量不大的机械设备。若在所装运的货物上蒙盖防水帆布或其他遮篷物后，可代替棚车承运怕雨淋的货物。因此敞车具有很大的通用性，现在我国约有敞车 35 万辆，占货车总量的一半以上，是铁路运输的主力车型。

(2) 棚车车体类型及特点，车型代码是 P。

棚车是铁路货车中的通用车辆，用于运送怕日晒、雨淋、雪浸的货物，包括各种粮谷，日用工业品及贵重仪器设备等。车体是由端壁、侧壁、地板、车顶、门、窗等部分组成的，能防止风、雪、雨、水侵入车内。大多数棚车是通用车型，但也有一部分专用车，如家畜车等。我国约有棚车 11 万辆，占货车总量的 18%。

(3) 平车车体类型及特点，车型代码是 N。

平车车体没有固定的侧壁和端壁，只是由钢底架和木地板组成。从结构上看，平车主要有平板式和带活动墙板式两种。平板式平车没有活动的侧壁和端壁，只有钢底架和木地板。带活动墙板式平车的活动侧壁和端壁由钢框和木板制成。每边侧壁有四块壁板，各块壁板均能单独地上下翻转。平车是供装运木材、钢材、机器、拖拉机及汽车等货物的车辆，也可装运集装箱等。我国约有普通平车 3 万辆，占货车总量的 5%。

3. 专用型车辆

(1) 长大货物车，车型代码是 D。

(2) 罐车，车型代码是 G。

(3) 保温车，车型代码是 B。

(4) 家畜车，旧车型代码是 J。这种车型被淘汰后改造为汽车运输专用车。

(5) 矿石车，车型代码是 K。供装运各种矿石、矿粉等货物的车辆。

(6) 砂石车，车型代码是 A。供运输砂土、碎石的车辆。通常其端墙和侧墙的高度在0.8 米以下。

(7) 水泥车，车型代码是 U。供运输散装水泥的车辆。按卸货方式可分为上卸式水泥车(风压式)和下卸式水泥车等。

(8) 我国铁路还设计制造一些专用车辆。例如，粮食专用车车型代码是 L，双层运输汽车专用车型代码是 SQ5 型，散装水泥车车型代码是 U，毒品专用车车型代码是 W6 型，集装箱专用车车型代码是 X，等等；还有除雪车、专用救援列车、长钢轨车等；此外，还有检衡车、试验车、发电车、电路修理车等专用车型。

4. 车辆标记和对国际联运车辆的要求

(1) 目前，我国铁路使用于国际联运的车辆主要是通用型货车，即敞车、棚车、平车、长大货车和保温车等部分专用货车。所有车辆的规格型号和运行状态都必须符合我国铁路和《国际货协》车辆运行状态标准。

(2) 车辆标记就是标明在铁路车辆的一定位置上，用以表示产权、类型、车号、基本性能、配属及使用中注意事项等的符号。其主要标记有：路徽、车号、自重、载重、容积、定期检修的修程、客车车种、客车定员、配属、车辆定位等标记。

车辆检修标记。中国铁路对货车进行有计划的检查和修理，检修有厂修、段修、辅修三级修理和临修、轴检。这些定期检修均有一定的时间规定。

(3) 国际铁路联运对车辆的规定。

凡我国铁路车辆原车出境的口岸，原车出境的车辆必须带有标记，严禁检修逾期的车辆使用于国际联运。由于我国出口运输是在进口国车站换装，而上述检修逾期的车辆是不准出境的，已报关货物又严禁随意卸车换装，因此，在发运货物时要查验车辆的检修日期，把发站到口岸站的运输时间预留出来，以防车到口岸后因检修、轴检过期不能出境。

(三)铁路集装箱规格

1. 我国铁路集装箱的箱型、规格和标记代号标准

铁道部根据我国实际和铁路的情况制定了我国铁路的箱型、规格和标记代号标准，我国铁路集装箱的箱型规范、规格和标记代号均按照国际惯例。

目前，我国铁路只允许20英尺通用干货集装箱、20英尺通用干散货集装箱(顶开门)、40英尺通用干货集装箱等标准箱型使用于国际联运，在开办集装箱国际运输早期曾使用过5吨和10吨箱型，但随着国际集装箱运输的规范化、标准化，非国际标准的小箱型已停止使用。

(1)　20英尺、40英尺通用干货集装箱。这类集装箱均按国际标准制造。

(2)　20英尺通用干散货集装箱(顶开门)。铁路通用干散货集装箱是在通用集装箱构造的基础上，除了在一端设有箱门外，在箱顶部设有上开门，便于干散货物装卸的运输设备。允许装运的货物是通用集装箱适箱货物和适箱散堆装货物。不受温度变化影响的各类固体散货、颗粒或粉末状的货物都可以由这种集装箱装运。

2. 20英尺折叠式台架集装箱

20英尺折叠式台架集装箱是针对木材运输而设计开发的铁路特种集装箱。是由底架、端墙、侧框、两箱连接构件、箱车连接构件组成的，具有折叠功能，须成对与一辆铁路普通平车配套使用，可装运原木、管材等长大货物，具有载重量大、装卸方便、空箱可折叠回送、运输安全等特点。在满洲里、绥芬河等国际口岸以及东北林区的木材运输中发挥了重大的作用。

3. 我国国内运输其他规格集装箱

(1)　铁路20英尺弧型罐式集装箱，适运货物：液体普通货物。

(2)　铁路20英尺散装水泥罐式集装箱，适运货物：散装水泥、粉煤灰等粉状普通货物。

(3)　铁路20英尺水煤浆罐式集装箱，适运货物：水煤浆。

(4)　铁路50英尺双层汽车集装箱，适运货物：轿车、中型客车、轻型货车、多功能车等，通用集装箱的适箱普通货物。

(5)　铁路48英尺干货集装箱，适运货物：文化用品、化工用品、电子机械、工艺品、医药、日用品、纺织品及仪器零件等。

(6)　铁路20英尺框架罐式集装箱，适运货物：液体普通货物。

(7)　铁路10吨通用干货集装箱，通常用来装运文化用品、化工用品、电子机械、工艺品等。

三、铁路运输的特点

铁路是国家的经济大动脉，铁路货物运输是现代运输业的主要方式之一。与其他运输方式相比，铁路货物运输具有以下几个方面的特点。

(1)　铁路运输的准确性和连续性强。铁路运输几乎不受气候影响，一年四季可以不分昼夜地进行定期的、有规律的、准确的运转。

(2)　铁路运输速度比较快。铁路货运速度每昼夜可达几百千米，一般货车可达150km/h

左右，远远高于海上运输。

(3) 运输量比较大。铁路一列货物列车一般能运送 3000~5000t 货物，远远高于航空运输和汽车运输。

(4) 铁路运输成本较低。铁路运输费用仅为汽车运输费用的几分之一到十几分之一；运输耗油约是汽车运输的 1/20。特别是在货量较大、运距较长的情况下，相对于汽车、航空等运输更有优势。

(5) 铁路运输环境污染小，噪声小，且是间断性的，空气尘埃少，特别是电气化铁路对环境的影响就更小。

(6) 铁路运输的安全可保证，风险远比海上运输小。

(7) 初期投资大。铁路运输需要铺设轨道、建造桥梁和隧道，建路工程艰巨复杂，需要消耗大量钢材、木材，占用土地多，其初期投资大大超过其他运输方式。

另外，铁路运输由运输、机务、车辆、工务、电务等业务部门组成，要具备较强的准确性和连贯性，各业务部门之间必须协调一致，这就要求在运输指挥方面实行统筹安排，统一领导。

四、铁路运输在我国国际贸易中的作用

铁路运输在我国国际贸易中起着重要的作用，主要表现在以下几个方面。

(1) 有利于发展同欧亚各国的贸易。

我国通过铁路把欧亚大陆连成一片，为发展中、近东和欧洲各国的贸易提供了有利的条件。在新中国成立初期，我国的国际贸易主要局限于东欧国家，铁路运输占我国进出口货物运输总量的 50%左右，是当时我国进出口贸易的主要运输方式。进入 20 世纪 60 年代以后，我国海上货物运输开始发展，铁路运输进出口货物所占的比例虽然有所下降，但其作用仍然十分重要。

(2) 有利于开展港、澳特别行政区的贸易。

内地通过香港进行转口贸易，铁路运输是内地和港、澳开展贸易的一种运输方式。港、澳两地的日用品一直以来都是由内地供应，随着内地对该地区供应的不断扩大，运输量也逐渐增加，做好对港、澳运输的优质、适量、均衡、应时，在政治上和经济上都非常重要。

香港是著名的自由港，与世界各地有着非常密切的联系，海、空定期航班比较多，作为转口贸易基地，开展陆空、陆海联运，为我国发展与东南亚、欧美、非洲、大洋洲各国和地区的贸易、保证我国出口创汇起着重要的作用。

(3) 对进出口货物在港口的集散和各省、市之间的商品流通起着重要作用。

我国幅员辽阔，海运进口货物大部分利用铁路从港口运往内地的收货人，海运出口货物大部分也是由内地通过铁路向港口集中，因此铁路运输是我国国际货物运输的重要集散方式。国内各省市和地区之间调运外贸商品、原材料、半成品和包装物料主要也是通过铁

路运输来完成的。我国国际贸易进出口货物运输大多要通过铁路运输这一环节，铁路运输在我国国际货物运输中发挥着重要作用。

(4) 利用欧亚大陆桥运输是必经之道。

大陆桥运输是指以大陆上铁路或公路运输系统为中间桥梁，把大陆两端的海洋连接起来的集装箱连贯运输方式。大陆桥运输一般以集装箱为媒介，采用国际铁路系统来运送。

我国目前开办的西伯利亚大陆桥和新欧亚大陆桥的铁路集装箱运输具有安全、迅速、节省的优点。这种运输方式对发展我国与中、近东及欧洲各国的贸易提供了便利的运输条件。为了适应我国经济贸易发展的需要，利用这两条大陆桥开展铁路集装箱运输将会促进我国与这些国家和地区的国际贸易发展。

目前我国正拟建第三亚欧大陆桥，目前构想中的第三亚欧大陆桥以深圳港为代表的广东沿海港口群为起点，由昆明经缅甸、孟加拉国、印度、巴基斯坦、伊朗，从土耳其进入欧洲，最终抵达荷兰鹿特丹港，横贯亚欧 21 个国家(含非洲支线 4 个国家：叙利亚、黎巴嫩、以色列和埃及)，全长约 15 157 千米，比目前经东南沿海通过马六甲海峡进入印度洋行程要短 3000 千米左右。第三亚欧大陆桥通过 AMBDC 机制(ASEAN-Mekong Basin Development Cooperation，东盟—湄公河流域开发合作机制)下的泛亚铁路西线，把亚洲南部和东南部联结起来，使整个亚洲从东到西、从南到北的广大地区第一次通过铁路网完整地联系起来，成为我国继北部、中部之后，由南部沟通东亚、东南亚、南亚、中亚、西亚以及欧洲、非洲的又一最便捷和安全的陆路国际大通道。

第二节　国际铁路货物联运

一、概述

国际铁路货物联运(International Railway Through Goods Traffic)是指使用一份统一的国际铁路联运票据(Through Rail Waybill)，在跨越两个及两个以上国家铁路的货物运送中，由参加国铁路负责办理两个或两个以上国家铁路全程运送货物过程，由托运人支付全程运输费用，而无须收、发货人参加的铁路运输组织形式。

国际铁路联运牵涉面广，从发货站发运货物起，须经过出口国的国境站、经过国的进口和出口国境站，直到进口国的进口国境站，环节多，交接复杂。因此，要求货物的包装要适合长途运输的需要，票据规范、清晰，随附单证齐全，运送车辆为国际列车，设备必须完好无损。

国际铁路货物联运有以下几个方面的特点。

(1) 是不同国家或地区之间的货物运输。国际铁路运送的货物都要涉及两个或两个以上国家，因此涉及多个国境站。

(2) 对运输条件有统一要求。国际铁路联运要求每批货物的运输条件要符合有关国际联运的公约、规则的统一规定，如货物包装、转载、票据的编制、添附文件及车辆使用等。

(3) 国际铁路联运的组织工作复杂。因为联运货物必须有两个或两个以上国家的铁路参加运送，在办理国际铁路联运时，其运输票据、货物、车辆及有关单证都必须符合相关国家的有关规定，并且要办好衔接工作。

(4) 使用一份铁路联运票据完成货物的跨国运输。

(5) 国境换装作业不需要货方参加。

二、国际铁路货物联运适用的规章

国际铁路货物联运是一种特定的运输方式，其运输规章和责任由《国际货协》规定。《国际货协》的最高主管机构是国际铁路合作组织(以下简称"铁组")，铁组由《国际货协》参加国铁路的国家主管机构组成。协定或协约参加国通过铁组委员会召开的代表会议可对其进行修改补充，获得通过后按规定公布实施。

(一)《国际货协》对办理国际铁路货物联运适用的规章

1.《国际货协》和《国际铁路货物联运协定办事细则》

《国际货协》是办理国际铁路货物联运最基本的规章，它规定了货物运输组织、运送条件、运送费用计算核收办法以及铁路与收、发货人之间的权利和义务等。《国际货协》除正文外，还有大量附件。主要有：《危险货物运送规则》《易腐货物运送规则》《集装箱运送规则》《托盘货物运送规则》《私有货车和铁路出租的铁路车辆运送规则》《货捆运送规则》《车辆和集装箱货物装载和加固规则》《汽车列车、汽车、挂车、半挂车和可甩挂汽车车身运送规则》《国际货约/国际货协运单指导手册》等。

2.《国际铁路货物联运统一过境运价规程》(以下简称《统一货价》)

它规定了在本运价规程参加铁路的国家之间过境另一参加《统一货价》国家的铁路运送货物时，应办理运送票据的手续、过境运送费用、杂费和其他费用的计算与核收方法以及过境里程、货物运价等级、计费重设的确定办法等。它对参加的铁路和发、收货人都有约束力。

3.《国际联运货车使用规则》(以下简称《车规》)

主要规定了国际联运协定各国参与联运货车车辆、运送用具和集装箱的技术条件。对铁路车辆部门和国境车站适用。

4.《国际旅客联运和铁路货物联运清算规则》(以下简称《清算规则》)

规定了国际联运协定各参加铁路间一切费用的清算办法，适用于铁路财务清算部门和国境站。

5.《国际铁路货物联运通用货物品名表》

根据世界海关组织商品说明和编码通用系统编制，与国际铁路联盟的通用货物品名表一致，个别章节根据铁路运输特点作了补充。每项货物代码由八位字符组成，前六位字符与编码通用系统，后两位为该货物在本项中的编号，用于特别准确地说明货物。它是填写国际货协运单和各国铁路确定过境货物运价等级的重要依据，对铁路和收、发货人均有约束力。

6.《国境铁路协定》

《国境铁路协定》是两相邻国家铁路部门签订的，规定了以下内容：国境站设置，列车运行条件，电报和电话通信办法，双方采用的时间，国境站设施的使用条件，铁路人员过境和在对方境内驻留的办法，调车工作，货物和车辆的交接，事故救援处理，国境联合委员会会议的召开，等等。目前，我国铁路与俄罗斯、蒙古、哈萨克斯坦、朝鲜和越南铁路间签订了《国境铁路协定》。它对铁路和收、发货人都有约束力。

7.《国境铁路联合委员会议定书》

根据《国境铁路协定》，经铁路中央机关批准、授权，相关铁路国境铁路局间定期(一般每年一次轮流举行)召开国境铁路联合委员会会议，并签订会议议定书。它对国境站间的行车组织、国境站的货运和商务工作作了更详细的规定，对铁路和收、发货人都有约束力。

8.《国际铁路货物联运办法》

根据《国际货协》的相关规定，结合我国铁路运输的条件和特点编制而成，只适用于我国国内的国际铁路货物联运，对国外铁路不适用。

在上述国际联运规章、补充规定以及《联运办法》内未规定的事项，均适用国内铁路规章的规定。国际联运和国内铁路都有规定时，适用国际联运规章。在我国境内铁路运输时，如我国铁路规定与国际贸易规定有差别时，应首先遵守我国铁路运输规定。

(二)我国铁路货物运输与国际货物运输的有关规章

我国铁路运输与国际货物运输的有关规章包括《铁路货物运输规程》《铁路货物运输管理规则》(以下简称《运规》)、《铁路货物运价规则》(以下简称《价规》)、《铁路货物运输品名检查表》《全国铁路货运营业站》《货物运价里程表》《铁路超限起重货物运输规则》(以下简称《超规》)、《铁路鲜活货物运输规则》《铁路货物装载加固规则》(以下简称《加规》)、《铁路危险货物运输管理规则》(以下简称《危规》)、《铁路危险货物品名表》《铁路危险货物运输办理站办理规定》《铁路危险货物运输自备罐车管理手册》《铁路危险货物运输资质一览表》《铁路集装箱运输办法》《铁路货物保价运输办法》《货车延期使用费核收办法》等。

在我国可以办理国际铁路货物联运和申报国际铁路货物运输计划的发运人，只能是具有国际货运代理和国际进出口贸易资格的法人。

三、国际铁路货物联运的基本规定

(一)联运的范围

国际铁路联运既适用于原"货协"国家之间的货物运输，也适用于原"货协"至"货约"国家之间的顺向或反向的货物运输。在我国国内凡可办理铁路货运的车站都可接受国际铁路货物联运。

1. 参加《国际货协》各铁路间的货物运送方式

参加《国际货协》各铁路间的货物运送，是从始发站以一份运送票据(国际货协运单)进行，由于《国际货协》参加国的铁路轨距不同，所以联运货物的运送方式也不同。

(1) 在相同轨距的各国铁路之间，一般情况下可用发送国车辆直接过轨，不必换装而直通运送，如独联体国家铁路间。

中朝铁路间尽管轨距相同，但自 2008 年 6 月 20 日起，将原来的直通过轨改为换装运输。除罐车及超限超重货物外，中朝间所有铁路进出口货物均在中方的丹东、图们和集安国境站换装。

(2) 在不同轨距的各国铁路之间，由接收铁路准备适当车辆，货物在国境站换装或更换货车轮对后继续运送。

2. 国际铁路联运的范围

根据组织联运运输方法的不同，国际铁路联运的范围可以分成如下三类。

(1) 我国与《国际货协》国之间的铁路货物联运。

我国与其他《国际货协》国，包括已退出《国际货协》、但仍采用《国际货协》规定的波兰、捷克、匈牙利、德国四个国家之间的铁路货物运送，始发站以一份《国际货协》运送票据，由铁路负责直接或通过第三国铁路运往终到站并交付收货人。

(2) 我国与未参加《国际货协》铁路间的铁路货物联运。

我国向未参加《国际货协》国家出口货物时，一般是采用《国际货协》运单办理至参加《国际货协》国的最后一个过境出口国境站，由该国境站站长或收货人委托的代理人办理转发至未参加《国际货协》的国家。由未参加《国际货协》国家的铁路向我国进口货物时，与上述办理程序相反。

(3) 通过参加货协国的港口向其他国家运送货物。

我国通过波兰或德国等国港口向芬兰等国发货，此种运输方式为铁/海运输，称为欧洲流向。方法是发货人采用《国际货协》运单运送至过境铁路港口，由港口收转人办理海运至目的地手续。

邻国利用我国港口向日本、东南亚等国发货，此种运输方式为海/铁运输，称为东南亚流向。由于俄罗斯有一支船队往返于远东与东南亚之间，因此，利用我国港口而采取海/铁运输的货物较少，利用率低下。

(二)托运类别

1. 根据货量、体积不同划分

(1) 整车货。指用一张运单托运并需要单独车辆运送的货物。

(2) 零担货。指用一张运单托运但货量未超过 5000 公斤、不用单独车辆运送的货物。

(3) 集装箱、托盘和货捆。凡货容超过 3 立方米、总重量达 2.5～5 公吨和货容为 1～3 立方米，总重量未超过 2.5 公吨的货物应采用集装箱托运。

由于我国铁路集装箱数量有限，加之进出口箱量不平衡，我国铁路目前只办理货主自备大吨位集装箱以及整车运送的 5 吨箱、零担运送的 1 吨箱的进口货物。1993 年中蒙铁路间开始办理中铁 10 吨集装箱的运输业务。出口货物可利用返还的集装箱运到集装箱所属路。对于托盘、货捆的托运我国尚未办理联运。

2. 根据运送速度不同划分

(1) 快运。整车货每昼夜 320/运价千米，零担货每昼夜 200/运价千米。

(2) 慢运。整车货每昼夜 200/运价千米，零担货每昼夜 150/运价千米。

(3) 随旅客列车挂运。整车货每昼夜 420/运价公里。

根据《国际货协》的规定，如果有关各国铁路机关间另有商定条件，则应适用该双边协定而不适用《国际货协》的上述规定。目前，我国分别与朝鲜、越南、蒙古、俄罗斯等国家签署了双边协定，对两国间的运送条件作出具体的规定。因此，我国运送到这些国家的铁路联运货物应按照双边协定办理。

(三)运输限制

由于国际铁路货物联运是跨越国境、通过两个以上国家铁路的运输，涉及不同国家的海关、商检、铁路运输条件及国家政策，《国际货协》和各参与运输国家铁路对到达和通过本国铁路和口岸运输的货物均有不同的运输限制。

1. 国际铁路货物联运中禁止运送的物品

在国际铁路货物联运中禁运送以下物品；

(1) 参加运送铁路的任一国家禁止运送的物品；

(2) 属于参加运送铁路的任一国家邮政专运物品；

(3) 《国际货协》未作规定的危险品(包括炸弹、弹药和军火)；

(4) 在换装运送中，使用不能接盖棚车运送的一件重量超过 1.5 吨的货物。

如果发现承运不准运送的物品，应将这项物品扣留，并按截留国家的国内法令处理。

2. 发运国铁路只有经过预先商定(到达国、过境国铁路)后才准承运的货物

(1) 所有的国际联运货物只有同所有参加运送的铁路经过商定(同意列入月度运输计划)后，发运国铁路才准予承运。

(2) 对运输中有特殊要求的货物，必须提前在参加运送的铁路就运输条件、装载加固方案商定后，发运国铁路才准予承运。

这些货物包括：阔大货物、超限货物、危险货物等特殊货物；自轮运转货物，包括一件重量超过 60 吨的货物(运往越南的货物要求重量超过 20 吨)，长度超过 18 米(运往越南的货物要求超过 12 米)时，在换装运送中用特种平车装运的货物，在换装运送中用专门罐车装运的化学货物。

四、国际铁路货物联运单据

(一)国际铁路联运运单的构成与流转

国际铁路联运运单(International through Rail Waybill)(以下简称运单)由运单正本、运行报单、运单副本、货物交付单和货物到达通知单 5 张组成，如表 5-1 所示。

表 5-1　国际铁路联运运单

联别与名称	主要用途	单据周转程序
1. 运单正本	是运输合同的凭证，它随同货物至到站，并连同第 5 张(货物到达通知单)和货物一起交给收货人	发货人→发站→到站→收货人
2. 运行报单	是参加联运各铁路办理货物交接、划分运送责任以及清算运送费用，统计运量和运输收入的原始依据，它随同货物至到站，并留存到达路	发货人→发站→到站→到达铁路
3. 运单副本	于运输合同签订后，交给发货人，但它不具有运单的效力，仅证明货物已由铁路承运。发货人可凭此副本向收货人结算货款，行使变更要求以及在货物和运单全部灭失时，凭此向铁路提出赔偿要求	发货人→发站→发货人
4. 货物交付单	随同货物至到站，并留存到达路	发货人→发站→到站→到达铁路
5. 货物到达通知单	随同货物至到站，并连同第 1 张和货物一并交给收货人	发货人→发站→到站→收货人

第 1 张、第 5 张与第 2 张、第 4 张应在左边相互连接。第 3 张是单页。允许第 1～5 张

在上面相连。

在实际业务中，可视情况需要增加若干补充运行报单。补充运行报单包括：带号码的补充运行报单(以下简称"有号报单")和不带号码的补充运行报单(以下简称"无号报单")两种。

(1) 有号报单用于发站、国境站及发送局之间使用，并不出国。它由一式三份构成，由发站填制，其中第 1 联由发站报局里用，第 2 联发站留存，第 3 联随同货物至出口国境站截留，并回送发站说明货物已过境。带号码的补充运行报单上印就的号码即为批号(运单号)，应填入运单和不带号码的补充运行报单的"25 批号"栏内。

(2) 无号报单需要随货出国，其份数取决于过境国的数量，每一过境路需要填制一份，过境国凭此向发送国收取过境费。货物由国外经海运运至我国港口，在过境我国铁路运送时，港口站应填制一份无号报单，以便我国出口国境站截留后对外清算过境运送费用。

(3) 发货人为报销运费可自行填写一份印有运单抄件(报销运费用)的不带号码的补充运行报单。此时，发货人应在运单副本(第 3 张)背面"应向发货人核收的总额(大写)"栏内加盖"运费报销无效"字样的戳记，无此戳记时铁路部门不给抄件。

(二)国际铁路联运运单的内容

铁路联运运单的第 1～5 张正面的印刷格式相同，由第 1～50 栏构成，主要用于记载收货人、始发站、终到站以及货物等方面的内容。

至于铁路联运运单的背面项目，第 1～3 张背面印刷格式相同，由第 53～92 栏构成，主要用于运输费用的计算。第 4～5 张背面在上述栏目基础上增加了 93 "铁路记载"、94 "商务记录"、95 "运到期限中止"、96 "通过的国境站戳记" 4 栏，此外，第 4 张背面还增加了 97 "关于向收货人通知货物到达的事项"、98 "货物交付收货人和货物领取(签字、日期)"两栏。

(三)国际铁路联运运单的缮制要求

根据填写内容的不同，国际铁路联运运单分别由发货人、海关、国内铁路部门、国外铁路、收货人等有关方填制，在缮制时应遵循以下基本要求。

(1) 运单各张和补充运行报单以及慢运和快运的票据，都不得相互代用。运单(包括不带号码的补充运行报单)正面未划粗线的为运送本批货物所需的各栏，由发货人填写。但第 15、27、30～45 及 48 各栏视由何人确定货物重量、办理货物装车和车辆施封确定应由发货人或铁路填写，第 26 栏由海关填写。

(2) 运单中记载的事项应严格按照为其规定的各栏和各行范围填写，但第 9～11 栏的"一般说明"中规定的情况除外。

(3) 中朝、中越铁路间运送的货物，可仅用本国文字填写，同其他《国际货协》参加国路间运送时，则须附俄文译文。但我国经满洲里、绥芬河发到独联体国家的货物，可只用中文填写，不附俄文。

五、国际铁路货物联运的运输费用

(一)我国国际铁路货物运费的基本条件

我国的铁路货物运输费用是对铁路运输企业所提供的各项生产服务消耗的补偿，包括车站费用、运行费用、服务费用和额外占用铁路设备的费用等。铁路货物运输费用由铁路运输企业使用货票和运费杂费收据核收。

国际铁路联运货物在我国境内的运输费用按我国国内铁路运输费用计算。我国铁路运费核收的基本文件是《铁路货物运价规则》及其附属规章，计算国际联运货物运送费用的基本条件如下。

1. 计费重量单位

(1) 在我国铁路运输，货物的运输重量是按照车辆的标记载重计算。

(2) 以一辆或数辆车接运一批进口整车货物以及数量车套装接运数批货物(包括换装剩余的整车补送货物)，按接运车辆的标记载重量计费。

(3) 以一辆接运数批进口货物，每批按 30 吨计费，超过 30 吨按货物重量计费。

2. 运杂费尾数的处理

每项运杂费的尾数不足 1 角时，按四舍五入处理。各项杂费凡不满一个计算单位，均按一个计算单位计算(另定者除外)。

3. 20 英尺、40 英尺集装箱空箱运费

按其适用重箱费率 50%计算。

4. 按一批办理的整车货物

按一批办理的整车货物，运价率不同时，按其中高的运价率计算。

5. 超限货物运费

一级超限货物，运价率加 50%；二级超限货物，运价率加 100%；超级超限货物，运价率加 150%；需要限速运行的货物，均按超级超限货物办理，运价率加 150%；需要限速运行的超限货物，只收取限速运价率加成。

6. 进出口货物运费

出口货物按发站承运当日实行的运价率计算；进口货物按进口国境站在运单上加盖日

期戳当日实行的运价率计算。杂费按发生当日实行的费率计算。

7. 工作日计算

我国铁路运输按自然时 18 时计算工作日：按"公历日"，起止是当日零时至 24 时。而铁路运输的工作日为昨日 18 时至今日 18 时，对当日 18 时后至 24 时之间承运的货物，发站应在运单上注明"翌"字，仍按承运当日实行的费率计算运费，但允许在次日收款。

(二)计算货物的铁路运输费用的程序

在计算货物的铁路运输费用时，应按照以下程序进行。

第一，确定货物的运费计算等级(运价号)；第二，确定铁路货物运价率；第三，确定货物的运价里程；第四，查明在货物运输里程中是否有特殊运价路段；第五，运费计算。

1. 查定运价号

铁路货物的运费是根据货物的性质和运输要求，分成不同的运费计算等级，称为运价号。《铁路货物运价规则》附件一"铁路货物运输品名分类与代码表"中的货物共分为 26 类 115 项，同时规定了各种货物的整车运价号、零担运价号和集装箱运价号。

整车货物有 7 个运价号，为 1～7 号。

集装箱货物按箱型分为 2 个运价号，20 英尺箱、40 英尺箱。

2. 确定货物的运价率

我国现行的货物运价率是由货物的发到基价和运行基价两部分构成的。在运输成本中，发到基价 1 是与运送里程远近无关的始发和终到作业费，这一部分费用是固定的。运行基价 2 是车辆运行途中的运行作业费，与运送里程成正比例。

3. 确定铁路货物运价里程的原则

运价里程根据《货物运价里程表》按照发站至到站间国铁正式营业线最短径路计算。但《货物运价里程表》或铁道部规定有计费径路的，按规定的计费径路计算运价里程。水陆联运的货物，运价里程不包括专用线、货运支线的里程、专用线的使用费、机车顶送车费、货车租费等。通过轮渡时，应将换装站至码头线的里程加入运价里程内计算。海铁联运货物应将换装站至码头线的里程加入运价里程内。国际铁路联运货物应将国境站至国境线的里程加入运价里程内。例如，货物经由满洲里站出口，应加算满洲里站至中俄国境线(又称"零千米")的 9.8 千米。

下列情况发站在货物运单内注明，运价里程按实际径路计算。

(1) 因货物性质(如鲜活货物、超限货物等)必须绕路运输时。

(2) 因自然灾害或其他非铁路责任，托运人要求绕路运输时。

(3) 属于"五定"班列运输的货物，按班列径路运输时。货车"五定"班列，指在主要城市、港口、口岸间铁路干线上组织开行的"定点(装车地点)、定线(固定运行线)、定车次、定时(固定到发时间)、定价(运输价格)"的快速货物列车。

(4) 因最短径路运输能力不足，经政府指示或铁路和托运人共同商定的整车货物运输时。

承运后的货物由于铁路原因发生绕路运输时，仍按货物运单内记载的径路计算运费。实行统一运价的营业铁路与特价营业铁路直通运输，运价里程分别计算。

4. 铁路特殊路段运价

对于一些由地方投资和外商投资的线路、地方铁路、临时营业线和特殊线路，在加入国家铁路网运输后，国家和铁道部制定了特殊运价。

在计算全程运费时，如运输路程中含有"特殊运价路段"，在按国家运价标准计算运费时，应先扣除"特殊运价路段"里程，计算出结果后，再加上"特殊路段运价率"乘以"特殊运价路段里程"的"特殊运价路段运费"，得出全程运费。

5. 铁路《价规》规定的运费中包含的附加费用

(1) 铁路电气化附加费。征收范围：凡经过电气化铁路区段运输的货物(包括军运、水陆联运铁路段和国际联运国内段)，不分办理种别(包括整车、零担、集装箱)和货物品类，均征收铁路电气化附加费。

(2) 铁路建设基金。征收范围：凡经过国家铁路正式营业线和铁路局管辖按《价规》统一运价计费的运营临管线(不包括实行特殊运价计费的临管铁路和地方铁路)运输货物(包括军运、水陆联运铁路段和国际联运国内段铁路运费)，不分办理种别(包括整车、零担、集装箱)，均按经过的运价里程核收铁路建设基金(但免收运费的货物、站界内搬运货物的费用及化肥、黄磷、棉花、粮食免收)。

(三)国际铁路联运货物的运杂费规定

(1) 进口货物国内段运费、国际铁路联运进出口货物在国境站上发生的杂费和国际铁路联运过境货物在国境站的换装费，均在国境站向收货人(托运人)或其在国境站的代理人核收。

(2) 汽车按接运铁路车辆标重计费。发送路用双层平车装运的小轿车，换轮直达到站时，每车计费重量为90吨。

(3) 出口整车货物在国境站过秤发现超载时，对卸下的超载部分货物，从发站至国境站止的里程按整车运价率核收运费、卸费和暂存费，并按《国际铁路货物联运协定》的规定加收上述运费5倍的罚款。

(4) 国际联运运单(每份5张)以及供托运人报销运费用的补充运行报单均按规定的费率单独计算核收。

(5) 进、出口货物在国境站的验关手续费，整车和集装箱每批 33 元，零担每批 16 元。

(6) 进口货物在国境站的换装费，整车普通货物每吨 16 元，其中炭黑、沥青、焦油及按危险货物运送条件运送的货物每吨 32 元。集装箱按国内标准规定计算。笨重危险货物按上述标准加 50%计算。发送路用专用货车装运的小轿车，换装费按每吨 24 元计算。

换装需要加固时，核收加固材料费，按所用材料成本价加 30%计算。

(7) 进、出口货物声明价格费，按运单记载的声明价格的 3‰计算(即铁路国际联运保价费)。

(8) 进、出口货物由于托运人或收货人原因，造成在国境站上发生的整车换装整理费、搬运费、杂作业人工费等按《铁路货物装卸作业计费办法》和铁道部规定的费率核收。

(9) 进口货物在国境站或中途站办理运输变更时，按铁路《价规》第 47 条规定的费率，以发送路原使用的车辆数核收变更手续费。由于收货人代号改变而变更收货人时，也应核收变更手续费。从朝鲜进口整车煤炭，在国境站办理变更到站，按上述费率减半核收。

(10) 进、出口货物由于托运人、收货人的原因，造成货车在国境站上滞留时，应按货车滞留日数(不包括铁路正常办理手续的时间)，从货车到达次日起，不足一日按一日，核收货车滞留费，每车每日 120 元；超过 5 日，从第 6 日起，每车每日核收滞留费 240 元；超过 10 日，从第 11 日起，每车每日核收滞留费 480 元。危险货物货车滞留费在上述标准基础上每车每日另加 10%。

(11) 向朝鲜出口整车散装的煤、石膏、焦炭、矿石、矿粉、熟矾土、黄土和向越南出口整车散装货物，均在国境站用轨道衡复查重量，核收过秤费。进口所有货物如在国境站过秤复查重量，应记载并核收过秤费。

(四)国际铁路联运货物运费的计算

国际铁路联运货物的运费由发送路运送费用、到达路运送费用和过境路运送费用三部分构成。

1. 发送路运送费用与到达路费用的核收

根据《国际货协》及其附件《统一货价》和《清算规则》的规定，发送路、到达路的运送费用按本国铁路规章规定，以本国货币分别在发站、到站向发货人或收货人核收。因此，国际铁路联运货物国内段运输费用应按照我国铁道部于 1998 年 3 月公布的新《铁路货物运价规则》的有关规定计算。

(1) 运费计算：货物适用的发到基价，加上运行基价与货物的运价里程相乘之积，再与计费重量(集装箱为箱数)相乘，算出运费。国际联运货物运价里程还应加上国境车站到国境线零千米处的里程。

$$\{发到基价+运行基价×运价里程(国境)\}×计费重量=运费$$

(2) 铁路建设基金费率×计费重量×运价里程=铁路建设基金

(3) 电气化附加费费率×计费重量×通过铁路电气化区段里程＝电气化附加费

(4) 印花税：以每张货票计算，按运费的 0.5‰核收，不足一角免收，超过一角实收。

(5) 特殊运价区段运费。

在按国家运价标准计算运费时，应先扣除"特殊运价路段"里程，计算出结果后，再加上"特殊路段运价率"乘以"特殊运价路段里程"的"特殊运价路段运费"，得出全程运费。

(6) 铁路营运杂费：包括运单表格费、长大货车使用费、篷布使用费、集装箱使用费、机车作业费等。按规定项目和标准，计算出发生的杂费。

(7) 国际联运杂费。

以上各项费用相加，即为全部运输费用。

【例 5-1】

上海某外贸公司向俄罗斯出口一批家用电器，共 250 件，100 立方米，装运一辆 P62 型铁路棚车，使用国际铁路联运方式运往俄罗斯莫斯科巴威列斯卡雅货站。发运站：上海铁路局杨浦站。境外运输代理是俄罗斯 TSES 货运公司。现将上海杨浦到满洲里运费计算如下：

路程：杨浦—满洲里(境)全程 3343 千米；计费里程：3343 千米；运行径路：杨浦—无锡北—蚌埠东—徐州北—磁窑—南仓—秦皇岛—锦州—通辽—三间房—满洲里。其中电气化路段 1627 千米；

国境里程：10 千米(满洲里车站至国境线零千米)。

使用车型：P62 型铁路棚车，标记载重 60 吨。

货名：家用电器，运价号：6 号。

运价率：基价 I，14.60 元/吨；基价 II，0.0784 元/吨千米；电气化附加费：0.012 元/吨千米；铁建基金：0.033 元/吨千米。

运费计算：

① 基本运费：14.60 元/吨×60+0.0784 元/吨千米×60×3343 千米≈16601.5 元

② 铁建基金：0.033 元/吨千米×60×3343 千米≈6619.1 元

③ 电气化附加费：0.012 元/吨千米×60×1627 千米≈1171.4 元

④ 特殊路段运费：无

⑤ 印花税：8.3 元

费用合计：24400.3 元

2. 过境路运送费用的核收

1991 年 9 月以后，《统一货价》不再从属于《国际货协》，而成为独立的法律文件，《国际货协》参加国可以选择是否参加《统一货价》和《清算规则》，这就导致了过境运送费用计收形式的多样化。目前，过境路运送费用主要采用如下两大类核收形式。

(1) 铁路结算制。

它是指过境费用的计收仍按《国际货协》的规定，通过铁路予以结算的制度。即过境路的运送费用在发站向发货人核收或在到站向收货人核收。通过几个过境铁路运送时，准许由发货人支付一个或几个过境铁路的运送费用，其余铁路的运送费用由收货人支付。如果所适用的运价规程规定必须在发站向发货人核收，则不准许在到站向收货人核收。

(2) 代理结算制。

它是指过境费用的计收不再通过铁路结算，而是通过代理予以结算的制度。即发站铁路或到站铁路不再收取过境费用，而由发货人或收货人委托的代理人直接支付给过境铁路。换言之，发货人或收货人应自行或通过代理机构将过境费用支付给过境铁路指定的收费代理机构。在实际业务中，这种结算方式又分成以下两种情况。

① 过境费用只能由发货人通过代理支付。

② 过境费用由收货人通过代理支付。

目前，许多国家，如俄罗斯、哈萨克斯坦等独联体国家以及蒙古等国家的铁路均采取前一种形式。即发货人在办理托运时必须事先委托铁路当局指定的货运代理机构，由该货运代理机构转托过境铁路指定的货运代理机构代为其向过境铁路支付过境费用。

由此可见，在这种情况下，如果发货人在办理托运时未能办理委托代理手续，并且未在运单第 4 栏和第 20 栏内作相应的记载，则发站将拒绝承运，接收铁路国境站将拒绝接运。

过境运费按《统一货价》的规定计算，其计算程序如下。

① 根据运单上载明的运输路线，在过境里程表中，查出各通过国的过境里程。

② 根据货物品名，在《通用货物品名表》中查出所运货物适用的运价等级。

③ 根据货物运价等级和各过境站的运送里程，在《统一货价》中找出符合该批货物的运价率。

④ 《统一货价》对过境货物运费的计算以慢车整车货物的运费额为基本运费额，其他种类的货物运费则在基本运费额的基础上分别乘以不同的加成率。

其计算公式为：

$$基本运费额=货物运费率×计费重量$$

$$运费=基本运费额×(1+加成率)$$

加成率系指运费总额应按托运类别在基本运费额基础上所增加的百分比。快运货物运费按慢运运费加 100%，零担货物加 50% 后再加 100%。随旅客列车挂运整车费另加 200%。

【例 5-2】

某公司从国外进口一整车矿石，该货物的品名分类代码为 "04"，经查该商品的运价号为 "4"，按照《铁路货物运价规则》的规定，使用矿石车、平车、沙石车，按照经铁路局批准的 "铁路货物运输品名分类与代码表"，"01" "0310" "04" "06" "081" "14" 类货物

国际货物运输与保险

按 40 吨计费，国内段从发站至到站的运价里程为 200 千米，试根据下表所示的运价表核算该票货物的国内段运费为多少？

办理类别	运价号	发到基价		运行基价	
		标　准	单　位	标　准	单　价
整车	1	元/吨	5.6	元/吨千米	0.0288
	2	元/吨	6.3	元/吨千米	0.0329
	3	元/吨	7.4	元/吨千米	0.0385
	4	元/吨	9.3	元/吨千米	0.0434
	5	元/吨	10.1	元/吨千米	0.0491
	6	元/吨	14.6	元/吨千米	0.0704

解：根据商品的运价号为"4"可以确定该批货物的发到基价为 9.3 元/吨，货物的运行基价为 0.0434 元/吨千米。

该批货物整车货物每吨运价=发到基价+运行基价×运价千米=9.3+0.0434×200=17.98(元/吨)

总运费=运价率×计费重量=17.98 × 40=719.2(元)

故该票货物的国内段运费为 719.2 元。

铁路运输运到逾期罚款的计算：

(1) 运到期限。

铁路承运货物后，应在最短期限内将货物运送至最终到站。货物从发站至到站所允许的最大限度的运送时间，即为货物运到期限。

(2) 运到逾期。

货物实际运到天数超过规定的运到期限天数，即为该批货物运到逾期。如果货物运到逾期，造成逾期的铁路则应按该路收取的运费的一定比例向收货人支付逾期罚款。

逾期罚款的规定及计算方法如下：

逾期罚款=运费×罚款率

逾期百分率=(实际运送天数−按规定计算运到期限天数)/按规定计算运到期限天数×100%

按《国际货协》的规定，罚款率为：逾期不超过总运到期限 1/10 时，为运费的 6%；逾期超过总运到期限 1/10、但不超过 2/10 时，为运费的 12%；逾期超过总运到期限 2/10、但不超过 3/10 时，为运费的 18%；逾期超过总运到期限 3/10、但不超过 4/10 时，为运费的 24%；逾期超过总运到期限 4/10 时，为运费的 30%。

自铁路通知货物到达和可以将货物移交给收货人处理时起，一昼夜内如收货人未将货物领出，即失去领取运到逾期罚款的权利。

【例 5-3】

某公司从保加利亚进口一批机器，该批货物按规定计算的运到期限天数为 60 天。保加

234

利亚瓦尔纳港口站于某年3月10日以慢车整车承运。该批货物经由鲁塞东/瓮格尔、后贝加尔/满洲里，5月16日到达北京东站。铁路部门所收运费为8000欧元。

问题：你认为该批货物是否运到逾期？假如逾期，铁路部门应向收货人支付多少逾期罚款？

解：(1) 该批货物的实际运送天数：3月11日至5月16日(从承运货物的次日零时起开始算，不足1天按1天计算)。实际运送天数为67天，而规定运到的期限天数为60天，因此，该批货物逾期。

(2) 计算逾期百分率：

$$逾期百分率=[(67-60)/60] \times 100\% \approx 11.67\%$$

(3) 逾期超过总运到期限的1/10，但不到2/10，逾期罚款率按12%计算支付。

(4) 按逾期罚款公式计算，

$$逾期罚款=8000 \times 12\%=960(欧元)$$

因此，铁路部门应对逾期运到的该批货物支付逾期罚款960欧元。

六、国际铁路货物联运的操作流程

(一)出口货物国际铁路联运程序

出口货物国际铁路联运的组织工作主要包括运输计划的编制、货物托运和承运、货物的交接。

1. 出口货物国际铁路联运计划的编制

出口货物国际铁路联运计划分为年度运量计划和月度要车计划。

(1) 年度运量计划的编制。

为衔接年度各国铁路间进出口货物的交接运量，每年年初，由国际货协组织召开中国、朝鲜、蒙古、俄罗斯、越南五国铁路和外贸代表参加的运量计划例会，商定该度分国别、口岸、品类、季度的外贸进出口运量。会前由中国外运集团编制国际铁路联运年度运量计划，并与国家口岸管理办公室、铁道部等有关部门平衡确定后，提交例会，在例会上，与各国最后商定。年度运量计划安排是月度要车计划和各铁路口岸货物交接运量的主要依据。

(2) 月度要车计划的报批。

国际铁路联运月度要车计划是中国外运集团与铁道部共同平衡确定的指令性运输计划。包括整车、零担、大型集装箱三种类别。

具体编报程序如下。

① 编制国际联运月度要车计划表。

② 分别报送铁道部和商务部。

③ 商务部汇总、审核后与铁道部平衡核定。

④ 国际铁路联运月度要车计划需要经过商务部和铁道部两部平衡核定，并经有关国家铁道部门确认以后，商务部通知各地商务厅(局)和各进出口总公司。各地商务厅(局)和各进出口总公司再分别转告所属发货单位。各铁路局(分局、车站)将铁道部批准的国际铁路联运月度要车计划分别通知各发货单位。

国际铁路联运月度要车计划批准后，各发货单位应按照铁道部门的规定，向各发货站提出旬度计划，发货站于每旬度开始前，将确认的旬度计划通知各发货单位执行。

凡发运整车货物，都需具备铁道部门批准的月度要车计划；零担货物则不需要向铁道部门编报月度要车计划，但发货人必须事先向铁路办理托运手续。国际铁路联运月度要车计划批准后，应当力争按计划执行。

2. 出口货物国际铁路联运的托运与承运

(1) 托运前的工作。

凡属国际铁路联运的出口货物，在托运前必须将货物的包装和标记严格按照合同中的有关条款、《国际货协》和议定书中的条款办理。

(2) 货物托运和承运的一般程序。

发货人在托运货物时，应向车站提供联运运单和运单副本，以此作为货物托运的书面申请。车站接到联运运单后，应认真审核，对整车货物应检查是否有批准的月度、旬度要车计划和日要车计划。检查联运运单各项内容是否正确，以确认是否可以承运。车站一经在联运运单上签证，写明货物应进入车站的日期和装车日期，即表示受理了托运。发货人按签证指定的日期将货物搬入车站或指定的货位，并由铁路根据联运运单的记载查对货物，认为符合《国际货协》和有关规章制度的规定的，车站方可予以承认。整车货物一般在装车完毕后，发货站在联运运单上加盖承运日期戳，即表示货物已经承运。

对于零担货物的发运，发货人在托运时，不需编制月度、旬度要车计划，可凭货运单向车站申请托运，车站受理托运后，发货人按签证指定的日期，将货物搬进货场，送到指定的货位上。经查验、过磅后，即交铁路保管。从车站将发货人托运的货物连同联运运单一同接受完毕，并在联运运单上加盖承运日期戳，即表示货物已经承运。铁路对承运后的货物负保管、装车发运的责任。

总之，承运是铁路负责运送货物的开始，表示铁路开始对发货人托运的货物承担运送义务，并承担运送上的一切责任。

(3) 货物的装车、施封、价格声明和押运。

① 在我国铁路发货站装车的货物，只能装到车辆最大载重量，超过即为超载。按我国铁路国内规章办理，标记载重量加 2%为最大载重量。用敞车类运送货物时，应执行《国际货协》的规定。

② 中国、朝鲜、越南铁路的货车，以标记载重量加 5%为最大载重量，发往越南的准轨货车，货车总重(货重+自重)不得超过 83 吨。蒙古等国铁路货车若以两轴车标记，载重量

加 1 吨为最大载重量；若以四轴车标记，则加 2 吨为最大载重量。

标有"禁增"字样的车辆，只能装到标记载重量。

若装车后需施铅封，属发货人装车的车皮，由发货人施铅封；属铁路部门装车的，由铁路部门施铅封，以便分清铁路部门与发货人之间以及铁路部门内部的交接责任。

托运贵重商品时，发货人声明的价格不得超过发票中记载的实际价值。

货物押运是指托运需要沿途照料的货物时，押运人员的乘车应按乘车铁路的规章办理。

3. 出口货物交接的一般程序

(1) 联运出口货物的实际交接。

联运出口货物的实际交接在国境站进行。口岸外运公司接到铁路交接所传递的运送票据后，依据联运运单审核其附带的各种单证份数是否齐全，内容是否正确。如遇内容矛盾或不符等缺陷，则根据有关单证或函电通知订正、补充。

(2) 报关报验。

运送单证经审核无误后，将出口货物明细单截留三份(易腐烂变质货物截留两份)，然后将有关运送单证送各联检单位审核放行。

(3) 货物的交接。

单证手续齐备的列车出境后，交付国在邻国国境站的工作人员，会同接收方铁路的工作人员，共同进行票据和货物的交接，依据交接单进行对照检查。货物交接分为一般货物铁路交接和易腐烂变质货物贸易双方的交接，也可以分为凭铅封交接和按实物交接两种情况。

凭铅封交接的货物，根据铅封的站名、号码或发货人简称进行交接。交接时检查封印是否有效或丢失，印文内容、字迹是否清晰，同交接单的记载是否相符，车辆左右两侧铅封是否一致等内容。然后，由双方铁路部门凭完整的铅封办理货物交接手续。按实物交接的货物具体可以分为只按货物重量、只按货物件数以及按货物现状交接三种方式。同时，在办理货物交接时，交付方必须编制货物交接单，没有编制交接单的货物，在国境站不得办理交接手续。

国际联运的出口货物抵达到达站后，铁路应通知联运运单中所记载的收货人领取货物。在收货人付清联运运单中所记载的一切应付运送费用后，铁路必须将货物连同联运运单交付给收货人。收货人必须支付运送费用并领取货物。收货人只有在货物因毁坏或腐坏而使质量发生变化，以致货物或全部货物不能按原用途使用时，才可以拒领货物。

收货人领取货物时，应在联运运单上填写货物领取日期，并加盖收货戳记。

(二)进口货物国际联运程序

1. 确定货物到达站

国内订货部门应提供确切的到达站的车站名称和到达路局的名称，除个别在国境站设有机构的单位以外，均不得以我国国境站或换装站为到达站，也不得以对方国境站为到达站。

2. 必须注明货物经由的国境站

发货单位发货时必须注明货物应通过的发送国和各过境国的国境站。

3. 正确编制货物的运输标志

各部门对外订货签约时，必须按照商务部的统一规定编制运输标志，不得颠倒顺序和增加内容，否则会造成错发、错运事故。

4. 向位于国境站的外运机构寄送合同资料

进口单位对外签订合同，应及时将合同的中文副本、附件、补充协议书、变更申请书、确认函电、交货清单等寄送国境站外运机构。在这些资料中必须要有以下内容：合同号、订货号、品名、规格、数量、单价、经由国境站、到达路局、到达站、唛头、包装及运输条件等。事后如有某种变更事项，也应及时将变更资料抄送外运机构。

5. 进口货物在国境的交接

进口货物列车到达国境站后，由铁路部门会同海关接车，双方铁路部门根据列车长提供的货物交接单办理交接，海关对货物执行监管。

6. 分拨与分运

对于小额订货，国外发货人集中托运、以我国国境站为到站、外运机构为收货人的，以及国外铁路部门将发货人集中托运、以我国国境站为到站的，外运机构在接货后应负责办理分拨、分运业务。在分拨、分运中发现有货损、货差情况，如果属于铁路部门责任，应找铁路部门出具商务记录；如果属于发货人责任，应及时通知有关进口单位向发货人索赔。

7. 进口货物的交付

铁路到站后向收货人发出到货通知。收货人接到通知，向铁路付清运送费用后，铁路部门将联运运单和货物交给收货人。收货人在取货时应在"运行报单"上加盖收货戳记。

第三节　中国对港澳地区的铁路货物运输

一、对港澳地区的铁路货物运输概述

香港和澳门是我国的领土，居民中 98%是中国人。该地区是我国同世界各国、各地区经贸往来的重要通道之一，也是我国换取现汇的重要场所，占我国出口创汇额的 20%以上。

内地与香港之间的铁路货运包括内地进港铁路货物运输、利用九龙回空车辆装运进口货物和集装箱直达运输三种方式。

内地与澳门之间因目前无铁路直接相通，内地运往澳门的货物需先从发站与铁路办理国内段的铁路运输至广州地区的货运站中转至澳门。零担和整车货物到站为广州南站，危险品到站为广州吉山站，集装箱和快件到站为广州火车站，收货人为发货人委托在广州的货运代理人，然后由该货运代理人代委托人办理广州至澳门的公路或水路运输。

(一)交接口岸概况

1. 深圳口岸

深圳市位于广东省东南部，是京九、广九铁路的交接站。

深圳与香港毗邻，铁路、公路均与九龙相连。铁路有深圳北站(货运站)和深圳站 (客运站)。内地各省市铁路发往香港的整车和零担货物车均在深圳北站进行解体、编组以及必要的装卸作业和联检作业。深圳北站共有 40 多条股道，可容纳车量为 700 车左右，具有一定的装卸能力。

由深圳北站岔出一条专用线，通往深圳新开发的笋岗仓库区，专用线终端有外运仓库。深圳北站南面的深圳站是香港出入境旅客中转换车以及以包裹办理进出口货物的车站。深圳站向南有罗湖桥，它是内地与香港的分界处。

深圳站以东的文锦渡桥是公路的进出口岸，汽车运输的货物经由文锦渡公路进出口。

2. 九广铁路

它是从香港九龙到广州的铁路，全长 181 千米，其中香港地区境内铁路也称香港九广铁路或香港铁路，干线长 34 千米(九龙至罗湖)，广东区干线长 147 千米(由罗湖至广州火车站)。现有货物列车行驶于罗湖与九龙之间，日对开 12 班，由上午 8：00 至晚上 8：00 运行。

香港铁路有 4 个卸货点，其中最大的卸货点是九龙车站的红磡货场，绝大部分杂货、果菜都在此卸车。货场可容纳 200 多辆车，可供卸车的货车位有 100 多个。何文田货场专供卸活畜禽，有 48 个卸车的车位。沙田车站的百适货场，专用线每天可卸杂货的车位有 20个。旺角车站每天可卸杂货的车位有 30 个。

3. 京九铁路

京九铁路北起北京西站，连接九龙，跨越北京、天津、河北、河南、山东、安徽、湖北、江西、广东，全长 2381 千米，于 1997 年 5 月 18 日正式开行运营。这改变了长期以来香港与内地的联系主要靠海运和公路、远距离运输到内陆腹地的货物得不到畅快调运的状况。

(二)相关运输组织机构

中国外运集团深圳分公司(以下简称"深圳外运分公司")是各外贸专业公司在深圳口岸

的货运代理，负责其货物的进出口业务。内地各省、市、自治区的外贸专业公司由铁路经深圳口岸或铁路转公路的出口货物(除活畜禽鱼类由各省自办外)，均由深圳外运分公司接受委托，办理接货、报关、查验、过轨等中转运输手续。其他发货单位的出口货物、使领馆物资、展品以及其他非贸易物资也委托深圳外运分公司代办中转运输业务。此外，深圳外运分公司还接受各省、市、自治区外贸专业公司的普通件杂货的进出口、库存、装箱、中转等业务。

港段铁路的九广铁路公司对货车只办理行车和调车作业，不办理货运业务。目前，港段铁路的货运业务包括接货、托运、调度、组织装卸、交货，均由香港中旅货运有限公司承包。香港中旅货运有限公司是深圳外运分公司在香港的货运代理，其装卸作业多采用汽车对铁路货车直取作业方式，收货人必须在规定的时间内到货场提货，否则货物将被卸入其他仓库，核收高额的仓储费用。

对澳门地区的铁路运输中，收货人均为中国外运广东省分公司。货物到达广州后，由该公司办理水路或公路的中转，运至澳门。货物到达澳门后，由南光集团运输部负责接受货物并交付收货人。广东省的地方物资和一部分不适合水运的内地出口物资，可用汽车经拱北口岸运至澳门。

(三)对香港地区铁路运输的特点

对香港地区铁路运输不同于国际铁路联运，也不同于一般的国内运输，而是一种特定的运输方式。

1. 租车方式两票运输

对香港地区的铁路运输是由大陆段和港九段两部分铁路运输组成的，所以出口单位在发送地车站将货物托运至深圳北站，收货人为深圳外运分公司；货车到达深圳北站后，由深圳外运分公司作为各地出口单位的代理，向铁路租车过轨，交付租车费并办理出口报关等手续。经海关放行过轨后，由香港中旅货运有限公司作为深圳外运分公司在香港的货运代理，在港段铁路罗湖车站另行起票托运至九龙，货物到达九龙站后，由其负责卸货并交收货人承运人签发"承运货物收据"，作为向银行结汇的凭证。

2. 运输工作计划多变

有相当数量的商品、特别是鲜活商品要根据香港市场的情况随时调节，在各个发运口岸要按一定的配额均衡发运，做到"优质、适量、均衡、应时"地供应香港市场。因此，对香港地区的运输要求较一般国际铁路联运和对外出口要高。

3. 运输计划主要是编制月度计划

发送货物的各省、市、自治区根据成交、备货及香港市场的情况，按当时铁路部门规定的报送时间，向各铁路局办理、下达月铁路要车手续。经汇总，于每月 10 日前报送中国外运集团。各铁路局于当月 14 日提出下月计划分配方案，25 日前批准计划。

二、对香港地区铁路运输的一般程序

(一)发货人办理境内铁路运输托运手续

发货人提前 5 天向当地外运公司办理委托手续。当地外运公司接受委托单证、审查合格后寄送深圳外运分公司。发货人向深圳外运分公司拍发起运电报，深圳外运公司接到到车预告电报后核对，抄给香港方面，以便中途做好接车准备。

1. 运装车中应注意的问题

(1) 高度的限制。装载高度从轨面算起，不得高于 4.5 米。

(2) 重量限制。目前，香港铁路有限公司规定，每节车厢总重(自重+货重)不得超过72 吨。

(3) 货物均衡发运。供港商品中配额商品占相当比重，此类商品必须按月配额，按日均衡发送。因为香港地区市场容量有限，如果到货过多，造成销售困难，就只得降价出售。均衡发货既能满足香港市场的需求，又能卖出适当的价钱。

2. 主要单证

(1) 供港货物委托书。这是发货人转运、报关、接货的依据和委托承运的依据，也是发货人核算运输费用的凭证。一式五份，要求在发运前预寄。

(2) 出口货物报关单。这是向海关申报的依据，一式两份。来料加工、进料加工及补偿贸易货物一式三份，还要随报关单附上合同副本，同时根据信用证，寄发商检证、文物出口证明书、许可证等。

(3) 起运电报。这是货物发往深圳的确报，它使深圳口岸和驻港机构做好接运准备，同时，还可以作为补做单证的依据。起运电报不是可有可无的资料，没有电报，无法抽单配证、申请报验，香港中旅货运有限公司也不能提前通知收货人办理赎单手续。

(4) 承运货物收据。这是由各地外运公司以货物代理的身份向外贸公司签发的，负责发货站至香港的全程运输，是向银行结汇的凭证，相当于国际联运单副本，代表货物所有权，是香港收货人的提货凭证。

(5) 铁路运单。这是发货人与铁路部门办理由发货点至深圳北站间的境内段运输契约，因仅限境内段，所以不起提单的作用。

(二)运行组织、口岸交接

(1) 运行组织。包括快运货物列车、直达列车和成组运输。

(2) 口岸交接。铁路到达深圳的外贸出口货物有三种方式：原车过轨(占 80%～90%)、卸车(存储)经公路出口和卸车后存外贸仓库再装火车出口。深圳外运分公司办理杂货，中国外运集团总公司工作组和转运站办理活畜禽。

(三)港段接卸

1. 港段铁路有关运输机构及其业务范围

(1) 香港九广铁路公司。主要是将深圳过轨的各班货车由罗湖车站拉到九龙，装有不同商品的货车分别送进红磡及何文田货场。

(2) 香港中旅货运有限公司。香港的铁路货运业务中的接货、托运、调度、交货均由该公司承担，它是深圳外运分公司在香港的货运代理，是双托代理的关系。

(3) 运输行。运输行是香港的私商，过去作为外运公司的代理在香港承办铁路货物运输业务。现在和香港中旅货运有限公司有业务联系的运输行主要有 7 家，分别是新联、开源、永达、良友、大陆、金利信、文联运输行。

(4) 华润集团公司储运部。作为贸易部门的代表，华润集团公司储运部负责供港物资的全面运输工作，归口管理内地各驻港贸易机构，包括五丰行、德信行、华运公司等的储运工作。

2. 香港铁路的接卸作业

货车到达深圳后，深圳外运分公司填报"当天车辆过轨货物通知单"(预报)，交给香港中旅货运有限公司罗湖办事处，该公司派人过桥取送。货车过轨后，罗湖办事处根据香港九广铁路公司提供的过轨车号，填制过轨确报，然后到现场逐个核对车号，并进行适当处理，如加固、扎铁丝、重加脱落的铅封等，并向香港九广铁路公司起票托运。九广铁路公司派机车过桥，将在深圳站已经编好的列车牵引到罗湖站，从罗湖发车时，香港中旅货运有限公司和有关运输行的罗湖办事处登车押运，每班 1～2 人，一直押到九龙。一天最大通过能力可以达到 220～250 节车皮，按照不同的商品调至规定的卸货地点，派理货员在车边将货物交给客户。

香港的卸货点没有货场，卸货时全部采取火(火车)车(汽车)直取或车(火车)船直取的方式。汽车不来，火车就不能卸。因此，如果委托书、电报不齐，填写不准确、不清楚，香港中旅货运有限公司就无法通知客户提货，必然造成积压。为了避免香港段积压待卸，往往要卸货入仓。按香港地区惯例，货物一经入仓，起码支付一个月的仓租，不仅使客商蒙受损失，还影响发货人的信誉。

(四)运输的结算方法

各地经深圳口岸转运香港地区的铁路货物运输需要经过两段运输，因此，运费也是分段计算的，境内按人民币计算，香港按港币计算，一切费用均由发货人支付。

1. 内地段铁路运杂费

根据铁道部的规定，广九线广深段各站与其他营业线各站互相办理的货物运输实行一票直通分段计费，且广九线广深段的货物运价按正式营业线统一运价率增加 50% 计算。

托运人由其他营业线各站托运发往广九线广深段各站的货物，在货物运单到站栏和铁路填发的货票到站栏都应填记货物实际到站。发站只计算、核收至广州北站的运费，并在货物运单铁路记载事项栏记明"运费仅收至广州北站"字样。广州北站至到站运费以运费杂费收据向收货人核收。由广九线广深段各站发往其他营业线各站的货物，运费分段计算，由发站一次核收。

向香港发货时，发站只向发货人核收发站至广州北站的运费和杂费，而广州北站至深圳北站间的运费及杂费在深圳向收货人核收。由香港向内地发货时，内地段运费分段计算，在深圳北站一次向发货人核收。

除以上铁路运费之外，还包括深圳口岸所发生的货车租用费、货物装卸费、调车费、中转费、劳务费等各种杂费。

2. 港段铁路运费杂费

港段铁路的费率按香港九广铁路公司货运通告 1991 年第 1 号"货主自负毁损责任之货物运费率"计算。该规定将货物分成一般杂货(细分 5 个等级，每一大类再按零担、整车定出不同运费率)、集装箱、牲口、邮政运输、行李及其他特殊货物五类，并制定了不同的运费率，同时规定了每种货类下的最低运费额。

港段铁路杂费与劳务费包括终点站费、装卸费、国际集装箱加固费和吊箱费、港段调车费、港段劳务费等。

港段运杂费用先由香港中旅货运有限公司垫付，待货物在香港交付完毕后，由香港中旅货运有限公司开列费用清单并向发货人结算。有关发货人收到香港中旅货运有限公司的费用清单，经核对无误后，5 天之内向当地结汇银行申请外汇，汇还香港中旅货运有限公司。

三、香港运往内地的铁路货运业务

(一)货物的类别

从香港进口的货物大都可从深圳铁路进口，对于整车货物可利用回空车辆从深圳口岸陆运进口；对于同一到站的零担货物，在到站没有海关的情况下，可在深圳办理报关后以直达零担车运送。其他零担货物、危险品和阔大货物，须预先商定后方可办理。活畜禽和猪的产品(包括生猪肉、皮骨、鬃毛、原肠等)，因港段条件限制暂不能承运。

(二)运输方式

从香港进口货物所采用的运输方式主要有以下几种。

(1) 在九龙车站装整车或拼装同一到站，经深圳原车过轨，由深圳外运公司代运直达内地目的站。

(2) 在九龙车站以铁路包裹(快件)托运，在罗湖桥办理交接，由深圳外运公司分拨或以包裹、零担、邮件等方式运往内地目的地。

四、内地与港澳地区之间铁路集装箱运输业务

(一)内地与港澳地区间铁路集装箱运输业务的特点

内地与香港九龙间的铁路集装箱货物运输既不同于国内铁路集装箱货物运输，也不同于国际铁路集装箱联运，应根据铁道部《内地—九龙集装箱直达快运列车运输办法》中的规定予以处理。与前述非铁路集装箱货物运输相比，内地与香港九龙间的铁路集装箱货物运输具有以下两个显著的特点。

(1) 在运输单据上，使用中铁集装箱运输中心(以下简称"中铁")印制的"中铁集装箱运输中心联运提单"取代货物运单。

(2) 在运输组织上，改变了普通货物的"租车方式、两票运输"方式，采取在指定办理站之间"一票直达"的方式。

(二)缮制中铁联运提单时应注意的问题

1994 年，随着中铁和香港九广铁路公司联合经营的郑州—武汉—香港集装箱直达快运列车的开通，为加强对内地九龙集装箱直达快运列车的运输经营管理，中铁特印制了"中铁集装箱运输中心联运提单"，以取代货物运单。根据铁道部《内地—九龙集装箱直达快运列车运输办法》《中铁集装箱运输中心联运提单填制办法》的规定，"中铁集装箱运输中心联运提单"(以下简称"中铁提单")是承运人与托运人之间办理集装箱货物联运、货物被接收后签订的运输合同。

"中铁提单"分正本提单和副本提单。正本提单根据托运人要求的份数，签署完毕后全部交还托运人。副本提单在单程运输时有两联，一联是带海关联的副本，填记发站所在地海关记载事项，随车同行，在深圳转关时，巡岗海关将海关部分留存后，副本提单随车继续运输至到站，交付后到站存档；另一联副本提单由发站承运人留存。往返运输另加一份副本提单，到站承运人存档，保证原箱按期返回；原箱返回时，另重新填制提单，不再收取费用。在口岸办理报关报验手续的集装箱运输，使用带海关联的副本提单。

中铁联运提单缮制时应注意以下几点。

(1) 提单不允许做大的修改，小的修改不得超过 3 处，其修改内容需要承运人加盖修

改章证明。如果修改提单是由于托运人错误地填写集装箱订单造成的,承运人应要求托运人在集装箱订单修改内容上盖章证明。

(2) "收货人或指示"栏,到香港的填写收货人的名称、地址、电话或指示;在香港转口的填写负责在香港转口业务代理人的名称、地址和电话。

(3) "交货地点"栏,运费支付到葵涌的,填写葵涌;运费支付至九龙的,不必填写。

(4) "发站"必须是内地—九龙集装箱直达快运列车的办理站,且名称填写完整。

(5) "到站"栏填写"九龙"。

(6) 内地发往九龙的集装箱,运费可以预付,也可以到付,但九龙发往内地的集装箱不允许到付运费。

【导读案例分析】

分析要点:

(1) 除非 D 公司有证据表明它与铁路车站之间存在委托代理关系,否则根据案例材料可推定 D 的身份应为仓储保管人。这是因为,一方面,D 公司向收货人发出领货通知,另一方面,D 公司收取了专线、暂存、卸车等费用。

(2) A 公司有权向 C 火车站索赔。其依据是铁路西站签署的铁路运单及领货凭证。

(3) A 公司有权向 D 公司索赔。其依据是双方建立了事实上的储存合同关系,因而 D 公司应对其未认真核实提货人的身份而导致货物被冒领承担责任。

(4) 铁路运单为记名收货人,其交付规则是"认人不认单",因此,在铁路交货环节中,提货人除了提供运单之外,还应该提供买卖合同、营业执照副本、授权委托书等以证明自己是运单上的记名收货人或其代理人。

本 章 总 结

1. 按照我国铁路技术条件,现行的铁路货物运输的种类分为整车、零担和集装箱三种。

2. 铁路货物运输具有以下特点:铁路运输的准确性和连续性强;铁路运输速度比较快;运输量比较大;铁路运输成本较低;铁路运输环境污染小,噪声小,且是间断性的,空气尘埃少;铁路运输安全可保证,风险远比海上运输小;初期投资大。

3. 国际铁路货物联运是指使用一份统一的国际铁路联运票据,在跨越两个及两个以上国家铁路的货物运送中,由参加国铁路负责办理两个或两个以上国家铁路全程运送货物过程,由托运人支付全程运输费用,而无须收、发货人参加的铁路运输组织形式。

4. 国际铁路联运运单由运单正本、运行报单、运单副本、货物交付单和货物到达通知单 5 张组成。

5. 在计算货物的铁路运输费用时,应按照以下程序:第一,确定货物的运费计算等级(运价号);第二,确定铁路货物运价率;第三,确定货物的运价里程;第四,查明在货物运输里程中是否有特殊运价路段；第五，运费计算。

6. 国际铁路联运货物的运费由发送路运送费用、到达路运送费用和过境路运送费用三部分构成。

7. 内地与香港之间的铁路货运包括内地进港铁路货物运输、利用九龙回空车辆装运进口货物和集装箱直达运输三种方式。内地与澳门之间因目前无铁路直接相通，内地运往澳门的货物需先从发站与铁路办理国内段的铁路运输至广州地区的货运站中转至澳门。

专 业 英 语

1. arrival time-table　到站时刻表
2. covered wagon van/box car　棚车
3. departure time-table　发车时刻表
4. diesel locomotive　内燃机车
5. elevated railway/overhead railway/aerial railway　高架铁路
6. electric locomotive/conductor engine　电力机车
7. engine/locomotive　机车
8. express train/express　快车
9. light railway line　轻便铁道
10. platform　站台
11. platform bridge　天桥
12. rail and water terminal　水陆联运站
13. railway network　铁路网
14. railway transport　铁路运输
15. refrigerator wagon　冷藏车
16. steam locomotive　蒸汽机车
17. slow train/ way train　慢车
18. tank wagon　罐车
19. through train　直达车
20. track　轨道

课 后 习 题

一、单选题

1. 国际铁路联运中对于零担货物的重量不超过(　　)为限。

A. 2000　　　　　B. 3000　　　　　C. 4000　　　　　D. 5000

2. 俄罗斯、哈萨克斯坦等独联体国家以及蒙古等国家的铁路均采用(　　)形式支付过境费用。

    A. 只能由发货人通过代理支付　　 B. 可以由收货人通过代理支付

    C. 只能由收货人通过代理支付　　 D. 托运人代收

3. 下列属于运输合同的凭证的是(　　)。

    A. 运行报单　　 B. 运单正本

    C. 运单副本　　 D. 货物交付单

4. 内地对港澳地区的铁路货运方式中，其中对澳门的货物从发站与铁路办理国内段的铁路运输至(　　)地区的货运站中转至澳门。

    A. 上海　　 B. 深圳　　 C. 珠海　　 D. 广州

5. 过境费用的计收仍按《国际货协》的规定，通过铁路予以结算的制度是(　　)。

    A. 铁路结算制　　 B. 代理结算制　　 C. 佣金结算制　　 D. 委托结算制

二、多选题

1. 根据发货人托运的货物的数量、性质、体积、状态等条件，国际铁路联运办理的种别分别为(　　)。

    A. 整车　　 B. 零担　　 C. 大吨位集装箱　　 D. 散货车

2. 国际铁路联运运单包括(　　)。

    A. 货物到达通知单　　 B. 运单正本

    C. 运行报单　　 D. 货物到达通知单

3. 国际铁路联运费用由(　　)构成。

    A. 过境路运送费用　　 B. 发送路运送运费

    C. 到达路运送费用　　 D. 中转路运送运费

4. 内地对香港地区铁路货运的方式(　　)。

    A. 目前无铁路直达运输　　 B. 内地进港铁路货物运输

    C. 利用九龙回空车辆装运进口货物　　D. 集装箱直达运输

5. 港段铁路杂费与劳务费包括(　　)。

    A. 终点站费　　 B. 装卸费

    C. 国际集装箱加固费和吊箱费　　 D. 港段调车费、港段劳务费

三、案例分析

托运人某水果公司与长沙火车站在 2014 年 8 月 1 日签订运输合同一份。合同约定：苹果 2000 筐，柳条筐包装，运输期限 6 天，到达车站为北京西站，收货人仍是某水果公司。当天，车站调配给水果公司棚车一辆，水果公司自行装车，装苹果 2500 筐，货物标明"鲜活易腐"。8 月 2 日挂有该棚车的 111 次列车从长沙车站出发，水果公司派押运人 1 名，8

月 3 日 20 时 111 次列车到达北京西站，该车站调度员令 111 次列车在站停留。当时气温高达 37℃，押运人多次请示车站挂出，但无效，货车停留到 8 月 10 日挂出。8 月 11 日列车卸车时发现苹果有不同程度的腐烂变质，经当地质检部门对苹果腐烂的原因进行鉴定，得出结论为该批水果运输时间过长，气温较高，堆码紧密，影响通风所致。押运人将尚可食用的苹果处理得款 1 万元后，要求承运方赔偿损失 7 万元(包括运费、利润等)。承运人不同意，由此成讼。

问题：请问该如果处理？

四、技能训练题

【训练题一】

哈尔滨进出口公司是一家主要从事国际贸易的大公司，其主要生产服装、鞋类等商品。目前该公司计划将 1000 包商品从哈尔滨运往俄罗斯西伯利亚地区，如果你是该公司的业务员，你认为采取哪种国际运输方式更高效、快捷、经济？具体做法如何？

【训练题二】

某公司从保加利亚进口一批机器，该批货物按规定计算的运到期限天数为 60 天。保加利亚瓦尔纳港口站于某年 3 月 10 日以慢车整车承运。该批货物经由鲁塞东/瓮格尔、后贝加尔/满洲里，5 月 16 日到北京东站。铁路部门所收取的运费为 8000 欧元。

问题：你认为该批货物是否运到逾期？假如逾期，铁路部门应向收货人支付多少逾期罚款？

【训练题三】

某外贸公司要通过铁路运送一批货物到乌兹别克斯坦，该公司委托一家大型的国际货运代理公司负责货物的运送。

问题：如果你是货运代理公司的业务员，你需要了解国际铁路运输的哪些知识？将这批货物运送到目的地要经过哪些流程？要办理哪些手续？

第六章 国际航空货物运输

【本章导读】

郑州机场"一带一路"国际货运航线达 22 条。

郑州以航空港实验区为统揽,推进"综合枢纽、功能载体、关务体制"三大平台建设,加快打造国际化、现代化立体综合交通枢纽和物流集疏中心,东联西进,融入"一带一路"。

郑州机场凭借一条直线距离仅 3600 米的跑道,已经吸引了俄罗斯空桥、UPS 联合包裹航空、丝绸之路西部航空(阿塞拜疆)、美国阿特拉斯航空、卢森堡货航、马来西亚货航等多家航空公司入驻,目前已拥有 22 条国际货运航线,搭建了中原通往莫斯科、阿姆斯特丹、芝加哥、安克雷奇、首尔、巴库、哈恩、纽约、新西伯利亚、达卡、莱比锡、卢森堡、法兰克福、纳闽(马来西亚)、吉隆坡、迈阿密等城市的空中运输通道。让地处内陆的河南与"一带一路"沿线国家成了"亲戚"。2015 年第一季度,郑州机场国际货运航线又迎来了开门红:国际货运航线完成的货运量占郑州机场总货邮吞吐量的 56%,"郑州价格"成为中欧间国际航空货物运价的重要风向标。

【学习目标】

本章主要讲授国际货物航空运输的基本知识及其在国际贸易中的应用。通过学习,了解目前国际货物航空运输的特点,学会选择航空运输方式,并根据所学知识利用普通货物运价正确计算航空基本运费、声明价值附加费等。

【导读案例】

2011 年 12 月 6 日,原告某保险公司接受某公司(托运人)对其准备空运至米兰的 20 箱丝绸服装的投保,保险金额为 73 849 美元。同日,由被告 A 航空公司的代理 B 航空公司出具了航空货运单一份。该航空货运单注明:第一承运人为 A 航空公司,第二承运人为 C 航空公司,货物共 20 箱,重 750 公斤,该货物的"声明价值(运输)"未填写。A 航空公司于 2011 年 12 月 20 日将货物由杭州运抵北京,12 月 28 日,A 航空公司在准备按约将货物转交 C 航空公司运输时,发现货物灭失。2012 年,原告对投保人(托运人)进行了全额赔偿并取得权益转让书后,于 2012 年 5 月 28 日向 B 航空公司提出索赔请求。B 航空公司将原告索赔请求材料转交 A 航空公司。A 航空公司表示愿意以每公斤 20 美元限额赔偿原告损失,原告要求被告进行全额赔偿,不接受被告的赔偿意见,遂向法院起诉。

法院分析与判决:

法院认为,航空货运单是航空运输合同存在及合同条件的初步证据。该合同的"声明"及合同条件是合同的组成部分,并不违反 1955 年《海牙议定书》的规定,且为国际航空运输协会规则所确认，故应属有效，对承运人和托运人具有相同的约束力。托运人在将货物交付运输时向原告进行了保险，该批货物在 A 航空公司承运期间发生灭失，A 航空公司应负赔偿责任。原告在赔偿后取得代位求偿权。由于托运人在交托货物时未对托运货物提出声明价值并交付必要的附加费，所以 A 航空公司在责任范围内承担赔偿责任是合理的。被告 B 航空公司作为签发人，应对合同下的货物运输负有责任，但鉴于被告 A 航空公司承诺赔偿，B 航空公司可不再承担责任。

法院同时认为，该案是原告拒绝被告 A 航空公司承诺按责任限额赔偿而引起的，故责任在原告。法院判决如下：

(1) 航空公司赔偿原告 15 000 美元。

(2) 航空公司给付原告自 1993 年 2 月 1 日至判决生效日 15 000 美元的活期存款利息。

(3) 诉讼费用由原告承担。

思考：试用航空运输中关于连续运输中责任划分的规定，分析 A、B、C 三公司之间的相互关系和责任规定。

第一节　国际航空货物运输基础知识

一、国际航空货运的发展概况

(一)国际航空货物运输业的产生和历史发展

从遥远的古代开始，人们就梦想着能在天空自由翱翔。但真正能"飞"起来却是在近代科技飞速发展的 18 世纪。1783 年，法国的查尔斯在巴黎首次试飞氢气球，开始了人类升空的历史。一个多世纪以后的 1903 年 12 月 17 日，美国莱特兄弟在北卡罗来纳州驾驶着 12 马力的"飞行者号"飞行了 36.58 米，留空时间 12 秒，飞行高度最高达 3.66 米，这是世界上首次可操纵的、持续的、有动力的飞行，标志着国际民用航空业的诞生，人类进入了航空的时代。

1911 年，英国人驾驶的飞机将一箱钨丝灯从苏赛克郡的肖拉姆市运至霍拉市，收费 100 英镑，从此揭开了世界航空货运的历史。在民航业发展的早期，欧洲与美洲形成两大发展中心。比较而言，欧洲更重视开展客运服务，以经济效益为先的美国人则侧重邮递运输事业，并建立起比欧洲更为优越的航空网。虽然二者的发展速度都很快，但直到"二战"前，世界航空货运几乎只局限在紧急救援和邮件运输上，航空特别是航空货运距离人们的生活仍然十分遥远。

"二战"中，军事上的需求大大加速了航空运输业的发展。战争中物资供给的需要促进了航空运输飞机的制造，战争中复杂的行动也促进了无线电通信的发展，雷达技术产生并日趋完善，成为空中管制技术的基石。在飞行高密度条件下的军事空中管制后来发展成为复杂的空中管制技术的有效模式。随着和平时代的到来，战争中发展起来的军事技术纷纷转为民用化，战争中经过培训的人员、富余的零部件和积累的后勤管理经验迅速地转为航空运输业的生产力，带动民用航空业进入飞速发展的时代。

1974 年，石油危机引发了全球经济的萧条。油料成本的上涨也给民用航空工业造成致命的打击。此后，20 世纪 80 年代全球持续的经济低迷也使航空货运业一度放慢了发展的脚步。

进入 20 世纪 90 年代，航空货运步入了又一个飞速发展的时代。1992—1997 年间，全球航空货运量年平均增长率为 9.8%，超过同期全球经济、贸易增长速度。造成民航业快速发展的原因很多，但总的来讲有以下几个方面。

首先，全球经济的恢复、发展，特别是亚太经济的崛起，为航空货运业的发展提供了广阔的市场。

其次，世界经济一体化、贸易自由化趋势促使国际交流更加频繁，"地球村"中的居民们被越来越紧密地联系在一起。规模不断扩大的国际贸易为国际民航业的发展提供了可靠的货源保证。由美国率先开始的放松航空管制的做法给市场造成冲击，"开放天空"使航空业的竞争更加激烈，而竞争又促进民航业进一步发展。

再次，以信息、微电子技术为代表的新的科技革命给航空货运业带来了无限商机。新技术的发展不仅促使新产品出现，使现代工业品更加小巧、价值更高，使适合航空运输的货物范围扩大，还日益渗透到人们日常生活的各个方面，影响并改变企业生产流通组织结构管理方法及人们的生活和思维方式。计算机网络技术也给航空货运业带来了全新的概念。一方面一向走在科技水平发展前列的航空公司纷纷用现代化的技术手段来武装自己，利用计算机进行航空货运定舱、配载等，促进了航空货运效率的提高；另一方面网络技术给跨国公司的管理带来新的理念。"零库存"或称适时运输管理思想的提出使更多的企业着眼于航空货运业快速、准确、高效的服务，一些走在前列的航空货运公司因此发展起独具特色的"限时"服务，航空业的分拨业务应运而生，并迅速成为推动航空货运业发展的重要力量。

最后，以中国为代表的国际空运新兴市场起点低，发展空间较大，也是使得航空货运业发展相对速度较快的重要原因。另外，进入 20 世纪 90 年代，持续平稳在较低水平之上的燃油价格使航空运输业得以保持低成本、低价格，也刺激了整个行业的发展。

综上所述，20 世纪 90 年代以来发生在经济社会的种种变化似乎都在预示着航空货运业将经历前所未有的持续发展高潮。受全球一体化的影响，国际航空货运量近年来持续增长，其中亚太地区空运量的增长最快。航空货运已经成为国际货运，特别是洲际货运的重要方式，成为现代物流管理者实现管理目标的重要手段。

(二)中国航空货物运输业的产生和历史发展

中国航空运输业的历史最早可以追溯到 1920 年 4 月，那时中国第一条民用航线京津航线试飞成功，并于同年 5 月正式开辟为不定期航线。新中国的民航事业则开始于 1949 年，该年 11 月，中国民用航空局成立，第二年 7 月与苏联合资成立中苏民用航空股份公司，正式开通新中国第一条国际航线，同年 8 月，新中国国内航线正式开航。具体来说，新中国航空货物运输业的发展可以分为四个阶段。

第一阶段(1949—1978 年)，民航业开始筹建，实行军事化管理时期。

1949 年 11 月 2 日，中共中央政治局会议决定，在人民革命军事委员会下设民用航空局，受空军指导。1958 年 2 月 27 日，中国民用航空局划归交通部领导。1960 年 11 月 17 日，中国民用航空局改称"交通部民用航空总局"。1962 年 4 月 13 日，第二届全国人民代表大会常务委员会第五十三次会议决定民航局名称改为"中国民用航空总局"，1962 年 4 月 15 日，中央决定将民用航空总局由交通部属改为国务院直属局，其业务工作、党政工作、干部人事工作等均直归空军负责管理。在这一时期，民航由于领导体制几经改变，航空运输发展受政治、经济的影响较大。1955 年 1 月开辟了中苏航线，1956 年开辟了缅甸航线，接着又开辟了朝鲜、越南、蒙古、老挝、柬埔寨等国航线。1974 年后，先后开辟了东京、大阪、卡拉奇、巴黎、长崎、曼谷等地航线。

第二阶段(1978—1987 年)，民航业走企业化道路，逐步放松市场进入时期。

1978 年 10 月 9 日，邓小平同志指示民航要用经济观点管理。1980 年 2 月 14 日，邓小平同志指出："民航一定要企业化。"同年 3 月 5 日，中国政府决定民航脱离军队建制，把中国民航局从隶属于空军改为国务院直属机构，实行企业化管理。这期间中国民航局是政企合一，既是主管民航事务的政府部门，又是以"中国民航"名义直接经营航空运输、通用航空业务的全国性企业。下设北京、上海、广州、成都、兰州(后迁至西安)、沈阳 6 个地区管理局。1980 年后又建立了通航纽约、旧金山、伦敦、悉尼、墨尔本等地的航线。从 1982 年开始，国家对民航实行全行业财务承包，对地方管理局实行利润包干。紧接着国家放松了对民航业的市场准入。1984 年，第一家股份制地方航空公司厦门航空成立，拉开了地方兴办航空企业的序幕，随后全国先后兴办了数十家地方航空公司和机场。

第三阶段(1987—2002 年)，民航业全面进行体制改革，开始实行市场化经营机制时期。

1987 年，中国政府决定对民航业进行以航空公司与机场分设为特征的体制改革。首先组建了 6 个国家骨干航空公司：中国国际航空公司、中国东方航空公司、中国南方航空公司、中国西南航空公司、中国西北航空公司、中国北方航空公司。其次组建了民航华北、华东、中南、西南、西北和东北六个地区管理局，地区管理局既是管理地区民航事务的政府部门，又是企业，负责领导管理各民航省(区、市)局和机场。然后，航空运输服务保障系统也按专业化分工的要求相应进行了改革，组建了中国航空油料总公司、中国航空器材公司和航空结算中心等。

第四阶段(2002 年至今)，我国民航业体制改革取得了重大的突破。

主要内容包括：重组运输航空公司，机场实行属地管理，改革空中交通管理体制，改组民航服务保障企业，改革民航管理体制，改革民航公安体制。按照《民航体制改革方案》，民航体制改革之后，民航总局作为国务院主管全国民航事务的直属机构，不再代行对六大集团公司和下发机场的国有资产所有者职能，主要承担民用航空的安全管理、市场管理、空中交通管理、宏观调控及对外关系等方面的职能。

二、国际航空货运的特点

航空货运自从飞机诞生后，以其自身特有的优势，发展极为迅速，航空货运同其他交通方式相比，有着鲜明的特点，这种特点反映的有的是优势，有的是劣势，以下是对这种特点的比较详细的分析。

(1) 运送速度快。

由于航空货运所采用的运送工具是飞机，飞机的飞行时速都在每小时 600～800 千米，比其他的交通工具要快得多，普通火车的时速在每小时 100～140 千米，汽车在高速公路上是 120～140 千米，轮船就更慢了。航空货运的这个特点适应了一些特种货物的需求，例如，海鲜、活动物等鲜活易腐的货物，由于货物本身的性质导致其对时间的要求特别高，只有采用航空运输。另外，在现代社会，需要企业及时对市场的变化做出非常灵敏的反应，这一社会发展趋势对一些货物的运输时间约束性很强，企业考虑的不再仅仅是生产成本，时间成本已成为成本中很重要的一项因素，如产品的订单生产、服装及时上市而获取更高的利润等情况，都需要航空运输的有力支持才可以实现。

(2) 破损率低、安全性好。

在地面，由于航空货物本身的价格比较高，操作流程的环节比其他运输方式严格得多，破损的情况大大减少，货物装上了飞机之后，在空中货物很难损坏，因此在整个货物运输环节之中，货物的破损率低、安全性好。有些货物虽然从物理特性来说不适合空运，如体积比较大、重量比较重的机械设备仪器等货物，但这类货物中有些货物特别怕碰撞损坏，因此只能用航空运输来运，减少损坏的概率。

(3) 空间跨度大。

在有限的时间内，飞机的空间跨度是最大的，现在的宽体飞机通常一次可以飞 7000 千米左右，进行跨洋飞行完全没问题，从中国飞到美国西海岸只需 13 个小时左右，这对于某些货物的运输是非常大的优点。例如，活动物如果跨洋运输，采用海运需要半个月左右，这是无法承运的，只有采用航空运输，才能在很短的时间内保证活动物的存活。

(4) 可节省生产企业的相关费用。

航空运输的快捷性一方面可加快生产企业商品的流通速度，从而节省产品的仓储费、保险费和利息支出等；另一方面产品的流通速度加快，也加快了资金的周转速度，可大大地增加资金的利用率。

(5) 运价比较高。

由于航空货运存在以上的优点，使得它的运价相对来说比较高，例如，从中国到美国西海岸，空运价格至少是海运价格的 10 倍以上，因此对于货物价值比较低、时间要求不严格的货物，通常考虑运输成本问题，会采用非航空货运的运输方式。

(6) 载量有限。

由于飞机航空器本身的载重容积的限制，通常航空货运的量相对于海运来说少得多，例如，载重最大的民用飞机 B747 全货机货物最大载重 119 吨，相对于海运几万吨、十几万吨的载重，两者相差很大。

(7) 易受天气影响。

飞机本身受到天气的影响非常大，如果遇到大雨、大风、雾等恶劣天气，航班得不到有效的保证，这对航空货物造成的影响就比较大，例如，有一票货从沈阳飞往温州，运的是螃蟹苗，到了温州上空，由于天气原因无法降落，只好备降到福州的长乐机场，由于螃蟹苗的运输有一定的时间限制，超过有效时间螃蟹苗可能就要死亡，到时再用汽车运，时间已经来不及，最后只能削价卖给福州当地的水产批发市场。

从以上对航空货运的特点的分析，可以看出航空货运既有优势，也有劣势，需要代理人在实际的操作当中充分发挥航空货运的优势，克服其劣势，才能体现航空货运在经济发展中的作用。

三、国际航空货物运输组织

(一)国际民用航空组织

国际民航组织(International Civil Aviation Organization)是联合国的一个专门机构，其前身为根据 1919 年《巴黎公约》成立的空中航行国际委员会(ICAO)。由于第二次世界大战对航空器的技术发展起到了巨大的推动作用，使得世界上形成了一个包括客货运输在内的航线网络，但随之也引起了一系列急需国际社会协商解决的政治上和技术上的问题。因此，在美国政府的邀请下，52 个国家于 1944 年 11 月 1 日至 12 月 7 日参加了在芝加哥召开的国际会议，签订了《国际民用航空公约》(通称《芝加哥公约》)，按照公约规定成立了临时国际民航组织(PICAO)。民航组织总部设在加拿大蒙特利尔，负责制定国际空运标准和条例，是 191 个缔约国(截止到 2011 年)在民航领域中开展合作的媒介。2013 年 9 月 28 日，中国在加拿大蒙特利尔召开的国际民航组织第 38 届大会上再次当选为一类理事国。

国际民航组织的宗旨和目的在于发展国际航行的原则和技术，促进国际航空运输的规划和发展。保证全世界国际民用航空安全地和有秩序地发展；鼓励为和平用途的航空器的设计和操作技术；鼓励发展国际民用航空应用的航路、机场和航行设施；满足世界人民对安全、正常、有效和经济的航空运输的需要；防止因不合理的竞争而造成经济上的浪费；保证缔约各国的权利充分受到尊重，每一缔约国均有经营国际空运企业的公平的机会；避免缔约各国之间的差别待遇；促进国际航行的飞行安全；普遍促进国际民用航空在各方面的发展。

以上九条共涉及国际航行和国际航空运输两个方面问题。前者为技术问题，主要是安全；后者为经济和法律问题，主要是公平合理，尊重主权。两者的共同目的是保证国际民航安全、正常、有效和有序地发展。

国际民航组织的主要工作是：制定国际航空和安全标准，收集、审查、发布航空情报，也作为法庭解决成员国之间与国际民用航空有关的任何争端，防止不合理竞争造成经济浪费，增进飞行安全等。在成员国的合作下，该组织已逐步建立起气象服务、交通管制、通信，无线电信标台、组织搜索和营救等飞行安全所需设施。

国际民航组织为贯彻其宗旨，制定和统一了一些国际民航技术标准和国际航行规则；协调世界各国国际航空运输的方针政策，推动多边航空协定的制定，简化联运手续，汇编各种民航业务统计，制定航路导航设施和机场设施服务收费原则；研究国际航空公法和影响国际民航私法中的问题；向发展中国家提供民航技术援助；组织联营公海上或主权未定地区的导航设施与服务；出版月刊《国际民航组织公报》及其他一些民航技术经济和法律文件。

(二)国际航空运输协会

国际航空运输协会(International Air Transport Association，IATA)是一个由世界各国航空公司所组成的大型国际组织，其前身是1919年在海牙成立并在"二战"时解体的国际航空业务协会，总部设在加拿大的蒙特利尔，执行机构设在日内瓦。和监管航空安全和航行规则的国际民航组织相比，它更像是一个由承运人(航空公司)组成的国际协调组织，管理在民航运输中出现的诸如票价、危险品运输等问题。

国际航协在组织形式上是一个航空企业的行业联盟，属非官方性质组织，但是由于世界上大多数国家的航空公司是国家所有，即使非国有的航空公司也受到所属国政府的强力干预或控制，因此航协实际上是一个半官方组织。它制定运价的活动也必须在各国政府的授权下进行，它的清算所对全世界联运票价的结算是一项有助于世界空运发展的公益事业，因而国际航协发挥着通过航空运输企业来协调和沟通政府间政策、解决实际运作困难的重要作用。

协会的宗旨是"为了世界人民的利益，促进安全、正常和经济的航空运输，扶植航空交通，并研究与此有关的问题""对于直接或间接从事国际航空运输工作的各空运企业提供合作的途径""与国际民航组织及其他国际组织协力合作"。

协会的基本职能包括：国际航空运输规则的统一，业务代理，空运企业间的财务结算，技术上合作，参与机场活动，协调国际航空客货运价，航空法律工作，帮助发展中国家航空公司培训高级和专门人员。

国际航空运输协会的活动分为以下三种。

(1) 同业活动——代表会员进行会外活动，向具有权威的国际组织和国家当局申述意见，以维护会员的利益。

(2) 协调活动——监督世界性的销售代表系统，建立经营标准和程序，协调国际航空运价。

(3) 行业服务活动——承办出版物、财务金融、市场调研、会议、培训等服务项目。通过上述活动，统一国际航空运输的规则和承运条件，办理业务代理及空运企业间的财务结算，协调运价和班期时刻，促进技术合作，参与机场活动，进行人员培训，等等。

(三)国际货运代理协会联合会

国际货运代理协会联合会是世界国际货运代理的行业组织。该会于 1926 年 5 月 31 日在奥地利维也纳成立，总部设在瑞士苏黎世，是一个非营利性的国际货运代理行业组织，并分别在欧洲、亚洲和太平洋、非洲、中东四个区域设立了地区办事处，任命地区主席。其中亚洲和太平洋地区秘书处设在印度孟买。其成员包括世界各国的国际货运代理行业，拥有 76 个一般会员、1751 个联系会员，会员遍布 124 个国家和地区，包括 3500 个国际货运代理公司。

该联合会的宗旨是保障和提高国际货运代理在全球的利益，工作目标是团结全世界的货运代理行业；以顾问或专家身份参加国际性组织，处理运输业务，代表、促进和保护运输业的利益；通过发布信息、分发出版物等方式，使贸易界、工业界和公众熟悉货运代理人提供的服务；提高制定和推广统一货运代理单据、标准交易条件，改进和提高货运代理的服务质量，协助货运代理人进行职业培训，处理责任保险问题，提供电子商务工具。

四、航空运输飞机

航空运输飞机按不同的分类可以分为不同的类型。

(一)按机身的宽窄分类

按机身的宽窄来分，飞机可以分为宽体飞机和窄体飞机。

1. 窄体飞机(Narrow-body Aircraft)

窄体飞机一般是指飞机机身直径在 3～4 米(10～13 英尺)之间的飞机。此类客机机舱每排座位一般能乘坐 2～6 名乘客，并只配置一条走道，这类飞机往往只在其下货舱装运散货。另外，由于此类客机的航程较短，大都无法进行跨大西洋或洲际航线的飞行，因此又常被称为支线客机。

窄体飞机机舱如图 6-1 所示。

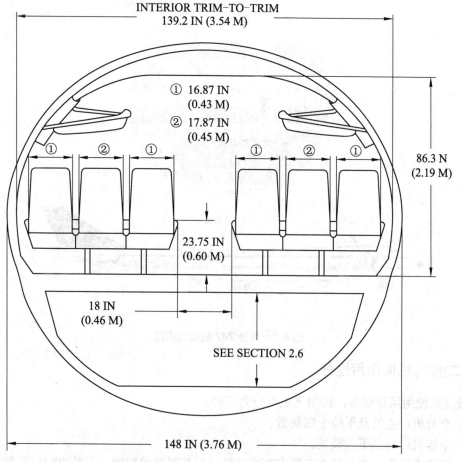

图 6-1　窄体飞机机舱示意图

2. 宽体飞机(Wide-body Aircraft)

宽体飞机是机舱断面较窄体客机更宽广、且通常设置有多个舱位的中大型客机。此类机种外直径约在 5~6 米(16~20 英尺)之间，并且配置至少两条走道，通常一排能够容纳 7~10 个座位，这类飞机可以装运集装货物和散货。

3. 飞机舱位结构

一般飞机主要分为两种舱位：主舱(Main Deck)和下舱(Lower Deck)，但波音 747 分为三种舱位：上舱(Upper Deck)、主舱和下舱，如图 6-2 所示。

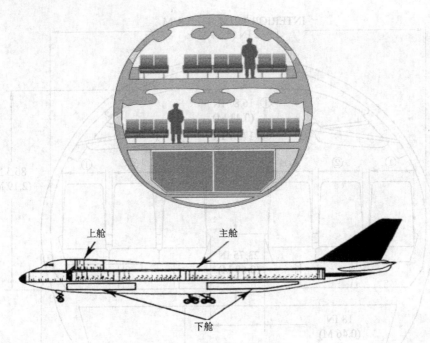

图 6-2　波音 747 舱位结构图

(二)按飞机使用用途分

按飞机使用用途来分，民用飞机可分为三种。

1. 全货机：主舱及下舱全部载货。

2. 全客机：只在下舱载货。

3. 客货混用机：在主舱前部设有旅客座椅，后部可装载货物，下舱内也可装载货物。

波音 737 客机和全货机剖面图如图 6-3 所示，波音 747 客机、客货混用机和全货机剖面图如图 6-4 所示。

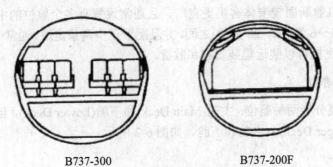

B737-300　　　　　　　　　　　B737-200F

图 6-3　波音 737 客机和全货机剖面图

　　B747-200B　　　　B747-200B/COMBI　　　　B747-200F

图 6-4　波音 747 客机、客货混用机和全货机剖面图

(三)飞机的装载限制

1. 重量限制

由于飞机结构的限制，飞机制造商规定了每一货舱可装载货物的最大重量限额。任何情况下，所装载的货物重量都不可以超过此限额。否则，飞机的结构很有可能遭到破坏，飞行安全受到威胁。

2. 容积限制

货舱内可利用的空间有限，这也成为运输货物的限定条件之一。有时候，轻泡货物已占满了货舱内的所有空间，而未达到重量限额。相反，高密度货物的重量已达到限额而货舱内仍会有很多的剩余空间无法利用。将轻泡货物和高密度货物混运装载，是比较经济的解决方法。承运人有时提供一些货物的密度参数作为混运装载的依据。例如，每立方米的服装类货物约为 120.0kg。

3. 舱门限制

由于货物只能通过舱门装入货舱内，货物的尺寸必然会受到舱门的限制。为了便于确定一件货物是否可以装入散舱，飞机制造商提供了散舱舱门尺寸表，表内数据以厘米/英寸两种计量单位公布。例如，一件货物的尺寸为 240cm×70cm×60cm 装载在 B737 散舱内，则货物的长度限额为 241cm。

4. 地板承受力

飞机货舱内每一平方米的地板可承受一定的重量，如果超过它的承受能力，地板和飞机结构很有可能遭到破坏。因此，装载货物时应注意不能超过地板承受力的限制。

五、航空集装器

(一)集装运输的特点

集装运输就是将一定数量的单位货物装入集装货物的箱内或装在带有网套的板上作为

运输单位进行运输，集装运输具有如下特点。

(1) 减少货物装运的时间，提高工作效率。

(2) 以集装运输替代散件装机，可以减少地面等待时间。

(3) 减少货物周转次数、提高完好率。

(4) 减少差错事故，提高运输质量。

采用集装设备，工作人员有充裕的时间做地面运输组织工作，可以提前按货物的到达站和种类进行集装，成组上机或下机，减少差错事故的可能性。

(5) 节省货物的包装材料和费用。

采用集装器进行运输，箱体较为坚固，对货物有保护作用。所以对采用集装器进行运输的货物，在包装上要求较低，这样就可以节约用于包装货物的材料和费用。

(6) 有利于组织联合运输和门到门服务。

货物运输的集装箱化，进行海空、陆空联运，是货运发展的大趋势。集装器可以直接租给用户，送到企业，实现"门到门"服务。

(二)集装设备的种类

装运集装器的飞机，其舱内应有固定集装器的设备，把集装器固定于飞机上，这时集装器就成为飞机的一部分，所以飞机的集装器的大小有严格的规定。集装设备按不同的分类方法，主要有以下几种。

1. 集装器按注册与非注册划分

(1) 注册的飞机集装器。

注册的飞机集装器是国家政府有关部门授权集装器生产厂家生产的，适宜于飞机安全载运的，在其使用过程中不会对飞机的内部结构造成损害的集装器，如图 6.5(a)所示。

(2) 非注册的飞机集装器。

非注册的集装器是指未经有关部门授权生产的，未取得适航证书的集装器，非注册的集装器不能看作飞机的一部分。因为它与飞机不匹配，一般不允许装入飞机的主货舱，但这种集装器的确适于地面的操作环境，但仅适合某些特定机型的特定货舱，如 DPE 类的集装器仅适宜于 B767 型飞机，如图 6-5(b)所示。

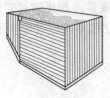　　

(a) 注册的飞机集装器　　　　(b) 非注册的飞机集装器

图 6-5　集装器

2. 集装器按种类划分

集装器按种类可划分为集装板和网套、结构与非结构集装棚、集装箱。

(1) 集装板和网套。

集装板是具有标准尺寸的，四边带有卡锁轨或网带卡锁眼，带有中间夹层的硬铝合金制成的平板，以便货物在其上码放；网套是用来把货物固定在集装板上，网套的固定靠专门的卡锁装置来限定，如图6-6所示。集装板的识别代号以字母p打头。

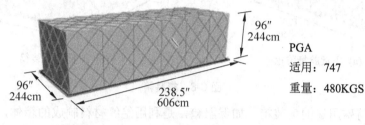

96″
244cm

PGA
适用：747
重量：480KGS

96″
244cm

238.5″
606cm

图6-6 网套

(2) 结构与非结构集装棚。

为了充分地利用飞机内的空间、保护飞机的内壁，除了板和网之外，还可增加一个非结构的棚罩(可用轻金属制成)，罩在货物和网套之间，这就是非结构的集装棚。结构集装棚是指带有固定在底板上的外壳的集装设备，它形成了一个完整的箱，不需要网套固定，分为拱形和长方形两种，如图6-7所示。

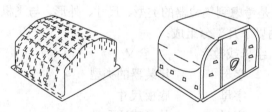

图6-7 结构(左)与非结构(右)集装棚

(3) 集装箱。

集装箱类似于结构集装棚，它又可分为以下几种。

① 空陆联运集装箱。

空陆联运集装箱分为20ft或40ft，高和宽为8ft。

这种集装箱只能装于全货机或客机的主货舱，主要用于陆空、海空联运。

② 主货舱集装箱。

主货舱集装箱只能装于全货机或客机的主货舱，这种集装箱的高度是163cm以上，如图6-8(a)所示。

③　下货舱集装箱。

下货舱集装箱只能装于宽体飞机的下货舱，如图 6-8(b)所示。

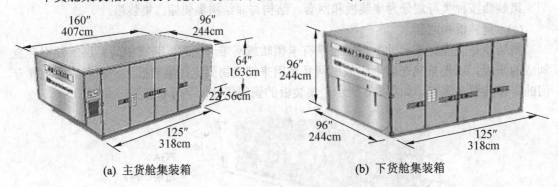

(a) 主货舱集装箱　　　　　　　　　　(b) 下货舱集装箱

图 6-8　集装箱

还有一些特殊用途的集装箱，如保温箱，是利用绝缘材料制成的箱体，通过封闭等方法控制箱内的温度，以便装载特种货物。它分为密封保温主箱和动力控制保温箱两种，除此之外，还有用于运载活体动物和特种货物的专用集装器，如马厩(Horsestall)、牛栏(Cattle Stall)、汽车运输设备(Automobile Transport Equipment)。

(三)集装器代号的组成

在集装器的面板和集装器的四周，常会看到诸如 AVE1100CZ、PAP2233CA 等代号，如图 6-9 所示。这些代号是考虑到集装器的类型、尺寸、外形、与飞机的匹配、是否注册等几方面因素形成的。它由以下几部分组成：

位置	字母或数字	含义
1	字母	集装器的类型
2	字母	底板尺寸
3	字母	外形或适配性
4、5、6、7	数字	序号
8、9	字母	所有人、注册人

首位字母是集装器的种类：

A：CERTIFIED AIRCRAFT CONTAINER 注册的飞机集装器

B：NON-CERTIFIED AIRCRAFT CONTAINER 非注册的飞机集装器

F：NON-CERTIFIED AIRCRAFT PALLET 非注册的飞机集装板

G：NON-CERTIFIED AIRCRAFT PALLET NET 非注册的集装板网套

J：THERMAL NON-STRUCTURAL IGLOO 保温的非结构集装棚

M：THERMAL NON-CERTIFIED AIRCRAFT CONTAINER 保温的非注册的飞机集装箱

N：CERTIFIFD AIRCRAFT PALLET NET 注册的飞机集装板网套

P：CERTIFIED AIRCRAFT PALLET 注册的飞机集装板

R：THERMAL CERTIFIED AIRCRAFT CONTAINER 注册的飞机保温箱

U：NON-STRUCTURAL IGLOO 非结构集装棚

H：HORSE STALL 马厩

V：AUTOMOBIL TRANSPORT EQUIPMENT 汽车运输设备

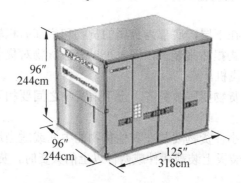

96″
244cm

96″
244cm

125″
318cm

图 6-9　集装器

X、Y、Z：RESERVED FOR AIRLINE USE ONLY 仅供航空公司内部使用

集装器的第二位字母表示集装器的底板尺寸：

A：224cm×318cm　　K：153cm×156cm

B：224cm×274cm　　L：153cm×318cm

E：224cm×135cm　　M：244cm×318cm

G：224cm×606cm

集装器的第三位字母表示集装器的外形以及与飞机的适配性：

E——适用于 B747、A310、DC10、Ll011 下货舱无叉眼装置的半型集装箱

N——适用于 B747、A310、DC10、Ll011 下货舱有叉眼装置的半型集装箱

P——适用于 B747COMB 上舱及 B747、DC10、Ll011、A310 下舱的集装板

A——适用于 B747F 上舱集装箱

(四)集装货物的基本原则

集装货物时应遵循以下原则。

(1) 检查所有待装货物。根据货物的卸机站、重量、体积、包装材料以及货物运输要求设计货物组装方案。

(2) 一般情况下，大货、重货装在集装板上；体积较小、重量较轻的货物装在集装箱内。组装时，体积或重量较大的货物放在下面，并尽量向集装器中央集中码放；小件和轻货放在中间；危险物品或形状特异、可能危害飞机安全的货物，应将其固定，可用填充物将集装器塞满或使用绳、带捆绑，以防损坏设备、飞机，造成事故。合理码放货物，做到

大不压小、重不压轻、木箱或铁箱不压纸箱。同一卸机站的货物应装在同一集装器上。一票货物应尽可能地集中装在一个集装器上，避免分散装在集装器上。

(3) 在集装箱内的货物应码放紧凑，间隙越小越好。

(4) 如果集装箱内没有装满货物，即所装货物的体积不超过集装箱容积的 2/3，且单件货物重量超过 150 千克时，就要对货物进行捆绑固定。最好用标准的绳具将货物固定在集装箱的卡锁轨里。

(5) 特别重的货物放在下层，底部为金属的货物和底部面积较小、重量较大的货物必须使用垫板，以防金属货物损坏集装板，同时可以分散货物对集装器底板的压力，保证集装器能够平稳顺利地装入飞机。

(6) 装在集装板上的货物要码放整齐，上下层货物之间要相互交错，骑缝码放，避免货物与货物坍塌、滑落。

(7) 装在集装板上的小件货物要装在其他货物的中间或适当地予以固定，防止其从网套及网眼中滑落。一块集装板上装载两件或两件以上的大货时，货物之间应尽量紧邻码放，尽量减少货物之间的空隙。

(8) 探板货物组装：一般情况下不组装低探板货物。确因货物多，需充分利用舱位，且货物包装适合装低探板时，允许装低探板。但是，装低探板货物要按照标准码放，码放货物要合理牢固，网套要挂紧，必要时要用尼龙带捆绑，保证集装货物在运输过程中不发生散落或倾斜。

六、航空货运代码

在航空运输当中，一些名词的代码往往会比全称重要得多。由于航空运输单证的大小限制、操作的方便程度等缘故，便利货运的整个流程中代码的作用非常显著，它起到简洁、节省空间、容易识别等优点，因此在这里介绍一下航空货运当中的代码。

(一)国家代码

在航空运输当中，国家的代码用两字代码表示。常见的国家两字代码如表 6-1 所示。

表 6-1　常见的国家两字代码

英文全称	中文全称	两字代码
China	中国	CN
United States of America	美国	US
United Kingdom	英国	GB
Germany	德国	DE
France	法国	FR

续表

英文全称	中文全称	两字代码
Japan	日本	JP
Korea	韩国	KR
Singapore	新加坡	SG
Canada	加拿大	CA
Australia	澳大利亚	AU

(二)城市的三字代码

城市的三字代码在航空运输中占据着十分重要的位置，运输本身是在空间上点与点的位移，因此，每运一票货物都涉及城市的三字代码。常见的城市三字代码如表6-2所示。

表6-2 常见的城市三字代码

英文全称	中文全称	三字代码
BEIJING	北京	BJS
GUANGZHOU	广州	CAN
SHANGHAI	上海	SHA
CHONGQING	重庆	CKG
TIANJIN	天津	TSN
SHENZHEN	深圳	SZX
HANGZHOU	杭州	HGH
KUNMING	昆明	KMG
QINGDAO	青岛	TAO
XIAMEN	厦门	XMN
DALIAN	大连	DLC
LONDON	伦敦	LON
NAGOYA	名古屋	NGO
SEOUL	首尔	SEL
PARIS	巴黎	PAR
CHICAGO	芝加哥	CHI
NEW YORK	纽约	NYC
TOKYO	东京	TYO
OSACA	大阪	OSA

(三)机场的三字代码

机场通常也用三字代码表示,一些城市机场的三字代码同城市三字代码一样,在中国很多城市也是如此,如天津等。但从国际性角度,大多数机场三字代码同城市三字代码不一样,如北京,城市是 BJS,首都机场是 PEK。常见的机场三字代码如表 6-3 所示。

表 6-3　常见的机场三字代码

机场的英文全称	中文全称	三字代码	所在国家
Beijing Capital International Airport	首都国际机场	PEK	中国
Paris Charles de Gaulle Airport	戴高乐机场	CDG	法国
Narita International Airport	成田机场	NRT	日本
Kansai International Airport	大阪关西国际机场	KIX	日本
Washington Dulles International Airport	杜勒斯国际机场	IAD	美国
London Heathrow Airport	希斯罗国际机场	LHR	英国
Chicago O'Hare International Airport	奥黑尔国际机场	ORD	美国

(四)航空公司的两字代码

航空公司一般既有两字代码,也有三字代码,但通常使用的是两字代码,国际上有些航空公司使用三字代码,如斯堪的纳维亚航空公司的代码是 SAS。常见的航空公司代码如表 6-4 所示。

表 6-4　常见的航空公司代码

航空公司的英文全称	中文全称	两字代码	所在国家/地区
Air China Limited	中国国际航空股份有限公司	CA	中国
China Southern Airlines	中国南方航空股份有限公司	CZ	中国
China Eastern Airlines	中国东方航空集团公司	MU	中国
American Airlines	美国航空公司	AA	美国
Air Canada	加拿大航空公司	AC	加拿大
China Airlines	中华航空公司	CI	中国台湾
Cathay Pacific Airways	国泰航空公司	CX	中国香港
Korean Air	大韩航空公司	KE	韩国
Dragon Air	港龙航空公司	KA	中国香港
All Nippon Airways Co., Ltd.	全日空航空公司	NH	日本
Japan Airlines	日本航空公司	JL	日本
Lufthansa German Airlines	德国汉莎航空公司	LH	德国

续表

航空公司的英文全称	中文全称	两字代码	所在国家/地区
Northwest Airlines	美国西北航空公司	NW	美国
Asiana Airlines	韩亚航空公司	OZ	韩国
Singapore Airlines	新加坡航空公司	SQ	新加坡
Air France	法国航空公司	AF	法国
British Airways	英国航空公司	BA	英国
K.L.M Royal Dutch Airlines	荷兰皇家航空公司	KL	荷兰
Air Macau	澳门航空公司	NX	中国澳门

(五)航空货运操作代码

在航空货物运输中，经常可以看到一些常见的特殊操作代码，这些代码主要供操作人员在运输的各个环节中注意运输货物的性质，采取相应的操作策略。常见的航空货运操作代码如表 6-5 所示。

表 6-5　常见的航空货运操作代码

操作代码	英文全称	中文全称
AOG	AIRCRAFT ON GROUND	急等修理的飞机零件
AVI	LIVE ANIMALS	动物
BIG	OUTSIZED	超大货物
CAO	CARGO AIRCRAFT ONLY	限装货机
DIP	DIPLOMATIC BAG	外交信袋
EAT	FOOD STUFFS	食品
FIL	UNDEVELOPED/UNEXPOSED FILM	未冲洗/未曝光的胶卷
FRO	FROZEN GOODS	冷冻货物
HUM	HUMAN REMAINS IN COFFIN	尸体
ICE	DRY ICE SHIPMENT	干冰冷藏货物
LHO	LIVING HUMAN ORGANS/BLOOD	人体器官/血浆
NWP	NEWSPAPERS, MAGAZINES	报纸、杂志
OBX	OBNOXIOUS CARGO	有强烈异味的货物
OHG	OVERHANG ITEM	拴挂货物
PEF	FLOWERS	鲜花
PEM	MEAT	肉
PER	PERISHABLE CARGO	鲜活易腐货物
PES	FISH/SEAFOOD	鱼/海鲜

续表

操作代码	英文全称	中文全称
VAL	VALUABLE	贵重物品
WET	SHIPMNTS OF WET MATERIAL NOT PACKED IN WATERTIGHT CONTAINERS	湿潮货
HEA	HEAVY CARGO, 150KGS AND OVER PER PIECE	单件 150kg 以上货物

(六)常见危险品代码

危险品运输是航空货运输中操作最复杂、难度最大的一类货物,龙其在仓储、运输的环节应该注意。在货物的外包装上经常可以看到操作代码,了解这些代码的含义具有非常重要的意义。常见危险品的代码如表 6-6 所示。

表 6-6 常见危险品的代码

危险品代码	英文全称	中文全称
RCL	Cryogenic Liquid	低温液体
RCM	Corrosive Material	腐蚀性物品
RCX	Explosives 1.3C	爆炸物 1.3C 类
RFL	Flammable Liquid	易燃液体
ROP	Organic Peroxide	有机过氧化物
RPG	Toxic Gas	有毒气体
RRW	Radioactive materials, Category Ⅰ (White Label)	一级放射物品,一级包装(白色标签)

(七)常见的缩写

在航空运输当中,经常会碰到一些缩写,这些缩写表现形式也是代码形式,但各有不同的表示方法。常见缩写的代码如表 6-7 所示。

表 6-7 常见缩写的代码

缩写代码	英文全称	中文全称
AWB	AIR WAYBILL	航空货运单
CASS	CARGO ACCOUNT SETTLEMENT SYSTEM	货运账目清算系统
CC	CHARGES COLLECT	运费到付
CCA	CARGO CHARGES CORRECTION ADVICE	货物运费更改通知
LAR	LIVE ANIMALS REGULATIONS	活动物规则
NVD	NO VALUE DECLARED	无声明价值

续表

缩写代码	英文全称	中文全称
PP	CHARGES PREPAID	运费预付
SLI	SHIPPER'S LETTER OF IMSTRUCTION	空运托运书
ULD	UNIT LOAD DEVICE	集装器
HWB	HOUSE AIR WAYBILL	航空分运单
MWB	MASTER AIR WAYBILL	航空主运单

七、航权

"航权"按国际惯例被称为"空中自由"。航权(Traffic Rights)的概念起源于1944年"芝加哥会议",亦称为"空中自由"权(Freedoms of the Air),其法律根据是1944年的《国际航班过境协定》(通称《两大自由协定》)和《国际航空运输协定》(通称《五大自由协定》)的规定。

航权是指国际民航航空运输中的过境权利和运输业务的相关权利。在不同的两个国家交换与协商这些权利时,一般采取对等原则,有时候某一国会提出较高的交换条件或收取补偿费以适当保护该国航空企业的权益。航权具体可分为九种。

(一)第一航权:领空飞越权

在不着陆的情况下,本国航机可以在协议国领空上飞过,前往其他国家目的地。如果未签订第一航权,则该国航空器必须绕道飞行,飞行时间与成本相对提高。随着冷战的结束,第一航权几乎已是共用航权。尽管如此,大多数国家仍要求在穿越领空前必须先行通知,甚至需要付费。

例如:北京—旧金山,中途飞越日本领空,那就要和日本签订领空飞越权,获取第一航权,否则只能绕道飞行,增加燃料消耗和飞行时间。

(二)第二航权:技术经停权

航空公司飞远程航线,由于距离太远无法从始发地直接飞到目的地,需要选择一个地方中途加油或者清洁客舱等技术工作,那么在这个地方的起降就叫作技术经停。本国航机可以因技术需要(如添加燃料、飞机故障或气象原因备降)在协议国降落、经停,但不得作任何业务性工作如上下客、货、邮。一般而言,由于飞机续航力提高、各国逐渐开放天空及航线的调整,当今之第二航权大多由航空货运飞机行使,客运飞机除了以飞越权直飞外,已逐渐以第五航权取代使用此航权。

例如:北京—纽约,如果由于某飞机机型的原因,不能直接飞抵,中间需要在日本降落并加油,但不允许在该机场上下旅客和货物。此时就要和日本签订技术经停权。

(三)第三航权：目的地下客权

本国航机可以在协议国境内卸下乘客、邮件或货物，但不能装载乘客或货物。

例如：北京—东京，如果获得第三航权，中国民航飞机承运的旅客、货物可在东京进港，但只能空机返回。

(四)第四航权：目的地上客权

本国航机可以在协议国境内载运乘客、邮件或货物返回，但不能卸载乘客或货物。一般而言，第三、第四航权是双边配套签署的，这两种航权为最基本的商业活动权利。

例如：北京—东京，如果获得第四航权，中国民航飞机能载运旅客、邮件或货物搭乘原机返回北京。

(五)第五航权：中间点权或延远权

某国或地区的航空公司在其登记国或地区以外的两国或地区间载运客货，但其班机的起点与终点必须为其登记国或地区。也就是说，第五航权是要和两个或两个以上的国家进行谈判的。

以新加坡航空公司的货机为例，它执飞新加坡经我国厦门、南京到美国芝加哥的航线，并在厦门、南京拥有装卸国际货物的权利。解释如下。

(1) 承运人本国(第一国始发地)—中途经停第三国—目的地国(第二国)承运人从本国运输客货到另一国家时中途经过第三国(也就是始发地国家和目的地国家以外的其他国家)，并被允许将途经第三国拉的客货卸到目的地国。这种权利是第五航权的一种。例如，中国和新加坡的双边协定允许中国承运人在东南亚选择一点作为中途经停点，并可以将当地的客货运到新加坡。这样对中国承运人的新—马—泰旅游运输就非常有利，一个航班上既可以有中国—新加坡的旅客、也可以有泰国—新加坡的旅客，同时因为中国—泰国本来有第三、四航权，所以还有中国—泰国的旅客。旅行社在组织新马泰游的时候就可以选择同一家公司承担所有的航程，非常有竞争力，并且方便旅客。如果没有第五航权，新—马—泰游至少要找两家公司承运。但是要注意，能否顺利地行使第五航权，还要有中途经停国家政府的同意。

(2) 承运人本国(第一国始发地)—目的地国(第二国)—以远点第三国，第五航权的第二种是以远点国家的运输，承运人将自己国家始发的客货运到目的地国家，同时被允许从目的地国家上客货，并被允许运到另一国家。还是举新—马—泰的例子，中国和泰国的双边协定同意中国承运人将泰国的客货运往东南亚的另一个国家，并同意将东南亚另一个国家的客货运到泰国。这样，中国承运人选择了新加坡，就组成了中国—泰国—新加坡航线。

可以看出，只有在同时具有这两种第五航权时，承运人才可以完整地使用这些权利，否则，即便获得了其中之一，也很难进行操作。

第五航权是针对两个国家的双边协定而言的，在两国的协定中允许对方行使有关第三国运输的权利。但是在没有第三国同意的情况下，这个权力等于没有。因此航空公司在用这个权力的时候，必须同时考虑中国与这个"第三国"有没有相应的权利。

第五航权之所以复杂，就是因为它涉及多个双边协定，并且在不同的协定中意味着不同种类的航权。

(六)第六航权：桥梁权

某国或地区的航空公司在境外两国或地区间载运客货且中途经停其登记国或地区(此为第三及第四自由的结合)的权利。

例如：伦敦—北京—首尔，国航将源自英国的旅客运经北京后再运到韩国。

新加坡航承运英国—澳大利亚之间的客人，这些客人并不是要到新加坡去，但是新加坡航空公司通过其在樟宜机场的中枢，将欧洲的客人拉过来，再运到澳洲。同样，在中美航线上，日本、韩国的航空公司第六航权运用得很好，抢占了中美承运人大量的市场。它们把美国的客源先运到日本，再作中转，然后运到中国来。

不过从严格意义上来说，普通的转机(如乘搭国泰航空班机由悉尼经香港转机前往伦敦)并不需要使用第六航权。由于使用第六航权与普通的转机并无太大差别，因此鲜有航空公司使用第六航权。

(七)第七航权：完全第三国运输权

本国航机可以在境外接载乘客和货物，而不用返回本国。即本国航机在甲、乙两国间接载乘客和运载货物。

例如：伦敦—巴黎，由德国汉莎航空公司承运。

第七航权并不多见，其原因在于签约国等同开放其国际航线予外国航空公司经营，对本国的航空公司经营的国际航线造成竞争。

(八)第八航权：(连续的) 国内运输权

某国或地区的航空公司在他国或地区领域内两地间载运客货的权利(境内经营权)。第八航权只能是从自己国家的一条航线在别国的延长。

例如：北京—成都，由日本航空公司承运。

(九)第九航权：(非连续的)国内运输权

所谓完全境内运输权是指第八航权分为连续的和非连续的两种，如果是"非连续的国内载运权"即为第九航权。值得留意的是第八航权和第九航权的区别，虽然两者都是关于在另外一个国家内运输客货，但第八航权只能是从自己国家的一条航线在别国的延长，而第九航权则可以是完全在另外一个国家开设的航线。

例如：如果甲国某航空公司获得乙国的第九航权，就可以在乙国经营国内航线。

第九航权并不常见，因为等同缔约国要开放国内航线的市场。不少规模较小的民营航空公司都十分依赖飞行境内的内陆航班维持营运，一旦容许外国航空公司经营内陆航线，并设立内陆航线的枢纽，本国的中、小型航空公司将要直接面对外国公司在境内竞争。

第二节　国际航空货物运输方式

一、班机运输

班机运输(Scheduled Airline)是指在固定的开航时间、固定的航线、固定的始发站、目的站和途经站飞行的运输方式。通常使用客货混合型飞机(Combination Carrier)，货舱容量较小，运价较贵，难以满足大批量货物运输的要求。但由于航期固定，可以确切地掌握发货和到货的时间，因此国际货物流通多使用班机运输方式，能安全迅速地到达世界上各通航地点。

班机运输有以下几个方面的特点。

(1) 班机由于固定航线、固定停靠港和定期开飞航，因此国际货物流通多使用班机运输方式，能安全迅速地到达世界上各通航地点。

(2) 便利收、发货人确切地掌握货物起运和到达的时间，这对市场上急需的商品、鲜活易腐货物以及贵重商品的运送是非常有利的。

(3) 班机运输一般是客货混载，因此舱位有限，不能使大批量的货物及时出运，往往需要分期分批运输。这是班机运输的不足之处。

二、包机运输

包机运输是指航空公司按照约定的条件和费率，将整架飞机租给一个或若干个包机人，从一个或几个航空站装运货物至目的地。包机运输分为整包机和部分包机两种。

(一)整包机

整包机指航空公司或航空货运代理公司按照约定的条件和费率，将整架飞机租给租机人，从一个或几个航空站装运货物至目的地。包机人一般要在货物装运前一个月与航空公司联系，以便航空公司安排运载和向起降机场及有关政府部门申请、办理过境或入境的有关手续。

整包机适合大批量货物，费用一次一议，随国际市场供求情况变化。原则上包机运费是按每一飞行千米固定费率核收费用，并按每一飞行千米费用的 80%收取空放费。因此，大批量货物使用包机时均要争取来回程都有货载，这样费用比较低。只使用单程，则运费比较高。

(二)部分包机

部分包机指由几家航空货运公司或发货人联合包租一架飞机或者由航空公司把一架飞机的舱位分别租给几家航空货运公司装载货物，主要用于托运不足一整架飞机舱、但货量又较重的货物运输。

部分包机与班机相比时间长，尽管部分包机有固定的时间表，但往往因其他原因不能按时起飞。各国政府为了保护本国航空公司的利益，常对从事包机业务的外国航空公司实行各种限制。例如，包机的活动范围比较狭窄，降落地点受到限制，需降落到非指定地点外的其他地点时，一定要向当地政府有关部门申请，同意后才能降落(如申请入境、通过领空和降落地点)。

(三)包机的优点

包机具有以下几个优点。
(1)　解决班机舱位不足的矛盾。
(2)　货物全部由包机运出，节省时间和多次发货的手续。
(3)　弥补没有直达航班的不足，且不用中转。
(4)　减少货损、货差或丢失的现象。
(5)　在空运旺季缓解航班紧张的状况。
(6)　解决海鲜、活动物的运输问题。

三、集中托运

集中托运(Consolidation)是指航空货运代理公司将若干批单独发运的货物集中成一批向航空公司办理托运，填写一份总运单送至同一目的地，货到国外后委托当地的代理人负责收货、报关并分拨给各实际收货人。这种托运方式可降低运费，是航空货运代理的主要业务之一。

(一)集中托运的具体做法

集中托运具体按以下步骤进行。
(1)　将每一票货物分别制定航空运输分运单，即出具货运代理的运单(House Airway Bill，HAWB)。
(2)　将所有货物区分方向，按照其目的地相同的同一国家、同一城市来集中，制定出航空公司的总运单(Master Airway Bill，MAWB)。总运单的发货人和收货人均为航空货运代

(3) 打出该总运单项下的货运清单(Manifest)，即列明此总运单有几个分运单，号码各是什么，其中件数、重量各为多少等。

(4) 把该总运单和货运清单作为一整票货物交给航空公司。一个总运单可视货物的具体情况随附分运单(可以是一个分运单，也可以是多个分运单)。例如，一个MAWB内有10个HAWB，说明此总运单内有10个票货，发给10个不同的收货人。

(5) 货物到达目的地站机场后，当地的货运代理公司作为总运单的收货人负责接货、分拨，按不同的分运单制定各自的报关单据并代为报关，为实际收货人办理有关接货送货事宜。

(6) 实际收货人在分运单上签收以后，目的站货运代理公司以此向发货的货运代理公司反馈到货信息。

航空集中托运的服务过程如图6-10所示。

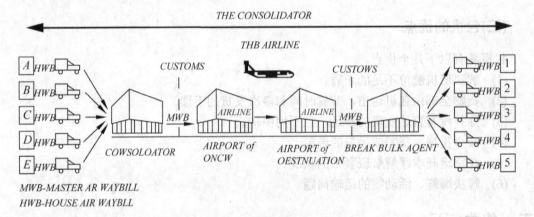

图6-10 航空集中托运的服务过程

(二)集中托运的限制

集中托运只适合办理普通货物，对于等级运价的货物，如贵重物品、危险品、活动物以及文物等不能办理集中托运。

目的地相同或临近的可以办理集中托运，其他则不宜办理。例如，不能把去日本的货发到欧洲。

(三)集中托运的特点

1. 节省费用

航空货运公司的集中托运运价一般都低于航空协会的运价。发货人可得到低于航空公司的运价，从而节省费用。

2. 提供方便

将货物集中托运，可使货物到达航空公司到达地点以外的地方，延伸了航空公司的服务，方便了货主。

3. 提早结汇

发货人将货物交与航空货物代理后，即可取得货物分运单，可持分运单到银行尽早办理结汇。

(四)联运方式

陆空联运(Combined Transport)是火车、飞机和卡车的联合运输方式，包括陆空陆联运，简称 TAT(Train-Air-Truck)；或火车、飞机的联合运输方式，陆空联运简称 TA (Train-Air)。

我国空运出口货物通常采用陆空联运方式。我国幅员辽阔，而国际航空港口岸主要有北京、上海、广州等大城市。虽然省会城市和一些主要城市每天都有班机飞往上海、北京、广州，但班机所带货量有限，费用比较高。如果采用国内包机，费用更贵。因此，在货量较大的情况下，往往采用陆运至航空口岸，再与国际航班衔接。

(五)航空快递

航空快递(Air Courier)是指具有独立法人资格的企业将进出境货物或物品从发件人所在地通过自身或代理的网络运达收件人的一种快速运输方式，采用上述运输方式的进出境货物、物品叫快件。

1. 快递运输方式的分类

快递运输方式从大类上主要分为三种：国际快递、国内快递和同城快递。

(1) 国际快递。

国际快递就是国与国之间的以商业文件和包裹为运送对象的一种快速运送方式。

国际快递主要分为三类：门到门(door to door)、门到机场(door to airport)、专人派送(courier on board)。

① 门到门服务(door to door)。

发件人需要发货时打电话给快递公司，快件公司接到电话后，立即派人到发件人处取件。快件公司将取到的所需发运的快件根据不同的目的地进行分拣、整理、核对、制单、报关。利用最近的航班，通过航空公司(或快件公司自己的班机)将快件运往世界各地。发件地的快递公司用电传、发 E-mail 或传真等形式将所发运快件有关信息(航空运单及分运单号、件数、重量等内容)通知中转站或目地站的快件公司。快件到达中转站或目的地机场后，由中转站或目的地快件公司负责办理清关手续、提货手续，并将快件及时送交收货人手中，之后将快件派送信息及时反馈到发件地的快递公司。

②　门到机场服务(door to airport)。

运输服务只能到达收件人所在城市或附近的机场。快件到达目的地机场后，当地快递公司及时将到货信息通知收件人，收件人可自己办理清关手续，可委托原快递公司或其他代理公司办理清关手续，但需额外缴纳清关代理费用。采用这种运输方式的快件多是价值较高或者目的地海关当局对货物或物品有特殊规定。

③　专人派送(courier on board)。

这种方式是指发件地快递公司指派专人携带快件在最短的时间内，采用最便捷的交通方式，将快件送到收件人手里。这种方式一般是在一些比较特殊的情况下，为了确保货物安全、确保交货时间采用的。

比较起来，第一种方式最普遍、最简单方便。在日常业务中如果有什么重要的文件或其他物品需要尽快交到客户手中时，用户只需拨动电话，很快地快件公司的专业派送人员就会上门取货，随之其他一切发运手续就由快件公司办理了。这对于发运一般的文件、成交样品等比较适合。第二种形式在时间上优于普通货运形式，同时简化了发件人的手续，但需要收货人按自己的方式到机场办理清关、提货手续。第三种方式是一种特殊服务，一般很少采用，但用这种方式可以免去普通快件的出关、入关手续。

(2)　国内快递。

国内快递指主要在一个国家范围内进行经营快件的行为。我国很多快递公司的快件主要在中国国内进行运输，这就是国内快递。

(3)　同城快件。

同城快件是指在特定的城市内的经营。这是随着城市经济的发展，即使寄件人和收件人在一个空间距离比较小的区域范围内——一个城市，但由于各个公司的业务繁忙、人员紧张，如果让本公司职员去递送文件，其成本比较高，以外包方式交给同城快件，则可以很好地解决这个问题。

2. 航空快递的特点

航空快件运输(尤其是包裹运输)与普通航空货物运输相比，其基本程序和需要办理的手续相同，所需的运输单据和报关单证也基本一样，都要向航空公司办理托运；都要与收、发货人及承运人办理单货交接手续；都要提供相应的报关单证向海关办理进、出口报关手续。

但是，航空快递作为一项专门业务而独立存在，亦具有其他运输方式所不能取代的特点。航空快运业务与普通航空货运业务、国际邮政业务比较，可以看出航空快运业务具有以下的特点和作用。

(1)　快递公司有完善的快递网络。

(2) 从收运范围来看，航空快运以收运文件和小包裹为主。

(3) 特殊的单据，即交付凭证(Proof of Delivery，POD)。

(4) 流程环节全程控制。

(5) 高度的信息化控制。

第三节　国际航空货物运价与运费

一、基本概念

在计算一笔航空货物运输费用时，要考虑三个因素：计费重量、有关的运价和费用、货物的声明价值。

(一)计费重量

计费重量(Chargeable Weight)是指用以计算货物航空运费的重量。货物的计费重量或者是货物的实际毛重，或者是货物的体积重量，或者是较高重量分界点的重量。国际航协规定，国际货物的计费重量以 0.5 千克为最小单位，重量尾数不足 0.5 千克的，按照 0.5 千克计算；0.5 千克以上、不足 1 千克的，按照 1 千克计算。

1. 实际毛重(Actual Gross Weight)

包括货物包装在内的货物重量，称为货物的实际毛重。

2. 体积重量(Volume Weight)

按照国际航协规则，将货物的体积按一定的比例折合成的重量，称为体积重量。

不论货物的形状是否为规则的长方体或正方体，计算货物体积时，均应以最长、最宽、最高的三边的厘米长度计算。长、宽、高的小数部分按四舍五入取整，体积重量的折算，换算标准为每 6000 立方厘米折合 1 千克。凡重量 1 千克体积超过 6000 立方厘米或 366 立方英寸的均为轻泡货物。轻泡货物以体积重量(Measurement Weight)作为计费重量。

3. 计费重量(Chargeable Weight)

一般地，以货物的实际毛重与货物的体积重量两者比较取高者来计算计费重量。

(二)有关的运价和费用

1. 航空运价

航空运价(Rate)又称费率，是指承运人对所运输的每一重量单位货物(千克或磅，kg or lb)

所收取的自始发地机场至目的地机场的航空费用，不包括承运人、代理人或机场收取的其他费用。

2. 航空运费

航空运费(Weight Charge)，是指航空公司将一票货物自始发地机场运至目的地机场所应收取的航空运输费用。该费用根据每票货物(使用同一份航空货运单的货物)所适用的运价和货物的计费重量计算而得。

3. 最低运费

最低运费(Minimum Charge)又称起码运费，是指一票货物自始发地机场至目的地机场航空运费的最低限额，是航空公司办理一票货物所能接受的最低限额。

4. 其他费用

其他费用(other Charges)，是指由承运人、代理人或其他部门收取的与航空货物运输有关的费用。在组织一票货物自始发地至目的地运输的全过程中，除了航空运输费以外的地面运输、仓储、制单、国际货物的清关等环节的服务部门所收取的费用。

(三)货物的声明价值

《华沙公约》规定了最高赔偿责任限额,这一金额一般理解为每千克20美元或每磅9.07英镑或其等值货币。

声明价值费=(货物价值−货物毛重×20美元/千克)×声明价值费的费率

声明价值费的费率通常为0.5%。

二、航空运价及其计算

(一)一般货物运价

一般货物运价即普通货物运价(General Cargo Rates，GCR)，是使用最为广泛的一种运价。当一批货物不能适用特种货物运价、也不属于等级货物时，就应该使用一般货物运价。

1. 运价的分类

运价有以下几种分类。

(1) 45千克(100磅)以下，运价类别代号为N(Normal Rates)。

(2) 45千克以上(含45千克)，运价类别代号为Q(Quantity Rate)。

(3) 45千克以上的可分为100、200、250、300、500、1000、2000千克等多个收费重量分界点，但运价类代号仍以Q表示。

2. 普通货物运价的计算步骤

普通货物运价计算有以下几个步骤。

(1) 计算计费重量。

(2) 找出适用运价。

(3) 计算航空运费：航空运费=计费重量×适用运价。

(4) 当计费重量接近下一个较高重量分界点时，按照较高重量分界点的较低价计算航空运费，然后与适用运价计算的运费进行比较，取最低者(注意最低运费)。

(5) 填制货运单的运费计算栏。

【例6-1】

根据以下资料计算运费：

Routing: Beijing，China (BJS) to Tokyo，Japan (TYO)

Commodity: MACHINERY

Gross Weight: 2Pieces EACH 18.9kgs

Dimensions: 2Pieces 70cm × 47cm × 35cm × 2

公布运价如下：

Beijing	CNY			BJS
Y.RENMINBI	CNY			KGS
Tokyo	JP		M	230.00
			N	37.51
			45	28.13

解：(1) 按实际重量计算运费：

体积重量：70cm × 47cm × 35cm × 2÷6000 ≈ 38.38(kgs)≈38.5(kgs)

实际毛重：37.8kgs ~ 38(kgs)

计费重量：38.5kgs

按N运价计算：38.5 × 37.51=1444.135(CNY)

(2) 采用较高重量分界点的较低运价计算运费：

计费重量：45kgs

运费计算：45 × 28.13=1265.85(CNY)

(1)与(2)比较，取运费较低者。因此航空运费为 1265.85(CNY)。

值得注意的是，当一批货物采用上述方法计算的航空运费低于货物运费的起码运费 M 时，货物的起码运费 M 即为该批货的航空运费。

(二)等级货物运价

等级货物运价(Class Rates or Commodity Classification Rates,CCR),指适用于指定地区内部或地区之间的少数货物运输(代号 S)

适用等级货物运价的货物通常有以下几种。

(1) 活动物、活动物的集装箱和笼子。

(2) 贵重物品。

(3) 尸体或骨灰。

(4) 报纸、杂志、书籍、商品目录、盲人和聋哑人专用设备和书籍等出版物。

(5) 作为货物托运的行李。

其中第(1)(2)(3)项通常在普通货物运价基础上增加一定百分比;第(4)(5)项在普通货物运价的基础上减少一定百分比。

【例 6-2】

根据以下资料计算运费:

Routing: BEIJING,China (BJS) to Vancouver,Canada (YVR)

Commodity: panda

Gross Weight: 400kgs

Dimensions: 150cm×130cm×120cm

公布运价如下:

Beijing	CNY			BJS
Y.RENMINBI	CNY			KGS
Vancouver	CA	M		420.00
		N		59.61
		45		45.68
		100		41.81
		300		38.79
		500		35.77

解:查找活动物运价表,从北京到温哥华,属于自三区运往一区的加拿大,运价的构成形式是"150% of Appl. ication GCR"。

(1) 按查找的运价构成形式来计算

体积重量:150cm×130cm×120cm÷6000=390(kgs)

实际毛重:400kgs

计费重量：400kgs

适合运价：S 150% of Application GCR

即 150%×38.79≈58.19(CNY/kg)

航空运费：400×58.19=23 276.00(CNY)

(2) 计费重量已经接近下一个较高重量点500kg，用较高重量点的较低运价计算：

计费重量：500kgs

适合运价：S 150% of Application GCR

即 150%×35.77≈53.66(CNY/kg)

航空运费：500×53.66=26 830.00(CNY)

对比(1)和(2)，取运费较低者，因此航空运费为 23 276.00CNY。

(三)指定商品运价

指定商品运价(Specific Commodity Rates，SCR)，通常是承运人根据在某一航线上经常运输某一种类货物的托运人的请求，或为促进某地区间某一种类货物的运输，经国际航空运输协会同意，所提供的优惠运价。

对于一些批量大、季节性强、单位价值小的货物，航空公司可建立指定商品运价，运价优惠幅度不限，报民航总局批准执行(代号 C)。

指定商品运价的计算步骤如下。

(1) 查运价表，若始发地至目的地之间有公布的指定商品运价，则考虑使用 SCR。

(2) 查 TACT Books，找出指定商品的编号。

(3) 计算计费重量。

(4) 计算运费。

若计算重量＞SCR 最低重量，则优先使用 SCR，运费=计费重量×SCR。

若计费重量＜SCR 最低重量，则需要比较：

按 GCR 计算运费，运费=计算重量×GCR

按 SCR 计算运费，运费=SCR 最低重量×SCR

取二者中低者为最后运费。

【例6-3】

根据以下资料计算运费：

Routing: Shanghai，China (SHA) to OSAKA，Japan (OSA)

Commodity: FRESH APPLES

Gross Weight: EACH65. 2kgs，TOTAL 5 PIECES

Dimensions: 102cm × 44cm × 25cm × 5

公布运价如下：

Shanghai	CNY		SHA
Y.RENMINBI	CNY		KGS
OSAKA	JP	M	230.00
		N	37.51
		45	28.13
	0008	300	18.80
	0300	500	20.61

解：体积重量：102cm×44cm×25cm×5÷6000=93.5(kgs)

实际毛重：65.2×5=326(kgs)

计费重量：326kgs

按制定商品运价得知：SCR 0008/Q300 18.80 CNY/kg

航空运费：326×18.80=6128.80(CNY)

(四)集中托运货物运价

集中托运货物也称混运货物，指使用同一份货运单运输的货物中包含有不同运价、不同运输条件的货物。

运费计算要注意以下几个方面。

1. 申报方式与计算规则

(1) 申报整批货物的总重量或总体积。

计算规则：混运的货物被视为一种货物，将其总重量确定为一个计费重量。运价采用适用的普通货物运价。

(2) 分别申报每一类货物的件数、重量、体积及货物品名。

计算规则：按不同种类货物适用的运价与其相应的计费重量分别计算运费。

注明：如果混运货物使用一个外包装将所有货物合并运输，则该包装物的运费按混运货物中运价最高的货物运价计收。

2. 声明价值

混运货物只能按整票(整批)货物办理声明价值，不得办理部分货物的声明价值或办理两种以上的声明价值。所以，混运货物声明价值费的计算应按整票货物总的毛重。

3. 最低运费

混运货物的最低运费按整票货物计收。即无论是分别申报或不分别申报的混运货物，按其运费计算方法计得的运费与起止地点间的最低收费标准比较，取高者。

【例6-4】

Routing: BEIJING，China (BJS) to OSAKA，Japan (OSA)

Commodity: Books and Handicraft and FRESH Apple

Gross Weight: 100kgs and 42kgs and 80kgs

Dimensions: 4 Pieces 70cm × 47cm × 35cm and

1 Piece 100cm × 60cm × 42cm and

2 Pieces 90cm × 70cm × 32cm

公布运价如下：

Beijing	CN		BJS
Y.RENMINBI	CNY		KGS
OSAKA	JP	M	230.00
		N	37.51
		45	28.13
	0008	300	18.80
	0300	500	20.61
	1093	100	18.43
	2195	500	18.80

解：先把这票货物作为一个整体计算运费；再按分别申报计算运费，两者比较取低者。

(1) 总体申报：

Total Gross Weight: 100.0kgs+42.0kgs+80.0kgs=222.0kgs

Volume Weight: (70cm×47cm×35cm×4+100cm×60cm×42cm×1+90cm×70cm×32cm×2)÷6000kgs =1 115 800cm^3÷6000kgs≈185.96kgs≈186.0kgs

Chargeable Weight: 222.0kgs

Applicable Rate: GCR Q 28.13 CNY/kg

Weight charge: 222.0×28.13=6244.86 CNY

(2) 分别申报

① Books:

Volume Weight: 70cm×47cm×35cm×4÷6000kgs =460 600 cm^3÷6000kgs≈76.77kgs≈77.0kgs

Chargeable Weight: 100.0kgs

Applicable Rate: R 50% of Normal GCR；50%×37.51 CNY/kg=18.76 CNY/KG

Weight charge: 100.0×18.76=1876.00 CNY

② Handicraft:

Volume Weight: 100cm×60cm×42cm×1÷6000kgs =252 000 cm^3÷6000kgs=42.0kgs

Chargeable Weight: 42.0kgs

Applicable Rate: GCR N 37.51 CNY/kg

Weight charge: 42.0×37.51=1575.42CNY

③ Apple (FRESH):

Volume Weight: 90cm×70cm×32cm×2÷6000kgs =403 200 cm^3÷6000kgs=67.2kgs

Chargeable Weight: 80.0kgs

Applicable Rate: GCR N 28.13CNY/kg

Weight charge: 80.0×28.13=2250.40CNY

三种运费相加：1876.00 CNY+1575.42 CNY+2250.40CNY=5701.82CNY

对比总体申报运费和分别申报运费，取最低者。即运费为5701.82CNY。

第四节 航 空 运 单

一、航空运输进出口业务流程

(一)出口业务流程

国际货物运输的出口业务流程是指从托运人委托运输货物到航空承运人将货物装上飞机的货物流、信息流的运输组织与控制管理的全过程。

一般地，托运人采用委托航空运输代理人运输或直接委托航空公司运输两种方式。因此，国际货物运输的出口业务流程包括航空货运代理出口业务程序和航空公司出港的操作程序两个环节。

1. 航空货运代理出口业务程序

(1) 办理委托运输(托运)。

发货人委托空运代理公司空运出口货物，首先应由托运人填写托运书，而且托运人必须在上面签字或盖章。代理人接受委托后，单证操作前，要对托运书的价格、航班日期等进行审核，同时，空运代理人必须在托运书上签名并写上日期以示确认。办理委托运输需要注意以下几点。

① 各外贸公司及工贸企业在备齐货物，收到开来的信用证经审核(或经修改)无误后，就可办理托运。

②　托运人向承运人填交货物托运单，并根据国家主管部门的规定随附必要的有效证明文件。托运人应对托运单填写内容的真实性和正确性负责。

托运单应包括下列内容栏：托运人、收货人、始发站机场、目的地机场、要求的路线、申请订舱、供运输用的声明价值、供海关用的声明价值、保险金额、处理事项、货运单所付文件、实际毛重、运价类别、计费重量、费率、货物的名称及数量、托运人签字及日期等。

③　托运人填交的货物托运单经承运人接受，并由承运人填发货运单后，航空货物运输合同即告成立。

④　托运人要求包用飞机运输货物，应填交包机申请书，经承运人同意接受并签订包机运输协议书以后，航空包机货物运输合同即告成立。

⑤　托运人对托运的货物应当按照国家主管部门规定的包装标准包装；没有统一规定包装标准的，应当根据保证运输安全的原则，按货物的性质和承载飞机等条件包装。凡不符合包装要求的，承运人有权拒绝承运。

⑥　托运人必须在托运的货件上标明发站、到站以及托运人和收货人的单位、姓名和地址，按照国家规定标明包装储运标志。

⑦　国家规定必须投保的货物，托运人应在托运时投保货物运输险。

⑧　托运人应按照民航主管机关规定的费率缴付运费和其他费用。除托运人和承运人另有协议外，运费及其他费用一律于承运人开具货物运单时一次付清。

(2)　接受发货人的委托，预定舱位。

从发货人处取得必要的出口单据；安排运输工具取货，或由发货人送货到指定地点，并与单证认真核对。

(3)　海关申报。

①　报关单据一般为：商业发票、装箱单、商检证、国际货物委托书(托运书)、报关单。有的商品需要动植物检疫证书或产地证、出口收汇核销单、出口许可证等。

②　在海关验收完货物，在报关单上盖上验收章后，集中托运人缮制航空分运单。

③　将收货人提供的货物随行单据附在运单后面。

④　将制作好的运单标签贴在每一件货物上。

⑤　持缮制完的航空运单到海关报关放行。

⑥　将盖有海关放行章的运单与货物一齐交与航空公司，航空公司验收单、货无误后，在交接单上签字。

⑦　对于集中托运的货物，需要电传通知国外代理的内容包括航班号、运单号、品名、件数、毛重、收货人等。

(4)　提板箱与装板箱。

货运代理人根据订舱计划向航班公司申领板、箱，并办理相应的手续。提板、箱时，应领取相应的塑料薄膜和网。对所使用的板、箱要登记、销号。大宗货物、集中托运货物可以在货代公司的仓库、场地、货棚装箱、装板，也可在航空公司指定的场地装板、装箱。

(5) 签单。

货运单在盖好海关放行章后，还需要到航空公司签单，只有签单确认以后，才允许将单、货交给航空公司。

(6) 交接发运。

交接是向航空公司交单交货，由航空公司安排航空运输。交单就是将单据和应由承运人留存的单据交给航空公司。单据包括第二联航空运单正本、发票、装箱单、产地证明、品质鉴定证书等。交货即把与单据相符的货物交给航空公司。交货前必须粘贴或拴挂货物标签、清点和核对货物，填制货物交接清单。大宗货、集中托运货以整板、整箱称重交接；零散小货按票称重，计件交接。

2. 航空公司出港的操作程序

航空公司出港的操作程序是指发货人或代理人将货物交给航空公司，直到货物装上飞机的整个操作流程。

(1) 预审国际货物订舱单(Cargo Booking Advance，CBA)

(2) 整理货物单据。主要包括已入库的大宗货物、现场收运的货物、中转的散货等三个方面的单据。

(3) 货物过磅、入库。

① 检查货物板、箱组装情况、高度、收口是否符合规定。

② 将货物送至电子磅，记录重量，并悬挂吊牌。

③ 对装有轻泡货的板箱，查看运单，做好体积记录。

④ 在电脑中录入板箱号码、航班日期等，将货物放在货架上。

(4) 货物出港。

对于货物出港环节，重点处理好制作舱单及转运舱单的业务。

① 货运舱单(Cargo Manifest)。货运舱单是每一架飞机所装载货物、邮件的运输凭证清单，是每一航班总申报单的附件，是向出境国、入境国海关申报飞机所载货邮情况的证明文件，也是承运人之间结算航空运费的重要凭证之一，如图6-11所示。

② 货物转港舱单(Cargo Transfer Manifest，CTM)。货物转港舱单由交运承运人填写，是货物交运承运人和货物接运承运人之间交接货物的重要运输凭证，也是承运人之间结算航空运费的重要凭证之一，如图6-12所示。

中国国际航空公司 AIR CHINA CARGO
AWB
999
目的地
DESTINATION
件数
PCS
总重（千克）
TOTAL WT/Kg
由
FROM
北京
PEK
至
VAL

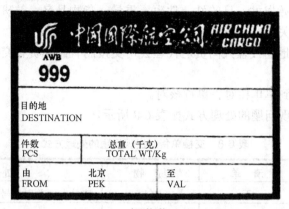

识别标签

图 6-11　货运舱单

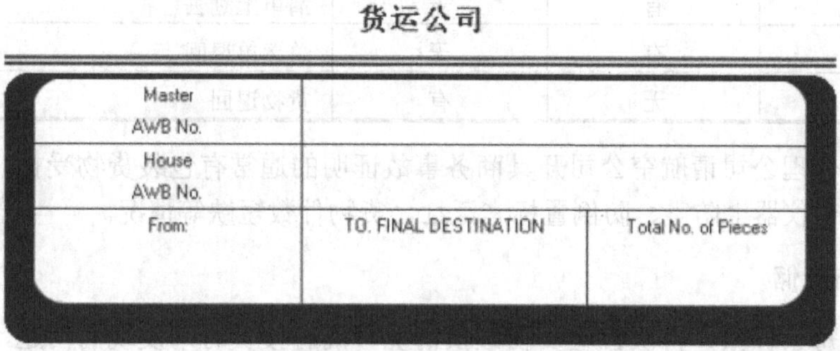

货运公司
Master
AWB No.
House
AWB No.
From:
TO. FINAL DESTINATION
Total No. of Pieces

图 6-12　货运转港舱单

(二)国际航空货物运输进口业务流程

国际航空货物运输进口业务流程是指航空货物从入境到提取或转运的整个过程中所需通过的环节、所需办理的手续以及必备的单证。航空货物入境后，要经过各个环节才能提出海关监督场所，而每经过一道环节都要办理一定的手续，同时出具相关的单证，如商业单据、运输单据及所需的各种批文和证明等。

1. 代理预报

在国外发货前，由国外代理将运单、航班、件数、重量、品名、实际收货人及其地址、联系电话等内容发给目的地代理公司。

2. 交接单货

航空货物入境时，与货物相关的单据也随机到达，运输工具及货物处于海关监管之下。货物卸下后，将货物存入航空公司或机场的监管仓库，进行进口货物仓单录入，将舱单上主运单号、收货人、始发站、目的站、件数、重量、货物品名、航班号等信息通过电脑传送给海关留存，供报关用。交接时要注意以下几个方面。

(1) 航空公司的地面代理人向货运代理公司交接的有国际货物交接清单、总运单、随机文件、货物。

(2) 交接时应做到单单核对、单货核对。

(3) 核对后，出现问题的处理方式如表 6-8 所示。

表 6-8　交接单货时出现问题的处理方式

总运单	清　单	货　物	处理方式
有	无	有	清单上加总运单号
有	无	无	总运单退回
无	有	有	总运单后补
无	有	无	清单上划去
有	有	无	总运单退回
无	无	有	货物退回

(4) 货运代理公司请航空公司开具商务事故证明的通常有包装货物受损，裸装货物受损，木箱或精密仪器上防震、防倒置标志泛红，货物件数短缺等情况。

3. 理货与仓储

逐一核对每票件数，再次检查货物破损情况，确有接货时未发现的问题，可向航空公司提出交涉。此外，要防淋、防潮、防贵重物品被盗等。按大货、小货、重货、轻货、单票货、混载货、危险品、贵重品、冷冻品、冷藏品分别堆存、进仓。堆存时要注意货物箭头朝向及总运单、分运单标志朝向。

4. 理单与到货通知

代理公司理单人员须将总运单、分运单与随机单证、国外代理人先期寄达的单证审核、编配。凡单证齐全、符合报关条件的即转入制单、报关程序。否则，与货主联系，催齐单证。另外，货物到达目的港后，应尽快、尽早地通知货主到货情况，提醒货主作准备。

5. 制单、报关

(1) 进口制单：按海关要求，依据运单、发票、装箱单及证明货物合法进口的批文，制作进口货物报关单。需要异地清关的，制作《转送运输申报单》。

(2) 进口报关：报关大致分为初审、审单、征税、验放四个主要环节。

6. 收费、发货

(1) 收费。货运代理公司仓库在发货前一般先将费用收妥。

(2) 发货。办理报关、报检等手续后，货主须持有海关放行章、动植物报检章、卫生检疫报检章的进口提货单到所属监管仓库付费提货。

7. 送货与转运

(1) 送货上门业务。主要指进口清关后，货物直接运送至货主单位，运送工具一般为汽车。

(2) 转运业务。主要指将进口清关后的货物转运至内地的货运代理公司，运输方式主要为飞机、汽车、火车、水运、邮政。

二、航空货运单据

托运人托运航空货物必须填写航空货运单(Airway Bill，AWB)，航空公司承运货物必须出具航空货运单。

(一)航空货运单的性质和作用

航空货运单(以下简称"航空运单")是一种运输合同，是由承运人和其他代理人签发的一份重要的货物单据。它有别于海运提单，并非代表货物所有权的物权凭证，是不可议付的单据。它的性质和作用如下所述。

1. 承运合同

航空货运单是发货人与承运人之间的运输合同，一旦签发，便成为签署承运合同的书面证据，该承运合同必须由发货人或其他代理人与承运人或其代理签署后才能生效。

2. 货物收据

当发货人将货物发运后，承运人或其他代理人将航空运单正本交给发货人，作为已接收货物的证明，也就是一份货物收据。

3. 运费账单

航空运单上分别记载着属于收货人应负担的费用和属于代理的费用，因此可作为运费单和发票，承运人可将一份运输单正本作为记账凭证。

4. 报关依据

当航空运输货物到达目的地后，应向当地海关报关。在报关所需的各种单证中，航空运单通常是海关放行检验时的基本单据。

5. 保险证书

若承运人承办保险或者发货人要求承运人代办保险，有保险条款的航空运单又被称为红色航空运单。

6. 承运人处理内部业务的依据

航空运单是承运人在办理该运单项下货物的发货、转运、交货的依据，承运人根据运单上所记载的有关内容办理有关事项。

(二)航空运单的种类

航空运单主要分为两大类。

1. 航空主运单(Master Airway Bill，MAWB)

凡由航空运输公司签发的航空运单称为航空主运单。它是航空运输公司据以办理货物运输与交付的依据，是航空公司与集中托运人订立的运输合同，每一批航空运输的货物都有自己相对应的航空主运单。

2. 航空分运单(House Airway Bill，HAWB)

集中托运人在办理集中托运业务时签发的航空运单被称作航空分运单。在集中托运的情况下，除了航空运输签发的主运单以外，集中托运人还要签发航空分运单。在这中间，航空分运单作为集中托运人与托运人之间的货物运输合同，合同双方分别为货主和集中托运人，而航空主运单作为航空运输公司与集中托运人之间的货物运输合同，当事人为集中托运人和航空运输公司。货主与航空运输公司没有直接的契约关系。不仅如此，由于在起运地货物由集中托运人将货物交付航空运输公司，在目的地由集中托运人或者代理从航空运输公司处提取货物，再转交收货人，因而货主与航空公司也没有直接的货物交接关系。

(三)国际航空运单的填制

1. 国际航空运单填制的基本规定

(1) 航空运单应使用英文大写字母，用计算机打字。各栏内容必须准确、清晰、安全，不可随便涂改。

(2) 货运提单已填好的内容在运输过程中需要修改时，必须在修改项目的近处盖章注明修改货运单的空运企业名称、地址和日期。修改货运单时，应将所有剩余的各联一同修改。

(3) 在始发站货物运输开始后，货运单上的"运输声明价值"一栏的内容不得再作任何修改。

（4）每批货物必须全部收起后方可填开货运单，每一批货物或集合运输的货物均填写一份货运单。

2. 有关各栏填制的说明

不同的航空公司有自己独特的航空运单格式，但各航空公司所使用的航空运单大多借鉴 IATA 所推注的标准格式，差别并不大。因此，这里只介绍这种标准格式，下面就有关的栏目介绍如下。

栏目 1：始发站机场。需填写 IATA 统一编制的始发站机场或城市的三字代码，这一栏应该和栏目 11 相一致。

1A：IATA 统一编制的航空公司代码，如我国的国际航空公司的代码是 999；1B：运单号；1C：货运单所属航空公司名称即总部所在地址。此处还印有航空公司的标志。

栏目 2：托运人姓名和地址栏(Shipper's Name and Address)。此栏填制托运人姓名、详细地址、国家以及托运人电话、传真号码。

栏目 3：托运人账号栏。此栏不需填写，除非承运人另有要求。

栏目 4：收货人姓名和地址栏(Consignee's Name and Address)。填制收货人姓名、详细地址及其收货人的电话、传真号码。

栏目 5：收货人账号栏。此栏仅供承运人使用，一般不需填写，除非最后的承运人另有要求。

栏目 6：出票航空公司货运代理人名称即城市栏(Issuing Carrier's Agent Name and City)。此栏填制向出票航空公司收取佣金和国际航协代理人的名称和所在机场或城市。

栏目 7：国际航协代号栏。航空公司为便于内部系统管理，要求企业代理人在此处填制相应的数字代码。采用货物财务结算系统清算的代理人按规定填写相应代号。

栏目 8：账号栏。本栏一般不需填写，除非承运人另有要求。

栏目 9：始发站机场和要求的运输路线栏(Airport of Departure and Requested Routing)。此栏填制运输始发站机场或所在城市的全程以及所要求的运输路线，这里的始发站应与栏目 1 填写的相一致。

栏目 10：相关财务信息栏(Accounting Information)。此栏填制有关财务说明事项，如付款方式。如因货物无法交付需要退货时填开的货运单，应将原始货物单号码填入本栏内。

栏目 11(11A-11F 栏)：运输路线和目的站。11A(C、E)，去往(To)，分别填入第一(二、三)中转站机场的 IATA 代码。11B(D、F)，承运人(By)，分别填入第一(二、三)段运输的承运人。

栏目 12：货币栏(Currency)。填制运输始发地货币代号(注：只填运输始发地运价资料所公布的货币)。除(33A)栏至(33D)栏外，货运单上所列明的费用金额均按上述货币所示。

栏目 13：运输代号栏。表明支付方式。

栏目 14：货物运输费用付款方式(Weight Charge，WT)，此时可以有两种情况：预付

(Prepaid，PPD)或到付(Collect，COLL)。如预付在 14A 中填入"*"，否则填在 14B 中。需要注意的是，航空货物运输中运费与声明价值费支付的方式必须一致，不能分别支付。

栏目 15：其他费用付款方式(Valuation Charge，VAL)

栏目 16：运输声明价值栏(Declared Value for Carriage)。填制托运人关于货物运输声明价值的金额。如果托运人没有运输声明价值，此栏不可以空着，必须填制"NVD"(No Value Declared)字样。

栏目 17：海关用声明价值栏(Declared Value for Customs)。填制货物过海关时海关需要的货物商业价值金额。如果货物没有商业价值，或海关不要求声明，此栏必须打印 "NCV" (No Customs Valuation)字样。

栏目 18：目的站机场栏(Airport of Destination)。填制最后承运人的目的地机场全称。

栏目 19：航班/日期栏(Flight/Date)。仅供承运人使用。

栏目 20：保险金额栏(Amount of Insurance)。如果承运人向托运人提供代办货物保险业务时，此栏打印托运人货物投保的金额。如果承运人不提供此项服务或托运人不要求投保，此栏内必须打印"×××"符号。

栏目 21：运输注意事项栏。一般填入承运人对货物处理的有关注意事项。

栏目 22(A—L)：货物运价、运费细节栏。

栏目(22A)栏：件数、运价组合点。运价组合点是指如果使用分段相加运价计算运费时，在件数的下面应打印运价组合点城市的 IATA 三字代码。

栏目(22B)栏：毛重。填入货物实际毛重。

栏目(22C)栏：重量单位千克或磅。以千克为单位用代号"K"；以磅为单位用代号 "L"。

栏目(22D)栏：运价等级。

栏目(22E)栏：商品品名编号。运输指定商品，货物运费使用指定商品运价计费时，此栏打印指定商品品名代号；运输等级货物，使用等级货物运价计费时，此栏应该打印附加或附减运价的比例；如果是集装货物，打印集装货物运价等级。

栏目(22F)：计费重量。填入计算货物运费使用的计费重量。

栏目(22G)栏：运价/运费。针对不同的航空运价共有六种代码，它们是 M、N、Q、C、R、S。

栏目(22H)栏：总计。填入计费重量与适用运价相乘后的运费金额，如果是最低运费或集装货物基本运费时，本栏与(22G)金额相同。

栏目(22I)栏：货物品名和数量。为便于组织该批货物运输，本栏应符合下列要求：打印货物的品名；当一票货物中含有危险货物时，应分列打印，危险货物应列在第一项；活动物运输，本栏内容应根据 IATA 活动物运输规定打印，对于集合货物，本栏应打印 "consolidation as per attached list"；货物的体积用长×宽×高表示，如"DIMS: 40cm×30cm×20cm"。

栏目(22J)(22K)(22L)分别为该运单项下货物总件数、总毛重、总运输。

栏目 23：其他费用栏。其他费用种类用下列两个代码表示：AC-animal container(动物容器租赁费)；AS-assembly service fee(集中货物服务费)；AT-attendant(押运员服务费)；AW-ail waybill(货物单工本费)；DB-disbursement fee(代垫付款手续费)；FC-charges collect fee(运费到付手续费)；LA-live animals(动物处理费)；RA-dangerous goods surcharge(危险品处理费)；SD-surface charge destination(目的站地面运输费)；SU-surface charge(地面运输费)。

注：此栏中任一费用均用三个字母表示：前两个字母表示费用种类，第三个字母表示费用归属。如果是承运人收取该费用，则用"C"表示；如果是代理人收取该费用，则用 "A" 表示。如："AWC"，属于出票航空公司收取的货运单工本费；"AWA"，为代理人收取的货运单工本费。

栏目 24：航空运费(24A，24B)栏。此栏填入航空运费计算栏(22 栏)计算所得的航空运费总数，如果航空运费预付，填入(24A)；如果航空运费到付，则填入(24B)。

栏目 25：声明价值费(25A，25B)栏，当托运人声明货物运输价值时，此栏填入声明价值付计费金额。该费用必须与航空费用同步付款、同时预付或同时到付。声明价值付计费预付填入(25A)，到付填入(25B)。

栏目 26：税费(26A，26B)，预付填入 26A，到付填入 26B。

栏目 27：代理人收取的其他费用总额(27A，27B)。

栏目 28：承运人收取的其他费用总额(28A，28B)。

栏目 29：无名称，本栏不需打印，除非承运人需要。

栏目 30：预付和到付费用总额(30A，30B)。

栏目 31：托运人证明栏。填制托运人名称并由托运人或其代理人在本栏内签字或盖章。

栏目 32：承运人填写栏。将填开货运单日期、地点所在机场或城市的全称或缩写分别填入 32A、32B，填开日期采用按日、月、年的顺序，32C 要求填开货运单的承运人或其代理人在本栏内签字。

栏目 33：仅供有关承运人、目的地机场等在目的站使用。收货人用目的地国家货币付费。

(33A)栏：货币兑换比价，填入将运输始发地货币换算成目的地国家货币的比价。

(33B)栏：用目的地国家货币表示的付费金额。

(33C)栏：目的站费用。最后一个承运人将目的站发生的费用金额填制在本栏中。

(33D)栏：到付费用总额。

以上所有内容不一定要完全填入空运单，IATA 也并未反对在运单中写入其他所需的内容，但这种标准化的单证对航空货运经营人提高工作效率、促进航空货运业向电子商务迈进有着积极的意义。

空运单样本如图 6-13(a)(b)所示。

国际货物运输与保险

1A	1	1B						CSR/EC1						1A	1B

Shipper's Name and Address — 3 Shipper's Account Number — Not Negotiable **Air Waybill**

2 — ISSUED BY

Copies 1, 2 and 3 of this Air Waybill are originals and have the same validity

Consignee's And Address — Consignee's Account Number 5

4

Telephone Number

It is agreed that the goods described herein are accepted in apparent good order and condition (except as noted) for carriage SUBJECT TO THE CONDITIONS OF CONTRACT ON THE REVERSE HEREOF. ALL GOODS MAY BE CARRIED BY ANY OTHER MEANS INCLUDING ROAD OR ANY OTHER CARRIER UNLESS SPECIFIC CONTRARY INSTRUCTIONS ARE GIVEN HEREON BY THE SHIPPER, AND SHIPPER AGREES THAT THE SHIPMENT MAY BE CARRIED VIA INTERMEDIATE STOPPING PLACES WHICH THE CARRIER DEEMS APPROPRIATE. THE SHIPPER'S ATTENTION IS DRAWN TO THE NOTICE CONCERNING CARRIER'S LIMITATION OF LIABILITY. Shipper may increase such limitation of liability by declaring a higher value for carriage and paying a supplemental charge if required.

ISSUING CARRIER MAINTAINS CARGO ACCIDENT LIABILITY INSURANCE

Issuring Carrier's Agent Name and City — **Accounting Information**

6 — 10

Agent's IATA Code 7 — **Account No.** 8

Airport of Departure (Addr. of First Carrier) and Requested Routing 9 — 12 13 — 14A 14B — 15A 15B — 34A 34B 34C

11A To	By First Carrier 11B	to 11C	By 11D	to 11E	By 11F	Currency				Declared Value for Carriage 16	Declared Value for Customs 17

Airport of Destination 18	Flight/Date 19A	For Carrier Use only 19B	Flight/Date	Amount of Insurance 20	INSURANCE 20A

Handling information 21 — 21A SCI

No. of Pieces RCP 22A	Gross Weight 22B	kg 22C	Rate Class Commodity Item No. 22D	Chargeable Weight 22E	Rate / Charge 22F 22G	Total 22H	Nature and Quantity of Goods (incl. Dimensions or Volume) 22I
			22Z			22L	
22J	22K						

Prepaid 24A	Weight Change 24B	Collect	Other Changes 23
Valuation Change 25A	25B		
Tax 26A	26B		
Total Other Charges Due Agent 27A	27B		
Total Other Charges Due Carrier 28A	28B		Shipper certifies that the particulars on the face hereof are correct and that insofar as any part of the consignment contains dangerous goods, such part is properly described by name and is in proper condition for carriage by air according to the applicable Dangerous Goods Regulations. 31 Signature of Shipper or his Agent
29A	29B		
Total Prepaid 30A	Total Collect 30B		32A at 32B Signature of Issuing Carrier or its Agent 32C
Currency Conversion Rates 33A	CC Charges in Dest. Currency 33B		Executed on (date) at (place)
For Carrier's Use only at Destination 33	Charges at Destination 33C	Total Collect Charges 33D	1A 1B

ORIGINAL 3 (FOR SHIPPER)

(a)

图 6-13 空运单样本

294

Shipper's narne and Address	Shipper's Account Number 045686	Not Negotiable Air Waybill 中国东方航空公司
SHANGHAITIANYETOOLS MANUFACTURECO.,LTD 3188,GANXIANGTOWN,JINSHAN DISTRICT SHANGHAI,CHINA		Issued by CHINA EASTERNAIRLINES 2250 HONGQIAO ROAD SHANGHAI CHINA

Consignee's Name and Address	Consignee's Account Number SO099	Copies 1,2 and 3 this Air Waybill are originals and have the sarne validity
PT.HYCOLANGGENG 300 VIRA SEMARANG INDONESIA		It is agreed that goods descnbed herein are accepted in apparnt good order and ocntitoni except as ruoted for carriage SUBJECT TO THE CONDITIONS OF CONTRACT ON THE REVERSE HEREOF ALL GOODS MAY BE CARRIED BY ANY OTHER MEANS INCLUDING ROAD OR AND CARRIER UNLESS SPCIFIC CONTRARY INSCTRCTIONS ARE GIVEN HERETN BY THE SHIPPER AND SHIPPER AGREES THAT THE SHIPMENT MAY BE CARRIED DEEMS APPROPRLATE THE SHIPPER'S ATTENTTON IS DRAWN TO THE NOTICE CONCERNING CARRIER'S LIMTTATION OFLLABILITYSkippermay incease such limitation of liabllity by declaring arightervalue for carriage arud paying a supplimertal charge ofrequired.

Issuing Carrier's Agent Name and City		Account Information
FUKANGWA EX3 (030-24) SEMARANG EXPRESS CO.,LTD		FREIGHT PREPAID
Agents IATA Code 08321550	Account No.	D=34 (20CBM)

Airport of Departure(Add.OfFirt Carrier)and Requested Routing

TO	By First Carrier	Rout of and Caodk	To	By	To	By	Currency USD	Chgs Code	WT/VAL		Order		Declared Val for Carrier	Declared Val for Customs
									PPD	COLL	PPD	COLL		

Airport of Destination SHANGHAI	MUO514/02	Rouuof and Caodk	Amount of Insurance	If shippci laocos ts tnsuunce in accordance wi th the condi tions thci eof indica te amomt to be inswr es in foguros in bor marked "Lmomt of Insmance"

Handing Information

AS PE.R REF NO.XY05401

No.of Place PCP	Gross Weight	kg lb	Rate Class Commodity Item No.	Charge able Weight	Rate Charge	Total	Nature and Quantity of Goods (Incl Dimensions or Volurne)
1 400	3 200	K	S	3 200	1.50	2 400.00	TOOLS 20CBM

Prepaid	Weight Charge	Collect	Other Charge
	Valuation Charge		AWB FEE.200.00
	Tax		
	Total other Charge Due Agent		Shipper certifies that particular's on the face hereof are correct and agree THE CONDITIONS ON REVER SE.HEREPF:
200.00			PUDONG ARIPORT
	Total Charge Due Carrier		高丽
			Signature Shipper or his Agent
Total Prepaid	Total Collect		Carrier certifies that the goods descnbed hereon are accepted for carriage subject to THECONDITION OF CONTRACT ON THE.REVERSE.HEREOF The goods then being in apparent good order and condition except as noted hereon.
2 200.00			MAT.01,2005 SHANGHAI,CHINA
Cuun any Coanipn Ftn	CC Chisnf in Ddot Cokv		Executed(date)at(place) Signature of issuing Carrier
For Carriers Use only at Destination	Charge at Destination	Total Collect Charge	789-3905 0933

(b)

图 6-13　空运单样本(续)

【导读案例分析】

本案中，首先在托运人和保险公司之间是保险合同关系。根据《中华人民共和国保险法》(以下简称《保险法》)的规定，因第三者对保险标的的损害而造成保险事故的，保险人自向被保险人赔偿保险金之日起，在赔偿金额范围内代位行使被保险人对第三者请求赔偿的权利。因此，在保险人对托运人理赔后，保险人取得了代位权。

一、关于连续运输中责任的划分

本案是国际航空货物运输。始发地点为中国杭州，经停地点为北京，目的地点为意大利米兰，中国和意大利都是《华沙公约》缔约国，因此，根据《华沙公约》的规定，该国际航空货物运输是《华沙公约》意义上的国际航空货物运输。该航空货运单注明，第一承运人为 A 航空公司，第二承运人为 C 航空公司，可见，A 航空公司既是缔约承运人又是实际承运人，因为航空货运单是由被告 A 航空公司的代理 B 航空公司出具的。

《华沙公约》第18条规定，对于托运的行李或货物因毁灭、遗失或损坏而产生的损失，如果造成这种损失的事故是发生在航空运输期间，承运人应负责任。那么，该由哪一家航空公司承担责任？

A 航空公司和 B 航空公司之间是委托代理关系。《中华人民共和国民法通则》(以下简称《民法通则》)第63条第2款规定："代理人在代理权限内，以被代理人的名义实施民事法律行为，被代理人对代理人的代理行为，承担民事责任。"因此，应由 A 航空公司承担赔偿责任。

《海牙议定书》第1条第2款规定："由几个连续的航空承运人所办理的运输，如经合同当事人认为是一个单一的运输业务，则无论它是以一个合同或一系列合同的形式约定的，在本公约的意义上，应视为一个不可分割的运输，并不因其中一个合同或一系列的合同完全在同一国家的领土内履行而丧失其国际性质。"因此，即便杭州至北京段是在中国境内，它也是个国际航空货物运输合同。

《华沙公约》第30条对连续承运人之间的相互关系和责任规定如下："一，符合第1条第3款所规定的由几个连续承运人办理的运输，接受旅客、行李或货物的每一个承运人应该受本公约规定的约束，并在合同中由其办理的一段运输的范围内，作为运输合同的订约一方。二，对于这种性质的运输，旅客或其权利继承人只能对发生事故或延误的一段运输的承运人提出诉讼，除非有明文约定第一承运人应该对运输全程承担责任。三，至于行李或货物，旅客或托运人有向第一承运人提出诉讼的权利，有权提取行李或货物的收货人也有向最后承运人提出诉讼的权利。此外，托运人和收货人都可以对发生毁灭、遗失、损坏或延误的一段运输的承运人提出诉讼。上述承运人应该对托运人和收货人负连带责任。"

由此可以看出，A 航空公司和 C 航空公司在其办理的一段运输的范围内，作为运输合同的订约一方。托运人和收货人既可以起诉 A 航空公司，也可以起诉 C 航空公司，A 航空公司和 C 航空公司之间是连带责任关系。但是，由于 C 航空公司根本没有承运该批货物，并且货物是在 A 航空公司运至北京准备移交时丢失的，责任在 A 航空公司，所以，根据上述第 3 款的规定，原告无权起诉 C 航空公司，C 航空公司不承担赔偿责任。

本 章 总 结

1. 国际航空货运的特点有：运送速度快；破损率低、安全性好；空间跨度大；可节省生产企业的相关费用；运价比较高；载量有限；易受天气影响。

2. 航空运输的飞机按不同的分类可以分为不同的类型。按机身的宽窄，飞机可以分为宽体飞机和窄体飞机；按飞机使用用途，民用飞机可分为全货机、全客机、客货混用机。

3. 在航空运输当中，一些名词的代码往往比全称重要得多。由于航空运输单证的大小限制、操作的方便程度等缘故，货运的整个流程中代码的作用非常显著，航空货运中的代码包括国家代码、城市的三字代码、机场的三字代码、航空公司的两字代码等。

4. 航权是指国际民航航空运输中的过境权利和运输业务的相关权利。

5. 国际航空货物运输方式包括班机运输、包机运输、集中托运。

6. 在计算一笔航空货物运输费用时，要考虑三个因素：计费重量、有关的运价和费用、货物的声明价值。

7. 航空货运单是一种运输合同，是由承运人和其他代理人签发的一份重要货物单据。

专 业 英 语

1. baggage compartment　行李舱

2. Cargo Manifest　货物仓单

3. Chargeable Weight　计费重量

4. charter flight　包机

5. Check List　核查单

6. Class Rates　等级运价

7. consolidated shipment　集运货物

8. fully loaded aircraft　满载飞机

9. General Cargo Rates　普通运价

10. hazardous goods　危险品

11. high-density cargoes　高密度货物

12. house air waybills　分运单

13. insurance costs　保险费

14. makes a connection　中转
15. master air waybill　主运单
16. Minimum Charges　最低运价
17. neutral AWB　中性航空运输单
18. Special Commodity Rates　指定商品运价
19. Unit Load Device，ULD　成组集装设备
20. valuable cargo　贵重货物

课 后 习 题

一、单选题

1. 航空公司签发的运单为(　　)。

A. 航空主运单　　B. 航空分运单　　　　C. 提单　　　　　D. 承运合同

2. 航空分运单的合同当事人包括(　　)。

A. 航空货运代理公司和航空公司　　　　　B. 航空货运代理公司和发货人

C. 航空公司和发货人　　　　　　　　　　D. 航空公司和提货人

3. 在定期租船中，承担不同航次产生的航次成本的是(　　)。

A. 租船人　　　　B. 船东　　　　　C. 货主　　　　　D. 租船代理

4. 一批货物重60千克，体积为300 000立方厘米，其航空运输的计费重量应为(　　)。

A. 30千克　　　B. 50千克　　　　C. 60千克　　　　D. 80千克

5. 鲜活易腐商品和贵重物品最适宜采取(　　)。

A. 火车运输　　　B. 轮船运输　　　C. 航空运输　　　D. 邮政运输

二、多选题

1. 现行的国际航空运输公约主要有(　　)。

A. 华沙公约　　　　　B. 海牙议定书　　　　C. 国际货约

D. 国际货协　　　　　E. 汉堡规则

2. 以下属于航空附加费的有(　　)。

A. 起码运费　　　　　B. 声明价值附加费　　　C. 货到付款劳务费

D. 中转手续费　　　　E. 地面运输费

3. 下列物品中，不能办理航空集中托运的是(　　)。

A. 贵重物品　　　　　B. 活动物　　　　　　　C. 危险物品

D. 文物　　　　　　　E. 艺术品

4. 各种不同的航空运价和费用都具有哪些共同点? (　　　)

　　A. 所报的运价是指从一个机场到另一个机场, 而且适用于双向

　　B. 从机场到机场的运价, 包括其他额外费用

　　C. 运价一律适用当地公布的货币

　　D. 航空运单中的运价是按出具运单之日所适用的运价

　　E. 用当地货币公布的运价是按每公斤或每磅为单位计算的

5. 航空运单的性质和作用主要有(　　　)。

　　A. 承运合同　　　　　　B. 报关凭证　　　　　　C. 货物收据

　　D. 物权凭证　　　　　　E. 运费账单

三、案例分析

　　一票北京运往伦敦的机器配件在巴黎中转, 货运单号 666-33783442, 4 件, 每件 25 公斤, 当在巴黎中转时, 由于临时出现问题, 发货人向航空公司提出停止运输, 且返回北京。

　　问题: 发货人的请求是否可以得到航空公司的许可? 为什么? 返回的机器配件的运费由谁来支付?

四、技能训练题

【训练题一】

(1) 计算该票货物的航空运费并填制航空货运单的运费计算栏。

Routing: SHA-PAR

Commodity: Tools

Gross Weight: 280kgs

Dimensions: 10boxes × 40cm × 40cm × 40cm

计算该票货物的航空运费并填制航空货运单的运费计算栏。

公布运价如下:

SHANGHAI Y. RENM297INBI	CN CNY		SHA KG	
PARIS		FR	M	320.00
			N	68.34
			45	51.29
			500	44.21
			1000	41.03

No. of Pieces RCP	Gross Weight	Kg	Rate Class		Chargeable Weight	Rate/ Charge	Total	Nature and Quantity of Goods (Incl. dimensions or Volume)
		Lb	M	Q Commodity Item No.				

(2) 从上海运往巴黎一件玩具样品，毛重 5.3 千克，体积尺寸为 41cm × 33cm × 20cm，计算其航空运费并填制航空货运单的运费计算栏。

公布运价如下：

BEIJING Y. RENM298INBI	CN CNY		BJS KG	
PARIS	FR		M	320.00
			N	52.81
			45	44.46
			100	40.93

No. of Pieces RCP	Gross Weight	Kg	Rate Class		Chargeable Weight	Rate/ Charge	Total	Nature and Quantity of Goods (Incl. dimensions or Volume)
		Lb	M	Q Commodity Item No.				

【训练题二】

(1) 北京有一托运人赵昂准备从北京运往新加坡一只名贵犬，代理人欲向航空公司交运。

问题：① 收运这只名贵犬各项注意事项应参照 IATA 出版的哪本手册？

② 托运人应提交哪些文件？

③ 容器应贴有哪些标贴？

④ 能否办理运费到付？

⑧ 应如何注意运达目的站的时间？

(2) 托运人乔皓准备从上海运往巴黎 10 枚金币。该托运人欲请货运代理人代为向航空公司交运。假设你是代理人。

问题：① 如何包装这票货物？

② 容器应贴有哪些标贴？

③ 在货运单栏 "Nature and quantity of Goods"，应该注明什么字样？

④ 能否办理运费到付？

⑤ 这票货物的声明价值不得超过多少美元？

【训练题三】

托运人将以下所附航空货运单传真给国际货运代理人，并咨询关于货物运输的下列事宜。

问题：请你作为国际货运代理人的操作人员，给予答复(请用中文答复)。

IATA--FIATA INTRODUCTORY COURSE

Shipper's Name and Address	Shipper's Account Number	Not negotiable
CHINA INDUSTRY, BEIJING P. R. CHINA TEL:86(10)64596666 Fax:86(10)64598888		**Air Waybill** Issued by

Copies 1,2 and 3 of this Air Waybill are originals and have the same validity

Consignee's Name and Address	Consignee's Account Number
NEWYORKSPORT IMPORTERS, NEWYORK, U. S. A. TEL: (212)78789999	

It is agreed that the goods described herein are accepted in apparent good order and condition (Except as noted) for carriage. SUBJECT TO THE CONDITIONS OF CONTRACT ON THE REVERSE HEREOF. ALL GOODS MAY BE CARRIED BY ANY OTHER MEANS INCLUDING ROAD OR ANY OTHER CARRIER UNLESS SPECIFIC CONTRARY INSTRUCTIONS ARE GIVEN HEREON BY THE SHIPPER, AND SHIPPER AGREES THAT THE SHIPMENT MAY BE CARRIED VIA INTERMEDIATE STOPPING PLACES WHICH THE CARRIER DEEMS APPROPRIATE. THE SHIPPER'S LIMITATION OF LIABILITY.

Shipper may increase such limitation of liability by declaring a higher value for carriage and paying a supplemental charge if required.

ISSUING CARRIER MAITAINS CARGO ACCIDENT LIABILITY INSURANCE

Issuing Carrier's Agent Name and City
KUNDA AIR FRIGHT CO. LTD

Accounting Information

Agent IATA Code	Account No.	

Airport of Departure (Addr. Of First Carrier) and Requested Routing
BEIJING

To NYC	By First Carrier CA	Routing and Destination	to	by	to	by	Currency CNY	CHGS Code	WTNAL PPD	COLL	Other PPD	COLL	Declared Value for Carriage NVD	Declared Value for Carriage NCV

| Airport Destination
NEW YORK | Flight/Date
CA921/30
JUL,2002 | For Carrier Use Only | Flight/Date | | | | | | | | | | | |

Handing Information :1 COMMERCIAL INVOICE　KEEP　UPSIDE

SCI

No. of Pieces RCP	Gross Weight	Kg lb	Rate Class Commodity Item No.	Chargeable Weight	Rate Charge	Total	Name and Quantity of Goods (Incl. Dimensions of Volume)
4	53.8	K	Q	77. 00	48. 34	3722.18	MECHINERY DIMS:70×47×35CM×4

Prepaid 3722. 18	Weight Charge	Collect	Other Charge
Valuation Charge			AWC:50
Tax			
Total Other Charges Due Agent			Shipper certifies that the particulars on the fact hereof are correct and that insofar as any part of the consignment contains dangerous goods, such part is properly described by name and is in proper condition for carriage by air according to the applicable Dangerous Goods Regulations
Total Other Charges Due Carrier 50			Signature of Shipper or his Agent
Total Prepaid 3772. 18	Total Collect		30 JUL 2002 BEIJING
Currency Conversion Rates	CC Charges in Dest. Currency		Executed on (date)　　at (Place)　Signature of Issuing Carrier or its Agent
For Carriers Use Only At Destination	Charges at Destination	Total Collect Charges	

ORIGINAL 3 (FOR SHIPPER)

(1) 该票货物的始发站机场是哪里?

(2) 该票货物的目的站机场是哪里?

(3) 该票货物的航空承运人是谁?

(4) 该票货物的货币币种是什么?

(5) 该票货物的运费支付方式是什么?

(6) 该票货物的声明价值是多少?

(7) 该票货物的保险金额是多少?

(8) 该票货物的总运费是多少?

(9) 该票货物的 Rate Class 栏的 "Q" 的含义是什么?

(10) 该票货物的 Other Charges 栏的 "AWC: 50" 的含义是什么?

第七章　其他国际运输方式

【本章导读】

国际公路运输在蓬勃发展的国际多式联运中发挥着主力军和桥梁、纽带的双重作用，尤其是高速公路的建设和集装箱运输的发展更为国际道路运输提供了发展的契机，在出入境运输、集疏港运输中扮演着越来越重要的角色。由于我国地理特点和发展边境地区经济的要求，近年来我国的口岸公路和国际道路运输通道的建设发展迅速，汽车运输进一步打开了我国东北、西北和西南与周边国家的陆上运输通道，从空间上看符合我国"西部大开发""振兴东北""建立西南出海口"的宏观战略发展布局。经过十几年的发展，国际公路运输不仅已经成为我国沿边地区对外贸易和人员往来的重要运输方式，更具有巩固我国同周边国家的睦邻友好关系、发展区域经济、繁荣稳定边疆地区的重大意义。

2013上海国际多式联运峰会暨展示会(Intermodal China)于9月24至25日在上海召开。峰会以"直面货主真实需求，推动联运持续发展"为主题。会上，国家发展和改革委员会综合运输研究所所长郭小碚先生、欧洲多式联运协会秘书长Peter Wolters先生、美国BNSF铁路公司中国办公室首席代表刘诚东女士、自贸区研究中心副主任陈波先生、中国交通运输协会联运分会秘书长李牧原女士、德鲁里航运咨询首席海事顾问 Tim Power 先生、中远国际货运有限公司副总经理尹为宇先生、马士基(中国)航运有限公司华北区总裁方雪刚先生等发表了精彩演讲。此次峰会致力于整合联运供应链资源，了解货主真实的运输需求，打造中国多式联运解决方案战略平台。

【学习目标】

本章主要讲授国际货物公路、邮政运输方式等其他重要的运输方式。通过学习，了解这些运输方式的基本知识、国际多式联运的特点、应用范围和目前我国发展多式联运的概况。掌握国际多式联运这种新的运输方式，以便在业务中加以灵活运用。

【导读案例】

"从以中国为主的亚洲出发的货运量正在引领全球空运和海运回暖，我预计季节性的运力短缺问题将在未来两到三年内出现。"正当业界还讨论运输业是否从2008年的金融危机中慢慢复苏的时候，全球货运巨头敦豪环球速递(简称"DHL")全球货运物流与货运首席执行官贺宇德却开始警惕未来两到三年内的运力短缺了。

贺宇德指出，受中国消费增长以及亚洲内部与中国间贸易增长的刺激，亚洲内部贸易预计将达到6.2%的年复合增长。北美与中国间航空货运量在2010—2019年间预计将达到年复合增长8%。同期，西欧与中国间的航空货运量预计达到年复合增长6.8%。

由于航空公司和船运企业在金融危机中都经历了巨额亏损，没有财力进行更多的新增运力投资，因此贺宇德认为，未来两到三年内的运力都可能会出现短缺。

对于 DHL、美国联合包裹运送服务公司(简称"UPS")等物流巨头来说，帮助客户将货物从 A 地运到 B 地，并不一定都要用自己的飞机、卡车或者轮船，它们可以租赁或者购买船舶承运人的船只进行运输。

因此，我们需要提供更多的解决方案。

思考：我们以什么样的方式来增加国际货物运输的运力呢？

第一节　国际公路货物运输

一、国际公路运输概述

公路运输(Road Transportation)是现代运输的主要方式之一,也是构成陆上运输的两个基本运输方式之一。国际公路货物运输是指起运地点、目的地点或约定的经停地点位于不同的国家或地区的公路货物运输。在我国，只要公路货物运输的起运地点、目的地点或约定的经停地点不在我国境内，均构成国际公路货物运输。目前，世界各国的国际公路货物运输一般以汽车作为运输工具，因此，国际公路货物运输与国际汽车货物运输这两个概念往往是可以相互替代的。

(一)公路运输的特点和作用

公路运输是一种机动灵活、简捷方便的运输方式，在短途货物集散运转上，它比铁路、航空运输具有更大的优越性，尤其在实现"门到门"的运输中，其重要性更为显著。尽管其他各种运输方式各有特点和优势，但或多或少都要依赖公路运输来完成最终两端的运输任务。但公路运输也具有一定的局限性，如：载重量小，不适宜装载重件、大件货物，不适宜走长途运输；车辆运行中震动较大，易造成货损货差事故，同时，运输成本费用较水运和铁路为高。

国际公路货物运输可以广泛参与国际多式联运，也是邻国间边境贸易货物运输的主要方式；国际公路运输要按有关国家之间的双边或多边公路货物运输协定或公约运作。

目前，主要利用公路运输在中短程货物运输方式的优势，承担以下三个方面的进出口货物运输业务。

(1) 公路过境运输，指根据相关国家政府间有关协定，经过批准，通过国家开放的边境口岸和公路进行出入国境的汽车运输。根据途经国家多少和公路过境运输可分为双边汽车运输和多边汽车运输。

(2) 我国内地与港澳地区之间的公路运输。由于澳门、香港的特殊性，对于澳门、香港与内地之间的公路运输并不完全按照国内货物运输模式进行运作和管理，而是依照国际公路运输进行管理，但管理模式又不完全一样。

(3) 内陆口岸间的公路集疏运。公路承担我国出口货物由内地向港口、铁路、机场集中，进口货物从港口、铁路、机场向内地疏运，以及省与省之间、省内各地间的外贸物资的调拨。

(二)公路货物运输常见种类

1. 按运输组织方法分类

按运输组织方法分类可分为零担货物运输、整批货物运输和集装箱运输三类。

(1) 托运人一次托运货物计费重量 3 吨及以下的，为零担货物运输。

(2) 托运人一次托运货物计费重量 3 吨以上或虽不足 3 吨，但其性质、体积、形状需要一辆汽车运输的，为整车货物运输。

(3) 采用集装箱为容器，使用汽车运输的，即集装箱运输，可以分为以下几种。

① 国际集装箱运输和国内集装箱运输，标准集装箱运输和非标准集装箱运输。

② 普通集装箱运输和特种集装箱运输(危险、冷藏保温和罐式集装箱运输等)。

③ 整箱运输和拼箱运输。

④ 用托运人的集装箱进行的运输和用承运人的集装箱进行的运输。

⑤ 用单车型式车辆进行的集装箱运输和用牵引车加挂半挂车的列车组合形式进行的集装箱运输。

2. 按运输速度分类

按运输速度分类，可分为普通货物运输和快件货物运输。

要求在规定的时间内将货物运达目的地的，为快件货物运输；应托运人要求，采取即托即运的，为特快件货物运输。

3. 按运输条件分类

按运输条件分类，可分为一般货物运输和特种货物运输。特种货物运输又可以分为以下几种。

(1) 大型特型笨重物件运输。

(2) 危险货物运输。

(3) 鲜活货物运输，包括易腐货物、活动物和有生植物等的运输。

4. 按运输车辆分类

按运输车辆分类，可分为普通车辆运输和特种车辆运输。

凡由于货物性质、体积或重量的要求，需要大型汽车或挂车核定载重吨位为 40 吨及以上的以及容罐车、冷藏车、保温车等车辆运输的，为特种车辆运输。

5. 按经营方式分类

(1) 公共运输业(Common Carrier)。这种企业专业经营汽车货物运输业务并以整个社会为服务对象，其经营方式有以下几种。

① 定期定线。不论货载多少，在固定路线上按时间表行驶。

② 定线不定期。在固定路线上视货载情况，派车行驶。

③ 定区不定期。在固定的区域内根据货载需要，派车行驶。

(2) 契约运输业(Contract Carrier)。按照承托双方签订的运输契约运送货物。与之签订契约的一般都是一些大的工矿企业，常年运量较大而又较稳定。契约期限一般都比较长，短的有半年、一年，长的可达数年。按契约规定，托运人保证提供一定的货运量，承运人保证提供所需的运力。

(3) 自用运输业(Private Operator)。工厂、企业、机关自置汽车，专为运送自己的物资和产品，一般不对外营业。

(4) 汽车货运代理(Freight Forwarder)。他们本身既不掌握货源也不掌握运输工具，以中间人身份一面向货主揽货，一面向运输公司托运，借此收取手续费用和佣金。有的汽车货运代理专门从事向货主揽取零星货载、加以归纳集中成为整车货物，然后自己以托运人名义向运输公司托运的业务，从中赚取零担和整车货物运费之间的差额。

(三)公路运费

公路运费均以"吨/里"为计算单位，一般有两种计算标准，一是按货物等级规定基本运费费率，一是以路面等级规定基本运价。凡是一条运输路线包含两种或两种以上的等级公路时，则以实际行驶里程分别计算运价。特殊道路，如山岭、河床、原野地段，则由承托双方另议商定。

公路运费费率分为整车(Full Container Load，FCL)和零担(Less than Container Load，LCL)两种，后者一般比前者运费高 30%～50%，按我国公路运输部门的规定，一次托运货物在 2.5 吨以上的为整车运输，适用整车费率；不满 2.5 吨的为零担运输，适用零担费率。凡 1 公斤重的货物，体积超过 4 立方分米的为轻泡货物(或尺码货物，Measurement Cargo)。整车轻泡货物的运费按装载车辆核定吨位计算；零担轻泡货物按其长、宽、高计算体积、每 4 立方分米折合 1 千克，以千克为计费单位。此外，尚有包车费率(Lump Sum Rate)，即按车辆使用时间(小时或天)计算。

(四)公路货运运输责任范围

1. 承运人责任

公路运输承运人的责任期限是从接收货物时起至交付货物时止。在此期限内，承运人对货物的灭失损坏负赔偿责任。但不是由于承运人的责任所造成的货物灭失损坏，承运人不予负责。根据我国公路运输部门的规定，由于下列原因而造成的货物灭失损坏，承运人不负责赔偿。

(1) 由于人力不可抗拒的自然灾害或货物本身性质的变化以及货物在运送途中的自然消耗。

(2) 包装完好无损，而内部短损变质者。

(3) 违反国家法令或规定，被有关部门查扣、弃置或作其他处理者。

(4) 收货人逾期提取或拒不提取货物而造成霉烂变质者。

(5) 有随车押运人员负责途中保管照料者。

对货物赔偿的价格按实际损失价值赔偿。如货物部分损坏，按损坏货物所减低的金额或按修理费用赔偿。要求赔偿有效期限从货物开票之日起，不得超过 6 个月。从提出赔偿要求之日起，责任方应在两个月内作出处理。

2. 托运人责任

公路运输托运人应负的责任基本与铁路、海上运输相同，主要包括：按时提供规定数量的货载；提供准确的货物详细说明；货物唛头标志清楚；包装完整，适于运输；按规定支付运费。一般均规定有：如因托运人的责任所造成的车辆滞留、空载，托运人需负延滞费和空载费等损失。

(五)国际公路货物运输公约和协定

为了统一公路运输所使用的单证和承运人的责任，联合国所属欧洲经济委员会负责草拟了《国际公路货物运输合同公约》(Convention de Merchandises Par Routes，CMR)，并于1956 年 5 月 19 日在日内瓦欧洲 17 个国家参加的会议上一致通过签订。该《公约》共有 12章 51 条，就适用范围、承运人责任、合同的签订与履行、索赔和诉讼以及连续承运人履行合同等都做了较为详细的规定。

此外，为了有利于开展集装箱联合运输，使集装箱能原封不动地通过经由国，联合国所属欧洲经济委员会成员国之间于 1956 年缔结了关于集装箱的关税协定。参加该协定的签字国有欧洲 21 个国家和欧洲以外的 7 个国家。协定的宗旨是相互间允许集装箱免税过境，在这个协定的基础上，根据欧洲经济委员会的倡议，还缔结了《国际公路车辆运输规定》(Transport International Routier，TIR)，根据规定，对集装箱的公路运输承运人，如持有TIR 手册，允许由发运地到达目的地，在海关签封下，中途可不受检查、不支付关税，也可不提供押金。这种 TIR 手册是由有关国家政府批准的运输团体发行，这些团体大多是参加国际公路联合会的成员，它们必须保证监督其所属运输企业遵守海关法规和其他规则。协定的正式名称是《根据 TIR 手册进行国际货物运输的有关关税协定》(Customs Convention on the International Transport of Goods under Cover of TIR Carnets)。该协定有欧洲 23 个国家参加，并已从 1960 年开始实施。尽管上述公约和协定有地区性限制，但它们仍不失为当前国家公路运输的重要国际公约和协定，并对今后国际公路运输的发展具有一定的影响。

二、国际公路货运网

(一)道路口岸

1. 道路口岸概述

道路口岸是供人员、货物、物品和交通工具直接出入国境(关境、边境)的公路跨境通道场所。

公路口岸可以实现如下几个基本职能。

(1) 对外贸易职能，包括现汇贸易、易货贸易、转口贸易、过境贸易、技术贸易及服务贸易等职能。

(2) 对外运输职能，即担负进出口商品及过境人员的运输任务。

(3) 管理职能，包括为维护国家主权和利益，对出入境客、货流及运输工具行使管理、监督、检查职能和对口岸自身机构如海关、商检卫检、动植检的管理等。

(4) 服务职能，包括诸如仓储、邮电、通信、银行、保险等为进出口贸易服务的业务等。

为实现上述功能，口岸通常设有口岸联检大楼、海关监管仓库、停车场及集装箱堆场及其他服务设施。

目前许多公路口岸的仓库规模小，设备简陋，基本上没有现代化的物流装备，叉车也较少使用，大多采用人力装卸搬运。由于公路口岸运送的货物的体积比较小，重量轻，人力固然可以胜任这种劳动强度，但落后的物流技术装备会严重影响口岸的通关效率。

2. 道路口岸分布

我国有长达 22 800 千米的陆域边境线，自东北鸭绿江口至北部湾北仑河河口分别与朝鲜、俄罗斯、蒙古、哈萨克斯坦、吉尔吉斯斯坦、塔吉克斯坦、阿富汗、巴基斯坦、印度、尼泊尔、不丹、缅甸、老挝、越南 14 个国家接壤，因而形成许多不同国别的口岸。这些不同国别的口岸往往成对出现，相对应的口岸即有距离上的差别又有数量上的差别，其规模大小也是不一样的。

(1) 这些口岸的分布与边界走向一致，因边界走向不同，各省区口岸体系分布形态、格局各异，黑龙江省边境口岸的分布成倒放的"V 形雁阵"式格局，即以抚远为"雁头"顶点，漠河、东宁口岸为"两翼端点"的格局，新疆、云南的口岸则近似于"C"形格局，西藏口岸呈"一"字形格局。

(2) 从中外对应口岸的距离远近来看，新疆、内蒙古、西藏三省区的口岸与邻国对应口岸相距数十至数百千米，如中蒙边界的老爷庙口岸距蒙方布尔嘎斯台口岸 223 千米，而凭祥口岸、黑河口岸与其相对应的口岸距离最近，仅数百到 2000 米。

(3) 因国别而异，形成不同数量的中外对应口岸，中俄、中蒙、中哈、中朝口岸数量较多，中巴、中吉、中塔、中老口岸各一对，中尼、中印口岸有两对，中越口岸数量居中。

(4) 从规模上看，边界线两侧对应口岸的合作规模也是不同的。一些主要的口岸随着开放力度的加大，不仅铁路过境运输不断，而且均实现了公路过境运输，还实现了国贸、边贸、劳务、过客旅游、转口等多功能的综合性的口岸业务。一些边境口岸城镇如满洲里、黑河、绥芬河等被中央和地方给予了许多优惠政策，被批为沿边开放城市，并相应地设立了边境经济技术合作区。

(二)中国道路网与亚洲道路网

1. 中国道路网

截至 2008 年年底，中国公路通车总里程达到 373 万千米。其中，高速公路里程达 6 万千米，一级公路里程有 5 万千米。全国公路路面铺装率达到 53.5%。

(1) "五纵七横"国道主干线。

"五纵七横"国道主干线的规划起始于 20 世纪 80 年代，1992 年得到国务院认可，并于 1993 年正式部署实施。这 12 条主干线全部是二级以上的高等级公路，其中高速公路约占总里程的 76%，一级公路约占总里程的 4.5%，二级公路占总里程 19.5%。它们连接了首都、各省省会、直辖市、经济特区、主要交通枢纽和重要的对外开放口岸，覆盖了全国所有人口在 100 万以上的特大城市和 93%的人口在 50 万以上的大城市，是具有全国性政治、经济、国防意义的重要干线公路。目前，"五纵七横"国道主干线已于 2007 年全线贯通。

(2) 高速公路网。

从 1988 年我国内地第一条高速公路——长 18.5 千米的沪(上海)嘉(嘉定)高速公路建成通车、实现零的突破后，我国高速公路建设步伐逐年加快。2004 年国务院审议通过了《国家高速公路网规划》，预计用 30 年的时间建成由 7 条首都放射线、9 条南北纵向线和 18 条东西横向线的高速公路网，总规模约为 8.5 万千米。

2. 亚洲道路网

联合国亚太经济社会委员会(Economic and Social Commission for Asia and the Pacific，ESCAP)从 1959 年开始规划"亚洲公路网(Asian Highway，AH)"，之后由于国际政治经济形势的变化，这项计划一直没有得以实施。2004 年 4 月 26 日在上海召开的亚太经济社会委员会第 60 届会议上，中国等 23 个国家的代表正式签署了《亚洲道路网政府间协定》，该协定勾画出了亚洲道路的运输网络，并为道路和路标设立了技术标准。该项协定旨在建成一个跨越韩国、中国、日本、俄罗斯、印度和伊朗等 32 个国家、包括 55 条路线、长达 14.1 万千米的道路网，并和欧洲道路网相连接。

"亚洲公路网"由亚洲境内具有国际重要性的公路线路构成，包括大幅度穿越东亚和东北亚、南亚和西南亚、东南亚以及北亚和中亚等一个以上次区域的公路线路；在次区域范围内、包括那些连接周边次区域的公路线路；在成员国境内的公路线路。

中国加入亚洲公路网的线路总长约 2.6 万千米，占亚洲公路网总里程的 1/5，主要分布在我国的西北、西南和东北地区，如西北地区的乌鲁木齐—奎屯—霍尔果斯公路，西南地区的昆明—瑞丽公路，华北地区的塘沽—北京—二连浩特公路等。

到目前为止，朝鲜、孟加拉国、土库曼斯坦以及新加坡四国尚未签署《亚洲道路网政府间协定》。它们基本上都是沿海国家，不太依赖公路运输，有些国家则担心国际公路将对其国家安全构成威胁。

从技术上讲，亚洲公路网并不是一个完整的公路系统，无论建设还是未来的联网管理，都需要国际机构的协调。同时，加入亚洲公路网只是公路路线的加入，是基础设施规划建设上的概念，并不意味着一国在运输权益上对外国的开放，外国车辆在未得到允许的情况下不可以自由进入该国。是否允许外国车辆入境、通行车辆数、通达距离等运输权益中的具体问题仍需有关国家通过双边或多边谈判签署汽车运输协定来确定。

(三)中国道路货物运输对外通道

1. 中国西南道路运输对外通道

目前在中国西南各省中，与东盟接壤的云南和广西的区位优势最为明显，而地处内陆的云南又比陆海均沾的广西稍逊一筹。目前东盟经济中心主要在靠近广西的东南部地区，即新加坡、马来西亚、泰国以及越南四国，而靠近云南的缅甸、老挝和柬埔寨三国则是东盟经济最为落后的地区。

(1) 中越通道。

中越两国陆地边界线长 1347 千米，有许多对开的口岸和通道，包括两国已经开放的七对国家级陆地边境口岸(其中广西四个：东兴、凭祥、友谊关、水口；云南三个：河口、天保、金水河)。

① 广西。

广西西南与越南比邻，面向太平洋，与东南亚许多国家隔海相望。广西现有 12 个陆地边境口岸和 25 个边民互市贸易点。广西与越南陆路边界长达 1020 千米，从凭祥友谊关到越南谅山市仅 18 千米，到越南首都河内也仅有 180 千米，从东兴口岸到越南的"海上桂林"下龙湾市约 180 千米。目前已建成的高速公路网络把广西中心城市南宁、柳州、桂林、玉林与友谊关、东兴口岸紧密相连。南宁经防城港至东兴高速公路全长 182 千米，其中南宁至防城港约 136 千米路段已通车，防城至东兴高速公路已全面开工建设，预计 2012 年 12 月竣工。南友高速公路起于南宁吴圩，与吴圩机场高速公路相接。经扶绥、崇左、宁明、凭祥，终于友谊关，全长 179 千米，与越南 1 号公路起点相接，是通往越南乃至东南亚地区最便捷的陆路通道。

日趋完善的高等级公路网络为出入境汽车运输提供了良好的发展潜力。特别是建成的东起东兴、西至那坡725千米的沿海公路，把东兴、友谊关、水口、龙帮4个国家一类口岸以及峒中、爱店、革孟、平而、科甲、硕龙、岳圩7个二类口岸和25个边境贸易点有机连接。现在，东兴(经芒街)可以直达广宁省会下龙市，凭祥(经谅山)可直达越南首都河内，从沿边公路(经水口或龙邦口岸)直达越南高平。

目前，经两国交通部批准的道路货运线路达24条，其中10条线路已经开通，其货运线路主要有：防城港市港口区至广宁省生安县生安镇；凭祥市凭祥镇至同登市同登镇；龙州县龙州镇至高平市。此外，双方还按协议的规定交换了国际行车许可证。

②　云南。

昆明—河内国际公路是云南通向东南亚、南亚国家的4条干线公路之一。该中越公路通道全长664千米，其中云南境内400千米，越南境内264千米。

目前，交通部批准开通了3条国际道路运输线路：

一是红河州蒙自县—屏边县—南溪镇—河口县—越南老街市—保安县—文盘县往返线路，全长301千米，中国境内180千米，越南境内121千米。

二是红河州个旧市—蔓耗镇—河口县—越南老街市—保安县—文盘县往返线路，全长288千米，中国境内167千米，越南境内121千米。

三是红河州个旧市—蔓耗镇—河口县—越南老街市—沙巴往返线路，全长203千米，中国境内167千米，越南境内36千米。

(2)　中老通道。

目前，经中老两国交通部批准的国际道路客货运输线路有6条：昆明—万象，昆明—琅勃拉邦；景洪—万象，景洪—琅勃拉邦；思茅—万象，思茅—丰沙里。

昆(明)曼(谷)公路被认为是由中国西南陆路连接泰国曼谷最直、最便捷的路径。该路全长1855千米，东起昆(明)玉(溪)高速公路入口处的昆明收费站，止于泰国曼谷。

2008年3月21日，规划建设16年之久的昆曼公路"中国段"终于建成通车。通过新建成的昆曼公路用冷藏车运送鲜切花到泰国，从昆明到曼谷只需36个小时，而且成本降低了。

(3)　中缅通道。

云南与缅甸接壤，通过缅甸可到达印度。目前，云南与缅甸1997千米的边境线上，已开通了国家一、二类口岸11个，民间互市通道63条。云南通往缅甸的主要公路有9条。

目前，云南省正在构建两大道路运输通道：

①　中缅公路通道：昆明—仰光国际公路。全长1907千米，云南境内740千米，缅甸境内1167千米。

②　经缅甸至南亚公路通道：昆明—孟加拉国吉大港国际公路。全长2482千米，云南境内698千米，缅甸境内543千米，印度境内617千米，孟加拉境内624千米。

目前中缅两国没有签订正式的运输协议，滇缅之间的汽车出入境运输只能是民间交往性质。

2. 中国西北、东北道路运输对外通道

(1) 中蒙通道。

内蒙古自治区地处祖国北疆，毗邻蒙古、俄罗斯，边境线长达 4203 千米。内蒙古自治区与蒙古人民共和国的边境线长达 3193 千米，有 6 个盟、15 个旗市与蒙古国 6 个省 26 个县接壤，分布着二连、阿日哈沙特、珠恩嘎达布其、甘其毛道四个一类口岸以及额布都格、策克、满都拉、阿尔山、巴格毛都五个二类口岸。

中蒙间的 14 个口岸均可进行公路货物运输，不过，由于乌兰巴托实行汽车准入制度，经过批准的车辆才能进入市区，因此，只有一些大型公司的车辆才能进入市区。目前，在二连浩特有多家企业从事两国间货物运输，其他口岸多为口岸附近的货物运输。目前开辟的公路运输线路主要有以下几条。

① 1990 年开通二连浩特—扎门乌德的公路客货运。二连浩特至扎门乌德约 9 千米。

② 1996 年开通北京至乌兰巴托的国际汽车零担货物运输。该路全长约 1500 千米，主要由中国内蒙古宝昌运输公司和蒙古国运输邮电部货运调度中心经营。现双方在蒙古国扎门乌德交接货物。

③ 天津、北京经二连口岸至蒙古国扎门乌德集装箱汽车运输。

(2) 中俄通道。

黑龙江省地处我国东北边陲，与俄罗斯远东地区接壤有 3000 多千米的边境线，双方坐落着 20 对对应城镇。这些城镇有的隔江相望、水陆相连，有的铁路相接、公路相通。目前，黑龙江省已获准对外(主要对俄)开放的一类口岸 25 个。其中，公路口岸 4 个，它们是绥芬河(俄方对应口岸为波格拉尼奇内，下同)、东宁(波尔塔夫卡)、密山(图里罗格)和虎林(马尔科沃)口岸。目前，黑龙江省对俄直通公路里程为 6342.8 千米，其中高速公路 388.4 千米，一级公路 585.6 千米，二级公路 3007.5 千米。黑龙江省与俄罗斯相邻的五个边疆区、州全部开通了国际道路客货运输，线路达 41 条。其中，货运线路 20 条，客运线路 21 条。

内蒙古自治区与俄罗斯的边境线长达 1010 千米，其中陆界 110 多千米。有 1 个盟、5 个旗市与俄罗斯接壤，分布着满洲里、黑山头、室韦三个一类口岸以及胡列也图、二卡两个二类口岸。满洲里口岸与俄罗斯赤塔州后贝加尔斯克区相毗邻，是我国陆路最大的口岸之一，也是我国东北和内蒙古地区通往俄罗斯和欧洲各国的重要的交通枢纽，素有"欧亚大陆桥"之称。1989 年经国务院口岸领导小组批准，开通了满洲里至后贝加尔连接赤塔州的公路汽车运输，为全年开放的一类口岸，年吞吐能力在 20 万吨以上。吉林省拥有珲春(俄方对应口岸为克拉斯基诺)对俄客货运输公路口岸。

中俄已开通的道路运输通道主要有以下几条。

① 哈尔滨—齐齐哈尔—满洲里口岸至后贝加尔斯克—赤塔。俄罗斯赤塔市距满洲里市 400 多千米，赤塔州与中国满洲里和蒙古国接壤，首府赤塔市是中、俄、蒙公路、铁路和航

空的交通枢纽。目前，每天有大量货车穿越满洲里—后贝加尔斯克汽车口岸。

②　哈尔滨—牡丹江—绥芬河(东宁)口岸至波格拉尼奇内(波尔塔夫卡)—符拉迪沃斯托克(海参崴)。该线路全长 735 千米，距离要比以往哈尔滨发出的货物转运大连再出海减少约 1000 千米。

③　鸡西市—密山口岸至俄罗斯图里洛格(口岸)、卡缅、哈洛里和乌苏里斯克六个城市。线路里程为 309 千米，行程大约四个小时可达乌苏里斯克。乌苏里斯克再行 116 千米可直达俄罗斯滨海边疆区首府海参崴。

此外，黑山头、黑河、同江等口岸，在冰封期均可开展冰上汽车运输(汽车直接从冰冻的黑龙江上开过去)。

(3)　中亚通道。

与 8 个国家接壤、边境线长达 5600 千米的新疆拥有 17 个国务院批准对外开放的一类口岸、10 个自治区人民政府批准对外开放的二类口岸，是我国对外开放口岸最多的省区。自 1983 年新疆开通第一条国际运输线路以来，新疆乌鲁木齐、伊宁、塔城、博乐、喀什、阿图什等城市相继开通至巴基斯坦、哈萨克斯坦、蒙古、吉尔吉斯斯坦、塔吉克斯坦等国家多个城市的往返客货运输线路共 63 条，其中客运 32 条、货运 31 条，占中国开通的国际道路运输线路的一半。

1995 年 8 月，中国、哈萨克斯坦、吉尔吉斯斯坦、巴基斯坦四国签订了中—哈—吉—巴四国线路联运协定。但各国由于在行车许可证数量和过境费用收取方面存在意见分歧，一直未正式开展四国过境贸易业务。四国经过 9 年谈判磋商，终于在 2004 年的 4 月 13 日至 14 日在乌鲁木齐达成协议，按照四国政府签署的《过境运输协定》，对过境运输车辆各成员国免征政府规定的过境费和通行费。在此过境运输线路上，各成员国车辆既可进行全程运输，也可进行区段运输。

在第三届欧亚道路运输大会上，中国提出了与本区域国家、欧洲各国交通合作的初步构想，并着力加快建设贯通中国—中亚—欧洲的三条东西运输通道(称为"欧亚大陆桥—新丝绸之路")。

三、国际公路货运业务

(一)公路货运代理的概念

公路货运代理是指接受发货人、收货人的委托，为其办理公路货物运输及其相关服务的人，其服务内容包括揽货、托运、仓储、中转、集装箱拼装拆箱、结算运杂费、报关、报验、保险、相关的短途运输服务及咨询业务。

(二)公路货运代理的特点

公路货运代理具有规模小、数量多、市场准入门槛低、机制灵活等特点，同时，还具有以下几个特点。

1. 身份的多重性

在实践中，不论是公路货运代理还是货运配载服务经营者、货运信息中心，他们突破了原有的代理人、居间人、咨询人的身份，以自己的名义开展全程运输业务，并从中赚取运费差价，从而成为承运人，有些企业成为第三方物流经营人，从事现代物流服务。

2. 经营范围的独特性

公路货运代理以从事其他运输方式的集疏运输服务、海关监管运输、保税运输、仓储与配送等服务为主。

3. 服务的多元化

在公路货运代理行业中，既有从事纯粹的公路货运代理、中介服务的企业，也有以自己拥有的少量车辆从事实际运输工作的企业，还有一些物流企业，按照服务内容和特点划分，包括纯运输企业、零担和快件类物流企业、流通配送型物流企业、综合类物流企业等。

(三)公路运输货运单证

国际公路货运中主要的货运单证是公路运单，通常称为托运单，为了加强公路出入境运输汽车的管理，我国交通部 2005 年颁布了《中华人民共和国出入境汽车运输管理规定》，对"国际汽车货物运单"式样作出了明确的规定，并要求出入境汽车应随车携带国际汽车运输行车许可证、货运单，配有统一标志。

(四)公路运输运作流程

1. 公路运输基本业务流程

公路运输基本业务流程包括以下几个方面。

(1) 第一步，接单。

① 公路运输主管从客户处接受(传真)运输发送计划。

② 公路运输调度从客户处接出库提货单证。

③ 核对单证。

(2) 第二步，登记。

① 运输调度在登记表上记录送货目的地，为收货客户标定提货号码。

② 司机(指定人员及车辆)到运输调度中心拿提货单，并在运输登记本上确认签收。

(3) 第三步，调用安排。

① 填写运输计划。

② 填写运输在途、送到情况，追踪反馈表。

③ 电脑输单。

(4) 第四步，车队交接。

根据送货方向、重量、体积统筹安排车辆。报运输计划给客户处，并确认到厂提货时间。

(5) 第五步，提货发运。

① 按时到达客户提货仓库。

② 检查车辆情况。

③ 办理提货手续。

④ 提货，盖好车棚，锁好箱门。

⑤ 办好出厂手续。

⑥ 电话通知收货客户预计到达时间。

(6) 第六步，在途追踪。

① 建立收货客户档案。

② 司机及时反馈途中信息。

③ 与收货客户电话联系送货情况。

④ 填写跟踪记录。

⑤ 有异常情况及时与客户联系。

(7) 第七步，到达签收。

① 电话或传真确认到达时间。

② 司机将回单用 EMS 或 FAX 传真回公司。

③ 签收运输单。

④ 定期将回单送至客户处。

⑤ 将当地市场的住处及时反馈给客户。

(8) 第八步，回单。

① 按时准确到达指定卸货地点。

② 货物交接。

③ 百分之百签收，保证运输产品的数量和质量与客户出库单一致。

④ 了解送货人对客户产品在当地市场的销售情况。

(9) 第九步，运输结算。

① 整理好收费票据。

② 做好收费汇总表交至客户，确认后交回结算中心。

③ 结算中心开具发票，向客户收取运费。

2. 公路零担运输运作流程

零担车指装运零担货物的车辆。按照零担车发送时间的不同，可将零担货物运输的组织形式划分为固定式和非固定式两大类。

（1）固定式零担货运。

固定式零担货物运输一般靠固定式零担车完成。因此，固定式零担货物运输的组织，实际上就是固定式零担车的组织，通常称为汽车零担货运班车。这种零担货运班车一般是以营运范围内零担货物流量、流向以及货主的实际要求为基础组织运行。运输车辆主要以厢式专用车为主，实行定车、定期、定线、定时运行。

固定式零担货运班车，根据货物流量、流向以及货主的实际要求，主要有直达、中转、沿途等各种不同的组织形式。

直达式零担班车是指在起运站将各个发货人托运的同一到站且性质适宜配载的零担货物，同车装运后直接送达目的地的一种货运班车。

中转式零担班车是指在起运站将各个发货人托运的同一线路、不同到达站且性质允许配载的各种零担货物，同车装运至规定中转到达站，卸后复装，重新组成新的零担班车运往目的地的一种货运班车。

沿途式零担班车是指在起运站将各个发货人托运的同一线路不同到达站，且性质允许配装的各种零担货物，同车装运后，在沿途各计划停靠站卸下或装上零担货物再继续物流运输组织与管理，直至最后终点站的一种货运班车。

上述三种零担班车运行模式中，以直达式零担班车最为经济，是零担货运的基本形式，这一形式具有以下特点：避免了不必要的换装作业，节省了中转费用，减轻了中转站的作业负担；减少了货物在中转站的作业，有利于运输安全和货物完好，减少事故，确保质量；减少了在途时间，提高了零担货物的运送速度，有利于加速车辆周转和物资调拨；仓库内集结待运时间少，充分发挥了仓库货位的利用程度。

（2）非固定式零担货运。

非固定式是指按照零担货流的具体情况，根据实际需要，随时开行零担货车的一种组织形式。这种组织形式由于缺少计划性，给运输部门和客户带来一定的不便，因此只适宜于在季节性或在新辟零担货运线路上作为一项临时性的措施使用。它的内容及其程序是：受理托运，过磅起票，验收入库，开票收费，配运装车，卸车保管，提货交付。

3. 公路整车运输运作流程

（1）运输准备过程。

运输准备过程又称运输生产技术准备过程，是货物进行运输之前所做的各项技术性准备工作，车型选择、线路选择、装卸设备配置、运输过程的装卸、工艺设计等都属于技术准备过程。

（2）基本运输过程。

基本运输过程是运输生产过程的主体，是指直接组织货物，从起运地至到达地完成其空间位移的生产活动，包括起运站装货、车辆运行、终点站卸货等作业过程。

(3) 辅助运输过程。

辅助运输过程是指为保证基本运输过程正常进行所必需的各种辅助性生产活动。辅助生产过程本身不直接构成货物位移的运输活动，它主要包括车辆、装卸设备、承载器具、专用设施的维护与修理作业以及各种商务事故、行车事故的预防和处理工作、营业收入结算工作等。

(4) 运输服务过程。

运输服务过程是指服务于基本运输过程和辅助运输过程中的各种服务工作和活动。例如，各种行车材料、配件的供应，代办货物储存、包装、保险业务，均属于运输服务过程。

四、公路集装箱运输

(一)道路集装箱运输的概念与构成

1. 概念

道路集装箱运输，也称集装箱汽车运输或集装箱拖车运输。它是指采用汽车承运装货集装箱或空箱的过程。

2. 构成

道路集装箱运输系统由集装箱运输工具、集装箱中转站、集装箱运输线路等构成。

道路集装箱运输车辆通常采用单车型式或牵引车加半挂车的列车组合形式，半挂车分为框架式、平板式和自装自卸式等。

(二)道路集装箱运输的服务范围

目前，道路集装箱运输主要承担港口码头、铁路车站集装箱的集疏运业务和直达集装箱运输业务，具体表现为以下五个方面。

(1) 海上国际集装箱由港口向内陆腹地的延伸运输、中转运输以及在内陆中转站进行的集装箱交接、堆存、拆装、清洗、维修和集装箱货物的仓储、分发等作业。

(2) 国内铁路集装箱由车站至收、发货人仓库、车间、堆场间的门到门运输及代理货物的拆装箱作业。

(3) 沿海、内河国内水运集装箱由港口向腹地的延伸运输、中转运输或至货主间的短途门到门运输。

(4) 城市之间干线道路直达的集装箱运输。

(5) 内陆与港澳之间及其他边境口岸出入境的集装箱运输、接驳运输以及大陆桥运输。

(三)集装箱货运站

集装箱场站是指集装箱货物的装箱、拆箱以及集装箱转运堆存、清洗、修理和办理集装箱及货物交接等业务的场所。

根据各自的服务特色，集装箱场站也往往被冠以不同的称谓，例如，集装箱货运站、内陆集装箱中转站、集装箱内陆站、铁路集装箱办理站、集装箱内陆港/干港等。所有这些规模、范围不同的大大小小的集装箱堆场都是通过铁路、公路等运输模式与码头相连。

1. 集装箱货运站(Container Freight Station，CFS)

一般是指码头内或周边的集装箱货运站，也称为口岸货运站。其主要任务是承担收货、交货、拆箱和装箱作业，并对货物进行分类保管。设在集装箱码头内的货运站一般是整个集装箱码头的有机组成部分，通常与集装箱码头无法分割；设在集装箱码头附近的货运站虽然不是码头的一个组成部分，但在实际工作中与集装箱码头的联系十分密切，业务往来也很多。

2. 集装箱中转站或内陆站(Container Depot or Inland Container Depot)

也称为内陆集装箱货运站，是指码头以外的集装箱运输的中转站或集散地，包括集装箱码头的市区中转站、内陆城市及内河港口的内陆站等。

3. 集装箱货运站的功能

集装箱货运站是组织与办理集装箱运输的基层生产单位，它主要负责办理集装箱的出发、到达和中转作业，组织实现集装箱门到门运输。总体来看，我国集装箱货运站一般具有空箱堆存、租箱、修箱、装箱、拆箱、仓储、拖车运输、报关报检及货运代理等功能。

4. 集装箱货运站运作流程

集装箱货运站运作流程是集集装箱场站业务管理、集装箱修箱管理、场站仓储管理、场站运输管理为一体的大型综合集装箱货运站的业务流程。该业务流程实现了计划管理层、作业操作层的科学隔离，即由管理层负责制订作业计划，作业操作层负责执行。

(1) 集装箱货运站的取送作业形式。

集装箱货运站作业流程包括出发作业流程、中转作业流程以及到达作业流程。

① 集装箱的取送与货物装箱作业。依据装箱人与装箱地点的不同，可以采取货主取送箱、站外装箱，货运站取送箱、站外装箱，货主送货、站内装箱，货运站取货、站内装箱四种形式。

② 集装箱拆箱与货物交付作业。依据拆箱人和拆箱地点的不同，可以采取货运站取送重箱、站外拆箱，货主取送重箱、站外拆箱，站内拆箱、货运站送货，站内拆箱、货主取货四种形式。

(2) 装拆箱操作要点。

集装箱装箱和拆箱作业应由托运人、收货人或承运人或其代理委托装拆箱作业人负责。

① 装拆箱作业人在装箱前，应按规定认真检查箱体，发现集装箱不适合装运货物时，

应拒绝装箱，并立即通知集装箱所有人或承运人。

②　集装箱的目测检查。一是外部检查，集装箱外表有无损伤、变形、破口等异样。二是内部检查，集装箱内侧六面是否有漏水、漏光、水迹、油迹、残留物、锈蚀。三是箱门检查，箱门、搭扣件、密封条有无变形、缺损，箱门能否开启180°。

③　装拆箱作业人应根据货物的性质，严格按装箱积载的要求装载货物，并采用合适的方法对箱内货物进行固定、捆绑、衬垫，防止货物在箱内移动或翻倾，其所需材料费用由委托装拆箱作业的人承担。

④　装箱过程中，发现货物包装破损，装拆箱作业人应做好记录，并及时通知有关方后，再决定是否装箱。

⑤　货物装箱后，装拆箱作业人应缮制货物装箱单，按有关规定施加封志，并按要求在箱体外贴上运输及有关标志。货物装箱单一式四联：第一联，装箱人留存；第二联，托运人留存；第三联，承运人留存；第四联，随车同行。

(3) 集装箱交接操作要点。

①　集装箱整箱货物交接时，交接双方应当检查箱号、箱体和封志，重箱凭封志和箱体状况交接；空箱凭箱体状况交接，交接后，交接双方应做记录并签字确认。

②　集装箱拼箱货物在承运前，承运人要认真核对货物品名、数量是否与运单相符，运达后，经场站作业人、收货人查验签收。

③　在集装箱货物交接过程中发现货损货差或箱体损坏等情况，交接双方要编制集装箱货运事故记录，并签字确认。

④　交接责任的划分：交接前由交方承担，交接后由接方承担，但如果在交接后180天内，接方能提出证据证明交接后的集装箱、集装箱货物的灭失、损坏是由交方原因造成的，交方应按有关规定负赔偿责任。

第二节　国际管道货物运输

一、管道运输的发展

管道在我国是既古老又年轻的一种运输方式。早在公元2世纪，我国劳动人民就创造了用竹管送水的方法，后来四川省中部采用竹管输送天然气和卤水，推动了井盐工业的发展。到10世纪末期，四川自流井输送天然气的竹管道就有十多条，总长达二三百千米。但以钢管为材料、备有机械动力装置的现代化管道运输，在旧中国则根本没有。

新中国成立以后，随着石油和天然气生产的发展，管道运输也得到了发展。20世纪50年代之初，首先在甘肃玉门油矿铺设了一些短距离的输油管道。1958年我国修建了从克拉玛依油田到独子山炼油厂的第一条原油干线管道，揭开了我国长距离管道运输的历史。大规模的油气管道建设则是在 70 年代以来随着石油工业的大发展而修建的。截至 2015 年底，除台湾地区外，全国已建成的油气管道总里程已达到 10.87 万千米，是 1978 年的 14.5 倍。2017 年 1 月 19 日，国家发改委印发《石油发展"十三五"规划》《天然气发展"十三五"规划》，二个《规划》分别显示，在"十三五"期间，成品油管道里程将从 2.1 万千米提高到 3.3 万千米，增长 57%；天然气管道里程将从 6.4 万千米提高到 10.4 万千米，增加量相当于中石化现有管道里程数的五倍。

管道运输(Pipeline Transportation)是随着石油的生产而产生和发展的，是一种特殊的运输方式，与普通货物的运输形态完全不同。普通货物运输是货物随着运输工具的移动，货物被运送到目的地，而管道运输的运输工具本身就是管道，是固定不动的，只是货物本身在管道内移动，换言之，它是运输通道和运输工具合二为一的一种专门的运输方式。

管道运输是货物在管道内借高压气浆的压力向目的地输送的一种运输方式。现代管道运输起源于美国，1861 年美国宾夕法尼亚州最初使用木制油槽，从油矿把原油输送至聚油塔，因木制油槽阻力大，易渗漏，随后改以铁制管道代替。直至 20 世纪初，管道运输得到了迅速的发展。为了增加运量，加速周转，现代管道的管径和气压泵功率都有很大的增加，管道里程愈来愈长，最长达数千千米。现代管道不仅可以输送原油、各种石油成品、化学品、天燃气等液体和气体物品，而且可以输送矿砂、碎煤浆等。

二、管道运输的种类

管道运输就其铺设工程可分为架空管道、地面管道和地下管道，其中以地下管道应用最为普遍。视地形情况，一条管道也可能三者兼而有之。

管道运输就其地理范围可分为：油矿至聚油塔或炼油厂，称为原油管道(Crude Oil Pipeline)；从炼油厂至海港或集散中心，称为成品油管道(Product Oil Pipeline)；从海港至海上浮筒，称为系泊管道(Buoy Oil Pipeline)。

管道运输就其运输对象又可分为液体管道(Fluid Pipeline)、气体管道(Gas Pipeline)、水浆管道(Scurvy Pipeline)。

此外，管道运输同铁路运输、公路运输一样，也有干线和支线之分。

三、管道运输的优缺点

(一)管道运输的特点

(1) 运输通道与运输工具合二为一。

(2) 高度专业化，适于运输气体和液体货物。

(3) 永远是单方向运输。

(二)管道运输的优点

(1) 不受地面气候影响并可以连续作业。
(2) 运输的货物无须包装，节省包装费用。
(3) 货物在管道内移动，货损货差小。
(4) 费用省，成本低。
(5) 单向运输，无回空运输问题。
(6) 经营管理比较简单。

(三)管道运输的局限

(1) 运输货物过于专门化，仅限于液体和气体货物。
(2) 永远单向运输，机动灵活性差。
(3) 固定投资大。

四、管道运输的经营管理

在西方资本主义国家里，管道运输大都为大石油公司所占有和控制，它们为了垄断石油的产供销，均投资建设自己专用的管道，运输自己的产品，管道运输实际上已成为石油公司内部的运输部门，成为石油垄断组织的一个不可缺少的组成部分。

"二战"后，铁路兼营管道运输的现象逐渐增多，这是因为随着管道运输的迅速发展，铁路油罐车运输业务受到很大影响，为了寻找出路，提高竞争能力，挽回失去的货运量，有些铁路也投资建设石油管道，兼营管道运输业务。铁路兼营管道运输较其他单独经营管道运输的模式具有有利条件：首先，铁路可在铁路沿线原有土地上铺设管道，不必投资另找土地；其次，可以利用铁路原有的人员和设备；再次，可以解决铁路本身所需的燃料。因此，可以收到投资少、成本低的良好的经济效果。

管道运输由于管道路线和运输是固定的，所以运输费用计算比较简单。按油类不同品种规格规定不同费率。其计算标准多数以桶为单位，有的以吨为单位。此外，一般均规定每批最低托运量。

目前，世界上100%的天然气、85%以上的原油的运输是通过管道输送实现的。在发达国家，成品油的远距离运输主要靠管道。欧美发达国家和中东产油区的油品运输现已全部实现管道化。全球油气管道总长达50万千米，世界管道运输网分布很不均匀，主要集中在北美、欧洲、俄罗斯和中东，除中东外的亚洲其他地区、非洲和拉丁美洲的管道运输业相对较为落后。

五、我国管道运输的发展

我国最早的一条石油管道于 20 世纪 40 年代初期铺设，是从印度边境通到我国云南昆明的石油管道，由于该管道质量较差，效率很低，使用时间不长便弃之不用了。新中国成立以后，随着我国石油工业的发展，我国的管道运输也有了较大的发展，目前已有管道运输里程 1 万多千米，不少油田已有管道与海港相通。我国向朝鲜出口的石油主要是通过管道运输来完成的。《中国统计年鉴 2016》统计结果表明，2015 年，我国陆上原油、天然气管道共输送原油、天然气 75 870 万吨，管道输油(气)里程达到 10.87 万千米。可以说管道运输在我国石油运输方面起了很大的作用。今后随着我国能源消费量的增加和能源消费结构的改善，油气供应量和运输量必将大幅度增加，由此也将会带动管道运输的大发展。

第三节　国际邮政运输

国际邮政运输是一种具有国际多式联运性质的运输方式。一件国际邮件一般要经过两个或两个以上国家或者独立行政区域的邮政局和两种或两种以上不同运输方式的联合作业方可完成。

一、国际邮政运输的特点和作用

国际邮政运输(International Parcel Post Transport)是国际贸易运输不可缺少的渠道。根据其性质和任务，概括起来主要有以下几个特点。

(1) 具有广泛的国际性。

国际邮政是在国与国之间进行的，在多数情况下，国际邮件需要经过一个或几个国家经转。各国相互经转对方的国际邮件，是在平等互利、相互协作配合的基础上，遵照国际邮政公约和协定的规定进行的。为确保邮政运输的安全、迅速、准确地传送，在办理邮政运输时，必须熟悉并严格遵守本国和国家间的各项邮政规定和制度。

(2) 具有国际多式联运性质。

国际邮政运输过程一般需要经过两个或两个以上国家的邮政局和两种或两种以上不同的运输方式的联合作业才能完成。但从邮政托运人的角度来说，它只要向邮政局照章办理一次托运，一次付清足额邮资，并取得一张包裹收据(Parcel Post Receipt)，全部手续即告完备。至于邮件运送、交接、保管、传递等一切事宜均由各国邮政局负责办理。邮件运抵目的地，收件人即可凭邮政局的到件通知和收据向邮政局提取邮件。所以，国际邮政运输就其性质而言是一种国际多式联合运输。

(3) 具有"门到门"(Door to Door)运输的性质。

各国邮政局如星斗般密布于全国各地，邮件一般可在当地就近向邮政局办理，邮件到达目的地后，收件人也可就近在当地邮政局提取邮件。所以邮政运输基本上可以说是"门到门"运输，它为邮件托运人和收件人提供了极大的方便。 但国际邮政运输与其他运输方式还是有所不同。国际邮政运输的主要任务是通过国际邮件的传递，沟通和加强各国人民之间的通信联系，促进相互间的政治、经济、文化交流。这与国际贸易大量货物运输在业务性质上是存在差别的。 国际邮政运输对邮件重量和体积均有限制，如每件包裹重量不得超额 20 公斤，长度不得超过一公尺。所以邮政运输只适宜于重量轻、体积小的小商品，如精密仪器、机器零件、金银首饰、药品以及各种样品和零星物品等。

二、万国邮政联盟组织

万国邮政联盟(Universal Postal Union)简称邮联。其宗旨是根据邮联组织法的规定，组成一个国际邮政领域，以便相互交换邮件；组织和改善国际邮政业务，以利国际合作的发展；推广先进经验，给予会员国邮政技术援助。

邮联的组织机构有：大会，为邮联的最高权力机构，每五年举行一次；执行理事会，为大会休会期间的执行机构；邮政研究咨询理事会，研究邮政技术和合作方面的问题，并就此问题提出改进建议以及推广邮政经济和成就；国际局，为邮联的中央办事机构，设在瑞士伯尔尼，其主要任务是对各国邮政进行联络、情报和咨询，负责大会筹备工作和准备各项年度工作报告。我国于 1972 年加入邮联组织。

三、国际邮政运输的主要内容

国际邮件按运输方法分为水陆路邮件和航空邮件。按内容性质和经营方式分为函件和包裹两大类。按我国邮政部门的规定，邮包分为以下几种。

(一)普通包裹

凡适于邮递的物品，除违反规定禁寄和限寄的以外，都可以作为包裹寄送。

(二)脆弱包裹

容易破损和需要小心处理的包裹，如玻璃器皿、古玩等。

(三)保价包裹

邮局按寄件人申明价值承担补偿责任的包裹，一般适于邮递贵重物品，如金银首饰、珠宝、工艺品等。此外，国际上还有快递包裹，代收货价包裹、收件人免付费用包裹等，目前我国邮政暂不办理这些项目。以上包裹如以航空方式邮递，则分别称为航空普通包裹、航空脆弱包裹和航空保价包裹。邮政局在收寄包裹时，均给寄件人以执据，故包裹邮件系属于给据邮件。给据邮件均可以办理附寄邮件回执。回执是邮件投交收件人作为收到凭证的邮件。回执可按普通、挂号或航空寄送。

邮资和单证邮资是邮政局为提供邮递服务而收取的费用。各国对邮资采取不同的政策，有些国家把邮政收入作为国家的外汇收入来源之一；有些国家要求邮政自给自足，收支大致相抵；有些国家对邮政实行补贴政策。从而形成不同的邮资水平。

根据《万国邮政公约》(Universal Convention of Post)的规定，国际邮资应按照与金法郎接近的等价折成其本国货币制定。邮联以金法郎为单位，规定了基本邮资，以此为基础，允许各国可按基本国情增减。增减幅度最高可增加 70%，最低可减少 50%。国际邮资均按重量分级为其计算标准。邮资由基本邮资和特别邮资两部分组成。基本邮资是指邮件经水陆路运往寄达国应付的邮资，也是特别邮资计算的基础。基本邮资费率是根据不同邮件种类和国家地区制定的，邮政局对每一邮件都要照章收取基本邮资。特别邮资是为某项附加手续或责任而收取的邮资，如挂号费、回执费、保价费等，是在基本邮资的基础上，按每件加收的，但是保价邮资须另按所保价值计收。邮政运输的主要单证是邮政收据(Post Receipt)。邮政收据是邮政局收到寄件人的邮件后所出具的凭证，是邮件灭失或损坏时凭以向邮政局索赔的凭证，也是收件人凭以提取邮件的凭证。

四、国际邮政运输的有关规定

为了执行国家政策法令、保证邮政运输的顺利进行，邮政局对邮件的禁寄、限寄和其他要求都有明确严格的规定。

(1) 禁寄限寄范围国际邮件内容，除必须遵照国际一般禁止或限制寄递的规定外，还必须遵照本国禁止和限制出口的规定，以及寄达国禁止和限制进口和经转运国禁止和限制过境的规定。根据我国海关对进出口邮递物品监督办法和国家法令，武器、弹药、爆炸品、受管制的无线电器材、中国货币、票据和证券、外国货币、票据和证券、黄金、白银、白金、珍贵文化古玩、内容涉及国家机密和不准出口的印刷品、手稿等均属于禁止出口的物品。限制出口的物品是指有规定数量或经批准方可向外寄递的物品，如粮食、油料等，每次每件以一公斤为限。对商业性行为的邮件，则按进出口贸易管理条例规定的办法，如规定需要附许可证邮递的物品，寄件人必须向当地有关对外贸易管理机构申请领取许可证，以便海关凭此放行。有些物品，如肉类、种子、昆虫标本等按规定须附卫生检疫证书。

(2) 有关重量、尺寸、封装和封面书写要求按照国际和我国邮政规定，每件邮包重量不得超过 20 公斤，长度不得超过 1 公尺。之所以要有这样的规定，是基于国际邮件交换的需要以及邮政业务和交通运输业的分工所制。如果不加以限制，邮政业务就无异于货运业务。邮件封装视邮件内所装物品性质的不同，要求亦有所不同，对封装总的要求以符合邮递方便、安全并保护邮件不受损坏丢失为原则。对封面书写则要求清楚、正确、完整，以利准确、迅速和安全地邮递。

五、国际邮政运输的责任范围

邮政部门与寄件人之间是委托与被委托的关系。双方的权利义务和责任豁免由国家法律和国家授权制定的邮政规章予以明确规定，并受其制约的，与此同时，还要受到国际公约和协定的约束。这种关系自邮政部门接受寄件人的委托起建立，并一直至邮政部门交付邮件于收件人而告终止。根据邮政法规，寄件人应遵守邮政有关规定，办理邮件委托手续并照章交付邮资；邮政部门负有安全、准确、迅速地完成接受委托的邮递责任，并对邮件的灭失、短少、损坏负有补偿责任。但非由于邮政部门的过失所造成的邮件灭失、短少、损坏，邮政部门可免于负责。根据我国邮政部门的规定，凡由于下列原因所造成的损失，邮政部门可免于负责。

(1) 不可抗力。

(2) 寄达邮局按法令予以扣留或没收的。

(3) 违反了禁、限寄规定而被主管当局没收或销毁的。

(4) 寄达国声明对普通包裹不负补偿责任的。

(5) 属于寄件人的过失，所寄物品性质不符，以及邮件封装不妥。

(6) 虚报保价金额。

(7) 属于海关监督查验所作的决定。

(8) 寄件人未在规定期限的一年内办理查询的。

关于补偿范围和补偿金额，根据规定，凡保价包裹和普通包裹，如由于邮政部门责任，邮政部门都负责予以补偿，对保价包裹的补偿金额最多不超过货价金额。普通包裹的补偿金额每件不超过下列标准，如实际损失低于该标准，则按实际损失补偿：包裹重量 5 公斤以下补偿 40 金法郎；包裹重量超过 5 公斤至 10 公斤补偿 60 金法郎；包裹重量超过 10 公斤至 15 公斤补偿 80 金法郎；包裹重量超过 15 公斤至 20 公斤补偿 109 金法郎；但如有双边协定的，则按双边协定的补偿规定办理。

第四节　大陆桥运输

一、大陆桥运输的定义

大陆桥运输(Land Bridge Transport)是指利用横贯大陆的铁路(公路)运输系统，作为中间桥梁，把大陆两端的海洋连接起来的集装箱连贯运输方式。简单地说，就是两边是海运，中间是陆运，大陆把海洋连接起来，形成海—陆联运，而大陆起到了"桥"的作用，所以称为"陆桥"。而海—陆联运中的大陆运输部分就称为"大陆桥运输"。

大陆桥运输通常也是一种国际联合运输。其目的在于缩短运输距离,减少运输时间和节约运输总费用支出。从太平洋东部的日本,通过海运到苏联远东沿海港口(纳霍德卡和东方港等),经西伯利亚大铁路等陆上交通,横跨亚欧大陆直达欧洲各国或沿海港口,再利用海运到达大西洋沿岸各地,这类货物运输即为典型的大陆桥运输。

大陆桥运输一般以集装箱为媒介,因为采用大陆桥运输,中途要经过多次装卸,如果采用传统的海陆联运,不仅增加运输时间,而且大大增加装卸费用和货损货差,以集装箱为运输单位,则可大大简化理货、搬运、储存、保管和装卸等作业环节,同时集装箱经海关铝封,中途不用开箱检验,而且可以迅速地直接转换运输工具,故采用集装箱是开展大陆桥运输的最佳方式。

二、大陆桥产生的历史背景

大陆桥运输是集装箱运输开展以后的产物,出现于 1967 年,当时苏伊士运河封闭、航运中断,而巴拿马运河又堵塞,远东与欧洲之间的海上货运船舶不得不改道绕航非洲好望角或南美,致使航程距离和运输时间倍增,加上油价上涨,航运成本猛增,而当时正值集装箱运输兴起,在这种历史背景下,大陆桥运输应运而生。从远东港口至欧洲的货运于 1967 年底首次开辟了使用美国大陆桥运输的路线,把原来的全程海运改为海、陆、海运输方式,试办结果取得了较好的经济效果,达到了缩短运输里程、降低运输成本、加速货物运输的目的。

三、西伯利亚大陆桥

1. 西伯利亚大陆桥及其经由路线

西伯利亚大陆桥(Siberian Land Bridge,SLB),或称亚欧第一大陆桥,全长 1.3 万千米,东起俄罗斯东方港,西至俄芬(芬兰)、俄白(白俄罗斯)、俄乌(乌克兰)和俄哈(哈萨克斯坦)边界,过境欧洲和中亚等国家。西伯利亚大陆桥于 1971 年由全苏对外贸易运输公司正式确立。现在全年货运量高达 10 万标准箱,最多时达 15 万标准箱。

使用这条陆桥运输线的经营者主要是日本、中国和欧洲各国的货运代理公司。其中,日本出口欧洲杂货的 1/3、欧洲出口亚洲杂货的 1/5 是经这条陆桥运输的,由此可见它在沟通亚欧大陆、促进国际贸易中所处的重要地位。

日本、东南亚、中国香港等地运往欧洲、中东地区的货物由海运运至俄罗斯的东方港或纳霍德卡后,经西伯利亚大陆桥有以下三种联运方式。

(1) 铁—铁方式。它是用船把货物运至东方港,纳霍德卡港(或者通过满洲里、二连浩特、阿拉山口等陆路口岸进入苏联),再用火车运到苏联西部边境站,继续用铁路运至欧洲和伊朗等或相反方向的运输。该条联运线出苏联的边境站有：鲁瑞卡(去芬兰)、布列斯特(去波兰、德国)、乔普(去匈牙利、捷克—斯洛伐克、南斯拉夫、意大利、奥地利、瑞士)、温格内(去罗马尼亚、保加利亚)、朱尔法(卓勒法)(去伊朗)。

(2) 铁—海方式。它是用船把货物运至东方港、纳霍德卡港(或者通过满洲里、二连浩特、阿拉山口等陆路口岸进入前苏联)，再用火车运到波罗的海和黑海的港口，装船运至北欧、西欧、巴尔干地区的港口，最终交收货人。这条联运路线出苏联西部边境的主要港口有：圣彼得堡(去荷兰、比利时、德国和美国)、塔林(去芬兰、瑞典、丹麦和挪威)、里加(去法国、英国)、日丹诺夫(去意大利、希腊、土耳其、西班牙和法国地中海沿岸各港)。

(3) 铁—卡方式。它是用船把货物运至东方港，纳霍德卡港(或者通过满洲里、二连浩特、阿拉山口等陆路口岸进入苏联)，用铁路运至苏联西部边境布列斯特附近的奥托布列斯特，再用卡车将货运至德国、瑞士、奥地利等国。

2. 西伯利亚大陆桥的优势与劣势

与全海运相比，这条大陆桥运输线具有以下三个明显的优点。

(1) 运输距离缩短。从远东到西欧，经西伯利亚大陆桥的路程是 1.3 万千米，比绕道非洲好望角的航程缩短约 1/2；比经苏伊士运河的航程亦可缩短 1/3。

(2) 途中运行时间减少。西伯利亚大陆桥在过境时间上有优势，而且与多个港口和多条铁路干线相连，运输潜力巨大。途经西伯利亚大陆桥的集装箱运输一般比全程海运可提前 15～35 天。

(3) 运输成本降低。一般情况下，运输成本比全程海运便宜 20%～30%。

当然，这条大陆桥运输线亦有局限性。比如，冬季严寒，使运输能力受到影响；来回运量不平衡；西向大于东向的两倍；苏联使用宽轨铁路，须换轨才能进入欧洲各国。

四、北美大陆桥

1. 北美大陆桥

北美大陆桥是世界上历史最悠久、影响最大、服务范围最广的陆桥运输线。北美大陆桥指从日本东向，利用海路运输到北美西海岸，再经由横贯北美大陆的铁路线，陆运到北美东海岸，再经海路运输到欧洲的"海—陆—海"运输结构。

北美大陆桥包括美国大陆桥运输和加拿大大陆桥运输。美国大陆桥有两条运输线路，一条是从西部太平洋沿岸至东部大西洋沿岸的铁路和公路运输线，另一条是从西部太平洋沿岸至东南部墨西哥湾沿岸的铁路和公路运输线。

北美大陆桥运输对巴拿马运河的冲击很大，由于陆桥运输可以避开巴拿马运河宽度的限制，许多海运承运人开始建造超巴拿马型集装箱船，增加单艘集装箱船的载运箱量，放弃使用巴拿马运河，使集装箱国际海上运输的效率大为提高。

2. 北美小陆桥

北美小陆桥运输是指日本经美国太平洋沿岸各港的海铁联运,它与大陆桥运输的区别是运输终点为美国东海岸,而不再下海。采用这样的运输方式,使海运和陆运结合起来,从而达到了运输迅速、降低运输成本的目的。

小陆桥运输刺激美国铁路发展了双层集装箱列车与超长列车,以提高运输效率,降低运输成本。据报道,美国总统轮船公司的双层集装箱列车每标准箱成本比单层列车节省 1/3。

五、新亚欧大陆桥

新亚欧大陆桥,又名"第二亚欧大陆桥",是从中国的江苏连云港市到荷兰鹿特丹港的国际化铁路交通干线。大陆桥途经江苏、安徽、河南、陕西、甘肃、青海、新疆 7 个省和自治区,65 个地、市、州的 430 多个县、市,到中哈边界的阿拉山口出国境。出国境后可经 3 条线路抵达荷兰的鹿特丹港。中线与俄罗斯铁路友谊站接轨,进入俄罗斯铁路网,途经阿克斗亚、切利诺格勒、古比雪夫、斯摩棱斯克、布列斯特、华沙、柏林达荷兰的鹿特丹港,全长 10 900 千米,辐射世界 30 多个国家和地区。亚欧大陆桥陇海—兰新城市带主要城市有连云港、商丘、开封、郑州、洛阳、西安、兰州、乌鲁木齐、徐州等。

1. 作用

新亚欧大陆桥比北线大陆桥减少行程 3000 千米,比走海路费用节约 20%,时间减少一半。北线经阿克斗亚、切利诺格勒,到彼罗巴甫洛夫斯克纳,再经莫斯科、布列斯特、华沙、柏林到达鹿特丹港。

南线经过阿雷西、伊列次克、布良斯克,再经过布列斯特、华沙、柏林到达鹿特丹港。也可从阿雷西分路,通过伊朗的马什哈德到德黑兰,还可从布良斯克分岔至乔普到达匈牙利的布达佩斯。欧亚大陆桥中国段全长 4213 千米,由陇海铁路和兰新铁路组成。

亚欧大陆桥将中国与独联体国家、伊朗、罗马尼亚、斯洛文尼亚共和国,克罗地亚共和国,波斯尼亚和黑塞哥维那,塞尔维亚共和国,黑山共和国,马其顿共和国,科索沃共和国、保加利亚、匈牙利、捷克、斯洛伐克、波兰、德国、奥地利、比利时、法国、瑞士、意大利、英国紧密相连。它对环太平洋经济圈的协调发展起到了重要作用,也使中国与世界大市场的距离更近。它将亚欧两个大陆原有的陆上运输通道缩短了 2000 千米运距,比绕道印度洋和苏伊士运河的水运距离缩短了 1 万千米。

2. 经济发展

新亚欧大陆桥区域经济发展具有明显的互补性:一方面,对于日本和西欧等发达国家来说,这一区域是一个人口众多、资源丰富的巨大市场,是它们输出资金、技术和管理的理想之地;对中国、中亚和东欧国家来说,通过沿桥开放,可以更好地吸收国际资本、技术和管理经验，加快经济振兴。另一方面，随着亚太地区经济的迅速增长，越来越需要开拓欧洲市场，而欧盟为谋求发展也需要到亚太地区寻求贸易伙伴，选择投资对象，亚太与欧洲的双向辐射越来越明显。

新亚欧大陆桥的发展为沿桥国家和亚欧两大洲经济贸易交流提供了一条便捷的大通道，对于促进陆桥经济走廊的形成、扩大亚太地区与欧洲的经贸合作、促进亚欧经济的发展与繁荣、进而开创世界经济的新格局具有重要的意义。

3. 优势

与西伯利亚大陆桥相比，新亚欧大陆桥具有明显的优势：第一，地理位置和气候条件优越。整个陆桥避开了高寒地区，港口无封冻期，自然条件好，吞吐能力大，可以常年作业。第二，运输距离短。新亚欧大陆桥比西伯利亚大陆桥缩短陆上运距 2000～2500 千米，到中亚、西亚各国优势更为突出。一般情况下，陆桥运输比海上运输运费节省 20%～25%，而时间缩短一个月左右。第三，辐射面广。新亚欧大陆桥辐射亚欧大陆 30 多个国家和地区。第四，对亚太地区吸引力大。除我国(包括台湾和港澳地区)外，日本、韩国、东南亚各国、一些大洋洲国家，均可利用此线开展集装箱运输。如果从 20 世纪 50 年代初期由日本经美洲大陆向欧洲运输集装箱算起，大陆桥问世已近半个世纪。但这仅仅是个开端，从发展趋势看，大陆桥运输前景广阔，开发潜力巨大。由于现代科学技术的迅速发展，包括火车、轮船等在内的交通工具的现代化、高速化、特别是时速超过 500 千米的磁悬浮列车的试运成功，对以铁路运输为主的大陆桥运输必将产生不可估量的推动作用。另外，集装箱运输的迅速普及既为大陆桥运输提供了稳定的箱源，促进着大陆桥运输的发展，又展示了大陆桥运输的巨大潜力。

4. 相关对比

新亚欧大陆桥运输比西伯利亚大陆桥运输有着较大的优势。第一，它使亚欧之间的货运距离比西伯利亚大陆桥缩短得更为显著，从日本、韩国至欧洲，通过新亚欧大陆桥，水陆全程仅为 12 000 千米，比经苏伊士河少 8000 多千米，比经巴拿马运河少 11 000 多千米，比绕道好望角少 15 000 多千米。第二，它使东亚与中亚、西亚的货运距离大幅度减少。日本神户、韩国釜山等港至中亚的哈萨克斯坦、乌兹别克斯坦、吉尔吉斯斯坦、塔吉克斯坦、土库曼斯坦 5 个国家和西亚的伊朗、阿富汗，通过西伯利亚大陆桥和新亚欧大陆桥，海上距离相近，陆上距离相差很大。如果要到伊朗、德黑兰，走西伯利亚大陆桥，陆上距离达到 13 322 千米，走新亚欧大陆桥，陆上只有 9977 千米，两者相差 3345 千米；到达中亚的阿雷西，走西伯利亚大陆桥，陆上是 8600 千米，走新亚欧大陆桥，陆上距离只有 5862 千米，相差 2774 千米。第三，由于运距的缩短，它在运输时间和运费上比西伯利亚大陆桥又有所减少，更有利于同海运的竞争。第四，它的东端桥头堡自然条件好，位置适中，气候温和，一年四季可不间断地作业。

5. 境内情况

新亚欧大陆桥在中国境内全长 4131 千米，贯穿中国东、中、西部的江苏、安徽、河南、陕西、甘肃、青海、新疆 7 个省(自治区)，还影响到湖北、四川、内蒙古等地区。这个地区人口约 4 亿，占全国的 30%；国土面积 360 万平方千米，占中国的 37%，在中国的社会经济发展中处于十分重要的位置。中国对大陆桥沿线地区进行的地质勘探和对两侧 100 千米范围内的空中遥感勘测表明这一地带能源矿产资源相当富集，有开采价值的就达 100 多种，沿桥省区名列首位的矿产有 64 种，其中保有储量占全国 50% 以上的有煤、铝、铜、镍、石棉等。铜、铂、铅、锌、金等有色金属及石油、电力等匀在全国占有举足轻重的地位。特别是煤炭储量 2000 亿吨，石油储量数百亿吨，不仅在中国内部，在世界上也屈指可数。仅塔里木盆地油气总生成量就有 300 亿吨，相当于世界五大油田总和。该地带还有全国重要的粮食、棉花、油料和畜牧业基地。旅游资源更丰富多彩，被誉为我国的"金腰带"；黄河为该区提供了最大的水资源补给，其中上游是水力资源的"富矿带"；煤炭、石油和黄河水力资源构成了"中国能源之乡"。

这里曾是全国 156 个重点工程及三线军工、重大企业集中布置地区，煤炭、石油、机械、航空、化工、电力、冶炼、纺织等产业具有可观的规模，科学技术力量也比较雄厚，这些优势决定了该地带具有巨大的开发潜力。

6. 亚欧合作

新亚欧大陆桥具有重要的作用。它的东西两端连接着太平洋与大西洋两大经济中心，基本上属于发达地区，但空间容量小，资源缺乏；而其辽阔狭长的中间地带亦即亚欧腹地除少数国家外，基本上属于欠发达地区，特别是中国中西部、中亚、西亚、中东、南亚地区，地域辽阔，交通不够便利，自然环境较差，但空间容量大，资源富集，开发前景好，开发潜力大，是人类社会赖以生存、发展的物华天宝之地。这里是世界上最重要的农牧业生产基地，粮、棉、油、马、羊在世界上占有重要地位。这里矿产资源有数百种，其中，金、银、铜、铁、铀、铅、锌、铂、镍、钛、锑、汞、铬、镁、钠、钾、钒、铝、钨、锰、钼、磷、硼等均享誉世界。能源尤为富集，煤炭储量 2 万亿吨以上，石油储量约 1500 亿吨，天然气储量近 7500 亿立方英尺，堪称世界"能源之乡"。因此，新亚欧大陆桥通过区域在经济上具有较强的相互依存性与优势互补性，蕴藏着非常好的互利合作前景。

7. 发展前景

横贯中国东、中、西部，东西双向开放的"钢铁国际走廊"的加速开发和开放将使它成为中国经济的新的增长带，并将加速变成中国的国际性、开放型交通、经济走廊。为此，我国正在研究加快沿桥中国段的具体措施。这些措施将包括：沿桥地带实行沿海地区的开放政策，根据需要可继续设立各种开发区和保税区；试办资源型开发区；按照高起点和国际接轨的要求，建立资源和资源加工型新型企业；促进沿线地区工业化和城市化；利用外资，试办中国西部农业合作开发区，营造亚欧农产品批发交易中心；根据交通枢纽、资源状况、地理位置，以中心城市为依托，在沿桥地区建立若干个经济发展区，如以日照为中心的国际经济贸易合作区，以徐州为中心的淮海经济区，以郑州为中心的中原经济区，以西安为中心的关中经济区，以兰州为中心的西北经济区，以乌鲁木齐为中心的西部经济区等。并把乌鲁木齐建成中国西部的国际金融、商贸、工农业经济中心，促进中国西部和中亚市场的发育和繁荣。

第五节　国际多式联运

一、国际多式联运的概念

根据 1980 年《联合国国际货物多式联运公约》的规定，国际货物多式联运(以下简称"国际多式联运")是指："按照多式联运合同，以至少两种不同的运输方式，由多式联运经营人将货物从一国境内接管货物的地点运至另一国境内指定交付货物的地点。为履行单一方式运输合同而进行的该合同所规定的货物接送业务，不应视为国际多式联运。" 国际多式联运适用于水路、公路、铁路和航空多种运输方式。在国际贸易中，由于 85%～90%的货物是通过海运完成的，故海运在国际多式联运中占据主导地位。

(一)国际多式联运必须满足的基本条件

1. 至少采用两种运输方式

国际多式联运必须是以至少两种不同的运输方式连续进行的运输。严格来讲，这里所称的运输方式是指铁路、公路、水路、航空、管道五种运输方式。

2. 至少涉及两个国家

国际多式联运必须是国家(地区)之间的货物运输，即国际多式联运的接管货物地点和交付货物的地点应位于不同的国家(地区)。

3. 具有一个多式联运合同

多式联运合同是多式联运经营人与托运人/收货人之间权利、义务、责任与豁免的合同关系和运输性质的确定。实践中经常出现一份多式联运单据。

4. 多式联运经营人负责货物全程运输

多式联运经营人(Multi-modal Transport Operator，MTO)是订立合同的当事人，也是多式联运单证的签发人。他是"本人"，而非托运人或实际承运人的代理人。多式联运经营人对货物的全程运输承担责任。

(二)国际多式联运的运营条件

1. 人力资源

从事国际多式联运业务的人员，应掌握国际货运代理、国际多式联运、国际物流管理等基本专业知识，并根据岗位不同，具备相应的、能满足岗位需要的专业技能和经验。

2. 经营网络

国际多式联运经营人拥有能覆盖其业务范围、满足客户需要的经营线路和经营网络。

3. 设施设备

国际多式联运经营人应拥有必要的运输设备，尤其是场站设施和短途运输工具，同时更应与有关的实际承运人、场站经营人建立长期合作关系，以通过整合其运输资源，设计出满足客户需要的多式联运方案。

4. 管理制度

多式联运经营人应具有多式联运服务管理制度，包括多式联运合同、多式联运单据、多式联运费用制定与结算、服务质量跟踪与考核、服务作业流程控制等管理规定和管理方法。

5. 信息系统

国际多式联运经营人应拥有稳定、可靠，适应多式联运业务要求的信息系统，并能为客户提供及时、准确、可靠的信息。

(三)国际多式联运的优点

国际多式联运是一种比区段运输高级的运输组织形式，20 世纪 60 年代末美国首先试办多式联运业务，受到货主的欢迎。随后，国际多式联运在北美、欧洲和远东地区开始采用。20 世纪 80 年代，国际多式联运已逐步在发展中国家实行。目前，国际多式联运已成为一种新型的、重要的国际集装箱运输方式，受到国际航运界的普遍重视。1980 年 5 月在日内瓦召开的联合国国际多式联运公约会议上产生了《联合国国际多式联运公约》。该公约将在 30 个国家批准和加入一年后生效。它的生效将对今后国际多式联运的发展产生了积极的影响。

国际多式联运是今后国际运输发展的方向，这是因为，开展国际集装箱多式联运具有许多优越性，主要表现在以下几个方面。

1. 简化托运、结算及理赔手续，节省人力、物力和有关费用

在国际多式联运方式下，无论货物运输距离有多远、由几种运输方式共同完成、运输途中货物经过多少次转换，所有一切运输事项均由多式联运经营人负责办理。而托运人只需办理一次托运，订立一份运输合同，支付一次费用，办一次保险，从而省去托运人办理托运手续的许多不便。同时，由于多式联运采用一份货运单证，统一计费，因而也可简化制单和结算手续，节省人力和物力，此外，一旦运输过程中发生货损货差，由多式联运经营人对全程运输负责，也可简化理赔手续，减少理赔费用。

2. 缩短货物运输时间，减少库存，降低货损货差事故，提高货运质量

在国际多式联运方式下，各个运输环节和各种运输工具之间配合密切，衔接紧凑，货物所到之处中转迅速及时，大大减少了货物的在途停留时间，从而从根本上保证了货物安全、迅速、准确、及时地运抵目的地，因而也相应地降低了货物的库存量和库存成本。同时，多式联运系通过集装箱为运输单元进行直达运输，尽管货运途中须经多次转换，但由于使用专业机械装卸，且不涉及槽内货物，因而货损货差事故大为减少，从而在很大程度上提高了货物的运输质量。

3. 降低运输成本，节省各种支出

由于多式联运可实行门到门运输，因此对货主来说，在货物交由第一承运人以后即可取得货运单证，并据以结汇，从而提前了结汇时间。这不仅有利于加速货物占用资金的周转，而且可以减少利息的支出。此外，由于货物是在集装箱内进行运输的，从某种意义上来说，可相应地节省货物的包装、理货和保险等费用的支出。

4. 提高运输管理水平，实现运输合理化

对于区段运输而言，由于各种运输方式的经营人各自为政，自成体系，因而其经营业务范围受到限制，货运量相应也有限。而一旦由不同的经营人共同参与多式联运，经营的范围可以大大扩展，同时可以最大限度地发挥其现有设备的作用，选择最佳的运输线路组织合理化运输。

5. 其他作用

从政府的角度来看，发展国际多式联运具有以下重要意义。

有利于加强政府门对整个货物运输链的监督与管理；保证本国在整个货物运输过程中获得较大的运费收入比例；有助于引进新的先进运输技术；减少外汇支出；改善本国基础设施的利用状况；通过国家的宏观调控与指导职能保证使用对环境破坏最小的运输方式，达到保护本国生态环境的目的。

二、国际多式联运经营人

国际多式联运全过程要通过各种代理人、实际承运人等共同来完成，因而各有关方之间的法律关系十分复杂。其中，既有国际多式联运经营人与托运人之间的合同关系，又有国际多式联运经营人与其受雇人之间的雇佣关系、与其代理人之间的代理关系、与分包承运人之间的承托关系，以及托运人、收货人与多式联运经营人及其受雇人、代理人、分包人之间可能发生的侵权行为关系。对于如此错综复杂，且权利、义务又各不相同的法律关系，应掌握一点，即国际多式联运下的法律结构是调整多式联运经营人与托运人之间的合同关系的，而其他法律关系都附着在这一合同关系上，并比照这一合同关系统一其权利和义务。

(一)国际多式联运经营人与货主间的法律关系

1. 国际多式联运经营人的含义与特征

1980 年《联合国国际多式联运公约》的规定"多式联运经营人是指本人或通过其代表订立多式联运合同的人，他是事主，而不是发货人的代理人或代表或参加多式联运的承运人的代理人或代表，并且负有履行合同的责任"。由此可见，国际多式联运经营人是指本人或者委托他人以本人名义与托运人订立一项多式联运合同并以承运人身份承担完成此项合同责任的人。

从以上的定义中不难发现，国际多式联运经营人具有如下几个基本特征。

(1) 国际多式联运经营人是多式联运合同的主体。国际多式联运经营人是"本人"而非代理人。他既对全程运输享有承运人的权利，又负有履行多式运输合同的义务，并对责任期间所发生的货物的灭失、损害或迟延交付承担责任。

(2) 国际多式联运经营人的职能在于负责完成多式运输合同或组织完成多式运输合同。国际多式联运经营人既可以拥有运输工具从事一个或几个区段的实际运输，也可以不拥有任何运输工具，仅负责全程运输的组织工作。当国际多式联运经营人以拥有的运输工具从事某一区段运输时，他既是契约承运人，又是该区段的实际承运人。

(3) 国际多式联运经营人是"中间人"。国际多式联运经营人具有双重身份，他既以契约承运人的身份与货主(托运人或收货人)签订国际多式联运合同，又以货主的身份与负责实际运输的各区段运输的承运人(通常称为实际承运人)签订分运运输合同。

由此可见，国际多式联运经营人不同于无船承运人、货运代理，他们之间的异同如表 7-1 所示。

表 7-1　国际多式联运经营人与无船承运人、传统货运代理的比较

比较项目		国际多式联运经营人	无船承运人	传统货运代理
不同之处	涉及运输方式	至少两种运输方式	海运	海、陆、空
	法律地位	对货主而言是承运人,对各区段承运人而言是货主	对货主而言是承运人,对船公司而言是货主	代理人
	资金占用	很大	较大	很少
	是否拥有船舶	必要时可以拥有	禁止拥有	禁止拥有
	是否拥有陆运与空运工具	必要时可以拥有	必要时可以拥有	禁止拥有
	是否有自己的提单	有	有	无
	是否有自己的运价表	有	有	无
	收入性质	运费(差价)	运费(差价)	代理费或佣金
相同之处		它们均属于运输中间商,其主要业务是为供需双方提供运输服务或代理服务,以求赚取运费或代理费		

2. 国际多式联运经营人为其受雇人、代理人和其他人所负的赔偿责任

根据联合国多式联运公约的有关规定,多式联运合同的一方是多式联运经营人,包括其本人或通过其代表订立多式联运合同的任何人,他是事主,而不是托运人的代理人或代表或参加多式联运的承运人的代理人或代表,并且,负有履行合同的责任。多式联运合同的另一方是托运人,这也是指其本人或通过其代理与多式联运经营人订立多式联运合同的任何人。多式联运经营人和他的受雇人、代理人和分包人的关系都适用代理关系,货物交由他们掌管应视为与交给多式联运经营人掌管具有相同的效力。所以,多式联运公约规定:多式联运经营人应对他的受雇人或代理人在其受雇范围内行事时的行为或不行为负赔偿责任,或对他为履行多式联运合同而使用其服务的任何其他人在履行合同的范围内行事时的行为或不行为负赔偿责任,一如他本人的行为或不行为。

同样,虽然托运人和收货人与多式联运经营人的代理人、受雇人没有合同关系,但可依据侵权行为提起诉讼。不过,在这种诉讼中,经营人的代理人、受雇人可享受与经营人同样的辩护理由和责任限制。这样,既有利于货主与承运人之间行使追偿的权利,又使承运人一方得到应有的保护,而且,也保障了以各种形式起诉都能得到同一法律效果,达到法律的统一性和公正性。

(二)国际多式联运经营人与区段承运人间的法律关系

1. 多式联运经营人对区段承运人的行为负连带责任

《中华人民共和国合同法》(以下简称《合同法》)第 318 条规定:"多式联运经营人可以与参加多式联运的各区段承运人就多式联运合同的各区段运输约定相互之间的责任,但该约定不影响多式联运经营人对全程运输承担的义务。"多式联运经营人与区段承运人的约定不能对抗承运人。这一原则表明:多式联运经营人应当对合同约定的全部运输负责。多式联运经营人除了对自己及自己的受雇人或代理人的行为负责外,还必须对区段承运人及其受雇人或代理人的行为负责。可见,多式联运经营人的责任范围相当广泛,尤其在实务中,多式联运经营人很难控制区段承运人对其受雇人或代理人的选择。然而,如果法律不作出如此规定,而免除多式联运经营人对区段承运人的受雇人或代理人的行为负责,货方的利益则难以保障,继而会影响商业关系的稳定。

2. 区段承运人对其履行的运输承担与多式联运经营人同等的法律责任

这一原则表明:区段承运人对自身及其受雇人或代理人的行为责任仅限于自己履行的运输期间,而且,由于他与托运人无合同关系,因而,对于多式联运经营人与托运人间约定的诸如扩大承运人责任范围、放弃承运人所享有的责任限制或放弃免除责任等超出法定责任的条款,只有在区段承运人以书面方式表示接受时才对区段承运人发生效力。因此,多式联运经营人在接受此类义务之前,应考虑区段承运人是否接受,否则将由自己承担此类义务。

3. 多式联运经营人、区段承运人及他们的受雇人或代理人的赔偿总额不能超出法定限额

这一原则表明:托运人或收货人无权以分别追索赔偿的方式取得双倍赔偿。这也说明区段承运人对其履行运输承担责任的同时,也享有法律所规定的有关承运人的权利及责任限制与法定免责事项。

4. 多式联运经营人与区段承运人可按他们之间的合同约定相互追偿

当多式联运经营人或区段承运人赔偿了托运人或收货人以后.可按他们之间的合同约定相互追偿。

(三)国际多式联运经营人责任

国际多式联运经营人责任是指其按照法律规定或运输合同的约定对货物的灭失、损害或延迟交付所造成损失的违约责任,它由责任期间、责任基础、责任形式、责任限额、免责等几部分构成。现有公约和惯例对多式联运经营人责任制度的规定主要有以下几个方面。

1. 分割责任制(Dispersion of Liability)

分割责任制是指多式联运经营人和各区段的实际承运人仅对自己完成区段的货物运输负责，各区段的责任原则按该区段适用的法律予以确定。在这种责任形式下，多式联运经营人并不承担全程运输责任，这显然与多式联运的基本特征相矛盾，故目前很少被采用。而且在许多情况下，只要多式联运经营人签发全程多式联运单据，即使在多式联运单据中声明采取这种形式，也可能会被法院判定此种约定无效而要求多式联运经营人承担全程运输责任。

2. 网状责任制(the Network System of Liability)

网状责任制是指多式联运经营人对全程运输负责。货物的灭失或损坏发生于多式联运的某一区段的，多式联运经营人的赔偿责任和责任限额适用调整该区段运输方式的有关法律规定。如果货物的灭失、损坏发生的区段不能确定(俗称为"隐藏损害")，多式联运经营人则按照海运或双方约定的某一标准来确定赔偿责任和责任限制。目前，大多数国家的多式联运经营人均采用网状责任制。

3. 统一责任制(Uniform Liability System)

统一责任制是指多式联运经营人对货主赔偿时不考虑各区段运输方式的种类及其所适用的法律，而是对全程运输按一个统一的原则并一律按一个约定的责任进行赔偿。统一责任制是与多式联运的基本特征最为一致的责任形式，然而，由于适用于各运输区段的国际公约或者法律所确定的区段承运人的责任不同，而且可能低于多式联运经营人根据统一责任制所承担的责任，这意味着多式联运经营人向货方承担赔偿责任后，面临着不能向造成货物损害的区段承运人全额追偿的危险，从而无法预见其最终承担的责任。因此，目前尚没有多式联运经营人愿意采用这种责任形式。

4. 经修正的统一责任制(the Modified Uniform Liability System)

经修正的统一责任制是指多式联运经营人对全程运输负责，并且原则上全程运输采用单一的归责原则和责任限额，但保留适用于某种运输方式的较为特殊的责任限额的规定。这种修正通常针对多式联运的海运阶段，且有利于多式联运经营人。

经修正的统一责任制在最大限度上保留统一责任制的优点，同时通过对其加以修正，缓和统一责任制下各区段运输方式责任体制之间存在的差异和矛盾，较好地适应了运输法律发展的现状，使多式联运中的运输风险在承托双方间得到较为合理的分配。

联合国多式联运公约采用了此种责任制。该公约对货物的灭失、损坏和迟延交付规定了统一的归责原则，并对多式联运是否包含海运规定了两种统一的责任限制，同时该公约进一步规定，如果能清楚地知道货损发生的运输区段，而该运输区段所适用的国际公约或国内法又规定了比上述限额高的限额，则应优先适用该公约或该国法律。

三、国际多式联运单据

(一)国际多式联运单据的概念

1980 年联合国《国际多式联运公约》对多式联运单据所下的定义是："国际多式联运单据(Multimodal Transport Document，MTD)，是指证明多式联运合同以及证明多式联运经营人接管货物并负责按照合同条款交付货物的单据。"

1991 年贸发会议/国际商会《多式运输单据规则》所下的定义是："多式联运单据是指证明多式联运合同的单据，该单据可以在适用法律的前提下，以电子数据交换信息取代，而且可以(a)以可转让方式签发，或者(b)表明记名收货人，以不可转让方式签发。"

(二)国际多式联运单据的性质

国际多式联运单据分为可转让的和不可转让的两种形式，这两种形式的单据的性质是有差别的。

1. 可转让的多式联运单据

可转让的多式联运单据，通常称为国际多式联运提单(Multimodal Transport Bill of Lading or Combined Transport Bill of Lading)，具有"多式联运合同的证明、货物收据与物权凭证(Document of Title)"三大功能。

目前，国际货运代理协会联合会(FIATA)、波罗的海航运公会(The Baltic and International Maritime Council，BIMCO)等行业组织已制定了标准格式的多式联运提单(FIATA 的代码为 FBL92，BIMCO 的代码为 MULTIDOC 95)，供会员使用。此外，一些大型航运公司也制定了自己的多式联运提单。为了扩大其使用范围，航运公司制定的多式联运提单几乎是"一单两用"的港至港或多式联运提单(port to port or Multimodal Transport Bill of Lading)。

2. 不可转让的多式联运单据

不可转让的多式联运单据，通常称为多式联运运单。目前，常见的标准格式为国际货运代理协会联合会(FIATA)的 FIATA 运单(代码为 FWB，1992)和波罗的海航运公会(BIMCO)的运单(代码为 MULTIWAYBILL95)。

不可转让的多式联运单据不具有物权凭证功能，即类似于运单(如海运单，空运单)，仅具有"多式联运合同的证明和货物收据"两大功能。这两类单据的共同点是它们均具有运输合同证明和货物收据的功能。其最大区别在于：可转让的多式联运单据具有物权凭证功能，可以转让；不可转让的多式联运单据则不具有物权凭证功能，不具有流通性。因此，收货人一栏必须是记名的。

(三)国际多式联运单据的内容

实践中，多式联运单据除应满足多式联运方面的要求外，还应该能够为国际贸易服务。国际多式联运单据一般包括以下 15 项内容。

(1) 货物品类、标志、危险特征的声明、包数或者件数、重量。

(2) 货物的外表状况。

(3) 多式联运经营人的名称与主要营业地。

(4) 托运人名称。

(5) 收货人的名称。

(6) 多式联运经营人接管货物的时间、地点。

(7) 交货地点。

(8) 交货日期或者期间。

(9) 多式联运单据可转让或者不可转让的声明。

(10) 多式联运单据签发的时间、地点。

(11) 多式联运经营人或其授权人的签字。

(12) 每种运输方式的运费、用于支付的货币、运费由收货人支付的声明。

(13) 航线、运输方式和转运地点。

(14) 关于多式联运遵守公约或法律的规定的声明。

(15) 双方商定的其他事项。

四、美加线中的 MLB、IPI、OCP 概述

(一)MLB

所谓小陆桥运输(Mini Land Bridge，MLB)，也就是比大陆桥的海/陆/海形式缩短一段海上运输，成为海/陆/或陆/海形式。目前，北美小陆桥运送的主要是远东、日本经美西海岸(W/C)，尤其是美太平洋岸西南向(PSW)港口、墨西哥湾湾海岸(G/C)到美东海岸(E/C)的集装箱货物，如大连—长滩—休斯敦。当然也承运从欧洲到美西及海湾地区各港的大西洋航线的转运货物。

该小路桥路线是在 1972 年由美国的船公司和铁路公司联合创办的。它避免了绕道巴拿马运河，可以享受铁路集装箱专用列车优惠运价，从而减低了成本，缩短了路径。以日本/美东航线为例,从大阪至纽约全程水运(经巴拿马运河)航线距离 9700 海里,运输时间为 21～24 天。而采用小陆桥运输，运输距离仅 7400 海里，运输时间为 16 天，可节省 1 周左右的时间。

(二)IPI

内陆地点多式联运(Interior Point Intermodal，IPI)，指远东、日本经美西海岸(W/C)之美太平洋岸西南向(PSW)、墨西哥湾口岸(G/C)港口，利用集装箱拖车或铁路运输将货物运至美国内陆城市(IPI点)的海陆联运。

IPI运输是典型的微型陆桥运输(Micro Bridge 或 Micro Land Bridge，它不可简写为MLB)，就是没有通过整条陆桥，而只利用了部分陆桥区段，是比小陆桥更短的海陆运输方式，又称为半陆桥(Semi Land Bridge)。它通常是指由美国西海岸(W/C)或美国东海岸(E/C)之港口采用铁路或公路转运至IPI内陆点，如CHI(Chicago)、Phoenix(凤凰城)、Detroit(底特律)等。

随着北美小陆桥运输的发展，出现了新的矛盾，主要反映在：当货物由靠近东海岸的内地城市采用小陆桥运输运往远东地区(或反向)时，首先要通过国内铁路运输，以国内单证运至东海岸交船公司，然后由船公司另外签发由东海岸出口到远东的全程小陆桥运输国际货运单证，并安排通过国内铁路运输运至西海岸港口，然后经海运转至远东。货主认为，这种运输不能从内地直接以国际货运单证运至西海岸港口转运，不仅增加费用，而且耽误运输时间。为解决这一问题，陆桥运输应运而生。进出美、加内陆城市的货物采用微桥运输既可节省运输时间，也可避免双重港口收费，从而节省费用。

例如，往来于日本和美东内陆城市匹兹堡的集装箱货，可从日本海运至美国西海岸港口，如奥克兰，然后通过铁路直接联运至匹兹堡，这样可完全避免进入美东的费城港，从而节省了在该港的港口费支出。

IPI运输与MLB运输的区别在于以下几点。

一是目的地：IPI是指定的内陆点，MLB是美西(W/C)、墨西哥湾口岸(G/C)之港口；二是内陆运输方式：IPI可采用火车或拖车，MLB不可用拖车——公路运输。

此外，在美线运输中，还有RIPI术语与IPI极为相似。RIPI下的R应为Reverse or Return等表示"回""到回"之类的词，它是指货物在美东海岸(E/C)卸船后采用内陆运输至IPI内陆点。很显然，IPI与RIPI的区别在于，IPI为美国内陆多式联运统称，RIPI则是指在全海运情况下经美国东海岸(E/C)卸船转运至IPI内陆地的行为，并非多式联运。

(三)OCP运输

内陆公共点或陆上公共点运输(Overland Common Points，OCP)，是使用两种运输方式将卸至美国西海岸港口的货物通过铁路转运抵美国的内陆公共点地区，并享有优惠运价。所谓内陆公共点地区是指从美国的北达科他州(North Dakota)、南达科他州(South Dakota)、内布拉斯加州(Neberaska)、科罗拉多州(Colorado)、新墨西哥州(New Mexico)起以东各州，约占美国全国的2/3地区。所有经美国西海岸转运至这些地区的(或反向的)货物均称为OCP

地区货物，并享有 OCP 运输的优惠费率，比当地地区费率每运费吨一般商品要节省 2～3 美元。

尽管 OCP 运输与 IPI 运输的目的地均为美国内陆点，但两者有本质的不同，表现为以下几点。

(1) OCP 运输区域范围点多面广，约占美国全国的 2/3 地区。

(2) OCP 虽然由海运、陆运两种运输形式来完成，但海运、陆运段分别由两个承运人签发单据，运输与责任风险也是分段负责。因此，它并不是国际多式联运。而 IPI 运输是真正的多式联运。

(3) OCP 运输通常是经美国西海岸(W/C)之美太平洋岸西北向(PNW)港口，如洛杉矶、西雅图、旧金山转运；而 IPI 运输通常是经美西海岸(W/C)之美太平洋岸西南向(PSW)、墨西哥湾口岸(G/C)港口转运。

在 OCP 运输时，收货人可要求保税运输，于目的地结关提货。事实上，现行的地区运输费率与 OCP 已相差无几，加上 OCP 运输时收货人须于美国西岸自行办理中转手续，因此目前 OCP 使用得不多。如表 7-2 所示为 SLB、OCP、MLB、IPI 四种运输组织方式的区别。

表 7-2　SIB、OCP、MLB、IPI 四种运输组织方式的区别

比较项目	SLB	OCP	MLB	IPI
货物成交价	采用 FCA 或 CIP 应视合同中约定	卖方承担的责任、费用终止于美国西海岸港口	卖方承担的责任、费用终止于最终交货地	卖方承担的责任、费用终止于最终交货地
提单签发	适用于全程运输	仅适用于海上区段的货物运输	适用于全程运输区段	适用于全程运输区段
运费计收	收到全程运费	海、陆运输区段分别计收运费	收取全程运输费	收取全程运费
保险区段	可全程投保	海、陆运输区段投保	可全程投保	可全程投保
货物运抵区域	不受限制	内陆公共点	美国东海岸和美国湾	内陆公共点
多式联运方式	是	不是	是	是

【导读案例分析】

显然，我们可以整合空运、海运、公路以及铁路运输在内的多种运输模式，将货物运往世界各地，创造更多的多式联运方案来缓解运力的短缺。与单纯的航空货运相比，使用多式联运服务将会带来20%～50%的成本节约。用单纯的国际铁路运输取代航空货运则可以带来高达90%的成本节约。

目前已经在这些领域有所覆盖的 DHL 为了拓展多式联运，今后还会进一步对运输和中转设施进行投资，并发展更多运输合作伙伴。而像另一家国际物流巨头天地快运(TNT)已经通过收购本土的公路运营商来加强自身的网络建设，同时将国内的公路运输网络与其在国际上的公路、航空和航运网络连接。

本 章 总 结

1. 国际公路货物运输是指起运地点、目的地点或约定的经停地点位于不同的国家或地区的公路货物运输。

2. 公路运费均以"吨/千米"为计算单位，一般有两种计算标准，一是按货物等级规定基本运费费率，一是以路面等级规定基本运价。

3. 管道运输是货物在管道内借高压气浆的压力向目的地输送的一种运输方式。

4. 管道运输就其铺设工程可分为架空管道、地面管道和地下管道。

5. 国际邮政运输是一种具有国际多式联运性质的运输方式，一般要经过两个或两个以上国家或者独立行政区域的邮政局和两种或两种以上不同运输方式的联合作业方可完成。

6. 大陆桥运输是指利用横贯大陆的铁路(公路)运输系统，作为中间桥梁，把大陆两端的海洋连接起来的集装箱连贯运输方式。

7. 国际货物多式联运是指按照多式联运合同，以至少两种不同的运输方式，由多式联运经营人将货物从一国境内接管货物的地点运至另一国境内指定交付货物的地点。

专 业 英 语

1. carrying capacity　运载能力

2. combined transport　合并运输

3. enter into　缔结

4. flat rate　统一费用

5. freight flow　货流

6. indicative mark　包装储运标志

7. inter-continental　洲际间的

8. land bridge　陆桥运输

9. LCL，less than carload lot　零担货物

10. LCL shipments　零担货物运输

11. mini-bridge　小陆桥运输

12. multimodal transport 多式联运

13. passenger transport network 客运网

14. Post mark 邮戳

15. Postal network 邮政网络

16. real-time trading 实时交易

17. Sorting Centre 分拣中心

18. tariff rate 价目表

19. transshipment point 转运点

20. ZIP code 邮政编码

课 后 习 题

一、单选题

1. 下列运输方式中，随着石油的生产而产生和发展的是(   )。

    A. 公路运输   B. 航空运输   C. 管道运输   D. 内河运输

2. 具有"门到门"运输性质的运输方式是(   )。

    A. 国际邮政运输   B. 管道运输

    C. 铁路运输   D. 大陆桥运输

3. 永远是单方向运输的是(   )。

    A. 铁路运输   B. 邮政运输   C. 管道运输   D. 公路运输

4. 下列方式中，具有多式联运性质的是(   )。

    A. 铁路运输   B. 航空运输   C. 公路运输   D. 邮政运输

5. 邮政运输的主要单据是(   )。

    A. 运单   B. 邮政收据   C. 邮件回执   D. 货物交付单

6. 将太平洋远东地区与波罗的海和黑海沿岸以及西欧大西洋口岸连接起来的大陆桥是(   )。

    A. 美国大陆桥   B. 加拿大大陆桥

    C. 新亚欧大陆桥   D. 西伯利亚大陆桥

二、多选题

1. 管道运输的特点有(   )。

    A. 单方向运输   B. 多方向运输

    C. 货物与运输工具同时移动   D. 运输通道与运输工具合二为一

    E. 适于运输气体和液体货物

2. 管道运输就其铺设工程可分为( )。

    A. 水中管道   B. 地下管道   C. 地面管道

    D. 系泊管道   E. 架空管道

3. 国际邮政运输的特点是( )。

    A. 具有广泛的国际性   B. 对邮件重量和体积没有限制

    C. 具有国际多式联运性质   D. 具有"门到门"运输的性质

    E. 手续复杂,收费较高

4. 管道运输就其运输对象可分为( )。

    A. 原油管道   B. 系泊管道   C. 液体管道

    D. 气体管道   E. 水浆管道

5. 按照我国邮政规定,邮包分为( )。

    A. 普通包裹   B. 特殊包裹   C. 脆弱包裹

    D. 保价包裹   E. 一般包裹

6. 国际多式联运对责任范围和赔偿限额方面,根据目前国际上的做法,可以分为( )。

    A. 统一责任制   B. 网状责任制   C. 层次责任制

    D. 混合责任制   E. 块状责任制

7. 国际多式联运的组织形式主要有( )。

    A. 海陆联运   B. 海河联运   C. 陆桥联运

    D. 海空联运   E. 陆空联运

8. 按全程收取运费的运输组织方式有( )。

    A. OCP 运输   B. MLB 运输   C. IPI 运输

    D. SLB 运输   E. 以上都对

三、案例分析

2011 年 9 月 25 日,某科技公司销售部经理花 105 元邮费,通过快递公司向某园艺设备公司邮寄一批价值 1.5 万余元的货物,未选择保价服务。数天后,某园艺设备公司未收到货。某科技公司起诉至北京市通州区人民法院,请求判令快递公司赔偿丢失货物的损失 1.5 万余元。

在运输过程中发生灭失,该公司愿意赔偿。由于某科技公司未选择保价服务,根据现有法规及快递业务服务标准中对赔偿标准的规定,对非信函件的快递按照不超过运费 5 倍的原则赔偿,故该公司同意按邮费的 5 倍进行赔偿。2009 年 2 月 19 日,通州区法院以快递须知中有关保价的规定属无效的格式条款为由,一审判决快递公司按照遗失物品的实际价值即 1.5 万余元向某科技公司承担赔偿责任。快递公司不服,提起上诉。今年 8 月,北京市二中院作出维持原判的终审判决。

问题:结合国际邮政运输的相关规定,对此案例作出分析。

四、技能训练题

【训练题一】

香港某出口商通过作为多式联运经营人的货物代理经孟买转运至新德里发运一批半成品服装。货物由多式联运经营人在其货运站装入 2 个集装箱，且签发清洁提单表示已于良好状态下接收货物。

集装箱经海路从香港运至孟买，再由铁路运至新德里。在孟买卸船时发现其中 1 个集装箱外表损害，多式联运经营人在该地的代理在将货通过铁路运输前已将此损害通知实际承运人。

当集装箱在新德里开启后，发现：第一，外表损坏的集装箱内装货物严重受损；第二，另外一个集装箱虽然外表完好、铅封无损，但内装货已受损。

问题：(1) 多式联运经营人对两箱货损是否负责？如果负责，应负责到什么程度？

(2) 对于两个集装箱，多式联运经营人是否有权向两个承运人索赔？对于每个集装箱其责任如何？

【训练题二】

2012 年 11 月，青岛海尔冰箱厂计划每月从青岛工厂将 1000 台冰箱运往欧洲荷兰鹿特丹的某商品经销中心，现寻找合适的运输承运商。假设你是一家国际货运代理企业，额外包此项业务。

问题：(1) 简要说明运输方案设计的影响因素。

(2) 列出可能的运输方案并给出你认为最佳的答案。

(3) 简要说明整个运输的实施程序。

第八章 国际货物运输保险概述

【本章导读】

人们常说"天有不测风云，人有旦夕祸福"。在现实生活中，会有许多意料不到的事情发生，如自然灾害和意外事故，而且不论社会制度、社会文明程度和科技水平如何，都不可能从根本上完全避免和消除这些风险。要学习对国际运输中货物的保险，就必须先了解保险中的风险及其相关的概念、原则。

【学习目标】

本章主要介绍风险管理、保险原则的含义、种类及发展特点等内容。通过学习，了解关于保险的基本概念，掌握相关保险知识，理解保险业务的基本原理，并能运用这些理论分析、解决和处理具体业务问题。

【导读案例】

2011 年 9 月 27 日，某技术进出口公司代理某通信公司与阿尔卡特网络(亚洲)有限公司签订了一份数字数据网络设备国际货物买卖合同，约定的总价款为 851 108 美元，以 FOB 加拿大渥太华为价格条件。合同签订后，技术进出口公司与某运输公司联系运输事宜，某运输公司委托海外运输商 A 公司负责海外运输。2011 年 11 月 15 日，技术进出口公司与某保险公司签署了一份《国际运输预约保险起运通知书》，载明：被保险人是技术进出口公司，保险货物项目是一套数字数据网络设备，投保险种为一切险，保险金额为 851 108 美元，保费为 3915 美元。2011 年 11 月 15 日，技术进出口公司向保险公司支付了保险费，并收到保险公司出具的收据。渥太华时间 2011 年 11 月 15 日 19 时，即北京时间 2011 年 11 月 16 日 8 时，被保险货物在渥太华 A 公司仓库被盗，2011 年 12 月 7 日，技术进出口公司将出险情况告知了保险公司。同时 12 月 21 日，技术进出口公司向保险公司索赔，保险公司以技术进出口公司不具有保险利益而主张合同无效并拒赔，技术进出口公司遂向法院起诉。

思考：法院会如何处理？

第一节 风　　险

一、风险的概念及其特征

(一)风险的含义

什么是风险？"风险"一词在早期的运用中，往往被理解为客观的危险，主要体现为地震、洪水等自然灾害，或诸如航海时轮船遇到礁石、风暴等难以预料并可能造成损失的不幸事件。现代意义上的风险一词，已经大大超越了"遇到危险"这样的简单含义，而是越来越被概念化。人们由于认识程度或研究的角度不同，对之提出了不同的解释。有人认为风险是一种不确定性，包括事件未来可能结果发生的不确定性，或损失发生的不确定性；有人则认为风险是个二元概念，它既指损失的大小，也指损失发生的可能性；还有人指出，风险是对特定情况下关于未来结果的客观疑虑，等等。

理论界较为普遍接受的定义认为，风险是指损失的不确定性。这种提法简单、明了，尤其从保险的角度出发将风险限定在"损失"和"不确定性"这两个概念上，排除了损失必然发生和无损失的情况。但是，该定义着重强调了"损失"这个主要的概念，说明风险只能表现为损失，没有从风险中获利的可能性，因此只属于狭义的风险。

基于以上的分析，对风险的定义可以做这样的表述：风险是可能引致损失的事件发生带来结果的不确定性。

(二)风险的构成要素

一般而言，构成风险的要素有风险因素、风险事故和风险损失。

1. 风险因素

风险因素是指引起或促使风险事故发生、损失增加或扩大的原因和条件。它是风险事故发生的潜在原因，是造成损失的内在或间接原因。根据风险因素的性质，通常可以将其分为客观风险因素和主观风险因素。

2. 风险事故

风险事故也称风险事件，是造成损失的直接原因或外在原因。

风险事故是损失的媒介物，即风险只有通过风险事故的发生才能导致损失。而风险因素则是损失的间接原因，因为风险因素要通过风险事故的发生才能导致损失。就某一事件来说，如果它是造成损失的直接原因，那么它就是风险事故；而在其他条件下，如果它是造成损失的间接原因，它便成为风险因素。例如，下冰雹导致路滑，发生车祸造成人员伤亡，这时候冰雹是风险因素，车祸才是风险事故；而冰雹直接击伤行人，冰雹就是风险事故。

注意，区分风险因素和风险事故对确定保险责任有着重要的意义。只有当风险事故为保险责任时，所造成的损失才能获得保险赔偿。

3. 风险损失

损失作为风险管理和保险经营的一个重要概念，是指非故意的、非预期的、非计划的经济价值的减少。

损失通常被分为两种形态，即直接损失和间接损失。直接损失是指风险事故导致的财产本身损失和人身伤害，这类损失又称为实质损失；间接损失则是指由直接损失引起的其他损失，包括额外费用损失、收入损失和责任损失。

风险正是由风险因素、风险事故和损失三者构成的统一体。风险因素引起或增加风险事故，风险事故发生可能造成损失。

(三)风险的特征

风险具有客观性、普遍性、不确定性、可变性和损失性等基本特征。

1. 风险的客观性

风险是一种不以人的意志为转移，独立于人的意识之外的客观存在。因为无论是自然界的物质运动，还是社会发展的规律，都由事物的内部因素所决定，由超过人们主观意识所存在的客观规律所决定。自然界的地震、台风、洪水，社会领域的战争、瘟疫、冲突、意外事故等，都是不以人的意志为转移的客观存在。因此，人们只能在一定的时间和空间内改变风险存在和发生的条件，降低风险发生的频率和损失程度。但是，从总体上说，风险是不可能彻底消除的。

2. 风险的普遍性

人类的历史就是与各种风险相伴的历史。自从人类出现后，就面临着各种各样的风险，如自然灾害、疾病、战争等。随着科学技术的发展、生产力的提高、社会的进步、人类的进化，又产生了新的风险，且风险事故造成的损失也越来越大。在当今社会，个人面临着生、老、病、死、意外伤害等风险；企业面临着自然风险、市场风险、技术风险、政治风险等；甚至国家和政府机关也面临着各种风险。总之，风险渗入到社会、企业、个人生活的方方面面，无处不在，无时不有。

3. 风险的不确定性

风险是不确定的，否则就不能称之为风险。风险的不确定性主要表现在空间上的不确定性、时间上的不确定性和损失程度的不确定性。从总体上看，有些风险是必然要发生的，因为风险的发生往往呈现出明显的规律性，具有一定的必然性。但就个体而言，风险是否发生是偶然的，是一种随机现象，具有不确定性；何时发生、何地发生，损失程度也是难以确定的。例如，生命风险中，死亡是必然发生的，这是人生的必然现象，但是具体到某一个人何时何地死亡，在其健康时是不可能确定的。又如，沿海地区每年都会遭受或大或小的台风袭击，有时是安然无恙，有时却损失惨重。但是人们对未来年份发生的台风是否会造成财产损失或人身伤亡以及损失程度如何却无法预知。正是风险的这种总体上的必然性与个体上的偶然性的统一，构成了风险的不确定性。

4. 风险的可变性

风险的可变性是指在一定条件下风险具有可转化的特性。世界上任何事物都是互相联系，互相依存、互相制约的，而任何事物都处于变动和变化之中，这些变化必然会引起风险的变化，科学发明和文明进步都可能使风险因素发生变动。例如，核能技术的运用产生了核子辐射、核子污染的风险；航空技术的运用产生了意外发生时的巨大损失的风险。

5. 风险的损失性

只要风险存在，就一定有发生损失的可能，这种损失有时可以用货币计量，有时却无法用货币计量。如果风险发生之后不会有损失，那么就没有必要研究风险了。风险的存在，不仅会造成人身伤亡，而且会造成生产力的破坏、社会财富的损失和经济价值的减少，因此个体或企业才会寻求应对风险的方法。

二、风险的分类

为了更好地对风险进行分析、研究和管理，人们依据不同的标准把风险分为若干种类。

(一)按风险的性质分类

按性质不同，风险可以分为纯粹风险和投机风险两大类。

1. 纯粹风险

它是指只有损失可能而无获利机会的风险，即造成损害可能性的风险。其所致结果有两种，即损失和无损失。例如，交通事故只有可能给人民的生命财产带来危害，而绝不会有利益可得。在现实生活中，纯粹风险是普遍存在的，如水灾、火灾、疾病、意外事故等都可能导致巨大损害。但是，这种灾害事故何时发生、损害后果多大，往往无法事先确定，于是，它就成为保险的主要对象。人们通常所称的"危险"，也就是指这种纯粹风险。

2. 投机风险

它是指既可能造成损害、也可能产生收益的风险，其所致结果有三种：损失、无损失和盈利。例如，证券交易，证券价格的下跌可使投资者蒙受损失，证券价格不变则无损失，但是证券价格的上涨却可使投资者获得利益。还如赌博、市场风险等，这种风险都带有一定的诱惑性，可以促使某些人为了获利而甘愿冒这种损失的风险。在保险业务中，投机风险一般是不能列入可保风险之列的。

(二)按风险产生的原因分类

按风险产生的原因，风险可以分为自然风险、社会风险、经济风险和技术风险。

1. 自然风险

它是指由于自然现象或物理现象所导致的风险。如洪水、地震、风暴、火灾、泥石流等所致的人身伤亡或财产报失的风险。也可能是由人体内在因素和外在因素的影响所致疾病或伤害造成的财产、人身伤害。一般来说，自然风险与人类的主观行为无关。

2. 社会风险

它是由于个人行为反常或不可预测的团体的过失、疏忽、侥幸、恶意等不当行为所致的损害风险，如盗窃、抢劫、罢工、暴动等。普通的社会风险可能演变为政治风险。政治风险是社会风险的一种，它是指由于政治原因，如政局的变化、政权的更替、政府法令和决定的颁布实施，以及种族和宗教冲突、叛乱，战争等引起社会动荡而造成损害的风险。

3. 经济风险

它是指人们在生产经营过程中，由于有关因素变动或估计错误而导致的产量减少或价格涨跌的风险，如市场预期失误、经营管理不善、消费需求变化、通货膨胀、汇率变动等所致经济损失的风险等。经济风险广泛存在于社会经济生活的各个环节和方面。

4. 技术风险

它是指伴随着科学技术的发展、生产方式的改变而发生的风险，如核泄漏、空气污染、噪声污染等风险。

(三)按风险损害的对象分类

按损害的对象分，风险可以分为财产风险、人身风险、责任风险和信用风险。

1. 财产风险

它是指导致财产发生毁损、灭失和贬值的风险。例如，房屋有遭受火灾、地震的风险，机动车有发生车祸的风险，财产价值因经济因素变动有贬值的风险。

2. 人身风险

它是指人们因生、老、病、死、残等原因而导致经济损失的风险。例如，因为年老而丧失劳动能力或由于疾病、伤残、死亡、失业等导致个人、家庭经济收入减少，造成经济困难。生、老、病、死虽然是人生的必然现象，但在何时发生并不确定，一旦发生，将给其本人或家庭在精神和经济生活上造成困难。

3. 责任风险

它是指因侵权或违约，依法对他人遭受的人身伤亡或财产损失应负的赔偿责任的风险。例如，汽车撞伤了行人，如果属于驾驶员的过失，那么按照法律责任规定，就须对受害人或家属给付赔偿金。又如，根据合同法律规定，雇主对其雇员在从事工作范围内的活动中造成的身体伤害所承担的经济给付责任。

4. 信用风险

它是指在经济交往中，由于一方违约或犯罪而造成对方经济损失的风险，又称违约风险。例如，在进出口贸易中，出口方(或进口方)会因进口方 (或出口方)不履约而遭受经济损失。

(四)按风险涉及的范围分类

按风险涉及的范围，风险可以分为特定风险和基本风险。

1. 特定风险

它是指由个人行为引起的风险，即由特定的人所引起，而且损失仅涉及个人的风险。它只与特定的个人或部门相关，而不影响整个团体和社会，如火灾、爆炸、盗窃以及对他人财产损失或人身伤害所负的法律责任等均属此类风险。特定风险一般较易为人们所控制和防范。

2. 基本风险

它是指由非个人行为引起的损害波及社会的风险。基本风险的起因及影响都不与特定的人有关，至少是个人所不能阻止的风险。它对整个团体乃至整个社会产生影响，而且是个人无法预防的风险。例如，与社会或政治有关的风险(经济衰退、军事政变等)，或是与自然灾害有关的风险(地震、洪水、海啸等)，都属于基本风险。

对某些风险来说，特定风险和基本风险的界限会因时代背景和人们观念的改变而有所不同。例如，失业过去被认为是特定风险，而现在被认为是基本风险。

(五)按风险的环境分类

按风险的环境分，风险可以分为静态风险和动态风险。

1. 静态风险

它是在社会经济正常的情况下，由自然力的不规则变化或人们的过失行为所导致损失或损害的风险。如雷电、霜害、地震、暴风雨等自然原因所致的损失或损害；火灾、爆炸、意外伤害事故所致的损失或损害等。

2. 动态风险

它是指由于社会经济、政治、技术以及组织等方面发生变动所致损失或损害的风险，如人口增长、资本增加、生产技术的改进、消费者爱好的变化等。

三、风险管理

(一)风险管理的含义

风险管理，是指经济单位通过风险的识别、风险估测、风险评价，对风险实施有效的控制和妥善处理风险所致损失，以最小的成本将风险导致的各种不利后果减少到最低限度的科学管理方法，是组织、家庭成个人用以降低风险的负面影响的决策过程。

风险管理包括以下四层含义。

(1) 风险管理的主体可以是任何组织和个人，包括个人、家庭、组织(包括营利性组织和非营利性组织)以及政府。它不仅仅是哪个单位或部门的事情，而是全社会的事情。

(2) 风险管理的过程包括识别风险、估测风险频率和损失程度，评价是否有必要采取相应的措施、选择各种有效的手段预防和控制风险；在风险发生后妥善处理风险所致损失；最后，总结和评估风险管理效果，帮助改进将来的风险管理工作。

(3) 风险管理的基本目标是以最小的成本获得最大的安全保障。它又基本分为损失发生前的风险管理目标和损失发生后的风险管理目标，前者的目标是避免或减少风险事故形成的机会，包括节约经营成本、减少忧虑心理；后者的目标是努力使损失的标的恢复到损失前的状态，包括维持企业的继续生存、生产服务的持续、稳定的收入、生产的持续增长、社会责任。二者有效结合，构成完整而系统的风险管理目标。

(4) 在风险管理过程中，风险识别、风险估测和风险评价是基础，风险管理工具的选择及实施是关键。

(二)风险管理的基本程序

风险管理的基本程序分为风险识别、风险估测、风险评价、风险控制和风险管理效果评估五个环节。

1. 风险识别

风险识别是风险管理的第一步，它是指对企业、家庭个人面临的和潜在的风险加以判断、归类和对风险性质进行鉴定的过程，即对尚未发生的、潜在的和客观存在的各种风险系统地、连续地进行识别和归类，并分析产生风险事故的原因。存在于企业、家庭成个人周围的风险多种多样、错综复杂，有潜在的，也有实际存在的；有静态的，也有动态的；有内部的，也有外部的。所有这些风险在一定时期和某一特定条件下是否客观存在，存在的条件是什么，以及损害发生的可能性等，都是风险识别阶段应予以解决的问题。

2. 风险估测

风险估测是在风险识别的基础上，通过对所收集的大量资料进行分析，利用概率统计理论，估计和预测风险发生的概率和损失程度。风险估测不仅使风险管理建立在科学的基础上，而且使风险分析定量化，为风险管理者进行风险决策、选择最佳管理技术提供了科学依据。

3. 风险评价

风险评价是指风险在风险识别和风险估测的基础上，对风险发生的概率、损失程度，结合其他因素进行全面考虑，评估发生风险的可能性及其危害程度，并与公认的安全指标相比较，以衡量风险的程度，并决定是否需要采取相应的措施。处理风险需要一定的费用，费用与风险损失之间的比例关系直接影响风险管理的效益。通过对风险的定性、定量分析和比较处理风险所支出的费用，来确定风险是否需要处理和处理程度，以判定为处理风险所支出的费用是否有效益。

4. 风险控制

风险控制是指风险管理者采取各种措施和方法，消灭或减少风险事件发生的各种可能性，或者减少风险事件发生时造成的损失。

5. 风险管理效果评估

风险管理效果评估是分析、比较已实施的风险管理方法的结果与预期目标的契合程度，以此来评判管理方案的科学性、适应性和收益性。风险管理效益的大小取决于是否能以最小风险成本取得最大安全保障，同时要考虑与整体管理目标是否一致以及具体实施的可能性、可操作性和有效性。风险管理效果就是获得安全保障与成本的比值，该比值越大、效益越好，当效益比值大于 1 时，该风险管理技术可取。

(三)风险管理方法

风险管理作为一种处理风险的活动，自古以来就在发挥作用，只不过采取的形式不同而已。但无论采取何种方法，风险管理的一条基本原则是：以最小的成本获得最大的保障。

风险管理方法分为控制法和财务法两大类，前者的目的是降低损失频率和损失程度，重点在于改变引起风险事故和扩大损失的各种条件；后者是事先做好吸纳风险成本的财务安排。

1. 风险控制法

风险控制法包括避免风险和损失控制。

(1) 避免风险。也叫回避风险，是指设法回避损失发生的可能性。避免风险的方法一般在某种特定风险所致损失频率和损失程度相当高或处理风险的成本大于其产生的效益时采用。例如，考虑到游泳有溺水的危险，就不去游泳。它是一种最彻底、最简单的避免方法，但也是一种消极的方法。避免方法虽然简单易行，但有时候意味着丧失利润，且避免方法的采用通常会受到限制。例如，人身意外伤害，无论如何小心翼翼，这类风险总是无法彻底消除的。

(2) 损失控制。是指采取各种措施减少风险发生的概率，或在风险发生后减轻损失的程度。损失控制是一种积极的风险控制手段，它可以克服风险回避的种种局限性。

2. 风险损失的财务处理方法

风险损失的财务处理方法主要包括自留风险和转移风险两大类。

(1) 自留风险，又称自保，是指对风险的自我承担，即企业或单位自我承受风险损害后果的方法。自留风险有非理性自留和理性自留之分。"非理性"自留风险是指对损失发生存在侥幸心理或对潜在的损失程度估计不足从而暴露于风险中；"理性"自留风险是指经正确分析，认为潜在损失在可承受范围之内，而且自己承担全部或部分风险比采取其他处理方式要经济合算。

(2) 转移风险，指通过某种安排，把自己面临的风险全部或部分转移给另一方。通过转移风险而得到保障，是应用范围最广、最有效的风险管理手段。

四、可保风险

(一)风险、风险管理与保险的关系

风险管理和保险有着密不可分的关系，两者共同影响，构成人类处置风险的有力手段。

1. 风险是保险和风险管理存在的基础和共同的对象

如前所述，风险总是客观存在和普遍存在的。风险的存在，会造成人员伤亡、生产力的破坏、社会财富的损失和经济价值的减少。个体或企业总是在寻求应对风险的方法，于是出现了各种类型的风险管理方法，保险则是风险管理的有效措施之一。因此，风险是保险及风险管理产生和存在的前提。无风险就无保险，风险的发展是保险发展的客观依据，也是新险种产生的基础。社会的进步和科技水平的提高在给人们带来新的更多的财富的同时，也给人们带来了新的风险和损失，与此相适应，也不断产生新的险种。

2. 保险是风险管理的基础

风险管理源于保险。从风险管理的历史看，最早形成系统理论并在实践中广泛应用的风险管理手段就是保险。在风险管理理论形成以前的相当长的时间里，人们主要通过保险的方法来管理企业和个人的风险。

3. 风险管理的发展影响保险的经济效益

风险管理是保险的经济效益的源泉。保险公司是专门经营风险的企业，同样需要进行风险管理。一个卓越的保险公司并不是通过提高保险费率、惜赔等方法来增加利润。它

是通过承保大量的同质风险，通过自身防灾防损等管理活动，力求降低赔付率，从而获得预期的利润。

(二)可保风险及其判定条件

可保风险是指保险市场可以接受的风险，或者说可以向保险公司转嫁的风险。一般而言，可保风险应具备以下条件。

(1) 可保风险必须是纯粹风险。

(2) 风险必须是大量、同质的，风险损失是可测的。

(3) 风险损失必须是偶然的、意外的。

(4) 风险损失的发生要有重大性和分散性。

(5) 风险损失可以用货币衡量。

第二节 保   险

一、保险概述

(一)保险的定义

关于保险的定义，众说纷纭，迄今尚无举世公认的统一定义。我国保险学界普遍把保险的定义表述为，保险人通过签订保险合同的形式向投保人收取保费，以集中起来的保险费建立保险基金，用于补偿被保险人因自然灾害或意外事故造成的经济损失，或对个人因死亡、伤残、疾病、年老、失业等给付保险金的一种方法。

(二)保险的基本特征

任何事物都是由一定的物质内容构成的，并有其自身的特征。保险作为客观存在的经济行为，也有构成其自身的物质内容和基本特征。

1. 特定风险事故的存在

保险是风险的专门承担者，分散风险，对风险所造成的损失给予经济补偿和保险金给付，是与风险既相互依存又相互排斥的辩证统一体。可以这样认为，没有风险，就没有保险。保险以风险的存在作为自身存在和发展的前提，离开这个前提，保险就没有存在的意义。但是，并不是世界上所有的风险都可以参加保险，能够构成保险要素的风险必须是一种特定的风险事故，其基本特点是确实存在、不定发生和技术可行。换句话说，风险事故的发生是必然的，而风险事故发生的时间、地点和危害程度是不可预测和偶然的。假如风险都可以预测预防，保险就没有存在的必要。从保险可能性看，有些风险虽然存在偶然性，但由于保险技术的制约而不能承保。有些偶然性的风险虽然在技术上可以保险，但是保险人没有足够的偿付能力，保险仍不能成立。总之，保险人可以承保的风险必须是有一定条件的。

2. 多数经济单位的结合

风险集中的程度越高，风险造成的损失就越大。保险为了广泛分散风险采取了损失分摊机制，即最大限度地集合被保险人，以集体的力量共同承担个别被保险人的损失。这种多数经济单位的结合是有条件的，即多数经济单位缴付的保险费是依据大数法则和概率论对风险事故测算形成的一种数理根据，保险费的收入能够抵补风险事故发生后保险金的支出和保险业务经营管理上所需费用的开支。

3. 保险权利和义务的对应

保险是一种法律行为，是根据保险行为当事人约定的条件，以保险合同的形式成立的。保险人有根据保险合同的规定收取保险费的权利。但是，保险人也有建立保险基金、分散风险、实现经济补偿和给付保险金的义务。被保险人有缴付保险费的义务，同时也有在遭受保险责任范围内的损失时向保险人要求经济赔偿的权利。保险费是被保险人转移风险、规避风险的代价。在保险合同中，保险人与被保险人权利和义务的转移都是有偿的、相对应的。这种权利和义务的对应是建立在具有法律效力的保险合同基础上的。

(三)保险的作用

1. 保险的宏观作用

保险的宏观作用是保险对全社会和整个国民经济总体所产生的经济效应。其作用有以下几点。

(1) 有利于国民经济的持续稳定发展。由于保险具有经济补偿和给付保险金的功能，任何单位只要缴付了保险费，则一旦发生保险事故，便可立即得到保险的经济补偿，消除因自然灾害和意外事故造成经济损失引起的企业生产经营中断的可能，从而保证国民经济持续稳定地朝着既定的目标发展。

(2) 有利于科学技术的推广应用。任何一项科学技术的产生和应用既可能带来巨大的物质财富，也可能遇到各种风险事故而造成经济损失。尤其是现代高科技的产生和应用，既克服了传统生产技术上的许多缺点和风险，也会产生一些新的危险；损失频率虽然可能大幅度下降，但损失一旦发生，其损失幅度巨大，远非发明者所能承受，有了保险保障，则为科学技术推广应用在遭受风险事故时提供了经济保证，加快了新技术的开发利用。

(3) 有利于社会的安定。保险人是专业的风险管理部门，在被保险人由于风险事故遭受财产损失和人身伤亡时履行经济补偿成保险金给付功能。而就总体来说，灾害事故的发生是必然的，造成财产损失和人员伤亡也是一定的。只要在保险责任范围内，保险人通过履行经济补偿和保险金给付的功能可以使被保险人在最短的时间内恢复生产和经营，从而解除了人们在经济上的各种后顾之忧，保障了人们的正常的经济生活，稳定了社会。

(4) 有利于对外贸易和国际交往，促进国际收支平衡。保险是对外贸易和国际经济交往中不可缺少的环节。在当今国际贸易和经济交往中，有无保险直接影响到一个国家的形象和信誉。保险不仅可促进对外经济贸易、增加资本输出或引进外资，使国际经济交往得到保障，而且可带来巨额的无形贸易净收入，成为国家积累外汇资金的重要来源。

2. 保险的微观作用

商业保险在微观经济中的作用是指保险作为经济单位或个人风险管理的财务处理手段所产生的经济效应。从一般意义上说表现在以下几个方面。

(1) 有利于企业及时恢复经营、稳定收入。无论何种性质的企业，在经营中都可能遭受自然灾害和意外事故，造成经济损失，重大的损失甚至会影响企业的正常生产和经营。保险作为分散风险的中介，每个经济单位可以通过向保险人交付保险费的方式转嫁风险，一旦在其遭受保险责任范围内的损失时，便可及时得到保险人相应的经济补偿，从而及时购买受损的生产资料，保证企业经营连续不断地进行；同时减少了利润损失等间接损失。

(2) 有利于企业加强经济核算。每家企业都面临风险事故造成损失的可能，一旦发生这些灾害事故，必然影响企业经济核算，甚至使经济活动中断。通过参加保险的方式，将企业难以预测的巨灾和巨额损失化为固定的、少量的保险费支出，并列入营业费用，这样，便可平均分摊损失成本、保证经营稳定、加强经济核算，从而准确地反映企业经营成本。

(3) 有利于促进企业加强风险管理。保险公司作为经营风险的特殊企业，在其经营中积累了丰富的风险管理经验，为其提供风险管理的咨询和技术服务创造了有利条件。保险公司促进企业加强风险管理主要体现在保险经营活动中，包括：通过合同方式订明双方当事人对防灾防损负有的责任，促使被保险人加强风险管理；指导企业防灾防损；通过费率差异，促进企业减少风险事故；从保险费收入中提取一定的防灾基金，促进全社会风险管理工作的开展。

(4) 有利于安定人们的生活。这主要体现在两方面：一方面，通过与人们生活密切相关的险种来稳定人们生活：通过家庭财产保险保障人们的家庭财产安全；通过人身保险保障，解决人们因生、老、病、死、伤、残等人身风险造成的经济困难；通过责任保险保障因民事损害造成的依法对受害者应负的赔偿责任。另一方面，通过一般财产保险和信用保险，保障生产经营的正常进行。保险人通过各种保险对被保险人遭受财产风险或人身风险时提供赔偿或给付保险金，来稳定经营、安定人们的生活。

(5) 有利于民事赔偿责任的履行。人们在日常生产活动和社会活动中不可能完全排除民事侵权成其他侵权而发生民事赔偿责任或民事索赔事件的可能性。具有民事赔偿责任风险的单位或个人可以通过缴付保险费的办法将此风险转嫁给保险公司，使被侵权人的合法权益得到保障并顺利获得在保险金额内的民事赔偿。有些民事赔偿责任由政府采取立法的形式强制实施，如雇主责任险、机动车第三者责任险等。

二、保险的分类

(一)按保险实施的方式不同，分为自愿保险和强制保险

自愿保险是指投保人和保险人在平等自愿的基础上，通过订立保险合同或自愿组合而建立起保险关系的保险，如商业保险、相互保险和合作保险等。在自愿保险中，投保人自主决定是否参加保险，自由选择保险人、保险险种、保险金额和保险期限等，也可以中途退保；保险人也可以决定是否承保、承保多大金额等。

强制保险是指根据法律、法令或行政命令，投保人和保险人之间强制建立起保险关系的保险。强制保险主要是为了保护公众利益和维护社会安定。例如，有些国家的法律规定雇主必须为其雇员投保人身意外伤害险，又如职工养老保险、基本医疗保险、失业保险等强制保险，都是为了维护社会安定和保障公民福利。

(二)按保险标的不同，分为财产保险和人身保险

财产保险是以财产及其有关利益为保险标的的一种保险。当保险财产遭受保险责任范围内的损失时，由保险人提供经济补偿。财产分为有形财产与无形财产，如厂房、机械设备、运输工具、产成品为有形财产；预期利益、权益、责任、信用为无形财产。前者属于物质财产，后者属于有关利益、责任和信用。

人身保险是以人的寿命和身体为保险标的的保险。它是以人的寿命和身体为保险标的并以其生存、年老、伤残、疾病、死亡等人身风险为保险事故的一种保险。

(三)按保险性质不同，分为商业保险、社会保险和政策保险

商业保险是由商业性保险公司提供的，以权利和义务对等关系为基础的，以盈利为目的的保险。商业保险首先是一种经济行为，不论投保人还是保险人都从成本收益角度来考虑是否投保和承保；其次是一种合同行为，双方在权利和义务对等关系基础上自愿建立保险关系。

社会保险是国家通过立法对社会劳动者暂时或永久丧失劳动能力或疾病、失业时，提供一定物质帮助以保障其基本生活的一种社会保障制度。社会保险一般是强制性的，凡符合法律规定条件的成员均要参加，在保险费缴纳方面不遵循等价原则，而是有利于低收入者，并由政府、企业和个人共同承担，提供的是最基本的生活保障。目前世界各国开办的社会保险主要有养老保险、医疗保险，失业保险及工伤保险等。

政策保险是政府为实现某项政策目的，对于商业保险公司难以经营的某些险种予以一定的政府补贴而实施的保险。政策保险目前一般分为三类：一是为促进本国农业生产的发

展而提供的农业保险；二是为促进本国对外贸易及对外投资的发展而开办的出口信用保险和海外投资保险；三是为应付洪水、地震等巨灾给国民带来的灾难而开办的巨灾保险。

(四)按风险转嫁方式不同，分为原保险、再保险、重复保险、共同保险

原保险是直接承保业务并与保险人签订保险合同，构成投保人与保险人权利义务关系的保险。它由投保人与保险人之间直接签订保险合同而形成保险关系，即保险需求者将风险转嫁给保险人。这种风险转嫁方式是保险人对原始风险的纵向转嫁，即第一次风险转嫁。

再保险也称分保，是指保险人在原保险合同的基础上，通过签订合同，将其所承担的部分风险和责任向其他保险人进行保险的行为。分出再保险业务的人称为分出人；接受分保业务的人称为分入人。它是保险人将其承担的保险业务以承保形式部分或全部转嫁给其他保险人的行为。

重复保险是投保人对同一保险标的、同一保险利益、同一保险事故同时分别向两个以上保险人订立保险合同，其保险金额之和超过保险价值的保险。《中华人民共和国保险法》(以下简称《保险法》)明确规定各保险人的赔偿金额的总和不得超过保险价值，有些国家甚至不承认重复保险合同的法律效力。

共同保险是由两个或两个以上的保险人同时联合直接承保同一保险标的、同一保险利益、同一保险事故而保险金额之和不超过保险价值的保险，也称共保。在发生赔偿责任时其赔偿按照各保险人各自承保的金额比例分摊。这种风险转嫁方式是保险人对原始风险的横向转嫁，仍属于风险的第一次转嫁。

(五)按保障主体不同，分为团体保险和个人保险

团体保险是以集体名义使用一份总合同向其团体内成员所提供的保险，如机关、团体、企业等单位按集体投保方式，为其员工个人向保险人集体办理投保手续所建立的保险关系。

个人保险是以个人名义向保险人投保的家庭财产保险和人身保险。

第三节　保　险　合　同

一、保险合同的定义

合同是平等主体的自然人、法人、其他组织之间设立、变更、终止民事权利义务关系的协议。保险合同也属于经济合同的一种。

保险合同是投保人与保险人约定保险权利义务关系的协议。根据保险双方当事人的约定，投保人负有支付保险费的义务；保险人在保险标的发生约定事故时，承担经济损失补偿责任，或者当约定事件发生时，承担履行给付保险金的义务。

二、保险合同的特征

保险合同除具有一般经济合同共有的法律特征外，还具有其自身的法律性质，主要体现在以下几个方面。

(一)射幸性

射幸是"碰运气""赶机会"的意思。射幸合同是指合同当事人在签订合同时不能确定各自的利益或结果的协议。由于保险事故的发生存在着不确定性，保险人是否履行赔偿或给付保险金的责任也是不确定的，而投保人在订立保险合同时，要交付保险费却是确定的。由于保险风险的不确定性决定了保险合同的射幸特征。

(二)双务性

根据当事人双方权利义务的分担方式，可把合同分为双务合同与单务合同。单务合同，是指当事人一方只享有权利、另一方只承担义务的合同。赠与合同就是典型的单务合同。双务合同，是指当事人双方相互享有权利、承担义务的合同，如买卖、租赁、运送、保险等合同均为双务合同。

(三)附和性

附和性合同也称格式合同，是指由一方预告拟定合同主要条款，对方只能作出接受或不接受该合同条款的选择，而一般没有对合同进行修改和变更的权利。保险合同的条款是由保险人单方面预先制订而成立的标准化合同。一般情况下，在订立保险保同时，投保人只能被动地接受或者拒绝保险方所提出的条件，所以其具有较强的附和性。

(四)要式性

所谓要式是指合同的订立要依法律规定的特定形式进行。订立合同的方式多种多样，但是根据我国《保险法》的规定，保险合同要以书面形式订立，其书面形式主要表现为保险单、其他保险凭证及当事人协商同意的其他书面协议。保险合同以书面形式订立是国际惯例。它可以使各方当事人明确了解自己的权利和义务，并作为解决纠纷的重要依据易于保存。

(五)保障性

保险合同生效后，按合同约定，保险人对被保险人在遭受保险事故时提供保障。尽管保险责任范围内的事故发生有一定的不确定性，但就保险合同保障性的整体而言是绝对的。

(六)诚信性

《保险法》第 5 条规定："保险活动当事人行使权利、履行义务应当遵循诚实信用原则。"保险合同是以最大诚信为基础的,任何一方违反最大诚信原则则合同无效。这将在保险基本原则中进一步论述。

三、保险合同的分类

(一)按保险标的不同分为财产保险合同和人身保险合同

人身保险合同是以人的生命和身体为保险标的的保险合同。由于人的身体、健康和生命无法简单地用货币来衡量。因此,其保险保障的程度是依据投保人和保险人双方约定的保险金额确定的,以双方事先约定的保险金额作为给付标准。

财产保险合同是以财产及其有关的利益为保险标的的保险合同。

(二)按是否足额投保分为足额保险合同、不足额保险合同和超额保险合同

足额保险合同是指保险合同中载明的保险金额与保险标的出险时的保险价值相等,即保险金额等于保险价值。

不足额保险合同是指保险合同中载明的保险金额低于保险标的出险时的实际价值,即保险金额低于保险价值。

超额保险合同是指保险合同中载明的保险金额超过了保险标的出险时的价值的合同。

(三)按是否约定保险价值分为定值保险合同和不定值保险合同

定值保险合同是指合同双方当事人在订立合同时即已经确定保险标的的价值,并将其载于保险合同当中的保险合同,又称定价保险合同或约定价值保险合同。

不定值保险合同是指保险合同中只载明保险标的的保险金额而未载明其保险价值的保险合同。

(四)按实施方式不同分为自愿保险合同和强制保险合同

自愿保险合同是指保险合同双方当事人在自愿、平等原则的基础上订立的保险合同。
强制保险合同又称法定保险合同,是指保险合同是依据国家有关法律、法规订立的合同。

(五)按危险转嫁层次分为原保险合同和再保险合同

原保险合同是指投保人与保险人直接订立的保险合同。
再保险合同是指保险人与再保险人订立的保险合同。

四、保险合同的作用

保险合同与其他类型的合同不同。一般合同是附属在实物或者某种服务上才能够存在，脱离了附属物，合同的存在就没有了意义，而保险合同本身就是一种商品，它是人们进行保险交易的直接手段和最终目的。

保险合同在保险交易中发挥着重要的作用，主要表现为以下几个方面。

(1) 保险合同是保险双方当事人从事保险活动的基本规范。

保险合同中明确规定了当事人的权利和义务。当事人必须严格遵守。如果某一方有违反合同规定的行为，并且损害到另一方当事人权利，就要受到合同的约束，严重的甚至要受到法律的制裁。

(2) 保险合同是解决保险争议的重要依据。

与其他合同一样，保险合同的另一个重要的作用就是让当事人都可以按照规定行使权利、履行义务。如果当事人发生争议，保险合同就是解决争议的重要依据。

(3) 保险合同不仅有利于人们日常生活中风险的转移和规避，而且增加了人们的投资项目。

比如说投资型保险合同，将传统的保障功能和投资理财功能融为一体。侧重于投资理财，被保险人也可获得传统保险所具有的功能。

五、保险合同的主体、客体和内容

保险的三大要素是合同的主体、客体和内容。保险合同的主体主要包括保险合同的当事人、关系人和辅助人；客体是保险利益；内容是保险合同的当事人和关系人的权利与义务的关系。

(一)保险合同的主体

保险合同的主体是指参加保险这一民事法律关系并享有权力和承担义务的人。

1. 合同的当事人

(1) 保险人。又称承保人，是指与投保人订立保险合同，并按照合同约定承担赔偿或者给付保险金责任的保险公司。

(2) 投保人。是指与保险人订立保险合同，并按照合同约定负有支付保险费义务的人。投保人可以是自然人，也可以是法人。

2. 保险合同的关系人

保险合同的关系人是指与保险合同的订立间接发生关系的人。在保险合同约定的事故发生时，保险合同的关系人享有保险金的请求权。保险合同的关系人包括被保险人和受益人。

(1) 被保险人。是指其财产或者人身受保险合同保障，享有保险金请求权的人。投保人可以为被保险人。

(2) 受益人。是指人身保险合同中由被保险人或投保人指定的享有保险金请求权的人，即为指定领受保险金的人，故又称保险金受领人。

3. 保险合同的辅助人

保险合同的辅助人包括保险代理人、保险经纪人、保险公估人等。

(二)保险合同的客体

保险合同的客体是保险利益，即投保人对保险标的所具有的保险利益。投保人将保险标的投保、订立保险合同的目的，不是保障保险标的本身，而是保险标的发生损失后，投保人或被保险人能够从经济上得到补偿，使其经济利益不受损失或减少损失。

1. 保险标的

保险标的是指作为保险对象的财产及其有关利益，或者人的寿命和身体，是保险事故发生的本体。只有保险合同中明确保险标的，才能确定转嫁风险的范围，在发生保险责任事故时才能向保险人提出索赔。保险标的是保险利益的载体，保险标的转让，保险利益也将不存在。因此，保险利益是以保险标的的存在为条件。

2. 保险利益

保险利益是指投保人或被保险人对保险标的具有法律上承认的利益。投保人不得以非法所得利益投保，保险人也不能承保。若不知情而订立了保险合同，最终合同也是无效合同。投保人对保险标的的保险利益是保险合同生效的要件和依据，没有保险利益，保险合同就因失去客体而无效。

(三)保险合同的内容

1. 保险合同的主要条款

保险合同的条款是规定保险人与投保人之间基本权利和义务的合同条文，是保险公司履行保险责任的依据。

(1) 基本条款又称法定条款，即保险合同的法定记载事项，明确了保险人和被保险人之间的基本权利与义务，以及有关法规规定的保险行为成立所必需的种种事项和要求。

(2) 附加条款，是指保险合同双方当事人在基本条款的基础上，根据需要另行约定或附加的、用以扩大或限制基本条款中所规定的权利和义务的补充条款。附加条款通常也由保险人事先印就一定的格式，待保险人与投保人特别约定填好后附贴在保险单上，故又称附贴条款。

(3) 保证条款是指保险合同中要求投保人和被保险人就特定事项保证作为或不作为的条款。

(4) 协会条款是保险同业协会根据需要协商约定的条款。

2. 保险合同的基本事项

保险合同应当包括以下事项：保险人的名称和住所；投保人、被保险人的姓名或者名称、住所以及人身保险的受益人的姓名或者名称、住所；保险标的；保险金额；保险费以及支付办法；保险责任和责任免除；保险期间和保险责任开始时间；保险金赔偿或者给付办法；违约责任和争议处理；订立合同的年、月、日；投保人和保险人可以约定与保险有关的其他事项。

3. 保险合同的形式

(1) 投保单。是投保人向保险人申请订立保险合同的书面要约。投保单是由保险人事先印制好的格式单据。投保人必须依其所列项目全部如实填写，以供保险人决定是否承保或以何种条件、何种费率承保。投保单本身并非正式合同的文本，但一经保险人接收后，即成为保险合同的一部分。投保单本身是非正式的合同文本，只是订立正式保险合同前的一份预备文件，但上面所填写的内容将影响合同的效力。

(2) 保险单。是保险人和投保人之间订立正式保险合同的一种书面文件。保险单必须完整地记载保险合同双方当事人的权利义务及责任。

(3) 保险凭证。也称小保单，是保险人签发的，证明保险合同已经成立的书面凭证，是一种简化了的保险单。保险凭证与保险单具有同等效力，凡是保险凭证上没有列明的，均以同类的保险单为准。

(4) 暂保单。也称临时保单，是保险人向投保人签发正式保单前的临时凭证，以表示保险人同意承保。暂保单所记载的内容较为简单，仅表明投保人已经办理了保险手续，并等待保险人出立正式保险单。

(5) 批单。又称背书，是保险人应投保人或被保险人的要求出立的修订或更改保险单内容的证明文件。

六、保险合同争议的处理方法

保险合同争议可采取协商、调解、仲裁和诉讼四种方式来处理。

(一)协商

协商是在保险合同纠纷发生后，由双方当事人在平等、互谅互让的基础上，通过双方各自的让步取得共识，达成双方都可以接受的和解协议的方式。通过协商解决双方争议的方法简便易行，有助于化解矛盾，降低费用，增进双方的进一步信任和合作。

(二)调解

调解是指当事人将合同争议提交第三方，在第三方的主持下，根据自愿、合法原则，通过说服教育，促使双方互谅互让，达成和解协议的方式。调解务须依照法律法规遵循平等自愿原则。如果一方当事人不愿意调解，就不能进行调解。调解通常有第三方介入，而协商是双方当事人自行协商解决纠纷。

(三)仲裁

仲裁是指争议双方依照仲裁协议，自愿将彼此间的争议交由双方共同信任、法律认可的仲裁机构居中调解，作出具有法律效力的裁决的方式。

(四)诉讼

诉讼是保险合同双方当事人依法申请人民法院解决争议、进行裁决的方式。保险合同的争议属于经济合同纠纷，应由保险合同履行地或被告住所地人民法院管辖，交经济法庭审理。

第四节　保险的基本原则

保险在其发展的历史过程中，逐渐形成了一系列为人们所公认的基本原则，这些原则是保险经营活动的基础，贯穿于整个保险业务之中，是保险双方都必须严格遵守的。坚持和贯彻保险基本原则，有利于维护保险双方的合法权益，更好地发挥保险的职能和作用，保证保险业的健康发展。

一、最大诚信原则

(一)最大诚信原则的含义

任何一项民事活动，各方当事人都应当遵循诚信原则。诚信原则是世界各国立法对民事、商务活动的基本要求。最大诚信原则是诚实信用原则的功能和作用在《保险法》中的体现。保险合同对诚信原则的要求较之其他合同更高，因而被称为最大诚信原则，或最大善意原则。

所谓诚实，就是一方当事人对另一方当事人不得隐瞒、欺骗。所谓信用，就是任何一方当事人都必须善意地、全面地履行自己的义务。保险合同对当事人诚实信用的要求比一般民事活动更为严格。因而，不仅在保险合同订立时要遵守此项原则，在合同履行的整个期间也都要求当事人具有"最大诚信"，即保险的最大诚信原则，此项原则贯穿保险合同的始终。最大诚信原则的基本含义是，保险双方在签订和履行保险合同时，必须保持最大限度的诚意，双方都应恪守信用，互不欺骗和隐瞒。

(二)最大诚信原则的基本内容

最大诚信原则的基本内容包括告知、保证、弃权与禁止反言。早期的保险合同及有关法律规定中的告知与保证是对投保人与被保险人的约束，而现代保险合同及有关法律规定中的告知与保证则是对投保人、保险人等保险合同关系人的共同约束；弃权与禁止反言的规定主要是约束保险人的。

1. 告知

(1) 告知的内容。

要求投保人告知的主要内容有五个方面。一是保险合同订立时，投保人应将已知或应知的与保险标的及其危险有关的重要事实如实告知保险人。所谓"重要事实"是指那些足以影响保险人决定是否承保和确定费率的事实。二是保险合同订立后，投保人应将保险标的的风险情况发生的变化及时通知保险人。三是保险事故发生后，应及时通知保险人，并提供保险人所要求的各种真实证明。四是应将重复保险的状况通知保险人。五是保险标的的权益发生变化或放置地点发生转移，应及时通知保险人。

要求保险人告知的主要内容有两个方面。一是在保险合同订立时，要主动向投保人说明保险合同条款内容，对于责任免除条款还要进行明确说明。二是在保险合同约定的条件满足后或保险事故发生后，保险人应按合同约定如实履行给付或赔偿义务。若拒赔条件存在，应发送拒赔通知书。

(2) 告知的形式。

投保人的告知有两种。一是无限告知，即法律或保险人对告知的内容没有明确规定，投保人须主动地将保险标的的状况及有关的重要事实如实告知保险人。二是询问告知，指投保人只需对保险人询问的问题如实告知，对询问以外的问题无须告知。

2. 保证

保证是指保险人和投保人在保险合同中约定，投保人或被保险人担保对某一投保事项的作为、不作为或担保某一事项的真实性。

(1) 明示保证与默示保证。

明示保证是以条款形式在合同内载明的，这种条款可以作为保险单的一部分，被保险人必须遵守，否则保险人可以宣告保险单无效。

默示保证虽然在保险单上没有文字记载，但从习惯上或社会公认的角度看，被保险人应该保证作某种行为或不作某种行为。默示保证与明示保证一样，被保险人也必须遵守，如有违背或破坏，保险人也可以宣告保险合同无效。

(2) 确认保证与承诺保证。

保证根据具体内容的不同，又可以分为确认保证和承诺保险。确认保证涉及过去和现在，是指投保人对过去或现在某一特定事项存在或不存在的保证。承诺保证涉及现在和将来，则是指投保人对将来某一事项作为或者不作为的保证。

3. 弃权与禁止反言

弃权与禁止反言也是最大诚信原则的一项内容。弃权是指保险合同一方当事人放弃其在保险合同中可以主张的某种权利，通常是指保险人放弃合同解除权与抗辩权。禁止反言是指保险合同一方当事人既然已经放弃某种权利，日后不得再向对方主张这种权利，也称为禁止抗辩。

二、保险利益原则

(一)保险利益原则的含义

保险利益，又称可保利益，是指投保人对保险标的具有法律上承认的利益。衡量投保人对保险标的是否具有保险利益的标志是看投保人是否因保险标的的损害或丧失而遭受经济上的损失。如果因保险事故的发生给投保人带来了经济利益上的损失，则表明该投保人对该保险标的具有保险利益。反之，则不具有保险利益。

保险利益原则是保险合同必须遵循的原则，是指在签订和履行保险合同的过程中，投保人对保险标的必须具有保险利益。依据 2009 年以前的《保险法》，投保人不具有保险利益的，保险合同一律无效，而依据 2009 年的新《保险法》，仅人身保险的投保人投保时没有保险利益的，人身保险合同无效。而财产保险的被保险人出险时不具有保险利益的，保险合同仍有效，但保险人无须承担保险责任。

(二)保险利益构成的条件

保险利益是保险合同得以成立的前提，无论是财产保险合同还是人身保险合同，必须以保险利益的存在为前提。投保人对保险标的具有的经济利益并不都构成保险利益，构成保险利益必须具备以下几个条件。

1. 保险利益必须是合法的利益

投保人对保险标的所具有的利益要为法律所承认。只有在法律上可以主张的合法利益才能受到国家法律的保护，因此，保险利益必须是符合法律规定的、符合社会公共秩序、为法律所认可并受到法律保护的利益。

2. 保险利益必须是一种具有经济价值且可以估价的利益

保险利益必须是可以用货币计量的经济利益。保险合同的目的是为了弥补投保人因保险标的出险所受的经济损失。这种经济损失正是基于当事人对保险标的存在的经济利益为前提的。如果当事人对保险标的不具有经济利益或具有的利益为非经济的，且不能用货币计量，保险赔偿或者给付就无从实现。

3. 保险利益必须是确定的利益

此项利益是基于保险标的的价值而存在的，必须是投保人对保险标的在客观上或事实上已经存在或可以确定的利益。这种利益可以分为现有利益和期待利益。现有利益是指在客观上或事实上已经存在的经济利益。期待利益是指在客观上或事实上尚不存在，但根据法律、法规或有效合同的约定可以确定在将来某一时期内将会产生的经济利益。总的来说，确定的经济利益体现出来就是保险标的的损失将会造成投保人的直接经济损失。如果保险标的的损失不会造成投保人的直接经济损失，则说明投保人对保险标的所具有的利益不是保险意义上的利益，即投保人对保险标的没有保险利益。

(三)规定保险利益的意义

1. 与赌博从本质上划清界限

从表面上看，赌博与保险都具有一定的射幸性质，以小博大，并有赖于偶然事件的发生。但根据保险利益原则，保险的目的在于排忧解难，求得经济上的保障，是应用风险分散原理，通过科学的统计、分析和计算，向投保人收取保费，在自然灾害或意外事故发生时为投保人提供经济补偿，而且补偿数额应与其损失相等。

2. 防止道德风险的产生

投保人以与自己毫无利害关系的保险标的投保，就会出现投保人为了谋取保险赔偿而任意购买保险，并盼望事故发生的现象。或者保险事故发生后，不积极施救。更有甚者，为了获得巨额赔偿或给付，采用纵火、谋财害命等手段，制造保险事故，增加了道德风险事故的发生。

3. 可以限制赔付额度

保险利益是保险人根据保险合同对被保险人的经济损失所能补偿的最高限度。坚持保险利益的原则，可以防止通过保险获得原来所没有的利益。

三、损失赔偿原则

(一)损失赔偿原则的含义

损失赔偿原则是指当保险事故发生导致被保险人的经济损失时，保险人给予被保险人的经济损失赔偿，以恢复被保险人遭受保险事故前的经济状况为准，它是补偿性保险合同处理赔偿案时需要遵循的一项基本原则，主要适用于财产保险。而给付性人身保险合同是采用定额(保险金额)给付保险金的原则，损失赔偿原则并不适用，因为人身价值是无限的，而人的身体、生命的损害也是无法用货币来衡量的。

损失赔偿原则包括两层含义。一是"有损失，有赔偿"，即被保险人因保险事故所致的经济损失依据保险合同有权获得赔偿，保险人也应承担合同所约定的保险保障义务。二是"损失多少，赔偿多少"，即保险人对被保险人的赔偿量应以被保险人的保险标的所遭受的经济损失为限，也即赔偿数额应以使保险标的恢复到受损前的经济状态为限，不能少于或大于受损前的经济状态。

(二)赔偿原则的基本内容

1. 对被保险人遭受的实际损失赔偿

当被保险人的财产遭受保险责任范围内的损失后，保险人应对被保险人所受的实际损失给予赔偿。

(1) 被保险人只有对保险标的有保险利益才能获得赔偿。按照保险利益原则，投保人只有对保险标的具有保险利益才能投保。但在保险合同的履行过程中，由于情况发生变化，在保险事故发生时，被保险人的保险利益已经不存在，这样被保险人就不能获得赔偿。

(2) 被保险人遭受的损失只有在保险责任范围之内才能获得赔偿。如果被保险人的财产损失并非保险责任范围内的原因所致，就不能获得赔偿。

(3) 被保险人遭受的损失必须能用货币来衡量。如果被保险人遭受的损失不能用货币衡量，也就无法赔偿。

2. 保险人对赔偿金额有一定限度

保险人在赔偿时，应掌握以下三个限度。

(1) 以实际损失为限。在补偿性保险合同中，保险标的遭受损失后，保险赔偿以被保险人所遭受的实际损失为限，全部损失全部赔偿，部分损失部分赔偿。

(2) 以保险金额为限。保险金额是保险人承担赔偿或者给付保险金责任的最高限额，赔偿金额只应低于或等于保险金额而不应高于保险金额。因为保险金额是以保险人已收取的保费为条件确定的保险最高责任限额，超过这个限额，将使保险人处于不平等的地位，即使发生通货膨胀，仍以保险金额为限。

(3) 以保险利益为限。保险人的赔偿以被保险人所具有的保险利益为前提条件。被保险人在索赔时，对遭受损失的财产要具有保险利益，索赔金额以其对该项财产所具有的保险利益为限。如果发生保险事故时被保险人对保险标的的已不具有保险利益，则保险人不予赔偿。

上述三者之中，以最低的为限。

3. 保险人对赔偿方式可以选择

被保险人参加保险的目的，是为了获得经济保障，如果发生灾害事故遭受损失，可以通过赔偿，使其恢复到发生损失前的经济状态，所以保险人只要保证被保险人的经济损失能够得到补偿就行。至于赔偿方式，保险人有权选择。保险人的赔偿方式有以下三种。

(1) 货币赔偿。这是赔偿中最常见的一种方式。由于财产保险中的损失都可以用一定的价值来衡量，保险人可根据损失的金额，支付相应数量的货币。货物的种类，应是双方事先约定的。

(2) 置换。置换即保险人还给被保险人一个与被损毁标的的规格、型号、新旧程度、性能等相同或相近的标的。

(3) 恢复原状。恢复原状是指在物质标的遭受损坏后，保险人出资把损坏部分修好，使标的恢复到损坏前的状态。

4. 被保险人不得通过赔偿而额外获利

被保险人通过赔偿能够恢复到受损前状态，但不能因此而获得更多的利益，否则将导致被保险人故意或纵容损毁保险标的而额外获得利益，影响保险业务的经营，危害社会。因此应该避免或制止被保险人通过赔偿而额外获利。

(三)损失赔偿原则的派生原则

1. 代位求偿原则

(1) 代位求偿的含义。

代位求偿是指保险人按照保险合同的规定，对保险标的的全部或部分履行赔偿义务后，有权取得被保险人的地位，向对保险标的的损失负有法律赔偿责任的第三方进行追偿。保险人的这种权利称为代位求偿权。

(2) 代位求偿权成立的条件。

第一，被保险人因保险事故对第三者有损失赔偿的请求权。第二，保险人履行了赔偿责任。第三，保险人在代位求偿中享有利益，不能超过其赔付给被保险人的金额。第四，被保险人有权就未取得保险人赔偿的部分向第三者请求赔偿。

(3) 代位求偿权的例外。

第一，代位求偿权仅适用于补偿性保险合同，而不适用于给付性保险合同。第二，在财产保险合同中，保险人不得对被保险人的家庭成员或其组成人员行使代位请求赔偿的权利，除非被保险人的家庭成员或者其组成人员故意造成保险事故。

2. 委付

(1) 委付的含义。

委付是指当保险标的发生推定全损时，被保险人放弃保险标的的所有权并将一切权益移交给保险人，由保险人按保险金额全部赔偿的行为。委付是海上保险中的一种特殊赔偿制度，大多数财产保险是禁止使用这一行为的。

(2) 委付的条件。

第一，委付以推定全损为前提条件。第二，委付不能附有条件。第三，委付须经承诺方为有效。

(3) 委付的效力。

委付成立后，可委付的标的物的权利自发生委付的条件出现之日起开始转移。保险人对保险标的物的所有权、利益和义务必须同时接受。

3. 重复保险的比例分摊原则

重复保险是指投保人对同一保险标的、同一保险利益、同一保险事故分别向两个以上的保险人订立保险合同的保险，其保险金额的总和超过保险标的的实际价值。在重复保险的情况下，被保险人有可能就该保险标的的损失从不同的保险人那里得到赔偿，为了防止因赔偿而获得额外利益，一般采取各保险人之间分摊的办法。分摊的方式主要有以下三种。

(1) 比例责任分摊。

比例责任方式，是以保险金额为基础计算分摊责任，即各保险人按其承保的保险金额与他们承保的保险金额总和的比例(即承保比例)来分摊责任。

其计算公式如下：

$$各保险人承担的赔偿金额=损失金额×承保比例$$
$$承保比例=该保险人承保的保险金额÷所有保险人承保金额总和$$

(2) 限额责任分摊。

这一方式规定，各保险人的损失分摊额并不以其保险金额为基础，而是按照在没有其他保险人重复保险的情况下，单独应付的赔偿责任限额来分摊赔款。它与比例责任的共同点是，各保险人都是按照比例来分摊赔款的。与比例责任的不同点是，计算比例的基础不同。比例责任方式的计算基础是保险金额，限额责任方式的计算基础是赔款限额，其计算公式如下：

$$各保险人承担的赔偿金额=损失金额×赔偿比例$$
$$赔偿比例=该保险人的赔偿限额÷所有保险人赔偿限额总和$$

(3) 顺序责任分摊。

这一方式规定，各保险公司按出单时间顺序赔偿，首先出单的公司先在其保额限度内负责赔偿，后出单的公司只在损失额超过前一家公司的保额时，在自身保额限度内赔偿超出部分。

四、近因原则

(一)近因原则的含义

近因原则是保险当事人处理保险赔偿或者给付案件，或法庭审理有关保险赔偿或者给付的诉讼案件，在调查事件发生的起因、确定事件的责任归属时所遵循的原则。

近因，是指在风险和损失之间，导致损失的最直接、最有效、起决定作用的原因，而不是指时间上或空间上最近的原因。这既指原因和结果之间有直接的联系，又指原因十分强大有力，以致在一连串事件中，人们从各个阶段上可以逻辑地预见下一事件，直到发生意料中的结果。如果有多种原因同时起作用，那么近因是其中导致该结果的起决定作用或强有力的原因。

近因原则的基本含义是指若引起事故发生，造成保险标的损失的近因属于保险责任范围，则保险人承担损失赔偿责任。若近因属于除外责任，则保险人不负责赔偿。即只有当承保危险是损失发生的近因时，保险人才负赔偿责任。

(二)近因原则的运用

近因原则在理论上简单明了，但在实际运用中却存在相当的困难，即如何在众多复杂的原因中判断出引起损失的近因。因此，对近因的分析和判断成为掌握和运用近因原则的关键。

1. 单一原因造成的损失

如果造成损失的原因只有一个，而这一原因又是保险人承担的风险，那么这一原因就是损失的近因，保险人应负赔偿责任。反之，则不负赔偿责任。

2. 多种原因造成的损失

如果造成保险标的损失的原因不止一个，而是两个或两个以上，就应作具体分析。

(1) 多种原因同时发生。造成损失的风险事故，有时为一个以上并同时出现的原因所致，而且这些原因对保险标的的损失均有直接的、实质性的影响，则它们全部属于导致损失的主要原因。如果这多种原因全部属于承保范围，保险人应负全部责任，反之亦然。但如果在这多种原因中，有些是在承保范围之内，有一些则属于除外责任，那么，保险公司的责任就要根据损失是否可以划分来决定。能够划分开的，保险人将承担所保风险导致的损失部分。不能划分开的，则保险公司可以与被保险人协商赔付。

(2) 多种原因连续发生。如果损失的发生为两个以上的原因连续所致，并且各原因之间的因果链未中断，则最先发生并造成一连串事故的原因即为近因。因此，只要前因在承保责任范围以内，后因是前因导致的必然结果，保险人都负赔偿责任，而不论后因是在承保责任范围以内还是属于除外责任。

(3) 多种原因间断发生。在一连串连续发生的原因中，有一个新出现的而又完全独立的原因介入导致损失。若新的独立的原因为承保风险，保险责任由保险人承担。反之，保险人不承担损失赔偿或给付责任。

【导读案例分析】

　　本案的焦点问题是保险利益的认定问题。本案中技术进出口公司是否具有保险利益取决于其对买卖合同项下的货物所承担的风险，而对货物承担的风险及起始时间又取决于买卖合同约定的价格条件。本案买卖合同约定的价格条件是FOB加拿大渥太华，意为货物在渥太华装运港装船后，货物的风险才发生转移。在此之前，货物的风险仍由卖方承担。因此，本案技术进出口公司购买的货物在海外运输商A公司仓库被盗时技术进出口公司不具有保险利益。同时，法院还认定，保险合同载明的工厂交货对确定投保人对保险标的物是否具有保险利益没有法律意义，技术进出口公司以保险合同为据主张以工厂交货并转移风险的观点不能成立。法院最终判定保险公司与技术进出口公司的保险合同因投保人对保险标的物不具有保险利益而无效。技术进出口公司无权要求保险公司承担赔偿责任，而保险公司亦应退还保险费。

　　在国际货物运输保险中，投保人(保险人)投保货物是否具有保险利益，取决于货物风险是否转移，而货物风险的转移又与买卖双方采取的价格条件密切相关。在本案中，法院对投保人(被保险人)是否具有保险利益作出了正确的认定，并依据《保险法》第12条关于"财产保险的被保险人在保险事故发生时，对保险标的应当具有保险利益"的规定作出合同无效的判决。

本　章　总　结

1. 风险是可能引致损失的事件发生带来结果的不确定性。风险具有客观性、普遍性、不确定性、可变性和损失性等基本特征。

2. 风险管理，是指经济单位通过风险的识别、风险估测、风险评价，对风险实施有效的控制和妥善处理风险所致损失，以最小的成本将风险导致的各种不利后果减少到最低限度的科学管理方法，是组织、家庭成个人用以降低风险的负面影响的决策过程。

3. 可保风险是指保险市场可以接受的风险，或者说可以向保险公司转嫁的风险。

4. 保险是保险人通过签订保险合同的形式向投保人收取保费，以集中起来的保险费建立保险基金，用于补偿被保险人因自然灾害或意外事故造成的经济损失，或对个人因死亡、伤残、疾病、年老、失业等给付保险金的一种方法。

5. 保险合同除具有一般经济合同共有的法律特征外，还具有其自身的法律性质：射幸性、双务性、附和性、要式性、保障性、诚信性。

6. 保险的基本原则包括最大诚信原则、保险利益原则、损失赔偿原则、近因原则。

专 业 英 语

1. consideration　对价

2. endorsement　批单

3. insurable interest　保险利益

4. insurance applicant　投保人

5. insurance certificate　保险凭证

6. insurance clause　保险条款

7. insurance conditions　保险条件

8. insurance coverage　保险险别

9. insurance coverage/risks covered　保险范围

10. insurance policy　保险单

11. insurance underwriter　保险承保人

12. insurant/the insured　被保险人，受保人

13. insured amount　保险金额

14. insurer　保险人

15. premium rate　保险费率

16. proximate cause　近因

17. risk　险别

18. risk insured/risk covered　承保险项

19. the subject matter insured　保险标的

20. utmost good faith　最大诚信

课 后 习 题

一、单选题

1. 因购房人按揭购房但未能按期还款，而给贷款人造成损失的风险属于(　　)。

A. 财产风险　　　　B. 责任风险　　　C. 信用风险　　　D. 人身风险

2. 保证保险中的义务人指的是(　　)。

    A. 投保人　　　　　B. 被保险人　　　C. 保险人　　　　D. 担保人

3. 重复保险的分摊原则派生于(　　)。

    A. 可保利益原则　　　　　　　　B. 保险补偿原则

    C. 代位追偿原则　　　　　　　　D. 近因原则

4. (　　)是指被保险人在签订合同时，对其知道的有关保险标的的情况向保险人所作的说明。

    A. 告知　　　　　　B. 陈述　　　　　C. 保证　　　　　D. 担保

5. 代位追偿和重复保险分摊的最根本依据是(　　)。

    A. 可保利益原则　　　　　　　　B. 最大诚信原则

    C. 近因原则　　　　　　　　　　D. 补偿原则

6. 投保人对保险标的所具有的可保利益的货币表现形式为(　　)。

    A. 保险金额　　　　B. 保险费　　　　C. 保险价值　　　D. 保险费率

7. 代位追偿是下列哪个原则的派生原则? (　　)。

    A. 最大诚信原则　　　　　　　　B. 可保利益原则

    C. 近因原则　　　　　　　　　　D. 补偿原则

二、多选题

1. 风险按性质划分，可分为(　　)。

    A. 纯风险　　　　　　B. 投机性风险　　　　　C. 静态风险

    D. 动态风险　　　　　E. 主观风险

2. 在保险合同中，补偿原则可通过以下相关规定体现出来，它们是(　　)。

    A. 近因的判断　　　　B. 代位追偿的规定　　　　C. 可保利益

    D. 告知与不告知　　　E. 保险赔偿金额的确定

3. 对被保险人来说，最大诚信原则主要涉及(　　)。

    A. 投保与不投保　　　B. 赔偿与不赔偿　　　　C. 告知与不告知

    D. 陈述与错误陈述　　E. 保证

4. 下列保险合同中，投保人具有可保利益的是(　　)。

    A. 雇主为雇员投保的人身意外伤害险

    B. 财产的受托人为该财产投保的火灾保险

    C. 丈夫为妻子投保的健康保险

    D. 债权人为债务人投保的人寿保险

    E. 工程的保证人为工程投保的工程保险

5. 保险利益原则的确定，可以( )。

    A. 防止变保险合同为赌博性合同   B. 防止保险人的道德风险

    C. 防止被保险人的道德风险   D. 限制保险补偿的程度

    E. 防止保险标的的损失

三、案例分析

武隆垮塌兑现善款 408 万 保险理赔紧急大行动

据 2009 年 6 月 15 日中金报道网报道，自武隆垮塌事故发生后，截至 14 日 17 时 30 分，有 64 人失踪(原为 62 人，据群众反映有 2 名失踪人员，经武隆县核实并公示确认)，挖掘出遇难者尸体 10 具(7 男 3 女)，已确认身份 9 具，火化 9 具，最后一具尸体正在进行 DNA 鉴定。8 名伤员中，2 人已出院，其余 6 人病情稳定。

另外，鸡尾山垮塌险区人员过渡安置救助方案和房屋全部掩埋户、避让搬迁户安置方案已制定并开始协议签订和资金兑现。已有 47 名失踪(遇难)人员涉及 38 户达成了内部分配协议，18 名失踪(遇难)人员涉及 15 户达成了善后救助协议，2 名遇难者涉及 2 户达成预付协议，共兑现善后救助资金 408 万元。

自武隆垮塌事故发生后，重庆保监局在第一时间要求当地保险机构排查客户情况，在保证保险企业员工自身安全的情况下开展查勘、理赔工作。

6 月 5 日，中国平安成立突发事故处理小组，并于事故发生后 1 小时出发前往事故现场。事故处理小组一行 5 人，经过 4 小时车程，再步行 3.5 小时山路，在 6 月 6 日 0 时 30 分许抵达垮塌现场。平安事故处理小组随即设置临时理赔受理服务点，开展现场核实、慰问及客户筛查等相关工作。

截至 6 月 6 日下午 5 时，中国平安已确认客户熊先生、黄先生和叶女士在事故中失踪。3 人分别投保了平安人寿的鸿祥、鸿盛等险种，涉及的总保额为 29.1 万元。中国平安表示，对于确认遇难的平安客户，公司将通过绿色理赔通道优先处理，协助受益人完成理赔。目前，中国平安是唯一进入事故现场开展善后工作的保险机构。

重庆保监局的消息证实，为避免可能发生的次生灾害造成新的人员伤亡，目前事故现场全部封闭，只有武警人员在现场施救。当地多家保险公司已派相关人员赶赴武隆，但只能在离现场几千米远的地方开展灾后调查。截至 6 月 7 日下午 4 时 30 分，中国人保初步确定有 4 辆承保车辆(3 辆货车、1 辆小轿车)出险，保险金额 46 万元；中华联合承保学平险的 1 名小学生出险，保险金额 1 万元。

问题：

(1) 如何理解保险是一种经济行为、合同行为？

(2) 通过这一事件，结合本章内容，谈谈如何选择合适的风险处理方法。

四、技能训练题

【训练题一】

某年 10 月 1 日，个体运输专业户胡某将其私有东风牌汽车向某县保险公司投保了机动车辆保险及第三者责任险。保险金额为 2 万元。同年 12 月 15 日，该车在途经邻县一险处时坠入悬崖下一条湍急的河流，该车驾驶员(系胡某之弟)随车遇难。事故发生后胡某向县保险公司报案索赔。该县保险公司经过现场查勘，认为地形险要，无法打捞，按推定全损处理，当即赔付胡某人民币 2 万元。同时声明，对车内尸体及其善后工作，保险公司不负责任，由车主自理。12 月 25 日，胡某看到胞弟尸体以及准备采购货物的 2800 元现金均卡在车内，就将残车以 2000 元的代价转让给邻县王某。双方约定，由王某负责打捞，车内尸体及现金归胡某，残车归王某。12 月 30 日，残车被打捞起来，王某和胡某均按约行事。保险公司获悉后，认为胡某未经保险公司允许擅自处理产权已转让的财产是违法的。遂起纠纷。

问题：根据本案的内容阐述你的观点，并结合保险的基本原则，对此案例作出分析。

【训练题二】

某保险标的的实际价值是 100 万元，投保人分别向甲保险公司投保了 40 万元，向乙保险公司投保了 60 万元，向丙保险公司投保了 20 万元。

问题：如果在这三张保单同时有效的期间内，该保险标的发生了 60 万元的实际损失，按最大责任分摊法进行损失分摊，甲、乙、丙三个保险人的分摊金额分别是多少？

第九章　国际海洋货物运输保险

【本章导读】

国际货物在运输途中可能会遇到自然灾害、意外事故等风险，从而造成损失并产生费用。为转嫁这些损失及费用，货主可以向保险公司投保。国际货物运输保险是保险人与被保险人订立保险合同，在被保险人交付约定的保险费后，保险人根据保险合同的规定，对被保险货物遭遇承保责任范围内的风险而受到损失时，按保险金额及损失程度承担赔偿责任，它属于财产保险的范围。本章重点介绍中国人民保险公司的各种险别及英国伦敦保险协会货物保险险别。

【学习目标】

本章主要介绍海上风险的含义以及海上运输货物保险的保障范围，介绍我国海运货物保险险别及其条款和英国伦敦保险协会的货物保险条款，并且就责任起讫、被保险人的义务和索赔期限等进行阐述和分析。通过学习，了解各种风险的损失的性质，学会鉴别业务中的各种风险的损失的责任归属。了解并掌握海上运输货物保险的有关知识和习惯做法，了解海运货物的投保技术；熟悉保险单的种类、保险单的修改和转让手续，学会在被保险货物发生损失时能恰当、准确地进行有关索赔；熟悉不同险种的选择技巧、保费的计算方法及索赔程序。

【导读案例】

"昌隆"号货轮满载货物驶离上海港。开航后不久，由于空气温度过高，导致老化的电线短路引发大火，将装在第一货舱的1000条出口毛毯完全烧毁。船到新加坡港卸货时发现，装在同一货舱中的烟草和茶叶由于羊毛燃烧散发出的焦糊味而不同程度受到串味损失。其中由于烟草包装较好，串味不是非常严重，经过特殊加工处理，仍保持了烟草的特性，但是等级已大打折扣，售价下跌三成。而茶叶则完全失去了其特有的芳香，不能当作茶叶出售了，只能按廉价的填充物处理。船经印度洋时，不幸与另一艘货船相撞，船舶严重受损，第二货舱破裂，仓内进入大量海水，剧烈的震荡和海水浸泡导致仓内装载的精密仪器严重受损。为了救险，船长命令动用亚麻临时堵住漏洞，造成大量亚麻损失。在船舶停靠泰国港避难进行大修时，船方联系了岸上有关专家就精密仪器的抢修事宜进行了咨询，发现整理恢复工作十分庞大，已经超过了货物的保险价值。为了方便修理船舶，不得不将第三舱和第四舱部分纺织品货物卸下，在卸货时有一部分货物有钩损。

试分析上述货物损失属于什么损失。

第一节 海洋货物运输保险的保障范围

一、运输保险与货物运输保险

(一)概念

1. 运输保险

运输保险是以处于流动状态下的财产为保险标的的一种保险，包括运输货物保险和运输工具保险。

这种保险的共同特点是，保险标的处于运输状态或经常处于运行状态，与火灾保险的保险标的要求存放在固定场所和处于相对静止状态有区别，并因此而不能被火灾保险包容。

2. 货物运输保险

货物运输保险是以运输途中的货物作为保险标的，保险人对由自然灾害和意外事故造成的货物损失负责赔偿责任的保险。

由于运输货物保险保障的是运输过程中的货物的案例，因此该险种仅适用于收货人和发货人。

在国际上，运输货物保险是由收货人还是由发货人投保，通常由贸易合同规定，并往往包含在货物价格中。在我国，发货人和收货人均可投保。

(二)分类

1. 运输保险

运输保险分为货物运输保险与运输工具保险。

(1) 货物运输保险。

根据运输货物保险的承保范围，它又可以分为国内运输货物保险和涉外运输货物保险。前者系货物运输在国内进行，后者则是货物运输超越了一国国境。

① 国内货物运输保险。是指以在国内运输过程中的货物为保险标的，在标的物遭遇自然灾害或意外事故所造成的损失时给予经济补偿。

从保障范围来看，国内货物运输保险要比普通财产保险广泛得多。在发生保险责任范围内的灾害事故时，普通财产保险仅负责被保险财产的直接损失以及为避免损失扩大采取施救、保护等措施而产生的合理费用。

② 涉外货物运输保险。是指以在国外运输过程中的货物为保险标的，在标的物遭遇自然灾害或意外事故所造成的损失时给予经济补偿。该险种主要承保海上运输的货物，也

承保航空、集装箱、多式联运的货物，由于货物遭受自然灾害意外事故及其外来原因引起的外来风险所造成的损失和费用。涉外货物运输保险主要有：平安险、水渍险、一切险。

(2) 运输工具保险。

运输工具保险是以各类运输工具，如汽车、飞机、船舶、火车等为保险标的的保险。因此，运输工具保险的适用范围亦相当广泛，包括客运公司、货运公司、航空公司、航运公司以及拥有上述运输工具和摩托车、拖拉机等机动运输工具的家庭或个人，均可以投保运输工具保险类的不同险种，并通过相应的保险获得风险保障。

① 机动车辆保险。是运输工具保险中的主要业务，是指经交通管理部门检验合格，以各种由动力装置驱动或者牵引的陆上运输工具为保险标的，包括各种汽车(载客、载货)(含挂车)等，不包括摩托车、拖拉机和特种车。

由于机动车辆本身所具有的特点，机动车辆保险亦具有陆上运行、流动性大、行程不固定、业务量大、投保率高、第三者责任风险大等特点。

② 船舶保险。是指以各种船舶、水上装置及其碰撞责任为保险标的的一种运输工具保险。船舶保险适用于各种团体单位、个人所有或与他人共有的机动船舶与非机动船舶以及水上装置等，一切船东或船舶使用人都可以利用船舶保险来转嫁自己可能遭遇的风险。不过，投保船舶保险者必须有港务监督部门签发的适航证明和营业执照等。对于建造或拆除中的船舶则要求另行投保船舶建造保险或船舶拆除保险，并按照工程保险原则来经营；对于石油钻井船、渔船等，一般另有专门的险种承保。

③ 飞机保险。作为运输工具保险中的主要类别，飞机保险实际上是以飞机及其相关责任风险为保险对象的一类保险。包括财产保险，如以飞机及设备为保险标的的飞机及零备件保险；又包括责任保险，如承运人对旅客及第三者的法定责任保险；还包括人身意外伤害保险，如机组人员人身意外伤害保险、航空人身意外伤害保险等。

2. 货物运输保险

运输货物保险分为海上、内河、航空、陆上和多式联运等多种方式，据此，运输货物保险亦可以被划分为水路运输货物保险、陆上运输货物保险和航空运输货物保险及联运险等。在此，联运险是指运输货物需要经过两种或两种以上的主要运输工具联运，才能将其从起点地运送到目的地的保险。

(三)运输保险的特征

各种运输保险业务均具有自己的特色，但作为同一类型的业务，又有如下总体特征。

1. 保险标的具有流动性

无论是运输货物还是运输工具，总是处于流动过程中或经常处于流动过程中，因此保险标的及其风险很难被保险人所控制，甚至连被保险人都无法控制。

2．保险风险大而复杂

保险人不仅需要承保保险标的在固定场所时可能遇到的风险，更需要承担运行过程中的风险。

3．异地出险现象

由于保险标的的流动性，许多运输保险事故往往发生在异地因此，通常需要采用委托查勘理赔的方式处理运输保险赔案。

4．第三者责任大

第一，货物运输涉及承运人，货物一旦受损首先追究承运人的责任，承运人确有责任，则构成代位追偿。

第二，各种运输工具在运行中发生事故，往往损害第三者或公众利益。

二、海洋货物运输保险

海洋货物运输保险是指保险人对于货物在运输途中因海上自然灾害、意外事故或外来原因而导致的损失承担赔偿责任的一种保险。

(一)海洋货物运输保险承保的风险

海洋运输货物保障的风险，是仅指海上偶然发生的自然灾害和意外事故，而并不包括海上经常发生和必然发生的事件。与海上风险相对应的外部原因所造成的风险，其中包括一般外来风险和特殊外来风险，也属保障的风险。

英国《1906 年海上保险法》第 3 条规定，海上危险是指由于航海的后果所造成的危险或与航海有关的危险。海上危险具体指的是下列风险：海难、火灾、战祸、海盗、流氓、盗窃、捕获、扣押、限制、政府和人民的限制、抛弃、船员的不法行为、其他类似性质的或在保险合同中所注明的风险。

在现代海上保险业务中，保险人所承保的海上危险是有特定范围的，一方面不包括一切在海上发生的风险，另一方面它又不限于航海中所发生的风险。也就是说，海上风险是一个广义的概念，它既指海上航行中特有的风险，又包括与海上运输有关的风险。

1．海上风险的分类

按照发生性质可以分为自然灾害和意外事故两大类。

(1)　自然灾害(Natural Disasters)。

自然灾害是指不以人的意志为转移的自然界的力量所引起的灾害。它是客观存在的人力不可抗拒的灾害事故，是保险人承保的主要风险。但是在海上货物运输保险的灾害事故中，保险人承保的自然灾害并不是泛指一切由于自然界力量所引起的灾害事故。

各种自然灾害包括：①恶劣气候；②雷电；③海啸；④浪击落海；⑤洪水；⑥地震；⑦火山爆发；⑧海水、湖水或河水进入船舶、驳船、船舱、运输工具、集装箱、大型海运箱或储存处所。

我国的保险条款规定，保险人承保的自然灾害仅指恶劣气候、雷电、海啸、地震、洪水等人力不可抗拒的灾害。

伦敦协会保险条款规定，在保险人承保的风险中，属自然灾害性质的风险有雷电、地震、火山爆发、浪击落海，以及海水、湖水或河水进入船舶、船舱、运输工具、集装箱、大型海运箱或储存处所等。

(2) 意外事故(Fortuitous Accidents)。

意外事故是指人或物体遭受外来的、突然的、非意料之中的事故，如船舶搁浅、触礁、沉没、互撞或与其他固体物如流冰、码头碰撞，以及失踪、失火、爆炸等。

在海上保险中，保险人承保的所谓意外事故并不是泛指海上发生的所有意外事故。

各种意外事故包括：①火灾；②爆炸；③搁浅；④触礁；⑤沉没；⑥碰撞；⑦倾覆；⑧投弃；⑨吊索损害；⑩海盗行为，船长、船员的不法行为。

2. 外来风险

在海上货运保险中，保险人除了承保上述各项海上风险外，还承保外来风险所造成的损失。外来风险是指海上风险以外的其他外来原因所造成的风险。

货运保险中所指的外来风险必须是意外的、事先难以预料的风险，而不是必然发生的外来因素。外来风险可以分为一般外来风险和特殊外来风险两种。

(1) 一般外来风险。

海上货运保险业务中承保的一般外来风险有以下几种：①偷窃；②短少和提货不着；③渗漏；④短量；⑤碰损；⑥破碎；⑦钩损；⑧淡水雨淋；⑨生锈；⑩玷污；⑪受潮受热；⑫串味。

(2) 特殊外来风险。

特殊外来风险是指战争、种族冲突或一国的军事、政治、国家政策、法律以及行政措施等的变化。常见的特殊外来风险有战争、罢工、交货不到、拒收等。

① 战争风险是指由于战争行为、敌对行为以及由此引起的捕获、拘留、扣留、禁止及各种战争武器所引起的货物损失。

② 罢工风险是指由罢工者、被迫停工工人或参加工潮、暴动、民众斗争的人员的行为所造成的货物损失。

③ 拒收风险是指由于进口国的政府或有关当局拒绝进口或没收的损失。

(二)海洋货物运输保险保障的海上损失

海上损失(简称海损)是指被保险货物在海运过程中，由于海上风险所造成的损坏或灭失。根据国际市场的一般解释，凡与海陆连接的陆运过程中所发生的损坏或灭失，也属海损范围。按货物损失的程度划分，分为全部损失和部分损失。

1. 全部损失

全部损失简称全损，是指在运输过程中，整批货物或不可分割的一批货物的全部灭失或等价全部灭失。

1) 实际全损

实际全损(Actual Total Loss)是指该批被保险货物完全灭失或完全变质已失去原有的使用价值或者货物实际上已不可能归还被保险人。构成被保险货物"实际全损"的情况有下列几种。

(1) 保险标的物全部灭失，如船、货遇难沉没。

(2) 保险标的物已全部丧失无法复得，如船货被劫或被敌方扣押。

(3) 保险标的物已丧失商业价值或原有用途，如水泥遭水浸泡而成为硬块。

(4) 船舶失踪，达到一定时期，如半年无音讯即可视作全部灭失。

2) 推定全损

货物发生保险事故后，认为实际全损已经不可避免，或者为避免发生实际全损所需支付的费用与继续将货物运抵目的地的费用之和超过保险价值的，称为推定全损(Constructive Total Loss)。

(1) 具体地说，构成被保险货物"推定全损"的情况有下列几种。

① 保险货物受损后，修理费用估计要超过货物修复后的价值。

② 保险货物受损后，整理和续运到目的地的费用，将超过货物到达目的地的价值。

③ 保险货物的实际全损已经无法避免，或者为了避免实际全损需要施救等所花的费用，将超过获救后的标的价值。

④ 保险标的遭受保险责任范围内的事故，使被保险人失去标的所有权，而收回这一所有权所需花费的费用，将超过收回后的标的价值。

综上所述，实际全损是指保险标的物完全灭失，或虽未灭失但已丧失原有的用途。而推定全损是指保险标的物受损后并未灭失，但若进行施救、整理、修复所需的费用或加上续运至目的地的费用，将会超过货物在目的地的价格。

(2) 推定全损的赔偿方法：可按部分损失赔偿，也可按全部损失赔偿。

① 按全损赔偿。

在货物发生严重损失后，之所以推定货物全损，目的是为了从保险公司获得全额赔偿。由于推定全损的货物存在残余价值，若保险人对推定全损的货物按全额赔偿，势必出现被保险人因保险赔偿而额外获利的现象，这是有悖于保险的赔偿原则的。

按照海上保险的国际惯例，如果被保险人想获得全损赔偿，他必须无条件地把受损的保险货物委付给保险人。

委付是指被保险人在保险货物遭受到严重损失，处于推定全损状态时，向保险人声明愿意将保险货物的一切权利(包括财产权以及一切由此而产生的权利与义务)转让给保险人，而要求保险人按货物全损给予赔偿的一种特殊的索赔方式。委付是海上货物运输保险中处理索赔的一种特殊方法，各国保险法对委付都有严格的规定。一般来讲，委付的构成必须符合下列条件。

第一，委付通知必须及时发出，可以是书面的，也可以是口头的，保险人可以用明示或默示的行为表示接受委付，但保险人的沉默不得视为接受委付。

第二，委付时必须将被保险货物全部进行委付，而不能只委付其中的一部分。

第三，委付不能带任何条件。

第四，委付必须经过保险人的承诺才能生效。

委付的具体操作方法如下。

第一，当保险货物遭受到严重损失后，被保险人应立即以书面或口头方式向保险人发出委付通知，这样做一方面是向保险人表示其希望转移货物所有权并获得全损赔偿的愿望，另一方面便于保险人在必要时能及时采取措施，避免全损或尽量减少被保险货物的损失。

第二，保险人一旦接到被保险人的委付通知，应立即通知被保险人采取必要的减少损失措施，并着手调查造成货物损失的原因及货物损失程度。按照国际惯例，保险人原则上不接受被保险人的委付申请，因为委付申请一旦接受便不能撤销，并须承担因接受委付申请而产生的一切法律责任。

第三，经过保险人对受损保险标的损失原因及损失程度的调查，确认损失系保单承保风险造成并且损失程度严重，可以构成推定全损后，保险人有两种选择：一是接受委付并对被保险人按全损进行赔偿。二是不接受委付，但仍对被保险人按全损赔偿，在这种情况下，受损货物的一切权利仍归被保险人。

② 按实际损失赔偿。

对于经保险调查确认损失程度不严重，不能构成推定全损的委付申请，保险人将按保险标的的实际损失程度，向保险人履行赔偿责任。另外，对于可以推定全损的严重货损，若被保险人根本没有向保险人发出委付申请，保险人对这项损失只能按货物的实际损失进行赔付。

3) 实际全损与推定全损的区别

(1) 实际全损标的物已无可挽救地完全丧失；而推定全损标的物所受的损失是可以修复的。

(2) 对于推定全损被保险人可以作为全损处理也可作为部分损失处理。

(3) 如果按全损获得赔偿必须向保险公司发出委付通知，是保险人与被保险人之间办理赔偿的一种手续，其目的是将受损标的物的一切权益转移给保险人而要求按推定全损赔偿。如果不能及时发出委付通知，该项损失只能作为部分损失。

(4) 如果保险人接受这种委付通知，就要根据保险单赔偿全损。保险人支付全损赔款后就享有保险标的物的所有权以及对第三者的追偿权。

2. 部分损失

部分损失是指被保险货物的一部分在运输途中遭受损失和灭失，或者说货物的损失没有达到全部损失的程度。凡不属于实际全损和推定全损的损失即为部分损失，包括共同海损和单独海损。

部分损失的赔偿方法：由保单承保风险造成的保险标的的部分损失，保险公司怎样赔偿要视保单上的具体规定。根据海损保险的惯例，保险人对遭受损失的一方自己承担的部分损失，即使损失一方购买了货运保险，保险的赔偿也有免赔的规定。

按照海上保险的惯例，对于货物在运输途中发生的自然损耗，保险人以免赔额的方式对其赔偿责任进行了限制，海上保险中关于免赔额的规定有以下几种方式：

第一，对于部分损失绝不赔偿，即部分损失免赔，这种规定常见于海上船舶自保险。

第二，对于部分损失给予赔偿，但未达到规定金额或百分比的部分损失不赔；而对于已达到或超过约定金额或百分比的部分损失，全部予以赔偿，即按实际损失额赔偿。这种就是相对免赔额的规定。国际海洋货运保险关于部分损失赔偿的规定一般采取此种做法。

第三，对于部分损失给予赔偿，但对于没有超过约定金额或百分比的部分损失不赔，保险人只赔偿超过约定金额或百分比的部分损失，这种就是绝对免赔额的规定。我国海洋货运保险对易损货物的部分损失一般采用绝对免赔额的做法。

第四，对部分损失的赔偿无任何限制，只要是保单承保风险造成的，保险公司就给予赔偿。对于货物损失规定免赔额或免赔率的做法只是用于部分损失，而对全损没有免赔的规定，这是国际上的惯例。

1) 单独海损(Particular Average)

单独海损指仅涉及船舶或货物所有人单方面的利益的损失。这种损失只属于特殊利益方，不属于所有其他的货主或船方，由受损方单独承担。

2) 共同海损(General Average)

在海洋运输途中，当船舶、货物或其他财产遭遇共同危险时，为了解除共同危险，有意采取合理的救难措施，所直接造成的特殊牺牲或支付的特殊费用称为共同海损。

造成共同海损最主要的原因是自然灾害和意外事故。还有其他原因，例如船员不适应途中某地气候而生病，使船无法继续航行。

海上保险保障的共同海损损失包括共同海损牺牲、共同海损费用及共同海损分摊三种。

(1) 共同海损牺牲。

共同海损牺牲是指共同海损措施所造成的船舶或货物本身的灭失或损坏。常见的共同海损牺牲项目有：①抛弃。②救火。③自动搁浅。④起浮脱险。⑤船舶在避难港卸货、重装或倒移货物、燃料或物料，这些操作造成船舶和货物的损失。⑥将船上货物或船舶物料当作燃料，以保证船舶继续航行。⑦割断锚链。为避免发生碰撞等紧急事故，停泊的船舶来不及正常起锚，有意识地砍断锚链、丢弃锚具，以便船舶启动，由此造成的断链弃锚的损失。

按照英国《1906年海上保险法》的规定，被保险人对其在海上运输途中发生的共同海损牺牲，可以从保险人处获得全部赔偿，而无须先行使从其他分摊责任方进行分摊的权利。

(2) 共同海损费用。

共同海损费用是指为了避免共同危险由船方采取措施而支出的特别费用。常见的共同海损费用有以下几种。

① 避难费用。是指船舶在航行途中发生了严重的危险不能继续航行，必须驶入避难港修理，由此导致的驶往和驶离避难港费用，驶往和停留避难港口期间合理的船员工资，给养和燃料物料费用，卸载、重装或倒移船上货物、燃料和物料的费用，为安全完成航程修理船舶的费用。

② 杂项费用。是指与处理共同海损有关的费用，包括共同海损损失检验费、船舶在避难港的代理费、电报费、船东检修人员的费用、船东或承运人垫付的共同海损费用的利息和手续费、共同海损理算费用等。

(3) 共同海损的分摊。

共同海损的牺牲和费用都是为了使船舶、货物和运费方免于遭受损失而支出的，因而应该由船舶、货物和运费各方按最后获救价值的比例分摊，这种分摊叫共同海损的分摊。

共同海损的分摊有两个原则：分摊以实际遭受的损失或额外增加的费用为准；无论受损方还是未受损方均应按标的物价值比例分摊。进行共同海损分摊时，一般遵循《约克—安特卫普理算规则》。

(4) 构成共同海损的条件。

① 共同海损的危险必须是真实存在的、紧迫的和不可避免的。只凭主观臆测可能会有危险发生而采取某些措施或可以预测的常见事故所造成的损失，都不能构成共同海损。

② 共同海损行为必须是为了船、货的共同安全而有意采取的紧急、合理的措施。例如，船在航行中搁浅，就涉及船主和货主的共同利益。

③ 必须是主动采取合理措施所作出的特殊牺牲和支付的额外费用，即支付的费用是船舶运营所应支付以外的费用，是为了解除危险造成的。

④ 共同海损行为必须是最终有效的，即终于避免了船、货的全损，共同海损才能成立。这是因为，若共同海损行为无效，船、货最终全损，则共同海损分摊的基础便不存在，当然共同海损也就无法成立。

所谓有意识的，是指共同海损的发生必须是人为的、经过人的周密计划的，不是意外的；所谓合理的，是指在采取共同海损行为时，必须符合当时实际情况的需要，并能在节约的情况下能较好地解除危及船、货双方的危险。例如，为了使搁浅船只浮起，应该抛出较重的、价值较低的、便于抛出的货物。如果危险还没有危及船货各方的共同安全，即使船长有意作出合理的牺牲和支付了额外的费用，也不能算作共同海损。

(5) 共同海损和单独海损的区别。

① 损失的构成不同。单独海损一般是指货物本身的损失，不包括费用损失，而共同海损既包括货物损失，又包括因采取共同海损行为而引起的费用损失。

② 造成海损的原因不同。单独海损是承保风险所直接导致的船、货损失，一般是由海上风险直接导致的；而共同海损是为了解除或减轻船、货、运费三方共同危险而人为造成的损失。

③ 损失的承担者不同。单独海损由受损方自行承担损失，而共同海损则由船、货、运费三方按获救财产价值大小的比例分摊。若被保险人已投保海运保险，则由保险人按合同规定承担对被保险人分摊金额的赔偿责任。

(三)海洋货物运输保险保障的费用损失

保险人承担的海上运输货物保险的费用损失主要有施救费用、救助费用、特别费用和续运费用。

1. 施救费用

施救费用，也称为诉讼及劳务费用，是指保险标的在遭遇保险责任范围内的灾害事故时，被保险人或其代理人、雇用人及受让人根据保险合同中施救条款的规定，为了避免或减少保险标的的损失，采取各种抢救与防护措施而支出的合理费用。

为了鼓励被保险人对受损的保险标的的采取积极的抢救措施，减少灾害事故对被保险货物的损坏和影响，防止损失的进一步扩大，减少保险赔款的支出，我国和世界各国的保险法规及保险条款一般都规定，保险人对被保险人所支出的施救费用承担赔偿责任，赔偿金额以不超过该批被救货物的保险金额为限。

施救条款不是针对保险标的的本身的损失赔偿，而是针对被保险人根据施救条款的规定采取施救措施而支出的费用的损失赔偿。它是一项补充性的保险条款或独立的协议，因此施救费用的偿付不受保险标的的损失赔款的影响，保险人对施救费用的赔偿义务独立于其对保险标的的损失赔偿义务。

构成施救费用的条件包括以下几点。

(1) 对保险标的的进行施救必须是被保险人或其代理人或受让人，其目的是为了减少保险标的遭受的损失，其他人采取此项措施必须是受被保险人的委托，否则由此产生的费用不视为施救费用。

(2) 保险标的遭受的损失必须是保单承保的风险造成的，否则，对被保险人对货物进行施救所支出的费用，保险人不予承担责任；如果为避免或减轻保险标的的损失并非由保险人承保的风险所致，同样不能视为施救费用。

(3) 施救费用的支出必须是合理的，一般认为施救费用的支出不应超过保险金额，超过部分则视为不合理。

2. 救助费用

救助费用是指船舶和货物在海上航行中遭遇保险责任范围内的灾害事故时由保险人和被保险人以外的第三人自愿采取救助措施，并成功地使得遇难船舶和货物脱离险情，由被救的船方和货方支付给救助方的报酬。

海上保险人负责赔偿的救助费用是指载货船舶在航行中遭遇海难时，由独立于保险合同以外的第三者前来救助并获得成功后，根据"无效果，无报酬"原则由载货船舶的承运人支付给救助方的那一部分救助报酬。

在多数情况下，救助报酬是为船、货各方的共同安全而支付的，属于船舶正常航行以外的费用，救助费用作为共同海损性质的费用由受益的船、货各方共同分担。

根据船舶保险条款及海洋货运保险条款的规定，船方和货方分摊的救助费用部分可以向保险人索赔。

3. 海上救助

海上救助，又称海难救助，是海商法中所特有的制度，它是建立在人道主义基础上的，其目的是为了鼓励人们对海上遇难的船舶、货物和人命进行救助以维护海上航行安全。

早先的海上救助是一种自愿行为，属于应尽义务。

由于救助人在进行救助工作时常承担巨大风险，并消耗大量的人力物力，法律遂赋予救助人在救助成功后有请求救助报酬的特殊权利，以补偿船舶设施的损耗。

海上救助合同：在海上救助中，救助人和被救助人之间为明确双方的权利与义务，一般在救助开始前或在救助过程中签订救助合同。海上救助合同分为两种：一种是"无效果，无报酬"合同，一种是雇用性的救助合同。

4. 特别费用

为了保险标的物的安全或保管保险标的物，由被保险人或被保险人的代理人所支出的费用不属于共同海损及救助费用。

5. 续运费用

因保单承保风险引起的被保险货物的运输在非保单载明的目的地港口或地方终止时，保险人对被保险货物的卸货费用、仓储费用及继续运往保单载明的目的地港口的费用等额外费用统称为续运费用。

第二节　海洋货物运输保险条款

一、我国海洋货物运输保险条款的险别

我国现行的海洋货物保险条款是 1981 年 1 月 1 日的修订本，根据不同的运输方式分别订有适用不同运输方式的保险条款，以《海洋运输货物保险条款》使用最普遍，其主要内容有保险人的义务和索赔期限。

(一)保险人的承保责任范围

海运货物保险险别分为基本险别和附加险别两类。基本险又称主险，是可以独立投保的险别，包括平安险、水渍险和一切险；附加险是对基本险的补充和扩展，它不能单独投保，只能在投保了基本险的基础上加保，包括一般附加险、特别附加险和特殊附加险。

1. 平安险的责任范围

平安险(Free From Particular Average，FPA)原文的含义是"单独海损不赔"。平安险的承保责任范围包括以下几项。

第一，被保险货物在运输途中由于恶劣气候、雷电、海啸、地震、洪水等自然灾害造成整批货物的全部损失或推定全损。

第二，由于运输工具遭受搁浅、触礁、沉没、互撞、与流冰或其他物体碰撞以及失火、爆炸等意外事故造成货物的全部或部分损失。

第三，受恶劣气候、雷电、海啸等自然灾害所造成的部分损失。

第四，在装卸或转运时由于一件或数件货物整件落海造成的全部或部分损失。

第五，被保险人对遭受承保责任内危险的货物采取抢救、防止或减少货损的措施而支付的合理费用，但以不超过该批被救货物的保险金额为限。

第六，运输工具遭遇海难后，在避难港由于卸货所引起的损失以及在中途港、避难港由于卸货、存仓和运送货物所产生的特别费用。

第七，共同海损的牺牲、分摊和救助费用。

第八，运输契约订有"船舶互撞责任"条款，根据该条款规定应由货方偿还船方的损失。

2. 水渍险的责任范围

水渍险(With Particular Average，WA 或 WPA)原文的含义是"负责单独海损"。它的承

保责任范围包括以下两大部分。

第一，平安险所承保的全部责任。

第二，被保险货物在运输途中，由于恶劣气候、雷电、海啸、地震、洪水等自然灾害所造成的部分损失。

3. 一切险的责任范围

一切险(All Risks)的责任范围除包括平安险和水渍险的责任外，还包括被保险货物在运输途中由于一般外来原因所造成的全部或部分损失。

(二)海运货物保险基本险的除外责任

除外责任是指保险人不负赔偿责任的风险范围，即除外不保的项目。它包括以下几项。

第一，被保险人的故意行为或过失所造成的损失。

第二，属于发货人责任所引起的损失。

第三，在保险责任开始前，被保险货物已存在的品质不良或数量短差所造成的损失。

第四，被保险货物的自然损耗、本质缺陷、特性以及市价跌落、运输延迟所造成的损失或费用。

第五，战争险和罢工险条款规定的责任范围和除外责任。

(三)海运货物保险附加险

进出口商除了投保货物的上述基本险别外，还可根据货物的特点和实际需要，酌情再选择若干适当的附加险别。

1. 一般附加险(General Additional Risks)

一般附加险又称为普通附加险，承保一般外来原因所造成的全部和部分损失。我国承保的一般附加险有以下 11 种。

(1) 偷窃、提货不着险(Theft Pilferage and Non-delivery)。主要承保在保险有效期内，被保险货物被偷走或窃取，以及货物抵达目的地后整件未交的损失。"偷"一般指货物整件被偷走，"窃"，一般是指货物中的一部分被窃取，偷窃不包括使用暴力手段的公开劫夺。提货不着是指货物的全部或整件未能在目的地交付给收货人。

(2) 淡水雨淋险(Fresh Water and/or Rain Damage)。主要承保被保险货物在运输途中，由于淡水、雨淋以及冰雪融化所造成的损失。

(3) 短量险(Risk of Shortage)。承保货物在运输过程中货物数量短缺或重量短少的损失。对于有包装货物的短少，必须有外包装发生异常的现象，如外包装破裂、破口、扯缝等。对于散装货物不包括正常的途耗。

(4) 混杂、玷污险(Risk of Intermixture and Contamination)。承保货物在运输途中，混进了杂质或被玷污所造成的损失，如矿砂中混进了泥土、草屑、布匹，食物被油类或带色的物质污染而引起的损失。

(5) 渗漏险(Risk of Leakage)。主要承保流质、半流质、油类等货物在运输过程中因为容器损坏而引起的渗漏损失，或用液体储藏的货物因液体的渗漏而引起的货物腐败等损失。

(6) 碰损和破碎险(Risk Clash and Breakage)。承保货物在运输途中由于震动、碰撞、挤压等造成货物本身碰损或破碎的损失，如金属机器、木家具的凹瘪、划痕、脱漆等损失。

(7) 串味险(Risk of Odour)。承保在保险期间货物受其他物品影响串味造成的损失。例如，食品、中药材、化妆品在运输途中与樟脑堆放在一起，樟脑串味对上述货物造成的损失。

(8) 受潮受热险(Damage Caused by Sweating and Heating)。承保被保险货物在运输途中因气温突然变化或由于船上通风设备失灵致使船舱内水汽凝结、发潮或发热所造成的损失。

(9) 钩损险(Hook Damage)。承保袋装、捆装货物在装卸或搬运过程中，由于装卸或搬运人员操作不当、使用钩子将包装钩坏而造成货物的损失，以及对包装进行修补或调换所支付的费用。

(10) 包装破裂险(Breakage of Packing)。承保装卸、搬运货物过程中因包装破裂造成货物的短少或玷污等损失，以及为继续运输需要对包装进行修补或调换所支付的费用。

(11) 锈损险(Risk of Rust)。承保金属或金属制品一类的货物在运输过程中发生的锈损。

当投保险别为平安险或水渍险时，可加保上述 11 种一般附加险中的一种或多种险别。但如已投保了一切险，就不需要再加保一般附加险，因为保险公司对于承保一般附加险的责任已包含在一切险的责任范围内。

2. 特别附加险(Special Additional Risk)

特别附加险所承保的风险大多与国家行政管理、政策措施、航运贸易习惯等因素有关。我国承保的特别附加险有以下六种。

(1) 交货不到险(Failure of Delivery)。承保从被保险货物装上船开始，如果在预定抵达日期起满 6 个月仍不能运到原定目的地交货，则不论何种原因，保险人均按全部损失赔付。

(2) 进口关税险(Import Duty Risk)。针对有些国家和地区对某些货物征收很高的进口关税，而且不论货物抵达时是否完好，一律按发票上载明的价值征收这一情况，而设立的特别险别。如果货物发生保险责任范围内的损失，而被保险人仍须按完好货物完税时，保险人对受损货物所缴纳的关税负赔偿责任。

(3) 舱面险(On Deck Risk)。承保装载于舱面的货物因被抛弃或被风浪冲击落水所造成的损失。

(4) 拒收险(Rejection Risk)。承保货物在进口时，不论何种原因在进口港被进口国的政府或有关当局拒绝进口或没收所造成的损失。保险人一般按货物的保险价值进行赔偿。

(5) 黄曲霉毒素险(Aflatoxin Risk)。黄曲霉素是一种致癌的物质，如果被保险货物在进口港或进口地经当地卫生当局检验证明，因含黄曲霉素超标而被拒绝进口、没收或强制改变用途时，保险人按照被拒绝进口或被没收部分货物的价值或改变用途所造成的损失负责赔偿。

(6) 出口货物到香港(包括九龙在内)或澳门存仓火险责任扩展条款(Fire Risk Extension Clause for Storage of Cargo at Destination Hong Kong, Including Kowloon, or Macao)。承保我国出口到港澳地区的货物，如果直接卸到保险单载明的过户银行所指定的仓库时，则延长存仓期间的火险责任。这是因为我国内地出口到港澳的货物，有些是向我国在港澳的银行办理押汇。在货主向银行清还货款之前，货物的权益属于银行，因而在这些货物的保险单上注明过户给放款银行。如保险货物抵达目的地后，货物尚未还款，往往将其存放在过户银行指定的仓库中。为使货物在存仓期间发生火灾能够得到赔偿，特设立这一险别。

3. 特殊附加险(Specific Additional Risk)

根据我国现行海运货物保险条款的规定，海运运输货物战争险、战争附加费用险和货物运输罢工险是海上运输货物保险的三个特殊附加险。

(1) 海洋运输货物战争险。

海洋运输货物战争险(Ocean Marine Cargo War Risks)承保被保险货物由于战争、类似战争行为、武装冲突或海盗行为所造成的直接损失，以及由此而引起的捕获、拘留、扣留、禁止、扣押所造成的损失。还负责各种常规武器(包括鱼雷、水雷、炸弹)所致的损失以及由于上述责任范围而引起的共同海损的牺牲、分摊和救助费用。但对使用原子或热核武器所造成的损失和费用不负赔偿责任。

战争险的保险责任起讫是以水上危险(Waterborne)为限，即自货物在起运港装上海轮或驳船时开始，直到目的港卸离海轮或驳船时为止。不卸离海轮或驳船，则从海轮到达目的港的当日午夜起算满15天，保险责任自行终止；如在中途港转船，不论货物是否在当地卸货，保险责任以海轮到达该港或卸货地点的当日午夜起算满15天为止，到再装上续运海轮时恢复有效。

(2) 战争附加费用险。

战争附加费用于承保由于战争风险引起航行中断或挫折，以及由于承运人在契约权限内，把货物卸在保险单载明的目的港以外的港口或地点所产生的附加的合理的费用。例如，保险人对上岸、卸货、存仓、转运费以及关税及保险费等提供保障。

(3) 货物运输罢工险(Cargo Strikes)。

货物运输罢工险承保被保险货物由于罢工者、被迫停工工人以及参加工潮、暴动、民众斗争的人员的行为，或任何人的恶意行为所造成的保险货物的直接损失，以及由于上述行为所引起的共同海损牺牲、分摊和救助费用。但对在罢工期间由于劳动力短缺或不能使用劳动力所造成的被保险货物的损失，包括因罢工而引起的动力或燃料缺乏使冷藏机停止工作所致的冷藏货物的损失，以及无劳动力搬运货物，使货物堆积在码头淋湿受损，不负赔偿责任。

罢工险对保险责任的起讫的规定，与其他海运货物保险险别一样，采取"仓至仓"条款。按国际保险业惯例，已投保战争险后另加保罢工险，不另增收保险费。如果仅要求加保罢工险，按战争险费率收费。

二、海运货物保险的责任起讫

保险的责任起讫，又称保险期间或保险期限，是指保险人承担责任的起讫时限。我国海运货物保险基本险的责任起讫一般采取"仓至仓"的原则。

"仓至仓"(Warehouse to Warehouse，W/W)规定了保险人承担责任的起讫地点，从保险单载明的发货人仓库或储存处所开始运输时生效，在正常运输过程中继续有效，直到保险单载明的目的地收货人最后的仓库或储存处所或被保险人用作分配、分派或非正常运输的其他储存处所为止，货物进入仓库或储存处所后保险责任即行终止。如未抵达上述仓库或储存处所，则以被保险货物在最后卸载港全部卸离海轮后满 60 天为止。如在上述 60 天内被保险货物需转运到非保险单所载明的目的地时，则以该项货物开始转运时终止。

(一)正常运输情况下，保险责任的起讫时限

正常运输是指保险货物自保险单载明起运地发货人仓库或其储存处所首途运输时开始，不论是先使用哪种运输工具运输货物，只要是属于航程需要都属于正常运输范围。在正常运输情况下，保险责任的起讫是按"仓至仓"原则办理的。

被保险货物在运抵保险单载明的目的地之前，若发生分配、分派和分散转运等情况，保险责任按下列原则处理。

(1) 若以卸货港为目的地，被保险人提货后，运到他自己的仓库时，保险责任即行终止。

(2) 若以内陆为目的地，从向船方提货后运到内陆目的地的被保险人仓库时，保险责任即行终止。

(3) 以内陆为目的地，如果被保险货物在运抵内陆目的地时，先行存入某一仓库，然

后将该批货物分成几批再继续运往几个内陆目的地的另外几个仓库，包括保险单所载目的地，在这种情况下，则以先行存入的某一仓库作为被保险人的最后仓库，保险责任在进入该仓库时即终止。

(二)非正常运输情况下，保险责任的起讫时限

所谓非正常运输是指被保险货物在运输中，由于被保险人无法控制的运输迟延、绕道、被迫卸货、重新装载、转载或承运人行使运输合同赋予的权限所作的任何航海上的变更或终止运输合同，致使被保险货物运抵到非保险单所载明的目的地。

根据我国《海洋运输货物保险条款》第 3 条第 2 款的规定，在海洋运输过程中，如果出现被保险人所不能控制的意外情况，保险责任将按下列规定办理。

(1) 当出现由于被保险人无法控制的运输迟延、绕道、被迫卸货、重行装载、转载或承运人运用运输契约赋予的权限作任何航海上的变更时，在被保险人及时将获知的情况通知保险人并加缴保险费的情况下，保险人可继续承担责任。

(2) 在被保险人无法控制的情况下，保险货物如在运抵保险单载明的目的地之前，运输契约在其他港口或地方终止时，在被保险人立即通知保险人并在必要时加缴一定保险费的条件下，保险继续有效，直至货物在这个卸载港口或地方卖出去以及送交之时为止。但是，最长时间不能超过货物在卸载港全部卸离海轮后满 60 天。这两种情况下保险期限的终止，应以先发生者为准。

三、海运运输货物专门保险

(一)海洋运输冷藏货物保险

1. 海洋运输冷藏货物保险责任范围

本保险分为冷藏险和冷藏一切险二种。被保险货物遭受损失时，本保险按照保险单上订明承保险别的条款规定，负赔偿责任。

(1) 冷藏险(Risk for Shipment of Frozen Products)。

本保险负责赔偿：

① 被保险货物在运输中由于恶劣气候、雷电、海啸、地震、洪水等自然灾害或由于运输工具遭受搁浅、触礁、沉没、互撞、与流水或其他物体碰撞以及失火、爆炸意外事故或由于冷藏机器停止工作连续达 24 小时以上所造成的腐败或损失。

② 在装卸或转运时由于一件或数件整件货物落海所造成全部或部分损失。

③ 被保险人对遭受承保责任内危险的货物采取抢救、防止或减少货损的措施而支付的合理费用，但以不超过该批被救货物的保险金额为限。

④　运输工具遭遇海难后，在避难港由于卸货所引起的损失以及在中途港、避难港由于卸货、存储及运送货物所产生的特别费用。

⑤　共同海损的牺牲、分摊和救助费用。

⑥　运输契约订有"船舶互撞责任"条款，根据该条款规定应由货方偿还船方的损失。

(2)　冷藏一切险(All Risks for Shipment of Frozen Products)。

除包括上述冷藏险的各项责任外，本保险还负责被保险货物在运输途中由于外来原因所致的腐败或损失。

2. 海洋运输冷藏货物保险的除外责任

(1)　被保险鲜货在运输过程中的任何阶段，因未存放在有冷藏设备的仓库或运输工具中，或辅助运输工具没有隔温设备所造成鲜货腐烂的损失。

(2)　被保险鲜货在保险责任开始时，因未保持良好状态，包括整理加工和包装不妥，冷冻不合规定及肉食骨头变质所引起的鲜货腐烂和损失。

3. 海洋运输冷藏货物保险的责任起讫

适用仓至仓条款，不过海洋运输冷藏保险条款规定：货物到达保险单所载明的最后目的港，如在 30 天内卸离海轮，并将货物存入岸上冷藏仓库后仍继续负责，但负责到以货物全部卸离海轮时算起满 10 天为止。在上述期限内货物一经移出冷藏仓库，保险责任即告终止。如果货物卸离海轮后不存入冷藏仓库，保险责任至卸离海轮时终止。

4. 赔款的处理

海洋运输冷藏货物保险对赔款的规定是，对同一标记和同一价值的或不同标记但是同一价值的各种包、件、扎、块等，除非另有规定，均视作同一重量和同一保险价值计算处理赔偿。

(二)海运散装桐油保险条款

1. 海运散装桐油保险的责任范围

海运散装桐油保险只有一个险别，负责不论任何原因所致的桐油超过保险单规定免赔率的短少、渗漏损失和不论任何原因所致的桐油的污染或变质损失。

2. 海运散装桐油保险的保险期限

(1)　在正常运输情况下，海运散装桐油保险的责任自桐油运离保险单载明的启运港的岸上油库或盛装容器开始，包括整个运输过程，至保险单载明的目的地岸上油库责任终止，而且最多只负责海轮到达目的港后 15 天。

(2) 在非正常运输情况下，被保险桐油应在运到非保险单载明的港口的 15 天内卸离海轮，保险责任在桐油卸离海轮后满 15 天终止。如 15 天内该货物在该地被出售，保险责任在交货时终止。

(3) 被保险桐油如在上述 15 天内继续运往保险单所载明的原目的地或其他目的地时，保险责任终止按第(1)款的规定终止。

3. 特别约定

(1) 被保险人在启运港必须取得船上油舱的清洁合格证书，桐油装船后的容量、重量、温度的证书和装船桐油的品质检验合格证书。

(2) 如果发生意外，必须在中途港卸货时，同样必须在卸货前对桐油进行品质检验，取得证书，还要对接受所卸桐油的油驳、岸上油库及重新装载桐油的船舶油舱等接收容器进行检验并取得合格证书。

(3) 桐油到达指定目的港后，在卸货前，桐油还须由保险单指定检验人对油舱温度、容量、重量及品质进行检验，出具证书。

(三)卖方利益险

卖方利益险是在卖方没有投保货运基本险的情况下，为保障自身在货物运输途中遇到事故时买方不付款赎单而遭受的损失而设立的，适用于以付款交单(D/P)、承兑交单(D/A)或赊账(O/A)付款条件成交的合同。

卖方利益险的条件：一是被保险货物的损失必须属于货运保险的承保责任，二是买方拒绝支付该受损货物部分的货款。

四、伦敦保险协会海运货物保险条款

在国际保险市场上，英国伦敦保险协会所制定的"协会货物保险条款"(*Institute Cargo Clause*，ICC)对世界各国有着广泛的影响。目前，世界上许多国家在海运保险业务中直接采用该条款。

在我国，按 CIF 条件出口，一般以中国人民保险公司所制定的保险条款为依据，但如果国外客户要求按英国伦敦保险协会所制定的货物保险条款为依据，也可酌情接受。

(一)协会货物保险条款的种类

协会货物保险条款有以下几种。

(1) 协会货物条款(A)：ICC(A)[Institute Cargo Clauses(A)，ICC(A)]。

(2) 协会货物条款(B)：ICC(B)[Institute Cargo Clauses(B)，ICC(B)]。

(3) 协会货物条款(C)：ICC(C)[Institute Cargo Clauses(C)，ICC(C)]。

(4) 协会战争险条款(货物)(Institute War Clauses-Cargo)。

(5) 协会罢工险条款(货物)(Institute Strikes Clauses-Cargo)。

(6) 恶意损害险条款(Malicious Damage Clauses)。

以上六种险别中，A、B、C 三种险别是基本险，战争险、罢工险及恶意损害险是附加险。其中，除了恶意损害险外，前五种险别都可以单独投保。另外，A 险包括恶意损害险，但在投保 B 险或 C 险时，应另行投保恶意损害险。

(二)协会货物保险主要险别的承保风险与除外责任

1. ICC(A)险的承保风险与除外责任

(1) 承保范围：类似于我国的一切险，采用"一切风险减除外责任"的概括式规定方法，即除了"除外责任"项下所列的风险保险人不予负责外，其他风险均予负责。

(2) 除外责任。

① 一般除外责任：归因于被保险人故意的不法行为造成的损失或费用；自然渗漏、重量或容量的自然损耗或自然磨损；包装或准备不足或不当所造成的损失或费用；保险标的的内在缺陷或特性所造成的损失或费用；直接由于迟延所引起的损失或费用；由于船舶所有人、经理人、租船人或经营破产或不履行债务造成的损失或费用；由于使用任何原子或热核武器所造成的损失和费用。

② 不适航、不适货除外责任：主要指保险人在被保险货物装船时已知道船舶不适航，以及船舶、运输工具、集装箱等不适货。

③ 战争除外责任：由于战争、内战、敌对行为等造成的损失或费用；由于捕获、拘留、扣留等(海盗除外)所造成的损失或费用；由于漂流水雷、鱼雷等造成的损失或费用。

④ 罢工除外责任：由于罢工者、被迫停工工人等造成的损失或费用；任何恐怖主义者或出于政治动机而行动的人所造成的损失或费用。

2. ICC(B)险的承保风险与除外责任

(1) 承保范围：类似于我国的水渍险，采用承保"除外责任"之外列明风险的办法。

① 灭失或损害合理归因于下列原因者：火灾、爆炸；船舶或驳船触礁、搁浅、沉没或倾覆；陆上运输工具倾覆或出轨；船舶、驳船或运输工具同水以外的外界物体碰撞；在避难港卸货；地震、火山爆发、雷电。

② 灭失或损害由于下列原因造成者：共同海损牺牲；抛货；浪击落海；海水、湖水或河水进入船舶、驳船、运输工具、集装箱、大型海运箱或贮存处所；货物在装卸时落海

或摔落造成整件的全损。

(2) 除外责任。

ICC(A)险除外责任加上(A)险的"海盗行为"与"恶意损害险"。

(3) ICC(B)险与ICC(A)险的区别。

① 在ICC(A)险中,仅规定保险人对归因于被保险人故意的不法行为所致的损失或费用,不负赔偿责任;而在ICC(B)险中,则规定保险人对被保险人以外的其他人的故意非法行为所致的风险不负责任。可见,在ICC(A)险中,恶意损害的风险被列为承保风险;而在ICC(B)险中,保险人对此项风险却不负赔偿责任。被保险人如果想获得此种风险的保险保障,就需加保"恶意损害险"。

② 在ICC(A)险中,标明"海盗行为"不属除外责任;而在ICC(B)险中,保险人对此项风险不负保险责任。

3. ICC(C)险的承保风险与除外责任

(1) 承保范围。类似于我国的平安险,仅承保"重大意外事故"的风险,而不承保自然灾害及非重大意外事故的风险。

① 灭失或损害合理归因于下列原因者:火灾、爆炸;船舶或驳船触礁、搁浅、沉没或倾覆;陆上运输工具倾覆或出轨;在避难港卸货。

② 灭失或损害由于下列原因造成者:共同海损牺牲;抛货。

(2) 除外责任。除外责任与ICC(B)险完全相同。

ICC(A)(B)(C)险的范围类似于CIC(中国保险条款)的一切险、水渍险和平安险,不同之处在于以下几点。

① 海盗行为所造成的损失是ICC(A)险的承保范围,而在一切险中是除外责任。

② ICC(A)险包括恶意损害险,而一切险中不包括此种险。

③ ICC(B)(C)险改变了水渍险与平安险对承保范围中某些风险不明确的弊病。

采取列明风险的办法,即把承保风险和损失一一列明。责任起讫也是"仓至仓"条款,但比我国条款规定更为详细。

4. 战争险的承保风险与除外责任

(1) 承保范围。

① 直接由于战争、内战、革命、造反、叛乱,或由此引起的内乱,或任何交战方之间的敌对行为所造成的运输货物的损失。

② 由于上述原因所引起的捕获、扣押、扣留、拘禁或羁押等所造成的运输货物的损失。

③ 各种常规武器所造成的运输货物的损失。

(2) 除外责任。

与 ICC(A)除外责任相同之外，还包括以下几点。

① 基于航程或航海上的损失或受阻的任何索赔不负赔偿。

② 由于敌对行为使用原子或热核制造的武器所造成的损失不负赔偿。

责任起讫适用"水面"条款，以"水上危险"为限。

5. 罢工险的承保风险与除外责任

(1) 承保范围。

① 由于罢工工人、被迫停工工人或参与工潮、暴动或民变的人员所造成的损失或损害。

② 罢工、被迫停工、工潮、暴动或民变造成的损失和费用。

③ 由于恐怖分子或出于政治动机而行为的人所造成的损失或损害。

(2) 除外责任。

与 ICC(A)险的一般除外责任相同，还包括以下几点。

① 因罢工、关厂、工潮、暴动或民变造成的各种劳动力流失、短缺或抵制引起的损失、损害或费用不负赔偿。

② 基于航程或航海上的损失或受理的任何索赔不负赔偿。

③ 由于战争、内战、革命、造反、叛乱，或由此引起的内乱或交战方之间的敌对行为造成的损失、损害或费用不负赔偿。

责任起讫适用"仓至仓"条款。

6. 恶意损害险的承保风险

若要对恶意损害造成的损失取得保障，可以投保 ICC(A)险，或在投保 ICC(B)险或 ICC(C)险时加保恶意损害险。

(三)协会海运货物保险的保险期限

海运货物保险的期限是"仓至仓"；海运货物战争险的期限是"仅限于水上危险"。

协会海运货物(A)(B)(C)险条款有关保险期限的规定是在"运输条款"(Transit Clause)、"运输契约终止条款"(Termination of Contract of Carriage Clause)和"航程变更条款"(Change of Voyage clause)三个条款中规定的。

运输条款是保险人对被保险货物应负"仓至仓"的责任以及被保险人在无法控制的情况下发生船绕航、运输迟延、被迫卸货、重新装载、转运，或由于承运人行使运输契约所赋予的自由处置权而发生变更航程等情况，被保险人无须告知保险人及支付保险费。

运输契约终止条款是规定由于被保险人无法控制的原因，被保险货物在运抵保险单所载明的目的地以前，运输契约即在其他港口或处所终止，则在被保险人立即通知保险人并在必要时加缴一定保险费的条件下，保险继续有效，直至货物在这个卸货港口或处所以及送交之时为止。但最长时间以不超过货物到达该港口或处所满 60 天为止。

变更航程条款主要规定，在保险责任开始之后，如果被保险人要求变更保险单所载明的目的地，则在立即通知保险人并另行确定保险费及保险条件的情况下，保险责任仍然有效。

第三节　海洋货物运输保险实务

一、出口投保程序

出口货物如果按 CIF 和 CIP 条件成交，应由出口企业在发票填制完毕后向当地的保险公司办理投保手续；如果按照 CFR 或 FOB 条件成交，保险由进口方办理，卖方必须将货物出运的情况及时通知买方，如果因卖方原因导致买方投保不及时，对货物损失保险公司拒赔，一切责任由卖方承担。

出口企业办理货物保险的具体投保程序如下。

(1) 投保人根据出口合同或信用证规定，在备妥货物并确定装运日期和运输工具后，按保险公司规定的格式逐笔填制投保单，送保险公司投保。

(2) 保险公司以投保单为凭出具保险单，作为接受保险的正式凭证。投保人应认真审核。

(3) 投保人在保险公司出具保险单后，如需更改险别、运输工具、航程、保险期限及保险金额等，必须向保险公司提出申请，保险公司立即出具批单，附在保险单上作为保险单的组成部分。

(4) 投保人按规定缴纳保险费。

(5) 被保险货物抵达目的地后，如果发生承保责任范围内的损失，可由国外收货人凭保险单等有关凭证向保险公司或其代理人索赔。

二、投保单填写实务

在进出口业务中，投保海运保险时，投保人均需填写进出口货运投保单，作为其对保险标的及其他相关事实的告知和陈述，保险人则根据投保单所填写的内容决定是否接受保险。保险人如果接受保险，即以投保单为依据，出立保险单，确定其所承担的保险责任，并由此确定保险费率，计算投保人应交纳的保险费。

(一)投保单格式

投保单格式如图9-1所示。

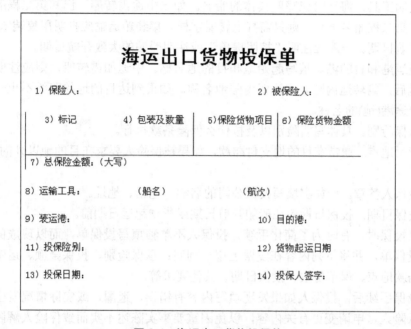

图9-1　海运出口货物投保单

(二)填制投保单的要求

填制投保单时，应按照下述原则填写。

(1) 保险人。即承保人，一般为保险公司、保险商或其代理人，但不能为保险经纪人。

(2) 被保险人。此项为受保险合同保障的一方。一般是谁投保，谁为被保险人。如果以 CIF 条件成交，由卖方办理保险，一般以卖方本人为被保险人。如果以 FOB 或 CFR 条件成交，由买方自行投保，直接以其本人为被保险人。若信用证要求以进口商为被保险人或指明要过户给某一银行或第三者，应在投保单上填明。

(3) 保单号次。此项确定保险保障的贸易货物的具体批号，以便发生索赔时进行核对。出口货物填写该批货物的发票号码。进口货物则填写贸易合同号码。

(4) 标记。此项应填写商品的运输标志，或写明按发票规定(as Invoice)。

(5) 包装及数量。此项写明包装方式以及包装数量，并填写最大包装的件数。如果一次投保有数种不同包装时，可以件(Packages)为单位。散装货应填写散装重量。如果采用集

装箱运输，应予注明(in Container)。

(6) 保险货物项目。应填写保险货物的名称，按发票或信用证填写，如果货名过多，可只写统称，不必过于具体。

(7) 保险金额与货币。填写按照贸易合同或信用证规定的加成计算得出的保险金额数值。计算时一般按发票的金额加成。保险金额货币名称要与发票一致。

(8) 运输工具。海运时应写明具体的船名。如果中途需转船，已知第二程船时应打上船名；如果第二程船名未知，则只需打上转船字样。集装箱运输应打明用集装箱。

(9) 开航日期。一般应注明"按照提单"或注明船舶的大致开航日期。

(10) 装运港和目的港。填写起始地和目的地名称。中途如需转船，则应注明转船地。若到目的地后，需转运内陆，应注明内陆地名称。如果到达目的地的路线不止一条，要填写经过的中途港(地)的名称。

(11) 承保险别。具体写明险别以及按什么保险条款执行。

(12) 偿付地点。通常在目的地支付赔款，如果被保险人要求在目的地以外的地方赔款，应予注明。

(13) 投保人签章。应如实填写投保公司的名称、电话、地址。

(14) 投保日期。投保日期应在船舶开航日期或货物起运日期前。

在出口投保时，有时为了简化手续，投保人不单独填写投保单，而以现成的公司发票副本代替投保单，并将下列内容在发票上逐一列明：承保险别、投保金额、运输工具、开航日期、赔款地点、保单份数、投保日期、其他要求等。

办理投保手续后，投保人如果发现填写内容有错误、遗漏，或实际情况发生变化，应及时通知保险人，申请变更有关内容，以免因重要事实陈述不实而致保险人解除保险合同或拒付保险赔款。

(三)缮制保险单实务

保险公司接受投保人的投保申请后，认为可以接受的，便根据投保单的内容缮制保险单，作为保险合同成立的书面凭证。投保人则需参照信用证、贸易合同及发票等单据对保险单进行审核，以保证单证一致、单单一致，并和合同的规定相符。保险单一式若干份，保险公司留存一份，其余交给投保人，作为其议付的单据之一，同时保险单也是被保险人向保险人索赔的依据。

1. 保险单的分类

(1) 保险单(Insurance Policy)。

保险单俗称"大保单"，是一种正式的保险合同。该保险单背面印有保险条款，它是一种独立的保险凭证，一旦货物受到损失，承保人和被保险人都要按照保险条款和投保险别来分清货损，处理索赔。当 L/C 要求提交保险单或保险凭证时，银行可接受保险单。目前，国内的保险公司均出具保险单作为出口贸易的保险凭证。

(2) 保险凭证(Insurance Certificate)。

保险凭证俗称"小保单"，是一种简单的保险凭证，具有与大保单同等的效力。但它在背面不印刷保险条款，只印刷承保责任界限，其余事项如保险当事人的权利、义务及相关保险责任范围的约定以保险公司的保险条款为准，缺乏完整的独立性。因此当 L/C 明确要求 INSURANCE POLICY 时，银行不能接受保险凭证。

(3) 联合保险凭证(Combined Insurance Certificate)。

又称承保证明(Risk Note)，它是我国保险公司使用的将发票与保险相结合的形式最简单的保险单据。保险公司仅将承保险别、保险金额及保险编号加注于出口货物发票上，并正式签章作为已经保险的证据。目前仅适用于由港澳中银集团银行开立 L/C，将货运至港澳、新马地区华商的部分出口业务。

(4) 预约保险单(Open Policy)。

预约保险单是保险公司承保被保险人在一定时期内发运的、以 CIF 价格条件成交的出口货物或以 FOB、CFR 价格条件成交的进口货物的保险单。预约保险单载明保险货物的范围、险别、保险费率、每批运输货物的最高保险金额以及保险费的结付办法等。凡属于预约保险范围内的进出口货物，一经起运，即自动按预约保险单所列条件承保，但被保险人在获悉每批保险货物起运时，应立即以起运通知书或其他书面形式将该批货物的名称、数量、保险金额、运输工具的种类和名称、航程起讫地点、开航日期等情况通知保险公司。

(5) 保险批单(Endorsement)。

保险批单是保险人应投保人申请，对已开立的原保单作出更改的文件。当保险公司按照被保险人的申请签发了保险单据后，直至保险期限结束前，被保险人如果中途因保险单据上的某项内容有错误，或由于某种原因需要修改保险单据上的某项内容时，可以向保险人提出修改申请，由保险人出具批单进行修改。保险批单须粘贴在原保单上，并加盖骑缝章，注明更改或补充的内容。

2. 保险单的缮制

保险单应包括以下内容。

(1) 发票号码(Invoice No.)。

填写投保货物商业发票的号码。

(2) 保险单号次(Policy No.)。

填写保险单号码。

(3) 被保险人(The Insured)。

如果来证无特别规定，保险单的被保险人应是信用证上的受益人，由于出口货物绝大部分由外贸公司向保险公司投保，按照习惯，被保险人一栏中填写出口公司的名称。但遇到特殊规定时，具体填写内容应按 L/C 的特殊规定而定。例如，信用证要求保险单为 TO

THE ORDER OF...或 IN FAVOR OF... BANK(以……银行抬头或受益)，即应在被保险人处填写"出口公司名称+HELD TO THE ORDER OF... BANK(或 IN FAVOR OF...BANK)"。

信用证有特殊要求，所有单据以×××为抬头人，那么应在被保险人栏以×××为被保险人，这种保险单就不要背书。

信用证规定，TO THE THIRD PARTY(以第三者名称，即中性名称作为抬头人)，则应填写"TO WHOM IT MAY CONCERN"(被保险利益人)。

信用证规定，TO ORDER(保单为空白抬头)，被保险人名称应填写"THE APPLICANT+出口公司名称+FOR THE ACCOUNT OF WHOM IT MAY CONCERN"(受益人为被保险利益人)。

(4) 保险货物项目(Description of Goods)。

应填写保险货物的名称，按发票或信用证填写，如果货名过多，可只写统称，不必过于具体。

(5) 包装、单位及数量(Quantity)。

与提单相同，此项写明包装方式以及包装数量，并填写最大包装的件数。如果一次投保有数种不同包装时，可以件(Packages)为单位。散装货应填写散装重量。如果采用集装箱运输，应予注明(in Container)。

(6) 保险金额(Amount Insured)。

一般按照发票金额加一成(即 110%发票金额)填写，至少等于发票金额。对超出 110%的保险费可要求由开证人承担，最终以双方商定的比例计算得出，但中国人民保险公司不接受保额超过发票总值 30%，以防止个别买主故意灭损货物，串通当地检验部门取得检验证明，向保险公司索赔。保额尾数四舍五入取整，金额大小写必须一致，并使用与信用证或发票相同的货币开立保单。

(7) 承保险别(Conditions)。

一般应包括具体投保险别、保险责任起讫时间、适用保险条款的文本及日期。出口公司只需在副本上填写这一栏目的内容。当全套保险单填好交给保险公司审核、确认后，才由保险公司把承保险别的详细内容加注在正本保险单上。填制时应注意严格按信用证规定的险别投保，并且为了避免混乱和误解，最好按信用证规定的顺序填写。

(8) 货物标记(Marks & Nos.)。

即唛头和号码，应与发票和运输单据一致。如果唛头较为复杂，可注明 AS PER INVOICE NO.…(被保险人索赔时一定要提交发票)。但如果信用证规定所有单据均要显示装运唛头，则应按照实际唛头填写。

(9) 总保险金额(Total Amount Insured)。

将保险金额以大写的形式填入。计价货币也应以全称形式填入。保险金额使用的货币应该与信用证使用的货币一致，保险总金额的大写应与阿拉伯数字一致。

(10) 保费(Premium)。

一般已经由保险公司在保险单上印上"AS ARRANGED"字样，出口公司不必填写具体金额。但如果信用证要求"INSURANCE POLICY OR CERTIFICATE FOR FULL INVOICE VALUE PLUS 10% MARKED PREMIUM PAID"或"INSURANCE POLICY OR CERTIFICATE ENDORSED IN BLANK FULL INVOICE VALUE PLUS 10% MARKED PREMIUM PAID USD"，制单时应将印好的"AS ARRANGED"字样删除，并且加盖核对章后打上"PAID"或"PAID USD..."字样。

(11) 载运输工具(Per Conveyance S．S)。

填写装载船的船名。当运输由两程运输完成时，应分别按照提单填写一程船名和二程船名。如一程船名为 DAEWOO，二程船名为 PIONEER，则该栏应填写"DAEWOO/PIONEER"。如转运到内陆，应加 Other Conveyance。如船名未知，应填写"TO BE DECLARED"。

(12) 开航日期(Sailing on or about...)。

一般填写提单装运日期，若填写时尚不知准确的提单日，也可填写提单签发日前 5 天之内的任何一天的日期，或填写"AS Per B/L"，即以提单为准。

(13) 起运港……目的港(From...to...)。

填写：FROM 装运港 TO 目的港。当一批货物经转船到达目的港时，这一栏填写：目的港 W/A(VIA)转运港。

(14) 保险单份数(Copies of Insurance Policy)。

当信用证没有特别说明保险单份数时，出口公司一般提交一套完整的保险单(一份原件，一份复印件)。

当来证要求提供保险单"IN DUPLICATE /IN TWO FOLDS/IN TWO COPIES"时，出口公司提交给保险公司一张正本保险单和一张副本保险单构成全套保险单。其中的正本保险单可经背书转让。根据《UCP600》的规定，正本必须有"正本"(ORIGINAL)字样。

(15) 赔款偿付地点(Claim Payable at...)。

一般地，将目的地作为赔付地点，将目的地名称填入该栏。赔款货币一般为与信用证和投保额相同的货币。

(16) 日期(Date)。

日期指保险单的签发日期。由于保险公司提供仓至仓(Warehouse to Warehouse)服务，所以要求保险手续在货物离开出口方仓库前办理。保险单的日期也应是货物离开出口方仓库前的日期。

(17) 投保地点(Place)。

填写投保地点的名称，一般为装运港(地)的名称。

(18) 保险公司代表签名(Signature)。

如图 9-2 所示为海洋货物运输保险单样本。

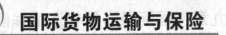

PICC **中国人保财险股份有限公司**
PICC Property and Casualty Company Limited

总公司设于北京　　一九四九年创立
Head Office Beijing　　Established in 1949

海 洋 货 物 运 输 保 险 单
MARINE CARGO TRANSPORTATION INSURANCE POLICY

发票号码 Invoice No.　　　　　　　　　　　　保单号次 Policy No.

被保险人 Insured:

中保财产保险有限公司(以下简称本公司)根据被保险人的要求，及其所缴付约定的保险费，按照本保险单承担险别和背面所载条款与下列特别条款承保下列货物运输保险，特签发本保险单。

This policy of Insurance witnesses that The People Insurance (Property) Company of China, Ltd. (hereinafter called the Company) at the request of the Insured and in consideration of the agreed premium paid by the Insured, undertakes to insure the under mentioned goods in transportation subject to the conditions of this Policy as per the Clauses printed overleaf and other special clauses attached hereon.

货物标记 **Marks of Goods.**	包装单位 **Packing Unit**	保险货物项目 **Description of Goods**	保险金额 **Amount Insured**
(4)	(5)	(6)	(7)

总保险金额：

Total Amount Insured: _____

保险费	开航日期　(9)	装载运输工具　(10)
Premium　As arranged	**Sig. On or abt.** _____	**Per conveyance S.S.** _____

起运港		中转港		目的港	
From　TIANJIN		**Via**　HONG KONG		**To**　NEW YORK	

承保险别 **Conditions:**

所保货物，如发生本保险单项下可能引起索赔的损失或损坏，应立即通知本公司下述代理人查勘。如有索赔，应向本公司提交保险单正本(本保险单共有 2 份正本)及有关文件。如一份正本已用于索赔，其余正本则自动失效。

In the event of damage which may result in a claim under this Policy, immediate notice be given to the Company Agent as mentioned hereunder. Claims, if any, one of the Original Policy which has been issued in **TWO** Original(s) together with the relevant documents shall be surrendered to the Company, if one of the Original Policy has been accomplished, the others to be void.

保险公司在目的港的代理的名称、地址、
电话号码等内容

赔款偿付地点
Claim payable at _____

日期
Date _____

中国人保财险股份有限公司天津分公司
PICC Property & Casualty Co., Ltd., Tianjin Branch

张三

图 9-2　海洋货物运输保险单

3. 保险单的背书

在 CIF 交易条件下，出口方向银行交单结汇时，在提单转让的同时，在保险单的正本及第二联的背面应背书(Endorsement)签章，将保险单的权益转移给单据持有人。单据持有人成为新的被保险人，享有向保险人索赔的权利。保险单据的背书转让事先无须通知保险人，但转让形式取决于信用证的相关规定。

(1) 空白背书(Blank Endorsed)。

空白背书只注明被保险人的名称(包括出口公司的名称和经办人的名字)。当来证没有明确使用哪一种背书时，也使用空白背书方式。

(2) 记名背书。

当来证要求 "DELIVERY TO THE ORDER OF...BANK" 或 "ENDORSED IN NAME OF..."，即规定使用记名方式背书。即在保险单背面注明被保险人的名称和经办人的名字后，打上 "DELIVERY TO THE ORDER OF..." 或 "ENDORSED IN NAME OF..." 的字样。记名背书在出口业务中较少使用。

(3) 记名指示背书。

当来证要求 "INSURANCE POLICY OR CERTIFICATE INNEGOTIABLE FORM ISSUED TO THE ORDER OF..."，即规定使用记名指示方式背书。在制单时，要在保险单背面打上 "TO THE ORDER OF..."，然后签署被保险人的名称。

(4) 无须背书的情形。

若信用证规定 "INSURANCE POLICY ISSUED TO WHOM IT MAY CONCERN" (被保险人为中性名称)或 "INSURANCE POLICY ISSUED TO BEARER" (保单签发给被保险人)，则保单无须背书既可转让。当被保险货物损失(承保范围内)后，保险单的持有人享有向保险公司或其代理人索赔的权利并得到合理的补偿。

4. 保险单审核实务

保险公司将缮制好的保险单交与投保人后，投保人须参照信用证、贸易合同及发票等单据对保险单进行逐项审核，以保证单证一致、单单一致，并和合同的规定相符，才能顺利地交单结汇。在保险单的审核中，常见的问题和错误有以下几种。

(1) 保单的种类与信用证要求不符。例如，信用证要求提交保险单，而实际提交的是保险证明。

(2) 投保险别与信用证要求不符。例如，信用证要求投保钩损险和包装破裂险，保单上注明的却是投保平安险。

(3) 投保货物与信用证要求不符。例如，货物描述、金额与信用证或发票规定不符。

(4) 运输工具、装运港、目的港与信用证或提单不符。例如，信用证上要求在 HONG KONG 转船，而保险单上没有注明，造成单证不符。

(5) 保险单的币制与信用证、汇票或发票不符。

(6) 保险日期迟于提单日期。

(7) 被保险人与信用证的要求不符。

(8) 偿付地点和偿付代理人与信用证不符。

(9) 背书形式与信用证的有关规定不符。

5. 保险金额和保险费率的计算

1) 保险金额的计算。

保险金额是被保险人对保险标的的实际投保金额，它是保险人承担保险责任和损失赔偿的最高限额。那么，保险金额是如何确定的呢？下面从进出口两方面进行分析。

(1) 出口货物保险金额的确定。

在 CIF 条件成交的情况下，由出口方投保货运险。在我国出口业务中，保险金额一般按 CIF 货价另加 10%计算，这样既弥补了被保险人货物的损失，又可以使运费和保险费的损失得到补偿。如果国外商人要求将加成率提高到 20%或 30%，其差额部分应由国外买方负担。

保险金额的计算公式是：

$$保险金额=CIF 货价×(1+加成率)$$

如果出口按 CFR 成交，保险金额的计算公式是：

$$保险金额=CFR 货价×(1+加成率)÷[1-(1+加成率)×保险费率]$$

【例 9-1】

某公司出口一批服装到东南亚某港口，原定价为东南亚港口每包 CFR105 美元，保险费率为 0.8%，按加成 10%作为保险金额，改报成 CIF 价格后的保险金额计算方法如下：

$$CIF=CFR÷[1-保险费率×(1+保险加成率)]$$
$$=105÷[1-0.8\%×(1+10\%)]=105.93(美元)$$
$$保险金额=105.93×(1+10\%)≈116(美元)(取整)$$

(2) 进口货物保险金额的确定。

我国进口货物的保险金额以估算的 CIF 价格为标准，不另加成。如果投保人要求在 CIF 价基础上加成投保，保险公司也可接受。

如果按照 CFR 或 FOB 价格成交，则按照预约保险合同适用的特约保险费率和平均运费率直接计算保险金额。

按 CFR 进口时：

$$保险金额=CFR 货价×(1+特约保险费率)$$

按 FOB 进口时：

$$保险金额=FOB 货价×(1+平均运费率+特约保费率)$$

2)　保险费率的计算。

投保人向保险人交付保险费，换取保险人承担相应的赔偿责任。保险费是用于支付保险赔款的主要来源，它以保险金额为基础，按一定保险费率计算出来，其计算公式如下：

$$保险费=保险金额×保险费率$$

如按 CIF 加成投保，则公式为：

$$保险费=CIF 货价×(1+加成率)×保险费率$$

【例9-2】

有一批纺织品出口至伦敦，发票金额为 20 000 美元，按发票金额加成 10%投保海运一切险和战争险，试计算保险费。(一切险和战争险的保险费率分别为 0.5%和 0.03%。)

保险费的计算过程如下：

保险金额=20 000 × 110%=22 000(美元)

保险费=22 000 × (0.5%+0.03%)=116.6(美元)

(1)　出口货物保险费率。

保险费率是保险人根据保险标的的危险性大小、损失率高低、经营费用多少等原因，按照不同商品、不同目的地以及不同的投保险别加以规定的。目前，中国人民保险公司出口货物的保险费率分为一般货物费率和指明货物费率两大类。

①　一般货物费率

一般货物费率适用于所有海运出口的货物，凡投保基本险别的均须依照"一般货物费率表"所列标准核收保险费。

②　指明货物费率

由于某些货物在运输途中因外来风险引起短少、破碎和腐烂等损失率极高，因此，针对这种易损失货物加收一种附加费率，将它们单独列出，称为"指明货物"。

(2)　进口货物保险费率。

我国进口货物保险也有两种费率表，即"特约费率表"和"进口货物费率表"。

"特约费率表"仅适用于同保险公司签订预约保险合同的各投保人。"进口货物费率表"适用于未与保险公司订有预约保险合同的逐笔投保的客户，分为一般货物费率和特加费率两项。

6. 保险条款的拟订

保险条款是国际货物买卖合同的重要组成部分之一，必须订得明确、合理。保险条款的内容因选用术语的不同而有所区别。采用不同的贸易术语，办理保险的人就不同。

(1)　以 FOB、CFR 或 FCA、CPT 条件成交的合同，由买方办理保险。保险条款可订为：

Insurance: To be covered by the Buyers.(保险：由买方自理。)

如买方委托卖方代为保险，则应明确规定保险金额、投保险别、按什么条款保险以及保险费由买方负担等。

(2) 以 CIF 或 CIP 条件成交的合同，条款内容必须明确规定由谁办理保险、保险险别和保险金额的确定方法、按什么条款保险，并注明该条款的生效日期。保险条款可订为：

Insurance: To be covered by the sellers for ... % of total invoice value against ..., as per and subject to the relevant Ocean Marine Cargo Clauses of the People's Insurance Company of China dated 1/1, 1981.(保险：由卖方按发票金额的××%投保××险××险，按照中国人民保险公司 1981 年 1 月 1 日生效的有关海洋货物运输保险条款为准。)

如果国外客户要求按伦敦保险业协会的《协会货物条款》或我方保险公司可以承保的其他保险条款投保，我方出口企业可以接受。如果接受，也应在合同的保险条款中明确规定。

第四节　海洋货物运输保险的索赔与理赔

一、国际货物运输保险索赔实务

保险索赔是指被保险货物遭受损失后，被保险人应按规定办理索赔手续，向保险人要求赔偿。

在国际货运保险实务中，保险索赔时，被保险人对保险标的必须具有保险利益，以海运为例，若以 CIF 条件成交，货物的损失若是发生在起运港装上海轮之前的运输途中，应由卖方向保险公司索赔，如果货物的损失发生在装上海轮之后，根据保险利益原则的规定，应由买方向保险公司索赔。

(一)索赔的程序

1. 损失的通知

国际贸易中，被保险人一经获悉或发现保险标的遭受损失，应立即通知保险公司。被保险人获知货损一般有以下两种情况。

一是货物在运输途中因运输工具遭遇意外事故，如卡车倾覆、船舶触礁等而受损。由于在这种情况下货损往往比较严重，被保险人通常在事发后很快就能知悉。

二是货物在起运前后虽然因各种原因而受损，但往往由于损失程度较轻或从外表无法察觉，直到货物运抵目的港，被保险人在提货时，甚至进入收货人的最后仓库时才能发现。

不管属于何种情况，一旦获悉保险货物受损，被保险人应立即向保险人或其指定的代理人发出损失通知。保险人或指定的代理人接到损失通知后，一方面对货物提出施救意见以及时对货物进行施救，避免损失扩大；另一方面会尽快对货物的损失进行检验，核定损失原因，确定损失是发货人还是承运人的责任等，以免因时间过长而导致货物损失原因难以查清，责任无法确定。因此，被保险人若没有及时进行损失通知，保险人有权拒绝赔偿。如果有特殊原因致使被保险人无法在规定的期限内发出损失通知时，被保险人应及时向保险人申请延期通知。

2. 申请检验

被保险人在向保险人或其代理人发出损失通知的同时，还应向其申请货物检验。货物的检验对查清损失原因、审定责任归属是极其重要的，因而被保险人应及时申请检验，如果延误检验，不仅会使保险人难以确定货损是否发生在保险有效期内，而且可能导致损失原因无法查明，影响责任的确定。特别是当货物运抵目的地最后仓库才发现货损时，被保险人更应尽快地向保险人申请检验，以便确定损失是否是在运抵目的地最后仓库前，即在保险期限内发生的。保险人对货物的损失通知和申请检验均有严格的时间限制，中国的保险公司一般要求申请检验的时间最迟不能超过保险责任终止后 10 天。当然，如果是因为被保险人无法控制的原因导致申请检验时间超过了规定的期限，保险人还是应根据实际情况予以受理。

被保险人在申请检验时，应明确以下两点。

(1) 申请检验的机构。在出口运输货物保险单中，一般都指明了保险公司在目的地的检验代理人的名称和地址。发生货损后，被保险人必须采取就近原则，向保险单指定的代理人申请检验，而不能自行请他人进行检验，否则保险人有权拒绝接受检验报告而要求由指定的代理人重新检验。保险中指定的检验代理人有两种：一种是只有检验权的代理人，还有一种是具有核赔权，即检验、理赔合一的代理人。对于后者，保险人开具一定金额的循环信用证。在一定额度内的损失，代理人可自行核赔。

对于进口运输货物保险，当货物在运抵目的地和发现有损失时，一般由保险人或其代理人和被保险人进行联合检验，共同查明损失的原因，确定损失金额以及责任归属。如果货损情况非常复杂，一般应申请由检验检疫部门或保险公证机构进行检验，出具检验报告。

(2) 免于申请检验的前提。对整件短少的货物，如果短少是在目的港将货物卸下海轮时发现的，被保险人应向承运人索取短卸证明；如果短少是货物在卸离海轮以后、提货以前发现的，被保险人应向港口当局或装卸公司索取短卸证明。在此情况下，短卸证明即可作为损失依据，不需申请检验。此外，如果损失轻微，损失金额小，若申请检验，检验费用可能超过保险货物损失的金额，从经济上考虑，保险人往往不要求被保险人申请检验。对此，一般由代理人出具不检验损失报告，保险人直接按实际损失予以赔偿。

检验完成后，应由进行检验的代理人、检验检疫机构或保险人会同被保险人对损失的原因和损失程度等作出判断。检验报告是被保险人据以向保险人索赔的重要证据。但检验报告只是检验人对货损情况作出客观鉴定的证明，并不能最后决定货损是否属于保险责任以及保险人是否应对货损予以赔偿。因此，检验报告上一般注明"本检验报告不影响保险人的权利"。这意味着货物损失是否属于保险责任范围最终要由保险人根据保险合同条款决定。

3. 提交索赔单证

被保险人在向保险人或其代理人索赔时，应提交索赔所必需的各种单证，按照《中国货物运输保险条款》的规定，被保险人在索赔时应提供以下单证。

(1) 正本保险单(Original Policy)。保险单是保险合同的书面证明，是被保险人向保险人索赔的最基本的凭证，保险单中规定的保险人的责任范围及保险金额等内容是确定保险人赔偿与否及赔偿金额的直接依据。

(2) 运输单据(Transportation Document)。运输单据是证明被保险货物交付承运人进行运输时状况的依据。由于运输单据是承运人在接收货物后出立的，其中关于货物的数量及交货时外表状况是否完好等内容的记载对保险人确定货物损失是否发生在保险期内以及承运人是否应承担货损责任有很重要的参考作用。

(3) 发票(Invoice)。发票是保险人计算保险赔款的依据之一。保险人可以通过核对发票与保险单及提单的内容是否相符，以确定赔偿金额。

(4) 装箱单(Packing List)和重量单(Weight Memo)。装箱单和重量单是被保险货物在装运时的数量和重量的证明，证明货物在数量上及重量上的损失。

(5) 货损证明(Certificate of Loss or Damage)。货损证明是指货物运抵目的港或目的地卸下船舶或其他运输工具时出现残损或短少时，由承运人、港口、车站、码头或装卸公司等出具的理货单据，如货物残损单、货物溢短单和货运记录等，这类单据须由承运人或其他责任方签字认可。它既是被保险人向保险人索赔的证据，当货损货差是由于承运人等责任方所致时，它又是被保险人和保险人据以向责任方追偿的重要依据。

(6) 检验报告(Survey Report)。检验报告是检验机构出具的货物质量和数量检验单据，是保险人据以核定保险责任及确定保险赔款的重要文件。检验报告的内容包括对受损货物的损失原因、损失程度、损失金额、损失价值判断或鉴定及处理损失经过等的记录。

(7) 索赔清单(Statement of Claim)。索赔清单是被保险人提交时要求保险人赔偿的详细清单，主要列明索赔的金额和计算依据以及有关费用的项目等。

(8) 海事报告(Master's Report or Marine Accident Report)。这是载货船舶在航行途中遭遇恶劣天气、意外事故或其他海难，可能对保险货物造成损害或灭失时所应提供的一项重要证件，是船长据实记录的报告。其内容主要证明航程中遭遇海难，船舶或货物可能遭受的损失，并声明船长及船员已经采取一切必要措施，是人力不可抗拒的损失，船方应予免责。海事报告对于海上遭受风险的情况、货损原因以及采取的措施都有记载，对于确定损失原因和保险责任具有重要的参考作用。

如果涉及第三者责任，还须提供向责任方追偿的有关函电及其他必要的单证或文件。

此外，保险人还可根据损失情况和理赔的需要，要求被保险人提供与确认保险事故性质和损失程度有关的证明和资料。所有这些证明和资料是被保险人索赔的依据，保险人是否承担赔偿责任，除根据现场调查搜集的资料外，主要是依据这些证明和资料进行判断。

4. 等候结案

被保险人在有关索赔手续办妥后，即可等待保险公司最后审定责任、领取赔款。在等待过程中，有时保险公司发现情况不清需要被保险人补充提供的，应及时办理，以免延迟办理的时间。如果向保险公司提供的证件已经齐全，而未得到及时的答复，应该催赔。保险公司不能无故拖延赔案的处理。

(二)被保险人在索赔时应履行的其他义务

在保险索赔过程中，被保险人除了应及时向保险人发出损失通知、申请检验以及提交有关单证外，还应履行下列两项义务。

1. 采取施救措施，防止或减少损失

对于已发生损失的货物，如果损失可能进一步扩大，被保险人应立即采取必要的措施防止损失扩大，不能因为货物已经保险而任其损失扩大。依据中国《海商法》《保险法》及保险条款的有关规定，一旦保险事故发生，被保险人应采取必要的合理措施，防止或减少损失。被保险人收到保险人发出的有关采取防止或减少损失的合理措施的特别通知后，应当按照保险人通知的要求处理。如果被保险人违反了上述规定而造成货物损失的扩大，保险人就该扩大的损失部分不负赔偿责任。

2. 向有关责任方索赔，维护保险人的代位追偿权

被保险人或其代理人在提货时若发现货物受损，一方面应立即向保险人申请损失检验，另一方面应立即将损失情况通知有关责任方，并向其追偿损失。

如果被保险人未能在规定期限内及时向有关责任方索取损失证明或进行损失通知，可能会导致诉讼时效过期，最终会影响被保险人向保险人的索赔权。为此，被保险人向责任方通知损失后，还应及时以书面形式向责任方提出索赔，并保留追偿权利，必要时还应申请延长索赔时效。根据《中国货物运输保险条款》的规定，被保险人向保险人索赔的时效为货物卸离海轮之日起两年，而其向有关责任方索赔的时效往往少于两年，如中国《海商法》规定，向承运人索赔的时效为货物卸离海轮之日起一年，交通部规定向港务部门索赔的时效为其编制货运记录次日起 180 天。因此，被保险人应在规定的索赔期限内向责任方提出索赔，既保护自己的索赔权，又维护保险人的代位求偿权，否则，保险人可以相应地扣减保险赔款甚至拒赔。

(三)索赔工作应注意的问题

被保险人向保险人提出索赔，应注意以下几个问题。

(1) 提出索赔的人必须是在保险标的发生损失时，对保险标的具有保险利益的人。根

据保险利益原则，损失发生时，只有对保险标的具有保险利益的人，才能向保险公司提出索赔请求。因此，损失发生时对保险标的不具有保险利益的人提出索赔无效。

(2) 保险标的的损失必须是保险单承保的风险造成的保险责任确定的。这一规定是根据近因原则确定的。因此，若保险标的的损失不是以保险承保风险为近因造成的，保险公司无须赔偿。

(3) 对受损货物应积极采取措施进行施救和整理。被保险货物受损后，作为货方的被保险人除了应立即向保险人或其指定的代理人发出损失通知申请检验之外，还应对货物提出施救意见并及时对货物进行施救，避免损失扩大。在我国，无论是进口货物还是国内运输的货物受损后，原则上施救、整理都应由货方自行处理。我国《海商法》第236条规定，一旦保险事故发生，被保险人收到保险人发出的有关采取防止或减少损失的合理措施的特别通知的，应当按照保险人通知的要求处理。如果被保险人没有采取必要的措施防止损失扩大，则对这部分继续扩大的损失，保险人不负赔偿责任。被保险人为此而支付的合理费用，可以从保险人的赔款中获得补偿。

(4) 对受损货物的转售、修理、改变用途等，由被保险人负责处理。在我国，无论是进口货物还是国内运输的货物受损后原则上都是由被保险人自行处理。被保险人在对受损货物进行转售、修理、改变用途等工作之前，必须通知保险人，或征得保险人的同意。

(5) 如果涉及第三者的责任，虽然赔偿一般先由保险人赔付，但被保险人应首先向责任方提出索赔，以保留追偿权利。如果损失涉及承运人、港口或车站等第三者责任，被保险人还应提交向承运人等第三者责任方请求赔偿的函电等文件的留底或复印件，以证明被保险人确已履行了其应该办理的追偿手续，即维护了保险人的代位追偿权。有时还要申请延长索赔时效。

此外，在保险索赔中，被保险人还必须根据保险合同的规定履行应尽的合同义务。

(四)索赔时效

被保险人向保险人就保单项下的损失提出索赔时，必须在保险单规定的索赔时效内提出索赔要求。

索赔时效，即索赔的有效期。它是保险法确认的索赔权利得以行使的时间限制，索赔权利超过法定期限不行使，即归于消灭。

在国际货物运输保险中，保险索赔时效值得充分重视，其原因在于以下几点。

(1) 运输货物的流动性强，事故发生的原因复杂多变，索赔申请提出得越迟，保险人分析损失原因、确定赔偿责任就越困难。

(2) 由于运输过程长，如果被保险人等到在目的地提货时才发现货物损失，这样在事实上被保险人就已经推迟了提出索赔的时间，如果主观上再不重视索赔时效问题，那么被保险人进一步延迟索赔是很自然的。

以海运货物保险为例，我国《海商法》第264条规定，根据海上保险合同向保险人要求保险赔偿的请求权，时效期间为 2 年，自保险事故发生之日起计算。第 266 条规定，在时效期间的最后 6 个月内，因不可抗力或者其他障碍不能行使请求权的，时效中止。自中止时效的原因消除之日起，时效期间继续计算。第 267 条规定，时效因请求人提起诉讼、提交仲裁或者被保险人同意履行义务而中断。但是，请求人撤回起诉、撤回仲裁或者起诉被裁定驳回的，时效不中断。

二、国际货物运输保险理赔实务

保险理赔是指保险人在接到被保险人的损失通知后，通过对损失的检验和调查研究，确定损失的近因和程度，并对责任归属进行确定，最后计算保险赔款金额并支付赔款。

(一)国际货物运输保险的理赔手续

一般而言，国际货物运输保险的理赔主要有立案、审查、核算损失和给付赔款等环节。

1. 立案

立案是指保险公司在接到被保险人的索赔后，把相应的保险单和其他资料进行整理，按照一定的顺序登记在索赔案的记录里，登记的内容应是这笔保单的具体情况，包括保单的号码、被保险货物的名称和数量、保险金额、运输方式、运输工具的名称和损失的细节等，等理赔结束后，还要将具体的处理或理赔结果都一并记录进去，便于日后的参考和查询。

2. 审核相关情况

保险公司在处理索赔案时，首先要对各种情况进行审核，包括对保险单据进行审核，查看相关单据是否齐全；审核被保险人对被保险货物是否具有保险利益；审核在投保时投保人是否遵守了最大诚信原则，有无谎报或隐瞒重要事实；审核被保险人是否及时申请检验；审核损失的性质和造成损失的原因是否在承保范围内，审核发生损失的时间是否在保险期限之内等。

3. 核算损失

如果经过审核证实属于保险责任之内的损失，保险公司还要对保险人要求赔付的各项损失和费用进行具体核算，以确定各个款项的金额是否合理。对于货物本身损失的赔付金额，保险人要核算金额的计算是否是按相关规定得出的，残余价值是否扣除，作价是否合理等；其他的施救、检验等费用，保险人要具体核查这些费用是否必要、合理。

4. 给付赔款

在赔款金额已经确定后，保险公司就要缮制赔款计算书，在其中列明被保险货物本身的损失和费用的金额，并确切填写受损原因。在将赔款支付给被保险人的同时出具赔款收据，赔款收据除被保险人和保险人各自留底外，还需要寄送给有关责任方，表示保险公司有权追偿。

(二)确定损失原因

对货物进行检验时，很重要的一项任务就是确定损失的原因。根据保险近因原则，保险人只对近因属于承保责任范围内的风险而导致的损失予以负责。实践中货物损失的情况多种多样，而造成损失的原因也复杂不一，因此，保险人应首先从若干致损原因中找出损失的近因，然后确定损失是否属于保险责任。在国际贸易中，导致运输货物损失的近因主要有以下几种。

1. 货物的本质缺陷

所谓本质缺陷，是指货物因本身缺陷造成的损失，包括货物在生产、制造、加工、装配、包装以及在起运前存放、转运过程中造成的损失，或货物品质、包装、数量等不符合买卖合同规定、不适合长途运输所造成的损失。由于它属于发货人责任所致，是保险除外责任，保险人不予负责。此时买方应及时向有关机构申请检验，凭检验机构的检验报告及其他索赔单证向卖方直接索赔。

2. 货物在途损失

货物在运输途中遭受的损失主要有以下几种。

(1) 水渍。采用海运方式时，造成货物水渍损失的原因有海水、淡水等水渍。如果因恶劣气候或意外事故而被海水浸湿，包装货物的外包装有明显的水渍痕迹，货物则应含有盐分。而且发生这种事故，船长在航海日志中均有记录，必要时可向船方索取有关资料据以证明；如果货物外包装没有明显的水渍痕迹，而在检验时发现有盐分，往往是受海面空气的作用所致，不属保险风险；如果属淡水损失，可能是因装卸驳运时受雨淋或河水溅湿所致，还可能因船上淡水管破裂，淡水溢出所致，均应有水渍痕迹；如果属舱汗所致，往往是因途中遭遇恶劣气候，关闭通风筒致使舱内水汽凝结而成，因而货物外包装一般会有汗潮迹象。采用陆运或空运方式时，水渍损失主要是因雨水淋湿等所致。

(2) 短量、短少。包装货物整件短少的近因可能是：途中发生共同海损而被抛弃；被人整件窃走；在装卸时整件坠落引起。如果包装货物出现包装内数量短少、外包装有打开过的迹象，一般是偷窃所致，还可能由于运输途中外包装破裂导致货物散失短缺。

散装货重量或数量短少，可能是自然损耗，也可能是被偷走，或是由于装卸时散落所致。如果同一船舱或车厢中有多个货主的同一种散装货，也可能因先卸货的货主多卸或未扣除途耗导致最后卸货时货物短量。

(3) 碰损、破碎。货物碰损、破碎的近因可能是，运输工具遭遇事故剧烈颠簸震动，或是装卸时未按规定操作或野蛮装卸，还可能是由于承运人配载不当或是包装不当。

此外，货物在运输途中还可能遭受火灾损失、串味损失、玷污损失等，均须根据实际情况确定损失的近因。

(三)责任的审定

在确定损失近因之后，保险人应根据保险条款中的保险险别以及保险期限等规定，确定损失是否属于承保责任范围。

1. 险别责任的审定

保险单明确规定了所承保的险别及适用的保险条款，保险人以保险条款为依据，确定损失是否属承保责任。例如，按照《中国货物运输保险条款》投保平安险，如果根据检验结果及被保险人提交的海事报告，可确定因船舶在运输途中遭遇台风导致货物部分被水浸湿，据保险条款规定可知，货物因恶劣气候而致的部分损失不属平安险的承保责任，故保险人应予拒赔。

2. 保险期限的审定

当确定了险别责任之后，保险人将审查保险事故是否发生在保险合同的期限内。为此，保险人应审查以下几个方面的内容。

(1) 保险单中被保险人的名称。

卖方作为被保险人时，保险责任自货物运离发货人仓库起即开始；买方作为被保险人时，根据可保利益原则，保险责任自买方承担运输风险后才开始。

(2) 货物的损失是否发生在正常运输过程中。

如果运输途中出现绕道、中途被迫卸货、转运等非正常运输现象，可能会增加保险人承担的风险。由于这些情况并不是被保险人所能控制的，所以保险人一般应予负责，但一般在保险条款中规定，若发生非正常运输情况，被保险人应及时通知保险人，并在必要时加缴保险费。

(3) 保险单中的责任起讫地点。

例如，采用海洋运输时，有时货物在目的港卸下后，还需转运至内陆目的地。如果保险单中载明的目的地为港口所在地，则在内陆运输发生的损失不在保险期限内，保险人无须负责。

(4) 保险单中如果没有特别约定，海运时货物在目的港卸离海轮满 60 天，陆运时货物运抵最后卸载的车站满 60 天，空运时货物在最后卸离地卸离飞机满 30 天，保险责任即终止。但如果被保险人要求延长保险期限，保险人已在保险单中予以确认的，则应按保险单的规定办理。

3. 被保险人义务的审定

被保险人应履行保险合同中规定的告知、保证和通知等义务，否则保险人可以拒赔甚至解除保险合同。被保险人的义务包括以下三点。

(1) 被保险人对保险标的及相关重要事实的告知必须是真实的，如果被保险人为少付保险费或为让保险人接受其投保申请等原因而故意隐瞒重要事实，保险人一旦获悉真情，即可解除保险合同，而且对发生的损失均不负责。

(2) 被保险人应遵守其所作的承诺，一旦违反合同中的保证条款，保险人即有权解除保险合同，但对被保险人在违反保证之前发生的保险事故损失，保险人应予负责。

(3) 如果在合同有效期间，保险货物危险程度增加，被保险人应及时通知保险人。另外，保险人还将审查被保险人在事故发生后是否采取积极措施防止损失扩大，否则，保险人对扩大的损失部分有权拒赔；如果货损涉及第三者责任，保险人还将审查被保险人是否及时向责任方进行追偿，获取有关证明，有效地维护保险人代位求偿权的行使。如果被保险人放弃向第三者要求赔偿的权利，或因被保险人的过错而使保险人丧失代位求偿权，保险人可以扣减保险赔款甚至拒付赔款。

(四)赔偿金额的计算

保险人在完成上述程序后，如果确定损失属于承保责任范围，保险人应当及时向被保险人进行补偿。依我国《保险法》第25条的规定，保险人自收到赔偿或者给付保险金的请求和有关证明、资料之日起60日内，对其赔偿或者给付保险金的数额不能确定的，应当根据已有证明和资料可以确定的数额先予支付；保险人最终确定赔偿或者给付保险金的数额后，应当支付相应的差额。

国际贸易货物保险赔偿的范围通常包括以下两个方面。

1. 货物损失的赔付

国际货物运输保险一般采用定值保险方式，一旦发生损失，保险人以保险金额为限计算保险赔款。

(1) 全部损失。如果货物发生实际全损，或发生推定全损时被保险人进行委付，保险人也接受委付，只要保险金额不超过约定的保险价值，保险人按保险金额给予全额赔偿，而不管损失当时货物的完好市价如何。如果货物尚有残值，则归保险人所有。

(2) 部分损失。如果货物因保险事故遭受部分损失，则须按损失的程度或数量确定损失比例，然后计算保险赔款。

① 数量(重量)短少。保险货物中部分货物灭失或数量(重量)短少，以灭失或损失的数量(重量)占保险货物总价之比，按保险金额计算赔款。

计算公式为：

$$保险赔款=保险金额×损失数量(重量)÷保险货物总数量(重量)$$

【例9-3】

出口大米共 1000 袋，每袋重 50 千克，已按中国《海运货物保险条款》投保海运一切险，保险金额 2.5 万美元，运至目的地卸货时发现部分外包装破裂，还有数袋短少，共计短缺 1000 千克，则：

$$赔款额=25\,000 × 1000÷(1000 × 50) =500(美元)$$

② 质量损失的赔偿。保险货物遭受质量损失时，应先确定货物完好的价值和受损的价值，计算出贬值率，以此乘以保险金额，即可计算出赔款金额。

完好价值和受损价值，一般以货物运抵目的地检验时的市场价格为准。如果受损货物在中途处理不再运往目的地，则可按处理地的市价为准。处理地或目的地市价一般是指当地的批发价格。计算公式为：

$$赔款额=保险金额×(货物完好价值-货物受损后价值)÷货物完好价值$$

【例9-4】

有一批货物 500 箱，保险金额为 50 000 美元，货物受损后只能按 8 折出售，当地完好价值为 60 000 美元，保险人应赔款：

$$50\,000 × (60\,000-48\,000)÷60\,000=10\,000(美元)$$

再如，保险金额为 20 000 美元，500 箱货物中只有 200 箱受损，按当地完好价值每箱 120 美元 8 折出售，保险人应赔款：

$$20\,000 × [(120 × 200) - (96 × 200)]÷(120 × 200)=4000(美元)$$

需要注意的是，货物完好价值和货物受损后价值必须是同一地点的市场价，否则因为货物在世界各地的市场价格不相同，会导致两者之间缺乏可比性。

在实际业务中，如果难以确定当地市价，经协议也可按发票价值计算，公式为：

$$赔款额=保险金额×按发票价值计算的损失额÷发票金额$$

③ 规定有免赔率时的货物损失。对易碎、易损、易耗的货物的保险，保险公司往往规定有免赔率。免赔率的高低由各公司根据商品种类的不同而定，我国各保险公司采用的是绝对免赔率，即无论货物损失程度如何，对于免赔额度内的损失，保险公司均不予负责。

【例9-5】

出口散装花生仁一批，共 500 公吨，从上海运往香港，按中国《海洋运输货物保险条款》投保海运一切险，保险金额为 100 万美元，保险合同规定扣短量免赔率 2%，到目的地经检验发现花生仁短卸 12 公吨。问保险公司应如何赔付？

计算如下：

$$受损率= (12÷500) × 100\%=2.4\%$$
$$保险赔款=1\,000\,000 × (2.4\%-2\%)=4000(美元)$$

④ 修复时的赔偿。如果货物遭遇损失后，需要进行修复以维持原状，此时对合理的修理费用，保险人一般在保险金额内予以赔偿。

【例 9-6】

进口一台机床，按中国《海洋运输货物保险条款》投保海运一切险，保险金额为 20 万美元，运至目的地发现机床有一主轴损坏，须从国外进口，加上运费、修理费，共支付 32 000 美元，保险人经审查，认为合理，即应赔付 32 000 美元。

(3) 共同海损。如果发生共同海损，无论投保何种险别，保险人对共同海损的牺牲和费用都负责赔偿。

对保险货物的共同海损的牺牲，由保险人核实实际损失予以赔付，然后参与共同海损的分摊，摊回部分归保险人所有。被保险人可以提前得到保险赔偿，而且不受共同海损分摊价值的影响。

如果保险货物本身没有发生共同海损牺牲，但需要承担共同海损费用或其他方的共同海损分摊，一般是由保险人出具共同海损担保函，待分摊完毕后，保险人对分摊金额予以赔付。由于共同海损分摊价值和保险金额不一定相等，故保险人的赔偿金额有所调整。按我国《海商法》第 241 条的规定，保险金额低于共同海损分摊价值的，保险人按照保险金额同分摊价值的比例赔偿共同海损分摊。

(4) 连续损失。连续损失是指货物在保险期间内发生几次保险事故造成的损失。我国《海商法》第 239 条规定，保险标的在保险期限内发生几次保险事故所造成的损失，即使损失金额的总和超过保险金额，保险人也应当赔偿。但是对发生部分损失后未经修复又发生全部损失的，保险人按照全部损失赔偿。

2. 有关货物损失的赔偿

一旦发生保险事故，除了货物的损失，往往还导致费用的支付，以避免损失扩大，或用来处理损余物，或继续完成航程，或用来对货物进行检验。这些费用包括施救费用、救助费用、续运费用、检验费用、出售费用以及理算费用等。

对于上述费用的支出，保险人赔付的原则是：如果货物损失属于保险责任，则对费用的支出予以赔付。根据中国《海商法》第 240 条的规定，被保险人为防止或减少根据合同可以得到赔偿的损失而支出的必要的合理费用，为确定保险事故的性质、程度而支出的检验、估价的合理费用，以及为执行保险人的特别通知而支出的费用，应当由保险人在保险标的损失赔偿之外另行支付。保险人对上述费用的支付，以相当于保险金额的数额为限。

在核定共同海损和救助费用时，如果保险金额低于共同海损分摊价值，保险人要按照船舶的保险金额与船舶的共同海损分摊价值的比例承担赔偿责任。在其他情况下，根据货物运输保险条款的规定，保险人应对救助费用予以赔偿，但救助费用的赔偿和保险货物本身的损失赔偿之和不能超过保险金额。续运费用是指船舶遭遇海难后，在中途港、避难港由于卸货、存仓以及运送货物产生的费用，这部分费用在各国货运条款中均将其列入承保责任，由保险人负责赔偿。出售费用则应作为货物损失的一部分，保险货物本身的损失赔偿之和不能超过保险金额。

【导读案例分析】

(1) 第一货舱的货物：1000 条毛毯的损失是意外事故火灾引起的实际全损，属于实际全损第一种情况——保险标的实体完全灭失。而烟草的串味损失属于火灾引起的部分损失，因为在经过特殊加工处理后，烟草仍然能保持其属性，可以按"烟草"出售，三成的贬值是烟草的部分损失。至于茶叶的损失则属于实际全损，因为火灾造成了"保险标的丧失属性"，虽然实体还在，但是已经完全不是投保时所描述的标的内容了。

(2) 第二货舱的货物：精密仪器的损失属于意外事故碰撞造成的推定全损。根据推定全损的定义，当保险标的的实际全损不可避免，或为避免发生实际全损花费的整理拯救费用超过保险标的本身的价值或其保险价值时，就会得不偿失，从而构成推定全损。精密仪器恢复的费用异常昂贵，大大超过了其保险价值，已经构成推定全损。亚麻的损失是在危机时刻为了避免更多的海水涌入货舱威胁到船货的共同安全而被用来堵塞漏洞造成的，这种损失属于共同海损，由受益各方共同分摊。

(3) 第三货舱的货物：纺织品所遭遇的损失，是为了方便共同海损修理而被迫卸下所造成的，也属于共同海损。

本 章 总 结

1. 海洋货物运输保险是指保险人对于货物在运输途中因海上自然灾害、意外事故或外来原因而导致的损失承担赔偿责任的一种保险。

2. 海上风险按照发生性质可以分为自然灾害和意外事故两大类。

3. 货运保险中所指的外来风险必须是意外的、事先难以预料的风险，而不是必然发生的外来因素。外来风险可以分为一般外来风险和特殊外来风险两种。

4. 海上损失是指被保险货物在海运过程中，由于海上风险所造成的损坏或灭失。根据国际市场的一般解释，凡与海陆连接的陆运过程中所发生的损坏或灭失，也属海损范围。按货物损失的程度划分，分为全部损失和部分损失。

5. 保险人承担的海上运输货物保险的费用损失主要有施救费用、救助费用、特别费用和续运费用。

6. 我国海洋货物运输保险条款的险别分为基本险别和附加险别两类。基本险又称主险，是可以独立投保的险别，包括平安险、水渍险和一切险；附加险是对基本险的补充和扩展，它不能单独投保，只能在投保了基本险的基础上加保，包括一般附加险、特别附加险和特殊附加险。我国海运货物保险基本险的责任起讫一般采取"仓至仓"的原则。

7. 英国伦敦保险协会所制定的"协会货物保险条款"(*Institute Cargo Clause*, ICC)的 A、B、C 三种险别是基本险,战争险、罢工险及恶意损害险是附加险。

8. 保险公司接受投保人的投保申请后,认为可以接受的,便根据投保单的内容缮制保险单,作为保险合同成立的书面凭证。

9. 保险费是用于支付保险赔款的主要来源,它以保险金额为基础,按一定保险费率计算出来,其计算公式如下:保险费=保险金额×保险费率。如按 CIF 加成投保,则公式为:保险费=CIF 货价×(1+加成率)×保险费率。

10. 保险索赔是指被保险货物遭受损失后,被保险人应按规定办理索赔手续,向保险人要求赔偿。保险理赔是指保险人在接到被保险人的损失通知后,通过对损失的检验和调查研究,确定损失的近因和程度,并对责任归属进行确定,最后计算保险赔款金额并支付赔款。

专 业 英 语

1. abandonment 委付

2. act of God 不可抗力

3. assignment clause 转让条款

4. average clause 共同海损分担条款

5. *China Insurance Clause* (CIC) 中国保险条款

6. commencement and termination 起讫

7. constructive total loss 推定全损

8. deductibles 免赔额

9. deposit premium 预付保费

10. exclusion 除外责任

11. external causes 外部原因

12. general average 共同海损

13. increasing coverage/extending coverage 加保

14. inherent vice of cargo 货物固有缺陷

15. *Institute Cargo Clauses* (ICC, I.C.C.) 协会货物(保险)条款

16. insurance against strike, riot and civil commotion (SRCC) 罢工,暴动,民变险

17. insurance against total loss only (TLO) 全损险

18. risk of theft/pilferage and non-delivery (TRND) 盗窃提货不着险

19. salvage charges 救助费用

20. settlement of claim 理赔

课后习题

一、单选题

1. 被保险货物在海上运输中遭受承保风险之后，虽未达到完全灭失的状态，但是可以预见到它的全部损失不可避免，这种情况属于(　　)。

    A. 实际全损　　　　B. 共同海损　　　C. 推定全损　　　D. 单独海损

2. 一般情况下，救助人获得救助报酬的首要前提是(　　)。

    A. 救助人无过失　　　　　　　　B. 救助行为有效果

    C. 救助措施合理　　　　　　　　D. 救助防止或减轻了环境污染

3. 目前国际上普遍使用的共同海损理算规则是(　　)。

    A. 约克—安特卫普规则　　　　　B. 北京理算规则

    C. 海牙规则　　　　　　　　　　D. 维斯比规则

4. 海上保险合同的转让是指(　　)。

    A. 被保险人将其保险合同中的权利和义务转让给另一个人的行为

    B. 可保利益的转让

    C. 保险标的的转让

    D. 保险合同随保险标的的所有权发生转移而转让

5. 船舶遇难后，在避难港支出的货物卸货费属于(　　)。

    A. 施救费用　　　B. 救助费用　　　C. 特别费用　　　　D. 续运费用

6. ICC(1982)中承保责任包括恶意损害风险的是(　　)。

    A. ICC(A)　　　B. ICC(B)　　　C. ICC(C)　　　　D. ICC(D)

7. ICC(A)在其除外责任规定中，特别指出不包括海盗行为的是(　　)。

    A. 一般除外责任　　　　　　　　B. 不适航与不适货除外责任

    C. 战争险除外责任　　　　　　　D. 罢工险除外责任

8. 根据我国海运货物保险条款，"浪击落海"可以通过投保以下险别获得保障(　　)。

    A. 淡水、雨淋险　　　　　　　　B. 短量险

    C. 舱面险　　　　　　　　　　　D. 交货不到险

9. 舱面险属于(　　)。

    A. 平安险　　　　B. 水渍险　　　　C. 附加险　　　　　D. 一切险

10. 在保险人所承保的海上风险中，雨淋、渗漏属于(　　)。

    A. 自然灾　　　　B. 意外事故　　　C. 一般外来风险　　D. 特殊外来风险

二、多选题

1. 构成施救费用的条件包括(   )。
   A. 进行施救的人可以是任何人
   B. 进行施救的人必须是被保险人或其代理人或受让人
   C. 施救的目的必须是为了减少标的物遭受损失
   D. 保险标的遭受的损失可以是保单承保风险,也可以不是承保风险
   E. 费用支出必须是合理的

2. 在实践中,保险合同的解除分为(   )。
   A. 法定解除   B. 不得解除   C. 任意解除
   D. 自动解除   E. 约定解除

3. 按照海上保险的惯例,海上部分损失分为(   )。
   A. 实际损失   B. 推定损失   C. 共同海损
   D. 单独海损   E. 其他损失

4. 常见的特殊外来风险有(   )。
   A. 战争   B. 罢工   C. 交货不到
   D. 拒收   E. 偷窃

5. 下列海上风险中属于意外事故的是(   )。
   A. 搁浅   B. 爆炸   C. 海水进入船舶
   D. 偷窃   E. 受潮受热

6. ICC(B)险承保风险包括(   )。
   A. 火灾、爆炸   B. 海盗行为   C. 共同海损牺牲
   D. 地震、火山爆发或雷电   E. 浪击落海

7. 常见的特殊外来风险有(   )。
   A. 战争   B. 罢工   C. 交货不到
   D. 拒收   E. 偷窃

8. ICC(A)予以承保,而我国海洋运输货物保险条款的基本险不保的风险是(   )。
   A. 投弃   B. 浪击落海   C. 海盗行为
   D. 恶意损害行为   E. 偷窃

9. 属于海上货运保险承保的意外事故有(   )。
   A. 投弃   B. 吊索损害   C. 搁浅
   D. 船长船员的不法行为   E. 碰撞

10. 出口茶叶时为防止运输途中串味,办理投保时,可投保(   )。
    A. 串味险   B. 平安险加串味险   C. 水渍险加串味险
    D. 一切险加串味险   E. 一切险

三、案例分析

某货轮从天津新港驶往新加坡，在航行中船舱货物起火，大火蔓延至船舱，船长为了船货的安全决定采取紧急措施，往舱中灌水灭火，火被扑灭，但由于主机受损，无法继续航行，于是船长决定雇用拖轮，将货船拖回新港修理，检修后，重新驶往新加坡。事后调查，这次事件造成的损失有：①1000箱货物被烧毁；②600箱货由于灌水灭火受到损失；③主机和部分甲板被烧坏；④拖船费用；⑤额外增加的燃料和船长、船员的工资。

问题：从上述情况和各项损失的性质来看，哪些属单独海损，哪些属共同海损，为什么？

四、技能训练题

【训练题一】

(1) 兴隆货运代理公司代客户投保了平安险，在货物运输过程中遇到了下列风险，遭受了损失。

问题：你判断一下保险公司是否赔偿以下损失。

① 运输货物的船舶在运输途中触礁，海水涌进船舱，将甲商人的5000公吨货物浸泡2000公吨。

② 货物在运输途中遭遇恶劣天气，海水涌进船舱，将乙商人6000公吨货物浸泡3000公吨。

③ 货物运输途中遭遇恶劣天气，海水涌进船舱，将丙商人6000公吨货物全部浸泡。

④ 货物运输途中遭遇恶劣天气，海水涌进船舱，将丁商人的6000公吨货物浸泡3000公吨，之后又触礁，海水涌进船舱，货物又被浸泡1000公吨。

⑤ 货物运输途中，自来水管破裂，将戊商人的8000公吨货物浸泡3000公吨。

(2) 公司以CIF对外发盘。

问题：如果以下列保险条款投保，是否妥当？为什么？

① 一切险、淡水雨淋险、受潮受热险。

② 平安险、一切险、战争险。

③ 水渍险、偷窃险、战争险。

④ 偷窃险、罢工险、战争险。

【训练题二】

中国兴达纺织进出口公司与大连海运公司签订了运输1000件丝绸衬衫到马赛的协议。合同签订后，兴达公司又向保险公司就该批货物的运输投保了平安险。2月20日，该批货物装船完毕后起航，2月25日，装载该批货物的轮船在海上突遇罕见大风暴，船体严重受损，于2月26日沉没，3月20日，兴达公司向保险公司就该批货物索赔，保险公司以该批货物由自然灾害造成损失为由拒绝赔偿。

问题：如果你是该公司的业务员，应该怎么做？

【训练题三】

某载货船舶在航行中发生共同海损，船体损失 30 万元，货物牺牲 40 万元，救助费用 8 万元，损失的运费为 2 万元，共计 80 万元。现在已知船舶、货物、运费三方分摊总值分别为：船舶 800 万元，货主甲 200 万元、货主乙 350 万元、货主丙 240 万元，运费 10 万元。

问题：请计算参与各方共同海损。分摊各方分摊额各为多少？

【训练题四】

保险单的缮制：

出口商(托运人)：DAYU CUTTING TOOLS I/E CORP

774 DONG FENG EAST ROAD，TIANJIN，CHINA

进口商(收货人)：FAR EASTERN TRADING COMPANY LIMITED

336 LONG STREET NEW YORK

发票日期：2015 年 5 月 15 日

发票号：X118

合同号：MK007

信用证号；4I-19-03

装运港：TIANJIN

中转港：HONG KONG

目的港：NEW YORK

运输标志：FETC

MK007

NEW YORK

C/No. 1-UP

货名：CUTTING TOOLS

数量：1500 SETS

包装：纸箱装，每箱 3 SETS

单价：CIF NEW YORK USD 128/SET

原产地证书号：IBO12345678

商品编码：1297 0400

保险单号：ABX999

保险单日期：2015 年 5 月 18 日保险加成率：10%

提单日期：2015 年 5 月 20 日

船名航次：HONGXING V. 777

险别：COVERING ICC (A) AS PER INSTITUTE CARGO CLAUSE OF 1982

赔付地点：NEW YORK IN USD

问题：根据所给资料结合本章的内容，缮制保险单。

PICC 中国人保财险股份有限公司

PICC Property and Casualty Company Limited

总公司设于北京   一九四九年创立
Head Office Beijing   Established in 1949

海 洋 货 物 运 输 保 险 单

MARINE CARGO TRANSPORTATION INSURANCE POLICY

发票号码 **Invoice No.**   保单号次 **Policy No.**

被保险人 **Insured:** _____

中保财产保险有限公司(以下简称本公司)根据被保险人的要求，及其所缴付约定的保险费，按照本保险单承担险别和背面所载条款与下列特别条款承保下列货物运输保险，特签发本保险单。

This policy of Insurance witnesses that The People Insurance (Property) Company of China, Ltd. (hereinafter called the Company) at the request of the Insured and in consideration of the agreed premium paid by the Insured, undertakes to insure the under mentioned goods in transportation subject to the conditions of this Policy as per the Clauses printed overleaf and other special clauses attached hereon.

货物标记 **Marks of Goods.**	包装单位 **Packing Unit**	保险货物项目 **Description of goods**	保险金额 **Amount Insured**
(4)	(5)	(6)	(7)

总保险金额：
Total Amount Insured:

保险费 **Premium**	**As arranged**	开航日期 (9) Sig. On or abt.	装载运输工具 (10) Per conveyance S. S.

起运港
From   TIANJIN   中转港
Via   HONG KONG   目的港
To   NEW YORK

承保险别 **Conditions:**

所保货物，如发生本保险单项下可能引起索赔的损失或损坏，应立即通知本公司下述代理人查勘。如有索赔，应向本公司提交保险单正本(本保险单共有 2 份正本)及有关文件。如一份正本已用于索赔，其余正本则自动失效。

In the event of damage which may result in a claim under this Policy, immediate notice be given to the Company Agent as mentioned hereunder. Claims, if any, one of the Original Policy which has been issued in **TWO** Original(s) together with the relevant documents shall be surrendered to the Company, if one of the Original Policy has been accomplished, the others to be void.

保险公司在目的港的代理的名称、地址、电话号码等内容

赔款偿付地点
Claim payable at _____
日期
Date _____

中国人保财险股份有限公司天津分公司

PICC Property & Casualty Co., Ltd., Tianjin Branch

张三

第十章　其他运输方式货物保险

【本章导读】

在国际贸易中，货物运输除了主要采用海洋运输方式之外，还有陆上运输、航空运输、邮政包裹运输以及由海运、陆运、空运等两种或两种以上运输方式衔接起来所组成的多式联运方式。随着国际贸易的发展，陆上、航空、邮政运输的保险在整个保险业务中的重要性也日益显著。

【学习目标】

本章主要介绍路运、空运货物及邮递货物的保险知识。通过学习，了解并掌握除海运保险之外的其他货物运输保险方面的知识。

【导读案例】

被保险人某机电有限责任公司，由首尔经航空至沈阳空运电脑配件，起运日期为 2007 年 10 月 19 日，于 10 月 19 日到达沈阳后，在卸货开包时发现其中两个显卡破裂造成保险标的损失，估损金额 2700 元。由此，被保险人某有限公司向某保险公司提出索赔申请。(注：某机电有限责任公司于 2007 年 5 月 10 日在某财产保险公司投保了《邮包保险》，保险金额为 USD100 000.00，保险合同中起运地为首尔，目的地为沈阳。经确认，被保险人某公司投保的是邮包险，并且保的是邮包险而没有保邮包一切险，保险金额 USD100 000.00。)

问题：造成保险标的损失的保险责任怎么认定？赔偿标准是什么？

第一节　陆上运输货物保险

一、陆运险与陆运一切险

(一)责任范围

陆上运输货物保险分为陆运险和陆运一切险两种。被保险货物遭受损失时，本保险按保险单上订明承保险别的条款规定，负赔偿责任。

1. 陆运险

陆运险负责赔偿以下损失。

(1) 被保险货物在运输途中遭受暴风、雷电、洪水、地震等自然灾害，或由于运输工具遭受碰撞、倾覆、出轨，或在驳运过程中因驳运工具遭受搁浅、触礁、沉没、碰撞，或由于遭受隧道坍塌，崖崩，或因失火、爆炸等意外事故所造成的全部或部分损失。

(2) 被保险人对遭受承保责任内危险的货物采取抢救以防止或减少货损的措施而支付的合理费用，但以不超过该批被救货物的保险金额为限。

2. 陆运一切险

陆运一切险除包括上列陆运险的责任外，还负责对被保险货物在运输途中由于外来原因所致的全部或部分损失，包括货物渗漏、货物偷窃、货物短量、货物短少等问题，承担赔偿责任。

(二)除外责任

陆上运输货物保险对下列损失不负赔偿责任。

(1) 被保险人的故意行为或过失所造成的损失。

(2) 属于发货人责任所引起的损失。

(3) 在保险责任开始前，被保险货物已存在的品质不良或数量短差所造成的损失。

(4) 被保险货物的自然损耗、本质缺陷、特性以及市价跌落、运输延迟所引起的损失或费用。

(5) 保险公司陆上运输货物战争险条款和货物运输罢工险条款规定的责任范围和除外责任。

(三)责任起讫

陆上运输货物保险负"仓至仓"责任，自被保险货物运离保险单所载明的起运地仓库或储存处所开始运输时生效，包括正常运输过程中的陆上和与其有关的水上驳运在内，直至该项货物运达保险单所载目的地收货人的最后仓库或储存处所或被保险人用作分配、分派的其他储存处所为止，如未运抵上述仓库或储存处所，则以被保险货物运抵最后卸载的车站满 60 天为止。

(四)被保险人的义务

被保险人应按照以下规定的应尽义务办理有关事项。

(1) 当被保险货物运抵保险单所载目的地以后，被保险人应及时提货，如果发现被保险货物遭受任何损失，应即向保险单上所载明的检验、理赔代理人申请检验。如果发现被保险货物整件短少或有明显残损痕迹，应即向承运人、受托人或有关当局索取货损货差证明。如果货损货差是由于承运人、受托人或其他有关方面的责任所造成的，应以书面方式向他们提出索赔，必要时还需取得延长时效的认证。如果未履行上述规定义务，保险人对有关损失不负赔偿责任。

(2) 对遭受承保责任内危险的货物,应迅速采取合理的抢救措施,防止或减少货物损失。否则,对因此扩大的损失,保险人不承担赔偿责任。

(3) 在向保险人索赔时,必须提供下列单证:保险单正本、提单、发票、装箱单、磅码单、货损货差证明、检验报告及索赔清单。如涉及第三者责任还须提供向责任方追偿的有关函电及被保险人所能提供的其他与确认保险事故的性质、原因、损失程度等有关的证明和资料。

被保险人未履行前款约定的单证提供义务,导致保险人无法核实损失情况的,保险人对无法核实的部分不承担赔偿责任。

(五)赔偿处理

保险人收到被保险人的赔偿请求后,应当及时就是否属于保险责任作出核定,并将核定结果通知被保险人。情形复杂的,保险人在收到被保险人的赔偿请求并提供理赔所需资料后 30 日内未能核定保险责任的,保险人与被保险人根据实际情形商议合理期间,保险人在商定的期间内作出核定结果并通知被保险人。对属于保险责任的,在与被保险人达成有关赔偿金额的协议后 10 日内,履行赔偿义务。

二、陆上运输冷藏货物险

(一)责任范围

陆上运输冷藏货物险是陆上货运险的一个专门险种,可以单独投保。它负责赔偿以下损失。

(1) 被保险货物在运输途中由于下列原因造成的全部或部分损失:①暴风、雷电、地震、洪水;②陆上运输工具遭受碰撞、倾覆或出轨;③在驳运过程中驳运工具的搁浅、触礁、沉没、碰撞;④隧道坍塌、崖崩、失火、爆炸。

(2) 被保险货物在运输途中由于冷藏机器或隔温设备的损坏或者车厢内贮存冰决的溶化所造成的解冻溶化而腐败的损失。

(3) 被保险人对遭受承保责任内危险的货物采取抢救、防止或减少货损的措施而支付的合理费用,但以不超过该批被救货物的保险金额为限。

(二)除外责任

陆上运输冷藏货物保险对下列损失不负赔偿责任。

(1) 被保险人的故意行为或过失所造成的损失。

(2) 属于发货人责任所引起的损失。

(3) 被保险货物在运输过程中的任何阶段,因未存放在有冷藏设备的仓库或运输工具中，或辅助运输工具没有隔温设备或没有在车厢内贮存足够的冰块所致的货物腐败。

(4) 被保险货物在保险责任开始时因未保持良好状态，包括整理加工和包扎不妥，冷冻上的不合规定及骨头变质所引起的货物腐败和损失。

(5) 被保险货物的自然损耗、本质缺陷、特性及市价跌落、运输延迟所引起的损失和费用。

(6) 保险公司陆上运输货物战争险条款和货物运输罢工险条款所规定的责任范围和除外责任。

(三)责任起讫

陆上运输冷藏货物险的保险责任自被保险货物运离保险单所载起运地点的冷藏仓库装入运送工具开始运输时生效，包括正常陆运和与其有关的水上驳运在内，直至该项货物到达保险单所载明的目的地收货人仓库时继续有效，但最长保险责任以被保险货物到达目的地车站后 10 天为限。

(四)被保险人的义务

被保险人应按照以下规定的应尽义务办理有关事项。

(1) 当被保险货物运抵保险单所载目的地以后，被保险人应及时提货，当发现被保险货物任何部分有腐败或损失，应即向保险单上所载明的检验、理赔代理人申请检验，由其在本保险责任终止前确定腐败件数或损失程度。如发现被保险货物整体短少或有明显残损痕迹应即向承运人、受托人或有关当局索取货损货差证明。如果货损货差是由于承运人、受托人或其他有关方面的责任所造成的，应以书面方式向他们提出索赔，必要时还须取得延长时效的认证。如未履行上述规定义务，保险人对有关损失不负赔偿责任。

(2) 对遭受承保责任内危险的货物，应迅速采取合理的抢救措施，防止或减少货物的损失。对由于被保险人未履行上述义务造成的扩大的损失，保险人不负赔偿责任。

(3) 在向保险人索赔时，必须提供下列单证：保险单正本、提单、发票、装箱单、磅码单、货损货差证明、检验报告及索赔清单。如涉及第三者责任，还须提供向责任方追偿的有关的往来函电及被保险人所能提供的其他与确认保险事故的性质、原因、损失程度等有关的证明和资料。

被保险人未履行前款约定的单证提供义务，导致保险人无法核实损失情况的，保险人对无法核实的部分不承担赔偿责任。

(五)赔款的处理

(1) 对同一标记和同一价值或不同标记但是同一价值的各种包、件、扎、块，除非另有规定，均视作同一重量和同一保险价值计算处理赔偿。

(2) 保险人收到被保险人的赔偿请求后，应当及时就是否属于保险责任作出核定，并将核定结果通知被保险人。情形复杂的，保险人在收到被保险人的赔偿请求并提供理赔所需资料后 30 日内未能核定保险责任的，保险人与被保险人根据实际情形商议合理期间，保险人在商定的期间内作出核定结果并通知被保险人。对属于保险责任的，在与被保险人达成有关赔偿金额的协议后 10 日内，履行赔偿义务。

三、陆上运输货物战争险

陆上运输货物战争险(Overland Transportation Cargo War Risks)是陆上运输货物险的特殊附加险，只有在投保了陆运险或陆运一切险的基础上方可加保。

加保陆上运输货物战争险后，保险公司负责赔偿在火车运输途中由于战争、类似战争行为和敌对行为、武装冲突所致的损失，以及各种常规武器包括地雷、炸弹所致的损失。但是，由于敌对行为使用原子或热核武器所致的损失和费用，以及根据执政者、当权者或其他武装集团的扣押、拘留引起的承保运程的丧失和挫折而造成的损失除外。

陆上运输货物战争险的责任起讫以货物置于运输工具时为限。即自被保险货物装上保险单所载起运地的火车时开始到保险单所载目的地卸离火车时为止。如果被保险货物不卸离火车，则以火车到达目的地的当日午夜起计算，满 48 小时为止；如在运输中途转车，不论货物在当地卸载与否，保险责任以火车到达该中途站的当日午夜起计算满 10 天为止。如果货物在此期限内重新装车续运，仍恢复有效。但如果运输契约在保险单所载目的地以外的地点终止时，该地即视作保险单所载目的地，在货物卸离该地火车时为止，如果不卸离火车，则保险责任以火车到达该地当日午夜起满 48 小时为止。

第二节　航空运输货物保险

一、航空运输险和航空运输一切险

(一)责任范围

航空运输险的承保责任范围与海洋运输货物保险条款中的"水渍险"大致相同。保险公司负责赔偿被保险货物在运输途中遭受雷电、火灾、爆炸，或由于飞机遭受恶劣气候或其他危难事故而被抛弃，或由于飞机遭受碰撞、倾覆、坠落或失踪等自然灾害和意外事故所造成的全部或部分损失。被保险人对遭受承保责任内危险的货物采取抢救、防止或减少货损的措施而支付的合理费用，也由保险公司支付，但以不超过该批被救货物的保险金额为限。

航空运输一切险的承保责任范围与海洋运输保险条款中的"一切险"相似，保险公司赔偿包括被保险货物在运输途中遭受雷电、火灾、爆炸或由于飞机遭受恶劣气候或其他危难事故而被抛弃，或由于飞机遭受碰撞、倾覆、坠落或失踪等自然灾害和意外事故所造成的全部或部分损失；还包括被保险货物由于一般外来原因所造成的全部或部分损失。具体如下。

(1) 凡在中国境内经航空运输的货物均可为本保险之标的。

(2) 下列货物非经投保人与保险人特别约定，并在保险单(凭证)上载明，不在保险标的范围以内：金银、珠宝、钻石、玉器、首饰、古币、古玩、古书、古画、邮票、艺术品、稀有金属等珍贵财物。

(3) 下列货物不在航空货物保险保险标的范围以内：蔬菜、水果、活牲畜、禽鱼类和其他动物。

航空运输一切险的承保责任范围除包括上述航空运输险的全部责任外，保险公司还负责赔偿被保险货物由于被偷窃、短少等外来原因所造成的全部或部分损失。

(二)除外责任

航空运输货物保险对下列损失不负赔偿责任。

(1) 被保险人的故意行为或过失所造成的损失。

(2) 属于发货人责任所引起的损失。

(3) 保险责任开始前，被保险货物已存在的品质不良或数量短差所造成的损失。

(4) 被保险货物的自然损耗、本质缺陷、特性以及因市价跌落、运输延迟所引起的损失或费用。

(5) 保险公司航空运输货物战争险条款和货物及罢工险条款规定的责任范围和除外责任。

(三)责任起讫

(1) 航空运输一切险负"仓至仓"责任，自被保险货物运离保险单所载明的起运地仓库或储存处所开始运输时生效，包括正常运输过程中的运输工具在内，直至该项货物运达保险单所载明的目的地收货人的最后仓库或储存处所或被保险人用作分配、分派或非正常运输的其他储存处所为止。如果未运抵上述仓库或储存处所，则以被保险货物在最后卸载地卸离飞机后满 30 天为止。如在上述 30 天内被保险的货物需转送到非保险单所载明的目的地时，则以该项货物开始转运时终止。

(2) 由于被保险人无法控制的运输延迟、绕道、被迫卸货、重行装载、转载或承运人运用运输契约赋予的权限所作的任何航行上的变更或终止运输契约，致使被保险货物运到非保险单所载目的地时，在被保险人及时将获知的情况通知保险人，并在必要时加缴保险费的情况下，保险仍继续有效，保险责任按下述规定终止。

① 被保险货物如在非保险单所载目的地出售，保险责任至交货时为止。但不论任何情况，均以被保险的货物在卸载地卸离飞机后满 30 天为止。

② 被保险货物在上述 30 天期限内继续运往保险单所载原目的地或其他目的地时，保险责任仍按上述第①款的规定终止。

(四)责任期限

航空运输保险的保险责任是自保险货物经承运人收讫并签发保险单(凭证)时起，至该保险单(凭证)上的目的地的收货人在当地的第一个仓库或储存处所时终止。但保险货物运抵目的地后，如果收货人未及时提货，则保险责任的终止期最多延长至以收货人接到《到货通知单》以后的 15 天为限(以邮戳日期为准)。

(五)航空运输险与航空运输一切险的区别

(1) 航空运输险的承保范围与海洋运输货物保险条款中的"水渍险"大致相同。保险公司负责赔偿被保险货物在运输途中遭受雷电、火灾、爆炸，或由于飞机遭受恶劣气候或其他危难事故而被抛弃，或由于飞机遭受碰撞、倾覆、坠落或失踪等自然灾害和意外事故所造成的全部或部分损失。

航空运输一切险的承保责任范围除包括上述航空运输险的全部责任外，保险公司还负责赔偿被保险货物由于被偷窃、短少等外来原因所造成的全部或部分损失。

(2) 航空运输险和航空运输一切险的除外责任与海洋运输货物险的除外责任基本相同。

航空运输货物险的两种基本险的保险责任起讫也采用"仓至仓"条款，但与海洋运输货物的"仓至仓"责任条款不同的是：如果货物运达保险单所载明的目的地而未运抵保险单所载明的收货人仓库或储存处所，则以被保险货物在最后卸载地卸离飞机后满 30 天为止。如在上述 30 天内被保险货物需转送到非保险单所载明的目的地时，则以该项货物开始转运时终止。

二、航空运输货物战争险

航空货物运输战争险(Air Transportation Cargo War Risks)属于保险名词之一，航空货物运输战争险是航空货物运输险的一种附加险，只有在投保了航空运输基本险的基础上，经过投保人与保险公司协商方可加保。

(一)航空运输货物战争险的责任范围

保险公司承担赔偿在航空运输途中由于战争、类似战争行为、敌对行为或武装冲突以及各种常规武器和炸弹所造成的货物的损失，但不包括因使用原子弹或热核制造的武器所造成的损失。

(二)航空运输货物战争险的责任起讫

航空运输货物战争险的保险责任自被保险货物装上保险单所载明的起运地的飞机时开始，直到卸离保险单所载明的目的地的飞机时为止。如果被保险货物不卸离飞机，则从飞机到达目的地当日午夜起计算满15天为止。如被保险货物在中途转运时，保险责任从飞机到达转运地的当日午夜起计算满15天为止，一旦装上续运的飞机，保险责任再恢复有效。

与海运、陆运险一样，航空运输货物在投保战争险的基础上，可加保罢工险，加保罢工险不另收费。如果仅要求加保罢工险，则按战争险费率收费。航空运输罢工险的责任范围与海洋运输罢工险的责任范围相同。

(三)我国空运货物保险的做法

空运出口货物，如果由我方保险，则应按有关规定向保险公司办理投保手续。空运进口货物，应按预约保险合同的规定办理投保。

第三节　邮包运输货物保险

一、邮包险和邮包运输一切险

邮包险(Parcel Post Risks)的承保责任范围是保险公司赔偿被保险邮包在运输途中由于恶劣气候、雷电、海啸、地震、洪水等自然灾害或由于运输工具遭受搁浅、触礁、沉没、碰撞、倾覆、出轨、坠落、失踪，或由于失火、爆炸意外事故所造成的全部或部分损失；另外，还负责被保险人对遭受保险责任范围内风险的货物采取抢救、防止或减少货损的措施而支付的合理费用，但以不超过该批被救货物的保险金额为限。邮包险的责任起讫期限是从邮包离开保险单所载起运地寄件人处所运往邮局开始，直至被保险邮包运达保险单所载明的目的地邮局，自邮局签发到货通知书当日午夜起算满15天终止，但在此期限内邮包一经递交至收件人的处所时，保险责任即行终止。邮包险的除外责任与海洋货物运输保险条款中基本险的除外责任基本相同。

(一)责任范围

邮包运输货物保险分为邮包险和邮包一切险二种。被保险货物遭受损失时，本保险按保险单上订明承保险别的条款规定，负赔偿责任。

1. 邮包险

邮包险负责赔偿以下损失。

(1) 被保险邮包在运输途中由于恶劣气候、雷电、海啸、地震、洪水自然灾害或由于运输工具遭受搁浅、触礁、沉没、碰撞、倾覆、出轨、坠落、失踪，由于失火、爆炸意外事故所造成的全部或部分损失。

(2) 被保险人对遭受承保责任内危险的货物采取抢救，防止或减少货损的措施而支付的合理费用，但以不超过该批被保货物的保险金额为限。

2. 邮包一切险

邮包一切险是指除包括上述邮包险的各项责任外，保险人还对被保险邮包在运输途中由于外来原因，包括偷窃、短少、破碎、渗漏等原因造成的全部或部分损失，也负赔偿责任。

(二)除外责任

邮包运输货物保险对下列损失不负赔偿责任。

(1) 被保险人的故意行为或过失所造成的损失。

(2) 属于发货人责任所引起的损失。

(3) 在保险责任开始前，被保险邮包已存在的品质不良或数量短差所造成的损失。

(4) 被保险邮包的自然损耗、本质缺陷、特性以及市价跌落、运输延迟所引起的损失或费用。

(5) 保险公司邮包战争险条款和货物运输罢工险条款规定的责任范围和除外责任。

(三)责任起讫

邮包运输货物保险责任自被保险邮包离开保险单所载起运地点寄件人的处所运往邮局时开始生效，直至该项邮包运达保险单所载的目的地邮局，自邮局签发到货通知书当日午夜起算满15天终止。但在此期限内邮包一经递交至收件人的处所时，保险责任即行终止。

(四)被保险人的义务

被保险人应按照以下规定的应尽义务办理有关事项，如因未履行规定的义务而影响保险公司利益时，保险公司对有关损失有权拒绝赔偿。

(1) 当被保险邮包运抵保险单所载明的目的地以后，被保险人应及时提取包裹，当发现被保险邮包遭受任何损失，应即向保险单上所载明的检验、理赔代理人申请检验。如发现被保险邮包整件短少或有明显残损痕迹，应即向邮局索取短、残证明，并应以书面方式向他们提出索赔，必要时还须取得延长时效的认证。

(2)　对遭受承保责任内危险的邮包，应迅速采取合理的抢救措施，防止或减少邮包的损失，保险人采取此项措施，不应视为放弃委付的表示，保险公司采取此项措施，也不得视为接受委付的表示。

(3)　在向保险人索赔时，必须提供下列单证：保险单正本、邮包收据、发票、装箱单、磅码单、货损货差证明、检验报告及索赔清单。如涉及第三者责任，还须提供向责任方追偿的有关函电及其他必要单证或文件。

(五)索赔期限

保险索赔时效从被保险邮包递交收件人时起算，最多不超过 2 年。

二、邮包战争险

邮包战争险(Parcel Post War Risks)是邮政包裹保险的一种附加险，只有在投保了邮包险和邮包一切险的基础上方可加保。

加保邮包战争险须另增加支付保险费。加保邮包战争险后，保险公司负责赔偿在邮包运输过程中由于战争、敌对行为或武装冲突以及各种常规武器包括水雷、鱼雷、爆炸所造成的损失。此外，保险公司还负责被保险人对遭受以上承保责任内危险的物品采取抢救、防止或减少损失的措施而支付的合理费用。但保险公司不承担因使用原子或热核制造的武器所造成的损失的赔偿。

邮包战争险的保险责任是自被保险邮包经邮政机构收讫后自储存处所开始运送时生效，直至该项邮包运达本保险单所载目的地邮局送交收件人为止。

【导读案例分析】

本案焦点在于，保险公司对在卸货开包时发现其中两个显卡破裂造成保险标的损失的保险责任怎么认定及赔偿标准。

(1)　确定被保险人的保险信息。某机电有限责任公司于 2007 年 5 月 10 日在某财产保险公司投保了《邮包保险》，保险金额为 USD100 000.00，保险合同中起运地为首尔，目的地为沈阳。经确认，被保险人某公司投保的是邮包险，并且保的是邮包险，没有保邮包一切险，保险金额为 USD100 000.00。

(2)　邮包险保险条款的保险责任：一是被保险邮包在运输途中由于恶劣气候、雷电、海啸、地震、洪水自然灾害或由于运输工具遭受搁浅、触礁、沉没、碰撞、倾覆、出轨、坠落、失踪，或由于失火、爆炸意外事故所造成的全部或部分损失；二是被保险人对遭受承保责任内危险的货物采取抢救、防止或减少货损的措施而支付的合理费用，但以不超过该批被救货物的保险金额为限。本案出险原因不属于以上的保险责任。

对本案，保险公司只需弄清邮包险保险条款和双方签订的国内货物运输预约保险协议书中的约定即可。

本案是因在卸货开包时发现其中两个显卡破裂造成保险标的损失，仅符合邮包一切险所规定的保险责任，而不在邮包险的保险责任范围内，保险公司根据被保险人某机电有限责任公司所投保邮包险的保险责任，确定本案不属于保险责任，保险公司不需向被保险人赔偿损失。

本案中如果被保险人某机电有限责任公司投保邮包一切险，根据一切险保险责任"除包括邮包险的各项责任外，本保险还负责被保险邮包在运输途中由于外来原因所致的全部或部分损失"，则保险人某保险公司将根据保险责任不得不向被保险人某机电有限责任公司赔偿损失。

本案中被保险人某机电有限责任公司在投保时选择了邮包险，没有选择邮包一切险，可能有两个原因，一是熟悉自己所投保的险种条款，认为电脑配件在航空运输中，只要飞机安全到达，箱包内配件是不会有任何损失的。二是不熟悉自己所投保的险种条款，且保险人也没有详尽地为客户讲解。发达国家的保险深度极高，有的国家达到我国的 10 倍以上，这其中有经济发达的因素，也因为西方人风险意识非常高，各领域、各行业保险无处不在，当客户选择保险保障时大部分由自己的律师代理，而律师涉及的法律事务涉猎面广，自然给客户提供的保险产品也多。而我国国民的保险知识甚少，保险只是拾遗补缺的一种简单行为，缺乏系统性，又有侥幸心理，本案就是教训。

总之，在投保这个险种时，被保险人一定要详细了解要投保险种条款的内容，不要按照价格的高低来选择险种，而要根据所保货物的特点及保险责任规定的范围来选择险种。而且保险人要为客户提供优质高效的全方位服务，做到详细讲解，尽可能地让客户全面了解所要投保险种的条款内容，让客户做到心中有数。

本 章 总 结

1. 中国人民保险公司 1981 年 1 月 1 日修订的《陆上运输货物保险条款》规定：陆上货物的运输险分为陆运险和陆运一切险两种基本险。

2. 陆上运输冷藏货物险是陆上货物险中的一种专门险。其主要责任范围是：保险公司除负责陆运险所列举的各项损失外，还负责被保险货物在运输途中由于冷藏机器或隔温设备的损坏或者车厢内贮存冰块的溶化所造成的解冻溶化以至腐败的损失。但对由于战争、罢工或运输延迟而造成的被保险冷藏货物的腐败或损失，以及被保险货物开始时因未保持良好状态，包括整理加工和包扎不妥、冷冻上的不合规定及骨头变质所引起的货物腐败和损失则不负责任，至于一般的除外责任条款，也适用本险别。

3. 陆上运输货物战争险承保直接由于战争、类似战争行为以及武装冲突所造成的损失。

4. 中国人民保险公司 1981 年 1 月 1 日修订的《航空运输保险条款》规定：航空运输货

物保险分为航空运输险和航空运输一切险两种基本险别。

5. 中国人民保险公司 1981 年 1 月 1 日修订的《邮包险条款》规定：邮包险分为邮包险和邮包一切险两种基本险。

专 业 英 语

1. overland (transportation) insurance　陆上运输保险

2. parcel post insurance　邮包运输保险

3. parcel post war risk insurance clauses　邮包战争保险条款

4. …risks clauses of the P.I.C.C. subject to C.I.C.　根据中国人民保险公司的保险条款投保……险

5. marine insurance policies or certificates in negotiable form, for 110% full CIF invoice covering the risks of War & W.A. as per the People's Insurance Co. of China dated 1/1/1976, with extended cover up to Kuala Lumpur with claims payable in (at) Kuala Lumpur in the currency of draft (irrespective of percentage)　作为可议付格式的海运保险单或凭证按照到岸价的发票金额 110%投保中国人民保险公司 1976 年 1 月 1 日的战争险和基本险，负责到吉隆坡为止。按照汇票所使用的货币在吉隆坡赔付(无免赔率)

6. insurance policy or certificate settling agent's name is to be indicated, any additional premium to cover uplift between 10 and 17% may be drawn in excess of the credit value　保险单或凭证须表明理赔代理人的名称，保险费如增加 10%～17%可在本证金额以外支付

7. insurance policy (certificate)…Name of Assured to be showed: A.B.C. Co., Ltd.　保险单或凭证作成以 A.B.C.有限公司为被保险人

8. insurance policy or certificate covering W.A. (or F.P.A.) and war risks as per ocean marine cargo clause and ocean marine cargo war risk clauses of the People's Insurance Company of China dated 1/1/1981　保险单或凭证根据中国人民保险公司 1981 年 1 月 1 日的海洋运输货物保险条款和海洋运输货物战争险条款投保水渍险(或平安险)和战争险

9. W.A. this insurance must be valid for period of 60 days after the discharge of goods　水渍险在货物卸船后 60 天有效

10. in triplicate covering all risks and war risks including W.A. and breakage in excess of five percent on the whole consignment and including W/W up to buyer's godown in Penang　投保一切险和战争险包括水渍险，破碎损失有 5%绝对免赔率，按全部货物计算，包括仓至仓条款，负责到买方在槟城的仓库为止(的保险单)一式三份

11. insurance policy issued of endorsed to order… for the face value of invoice plus 10% covering including war with 15 days after arrival of goods at destination, only against FPA and

T.P.N.D. 按发票面值加 10%投保战争险，货物到达目的地后 15 天有效，仅负责平安险和盗窃提货不着险的保险单开给或背书给……

12. marine insurance policy including "both-to-blame" collision clauses and fully covering the shipment 海运保险单包括负责船舶互撞条款和全部货载

13. covering overland transportation all risks as per overland transportation cargo insurance clauses (train, trucks) of the People's Insurance Company of China dated… 按照中国人民保险公司×年×月×日陆上运输货物保险条款(火车、汽车)投保陆上运输一切险

14. covering air transportation all risk as per air transportation cargo insurance clauses of P.I.C.C. 按照中国人民保险公司×年×月×日航空运输货物保险条款投保航空运输一切险

15. covering all risks including war risks as per overland transportation cargo insurance clauses (train, truck) and air transportation cargo insurance clauses and air transportation cargo war risk clause and war clauses (for cargo transportation by rail) of the People's Insurance Company of China dated… 按照中国人民保险公司×年×月×日陆运货物保险条款(火车、汽车)和空运货物保险条款以及空运货物战争险条款和铁路货运战争条款投保陆空陆联运一切险和战争险

16. insurance policy or certificate covering parcel post all risks including war risks as per parcel post insurance clauses and parcel post war risk insuracne clauses of the People's Insurance Company of China dated… 保险单或凭证按照中国人民保险公司×年×月×日邮包保险条款和邮包战争险条款投保邮包一切险和邮包战争险

17. including damage by hooks, oils, muds and contact with other cargo (insured value) 包括钩损、油污、泥污以及和他物接触所致的损失(以保险价值为限)

18. including T.P.N.D. loss and/or damage caused by heat, ship's sweat and odour, hoop-rust, breakage of packing 包括偷窃提货不着，受热船舱发汗、串味，铁箍锈损，包装破裂所致的损失

19. including 60 days after discharge of the goods at port of destination (or at station of destination) subject to C.T.C. 按照中国保险条款货物在目的港卸船(或在目的地车站卸车)后 60 天为止

20. this insurance must be valid for a period of 60 days after arrival of merchandise at inland destination 本保险扩展到货物到达内地的目的地后 60 天有效

课 后 习 题

一、单选题

1. 空运货物保险对货物在运达目的地后的保险责任终止日期规定为( )。

A. 卸离飞机后满 10 天   B. 卸离飞机后满 15 天
C. 卸离飞机后满 30 天   D. 卸离飞机后满 60 天

2. 陆上运输货物险的责任起讫采用(   )。
   A. "门到门"条款   B. "钩至钩"条款
   C. "钩至仓"条款   D. "仓至仓"条款

3. 陆上运输冷藏货物险最长保险责任的有效期限以被保险货物到达目的地车站后(   )。
   A. 10 天为限   B. 15 天为限   C. 20 天为限   D. 30 天为限

4. 陆上运输货物战争险的责任起讫(   )。
   A. 以"仓至仓"责任为限   B. 以货物置于运输工具上时为限
   C. 以运输工具处于运输途中为限   D. 以运输工具处于运动状态为限

5. 邮包险和邮包一切险的保险责任是自被保险邮包离开保险单所载起运地点寄件人的处所运往邮局时开始生效，直至被保险邮包运达保险单所载明的目的地邮局发出通知书给收件人当日午夜起算满(   )天为止。
   A. 15   B. 20   C. 25   D. 30

二、多选题

1. 陆运货物保险险别主要有(   )。
   A. 陆运险   B. 陆运一切险
   C. 陆上运输货物战争险   D. 陆运全损险
   E. 陆上运输冷藏货物险

2. 中国人民保险公司承保邮递货物保险的基本险有(   )。
   A. 邮包险   B. 邮包一切险
   C. 邮包战争险   D. 邮包专门险
   E. 邮包恶意损害险

3. 邮包险和邮包一切险的除外责任包括下列(   )行为造成的损失。
   A. 战争   B. 敌对行为
   C. 类似战争行为   D. 武装冲突
   E. 海盗行为

三、案例分析

张某于 2014 年 6 月 18 日在 A 市郊区某村了解到可收购大量豆角，遂欲购买一批到 B 市销售。张某当晚来到 A 市汽车运输公司，要求次日雇用一台货车托运豆角。双方商定：从 A 市到 B 市路程 720 千米，运费 1000 元，张某预付了运费。19 日晚 9:30，司机开车从 A 市驶往 B 市，张某随车押运。途中司机休息两小时，修车一小时，于 20 日下午 5:00 左右到达 B 市，运行 20 小时。卸车时张某发现部分豆角已霉变，张某随即扣押汽车。张某随后向 B 市某人民法院起诉，要求运输公司承担豆角损失 4722 元。原告张某认为，从货物交付运输到货物运抵目的地期间，承运方应对货物的灭失、缺少、变质、污染、损坏负责，运输过程中豆角发生变质，汽车运输公司理应赔偿损失。运输公司则辩称，豆角霉烂不是承运人延误所致，而是托运前受雨淋造成的。承运人不但不应赔偿这项损失，相反，原告张某应赔偿承运人车辆被扣闲置的损失。

问题：(1) 如果豆角霉烂是由于托运前受雨淋所造成的，承运人是否应承担责任？为什么？

(2) 如果豆角霉烂是由于承运人延误所致，承运人是否应承担责任？为什么？

课后习题答案

第一章

一、单选题

1. D 2. C 3. D 4. B 5. C

二、多选题

1. ABCD 2. ABCD 3. BC 4. ABC 5. ABCD

三、案例分析

(1) 花王公司运输体系的优化体现在以下几个方面:

① 托盘运输;

② 车型优化,降低费用;

③ 资源整合,减少空载;

④ 路况信息搜集并共享,节省配送时间;

⑤ 自动化仓库建立,提高操作效率。

(2) 启示

一个企业要想有长远发展,一是必须建立一套合理的体制来支持。要将所有操作标准化、模块化。二是要保持信息的通畅,而且要进行信息共享。在今天的信息高速发展的时代,闭塞的信息必然会阻止前进的脚步。三是要进行效益共赢,强强联合。四是要有时间观念,站在市场或者说消费者的角度考虑问题,确保货物完整、准时到达消费者手中。

四、技能训练题

【训练题一】

(1) 海运 (2) 航空 (3) 铁路 (4) 海运 (5) 海运 (6) 空运 (7) 空运 (8) 铁路

【训练题二】

合同签订后,为了保证顺利结汇,广东省纺织品进出口公司小王一边联系国内生产该类型服装的企业,一边通知公司的采购经理 Tony 开立信用证。小王于 11 月 25 日收到对方开来的信用证,同时,国内有多家生产该类服装的企业也先后希望小王把生产任务下达给他们。小王在综合比较了广东省、江苏省、浙江省的几家工厂后，决定让杭州的一家生产企业生产，并与这家工厂签订购销合同，要求对方 2012 年 1 月 1 日前交货。因为杭州这家工厂离装运港上海较近，可以减少国内运输距离，缩短时间，且办理商检及报关方便。接下来，小王委托中外运上海分公司代办运输，中外运帮助小王核算货物的重量、体积及运输成本，比较后认为该批货物采用集装箱整箱货运比较有利。综合考虑外贸合同的交货期限及生产工厂的交货日期，然后确定装运时间，选择船舶、航次。

【训练题三】

应选择新港、青岛各装 1000 公吨。原因是：①根据规定，运输单据表面上注明使用同一运输工具装运并经同一线路运输，即使运输单据上注明的装运日期或装运港不同，只要运输单据注明是同一目的地，将不视为分批装运。②日创公司如果在新港、青岛各装 1000 公吨于同一船(黄石号)、同一航次上，提单虽注明不同装运港和不同装运期限，则不视作分批装运。因此，这种做法应认为符合信用证的规定，银行理应付款。

【训练题四】

可以有三种运输方案。

(1) 采用航空货物运输直接从成都运往芝加哥。

(2) 采用海洋货物运输。先将货物从成都运往沿海港口如上海，再从上海运至美国西海岸港口芝加哥。

(3) 采用多式联运。

多式联运比较合理。运输合同条款略。

第二章

一、单选题

1. C   2. D   3. A   4. A   5. B

二、多选题

1. BCE   2. ABD   3. ABC   4. ABD   5. ACD

三、案例分析

(1) 对秦皇岛港来说，首先秦皇岛港是以煤炭运输为主，文中提到，每个港口要有自己的主要业务，秦皇岛港采用集装箱运输，这样可以增强秦皇岛港口的物流竞争力，因为衡量一个港口是否是国际枢纽港的一个重要的指标就是集装箱货物中转量。发展集装箱多式联运，可带动与集装箱有关的综合物流服务的各个环节共同发展。港口集装箱运输的增长得益于船舶大型化和港口集疏运的优势。完善集装箱港口集疏运网络，应当首先保证集装箱的公路、铁路、海铁联运的按比例的发展。应当加强港口码头基础设施的建设，满足船舶大型化和班轮密度增加的要求，逐步开展集装箱运输海铁、海空国际联运。

其次，应该争取设立秦皇岛自由贸易港。为适应经济全球化的步伐，基于秦皇岛港的区位特点分析，应当在经济技术开发区、保税仓库、出口加工区发展的基础上，加快建立秦皇岛临港自由贸易区，进而最终建立秦皇岛自由港。秦皇岛是河北省拥有优良大港的城市，是河北省经济的增长极，也是提升地区经济的拉动点，秦皇岛港作为沿海开发的延伸和提升，将会为国际资本落户河北省搭建一个更高的平台，为国际产业转移提供一个更具吸引力的载体。河北省应该紧紧抓住国家即将审批自由港的战略机遇，积极申报在秦皇岛港区建立自由贸易港。

再次，文中提到煤市场春季研讨会，很多企业一起探讨价格走势，秦皇岛港完全可以与这些企业进行合作，经营煤炭码头，通过长期出租泊位、场地，实行煤炭"场地交货"的新方式，与用户结为战略统一体，实现互利共赢。秦皇岛港新出台的用户长租模式是参与市场竞争的一个重要手段，从2006年至今先后与浙能富兴、国电燃料、中煤公司等大的货主单位签订了长期租用场地协议，最长的签订了10年，港、贸双方通过共同管理场地、泊位，保证煤炭单堆单走，从而实现规模经营，互利共赢。这样做，不但提升了港口的竞争能力，也为煤炭市场产运需的及时衔接建立了一个方便、快捷的机制。

最后，文中提到了煤炭价格指数，但是在港口物流中这个指数可能体现得不是那么明显，因为煤炭综合价格中铁路运费和港杂费是两项主要费用，秦皇岛港的港杂费相对其他港口较低，基本降到了不能再降的地步。铁路运费方面，大秦线是所谓的"新线新价、特线特价"，运费较普通铁路收费高，造成从秦皇岛港下水的煤炭价格相对要高。由于在市场竞争中商品的价格与质量同样重要，价格过高不但加大了煤炭企业的负担，而且使秦港在市场竞争中处于不利地位。因此，铁路方面应积极适应煤炭市场的新变化，适度降低铁路运费，从而降低煤炭综合价格，提高从秦皇岛港下水的煤炭的竞争能力，薄利多销、增加货源。

(2) 从这个案例中给我们的启示，主要是发展河北省港口物流要注意的问题。

① 警惕港口煤运"同质化"竞争。

在为河北省港口高速发展的同时，港口发展的"规划者"也应该警惕"高速"背后中可能存在的矛盾——河北港口煤运的"同质化"竞争。作为"北煤南运"的主通道与枢纽，煤炭自然是这些北方大港未来发展的主攻方向。正因如此，煤运的"同质化"竞争压力也由此产生，压力来自于煤炭"进"与"出"的矛盾。

② 港口货运走向"多元化"。

河北省的港口发展在走向多港口、规模化、现代化的同时，正努力逐步摆脱过去"货种单一"、以煤炭为主的局面；以文中提到的曹妃甸港区为例，港口作为曹妃甸工业区规划的"四大"——大码头、大钢铁、大电力、大石化中的组成部分，也成为曹妃甸工业发展不可或缺的环节，区域经济发展的重要"引擎"。"大钢铁"的矿石输入，成品钢的输出，"大石化"的原油、天然气的输入，"大电力"的煤炭保证都离不开港口发展。

③ 港口应提升物流服务能力。

随着港口经济的强势崛起，近年来人们对港口的认识发生了巨大的变化，目前港口的竞争已经从成本差异竞争转向质量竞争，进而转向服务竞争。而在以服务为核心的竞争中，物流服务是其中最重要的一环。在港口物流服务中，实际上涉及港口的资源优化配置问题。如何在装卸存放中增加增值服务，通过增值服务实现资源的合理配置，这其中大有可为。入世后，我国沿海港口从门户港发展到枢纽港，快速融入世界经济，在这个过程中，港口的功能正在逐步提升。

④ 立足河北，放眼国内。

开展国际合作，拓展港口物流业战略联盟。拓展港口物流业国内外战略联盟是港口物流业必不可少的措施，企业的竞争将集聚在企业联盟和供应链的竞争上。物流企业要提升其市场份额和竞争力，必须拓展与其链接企业的战略联盟，港口物流服务网点建设是港口物流健康发展的关键之一。拓展港口物流业国内外战略联盟，可以加快港口服务网点建设。港口企业可以通过市场运作、兼并、并购股权和投资等手段，扶持和发展一批有经济实力、能按照国际惯例进行运作、网络结构合理的物流企业、物流园区和配送中心，加速物流网点建设。

四、技能训练题

【训练题一】

海洋货物运输是国际贸易中使用最多的一种运输方式。作为国际货物运输代理人，既要考虑如何将货主的货物安全运送到目的港，又要为货主考虑如何节省成本。所以，货运代理人必须熟悉海洋运输的基本要素，包括海运地理、海运航线、航线途经海域及沿途停靠各港口的特点，正确选择航线，保证货主、货物安全。同时必须掌握船舶的基本规范特征，根据货物特性及包装要求，合理进行配载，节省货运成本。

【训练题二】

装货港可以选择大连港或营口港，目的港可以选择西欧的港口如汉堡、马赛、安特卫普等。

可走的航线略。

第三章

一、单选题

1. B	2. B	3. C	4. C	5. C
6. B	7. C	8. B	9. A	10. A

二、多选题

1. BCE	2. ABD	3. AB	4. ACD	5. ACD

三、案例分析

【案例一】

本案例为倒签提单致损案。装船提单是将全部货物装上船之后而签发的货物收据，所以，装船提单的签单日期必须是装完船的日期，而不是开始装船的日期。"倒签提单"实际上是伪造装运日期，以掩盖出口人违反合同装运条款的非法行为，从而侵犯了买方的正当权利，受损害方可以撤销合同并索赔。由此可见，正确填制提单对于履行国际贸易合同、完成运输任务是多么重要。

【案例二】

合同约定的卸货日一般应从发出《准备就绪通知书》起算，承运人虽然在 1 月 21 日出具了《准备就绪通知书》，但很显然，由于货物超载，承租人无法卸货，船舶并未在各方面做好装卸准备，因而，1 月 21 日出具的《准备就绪通知书》是无效的，而在 2 月 6 日船舶适于卸货时，准备就绪的通知也并不能自动生效并作为卸货日起算的依据。因而在合同项下的船载货物可以卸货时，承租人及其代理人并未收到通知，承租人也并没有任何意思表示表明他们已同意卸货日的开始。所以，卸货日的起算应从真正的卸货日 2 月 19 日起算。

四、技能训练题

【训练题一】

(1) $W=0.028MT$，$M=3m^3$

$M>W$，所以按体积计收运费

总运费$=80×3×110\%×100=26\,400$ 美元

(2) 总运费$=850×2×(1+10\%+5\%)=1955$ 美元

(3)

① $M=20\ m^3$，$W=17.8MT$

M>W，所以按体积计收运费

总运费=80×20+20×3=1660 美元

② 集装箱运输的运费=1100×(1+10%+10%)=1320 美元

③ 应选择集装箱运输。

【训练题二】

(1) 第一种计算方法——可用装卸时间不可相互抵用。

装货：实际使用装货自然天数=2.83

星期日和假日除非使用才计工作日，因此不予以扣除。

滞期天数=2.83-2=0.83 天

滞期费=0.83×4000=3320 美元

卸货：实际使用卸货自然天数=2.83

星期日和假日除非使用才计工作日，因此不予以扣除。

因此速遣天数=5-2.83=2.17 天

速遣费=2.17×2000=4340 美元

因此，租船人要实际获得速遣费 1020(4340-3320)美元。

(2) 第二种计算方法——可用装卸时间可以相互抵用。

装货：实际使用装货自然天数=2.83

从卸货期里面借 0.83 天，则装货期不存在滞期天数，没有滞期费的产生。

卸货：实际使用卸货自然天数=2.83

星期日和假日除非使用才计工作日，因此不予以扣除。

因此速遣天数=5-0.83-2.83=1.34 天

速遣费=1.34×2000=2680 美元

因此，租船人要实际获得速遣费 2680 美元。

(3) 第三种计算方法——可用装卸时间平均计算。

按照第一种方法计算的滞期和速遣分别是 0.83 和 2.17 天。那么相互抵消后速遣天数是
1.34。则速遣费是 1.34×2000=2680 美元。

【训练题三】

A 公司认为：

(1) 尽管 A 公司承担海运，但箱损并非运输过失所致，汉堡公证机构的报告也已作了
证明。

(2) 尽管 A 公司签发了从张家港至汉堡的提单，但该提单仅对海运区段承担责任。

(3) A 公司签发海运提单与第一方(托运人)、第二方(收货人)之间不存在提单关系，因

为世运公司已签发全程提单。

世运公司认为：

(1) 尽管签发全程提单，但箱损并非因提单签发所致。

(2) 既然汉堡公证机构报告认定箱损是由于加固、绑扎不当所致，理应由装箱人承担责任。

仓储公司认为：

(1) 即使汉堡公证机构报告证明因加固、绑扎不当造成箱损，但装箱时的装箱证明书证明装箱人并无过失。

(2) 经过常规的加固、绑扎后造成的箱损，除非由外来的第三方原因，当事人不负责赔偿。

(3) 仓储公司与第一方、第二方、A 公司均不存在任何责任关系。

由于各当事人观点不一，最终交由法院判定：

(1) 第二方持有世运公司全程提单，由于提单无批注，则可认定该货箱装船时箱子外表状况良好，但在汉堡港交由第二方时却发现箱损，以未按提单记载状况交货认定。

(2) 世运公司在赔付后可以向实际责任方行使追赔权。

(3) A 公司签发张家港—上海—汉堡的全程海运提单，而提单上无批注，则可证明装船时箱子外表状况良好，而在汉堡交给第二方时却发现箱损，可认定箱损发生在海运区段。

(4) 世运公司的提单签发给第一方并转第二方，而 A 公司提单是签发给世运公司的，因此，世运公司可根据 A 公司提单行使追赔权。

(5) A 公司在赔付后如认为箱损并非海运过程中的过失行为，则可以向实际责任方行使追赔权。

第四章

一、单选题

1. C   2. B   3. A   4. C   5. D

二、多选题

1. CDE   2. ABCDE   3. ACD   4. ABC

5. ABD(拼箱交整箱接 LCL/FCL、拼箱交拆箱接 LCL/LCL、整箱交整箱接 FCL/FCL、整箱接拆箱接 FCL/LCL)

三、案例分析

此事给 A 公司和客户都造成了很大的损失，对于以后的订单，要求工厂对所提供的包装明细负责，若再发生由于工厂的原因造成装箱尺寸有误，A 公司有权在征得国外客户同意的情况下，将体积数报错的工厂的产品落下。为了避免类似的事情再次发生，在订单下了以后，务必在 1 周内估算出较准确的体积数。同时为了核实工厂所提供的包装尺寸的准确性，要求质检员验货时，对装箱尺寸进行校对，并告知正确的装箱尺寸。

四、技能训练题

【训练题一】

(1) 按体积进行计算。

第一种放置方法：纸箱的长、宽、高对应集装箱的长宽高，可装长 24 箱×宽 6 箱×高 8 箱=1152 箱，体积为 56.23 m^3。

第二种放置方法：纸箱的宽对应集装箱的长，纸箱的长对应集装箱的宽，纸箱的高对应集装箱的高，可装长 32 箱×宽 4 箱×高 8 箱=1024 箱，体积为 49.99 m^3。

第三种放置方法：纸箱的高对应集装箱的长，纸箱的长对应集装箱的宽，纸箱的宽对应集装箱的高，可装长 43 箱×宽 4 箱×高 6 箱=1032 箱，体积为 50.36 m^3。

比较以上三种装箱方法，显然方法一装得最多。

(2) 按重量进行计算。

纸箱数量=27 380÷25≈1095 箱<1152 箱

所以这个集装箱最多可装 1032 箱。

【训练题二】

(1) 以请联运公司来承担此项任务为好，比较稳妥，联运公司是第三方物流服务企业。

(2) 根据第三方物流服务供应商是否拥有资产可分为资产基础供应商和非资产基础供应商，衡量的标准绝不是它有无实际的物流资产，而是看专业人才和货代经验，有资产价格可低些，但灵活性差；而非资产基础供应商，则可根据不同的需要"量体裁衣"，非常灵活。

邀请第三方物流服务供应商，应该做好如下工作。

① 对该联运公司做必要调查，看看信誉度如何。

② 进行必要的合同磋商，解决好合同的执行标准、衡量标准、违约责任以及价格等问题。

③ 努力避免双方合作失败，既交货又派专人关心此事。

④ 讲明如果服务质量好，可考虑长期合作的可能性。

其他方案欠稳妥，无把握，风险很大。

【训练题三】

Shipper 上海广电公司	B/L No.0022				
	PORT TO PORT OR COMBINED TRANSPORT **BILL OF LADING**				
Consignee 美国家电电器公司	RECEIVED by the carrier as specified below in apparent good order and condition unless otherwise stated, the goods shall be transported to such place as agreed, authorized or permitted herein and subject to all the terms and conditions whether written, typed, stamped, printed, or incorporated on the front and reverse side hereof which the Merchant agrees to be bound by accepting this Bill of Lading, any local privileges and customs notwithstanding.				
Notify Party 环宇物流公司	The particulars given below as stated by the shipper, the weight, measure, quantity condition, contents and value of goods are unknown to the carrier.				
	In WITNESS whereof one (1) original Bill of Lading has been signed if not otherwise stated below, the same being accomplished the other(s), if any, to be void, if required by the carrier one (1) original Bill of lading must be surrendered duly endorsed in exchange for the goods or delivery order.				
	ORIGINAL				

Precarriage by * 金山	Place of Receipt*		
Vessel 远东 **Voy. No. 40**	Port of Loading 上海 VIA KOBE		
Port of Discharge 西雅图	Place of Delivery* 底特律		

PARTICULARS FURNISHED BY THE MERCHANT

Container No./Seal No. Marks & Numbers	No. of Containers or Packages	Description of Goods	Gross Weight	Measurement
C/N 6486783 9326262 S/N 7684128 7684129 M/N 1/10000-1000/1000	2×20'GP 1000pgs	电视机 CY-D SLAC PREPAID	28 000KGS	60 m³

TOTAL NUMBER OF CONTAINERS OR PACKAGES (IN WORD)　　　1000pgs(2×20'GP)

Freight & Charges THC DDC BAF CAF	**Rate** FAK	Unit TEU	Prepaid **YES**	Collect

Excess Value Declaration 20 000USD			
Prepaid at 上海	Payable at		
Number of Original Bills of Lading 　**3**			
Place of issue 　　上海			
Date of issue 　MARCH, 13, 2015			

第五章

一、单选题

1. D   2. A   3. B   4. B   5. A

二、多选题

1. ABC   2. ABCD   3. ABC   4. BCD   5. ABCD

三、案例分析

托运人对损害的发生应负责任。按照合同规定的数量、重量装运货物并使用合格的包装是托运人的义务。水果公司擅自多装了 500 筐苹果，成为苹果致损的原因之一，也有过错，当事人双方都违反了合同的规定，应当各自承担相应的责任。

承运人应对损害的发生负责。本案中作为承运方的长沙火车站对标有"鲜活易腐"的货车不采取积极挂运措施，致使其停留 7 天，对押运人的正常合理要求不予理睬，其过错行为是损害发生的主要原因，应当依法承担责任。

四、技能训练题

【训练题一】

哈尔滨某进出口公司的外贸业务员认真比较各种运输方式及运输路线，考虑到哈尔滨地处东北地区，距离港口较远，同时该公司运送的商品数量又较多，故采用海洋运输不够便利，采用航空运输又不够经济。认为在现有条件下使用铁路运输方式最方便、经济。准备走滨洲线，即从哈尔滨出发，经大庆、富拉尔基、海拉尔，到达边境城市满洲里市，最后到达俄罗斯目的地。

【训练题二】

该货物实际运送天数：3 月 11 日至 5 月 16 日(从承运货物的次日零时起开始算，不足 1 天按 1 天计算)。实际运送天数为 67 天，而规定运到的期限天数为 60 天，因此，该批货物逾期。

计算逾期百分率：逾期百分率=[(67-60)÷60]×100%≈11.67%

逾期超过总运到期限的 1/10，但不到 2/10，逾期罚款率按 12% 计算支付。

按逾期罚款公式计算，逾期罚款=8000×12%=960 欧元。

因此，铁路部门应对逾期运到的该批货物支付逾期罚款 960 欧元。

【训练题三】

该公司要通过铁路运输货物从我国到乌兹别克斯坦，业务员在了解了我国和该国间的铁路运输线路后，还必须了解国际铁路运输的相关知识，即国际铁路联运的基本规定和操作流程，并填写相关单据。

业务员在了解了相关国际铁路联运的规定和运输操作流程后，安排在就近站点装运货物经阿拉山口至乌兹别克斯坦间的国际铁路运输线路到达目的地。在运送期间，遵守国际铁路联运的相关规定，并按规定办理国际铁路联运出口货物的交接手续，填写相关国际铁路货物联运运单。

第六章

一、单选题

1. A   2. D   3. B   4. C   5. C

二、多选题

1. AB   2. BCDE   3. ABCE   4. CDE   5. ABCE

三、案例分析

发货人的请求可以得到航空公司的许可。返回的运费由发货人承担。

四、技能训练题

【训练题一】

(1) 解：Volume：10×40×40×40=640 000CBM

Volume Weight：640 000÷6000≈106.67(kgs)≈107.0(kgs)

Gross Weight：280kgs

Chargeable Weight：280kgs

Applicable Rate：GCRQ51.29CNY/KG

Weight charge：280×51.29=CNY14 361.20

航空货运单运费计算栏填制如下：

No. of Pieces RCP	Gross Weight	Kg Lb	Rate Class		Chargeable Weight	Rate/ Charge	Total	Nature and Quantity of Goods (Incl. dimensions or Volume)
			Q	Q Commodity Item No.				
10	280	K	Q		45.0	51.29	1436.20	SAMPLE DIMS:40×40×40CM×10

(2) Volume：41×33×20=27 060CBM

Volume Weight：27 060÷6000≈4.51(kgs)≈5.0(kgs)

Gross Weight：5.3kgs

Chargeable Weight：5.5kgs

Applicable Rate：GCRN52.81CNY/KG

Weight charge：5.5×52.81≈CNY290.46

Minimum charge：CNY320.00

此票货物的航空运费应为CNY320.00。

航空货运单运费计算栏填制如下：

No. of Pieces RCP	Gross Weight	Kg Lb	Rate Class		Chargeable Weight	Rate/ Charge	Total	Nature and Quantity of Goods （Incl. dimensions or Volume）
			M	Q Commodity Item No.				
1	5.3	K			5.5	320.00	320.00	SAMPLE DIMS：41×33×20CM

【训练题二】

(1)

① 参照：IATA 每年出版一期《活动物规则》(*Live Animal Regulations*，LAR)

② 活动物证明书；动物卫生检疫证明；有关国家的进出口许可证。

③ "动物"标贴(LIVE ANIMAL)；"不可倒置"标贴(THIS SIDE UP)。

④ 不可以。

⑤ 尽量避开周末和节假日，以免动物运达后延误交付，造成动物死亡。

(2)

① 用硬质木材或铁箱包装，必要时加"井"字铁腰加固并使用铅封或火漆封志。

② 除识别标签和操作标签外不应有其他任何额外标贴，特别是不应有任何对内装货作出提示的标记。

③ 真实的货物名称，准确的净重和件数，同时注明"Valuable Cargo"字样。

④ 能。

⑤ 不得超过 10 万美元。

【训练题三】

(1) 始发地机场是北京。

(2) 目的地机场是纽约。

(3) 航空承运人是中国国际航空公司。

(4) 货币币种为人民币。

(5) 运费支付方式为预付。

(6) 未声明价值。

(7) 承运人不提供此项服务或托运人不要求投保。

(8) 总运费为 3722.18 元。

(9) Q 表示普通货物 45 公斤以上运价。

(10) AWC:50 表示应付给承运人货运单费 50 元。

第七章

一、单选题

1. C   2. A   3. C   4. D   5. B   6. D

二、多选题

1. ADE   2. BCE   3. ACD   4. CDE   5. ACD   6. ABD

7. ACD   8. BCD

三、案例分析

观点一：保价与否规定属无效格式条款。

快递公司将邮件投丢并不少见，消费者在索赔时通常会被告知，需按快递单据中填写的保价或未保价的相关规定进行赔偿。而根据《中华人民共和国邮政法》的规定，对于未保价的邮件丢失，最高赔偿额不超过所收取资费的 3 倍，且消费者事先在快递协议中已经对此签字确认。消费者与快递公司就此产生的纠纷时常发生。在本案中，快递公司提供的快递运单背面印制的快递须知第 6 条规定，未保价快件如发生遗失，按寄件人实际支付寄递费用的 2 倍赔偿。由于该快递须知是快递公司为重复使用而预先拟定，在订立合同时也未就该条款与某科技公司进行协商，故该条款应属无效的格式条款。

观点二：快递公司应该尽充分告知义务。

由于保价服务及未保价服务消费者缴纳的费用不同，若货物丢失后快递公司均需按原价进行赔偿，那么对快递公司、选择保价的消费者而言是否体现不出公平原则？"与未保价服务相比，保价服务中有增值服务，我们会代选择保价服务的消费者购买一定的保险，一旦货物丢失，我们可以提供货物查询到保险理赔等一条龙服务。"宅急送集团企业推广部经理韦灯明对记者说，"快递服务具有一定风险，选择保价服务的消费者相当于购买了意外保险，一旦货物丢失，如果购买保险的消费者与未购买保险的消费者获得同样的赔偿，对前者而言肯定是不公平的"。

四、技能训练题

【训练题一】

多式联运经营人对全程运输负责。作为当事人，国际多式联运经营人收到货物后，如货物是处于多式联运过程中产生的损失，则首先应由多式联运经营人承担责任，然后向实际责任人追偿。况且在本案中，集装箱是多式联运经营人自己装箱，并已承认收货时货物外表状况良好，因而对于 2 箱货物的损失多式联运经营人都要负责。其中，第 1 个集装箱是在香港至孟买的海运途中损坏的，很明显，货物也是此时受损的。多式联运经营人在赔付出口商时，可根据《海牙规则》或《海牙—维斯比规则》享受责任限制，且有权向海上承运人索赔。对于第 2 箱货损，应看作隐藏损害，因为货损发生在哪一阶段无从查明。此时，多式联运经营人的责任可以按照国际商会对于"统一联运单证"的规定限制在 2SDR/公斤。

【训练题二】

(1) 运输方案设计的影响因素主要有以下几点。

① 物品特征方面。主要包括产品的产品种类，单件体积与毛重，外包装规格与性能，可堆码高度，货物价值，是否是贵重、冷藏、危险品等特种商品等。

② 运输与装卸搬运特征。主要包括每次发运货物数量(数量有无增减)、装运时间、发运频率、到达时间、可否拼装及分批装运与转运、装货与卸货地点是否拥挤或罢工、运输距离的长短等。

③ 储运保管特征。主要是指货物的物理与化学性质对储运与保管的要求等。

④ 客户其他要求。例如，对运输价格、运输方式、运输工具、运输线路、装卸搬运设备、运输时间、运输单证等有无具体要求。

(2) 主要有两大运输方案。

① 海铁联运方案。

具体方案包括：

一是全程为集装箱运输：即工厂/经销中心装拆箱。货物在青岛工厂装箱后采用公路或铁路将箱运至青岛港，然后装船运至鹿特丹港，卸船后采用公路或铁路运输运至商品经销中心；

二是陆运部分为散货运输，水运部分为集装箱运输。即在装卸港口的货运站进行装箱与拆箱，而工厂和经销中心与港口之间采用散装运输，即冰箱从青岛工厂采用公路或铁路运输运至青岛港货运站并装箱，然后装船运至鹿特丹港，卸船后在货运站拆箱，然后采用公路或铁路运输运至商品经销中心；

三是发货地陆运部分为散货运输，其他部分为集装箱运输：即工厂与装港之间采用散装运输，其他区段为集装箱运输；

四是收货地陆运部分为散货运输，其他部分为集装箱运输：即经销中心与卸港之间采用散装运输，其他区段为集装箱运输。

显然，第一种方式最为合理，陆运方式一般应采用公路运输，当然，如果工厂/经销中心与港口之间设有铁路专用线，也可采用铁路运输。

② 大陆桥运输方案。

货物装箱后通过新亚欧大陆桥铁路运输运至鹿特丹，然后转运至商品经销中心。

两种方案的评价：

大陆桥运输方案：运输路线较短，因而可以节省更多的时间，但需要多次换装，其换装时间及费用增加，此外，其运行环境较差及发车频率不高。

海铁联运方案：水运运费较低，且集装箱班轮密度较高，随着船速的提高，大陆桥运输时间较短的优势并不明显。

综上所述，仅从定性角度来看，目前还是采用海铁联运中的第一种方案是为合理。

(注：实际上，老师可补充案例中有关运输里程、运价与时间等方面的数据(老师自行设定或要求学生上网收集)，然后要求学生对不同方案进行成本、时间的计算与分析，以从中得出最佳方案。)

(3) 整个运输的实施程序如下。

假设整个过程为货运代理作为多式联运经营人以 DOOR/DOOR 条款接受货主委托，然后以 CY/CY 条款委托船公司进行海上运输。则其运作程序如下：

中国段：

① 接受货主委托申请，与其订立多式联运合同。

② 向拖车公司、船公司订车、订舱。

③ 向船公司提取空箱并安排拖车拖至工厂。

④ 办理货物报关报验与保险(如发货人委托的话)。

⑤ 货物工厂装箱(此处假设该工厂是海关允许的装箱点，否则必须将货物先运至海关允许的货运站，然后在其监督下装箱)。

⑥ 收取运费并向货主签发全程多式联运提单。

⑦ 安排拖车将重集装箱运至集装箱堆场。

⑧ 与船公司码头代理办理重箱的交接并取得场站收据。

⑨ 支付海运后取得船公司或其代理签发的海运提单。

⑩ 向目的港代理传递有关货运信息。

比利时段：

① 向目的港的货运代理下达委托书(如无分支机构的话)。

② 目的港的货运代理随时了解船舶动态并及时接收船公司代理的提箱通知。

③ 目的港的货运代理凭正本海运提单等到船公司代理处办理提箱手续。

④ 目的港的货运代理向收货人下达货物到达通知。

⑤ 目的港的货运代理核实收货人提交的正本多式联运提单并办理货物交付手续。

⑥ 目的港的货运代理办理报关报验手续(如收货人委托的话)及港口预约提箱手续。

⑦ 目的港的货运代理委托拖车行到港口提取重箱并其运至经销中心。

⑧ 拖车行取得收货人接收货的证明。

⑨ 收货人拆箱。

⑩ 拖车行安排将空箱返回给船公司还箱点。

⑪ 目的港的货运代理支付拖车行费用。

⑫ 目的港的货运代理提交代理成果并收取相关报酬。

第八章

一、单选题

1. C   2. A   3. B   4. B   5. D
6. C   7. D

二、多选题

1. AB   2. BCE   3. CDE   4. ABCDE   5. ABD

三、案例分析

(1) 第一，从经济角度看。作为一种经济制度，保险是指人们为了保障生产生活的顺利进行，将具有同类风险保障需求的个体集中起来，通过合理的计算建立起风险准备金的经济补偿制度或给付安排。

① 保险是一种经济行为。从需求角度看，整个社会存在着各种形态的风险，与之有利害关系的主体愿意付出一定的代价将其转移给保险人，从而获得损失补偿或资金给付，保证经济生活的稳定；从供给角度看，保险人通过概率论、大数法则的科学手段可以在全社会范围集中和分散风险，提供风险保障服务。

② 保险是一种金融行为。保险人通过收取保险费聚集了大量的资金，对这些资金进行运作，实际上在社会范围内起到了资金融通的作用。

③ 保险是一种分摊损失的财务安排。保险的运行机制是全体投保者缴纳保险费，共同出资组成保险基金。当某一被保险人遭受损失时，由保险人从保险基金中对其进行补偿。因此受损失人实际获得的是全体投保人共同的经济支持。

第二，从法律角度看。保险是指当事人双方通过订立合同的方式规定双方的权利义务并依此建立起来的风险保障机制。

① 保险是一种合同行为。保险人与投保人是在平等自愿的基础上通过要约与承诺，达成一致并签订合同。英国的马歇尔斯是这样定义保险的：保险是指当事人的一方收受商定的数额，对于对方所受损失和发生危险予以补偿的合同。

② 保险双方的权利义务在合同中约定。投保人的义务是依照合同约定交纳保险费，权利是在合同约定的危险事故发生后要求保险人进行赔偿或给付保险金。保险人的义务是按合同约定在事故发生后向被保险人支付赔款或保险金，权利是向投保人收取保险费。

③ 保险合同中所载明的风险必须符合特定的要求。在保险合同中保险人所承保的风险一般是在概率论和数理统计的基础上可测算的、且当事人双方均无法控制风险事故发生的纯粹风险。

我国《保险法》第2条对保险是这样定义的："本法所称保险，是指投保人根据合同约定，向保险人支付保险费，保险人对于合同约定的可能发生的事故因其发生所造成的财产损失承担赔偿保险金责任，或者当被保险人死亡、伤残、疾病或者达到合同约定的年龄、期限时承担给付保险金责任的商业保险行为。"

(2) 参考风险的相关知识，有针对性地去应付风险，如风险回避、风险自留、风险转移等。

四、技能训练题

【训练题一】

第一，保险公司推定该车全损，给予车主胡某全额赔偿，根据《保险法》第 44 条的规定，保险事故发生后，保险人已支付了全部保险金额，并且保险金额等于保险价值的，受损保险标的的全部权利归于保险人。保险公司已取得残车的实际所有权，只是认为地形险要而暂时没有进行打捞。因此，原车主胡某未经保险公司同意转让残车是非法的。

第二，保险公司对车主胡某进行了全额赔偿，而胡某又通过转让残车获得 2000 元的收入，其所获总收入大于总损失，显然不符合财产保险中的损失补偿原则。因此，保险公司追回胡某所得额外收入 2000 元，正是保险损失补偿原则的体现。

第三，王某获得的是胡某非法转让的残车，但由于他是受胡某之托打捞尸体及现金，付出了艰辛的劳动，且获得该车是有偿的，可视为善意取得，保险公司不得请求其归还残车。

该案例是机动车辆保险中的一个典型案例，同时涉及民法的适用问题。保险公司推定全损，进行了全额赔偿，获得了对残车的实际所有权。胡某打捞并转让残车，未经保险公司同意为非法，但情有可原，保险公司可追回其所获额外收入 2000 元，并对其进行批评教育，王某的行为可视为善意取得，不追究其民事责任。

【训练题二】

甲保险人的赔偿金额=40÷120×60=20 万元

乙保险人的赔偿金额=60÷120×60=30 万元

丙保险人的赔偿金额=20÷120×60=10 万元

第九章

一、单选题

1. C	2. B	3. A	4. D	5. C	6. A
7. C	8. C	9. C	10. C		

二、多选题

1. BCE	2. ACE	3. CD	4. ABCD	5. AB
6. ACDE	7. AB	8. ABCDE	9. ABCDE	10. BCE

三、案例分析

(1) ②④⑤属共同海损。共同海损是指载货的船舶在海上遇到灾害或者意外事故,威胁到船、货等各方的共同安全,为了解除这种威胁,维护船货安全,或者使航程得以继续完成,由船方有意识地、合理地采取措施,所作出的某些特殊牺牲或支出的某些额外费用。

(2) ①③属单独海损。单独海损是指除共同海损以外的意外损失,即由承保范围内的风险所直接导致的船舶或货物的部分损失,仅由受损者单独承担。

四、技能训练题

【训练题一】

(1)

① 赔 2000。

② 不赔,是自然灾害所造成的单独海损。

③ 赔 6000。

④ 赔 4000。

⑤ 不赔。

(2)

① 不妥当,因为投保了一切险就不用再投保一般附加险。

② 不妥当,因为投保了一切险就不用再投保平安险。

③ 妥当。

④ 不妥当,基本险可以单独投保,附加险不能单独投保。

【训练题二】

保险公司应负赔偿责任。根据中国人民保险公司海洋运输货物保险条款的规定,海运货物保险的险别分为基本险和附加险两大类,基本险是可以单独投保的险种,主要承保海上风险造成的货物损失,包括平安险、水渍险与一般险。平安险对由于自然灾害造成的部分损失一般不予负责,除非运输途中曾发生搁浅、触礁、沉没及焚毁等意外事故。平安险虽然对自然灾害造成的部分损失不负赔偿责任,但对自然灾害造成的全部损失应负赔偿责任。本案中,进出口公司投保的是平安险,而所保的货物在船因风暴沉没时全部灭失,发生了实际全损,故保险公司应负赔偿责任,其提出的理由是不能成立的。

【训练题三】

共同海损分摊总额=800+200+350+240+10=1600(万元)

共同海损牺牲和救助费用为 80 万元,分摊比率为 80÷1600=5%

各方分摊额:船主 40 万,甲 10 万,乙 17.5 万,丙 12 万,承运人 0.5 万。

【训练题四】

PICC

中国人保财险股份有限公司
PICC Property and Casualty Company Limited

总公司设于北京　一九四九年创立
Head Office Beijing　Established in 1949

海 洋 货 物 运 输 保 险 单
MARINE CARGO TRANSPORTATION INSURANCE POLICY

发票号码 Invoice No.　　(1)X118　　　　　　　保单号次 Policy No.　(2)ABX999

被保险人 Insured:　(3) DAYU CUTTING TOOLS I/E CORP

中保财产保险有限公司(以下简称本公司)根据被保险人的要求,及其所缴付约定的保险费,按照本保险单承担险别和背面所载条款与下列特别条款承保下列货物运输保险,特签发本保险单。

This policy of Insurance witnesses that The People Insurance (Property) Company of China, Ltd. (hereinafter called the Company) at the request of the Insured and in consideration of the agreed premium paid by the Insured, undertakes to insure the under mentioned goods in transportation subject to the conditions of this Policy as per the Clauses printed overleaf and other special clauses attached hereon.

货物标记 Marks of Goods.	包装单位 Packing Unit	保险货物项目 Description of Goods	保险金额 Amount Insured
(4) AS PER INV. NO. X118	(5) 500CTNS	(6) CUTTING TOOLS	(7) USD211200.00

总保险金额:　(8) SAY U. S. DOLLARS TWO HUNDRED ELEVEN THOUSAND TWO HUNDRED
Total Amount Insured:　ONLY.

保险费	开航日期　(9)	装载运输工具　(10)
Premium　As arranged	Sig. On or abt.　20 MAY 2015	Per conveyance S.S.　HONGXING V.777
起运港	中转港	目的港
From　TIANJIN	Via　HONG KONG	To　NEW YORK

承保险别 Conditions:

(11)
COVERING ICC (A) AS PER INSTITUTE CARGO CLAUSES OF 1982

所保货物,如发生本保险单项下可能引起索赔的损失或损坏,应立即通知本公司下述代理人查勘。如有索赔,应向本公司提交保险单正本(本保险单共有 2 份正本)及有关文件。如一份正本已用于索赔,其余正本则自动失效。

In the event of damage which may result in a claim under this Policy, immediate notice be given to the Company Agent as mentioned hereunder. Claims, if any, one of the Original Policy which has been issued in TWO Original(s) together with the relevant documents shall be surrendered to the Company, if one of the Original Policy has been accomplished, the others to be void.

保险公司在目的港的代理的名称、地址、电话号码等
内容

赔款偿付地点　(12)
Claim payable at　NEW YORK IN USD
日期　(13)
Date　18 MAY 2015

中国人保财险股份有限公司天津分公司
PICC Property & Casualty Co., Ltd., Tianjin Branch

第十章

一、单选题

1. C   2. D   3. A   4. B   5. A

二、多选题

1. ABCE   2. ABC   3. ABCDE

三、案例分析

(1) 如果豆角霉烂是由于托运前受雨淋所致，则不属于承运人的过错，对因货物固有缺陷引起的货物损失，承运人可以免责。托运人应当承担货损责任，并且张某擅自扣车是违法行为，应赔偿运输公司的损失，因为我国公路运输法规规定，只要承运人履行了自己的义务，由于不可抗力或货物本身性质的变化以及货物在运送途中的消耗而造成的货物灭失损坏，承运人不负责赔偿。

(2) 如果豆角霉烂由于承运人延误所致，承运人应承担责任。因为从货物交付运输到货物运抵目的地期间，承运方应对货物的灭失、缺少、变质、污染、损坏负责，由于承运人的延误、管理疏忽造成了豆角霉变，承运人应该承担责任，赔偿托运人的损失。

参 考 文 献

[1] 杨海芳，李哲. 国际货物运输与保险. 2 版. 北京：清华大学出版社，2013.

[2] 孙秀清，刘素春. 保险学. 北京：经济科学出版社，2013.

[3] 孙蓉，兰虹. 保险学原理. 3 版. 成都：西南财经大学出版社，2010.

[4] 窦然. 国际贸易地理. 2 版. 上海：复旦大学出版社，2014.

[5] 潘永，吴晓东. 国际贸易运输与保险. 大连：东北财经大学出版社，2012.

[6] 许明月. 国际货物运输. 2 版. 北京：中国人民大学出版社，2011.

[7] 李贺. 国际货物运输与保险. 上海：上海财经大学出版社，2013.

[8] 中国国际货运代理协会. 国际航空货运代理理论与实务. 北京：中国商务出版社，2010.

[9] 中国国际货运代理协会. 国际海上货运代理理论与实务. 北京：中国商务出版社，2010.

[10] 中国国际货运代理协会. 国际陆路货运代理与多式联运理论与实务. 北京：中国商务出版社，2010.

[11] 中国国际货运代理协会. 国际货运代理专业英语. 北京：中国商务出版社，2009.

参考文献

[1] ...

[2] ...

[3] ...

[4] ...

[5] ...

[6] ...

[7] ...

[8] ...

[9] ...

[10] ...

[11] ...